Seibert/Kiem (Hrsg.)

Handbuch der kleinen AG

Handbuch der kleinen AG

4., wesentlich erweiterte Auflage

Herausgegeben von

Ministerialrat Dr. Ulrich Seibert, Berlin
Rechtsanwalt Dr. Roger Kiem, LL.M., Frankfurt/M.

Bearbeitet von

Dr. Matthias Blaum, Dr. Rainer Bommert, Markus Hauptmann,
Dr. Roger Kiem, Achim Kirchfeld, Dr. Matthias Schüppen,
Dr. Ulrich Seibert, Dr. Norbert Zimmermann

RWS Verlag Kommunikationsforum GmbH · Köln

Die Deutsche Bibliothek – CIP-Einheitsaufnahme

Seibert, Ulrich:
Handbuch der kleinen AG / hrsg. von Ulrich Seibert ; Roger Kiem. –
4. Aufl. : Köln : RWS Verlag Kommunikationsforum, 2000
  ISBN 3-8145-8086-9

© 2000 RWS Verlag Kommunikationsforum GmbH
Postfach 27 01 25, 50508 Köln
e-mail: info@rws-verlag.de, Internet: http://www.rws-verlag.de

Alle Rechte vorbehalten. Ohne ausdrückliche Genehmigung des Verlages ist es auch nicht gestattet, das Werk oder Teile daraus in irgendeiner Form (durch Fotokopie, Mikrofilm oder ein anderes Verfahren) zu vervielfältigen.

Druck und Verarbeitung: Bercker, Graphischer Betrieb, 47623 Kevelaer

Vorwort

Das Gesetz für kleine Aktiengesellschaften war ein Erfolg. Es war das richtige Gesetz zur richtigen Zeit. Plötzlich wurde die Aktiengesellschaft auch für den Mittelständler denkbar und interessant. Die Zahl der Aktiengesellschaften in Deutschland hat sich seither mehr als verdoppelt – und das Interesse hält unvermindert an.

Auch das Buch zum Gesetz war ein großer Erfolg. Es machte die gesetzgeberische Vision allgemein verständlich und erläuterte die einzelnen Neuerungen im Detail. Das kann heute so nicht mehr fortgeführt werden. Die Regelungen des Gesetzes für kleine Aktiengesellschaften sind mittlerweile auch in allgemeinen Kommentaren behandelt. Es sind in späteren Gesetzen weitere Besonderheiten für die kleine AG hinzugekommen. Was die Leser heute brauchen, ist ein Handbuch zur kleinen AG, das sich abhebt von der übrigen aktienrechtlichen Literatur, die stets an der börsennotierten Gesellschaft orientiert ist. Die vierte Auflage konzentriert sich daher ganz auf die kleine AG, die (noch) nicht börsennotiert ist. Das Buch deckt die Fragen und Probleme der Praxis in allen Phasen des Lebens der kleinen AG ab, also „von der Wiege bis zur Börse". Die erste Auflage war noch ein sogenannter Referentenkommentar, also geschrieben aus der Sicht und mit den besonderen Einblicken der Gesetzgebung. Das ist heute nicht mehr richtig. Heute braucht der Leser Rat nicht aus der Gesetzgebung, sondern aus der Wirtschaftsrechtspraxis. Für die vierte Auflage haben wir deshalb ein Team erfahrener und ausgewiesener Gesellschaftsrechtler aus namhaften Sozietäten gewonnen, die täglich mit diesem Rechtsgebiet „an der Front" befaßt sind und ihren Erfahrungsschatz dem Leser in verständlicher Form weitergeben. Das Buch richtet sich an die Geschäftsleitung der kleinen Aktiengesellschaften, an die Mittelständler, die sich über diese Alternative informieren möchten, und an die Berater des Mittelstandes aus den rechts-, steuer- und unternehmensberatenden Berufen. Es entspricht einem in der Vergangenheit in zahlreichen Anfragen geäußerten Informationsbedürfnis der Praxis.

Berlin/Frankfurt/M., im September 2000   Ulrich Seibert
                                                                                         Roger Kiem

Inhaltsübersicht

		Seite
Bearbeiterverzeichnis		XI
Literaturverzeichnis		XIII

A.	**Einführung**	1
	I. Entstehungsgeschichte	1
	II. Zum Begriff „kleine AG"	4
	III. Zum wirtschaftlichen Hintergrund des Gesetzes	6
	IV. Allgemeine Deregulierung	13
	V. Kleine AGs betreffende Regelungen im Überblick	14
	VI. Die kleine AG in der Praxis	15

B.	**Gründung der Aktiengesellschaft**	21
	I. Arten der Gründung	22
	II. Gründer	23
	III. Die Vorgründungsphase	24
	IV. Die Gründungsphase	25
	V. Satzungsgestaltung	45
	VI. Die Vor-AG	53
	VII. Haftungsgefahren	55
	VIII. Vorrats- und Mantelgesellschaften	59
	IX. Nachgründung	60

C.	**Umwandlung in die kleine AG**	65
	I. Der Weg in die kleine AG durch Wechsel der Rechtsform	69
	II. Formwechsel von der GmbH in die kleine AG	73
	III. Formwechsel von der Personenhandelsgesellschaft in die kleine AG	95
	IV. Besonderheiten bei der GmbH & Co. KG	100
	V. Sonstige Umwandlungsvorgänge in die kleine AG	101

Inhaltsübersicht

			Seite
	VI.	Wege in die kleine AG außerhalb des Umwandlungsgesetzes	107
	VII.	Wege in die kleine AG aus steuerlicher Sicht	109
D.	**Die Organisation der kleinen AG**		115
	I.	Die tragenden Prinzipien des Aktienrechts	115
	II.	Vorstand	136
	III.	Aufsichtsrat	164
	IV.	Hauptversammlung	190
	V.	Aktien	232
E.	**Sicherung des Familieneinflusses**		253
	I.	Einleitung	254
	II.	Regelungen in der Satzung	255
	III.	Aktionärsvereinbarungen	262
	IV.	Typen von Familienpools	266
	V.	Einzelne Regelungen in Poolverträgen	270
F.	**Alternative: Die kleine Kommanditgesellschaft auf Aktien (KGaA)**		277
	I.	Grundlagen der KGaA und Unterschiede zur AG	278
	II.	Die KGaA als Alternative zur Sicherung des Familieneinflusses	283
	III.	Die KGaA als Alternative beim Zugang zum Kapitalmarkt	288
	IV.	Zusammenfassende Bewertung	291
G.	**Kapitalmaßnahmen**		293
	I.	Grundlagen	295
	II.	Kapitalerhöhungen	308
	III.	Kapitalherabsetzungen	328
	IV.	Sonderfragen (Spezialthemen)	332

			Seite
H.	**Wachstums- und Exitstrategien**		345
	I.	Vorbemerkung	345
	II.	Wachstumsstrategien	347
	III.	Der Börsengang	356

Anhang: Mustertexte

Vorbemerkungen vor Anhang I und II			371
I	Notarielle Gründungsurkunde		387
II	Satzung		397
III	Poolvertrag einer Familiengesellschaft		421

Stichwortverzeichnis   435

Bearbeiterverzeichnis

Dr. Matthias Blaum
    Rechtsanwalt,   E,
    Hengeler Mueller Weitzel Wirtz,   Anh. III
    Düsseldorf

Dr. Rainer Bommert
    Rechtsanwalt,   D II, III
    Haarmann, Hemmelrath & Partner,
    Frankfurt/M.

Markus Hauptmann
    Rechtsanwalt (FAStR),   H
    White & Case, Feddersen, Frankfurt/M.

Dr. Roger Kiem, LL.M.
    Rechtsanwalt,   C, D I
    White & Case, Feddersen, Frankfurt/M.

Achim Kirchfeld
    Rechtsanwalt,   Vor Anh. I, II
    Freshfields Bruckhaus Deringer, Düsseldorf   Anh. I, II

Dr. Matthias Schüppen
    Rechtsanwalt, Wirtschaftsprüfer, Steuerberater   D V,
    Haarmann, Hemmelrath & Partner,   F, G
    München

Dr. Ulrich Seibert
    Ministerialrat,   A
    Bundesministerium der Justiz, Berlin

Dr. Norbert Zimmermann, LL.M.
    Notar, Düsseldorf   B, D IV

Literaturverzeichnis

(Nachfolgend aufgeführt ist nur allgemein zitierte Literatur;
spezielle Hinweise finden sich vor den einzelnen Kapiteln

Balser, Heinrich/Bokelmann, Gunther/Piorreck, Karl Friedrich
　Die Aktiengesellschaft, 3. Aufl., 1997

Baumbach, Adolf/Hopt, Klaus J.
　HGB, Kommentar, 30. Aufl., 2000

Baumbach, Adolf/Hueck, Alfred
　GmbH-Gesetz, Kommentar, 16. Aufl., 1996

Dehmer, Hans
　UmwG, UmwStG, Kommentar, 2. Aufl., 1996

Ehlers, Harald/Jurcher, Michael
　Der Börsengang von Mittelstandsunternehmen, 1999

Eisenhardt, Ulrich
　Gesellschaftsrecht, 8. Aufl., 1999

Erman, Walter
　BGB, Kommentar, 9. Aufl., 1993

Ernst, Christoph/Seibert, Ulrich/Stuckert, Fritz
　KonTraG – KapAEG – StückAG – EuroEG, Textausgabe mit Einführung und Begründungen, 1998

Gadow, W./Heinichen, E. (Hrsg.)
　Großkommentar zum Aktiengesetz, 3. Aufl., 1973 ff,
　und 4. Aufl., 1992 ff (Hrsg. Klaus J. Hopt/Herbert Wiedemann)
　(zit.: *Bearbeiter*, in: Großkomm. z. AktG)

v. Gerkan, Hartwin/Hommelhoff, Peter
　Handbuch des Kapitalersatzrechts, 2000
　(zit.: *Bearbeiter*, in: v. Gerkan/Hommelhoff)

Geßler, Ernst/Hefermehl, Wolfgang/Eckardt, Ulrich/Kropff, Bruno
　AktG, Kommentar, 1974 ff
　(zit.: *Bearbeiter*, in: Geßler/Hefermehl/Eckardt/Kropff, AktG)

Goette, Wulf
  Die GmbH nach der BGH-Rechtsprechung, 1997

Goutier, Klaus/Knopf, Rüdiger/Tulloch, Anthony
  Kommentar zum Umwandlungsrecht, 1996 (zit.: *Bearbeiter*, in: Goutier/Knopf/Tulloch)

Hachenburg, Max
  GmbHG, Großkommentar, 8. Aufl., 1990/1992

Happ, Wilhelm
  Aktienrecht, 1995

Henn, Günther
  Handbuch des Aktienrechts, 6. Aufl., 1998

Henze, Hartwig
  Aktienrecht – Höchstrichterliche Rechtsprechung, 4. Aufl., 2000 (zit.: *Henze*, Aktienrecht)
  Handbuch zum GmbH-Recht – Höchstrichterliche Rechtsprechung, 2. Aufl., 1997 (zit.: *Henze*, GmbH-Recht)

Hopt, Klaus J./Wiedemann, Herbert (Hrsg.)
  Großkommentar zum Aktiengesetz, 4. Aufl., 1992 ff (zit.: *Bearbeiter*, in: Großkomm. z. AktG)

Huhn, Diether/Schuckmann, Hans-Joachim v.
  BeurkG, Kommentar, 3. Aufl., 1995

Hüffer, Uwe
  AktG, Kommentar, 4. Aufl., 1999

Kallmeyer, Harald
  UmwG, Kommentar, 2. Aufl., 2000

Kiem, Roger
  Verträge zur Umwandlung von Unternehmen, 1998 (zit.: *Kiem*, Umwandlungsverträge)

Koch, Wolfgang/Wegmann, Jürgen
  Praktiker-Handbuch Börseneinführung, 2. Aufl., 1998

Literaturverzeichnis

Kölner Kommentar
zum Aktiengesetz, 2. Aufl., 1986 ff, mit Nachtrag von Lutter zu zwischenzeitlichen Änderungen des Aktiengesetzes im Bereich der Kapitalerhöhung und Kapitalherabsetzung
(zit.: *Bearbeiter*, in: Kölner Komm. z. AktG)

Kümpel, Siegfried
Bank- und Kapitalmarktrecht, 2. Aufl., 2000

Kümpel, Siegfried/Ott, Claus
Kapitalmarktrecht, Loseblatt, Stand: 3/00

Leopold, Günter/Frommann, Holger
Eigenkapital für den Mittelstand, 1998

Lutter, Marcus (Hrsg.)
UmwG, Kommentar, 2. Aufl., 2000

Lutter, Marcus/Hommelhoff, Peter
GmbHG, Kommentar, 15. Aufl., 2000

Lutter, Marcus/Krieger, Gerd
Rechte und Pflichten des Aufsichtsrats, 3. Aufl., 1993

Münchener Handbuch
des Gesellschaftsrechts, Bd. 4, Aktiengesellschaft, 2. Aufl., 1999

Münchener Kommentar
zum Aktiengesetz, 2. Aufl., Bd. I, 2000
(zit.: MünchKomm-*Bearbeiter*, AktG)
zum Bürgerlichen Gesetzbuch, 3. Aufl., 1984 ff
(zit.: MünchKomm-*Bearbeiter*, BGB)

Münchener Vertragshandbuch
Bd. I, Gesellschaftsrecht, 4. Aufl., 1996

Neye, Hans-Werner
Umwandlungsgesetz (UmwG). Umwandlungssteuergesetz (UmwStG). RWS-Dokumentation 17, 2. Aufl., 1995

Palandt
BGB, Kommentar, 59. Aufl., 2000

Raiser, Thomas
Recht der Kapitalgesellschaften, 2. Aufl., 1992

Rödl, Bernd/Zinser, Thomas
Going Public – Der Gang mittelständischer Unternehmen an die Börse, 1999

Schaaf, Andreas
Die Praxis der Hauptversammlung, 2. Aufl., 1999

Schanz, Kay
Börseneinführung – Recht und Praxis des Börsengangs, 2000

Schawilye, Ramona/Gaugler, Eduard/Keese, Detlef
Die kleine AG in der betrieblichen Praxis. Ergebnisse einer empirischen Untersuchung zur Entwicklung und Akzeptanz der sogenannten „kleinen AG", 1999

Schmidt, Karsten
Gesellschaftsrecht, 3. Aufl., 1997

Schmidt, Ludwig
EStG, Kommentar, 18. Aufl., 1999

Schürmann, Walter/Körfgen, Kurt
Familienunternehmen auf dem Weg zur Börse, 3. Aufl., 1997

Semler, Johannes/Volhard, Rüdiger
Arbeitshandbuch für die Hauptversammlung, 1999

Sethe, Rolf
Die personalistische Kapitalgesellschaft mit Börsenzugang. Die reformierte KGaA als Mittel zur Verbesserung der Eigenkapitalausstattung deutscher Unternehmen, 1996

Soergel, Hans-Theodor
BGB, Kommentar, 12. Aufl., 1988 ff

Staub, Hermann
HGB, Großkommentar, 4. Aufl., 1983

Widmann, Siegfried/Mayer Dieter (Hrsg.)
Umwandlungsrecht, Band 1, Loseblatt, Stand 7/98
(zit.: *Bearbeiter*, in: Widman/Mayer)

Gesetze und Materialien

Gesetz für kleine Aktiengesellschaften – Gesetz für kleine Aktiengesellschaften und zur Deregulierung des Aktienrechts vom 2. 8. 1994, BGBl I, 1961

Aktionsprogramm für mehr Wachstum und Beschäftigung, BT-Drucks. 12/6625 vom 19. 1. 1994, auch abgedruckt in: Bulletin des Presse- und Informationsamts der Bundesregierung Nr. 11, S. 94 (3. 2. 1994), Bundestagsdebatte dazu am 20. 1. 1994

Initiativantrag – Gesetzentwurf der Fraktionen der CDU/CSU und F.D.P. eines Gesetzes für kleine Aktiengesellschaften und zur Deregulierung des Aktienrechts, BT-Drucks. 12/6721 vom 1. 2. 1994

Bericht des Rechtsausschusses – Beschlußempfehlung und Bericht des Rechtsausschusses zu dem Gesetzentwurf der Fraktionen der CDU/CSU und F.D.P. eines Gesetzes für kleine Aktiengesellschaften und zur Deregulierung des Aktienrechts, BT-Drucks. 12/7848 vom 13. 6. 1994

UmwG – Umwandlungsgesetz = Art. 1 des Gesetzes zur Bereinigung des Umwandlungsrechts (UmwBerG) vom 28. 10. 1994, BGBl I, 3210, zuletzt geändert durch das Gesetz zur Änderung des Umwandlungsgesetzes, des Partnerschaftsgesellschaftsgesetzes und anderer Gesetze vom 22. 7. 1998, BGBl I, 1878

RegE UmwG – Initiativantrag der Fraktionen der CDU/CSU und F.D.P., Entwurf eines Gesetzes zur Bereinigung des Umwandlungsrechts (UmwBerG), BT-Drucks. 12/6699 vom 1. 2. 1994, identisch mit Regierungsentwurf, beide Entwürfe im Gesetzgebungsverfahren zusammengeführt

UmwStG – Umwandlungssteuergesetz = Art. 1 des Gesetzes zur Änderung des Umwandlungssteuerrechts vom 28. 10. 1994, BGBl I, 3267

2. FMFG – Gesetz über den Wertpapierhandel und zur Änderung börsenrechtlicher und wertpapierrechtlicher Vorschriften (Zweites Finanzmarktförderungsgesetz) vom 26. 7. 1994, BGBl I, 1749

3. FMFG – Gesetz zur weiteren Fortentwicklung des Finanzplatzes Deutschland (Drittes Finanzmarktförderungsgesetz) vom 24. 3. 1998, BGBl I, 529

StückAG – Gesetz über die Zulassung von Stückaktien (Stückaktiengesetz) vom 25. 3. 1998, BGBl I, 590

RegE StückAG – Entwurf der Bundesregierung eines Gesetzes über die Zulassung von Stückaktien (Stückaktiengesetz), BT-Drucks. 13/9573

Literaturverzeichnis

KapAEG – Gesetz zur Verbesserung der Wettbewerbsfähigkeit deutscher Konzerne an internationalen Kapitalmärkten und zur Erleichterung der Aufnahme von Gesellschafterdarlehen (Kapitalaufnahmeerleichterungsgesetz) vom 20. 4. 1998, BGBl I, 707

RegE KapAEG – Regierungsentwurf eines Kapitalaufnahmeerleichterungsgesetzes, BT-Drucks. 13/7141

KonTraG – Gesetz zur Kontrolle und Transparenz im Unternehmensbereich (KonTraG) vom 27. 4. 1998, BGBl I, 786

Rechtsausschuß zum RegE KonTraG – Beschlußempfehlung und Bericht des Rechtsausschusses zum Regierungsentwurf eines Gesetzes zur Kontrolle und Transparenz im Unternehmensbereich, BT-Drucks. 13/10038

EuroEG – Gesetz zur Einführung des Euro (Euroeinführungsgesetz) vom 9. 6. 1998, BGBl I, 1242.

HRefG – Gesetz zur Neuregelung des Kaufmanns- und Firmenrechts und zur Änderung anderer handels- und gesellschaftsrechtlicher Vorschriften (Handelsrechtsreformgesetz) vom 22. 6. 1998, BGBl I, 1474

KapCoRiLiG – Gesetz zur Durchführung der Richtlinie des Rates der Europäischen Union zur Änderung der Bilanz- und der Konzernbilanzrichtlinie hinsichtlich ihres Anwendungsbereichs (90/605/EWG), zur Verbesserung der Offenlegung von Jahresabschlüssen und zur Änderung anderer handelsrechtlicher Bestimmungen (Kapitalgesellschaften- und Co-Richtlinie-Gesetz) vom 24. 2. 2000, BGBl I, 154.

RegE NaStraG – Entwurf der Bundesregierung eines Gesetzes zur Namensaktie und zur Erleichterung der Stimmrechtsausübung (Namensaktiengesetz), Stand: 10. 5. 2000, BR-Drucks. 308/00, mit Begründung abgedruckt in: ZIP 2000, 937, abrufbar im Internet unter www.rws-verlag.de\volltexte sowie unter www.bmj.bund.de

A. Einführung

Literatur: *Albach/Lutter u. a.*, Deregulierung des Aktienrechts: Das Drei-Stufen-Modell, 1988; *Blanke*, Private Aktiengesellschaft und Deregulierung des Aktienrechts, BB 1994, 1505; *Bösert*, Das Gesetz für kleine Aktiengesellschaften und zur Deregulierung des Aktienrechts, DStR 1994, 1423; *Claussen*, Die vier aktienrechtlichen Änderungen des 12. Deutschen Bundestages – Reform oder Aktionismus?, AG 1995, 163; *ders.*, Mittelstands-Aktiengesellschaft, DBW 51 (1991), 183; *ders.*, 25 Jahre deutsches Aktiengesetz von 1965 (II), AG 1991, 10; *Dehmer*, Die kleine Aktiengesellschaft, WiB 1994, 753; *Druey*, Die personalistische Aktiengesellschaft in der Schweiz, AG 1995, 545; *Farr*, Der Jahresabschluß der mittelgroßen und der kleinen AG, AG 1996, 145; *Friedewald*, Die personalistische Aktiengesellschaft, 1991; *Hahn*, „Kleine AG", eine rechtspolitische Idee zum unternehmerischen Erfolg, DB 1994, 1659; *Hansen*, Aktienemissionen und Veränderungen des Aktienumlaufs von 1980 bis 1998, AG 1999, R 122; *ders.*, Die unbefriedigende Kapitalstruktur deutscher Unternehmen, GmbHR 1996, 327; *Heckschen*, Die „kleine AG" und Deregulierung des Aktienrechts – Eine kritische Bestandsaufnahme, DNotZ 1995, 275; *Hommelhoff*, „Kleine Aktiengesellschaften" im System des deutschen Rechts, AG 1995, 529; *ders.*, Jetzt die „Kleine" und dann noch eine „AnlegerAG", in: Reformbedarf im Aktienrecht, ZGR-Sonderheft 12, 1994, S. 65; *ders.*, Börsenhandel von GmbH- und KG-Anteilen? Zu den Vorschlägen der Kommission „Zweiter Börsenmarkt", ZHR 153 (1989), 181; *Kallmeyer*, Der Formwechsel der GmbH oder GmbH & Co. in die AG oder KGaA zur Vorbereitung des Going Public, GmbHR 1995, 888; *Kecker*, Die Fungibilisierung von GmbH-Anteilen, 1991; *Kübler*, Aktienrechtsreform und Unternehmensverfassung, AG 1994, 141; *ders.*, Unternehmensstruktur und Kapitalmarktfunktion – Überlegungen zur Krise der Aktiengesellschaft, AG 1981, 5; *Ladwig*, Die Kommanditgesellschaft auf Aktien – Eine Alternative für börsenwillige mittelständische Unternehmen? (I), DStR 1996, 800; *Lorenz*, Ist das „Gesetz für kleine Aktiengesellschaften und zur Deregulierung des Aktienrechts" nach § 36 VAG auch auf die Versicherungsvereine auf Gegenseitigkeit anzuwenden?, VersR 1995, 514; *Lutter*, Das neue „Gesetz für kleine Aktiengesellschaften und zur Deregulierung des Aktienrechts", AG 1994, 429; *ders.*, Das System der Kapitalgesellschaften, GmbHR 1990, 377; *Martens*, Richterliche und gesetzliche Konkretisierungen des Bezugsrechtsausschlusses, ZIP 1994, 669; *Obermeier*, Die Bereicherung der Börsenlandschaft durch Verselbständigung von Konzernunternehmen, in: Fritsch/Liener/Schmidt (Hrsg.), Die deutsche Aktie, 1993, S. 309; *Picot*, Unternehmenskauf und Restrukturierung, 2. Aufl., 1998; *Planck*, Die kleine AG als Rechtsformalternative zur GmbH, GmbHR 1994, 501; *v. Rosen*, Going Public: Defizite und Perspektiven, ZKW 1995, 374; *Schaber*, „Kleine AG" – Etikettenschwindel oder neue Rechtsformalternative für den gewerblichen Mittelstand, GmbHR 1995, R1; *Karsten Schmidt*, Die Eigenkapitalausstattung der Unternehmen als rechtspolitisches Problem, JZ 1984, 771; *Schmitz*, Going Public von Tochtergesellschaften deutscher Konzerne, ZKW 1993, 12; *U. H. Schneider*, Sonderrecht für Publikumspersonengesellschaften, ZHR 142 (1978), 228; *Seibert*, Die kleine Aktiengesellschaft, in: *Hansen*, Der deutsche Aktienmarkt, AG 1996, Sonderheft, S. 15; *ders.*, Kleine AG und Umwandlungsrecht von der Wirtschaft begrüßt: Hearing im Deutschen Bundestag (Bericht), GmbHR 1994, R 34; *ders.*, „Kleine AG" im Rechtsausschuß verabschiedet, ZIP 1994, 914; *ders.*, Gesetzentwurf: Kleine AG und Aktienrechtsderegulierung, ZIP 1994, 247; *Sigle*, Zur Psychologie der Familiengesellschaften, in: Festschrift Rowedder, 1994, S. 459; *Wiesner*, Zur Deregulierung des Aktienrechts, WM 1988, 1841; *Ziegler*, GmbH

A. Einführung

und KG an die Börse, Rpfleger 1992, 414; *Zöllner*, Aktienrechtsreform in Permanenz – Was wird aus den Rechten des Aktionärs?, AG 1994, 336.

Übersicht

I. Entstehungsgeschichte 1	b) Erhaltung des Lebenswerks 16
1. Vorgeschichte 1	5. AG als Rechtsform-Alternative im Generationswechsel 17
2. Das Gesetzgebungsverfahren 2	a) Familiengesellschaft in der zweiten Generation 17
II. Zum Begriff „kleine AG" 3	b) Trennung von Anteilseignern und Geschäftsführung 18
1. Kein neuer Typus der Aktiengesellschaft 3	c) Schenkung- und Erbschaftsteuer 19
2. „Klein" an Gesellschaftern 4	d) Familienstämme und Streubesitz 20
3. Mitbestimmung 5	e) Ausschüttungserwartungen der zweiten Generation 21
III. Zum wirtschaftlichen Hintergrund des Gesetzes 7	f) Bekanntheitsgrad des Unternehmens und qualifiziertes Management 22
1. Zugang des Mittelstandes zum Eigenkapitalmarkt 7	**IV. Allgemeine Deregulierung** 23
a) Orientierung an der großen Publikums-AG 7	**V. Kleine AGs betreffende Regelungen im Überblick** 24
b) Kurze Eigenkapitaldecke 8	**VI. Die kleine AG in der Praxis** 25
c) Zwei Schritte zur AG und an die Börse 9	1. Impact Control 25
2. Stärkung des deutschen Finanzplatzes 10	2. Statistik zur kleinen AG 26
3. Koalitionsvertrag für die 14. Legislaturperiode 14	3. Die Motive für die Gründung einer kleinen AG 28
4. Sicherung der Unternehmensunabhängigkeit 15	4. Ergebnis 37
a) Anlehnen an „großen Bruder" 15	

I. Entstehungsgeschichte

1. Vorgeschichte

1 Die Diskussion um eine „kleine" AG hat eine lange Vorgeschichte. Stets stand dabei die Sorge um die Eigenkapitalausstattung unserer mittelständischen Unternehmen im Vordergrund.[1] Die Koalitionsvereinbarung vom Januar 1991 hat die Schaffung eines Gesetzes für kleine Aktiengesellschaften dann aus-

---

[1] Zur Vorgeschichte siehe *Friedewald*, S. 157 ff; *Claussen*, AG 1995, 163, 168 m. w. N. (15 Jahre).

drücklich zur Aufgabe für die 12. Wahlperiode gemacht.[2] Die sogenannte „kleine AG" kam zunächst aber nicht recht voran, weil zur Mitbestimmungsfrage schon innerhalb der Koalitionsfraktionen keine Einigkeit erzielt werden konnte. Es war aber klar: wenn man dem Mittelstand die Aktiengesellschaft schmackhaft machen wollte, mußte man sie auch hinsichtlich der Mitbestimmung der GmbH gleichstellen. Und die GmbH mit weniger als 500 Arbeitnehmern war eben mitbestimmungsfrei, während die Aktiengesellschaft mit Ausnahme reiner Familiengesellschaften immer der Mitbestimmung im Aufsichtsrat unterlag. Erst ganz zum Ende der Wahlperiode löste sich plötzlich der Knoten, als das Vorhaben in den Maßnahmenkatalog des **Aktionsprogramms für mehr Wachstum und Beschäftigung**[3] aufgenommen wurde. Koalitionsinterner Widerstand (Arbeitsministerium) wurde zum Schweigen gebracht. Dann ging alles sehr schnell.

2. Das Gesetzgebungsverfahren

Am 26. Januar 1994 beschloß das Bundeskabinett, den Koalitionsfraktionen einen Entwurf des Justizministeriums als Formulierungshilfe zur Verfügung zu stellen. Dieser Entwurf wurde am 1. Februar 1994 als Initiativantrag eingebracht.[4] Die erste Lesung im Deutschen Bundestag fand schon am 3. Februar statt.[5] Am 20. April veranstaltete der Rechtsausschuß ein Hearing zu dem Entwurf,[6] das überaus große Zustimmung seitens der Wirtschaft und der vertretenen Wissenschaft ergab und Kritik seitens der Gewerkschaften wegen der Mitbestimmung. Die Berichterstatter im Rechtsausschuß, die Abgeordneten *Joachim Gres* (nicht mehr MdB), *Dr. Wolfgang von Stetten* (beide CDU), *Ludwig Stiegler* (SPD), *Detlef Kleinert* (F.D.P., nicht mehr MdB) und der damalige Parlamentarische Staatssekretär im Bundesjustizministerium *Rainer Funke* (F.D.P.) rangen engagiert um eine Einigung in dieser Frage[7] und am 25. Mai konnte der Entwurf in den Ausschüssen abschließend beraten werden.[8] Am 16. Juni 1994 war zusammen mit dem Entwurf zum neuen **Um-**

---

2) Zur Mittelstandspolitik: „Kleineren Unternehmen soll bis zum 1. Januar 1993 der Einstieg in die Aktiengesellschaft durch entsprechende Gesetzesänderungen erleichtert werden (,Kleine Aktiengesellschaft')".
3) Aktionsprogramm für mehr Wachstum und Beschäftigung, BT-Drucks. 12/6625 vom 19. 1. 1994, S. 5.
4) Initiativantrag, BT-Drucks. 12/6721, abgedruckt in der Vorauflage unter D Rz. 287 ff.
5) Plenarprotokoll vom 3. 2. 1994, S. 17969 ff.
6) Zugleich mit dem Umwandlungsrecht, siehe Bericht von *Seibert*, GmbHR 1994, R 34.
7) Dazu *Seibert*, ZIP 1994, 914, 916.
8) Bericht des Rechtsausschusses, BT-Drucks. 12/7848, in der Vorauflage abgedruckt unter D. Rz. 303.

wandlungsrecht zweite und dritte Lesung im Deutschen Bundestag – gerade noch rechtzeitig für die Bundesratssitzung am 8. Juli, auf der der Gesetzwurf zur kleinen AG nur knapp der Befassung durch den Vermittlungsausschuß entging. Das Gesetz ist am 10. August 1994 in Kraft getreten.[9] Es waren mehrere Umstände, die zu diesem ungewöhnlich zügigen Erfolg[10] geführt haben: Die Situation war günstig (die Bundesregierung wollte angesichts sehr negativer Umfrageergebnisse Anfang 1994 Handlungsfähigkeit beweisen), das Thema war günstig (Mittelstand: dem konnte sich auch die Opposition nicht widersetzen), und der Zeitpunkt war günstig (das Ende der Wahlperiode nahte).

II. Zum Begriff „kleine AG"

1. Kein neuer Typus der Aktiengesellschaft

3   Es kann nicht oft genug gesagt werden:[11] Das Gesetz schafft keinen neuen Typus der Aktiengesellschaft. Dieses von *Albach/Lutter* (und anderen)[12] vorgeschlagene Konzept ist nicht aufgegriffen worden, obwohl das Gesetz ansonsten in vielen Punkten auf ihrer Untersuchung basiert. Wir brauchen auch keine zwei[13] oder gar drei selbständige Typen der AG, ebensowenig wie wir eine zweite GmbH benötigen. Es geht vielmehr darum, die Rechtsform der Aktiengesellschaft, die früher am Leitbild der großen Publikumsgesellschaft orientiert war,[14] auch für noch nicht börsennotierte, mittelständische Unternehmen attraktiv zu machen. Zu diesem Zweck sind einige Erleichterungen und Lockerungen für personalistische Aktiengesellschaften geschaffen worden. Dabei bedurfte es bei einigen Regelungen gar keiner ausdrücklichen Abgrenzung zur „großen" AG, da diese sich in der Praxis von selbst ergibt;[15] bei anderen Regelungen wird ausdrücklich danach differenziert, ob die Aktien der Gesellschaft an einer Börse zum Handel zugelassen sind oder nicht. Mit letzteren

---

9) Gesetz für kleine Aktiengesellschaften und zur Deregulierung des Aktienrechts vom 2. 8. 1994, BGBl I, 1961.
10) „Eiltempo" *Heckschen*, DNotZ 1995, 275.
11) Von „Etikettenschwindel" kann man wie *Schaber*, GmbHR 1995, R1, nur sprechen, wenn man die psychologische Wirkung und die Aufbruchstimmung, die die kleine AG erzeugt hat, gründlich mißversteht.
12) *Albach/Lutter*, passim.
13) Wohl anders *Hommelhoff*, zuletzt AG 1995, 529, 535.
14) Zuletzt *Hommelhoff*, ZGR-Sonderband 12, S. 65.
15) Z. B. die Einberufung der Hauptversammlung durch eingeschriebenen Brief kommt von vornherein für Gesellschaften mit großem unübersehbarem Gesellschafterkreis nicht in Betracht; das bedarf keiner gesetzlichen Ausführungen; zur Begriffsbestimmung siehe auch *Bösert*, DStR 1994, 1423.

II. Zum Begriff „kleine AG"

sind typischerweise die Gesellschaften mit überschaubarem Gesellschafterkreis erfaßt; dies können personalistische Gesellschaften, Familien-AGs, Unternehmen im Alleinbesitz der öffentlichen Hand, aber auch Tochtergesellschaften von Konzernen,[16] insbesondere auch mit ausländischen Konzernmüttern, sein. Die Neuregelungen gelten im übrigen nicht nur für die Aktiengesellschaft, sondern über die Verweisungsvorschrift in § 36 VAG auch für den **Versicherungsverein a. G.**[17] und über die Verweisung in § 278 Abs. 3 AktG auch für die **Kommanditgesellschaft auf Aktien**[18].

2. „Klein" an Gesellschaftern

Das Kriterium „kleine AG" darf also nicht so verstanden werden, als ginge es gemessen an Umsatz, Bilanzsumme oder Arbeitnehmerzahl um „kleine" Gesellschaften; die „kleine AG" hat auch nichts zu tun mit den Größenklassen von § 316 Abs. 1 i. V. m. § 267 Abs. 1 HGB. Dort geht es um Rechnungslegungs- und Prüfungspflichten,[19] bei der kleinen AG geht es um die Anteilseignerstruktur. „Klein" ist die kleine AG lediglich hinsichtlich der Zahl ihrer Anteilseigner. Man kann sie auch als „private", „personalistische", als „geschlossene", „börsen-" oder „kapitalmarktferne" AG bezeichnen. 4

3. Mitbestimmung

Allein bei der Mitbestimmung wird auf die Zahl der Beschäftigten (500) abgestellt. Dies rührt daher, daß das Mitbestimmungsrecht auch bei der GmbH diesen Schwellenwert verwendet und die Belastungsdifferenzen der AG gegenüber der GmbH auch in mitbestimmungsrechtlicher Hinsicht abgebaut werden sollten. Typischer- aber nicht notwendigerweise wird es sich aber auch bei den Unternehmen bis 500 Arbeitnehmer oft um Gesellschaften handeln, die als mittelständische Unternehmen, auch was die Gesellschafterstruktur angeht, noch personalistisch geprägt sind. 5

Bildlich gesprochen ist die „kleine AG" nicht die kleine Schwester der großen, sondern es ist dieselbe AG, die nur in weniger förmlichen Verhältnissen sich 6

---

16) Zum Going Public von Konzerntöchtern siehe *Schmitz*, ZKW 1993, 12 ff; *Obermeier*, S. 309 ff.
17) Ausführlich zur Auslegung des versehentlich nicht angepaßten § 36 VAG und zur entsprechenden Anwendung (Einberufung durch eingeschriebenen Brief, Verzicht auf notarielle Beurkundung) siehe *Lorenz*, VersR 1995, 514; § 36 VAG wird bei nächster sich bietender Gelegenheit entsprechend angepaßt werden.
18) Dazu unten *Schüppen*, Rz. 788 ff.
19) Zum Jahresabschluß der mittelgroßen und kleinen AG Übersicht bei *Farr*, AG 1996, 145.

A. Einführung

legerer geben darf. Der Begriff „kleine AG" ist kein fest umrissener Gesetzesbegriff, und er wird auch im Gesetzestext nicht verwendet, sondern ist schlagwortartiges Kürzel für ein ganzes Bündel gesetzgeberischer Ziele, die im folgenden kategorisiert werden.

III. Zum wirtschaftlichen Hintergrund des Gesetzes

1. Zugang des Mittelstandes zum Eigenkapitalmarkt

a) Orientierung an der großen Publikums-AG

7 Die Aktiengesellschaft (einschließlich KGaA)[20] ist die einzige Gesellschaftsform mit Zugang zum Eigenkapitalmarkt (Börse).[21] Unser Aktiengesetz in der Fassung der Aktienrechtsreform 1965 ist aber ganz am Vorbild der großen Publikumsgesellschaft orientiert.[22] Das hat dazu beigetragen, daß der Mittelstand die AG gemieden hat und wir heute (Stand Mitte 2000) ca. 800 000 GmbHs, aber trotz des Erfolges der kleinen AG immer noch nur ca. 7 000 Aktiengesellschaften haben; und nur nur etwas mehr als 1 000 dieser Aktiengesellschaften sind börsengehandelt.[23]

b) Kurze Eigenkapitaldecke

8 Es ist zwar in der Wirtschaftswissenschaft umstritten, welche Eigenkapitalausstattung für ein Unternehmen die richtige wäre. Soviel dürfte aber gesichert sein: Erstens ist die Eigenkapitalausstattung deutscher Unternehmen insge-

---

20) Zur AG und dabei mitgemeint auch die KGaA, die sich u. a. mit den Emissionen von eff-eff Fritz Fuss und Merck, Darmstadt, als börsenfähige Rechtsform für Familiengesellschaften in Erinnerung gebracht hat, siehe die umfassende Darstellung von *Sethe*, Die personalistische Kapitalgesellschaft mit Börsenzugang; ferner *Ladwig*, DStR 1996, 800; *Kallmeyer*, GmbHR 1995, 888. Zum wirtschaftlichen Hintergrund des Vorhabens siehe auch *Lutter*, AG 1994, 429, *Hahn*, DB 1994, 1659; *Seibert*, ZIP 1994, 247 ff; ferner (jeweils mit Überblick über die Neuregelungen) *Planck*, GmbHR 1994, 501.
21) Überlegungen, die Anteile an GmbHs und Personenhandelsgesellschaften börsenhandelbar zu machen, waren zwar immer wieder Gegenstand der politischen Diskussion, sind aber zu Recht nicht weiter gediehen, dazu etwa *Hommelhoff* (zu den Vorschlägen der Kommission „Zweiter Börsenmarkt"), ZHR 153 (1989), 181; *Ziegler*, Rpfleger 1992, 414; *Wiesner*, WM 1988, 1841, 1842; *Claussen*, DBW 51 (1991), 183, 191; *Karsten Schmidt*, JZ 1984, 771, 778; *Lutter*, GmbHR 1990, 377, 378; zum Ganzen auch *Kecker*, passim.
22) Allgemeine Begründung zum Regierungsentwurf des Aktiengesetzes 1965, BT-Drucks. IV/171, S. 94; dazu auch *Lutter*, in: Festschrift Vieregge, S. 603; *U. H. Schneider*, ZHR 142 (1978), 228, 236; *Friedewald*, S. 3 und passim; zur Situation in der Schweiz: *Druey*, AG 1995, 545, 548, wo ebenfalls das Leitbild der Publikumsgesellschaft gilt: „99,5 % aller AGen werden atypisch genannt".
23) Kritisch dazu auch *Kübler*, AG 1994, 141.

samt im internationalen Vergleich gering,[24] und zweitens ist sie speziell bei GmbHs und Personenhandelsgesellschaften tendenziell schlechter als bei Publikums-AGs.[25] Eine unzureichende Eigenkapitalausstattung hemmt aber die Investitionstätigkeit, verhindert damit Wachstum und macht krisenanfälliger.

c) Zwei Schritte zur AG und an die Börse

Ziel des Gesetzes war es daher, den breiten Strom des Mittelstandes zumindest teilweise „in die AG umzulenken". Befinden sich aber erst einmal mehr Unternehmen dort, so die Erwartung, werden einige über kurz oder lang auch dem „Charme des Going Public" (auch IPO – Initial Public Offering – genannt) erliegen. Natürlich kann man die Umwandlung in die AG auch unmittelbar vor dem Börsengang vollziehen. Dennoch ist es für den Mittelständler durchaus sinnvoll, Umwandlung und Börsengang zeitlich zu strecken. Beide Schritte stellen tiefe Einschnitte im Leben eines Unternehmens und Unternehmers dar.[26] Das Gesetz zielt daher gerade auf die noch nicht börsennotierte AG, die sich noch in der Zwischenphase vor dem Börsengang befindet. Man sollte dies nicht als „Aktiengesellschaft zum Üben" oder „zum Aufwärmen" belächeln. Erstens macht diese Übergangsphase durchaus Sinn und zweitens ist der spätere Börsengang nicht der einzige Grund für den Wechsel in die AG – das beweist schon das Verhältnis der börsennotierten zur Gesamtzahl der Aktiengesellschaften.

9

2. Stärkung des deutschen Finanzplatzes

Die Zunahme börsengehandelter Unternehmen dient zugleich dem Finanzplatz Deutschland.[27] Eine Verlängerung des deutschen Börsenzettels – in allen drei Marktsegmenten[28] einschließlich Neuer Markt – führt zur Belebung des deutschen Kapitalmarktes und zur Stärkung des Finanzplatzes. Nach Untersu-

10

---

24) Und zwar auch unter Berücksichtigung der unterschiedlichen Bewertungs- und Erfassungsmethoden; vgl. *Kübler*, AG 1981, 5, 7; *Claussen*, DBW 51 (1991), 183 ff; zuletzt *Blanke*, BB 1994, 1505 m. w. N., und *Hansen*, GmbHR 1996, 327, mit statistischen Material; ausführlich zur Situation bei Familiengesellschaften *Jeschke*, in: Unternehmenshandbuch Familiengesellschaften, S. 170 f.
25) *Kübler,* AG 1981, 5, 7.
26) So auch das Hearing des Rechtsausschusses des Deutschen Bundestages, Bericht GmbHR 1994, R 34 f.
27) Zu Marktenge und zu geringem Angebot deutscher Aktien *Claussen*, AG 1991, 10, 17 f, siehe auch *Fritsch*, passim.
28) Im amtlichen Handel wurden Mitte 2000 ca. 600 Aktienwerte gehandelt, im geregelten Markt (ohne Neuen Markt) ca. 100, im Neuen Markt ca. 300 (davon 50 ausländische Gesellschaften) und im Freiverkehr 18 500 Dividendentitel (ganz überwiegend ausländische Werte); vgl. zur Statistik www.exchange.de.

chungen der Deutschen Bank AG sind mittelfristig ca. 1 500 bis 2 000 deutsche Unternehmen als mögliche Börsenkandidaten einzustufen.[29] Schon der Börsengang nur eines Teils davon würde den deutschen Effektenhandel deutlich interessanter machen. Dabei ist klar, daß das Gesetz für kleine Aktiengesellschaften nur ein Mosaikstein in einem Gesamtbild sein kann und sein soll. Damit unsere mittelständischen Unternehmen an die Risikokapitalmärkte gehen, muß an vielen Punkten angesetzt werden:

11 (1) Die Schwelle zum Wechsel in die börsengängige Rechtsform der AG ist abzubauen: Dazu dienen das Gesetz für kleine Aktiengesellschaften und das Umwandlungs- und Umwandlungssteuerrecht. Der nächste Schritt wäre, den Börsengang selbst für die Unternehmen attraktiver zu machen: Dazu bedarf es z. B. des Abbaus der bewertungsrechtlichen Diskriminierung des Going Public.[30] Mit der Abschaffung der Vermögensteuer ist diese Forderung jedenfalls zu einem wesentlichen Teil erfüllt.

12 (2) Weiter ist bei den Finanzintermediären anzusetzen. Hier hat der erheblich schärfere Wettbewerb unter den Emissionshäusern schon deutliche Besserung gebracht. Demselben Ziel dient u. a. auch die Umsetzung der Wertpapierdienstleistungsrichtlinie.[31] Mit der Auflegung des „Neuen Markts" am 17. März 1997 ist der Gedanke der kleinen AG in idealer Weise fortgeführt worden. Bis März 1999 waren 70 Wachstumsunternehmen mit einer Gesamtkapitalisierung von über 40 Mrd. DM in diesem Segment notiert, und Mitte 2000 tummelten sich dort schon 300 Werte! Sie kommen aus dem Fundus der in den letzten Jahren gegründeten und umgewandelten kleinen AGs.

13 (3) Zuletzt muß man sich auch der Nachfrage nach Aktien zuwenden: Die Einführung der Fünfmarkaktie und die weitere Herabsetzung des Nennbetrags auf einen Euro haben hierzu beigetragen; die Telekom-Privatisierung hat wie eine Initialzündung auf das Anlageverhalten der Deutschen gewirkt. Die verbreitete Einsicht, daß eine zusätzliche private Altersversorgung in Produktivkapital sinnvoll ist, tut das Ihre ebenso wie die mangelnden Anlagealternativen dank langjährig niedriger Zinsen.

---

29) Das Institut der deutschen Wirtschaft hält eine Umwandlung in die kleine AG für alle Mittelständler ab 10 Mio. DM Umsatz für interessant und beziffert diese auf 61 000, iwd 1996, Nr. 16, S. 7.
30) Antwort des Parlamentarischen Staatssekretärs Rainer Funke vom 9. 3. 1995, BT-Drucks. 13/841, S. 10.
31) Gesetz zur Umsetzung von EG-Richtlinien zur Harmonisierung bank- und wertpapieraufsichtsrechtlicher Vorschriften (Sechste KWG-Novelle) vom 22. 10. 1997, BGBl I, 2518.

III. Zum wirtschaftlichen Hintergrund des Gesetzes

3. Koalitionsvertrag für die 14. Legislaturperiode

Dies sind nur einige bereits eingefügte oder noch weiter zu ergänzende Mosaiksteine, die alle zur stärkeren Kapitalmarktorientierung unserer Unternehmen und zur Verbesserung der Börsenkultur in Deutschland führen sollen. Dies wird auch für die neue Bundesregierung ein wichtiges Thema bleiben. Der Koalitionsvertrag für die 14. Legislaturperiode macht sich ausdrücklich „die entschlossene Fortführung der Finanzmarktgesetzgebung" zum Ziel: „Der Finanzplatz Deutschland soll auch in Zukunft international wettbewerbsfähig sein". Möglichst noch im Jahre 2000 soll der Entwurf eines Vierten Finanzmarktförderungsgesetzes vorgelegt werden, und der Entwurf für ein deutsches Übernahmerecht[32] ist bereits Mitte 2000 vorgestellt worden. 14

4. Sicherung der Unternehmensunabhängigkeit

a) Anlehnen an „großen Bruder"

Es gab aber noch weitere Gründe, die AG dem Mittelstand in Erinnerung zu rufen. Da der AG der Weg an die Börse grundsätzlich offensteht, ist sie weniger konzentrationsanfällig. Wollen oder müssen die Alteigentümer sich von Anteilen trennen (z. B. zur Entrichtung von Erbschaftsteuer) oder können sie Kapitalerhöhungen für notwendiges Wachstum nicht aus der Privatschatulle aufbringen, so bleibt bei der GmbH und ähnlich auch bei der Personenhandelsgesellschaft häufig nur der Verkauf des Ganzen oder der Mehrheit.[33] Nicht immer bietet sich ein MBO/MBI als Lösung an. Oft bleibt nur der Verkauf von Anteilen an einen größeren Mitbewerber. Nicht ohne Grund fürchten die Altgesellschafter dann, über kurz oder lang aus ihrem Unternehmen herausgedrängt zu werden. Ein Markt für Minderheitsbeteiligungen hat sich nicht im wünschenswerten Umfang gebildet.[34] Denkbar ist die Aufnahme einer Vermögensbeteiligungsgesellschaft. Auch für **Beteiligungsgesellschaften** und private Kapitalgeber bietet die kleine AG durchaus Vorteile gegenüber anderen Rechtsformen: Die Aktie ist leichter fungibel und für den späteren Ausstieg aus dem Investment (sogenanntes Exit) bietet sich ein Börsengang als eine verlockende Möglichkeit an (insbesondere Neuer Markt). 15

---

32) Diskussionsentwurf eines Gesetzes zur Regelung von Unternehmensübernahmen, Stand: 29. 6. 2000, abrufbar über: www.bundesfinanzministerium.de.
33) *Lutter*, AG 1994, 429: Anlehnen an „großen Bruder".
34) *Müller-Stevens/Roventa/Bohnenkamp*, S. 31 ff.

A. Einführung

b) **Erhaltung des Lebenswerks**

16 Völlig anders als beim Einstieg eines großen, industriellen „Partners" sieht die Situation freilich nach einem Börsengang aus: Die börsennotierte AG bietet die Möglichkeit des „**Abschieds auf Raten**". Nach und nach können einzelne Altgesellschafter ausscheiden oder ihren Anteil langsam abschmelzen (z. B. indem sie sich an Kapitalerhöhungen nicht beteiligen oder zum Zwecke ratsamer **Vermögensdiversifikation** einige Anteile abgeben, um wirtschaftlich von der Gesellschaft unabhängiger zu werden).[35] Dieser Vorgang kann sich über einen langen Zeitraum erstrecken und unter Umständen auch nur einzelne Familienstämme betreffen. Die Unabhängigkeit des Unternehmens kann dadurch länger gesichert werden, und gesamtwirtschaftlich gesehen kann dies dem Konzentrationsprozeß und dem Trend zum Aufgehen des Mittelstandes in Konzernen etwas entgegensetzen. Nur zwei Drittel der von Einzelpersonen gegründeten Unternehmen überdauern die zweite und gar nur 13 % die dritte Generation.[36] Börsennotierte Unternehmen zeigen sich demgegenüber als äußerst langlebig und weniger übernahmeanfällig. Es klingt paradox: Ausgerechnet der Wechsel in die AG und der spätere Börsengang können ein Weg sein, das unternehmerische Lebenswerk über die nächste Generation hinaus zu bewahren!

5. AG als Rechtsform-Alternative im Generationswechsel

a) Familiengesellschaft in der zweiten Generation

17 Die Aktiengesellschaft kann aber auch unabhängig von einem eventuellen späteren Börsengang für mittelständische Unternehmen eine sinnvolle Rechtsform-Alternative sein.[37] Zu denken ist dabei u. a. an die Familiengesellschaften in der zweiten Generation. Im deutschen Mittelstand ist ein gewaltiger Generationswechsel im Gange. Die Gründergeneration der Nachkriegszeit tritt nach und nach ab.[38]

---

35) *Jeschke*, in: Unternehmenshandbuch Familiengesellschaften, S. 173.
36) *Sigle*, in: Festschrift Rowedder, S. 459.
37) Siehe auch *Hommelhoff*, ZGR-Sonderband 12, S. 65, 69; *v. Rosen*, ZKW 1995, 374, 376; *Jeschke*, in: Unternehmenshandbuch Familiengesellschaften, S. 173 ff.
38) Die Zahlenangaben gehen weit auseinander (vgl. *Schawilye/Gaugler/Keese*, S. 10), z. B. von ca. 700 000 bis Ende des 20. Jahrhunderts, davon ca. 60 000 mittlere Unternehmen (Umsatz zwischen 5 und 10 Mio.), siehe *Gösche*, Handelsblatt vom 2. 5. 1995, Nr. 84 (Quelle: Statistisches Bundesamt); Schätzung von Prof. Gerke: 300 000 Unternehmen.

III. Zum wirtschaftlichen Hintergrund des Gesetzes

b) Trennung von Anteilseignern und Geschäftsführung

Während die GmbH und die Personengesellschaft mit ihrer sehr starken Betonung des Einflusses der Gesellschafterversammlung besonders geeignet ist für Gesellschaften, in denen die Anteilseigner ganz oder überwiegend unternehmerisch engagiert sind, weist die Aktiengesellschaft strukturelle Vorteile für den Fall auf, daß unternehmerische Qualifikation oder Engagement nur noch bei einzelnen Aktionären oder gar nicht mehr vorhanden ist. Hier können das Dreiorganemodell der AG und die klare Trennung von Anteilseignern und Geschäftsführung negative Auswirkungen interner Differenzen unter den Anteilseignern auf die Verwaltung vermeiden und die Handlungsfähigkeit der Gesellschaft sichern. Man kann zwar auch bei der GmbH oder anderen Rechtsformen mit erheblichem kautelarjuristischen Aufwand ähnliche Vorkehrungen treffen: Aber weshalb nicht die Rechtsform wählen, die diese Strukturvorteile schon von Haus aus mitbringt? Warum die Kopie nehmen, wenn man auch das Original haben kann? 18

c) Schenkung- und Erbschaftsteuer

Damit ist die Rechtsform der AG auch ohne Börse eine interessante Alternative. Ein Börsengang ist bei Familiengesellschaften aus steuerlichen Gründen (wegen der Bewertung der Schenkung- und Erbschaftsteuer am Börsenkurs) ohnehin erst nach möglichst weitgehend vollzogenem Generationswechsel anzuraten. Schließlich gelingt es nur wenigen, in der Baisse zu sterben. Das bedeutet, daß vor dem Börsengang die Möglichkeit vorweggenommener Erbfolge durch Anteilsschenkung auf die nächste oder gar übernächste Generation geprüft werden sollte. Für den Verbleib der Dividendenrechte können Nießbrauchkonstruktionen sorgen.[39] Der Verbleib des Stimmrechts beim Schenker ist wegen des Abspaltungsverbots (kein Stimmrecht ohne Mitgliedschaft) unter Umständen im Wege von Rückbevollmächtigungen zu erreichen. Vor Umwandlung insbesondere von der Personenhandelsgesellschaft in die AG ist wegen der erbschaftsrechtlichen und -steuerlichen Folgen, die in jedem Fall anders liegen können, ohnehin fachkundiger Rat zu empfehlen.[40] Die steuerliche Verstrickung sogenannter „einbringungsgeborener Aktien" z. B. kann Jahre später sehr teuer werden. 19

---

39) *Schiffer*, in: Unternehmenshandbuch Familiengesellschaften, S. 509.
40) Siehe auch ausführlich unten *Kiem*, Rz. 201 ff.

A. Einführung

d) Familienstämme und Streubesitz

20 Auch wenn man den Börsengang also erst für die fernere Zukunft ins Auge faßt, so ist doch die grundsätzliche Möglichkeit des Going Public zu gegebener Zeit ein klarer Vorteil der AG. Durch einen Börsengang können auch Pattsituationen unter den Familienstämmen aufgelöst werden. Ein Verkauf von Anteilen von einem Stamm an den anderen wird mitunter als psychologisch schwierig empfunden. Die freien Aktionäre bringen die Aktionärsstruktur in Bewegung. Die Altaktionäre können zukaufen oder abschmelzen, wobei freilich durch Marktschutzklauseln (in Poolverträgen) ein unkontrolliertes Abgeben in den Markt durch die Altaktionäre vermieden werden sollte. Es kann auch ein Solidarisierungseffekt eintreten. Altaktionäre können sich plötzlich gezwungen sehen, wieder an einem Strang zu ziehen, wenn die freien Aktionäre in der Hauptversammlung sonst den Ausschlag geben könnten. Nicht zuletzt wirkt es auch befriedend, wenn Altaktionäre im Rahmen des Börsengangs einen kleinen Teil ihrer Aktien abgegeben haben und dadurch ihre existentielle Abhängigkeit von dem Unternehmen abnimmt.

e) Ausschüttungserwartungen der zweiten Generation

21 Lenken die Gründer noch die Geschicke der Gesellschaft, so begnügen sie sich oft mit den Geschäftsführerbezügen und betreiben eine zurückhaltende Ausschüttungspolitik. Das Unternehmen kann durch Innenfinanzierung ausreichend wachsen. In der zweiten Generation ernährt sich häufig ein größerer Gesellschafterkreis vom gemeinsamen Kuchen. Die Erben, die nicht im Unternehmen mitarbeiten, sind zudem teilweise oder ganz von den Ausschüttungen zur Bestreitung ihres Lebensunterhaltes abhängig, was den Ausschüttungsdruck erhöht. Will das Unternehmen nicht rasch an Wachstumsgrenzen stoßen, so muß es auf Eigenkapital von außen zugreifen.[41]

f) Bekanntheitsgrad des Unternehmens und qualifiziertes Management

22 Zudem ist die AG (und vor allem die börsennotierte) auch leichter in der Lage, qualifiziertes Fremdmanagement zu gewinnen. Das liegt an der unabhängigeren Stellung des Vorstands – aber auch, was nicht zu unterschätzen ist, an dem höheren Prestige,[42] das mit einer Vorstandsposition bei einer AG gegenüber der Geschäftsführerfunktion bei der GmbH oder gar der Prokuristen-Stellung

---

41) Vgl. auch *Sigle*, in: Festschrift Rowedder, S. 459, 468.
42) So auch *Dehmer*, WiB 1994, 753, 755; nicht zu unterschätzen: nach Umfragen legen Ehefrauen großen Wert auf die Titulierung des Mannes als „Vorstand".

bei einer KG verbunden ist. Ein ganz wesentlicher Vorteil kann auch die Steigerung des Bekanntheitsgrades des Unternehmens durch den Börsengang sein, was sich als Unterstützung des Marketing für die Produkte, aber auch zur Erleichterung von Kooperationen, Übernahmen, Lizenznahmen etc. positiv auswirken kann.

IV. Allgemeine Deregulierung

Nach den Worten von *Lutter*[43]) hat mit dem Gesetz eine historische Weichenstellung im deutschen Gesellschaftsrecht stattgefunden: Erstmals wird zwischen der börsennotierten und der kapitalmarktfernen, der „geschlossenen" und der „anonymen" Gesellschaft unterschieden. Innerhalb des Aktienrechts wird eine neue Trennlinie je nach Börsenzugang gezogen.[44]) Damit nähert sich das deutsche Gesellschaftsrecht zugleich dem anglo-amerikanischen Gesellschaftsrecht an, das zwischen „private" und „public limited company by shares" unterscheidet. Die Weiche ist mit dem Gesetz für kleine Aktiengesellschaften gestellt worden und der Gesetzgeber ist mit dem Gesetz zur Kontrolle und Transparenz im Unternehmensbereich (KonTraG) auf dieser Schiene weitergefahren.[45]) In der Corporate Governance-Reform ist jede Regelung daraufhin untersucht worden, ob sie nur für börsennotierte oder für alle AGs gelten soll. Die Zahl der Regelungen, die zwischen kleiner AG und Börsen-AG unterscheiden, wird weiter zunehmen. Der Entwurf eines Namensaktiengesetzes[46]) führt dieses Konzept ebenfalls weiter. Über den inhaltlichen Ansatz der „kleinen AG" hinaus markiert das Gesetz die Abkehr vom Gesetzesperfektionismus früherer Jahre.[47]) Es enthält eine Reihe von Vereinfachungen für alle Aktiengesellschaften oder sogar nur für Publikums-AGs, es ist aber auch in seinen Formulierungen einfach und schlank gefaßt.[48]) Damit wird freilich

23

---

43) *Lutter*, AG 1994, 429, 430; *Claussen*, AG 1995, 163, 171, sieht das Ende der Typenlehre eingeläutet.
44) So schon Begründung zum Initiativentwurf, BT-Drucks. 12/6721, abgedruckt in der Vorauflage unter D. Rz. 290.
45) Gesetz zur Kontrolle und Transparenz im Unternehmensbereich (KonTraG) vom 27. 4. 1998, BGBl I, 786; ausführlich *Ernst/Seibert/Stuckert*, KonTraG – KapAEG – StückAG – EuroEG, Textausgabe mit Einführung, 1998.
46) Regierungsentwurf eines Gesetzes zur Namensaktie und zur Erleichterung der Stimmrechtsausübung (Namensaktiengesetz – NaStraG), Stand: 10. 5. 2000, BR-Drucks. 308/00; Text und Begründung im Internet: www.rws-verlag.de/volltexte sowie – nebst einer Einführung von *Seibert* – in ZIP 2000, 937.
47) Siehe *Hommelhoff*, ZGR-Sonderband 12, S. 65, 66.
48) Dies lobt *Martens*, ZIP 1994, 669, 674; *Zöllner*, AG 1994, 336, 341, spricht von „Nonchalance", was durchaus als Kompliment zu begreifen ist.

A. Einführung

manches der Rechtsprechung und der Wissenschaft überlassen. Ein alle Fragen beantwortendes Gesetz ist aber ohnehin Illusion.

V. Kleine AGs betreffende Regelungen im Überblick

24 Aufgeführt werden die Erleichterungen durch das Gesetz für kleine Aktiengesellschaften und das KonTraG. Für börsennotierte AGs darüber hinaus geltende Auflagen aus dem Börsenrecht sind nicht zusätzlich erwähnt.

- Definition der börsennotierten Gesellschaft im Aktiengesetz (§ 3 Abs. 2 AktG),
- Zulassung der Einpersonengründung (§§ 2, 36 Abs. 2 AktG),
- Ausschluß des Anspruchs der Aktionäre auf Verbriefung der Aktien durch die Satzung (gilt freilich für alle AGs, § 10 Abs. 5 AktG),
- keine verkürzte Amtszeit der Arbeitnehmervertreter im Aufsichtsrat bei der Sachgründung (§ 31 Abs. 5 AktG),
- keine Einreichung des Gründungsprüferberichts bei der IHK (§§ 34, 37 Abs. 4, § 40 AktG),
- größere Satzungskompetenz der Aktionäre bezüglich der Gewinnverwendung (§ 58 Abs. 2 AktG),
- der Aufsichtsrat muß nicht – wie bei börsennotierten AGs – viermal im Jahr, sondern nur zweimal tagen (§ 110 Abs. 3 AktG),
- Einberufung der Hauptversammlung mittels eingeschriebenen Briefs (§ 121 Abs. 4 AktG) und nicht durch Veröffentlichung im Bundesanzeiger,
- Verzicht auf sämtliche Einberufungsformalien bei Vollversammlung (§ 121 Abs. 6 AktG),
- keine zwingenden zusätzlichen Angaben zum Aufsichtsrat im Anhang zum Jahresabschluß und bei Wahlvorschlägen (anders: börsennotierte AGs, § 285 Nr. 10 HGB, § 125 Abs. 1 AktG),
- Verzicht auf Notar bei Routine-Hauptversammlungen (§ 130 Abs. 1 AktG),
- kein Verbot von Höchststimmrechtsregelungen in der Satzung (anders: börsennotierte AGs, § 134 Abs. 1 AktG),
- keine zusätzlichen Angabepflichten für Bericht des Aufsichtsrats (anders: börsennotierte AGs, § 171 Abs. 2 AktG),

- keine zusätzlichen Beschränkungen für wechselseitige Beteiligungen (anders: börsennotierte AGs, § 328 Abs. 3 AktG),
- keine zusätzlichen Angaben über Beteiligungsbesitz im Anhang zum Jahresabschluß (anders: börsennotierte AGs, § 285 Nr. 11 HGB),
- keine Kapitalflußrechnung und Segmentberichterstattung im Konzernanhang (anders: börsennotierte AGs, § 297 Abs. 1 AktG),
- keine Prüfung des Frühwarnsystems nach § 81 Abs. 2 AktG durch den Abschlußprüfer (anders: amtlich börsennotierte AGs, § 317 Abs. 4 HGB),
- Freistellung von der Unternehmensmitbestimmung bei AGs unter 500 Arbeitnehmern (§ 76 BetrVG 1952).

VI. Die kleine AG in der Praxis

1. Impact Control

Wie hat die Praxis das Gesetz angenommen? Die „Impact Control" ist erschwert, da die amtliche Statistik der Kapitalgesellschaften beim Statistischen Bundesamt vor einigen Jahren eingestellt worden ist. Zahlenmaterial kann durch Auswertung der Zentralhandelsregisterbeilage des Bundesanzeigers gewonnen werden, die auch auf CD-ROM vertrieben wird. Ferner führt die Deutsche Bundesbank eine interne Wertpapierstatistik.[49] Um Klarheit zu gewinnen, hat die Bundesregierung eine Untersuchung durch das Institut für Mittelstandsforschung der Universität Mannheim in Auftrag gegeben. Diese sehr aufschlußreiche Untersuchung ist 1999 veröffentlicht worden;[50] die folgenden Zahlenangaben beruhen weitgehend auf dieser Studie.

2. Statistik zur kleinen AG

Danach ergibt sich folgendes Bild: Die Aktiengesellschaft fiel zahlenmäßig gegenüber der GmbH immer weiter zurück – Ende 1993 waren es 3 350! Mit dem Gesetz für kleine Aktiengesellschaften hat der Gesetzgeber diesen Trend umgekehrt. Im Jahr 1994 sind ca. 224 Neueintragungen von Aktiengesellschaften, im Jahr 1995 ca. 334 und 1996 etwa 500 veröffentlicht worden (nur Neueintragungen von Hauptniederlassungen, Sitzverlegungen eliminiert, Zahlen ohne KGaA). Ende 1998 war die Zahl der Aktiengesellschaften auf über

---

49) Erste Erhebung bei *Seibert*, AG 1996, Sonderheft, S. 15–19.
50) *Schawilye/Gaugler/Keese*, passim.

5 468 angestiegen![51] Etwa ein Drittel dieser Gesellschaften ist durch Umwandlung, der Rest durch Neugründung entstanden. Von den durch Umwandlung entstandenen AGs kamen ca. 70 % aus der GmbH, ca. 9 % aus der GmbH und Co. KG, 9 % aus Einzelunternehmen und der Rest aus anderen Rechtsformen. Die meisten neuen AGs hatten nur einen (ca. 30 %) oder zwei (ca. 18 %) Aktionäre und nur ca. 28 % hatten mehr als fünf Aktionäre. Von der Möglichkeit der Einpersonengründung wurde also reger Gebrauch gemacht, und zwar sowohl von natürlichen Personen, wie auch bei Gründung von Tochtergesellschaften durch juristische Personen. Etwa ein Drittel aller neuen AGs wies das gesetzliche Mindestgrundkapital von 100 000 DM (jetzt 50 000 Euro) aus, mehr als 10 Mio. DM brachten nur ca. 13 % auf. Ein niedriges Grundkapital bedeutete aber nicht immer auch niedrige Umsätze.[52] Gegenüber früheren Jahren hat nach Inkrafttreten des Gesetzes für kleine Aktiengesellschaften insbesondere der Anteil der Unternehmen mit mittlerem Umsatz zugenommen (1 bis 25 Mio. DM). Aus dem verarbeitenden Gewerbe kamen ca. 20 %, aus dem Handel ca. 10 %, aus dem Grundstücks- und Wohnungswesen 11 %, aus Kreditinstituten 10 %, aus der Datenverarbeitung und Datenbanken 10 %, aus Dienstleistungen 21 %, aus Verkehr und Nachrichtenübermittlung 5 %.

27 Relativ zum bisherigen Bestand unserer Aktiengesellschaften ist das eine sehr erfreuliche Belebung, die sich auch im Jahr 2000 fortsetzt. Die Aktiengesellschaft erlebt eine Renaissance.

3. Die Motive für die Gründung einer kleinen AG

28 Zwar ist jede neugegründete Aktiengesellschaft definitionsgemäß zunächst eine kleine AG, die nackten Zahlen lassen freilich nicht erkennen, aus welchen Gründen die Aktiengesellschaft als Rechtsform gewählt wurde. Eine ganze Reihe von Gesellschaften ist kurz nach der Umwandlung an die Börse gegangen, diese Gesellschaften haben damit nur kurze Zeit von den Deregulierungen für kleine AGs profitiert. Bei den übrigen Gesellschaften kann die Motivforschung anhand von Presseäußerungen betrieben werden, die sich aber naturgemäß nur bei den größeren Gesellschaften finden. Auch hier hat die Studie der Universität Mannheim wertvolle Erkenntnisse gebracht.

29 In früheren Auflagen dieses Buchs waren noch zahlreiche Gesellschaften mit den von ihnen geäußerten Motiven namentlich genannt worden. Die Zahl der

---

51) *Hansen*, AG 1999, R 122, R 124. Mitte 2000 dürfte die 7 000 überschritten sein.
52) *Schawlye/Gaugler/Keese*, S. 42.

kleinen AGs hat mittlerweile aber so zugenommen, daß das nicht mehr sinnvoll ist. Es soll aber beispielhaft eine typische Pressemeldung aus der letzten Zeit wiedergegeben werden. Sie steht für viele, die mit geringfügigen Varianten immer wieder zu lesen sind und einen grundlegenden Umdenkensprozeß im Mittelstand signalisieren:

> „**Börsengang ins Auge gefaßt**
>
> Um sich fit für die Zukunft und den Generationswechsel zu machen, will sich die Klaus Steilmann GmbH & Co. KG, Bochum-Wattenscheid, ein neues Gesicht verpassen. Geplant ist eine Holdingstruktur. Die Dach-Gesellschaft des Bekleidungsherstellers soll eine Familien-AG werden. Hatte Firmenchef Klaus Steilmann (69) bislang einen Gang an die Börse kategorisch abgelehnt, wird dies jetzt ausdrücklich ‚zu einem späteren Zeitpunkt' in Betracht gezogen. Fremdmanager im Vorstand gelten nicht mehr als Tabu. Hintergrund der Umbaupläne ist der nach Meinungsverschiedenheiten über die künftige Firmenstrategie erfolgte Ausstieg der ältesten Steilmann-Tochter Britta, die als Nachfolgerin des Firmenchefs galt."[53]

Diese Meldung eines – freilich großen und bekannten – Mittelständlers, enthält aber praktisch alle Beweggründe, die immer wieder genannt werden und die sich in folgende sechs Gruppen zusammenfassen lassen:

(1) Größere Mittelständler, die in die AG wechseln, um mittel- oder längerfristig an die Börse zu gehen oder sich zumindest die Option der Börse zu eröffnen

Kurz oder mittelfristig wollen 23 %, langfristig 15 % an die Börse gehen. Keine Börsenabsicht äußerten 25 %, und 36 % hatten dazu noch keine Vorstellung. Es braucht nicht unbedingt die deutsche Börse zu sein, auch die NASDAQ wurde verschiedentlich angepeilt. Das hat allerdings nachgelassen: Nach Einführung des Neuen Markts gibt es nun aber auch in Deutschland ein für High-Tech-Unternehmen höchst attraktives und liquides Segment.

(2) Mittelständler, die, ohne eine Börsenabsicht zu äußern, außerbörslich ihren Anteilseignerkreis vergrößern wollen.

Solche Absichten haben eine ganze Reihe von Unternehmen geäußert, in erster Linie, um Mitarbeiter oder das Management zu beteiligen, ferner um Anteile ihren Kunden anzubieten (Motiv: Kundenbindung). Aber auch in anderen Konstellationen wurde die leichtere Fungibilität der Aktien gegenüber dem GmbH-Anteil als Vorteil gesehen, so z. B. bei einigen Golf-Clubs (Mitglieder werden Aktionäre) und einer privaten Universität (Nordakademie AG), wo die privaten Förderer Aktionäre werden sollen.

---

53) Handelsblatt vom 30. 3. 1999, S. 14.

A. Einführung

33 (3) Familiengesellschaften

Etwa ein Drittel der neuen AGs sind Familiengesellschaften. Hier wurden häufig folgende Motive geäußert: Trennung von Management und Geschäftsführung im Hinblick auf eine Nachfolgeregelung, Unabhängigkeit der Gesellschaft von familiären Nachfolgeregelungen, Vorbereitung auf Aufnahme von Fremdmanagement usw. In ähnliche Richtung argumentierten einige Unternehmen, die auf die größere Unabhängigkeit vom Anteilseigner (z. B. Land oder Bund) abhoben.

34 (4) Holdinggesellschaften

Sehr häufig wurde von der AG zur Bildung von Holdinggesellschaften Gebrauch gemacht.

35 (5) Tochtergesellschaften

20 % der untersuchten neuen AGs waren Tochtergesellschaften. Die Struktur der neugegründeten Tochtergesellschaften in der Rechtsform der AG ist differenziert: Banken und Versicherungen bevorzugen traditionell die AG oder nehmen sie, weil sie vom Gesetz (§ 7 Abs. 1 VAG) in der Rechtsformwahl beschränkt sind. In Betracht kommt die AG-Tochter für einen beabsichtigen Börsengang (Spin-off).[54] Auch ausländische Mütter haben verschiedentlich für ihre deutsche Niederlassung die AG gewählt, obwohl sie dort nur über einen Beherrschungsvertrag das weitgehende Weisungsrecht des GmbH-Gesellschafters haben.

36 (6) Wahl der AG aus Image-Gründen

Größere Unternehmen wählen die AG mitunter, weil sie ein ihrer Größe und Reputation entsprechendes Rechtskleid wünschen. Es gibt aber auch zahlreiche kleine und neue Unternehmen, die die AG gewählt haben. Die Motivforschung hat ergeben, daß Image- und Public-Relations-Gründe ein besonderes Gewicht hatten.[55] Natürlich ist mit der AG ein höheres Renommee verbunden. Dies gilt sowohl für die handelnden Personen (Vorstand, Aufsichtsrat), wie auch für das Unternehmen als Ganzes, das den Anschein von Seriosität und Größe als Vorteil im Wettbewerb einsetzen mag. Das war nicht die erste Zielsetzung des Gesetzgebers, wurde aber in Kauf genommen. Branchenschwerpunkte solcher Unternehmen liegen offenbar in der Immobilien- und Vermögensverwaltung, Finanzdienstleistung und Baubetreuung. Auch wirtschaftsnahe Freiberufler (Unternehmensberater, Wirtschaftsprüfer) wählen gerne die

---

54) Siehe dazu auch *Picot*, passim.
55) *Schawilye/Gaugler/Keese*, S. 71.

AG. Ein großer Teil neuer AGs stammt aber auch aus den sogenannten TMT-Bereichen High-Tech, Software, Hardware, Telekommunikation und Multimedia und neuerdings auch Internet, wo die AG möglicherweise ein besonders dynamisches und wachstumsorientiertes Image hat. Die Rechtsform verrät hier, daß man hoch hinaus will und sich das auch zutraut. Die GmbH oder gar die GmbH & Co. KG wird hier fast schon als Mangel an Wachstumsphantasie betrachtet.

4. Ergebnis

Die empirische Sichtung zeigt, daß der Gesetzgeber mit seinen Vorstellungen ins Schwarze getroffen hat. Die AG, die natürlich nicht für jedes Unternehmen in Betracht kommt, hat für ganz bestimmte Zielgruppen spezifische Vorteile, was von diesen auch verstanden und aufgenommen worden ist. Die gesetzgeberischen Motive decken sich weitgehend mit denen der untersuchten neuen AGs. Diese erste Bilanz hat den Gesetzgeber ermutigt, mit dem KonTraG und dem Entwurf eines Namensaktiengesetzes auf dem eingeschlagenen Weg fortzufahren. Dies wird auch in zukünftigen Novellen zum Aktiengesetz fortgesetzt.

37

B. Gründung der Aktiengesellschaft

Literatur: *Bärwaldt/Schabacker*, Keine Angst vor Mantel- oder Vorratsgesellschaften, GmbHR 1998, 1005; *Binz/Freudenberg,* Zur Nachgründungsproblematik beim going public, DB 1992, 2281; *Bröcker,* Die aktienrechtliche Nachgründung: Wieviel Kontrolle benötigt die junge Aktiengesellschaft, ZIP 1999, 1029; *Diekmann,* Die Nachgründung der Aktiengesellschaft, ZIP 1996, 2149; *Heinsius,* Kapitalerhöhung bei der Aktiengesellschaft gegen Geldeinlagen und Gutschrift der Einlagen auf einem Konto der Gesellschaft bei der Emissionsbank, in: Festschrift Fleck, 1988, S. 89; *Jäger,* Die Nachgründungsproblematik aus Sicht der Holding AG, NZG 1998, 370; *ders.*, Rechtsprechungsbericht: Die Entwicklung der Judikative zur AG in den Jahren 1997–1998, NZG 1999, 573; *Keidel/Schmatz/Stöber,* Registerrecht, 5. Aufl., 1991; *Krebs/Wagner,* Der Leistungszeitpunkt von Sacheinlagen nach § 36a Abs. 2 AktG, AG 1998, 467; *Krieger,* Zur Reichweite des § 52 AktG, in: Festschrift Claussen, 1997, S. 223; *Lauppe,* Die kleine Aktiengesellschaft ohne Aktienausgabe: Der Weg ins Chaos, DB 2000, 807; *Lutter* (Hrsg.), Holding-Handbuch, 3. Aufl., 1998; *Lutter/Gehling,* Verdeckte Sacheinlagen. Zur Entwicklung der Lehre und zu den europäischen Aspekten, WM 1989, 1445; *Lutter/Ziemons,* Die unerhoffte Renaissance der Nachgründung, ZGR 1999, 479; *Mayer,* Der Leistungszeitpunkt bei Sacheinlageleistungen im Aktienrecht, ZHR 154 (1990), 535; *Meller-Hannich,* Die Verwendung von Vorrats- und Mantelgesellschaften und Prüfung durch das Registergericht, ZIP 2000, 345; *Scholz,* GmbHG, 8. Aufl., Band I, 1993; *Seibert,* Der Ausschluß des Verbriefungsanspruchs des Aktionärs in Gesetzgebung und Praxis, DB 1999, 267; *Wachter,* Ausländer als GmbH-Gesellschafter und -Geschäftsführer, ZIP 1999, 1577; *Wiedenmann,* Zur Haftungsverfassung der Vor-AG: Der Gleichlauf von Gründerhaftung und Handelnden-Regress, ZIP 1997, 2029.

Übersicht

I. **Arten der Gründung**	38
II. **Gründer**	41
III. **Die Vorgründungsphase**	45
IV. **Die Gründungsphase**	47
1. Der notarielle Gründungsakt	49
a) Feststellung der Satzung	50
b) Übernahme der Aktien	51
c) Vertretung	54
2. Bestellung des ersten Aufsichtsrates	57
3. Bestellung des ersten Abschlußprüfers	64
4. Wahl des Aufsichtsratsvorsitzenden/Bestellung des ersten Vorstands	65
5. Leistung der Einlagen	69
a) Bareinlagen	70
aa) Leistungszeitpunkt	75
bb) Verwendung der Bareinlagen vor Anmeldung	76
b) Sacheinlage, Sachübernahme	77
c) Gemischte Einlage	87
d) Verdeckte Sachgründung	89
e) Besonderheiten bei der Einpersonengründung	96
6. Bericht der Gründer	98
7. Gründungsprüfung	102
8. Gesellschafterwechsel in der Gründungsphase	106
9. Anmeldung zum Handelsregister	108

B. Gründung der Aktiengesellschaft

10.	Eintragung in das Handelsregister	113	2.	Besonderheiten bei Sachgründung, Sondervorteilen, Umwandlungsfällen	157
	a) Richterliche Prüfung	113		a) Sachgründung	157
	b) Eintragung	118		b) Sondervorteile	159
	c) Bekanntmachung	119		c) Umwandlungsfälle	160
12.	Mitteilungspflichten bei Gründung	120	3.	Gestaltungsgrenzen	161
	a) Mitteilung nach § 20 AktG	120	**VI.**	**Die Vor-AG**	**164**
	b) Mitteilung nach § 42 AktG	122	**VII.**	**Haftungsgefahren**	**168**
12.	Ausgabe von Aktienurkunden	123	1.	Haftung der Vorgründer	168
	a) Zeitpunkt	123	2.	Haftung der Gründer	169
	b) Ausgabepflicht	127		a) Unterbilanzhaftung	170
V.	**Satzungsgestaltung**	**128**		b) Verlustdeckungshaftung	174
1.	Mindestinhalt der Satzung	128		c) Sonstige Verantwortlichkeit	175
	a) Firma	131			
	b) Sitz	133	3.	Handelndenhaftung	177
	c) Gegenstand des Unternehmens	136	4.	Haftung von Vorstand und Aufsichtsrat	180
	d) Höhe und Zerlegung des Grundkapitals	140	5.	Haftung des Gründungsprüfers	181
	aa) Höhe	140	6.	Haftung des kontoführenden Kreditinstituts	182
	bb) Zerlegung	144			
	cc) Inhaber- und Namensaktien	149	7.	Differenzhaftung des Sacheinlegers	183
	e) Zusammensetzung des Vorstands (§ 23 Abs. 3 Nr. 6 AktG)	154	**VIII.**	**Vorrats- und Mantelgesellschaften**	**184**
			IX.	**Nachgründung**	**190**
	f) Form der Bekanntmachung der Gesellschaft (§ 23 Abs. 4 AktG)	155	1.	Anwendungsbereich	190
			2.	Wirksamkeitsvoraussetzungen	194
			3.	Rechtsfolgen bei Verstößen	195
			4.	Ausnahmen	199

I. Arten der Gründung

38 Die Gründung einer Aktiengesellschaft erfolgt nicht stets durch **Neugründung** (§ 23 AktG). Sie kann auch durch Formwechsel einer bestehenden Gesellschaft (§§ 190 ff, 197 ff UmwG), durch Verschmelzung mehrerer Gesellschaften durch Neugründung (§§ 56 ff UmwG) und Spaltung zur Neugründung (§§ 135 ff UmwG) entstehen.[1] Die Gründungsregeln sind dann ergänzend auf diese **Umwandlungsvorgänge** anzuwenden (unten Rz. 41).

39 Die meisten der so neu gegründeten AGs sind „kleine" AGs. Denn sie sind noch nicht börsennotiert (vgl. § 3 Abs. 2 AktG) und haben einen über-

---

1) Zur Empirie oben *Seibert*, Rz. 26.

schaubaren Aktionärskreis. Nicht verwechselt werden darf die „kleine" AG mit der kleinen (Kapital-)Gesellschaft i. S. d. § 267 Abs. 1 HGB. Eine „kleine" AG kann durchaus ein börsentaugliches Unternehmen sein.

Bei der regulären Gründung wird zwischen **Bargründung** (§ 23 Abs. 2 Nr. 3 AktG) und **Sachgründung** (§ 27 AktG) unterschieden. Wird die Leistung der Einlage durch Einzahlung von Geld erbracht, spricht man von Bargründung (unten Rz. 70 ff), bei Leistung von Gegenständen (z. B. Sachen, Rechte) von Sachgründung (unten Rz. 77 ff). Die Neugründung von AGs durch Umwandlungsvorgänge (Verschmelzung, Spaltung, Formwechsel) wird wie eine Sachgründung behandelt.[2]   **40**

II. Gründer

Als Gründer einer AG gelten diejenigen, die die Satzung der AG festgestellt haben (§ 28 AktG); für Umwandlungsfälle gelten Besonderheiten (siehe für die Verschmelzung § 36 Abs. 2 Satz 2 UmwG; für die Spaltung § 135 Abs. 2 Satz 2 und 3 UmwG und für den Formwechsel § 197 Satz 2, §§ 219, 245 UmwG).   **41**

Die AG kann durch eine oder mehrere **(natürliche oder juristische) Personen** gegründet werden (§ 2 AktG). Auch Minderjährige können sich, vorbehaltlich vormundschaftsgerichtlicher Genehmigung (§ 1822 Nr. 3, § 1643 Abs. 1 BGB), beteiligen.[3] Gründungsfähig sind auch Personenhandelsgesellschaften, Erbengemeinschaften, Gesellschaften bürgerlichen Rechts sowie die Genossenschaft, ferner die Vor-GmbH und die Vor-AG.[4]   **42**

Für **ausländische Gründer** gibt es keine Beschränkungen, und zwar unabhängig davon, ob sie im Inland über einen Wohnsitz oder eine Aufenthaltserlaubnis verfügen.[5] Bei ausländischen natürlichen Personen als Gründer, denen die selbständige Erwerbstätigkeit im Inland verboten ist (§ 14 Abs. 2 AuslG), wird man in Anlehnung an das GmbH-Recht die Unwirksamkeit des Gründungsakts befürchten müssen, wenn der Aktionär die AG beherrscht und zugleich Mitglied des Vorstands ist, da er anderenfalls die Verbotsbestimmun-   **43**

---

2) Vgl. *Kallmeyer/Marsch-Barner*, UmwG, § 74 Rz. 1 (für Verschmelzung); *Lutter/Priester*, UmwG, § 136 Rz. 7 (für Spaltung); *Lutter/Joost*, UmwG, § 218 Rz. 27, 11 (für Formwechsel).
3) MünchKomm-*Heider*, AktG, § 2 Rz. 10; *Kraft*, in: Kölner Komm. z. AktG, § 2 Rz. 17.
4) Einzelheiten z. B. bei MünchKomm-*Heider*, AktG, § 2 Rz. 15; *Henze*, Aktienrecht, Rz. 1; *Brändel*, in: Großkomm. z. AktG, § 2 Rz. 28.
5) Vgl. MünchKomm-*Heider*, AktG, § 2 Rz. 11 m. w. N.

gen umgeht.[6)] Bei ausländischen Gesellschaften als Gründer ist für eine reibungslose Eintragung darauf zu achten, daß dem Handelsregister die Existenz und die Vertretungsbefugnis der für diese ausländische Gesellschaft Handelnden in beglaubigter Form nachgewiesen wird.

44 Für die **Errichtung einer AG** werden mindestens benötigt ein Gründer, drei Aufsichtsratsmitglieder und ein Mitglied des Vorstandes. Der Gründer kann auch Mitglied des Aufsichtsrates oder des Vorstandes sein, nicht jedoch sowohl Mitglied des Aufsichtsrates als auch des Vorstandes. Es werden also mindestens **vier Personen** gebraucht.

III. Die Vorgründungsphase

45 Die Vorgründungsphase ist der Zeitraum bis zum notariellen Gründungsakt (§§ 23, 29 AktG). Ab dann beginnt die Gründungsphase (unten Rz. 47 ff). Im Regelfall gibt es in der Vorgründungsphase keine gesellschaftsrechtlich relevanten Strukturen – bei der Einpersonengründung ohnehin nicht –, eher lose Absprachen der künftigen Gründer über die Errichtung einer AG ohne Verpflichtung. Eine **Vorgründungsgesellschaft** in Form der BGB-Gesellschaft wird jedoch dann anzunehmen sein, wenn sich die Vorgründer verpflichten wollen, eine AG zu gründen. Ist die Vereinbarung so verbindlich, daß gegebenenfalls auf Gründung geklagt werden kann, so ist diese Vereinbarung ebenso wie die Gründung selbst (§ 23 Abs. 1 AktG) notariell zu beurkunden.[7)]

46 Sind die künftigen Gründer in dieser Phase bereits unternehmerisch tätig, laufen sie Gefahr, persönlich und unbeschränkt zu haften, auch wenn sie bereits als AG oder AG i. Gr. nach außen auftreten.[8)] Etwaiges Vermögen der Vorgründungsgesellschaft geht – anders als von einer Vor-AG auf die AG – nur durch besonderen Übertragungsakt auf die Vor-AG oder AG über.[9)]

---

6) So *Hüffer*, AktG, § 2 Rz. 7; vgl. zum GmbH-Recht KG, Beschl. v. 24. 9. 1996 – 1 W 4354/95, RIW 1997, 153, dazu EWiR 1997, 245 *(Mankowski)*; OLG Stuttgart, Beschl. v. 20. 1. 1984 – 8 W 243/83, BB 1984, 690 = GmbHR 1984, 156; *Wachter*, ZIP 1999, 1577 m. w. N.
7) MünchKomm-*Pentz*, AktG, § 41 Rz. 11, 14.
8) BGH, Urt. v. 20. 6. 1983 – II ZR 200/82, ZIP 1983, 993, 994; OLG Hamm, Urt. v. 24. 1. 1992 – 11 U 30/91, GmbHR 1993, 105; *Henze*, GmbH-Recht, Rz. 182 ff; *Jäger*, NZG 1999, 573, jeweils zur GmbH.
9) BGH, Urt. v. 9. 3. 1998 – II ZR 366/96, ZIP 1998, 646 = NZG 1998, 382, dazu EWiR 1998, 417 *(Dreher/Kreiling)*; BGH, Urt. v. 7. 5. 1984 – II ZR 276/83, ZIP 1984, 950, 951; MünchKomm-*Pentz*, AktG, § 41 Rz. 21.

IV. Die Gründungsphase

Die Gründungsphase beginnt mit **Feststellung der Satzung** und **Übernahme** **47**
der Aktien durch die Gründer (§§ 23, 29 AktG). Ab diesem Zeitpunkt ist die Gesellschaft als Vor-AG errichtet (unten Rz. 164 ff; zur Haftung unten Rz. 169 ff). Die Gründungsphase endet mit Entstehung der AG durch Eintragung im Handelsregister (§ 41 Abs. 1 AktG).

Die Gründung erfolgt in der Regel in folgenden Schritten: **48**

– Gründung durch notarielles Protokoll mit Feststellung der Satzung, Übernahme der Aktien durch die Gründer (§ 23 AktG), Bestellung des ersten Aufsichtsrates (§§ 30, 31 AktG) und gegebenenfalls die Bestellung des Abschlußprüfers (§ 31 Abs. 1 Satz 1 AktG);

– konstituierende Sitzung des ersten Aufsichtsrats mit Wahl des Vorsitzenden des Aufsichtsrates (und seines Stellvertreters) und Bestellung des ersten Vorstands (§ 30 Abs. 4, § 108 AktG);

– Leistung der Einlagen (§ 36a AktG) und Nachweis der Einlagenleistung durch Bankbestätigung bei Bargründung (§ 37 Abs. 1 Satz 3 AktG), bei Sachgründung durch Einbringung der entsprechenden Vermögensgegenstände (§ 36 a Abs. 1 Satz 1 AktG);

– Bericht der Gründer über den Hergang der Gründung (§ 32 AktG);

– Bericht von Vorstand und Aufsichtsrat über deren Prüfung der Gründung (§ 33 Abs. 1, 34 AktG);

– gegebenenfalls Gründungsprüfungsbericht durch externen Gründungsprüfer (§ 33 Abs. 2, §§ 33, 34 AktG);

– Anmeldung zur Eintragung der AG in das Handelsregister (§§ 36, 37 AktG);

– Prüfung der Gründung durch das Gericht (§ 38 AktG), Eintragung der AG (§ 39 AktG) und Bekanntmachung der Eintragung (§ 40 AktG);

– gegebenenfalls Mitteilung über Umfang der Beteiligung an die Gesellschaft (§ 20 AktG), Anzeige an das Gericht (§ 41 AktG).

1. Der notarielle Gründungsakt

Zur Errichtung der Gesellschaft müssen die Gründungsaktionäre in einer no- **49**
tariellen Niederschrift die **Feststellung der Satzung und** die **Übernahme der Aktien** erklären (§§ 3, 23 Abs. 1 und 2, § 29 AktG). Beide Erklärungen müs-

sen in einer einzigen Urkunde enthalten sein. Fehlt eine dieser Erklärungen, ist der Gründungsakt unwirksam.[10]

a) Feststellung der Satzung

50 Die Satzungsfeststellung ist Abschluß des **Gesellschaftsvertrages** (§ 2 AktG) oder – bei der Einpersonengründung – einseitiges Rechtsgeschäft. Grundsätzlich sind die Vorschriften über die Willenserklärungen anzuwenden (§§ 116 ff BGB).[11] Die Satzungsfeststellung kann wirksam nur zur Niederschrift eines Notars erklärt werden (§ 23 Abs. 1 Satz 2 AktG). Für das Beurkundungsverfahren gelten die §§ 8 ff BeurkG: Die Gründungsurkunde mit Satzung ist also den an der Beurkundung Teilnehmenden zu verlesen und die Gründungsurkunde von ihnen und dem Notar zu unterschreiben. Die Satzung (zum Inhalt unten Rz. 128 ff) wird in der Praxis als Anlage zur notariellen Urkunde genommen (§ 9 Abs. 1 BeurkG), um das Gründungsprotokoll, das dann neben den Feststellungs- und Übernahmeerklärungen der Gründer nur noch die von § 23 Abs. 2 AktG verlangten Angaben enthält, zu entlasten.

b) Übernahme der Aktien

51 Bei der ebenfalls notariell zu beurkundenden Erklärung der Aktienübernahme durch die im Gründungsprotokoll namentlich zu nennenden Gründer ist zunächst genau anzugeben, wer von ihnen wie viele Aktien übernimmt, und zwar unter Angabe des Nennbetrages oder bei Stückaktien deren Anzahl (§ 8 AktG), des Ausgabebetrages (§ 9 AktG), auch wenn dieser mit dem Nennbetrag – bei Stückaktien mit dem rechnerischen Anteil am Grundkapital – identisch ist, und gegebenenfalls die Gattung (§ 11 AktG). Ferner ist festzulegen, ob die zu erbringende Leistung durch Bar- oder Sacheinlage erfolgt.

52 Weiterhin wird gefordert, den **eingezahlten Betrag** des Grundkapitals anzugeben. Damit ist der Betrag gemeint, der tatsächlich zum Zeitpunkt des Gründungsakts eingezahlt war,[12] was in der Praxis vor Gründung nur selten vorkommt. Bei fehlender oder nicht vollständiger Voreinzahlung wird empfohlen, in der notariellen Niederschrift festzuhalten, wann und in

---

10) MünchKomm-*Heider*, AktG, § 2 Rz. 26.
11) Einzelheiten bei *Hüffer*, AktG, § 23 Rz. 8; MünchKomm-*Heider*, AktG, § 2 Rz. 25 ff m. w. N.
12) *Hüffer*, AktG, § 23 Rz. 19; MünchKomm-*Pentz*, AktG, § 23 Rz. 62; *Röhricht*, in: Großkomm. z. AktG, § 23 Rz. 76.

welcher Höhe die Einlagen zu leisten sind.[13] Soll ein Aufgeld (**Agio**) geleistet werden, ist auch dies mit aufzunehmen.

Mit der Erklärung der Übernahme der Aktien entsteht die Verpflichtung zur Leistung der Einlage. Von der Übernahme der Aktien durch die Gründer ist die Ausgabe der Aktien zu unterscheiden, die bis zur Eintragung der Gesellschaft im Handelsregister verboten ist (§ 41 Abs. 4 AktG). 53

c) Vertretung

Die Gründung kann auch durch **Bevollmächtigte** erfolgen. Die Gründungsvollmacht bedarf notarieller Beglaubigung (§ 23 Abs. 1 Satz 2 AktG, § 129 BGB, § 40 BeurkG) und – falls sie im Ausland erfolgt – gegebenenfalls der Legalisation (etwa durch Apostille). Bei Mehrfachvertretung ist § 181 BGB zu beachten. 54

Nach überwiegender Meinung ist die **notarielle Form Wirksamkeitsvoraussetzung** für die Vollmacht.[14] Der Vertreter handelt danach ohne Beachtung dieser Form vollmachtslos. In diesem Fall ist in beglaubigter Form durch den vertretenen Gründer nachzugenehmigen (§ 177 BGB). Liegt die Vollmacht bei Gründung nicht vor, war sie aber formgültig bereits abgegeben, kann sie nachgereicht werden.[15] 55

Bei der Einpersonengründung soll eine Vertretung ohne Vertretungsmacht nicht möglich sein, weil es sich um ein einseitiges Rechtsgeschäft handelt. Der Gründungsakt wäre nichtig (§ 180 BGB).[16] 56

2. Bestellung des ersten Aufsichtsrates

Die – ebenfalls **notariell** zu beurkundende – Bestellung des ersten Aufsichtsrates (§ 30 Abs. 1 AktG) sollte zweckmäßigerweise – muß aber nicht – im Gründungsprotokoll erfolgen. Die Gründer können die Bestellung auch in gesonderter Urkunde vornehmen. Bei der Bestellung sind anzugeben Name, Wohnort und Beruf der bestellten Aufsichtsratsmitglieder (§ 124 Abs. 3 Satz 3 AktG; zu den persönlichen Voraussetzungen siehe § 100 AktG). 57

---

13) MünchKomm-*Pentz*, AktG, § 23 Rz. 62 a. E.; *Hoffmann-Becking*, in: Münchener Handbuch des Gesellschaftsrechts, § 3 Rz. 9.
14) *Hüffer*, AktG, § 23 Rz. 12; MünchKomm-*Pentz*, AktG, § 23 Rz. 15; angemessener dürfte es sein, in der fehlenden Beglaubigung der Unterschrift lediglich ein Eintragungshindernis zu sehen, so auch *Kraft*, in: Kölner Komm. z. AktG, § 23 Rz. 21.
15) *Röhricht*, in: Großkomm. z. AktG, § 23 Rz. 59; MünchKomm-*Pentz*, AktG, § 23 Rz. 16.
16) So für die GmbH: LG Berlin, Urt. v. 15. 8. 1995 – 98 T 34/95, GmbHR 1996, 123; ihm folgend: *Lutter/Hommelhoff*, GmbHG, § 2 Rz. 14.

58 Der erste Aufsichtsrat unterscheidet sich von dem ihm folgenden insoweit, als ihm neben der Überwachung des Vorstandes (§ 111 AktG) als **besondere Aufgaben** zugewiesen sind, den ersten Vorstand zu bestellen (§ 30 Abs. 4 AktG), die Gründung zu prüfen (§ 33 Abs. 1 AktG) und bei der Anmeldung zur Eintragung in das Handelsregister mitzuwirken (§ 36 Abs. 1 AktG).

59 Bei der **Bargründung** bestellen die Gründer sämtliche Mitglieder des Aufsichtsrates mit der in der Satzung festgelegten Zahl, mindestens drei oder eine höhere Zahl, die durch drei teilbar sein muß (§ 95 Abs. 1 Satz 3 AktG), und zwar unabhängig davon, ob der Aufsichtsrat arbeitnehmermitbestimmt ist, was bei der Bargründung einer kleinen AG ohnehin kaum vorkommen dürfte.

60 Zu beachten ist, daß dieser erste Aufsichtsrat **zwingend** mit der Beendigung der Hauptversammlung, die über die Entlastung für das erste (Rumpf-)Geschäftsjahr beschließt, **endet** (§ 30 Abs. 3 Satz 1 AktG) oder zu einem in der Satzung festgelegten früheren Zeitpunkt. Hieran wird häufig nicht gedacht. Folge ist, daß die Aufsichtsratsmitglieder von der Hauptversammlung zwar entlastet, nicht aber neu gewählt werden. Der Aufsichtsrat ist in einem solchen Fall nicht ordnungsgemäß besetzt. Seine Beschlüsse sind unwirksam. Entsteht die AG hingegen durch formwechselnde Umwandlung, gilt die Begrenzung der Amtszeit nicht (vgl. § 197 Abs. 2, § 203 UmwG). Für die Verschmelzung durch Neugründung und Spaltung zur Neugründung gilt dies jedoch nicht; es bleibt bei der **kurzen Amtszeit**.

61 Weder bei einem **Wechsel** einzelner noch bei einem Wechsel sämtlicher Aufsichtsratsmitglieder ändert er seinen Charakter als erster Aufsichtsrat.[17]

62 Bei **Sachgründung** gilt die kurze Amtszeit des § 30 Nr. 3 AktG nicht (§ 31 Abs. 5 AktG). Diese Regelung ist durch das Gesetz für kleine Aktiengesellschaften in das Aktiengesetz eingefügt worden. Erfolgt die Gründung durch Einbringung eines Unternehmens oder eines Unternehmensteiles und wird der Aufsichtsrat dadurch zum mitbestimmten Aufsichtsrat, gelten besondere Regeln: Die Gründer bestellen nur so viele Aufsichtsräte der Anteilseignerseite, wie nach ihrer Ansicht künftig unter Beachtung der Mitbestimmungsgesetze erforderlich sein werden, mindestens aber drei Aufsichtsratsmitglieder (§ 31 Abs. 1 Satz 1 AktG). Sind die Arbeitnehmervertreter noch nicht bestellt, ist der solchermaßen aus Anteilseignern zusammengesetzte Aufsichtsrat voll funktionsfähig (§ 31 Abs. 2 AktG). Ist das Unternehmen eingebracht, hat der Vorstand bekanntzumachen, nach welchen Vorschriften sich der Aufsichtsrat zusammensetzt.

---

[17] *Hüffer*, AktG, § 30 Rz. 4.

IV. Die Gründungsphase

Für die Aufsichtsratsmitglieder der Anteilseignerseite bleibt es bei der beschränkten Amtszeit. Für die Arbeitnehmervertreter gilt dies nicht. 63

3. Bestellung des ersten Abschlußprüfers

Die Gründer haben ebenfalls in **beurkundeter Form** (§ 30 Abs. 1 Satz 2 64 AktG) – und deshalb zweckmäßigerweise im Gründungsprotokoll – den Abschlußprüfer für das erste Voll- oder Rumpfgeschäftsjahr zu bestellen (§ 30 Abs. 1 Satz 1 AktG). Fehlt die Bestellung, ist die Errichtung der Gesellschaft dennoch wirksam. Gegebenenfalls ist der Prüfer nach Eintragung gerichtlich zu bestellen.[18] Zu beachten ist, daß es sich bei der neu gegründeten AG in der Regel um eine kleine Kapitalgesellschaft i. S. d. § 267 Abs. 1 HGB handeln dürfte, die nicht prüfungspflichtig ist. Eine Prüferbestellung kann in diesem Fall unterbleiben.[19] Im Gründungsprotokoll sollte dies erwähnt werden.

4. Wahl des Aufsichtsratsvorsitzenden/Bestellung des ersten Vorstands

Im Anschluß an die Gründung **konstituiert** sich der **Aufsichtsrat** und wählt 65 seinen Vorsitzenden und gegebenenfalls seinen Stellvertreter (§ 107 Abs. 1 Satz 1 AktG). Zu den Aufgaben des Aufsichtsrates (in seiner Gesamtheit) gehört die Bestellung und Anstellung des ersten Vorstandes (§ 30 Abs. 4 AktG), der höchstens für fünf Jahre bestellt werden darf (§ 84 Abs. 1 Satz 1 AktG).[20]

Der Aufsichtsrat entscheidet durch Beschluß (§ 108 Abs. 1 AktG). Wenn alle 66 Mitglieder einverstanden sind, kann er die Beschlüsse auch ohne Sitzung fassen (§ 108 Abs. 4 AktG), etwa schriftlich, im Umlaufverfahren, telefonisch oder per E-Mail. Dies soll durch das geplante Namensaktiengesetz noch weiter erleichtert werden.[21]

Über die Sitzung des Aufsichtsrates ist eine **Niederschrift** zu fertigen, die 67 vom Vorsitzenden des Aufsichtsrates zu unterzeichnen ist (§ 107 Abs. 2 Satz 1

---

18) *Hüffer*, AktG, § 30 Rz. 10; MünchKomm-*Pentz*, AktG, § 30 Rz. 47.
19) A. A. *Hoffmann-Becking*, in: Münchener Handbuch des Gesellschaftsrechts, Rz. 15.
20) Die Bestellung von Ausländern ist unbedenklich, so auch *Hüffer*, AktG, § 76 Rz. 25; *Wiesner*, in: Münchener Handbuch des Gesellschaftsrechts, § 20 Rz. 1; bei Bestellung von Nicht-EU-Ausländern verlangt eine im Vordringen befindliche Meinung als Bestellungsvoraussetzung eine Aufenthalts- und Arbeitserlaubnis, vgl. *Lutter/Hommelhoff*, GmbHG, § 6 Rz. 14; OLG Hamm, Beschl. v. 9. 8. 1999 – 15 W 181/99, ZIP 1999, 1919 = DB 1999, 2001; OLG Köln, Beschl. v. 30. 9. 1998 – 2 Wx 22/98, GmbHR 1999, 182, dazu EWiR 1999, 261 *(Mankowski)*.
21) Vgl. Begründung zum RegE NaStraG, abgedruckt in: ZIP 2000, 937, 941.

AktG). In der Regel enthält die Niederschrift auch den Hinweis, daß die Mitglieder des Aufsichtsrats ihre Wahl und die Mitglieder des Vorstandes ihre Bestellung angenommen haben. Eine notarielle Beurkundung der Niederschrift oder Beglaubigung der Unterschrift des Vorsitzenden ist nicht erforderlich.

68 Diese Niederschrift des Vorsitzenden ist dem **Handelsregister** bei Anmeldung der Gesellschaft als Nachweis der Vorstandsbestellung und Wahl des Vorsitzenden des Aufsichtsrates (vgl. § 37 Abs. 4 Nr. 3 AktG) einzureichen. Es reicht eine auszugsweise Niederschrift mit diesen Angaben. Wechseln Vorsitzender und Stellvertreter, hat der Vorstand den Wechsel zum Handelsregister anzumelden (§ 107 Abs. 1 Satz 2 AktG). Zudem erspart dies spätere Nachfragen des Handelsregisters bei der Anmeldung von Kapitalmaßnahmen, die der Vorsitzende ebenfalls zu unterzeichnen hat (vgl. z. B. § 184 Abs. 1, § 188 Abs. 1, § 195 Abs. 1 AktG).

5. Leistung der Einlagen

69 Die Kapitalaufbringung bei der AG erfolgt entweder durch **Bar- oder Sacheinlage**. Die Einlagepflicht entsteht mit Übernahme der Aktien bei Gründung.[22] Auf einen ordnungsgemäßen Kapitalaufbringungsvorgang ist besonders bei unerfahrenen Gründungsbeteiligten zu achten, da Fehler Haftungsfolgen auslösen können (unten Rz. 168 ff).

a) Bareinlagen

70 Bei Bareinlagen haben die Gründer vor Anmeldung der Gesellschaft zur Eintragung ins Handelsregister den in dem Gründungsprotokoll **festgelegten Betrag** oder den vom Vorstand (§ 63 Abs. 1 Satz 1 AktG) eingeforderten Betrag, gemäß § 36a Abs. 1 AktG mindestens aber ein Viertel des geringsten Ausgabebetrages zuzüglich eines **Agios (in voller Höhe),** an die AG zu leisten. Die Zahlung des Mindestbetrags hat auf jede Aktie zu erfolgen (§ 36 Abs. 2 Satz 1 AktG).

71 Bei Bareinlagen kann der eingeforderte Betrag nur bar oder durch Gutschrift auf ein Konto der Gesellschaft bei einem inländischen Kreditinstitut oder den sonstigen in § 54 Abs. 3 AktG genannten Stellen, zu denen auch Kreditinstitute mit Sitz im Europäischen Wirtschaftsraum[23] gehören, geleistet werden.

---

22) MünchKomm-*Pentz*, AktG, § 2 Rz. 47; *Hüffer*, AktG, § 2 Rz. 12.
23) Hat das Kreditinstitut seinen Sitz außerhalb des Europäischen Wirtschaftsraums, ist eine Leistung mit schuldbefreiender Wirkung nicht möglich; siehe *Hüffer*, AktG, § 54 Rz. 15.

IV. Die Gründungsphase

Auf andere Weise, etwa durch Direktzahlung an Gläubiger der Gesellschaft, tritt Befreiung von der Einlageschuld nicht ein.[24]

Damit Erfüllungswirkung eintritt, hat die Leistung der Bareinlage zur **freien Verfügung des Vorstandes** zu erfolgen (§ 36 Abs. 2 Satz 1 Halbs. 2 AktG). Freie Verfügbarkeit ist gegeben, wenn der Vorstand über die Einlage ohne Einschränkung verfügen kann.[25] Daran fehlt es insbesondere (Daumenregel), wenn die Einzahlung nur zum Schein erfolgte, die Rückzahlung (etwa als Kredit) vereinbart wurde,[26] ferner die Einzahlung auf ein gesperrtes, gepfändetes oder debitorisches Konto mit Verrechnungsbefugnis der Bank erfolgte[27] oder wenn die eingezahlte Einlage mittelbar oder unmittelbar an den Einleger zurückfließen soll. Außerdem kann hierbei eine **verschleierte Sacheinlage** vorliegen (unten Rz. 89 ff). 72

Auch eine **Vorauszahlung**, also eine noch vor dem Gründungsakt geleistete Zahlung (vgl. § 23 Abs. 2 Nr. 3 AktG) muß dem Vorstand zur freien Verfügung stehen. Sonst ist die Einlageschuld nicht erbracht.[28] 73

Absprachen über die **Verwendung** der eingelegten Gelder sind jedoch nicht per se unzulässig; hier ist aber noch vieles unklar. Die Praxis wird daher bei Verwendungsabsprachen vorsichtshalber von fehlender freier Verfügbarkeit auszugehen haben.[29] Unklar ist auch, ob ein selbst als Gründer beteiligtes Kreditinstitut auf ein bei ihm geführtes Konto zahlen kann.[30] Aus Vorsichtsgründen sollte hierzu nicht geraten werden. 74

---

24) BGH, Urt. v. 13. 7. 1992 – II ZR 263/91, BGHZ 119, 177 = ZIP 1992, 1387; OLG Naumburg, Beschl. v. 10. 5. 1999 – 7 W 24/99, GmbHR 1999, 1037, 1038; *Hüffer*, AktG, § 36 Rz. 6; MünchKomm-*Pentz*, AktG, § 36 Rz. 46; *Röhricht*, in: Großkomm. z. AktG, § 36 Rz. 48.

25) *Hüffer*, AktG, § 36 Rz. 7; *Wiesner*, in: Münchener Handbuch des Gesellschaftsrechts, § 16 Rz. 6.

26) BGH, Urt. v. 24. 9. 1990 – II ZR 203/89, ZIP 1990, 1400, dazu EWiR 1990, 1207 *(Crezelius)*; BGH, Urt. v. 18. 2. 1991 – II ZR 104/90, ZBB 1991, 168 = ZIP 1991, 511, dazu EWiR 1991, 1213 *(Frey)*.

27) Vgl. BGH ZIP 1992, 1387; BGH ZIP 1990, 1400, 1401; weitere Einzelheiten bei *Hüffer*, AktG, § 36 Rz. 8; MünchKomm-*Pentz*, AktG, § 36 Rz. 55 ff; *Röhricht*, in: Großkomm. z. AktG, § 36 Rz. 101 ff, jeweils m. w. N.

28) MünchKomm-*Pentz*, AktG, § 36 Rz. 71.

29) *Hüffer*, AktG, § 36 Rz. 9.

30) Rechtsprechung existiert hierzu nicht; bejahend *Heinsius*, in: Festschrift Fleck, S. 89, 102 ff; *Hüffer*, AktG, § 54 Rz. 17; *Wiesner*, in: Münchener Handbuch des Gesellschaftsrechts, § 16 Rz. 5; a. A. MünchKomm-*Pentz*, AktG, § 36 Rz. 69.

aa) Leistungszeitpunkt

75 Bareinlagen sind – sofern keine Voreinzahlung vorliegt (§ 23 Abs. 2 Nr. 3 AktG) – nach Errichtung der AG (oben Rz. 47) unverzüglich auf Aufforderung durch den Vorstand oder zu dem im Gründungsprotokoll/Satzung festgesetzten Zeitpunkt, jedenfalls aber vor Anmeldung der AG zur Eintragung im Handelsregister zu leisten (§ 36 AktG). Bei nicht rechtzeitiger Zahlung drohen Zinszahlung, Schadensersatz, Vertragsstrafe (vgl. § 63 AktG) und Ausschluß aus der Gesellschaft (§ 64 AktG).

bb) Verwendung der Bareinlagen vor Anmeldung

76 Von der ordnungsgemäßen Kapitalaufbringung zu unterscheiden ist die Frage, wann der Vorstand die eingezahlten Mittel zur Aufnahme der Geschäfte verwenden darf: vor Anmeldung der Eintragung der Gesellschaft ins Handelsregister, danach oder erst nach ihrer Eintragung im Register? Alle Meinungen werden vertreten.[31] Die überwiegende Meinung läßt eine Verwendungsbefugnis **vor Anmeldung** unter dem Vorbehalt zu, daß der Gesellschaft ein **wertgleicher Vermögenswert** zufließt, der bei Anmeldung noch vorhanden ist.[32] Dem Handelsregister ist dies in der Anmeldung unter Beifügung entsprechender Unterlagen aufzudecken.[33] Entsprechend differenziert hat die Versicherung des Vorstandes über die freie Verfügbarkeit der Einlage (§ 37 Abs. 1 AktG) auszufallen.

b) Sacheinlage, Sachübernahme

77 Unter **Sacheinlagen** versteht man Einlagen der Aktionäre gegen Gewährung von Aktien, die nicht durch Einzahlung des Ausgabebetrages der Aktien zu leisten sind (§ 27 Abs. 1 AktG). **Sachübernahmen** sind Übernahme von Vermögensgegenständen, insbesondere von vorhandenen oder herzustellenden Anlagen, durch die Gesellschaft von einem Gründer oder einem Dritten ohne Anrechnung auf die Einlagepflicht.[34] Diese Einlage erfolgt also unabhängig von einer Einlagepflicht.[35]

---

31) Zum Streitstand vgl. *Hüffer*, AktG, § 36 Rz. 11 f.
32) BGH ZIP 1992, 1387 für Kapitalerhöhung; ihm folgend für die Gründung *Hüffer*, AktG, § 36 Rz. 11a; MünchKomm-*Pentz*, AktG, § 36 Rz. 79; *Röhricht*, in: Großkomm. z. AktG, § 36 Rz. 88.
33) *Henze*, Aktienrecht, Rz. 105; ob der Registerrichter ein Wertgutachten verlangen kann, ähnlich wie bei der Sacheinlage, ist unklar.
34) *Hüffer*, AktG, § 27 Rz. 5; *Hoffmann-Becking*, in: Münchener Handbuch des Gesellschaftsrechts, § 4 Rz. 71.
35) MünchKomm-*Pentz*, AktG, § 27 Rz. 63.

IV. Die Gründungsphase

Einlage-/übernahmefähig sind nur Vermögensgegenstände, deren **wirtschaft-** 78
licher Wert feststellbar ist (§ 27 Abs. 2 Satz 1 AktG), wozu alle bilanzierungsfähigen Vermögenspositionen gehören, also etwa Grundstücke, Forderungen, Beteiligungen, Unternehmen, Patente.[36]

Nicht einlagefähig sind hingegen Dienstleistungen des Gründers oder Dritter 79
oder Ansprüche auf Dienstleistungen gegen Dritte.[37] Ob nicht aktivierungsfähige Vermögenspositionen ebenfalls einlagefähig sind, ist strittig.[38] Einlagefähigkeit wird man dann annehmen können, wenn ihnen ein „Versilberungswert" zukommt. Vorsicht hinsichtlich der Einlagefähigkeit ist auch geboten, wenn obligatorische Nutzungsrechte der Gesellschaft gegen einen Gründer eingelegt werden sollen.[39]

Der Wert der für die Einlage zu gewährenden Aktien/die zu zahlende Vergü- 80
tung darf den Verkehrswert (z. B. bei Anlagevermögen: Wiederbeschaffungswert; bei Umlaufvermögen: Einzelveräußerungswert; Unternehmen: Bewertung nach anerkannten Methoden[40]) im Zeitpunkt der Anmeldung nicht unterschreiten[41] – **Verbot der Unterpari-Emission** (zu Haftungsfragen bei Überbewertung unten Rz. 183). Selbst willkürliche Unterbewertungen zur Schaffung stiller Reserven sollen unzulässig sein.[42]

Die Sacheinlagen/-übernahmen müssen in der **Satzung** (nicht im Gründungs- 81
protokoll oder einer Anlage dazu[43]) festgesetzt werden und neben der Person des Einlegers/Veräußerers nähere Angaben zu den dafür zu gewährenden Aktien/der zu gewährenden Vergütung nennen (§ 27 Abs. 1 AktG). Der Gegenstand der Sacheinlage/-übernahme und die einlegenden/veräußernden Personen müssen so hinreichend bestimmt bezeichnet werden, daß Zweifel an deren Identität nicht besteht. Eine Aufnahme des

---

36) Einzelheiten bei: *Hüffer*, AktG, § 27 Rz. 20 ff; MünchKomm-*Pentz*, AktG, § 27 Rz. 18 ff; *Röhricht*, in: Großkomm. z. AktG, § 27 Rz. 36 ff.
37) MünchKomm-*Pentz*, AktG, § 27 Rz. 33; *Hüffer*, AktG, § 27 Rz. 29; *Röhricht*, in: Großkomm. z. AktG, § 27 Rz. 78.
38) Einzelheiten bei *Hüffer*, AktG, § 27 Rz. 22; MünchKomm-*Pentz*, AktG, § 27 Rz. 18 jeweils m. w. N.
39) Die grundsätzliche Zulässigkeit bejahend *Röhricht*, in: Großkomm. z. AktG, § 27 Rz. 59; *Hüffer*, AktG, § 27 Rz. 26.
40) Vgl. *Henze*, Aktienrecht, Rz. 131.
41) *Hüffer*, AktG, § 27 Rz. 27; *Röhricht*, in: Großkomm. z. AktG, § 27 Rz. 89; MünchKomm-*Pentz*, AktG, § 27 Rz. 37.
42) Streitig, so z. B. *Hüffer*, AktG, § 27 Rz. 27; MünchKomm-*Pentz*, AktG, § 27 Rz. 39; a. A. *Hoffmann-Becking*, in: Münchener Handbuch des Gesellschaftsrechts, § 4 Rz. 9 m. w. N. auf die h. M. in der bilanzrechtlichen Literatur.
43) MünchKomm-*Pentz*, AktG, § 27 Rz. 69; *Röhricht*, in: Großkomm. z. AktG, § 27 Rz. 136.

Vertrages in die Satzung ist nicht erforderlich.[44] Ob Entsprechendes auch für Umwandlungsfälle (Verschmelzung, Spaltung, Formwechsel) gilt, ist umstritten (unten Rz. 160).

82 Wo in der Satzung diese Angaben zu machen sind, ist nicht festgelegt. Da diese Festsetzungen erst 30 Jahre nach Eintragung der Gesellschaft im Handelsregister aus der Satzung entfernt werden dürfen (§ 27 Abs. 5, § 26 Abs. 5 AktG), werden sie häufig am Satzungsende plaziert.

83 **Fehlen** diese Angaben in der Satzung, ist die Gesellschaft fehlerhaft errichtet. Vor Eintragung kann dieser Mangel durch eine Änderung der Satzung behoben werden.[45] Wird die Gesellschaft dennoch eingetragen, entsteht sie, ebenso bleibt die Satzung unberührt. Die vereinbarten **Rechtsgeschäfte sind der Gesellschaft gegenüber aber unwirksam** (§ 27 Abs. 3 Satz 1 AktG). Der Ausgabebetrag der Aktien ist dann wie bei einer Bargründung einzuzahlen (oben Rz. 70 ff). Der Zahlungsanspruch der Gesellschaft verjährt in 30 Jahren.[46] Eine Heilung der mißglückten Sacheinlage durch Satzungsänderung nach Eintragung ist nicht mehr möglich (§ 27 Abs. 4 AktG). Ob auf andere Weise geheilt werden kann, ist offen.[47]

84 Sacheinlagen sind vollständig durch entsprechenden Übertragungsvertrag an die Gesellschaft zu leisten (§ 36a Abs. 2 Satz 1 AktG). Sie muß dinglicher Rechtsinhaber werden, damit Erfüllungswirkung eintritt. Die Einlage muß zur freien Verfügung des Vorstandes stehen.[48]

85 Umstritten ist angesichts des unklaren Wortlauts der Vorschrift der Leistungszeitpunkt. Nach inzwischen wohl herrschender Meinung gilt folgendes: Soll ein Vermögensgegenstand durch **dingliches Übertragungsgeschäft** auf die Gesellschaft übertragen werden, muß diese Pflicht längstens innerhalb von **fünf Jahren** nach der Eintragung der Gesellschaft erfüllt werden, sofern dies entsprechend in der Satzung niedergelegt ist. Der schuldrechtliche Anspruch auf Einbringung (Übertragung) muß aber vor der Anmeldung begründet sein.

---

44) *Hüffer*, AktG, § 27 Rz. 27; *Hoffmann-Becking*, in: Münchener Handbuch des Gesellschaftsrechts, § 4 Rz. 3.
45) *Hüffer*, AktG, § 27 Rz. 30; MünchKomm-*Pentz*, AktG, § 27 Rz. 78, 81.
46) BGH, Urt. v. 24.10.1988 – II ZR 176/88, ZIP 1989, 27, dazu EWiR 1989, 55 *(K. Schmidt)*.
47) Heilung ablehnen: *Henze*, Aktienrecht, Rz. 229; MünchKomm-*Pentz*, AktG, § 27 Rz. 83; a. A. *Hüffer*, AktG, § 27 Rz. 31; *Lutter/Gehling*, WM 1989, 1445, 1454, die Heilung durch Nachgründung (§ 52 AktG) vorschlagen.
48) *Hüffer*, AktG, § 36 Rz. 5; MünchKomm-*Pentz*, AktG, § 36a Rz. 22; *Röhricht*, in: Großkomm. z. AktG, § 36a Rz. 15.

IV. Die Gründungsphase

Andere Einlagen sind vor Anmeldung vollständig zu leisten. Hierunter fallen insbesondere Gegenstände, die der Gesellschaft zur Nutzung oder zum Gebrauch überlassen sind.[49]

Für die Praxis bedeutet diese weniger strenge Meinung eine erhebliche Erleichterung, etwa bei der Einbringung von Grundbesitz oder eines Unternehmens. Vorsichtige Berater werden zum Schutz der Anmeldenden (vgl. die Strafandrohung in § 399 Abs. 1 Nr. 1 AktG) die Vorgehensweise vorher mit dem Registergericht abstimmen. Die Registerpraxis scheint aber der liberalen Auffassung zu folgen.[50] **86**

c) Gemischte Einlage

Von **gemischten Einlagen** spricht man, wenn ein Gründer seine Einlage teils als Bar-, teils als Sacheinlage leistet. Jede Einlageleistung untersteht dann den für sie geltenden Regeln (bei Bareinlage § 36 Abs. 2, § 36a Abs. 1 AktG; bei Sacheinlagen § 36a Abs. 2 AktG).[51] **87**

Die gemischte Einlage ist von der **gemischten Gründung** zu unterscheiden. Hier wird das Grundkapital von einem Gründer in bar und von einem anderen Gründer durch Sacheinlagen aufgebracht. **88**

d) Verdeckte Sachgründung

Mit verdeckter Sachgründung (auch verschleierte oder verdeckte Sacheinlage) bezeichnet man Gestaltungen zur **Umgehung** der vielfach als zu teuer und zu langwierig und daher als lästig empfundenen Sachgründungsvorschriften. Nach dem **Grundmodell** (auch Steuerberatermodell) wird zunächst – wie im Gründungsprotokoll festgelegt – eine Bareinlage an die Gesellschaft geleistet; diese fließt anschließend aber an den einlegenden Gründeraktionär aufgrund eines Veräußerungsgeschäftes zwischen ihm und der Gesellschaft (Bareinlage gegen Vermögensgegenstand) zurück. Wirtschaftlich wird an die Gesellschaft also keine Bareinlage, sondern eine Sacheinlage geleistet. **89**

---

49) So *Hüffer*, AktG, § 37 Rz. 4; MünchKomm-*Pentz*, AktG, § 37 Rz. 12; *Röhricht*, in: Großkomm. z. AktG, § 37 Rz. 6; *Hoffmann-Becking*, in: Münchener Handbuch des Gesellschaftsrechts, § 4 Rz. 28; *Krebs/Wagner*, AG 1998, 467, 468; *Lutter*, in: Kölner Komm. z. AktG, § 188 Rz. 27; a. A. *Kraft*, in: Kölner Komm. z. AktG, § 37 Rz. 11; *Mayer*, ZHR 154 (1990), 535, 542 ff.

50) *Krebs/Wagner*, AG 1998, 467, 473; *Röhricht*, in: Großkomm. z. AktG, § 36a Rz. 9; *Balser/Bokelmann/Piorreck*, Rz. 104.

51) *Hüffer*, AktG, § 36 Rz. 12; *Kraft*, in: Kölner Komm. z. AktG, § 36 Rz. 36.

B. Gründung der Aktiengesellschaft

90 Ein anderer Fall ist der des **Hin- und Herzahlens** von Geld (z. B. Verrechnung der Einlageforderung der Gesellschaft mit einem Darlehensrückzahlungsanspruch des Gründers oder Erbringung von Sachleistungen). In diesen und ähnlichen Fällen wird vermutet, daß in Wahrheit keine Bargründung, sondern eine Sachgründung gewollt war, die durch die Bargründung verdeckt und verschleiert werden sollte.

91 Die herrschende Meinung sieht darin einen **Verstoß** gegen den im Kapitalgesellschaftsrecht herrschenden Grundsatz der realen **Kapitalaufbringung** und reagiert rigoros: Die Pflicht zur Leistung der Bareinlage gilt als nicht erfüllt. Der Einlageanspruch der Gesellschaft verjährt erst nach 30 Jahren (§ 195 BGB). Er ist zusätzlich zu verzinsen (§ 63 Abs. 2 Satz 1 AktG). Die eigentlich gewollte Sacheinlage ist wegen Nichtbeachtung der Sacheinlagevorschriften der Gesellschaft gegenüber nicht wirksam (§ 27 Abs. 3 AktG). Der Einleger kann gemäß § 812 BGB kondizieren. Seine Forderung ist allerdings im Insolvenzfall nachrangig.[52]

92 Nach herrschender Meinung liegt eine verdeckte Sachgründung vor, wenn eine **Bargründung** vereinbart wurde, in engem **zeitlichen** und **sachlichen Zusammenhang** damit ein Verkehrsgeschäft über einen einlagefähigen Gegenstand zwischen Gesellschaft und einlagepflichtigem Aktionär geschlossen wurde und eine **Abrede** zwischen Gesellschaft und einlagepflichtigem Aktionär oder zwischen ihm und den übrigen Aktionären bestand, die den wirtschaftlichen Erfolg einer Sacheinlage erfaßt.[53] Eine Abrede wird immer vermutet (Beweislastumkehr), wenn ein enger zeitlicher und sachlicher Zusammenhang bestand.

93 Ein sachlicher Zusammenhang wird angenommen, wenn gegenstandsgleiche Mittel hin und her fließen oder Gegenstände an die Gesellschaft veräußert wurden, die dem einlagepflichtigen Gründer schon bei Begründung der Einlagepflicht zur Verfügung standen und zum Gegenstand einer Sacheinlage hätten gemacht werden können. Wann ein zeitlicher Zusammenhang vorliegt, ist nicht klar. Die Ansichten reichen von sechs Monaten[54] bis zu zwei Jahren (in Anlehnung an die Zweijahresfrist der Nachgründungsregeln, § 52 Abs. 1 AktG).

---

52) *Wiesner*, in: Münchener Handbuch des Gesellschaftsrechts, § 16 Rz. 34.
53) BGH, Urt. v. 4. 3. 1996 – II ZR 89/95, ZIP 1996, 595, 597, dazu EWiR 1996, 457 (*Trölitzsch*); MünchKomm-*Pentz*, AktG, § 27 Rz. 94.
54) *Röhricht*, in: Großkomm. z. AktG, § 17 Rz. 195; *Wiesner*, in: Münchener Handbuch des Gesellschaftsrechts, § 16 Rz. 34; *Lutter/Gehling*, WM 1989, 1445, 1447.

IV. Die Gründungsphase

Unschädlich sind jedoch solche Verwendungsabsprachen, die der Erreichung bestimmter geschäftlicher Zwecke dienen, ohne daß die Einlage an den Aktionär zurückfließt,[55] wie z. B. der Erwerb einer Beteiligung. **94**

Bei **gründungsnahen Verkehrsgeschäften** zwischen Gründer und Gesellschaft ist also größte **Vorsicht** geboten. Im Zweifel sollte das Rechtsgeschäft den Sacheinlagevorschriften unterstellt werden. Denn anders als im GmbH-Recht, wo der BGH die Heilung einer verdeckten Sacheinlage zugelassen hat,[56] fehlt entsprechende Rechtsprechung für das Aktienrecht. Zwar werden in der Literatur verschiedene Heilungsmöglichkeiten angeboten, sie sind aber angesichts der Regelung des § 27 Abs. 4 AktG, der eine Heilung nach Eintragung der Gesellschaft in das Handelsregister nicht mehr zuläßt, fraglich.[57] **95**

e) Besonderheiten bei der Einpersonengründung

Auch bei der Bargründung durch eine Person bleibt es bei dem Recht des Gründers, nur den Mindestbetrag von einem Viertel einzahlen zu müssen (§ 36a Abs. 1 AktG). Allerdings muß er für den ausstehenden Betrag eine Sicherung bestellen (§ 36 Abs. 2 Satz 2 AktG). Hierzu zählen die Sicherheitsleistungen der §§ 232 ff BGB und wirtschaftlich gleichwertige Sicherungen (wie Bankbürgschaft, Grundpfandrechte), hingegen nicht die Ehegattenbürgschaft.[58] Eine Sicherung ist entbehrlich, wenn die Einlagen vollständig geleistet sind, nicht jedoch, wenn nach Eintragung der Gesellschaft der Aktionärskreis vergrößert wird. **96**

Für Sacheinlagen fehlt eine entsprechende Bestimmung. Teilweise wird für noch ausstehende Sacheinlagen (oben Rz. 84 ff) die analoge Anwendung von § 36 Abs. 2 Satz 2 AktG – also Sicherheitsleistung – gefordert.[59] **97**

6. Bericht der Gründer

Sowohl bei Bar- als auch bei Sachgründung haben die Gründer (§ 28 AktG) einen schriftlichen Bericht über den **Hergang der Gründung** zu erstellen **98**

---

55) BGH, Urt. v. 22. 6. 1992 – II ZR 30/91, ZIP 1992, 1303, 1305, dazu EWiR 1992, 997 *(Fleck)*.
56) S. BGH, Beschl. v. 4. 3. 1996 – II ZR 8/95, ZIP 1996, 668, dazu EWiR 1996, 509 *(Weipert)*.
57) MünchKomm-*Pentz*, AktG, § 27 Rz. 106, der die Wiederholung der Sacheinlage gemäß § 52 AktG zulassen will; siehe auch *Henze*, GmbH-Recht, Rz. 398.
58) *Hüffer*, AktG, § 36 Rz. 16; MünchKomm-*Pentz*, AktG, § 36 Rz. 87; *Röhricht*, in: Großkomm. z. AktG, § 36 Rz. 7.
59) Vgl. *Hüffer*, AktG, § 36 Rz. 15.

(§ 32 Abs. 1 AktG). Der Bericht ist Eintragungsvoraussetzung. Dem Registergericht soll damit die Prüfung der Eintragungsvoraussetzungen (vgl. § 38 AktG) erleichtert werden. Ferner ist er Grundlage der Gründungsprüfung (unten Rz. 102 ff).

99 Inhaltlich gibt er die wesentlichen Angaben des Gründungsprotokolls wieder, wie Tag der Satzungsfeststellung, Kapitalausstattung, Namen der Gründer und der von ihnen übernommenen Aktien, Höhe der geleisteten Einlage. Bei Sachgründung haben die Gründer zusätzlich die Angemessenheit der von der Gesellschaft zu erbringenden Gegenleistung darzulegen (§ 32 Abs. 2 AktG).

100 Werden Aktien für Rechnung eines Mitglieds des Vorstands oder des Aufsichtsrats übernommen (sogenannte Strohmanngründung), so ist auch dies anzugeben; ferner ist zu berichten, ob sich Vorstands- oder Aufsichtsratsmitglieder einen Sondervorteil oder für die Gründung oder deren Vorbereitung eine Entschädigung oder Belohnung ausbedungen haben (§ 32 Abs. 3 AktG). Gegebenenfalls ist dazu Fehlanzeige zu vermelden.

101 Der Bericht ist von den Gründern angesichts der zivil- und strafrechtlichen Verantwortlichkeit (§§ 46, 50, 399 Abs. 1 AktG) **persönlich** zu erstatten, bei juristischen Personen von deren Organen. Die Stellvertretung durch Bevollmächtigte ist nicht zulässig.

7. Gründungsprüfung

102 Stets haben die Mitglieder des **Vorstandes** und des ersten **Aufsichtsrates** den Hergang der Gründung der Gesellschaft zu prüfen (§ 33 Abs. 1 AktG) und darüber schriftlich Bericht (u. a. zur Vorlage beim Registergericht) zu erstatten (§ 34 Abs. 2, 3 AktG). Der Prüfungsbericht ist von den Mitgliedern der Verwaltung persönlich zu unterzeichnen. Auch hier ist wegen der zivil- und strafrechtlichen Verantwortlichkeit (§§ 48, 50, 399 Abs. 1 AktG) die Stellvertretung durch Bevollmächtigte nicht zulässig.

103 Im Prüfungsbericht ist insbesondere anzugeben, ob die Angaben der Gründer im Gründungsbericht über die Übernahme der Aktien, über die Einlagen auf das Grundkapital, über die in der Satzung enthaltenen Festsetzungen gemäß § 26 AktG (Sondervorteile, Gründungsaufwand) und § 27 AktG (Sacheinlagen, Sachübernahme) zutreffend und richtig wiedergegeben sind, bei Sacheinlage/Sachübernahme ferner, ob deren Wert – unter Angabe der Bewertungsmethode – den geringsten Ausgabebetrag der dafür zu gewährenden Aktien oder dafür zu gewährenden Leistungen erreicht (§ 34 Abs. 1, 2 AktG).

104 Eine **externe Gründungsprüfung** durch einen vom Registergericht auf Antrag der Gründer und des Vorstandes zu bestellenden Gründungsprüfer ist

IV. Die Gründungsphase

zwingend, wenn ein Mitglied des Vorstandes oder des Aufsichtsrates zu den Gründern gehört (§ 33 Abs. 2 Nr. 1 AktG); gleichgestellt ist der Fall, daß bei einer juristischen Person als Gründer deren vertretungsberechtigte Organmitglieder zu Mitgliedern der Verwaltungsorgane (Vorstand, Aufsichtrat) bestellt werden.[60] Eine externe Prüfung ist ferner vorgeschrieben, wenn eine Strohmanngründung vorliegt (§ 33 Abs. 2 Nr. 2 AktG), ein Verwaltungsmitglied sich einen besonderen Vorteil oder für die Gründung und ihre Vorbereitung eine Entschädigung oder Belohnung ausbedungen hat (§ 33 Abs. 2 Nr. 3 AktG) oder eine Gründung mit Sacheinlage oder Sachübernahme vorliegt (§ 23 Abs. 2 Nr. 4 AktG).

Der Umfang der Gründungsprüfung des externen Gründungsprüfers entspricht der von den Mitgliedern der Verwaltung vorzunehmenden Prüfung (§ 34 AktG). Der Bericht des externen Gründungsprüfers ist dem Gericht ebenfalls einzureichen. **105**

8. Gesellschafterwechsel in der Gründungsphase

Während der Gründungsphase sind sowohl der **Beitritt** weiterer Aktionäre als auch der **Austausch** von Gründungsaktionären zulässig. Zu beachten ist, daß dies nur durch notarielle Beurkundung der Änderung der Gründungsurkunde (§ 23 AktG) und – weil dies eine Vertragsänderung darstellt – nur einstimmig durch alle Gründer erfolgen kann, nicht jedoch durch Übertragung der Mitgliedschaft in der Vor-AG.[61] Die Gründer sollen nämlich wegen der Gründerhaftung jederzeit feststellbar sein.[62] Strittig ist, ob – wie im GmbH-Recht – die auf die Eintragung der AG im Handelsregister aufschiebend bedingte Übertragung der Mitgliedschaft möglich ist.[63] Der zustimmenden Auffassung ist beizutreten: Die Transparenz des Gründungsvorgangs durch die Gründer bleibt unberührt, da kein Gründerwechsel während der Gründungsphase stattfindet. **106**

Die rein schuldrechtliche Vereinbarung über die Übertragung der Mitgliedschaft **nach** Eintragung der Gesellschaft ist hingegen unproblematisch;[64] im Hinblick auf die Übertragung vor Eintragung ist sie nichtig (§ 306 BGB). **107**

---

60) Allg. Meinung, vgl. *Hüffer*, AktG, § 33 Rz. 4.
61) *Hüffer*, AktG, § 41 Rz. 30; *Kraft*, in: Kölner Komm. z. AktG, § 41 Rz. 112; MünchKomm-*Pentz*, AktG, § 41 Rz. 164.
62) MünchKomm-*Pentz*, AktG, § 41 Rz. 161.
63) Für Zulässigkeit: *Hüffer*, AktG, § 41 Rz. 30; *Barz*, in: Großkomm. z. AktG, § 41 Rz. 29; a. A. *Kraft*, in: Kölner Komm. z. AktG, § 41 Rz. 113; MünchKomm-*Pentz*, AktG, § 41 Rz. 164.
64) Vgl. *Hüffer*, AktG, § 41 Rz. 30 m. w. N.

B. Gründung der Aktiengesellschaft

9. Anmeldung zum Handelsregister

108 Die Gesellschaft ist bei dem für ihren Sitz zuständigen Amtsgericht (Handelsregister) von **allen Gründern**, allen **Mitgliedern des ersten Aufsichtsrates und des Vorstandes** zur Eintragung anzumelden (§ 36 Abs. 1 AktG). Alle Unterschriften sind notariell zu beglaubigen (§ 12 Abs. 1 HGB). Eine Bevollmächtigung ist wegen der persönlichen Verantwortlichkeit (§ 399 Abs. 1 Nr. 1 AktG) nicht zulässig. Die Anmeldenden müssen nicht alle auf demselben Schriftstück unterzeichnen. Vielmehr ist eine Anmeldung auf getrennten Schriftstücken ohne weiteres zulässig, soweit diese gleichlautend sind; hiervon wird in der Praxis angesichts der Vielzahl der an der Gründung beteiligten Personen häufig Gebrauch gemacht.

109 Bei einer **Bargründung** darf die Anmeldung erst erfolgen, wenn der im Gründungsprotokoll festgelegte oder vom Vorstand eingeforderte Betrag ordnungsgemäß eingezahlt worden ist und dieser Betrag – abzüglich bereits bezahlter Gründungskosten – endgültig zur freien Verfügung des Vorstandes (oben Rz. 72, 76) steht (§ 36 Abs. 2 AktG). Anzugeben sind der Ausgabebetrag und der darauf eingezahlte Betrag. Außerdem ist nachzuweisen, daß dieser Betrag, also auch das Agio, zur freien Verfügung des Vorstandes steht. In der Regel wird dieser Nachweis durch eine besondere **schriftliche Bestätigung** des kontoführenden Kreditinstituts geführt, für dessen Richtigkeit das Institut haftet. Wie weit diese Bankbestätigung allerdings zu gehen hat, ist unklar. Nach richtiger Auffassung wird nur eine Bestätigung verlangt werden können, wonach der Vorstand der Bank gegenüber im Zeitpunkt der Abgabe der Erklärung über den eingezahlten Betrag verfügen kann, insbesondere der Bank keine Gegenrechte zustehen.[65]

110 Bei einer **Sachgründung** reicht nach herrschender Meinung für die Anmeldung aus, daß die Einbringungsverpflichtung begründet ist und der dingliche Vollzug innerhalb von fünf Jahren nach Eintragung der AG zu erfolgen hat (oben Rz. 85). Die Anmelder müssen erklären, daß die vorgenannten Voraussetzungen für die Bareinlagen (§ 36 Abs. 2, § 36a Abs. 1 AktG) und/oder Sacheinlagen (§ 36a Abs. 2 AktG) erfüllt sind.

111 Zudem hat der Vorstand zu versichern, daß **keine Bestellungshindernisse** i. S. d. § 76 Abs. 3 Satz 3 und 4 AktG bestehen. Er hat ferner die (sich aus der Satzung ergebende) abstrakte und seine – gegebenenfalls durch Aufsichtsratsbeschluß gegenüber der Satzung modifizierte – konkrete Vertretungsbefugnis

---

[65] Wie hier *Hüffer*, AktG, § 37 Rz. 3a, 5; zum Inhalt der Anmeldung bei Verwendung der Bareinlage vor Anmeldung siehe oben Rz. 76; zur Bankbestätigung bei Verfügungen vor Anmeldung unten Rz. 182.

anzugeben. Jedes Mitglied des Vorstandes hat seine Namensunterschrift in der Anmeldung zur Aufbewahrung bei Gericht zu zeichnen.

Bei der Anmeldung sind auch die Geschäftsräume der Gesellschaft zu nennen (§ 24 HRV). Dem Handelsregister einzureichen sind die in § 37 Abs. 4 AktG erwähnten Anlagen. Bei Sacheinlagen verlangen einige Registergerichte immer noch die Stellungnahme der örtlichen Industrie- und Handelskammer zur richtigen Bewertung der Sacheinlage, obwohl diese durch das Gesetz für kleine Aktiengesellschaften ausdrücklich abgeschafft worden ist. 112

10. Eintragung in das Handelsregister

a) Richterliche Prüfung

Das für die AG zuständige Amtsgericht (Handelsregister) hat zu prüfen, ob die AG ordnungsgemäß errichtet und angemeldet ist (§ 38 Abs. 1 AktG). Ist dies nicht der Fall, hat es die Eintragung abzulehnen. Für diese Prüfung ist der Richter zuständig, nicht der Rechtspfleger (vgl. § 17 Nr. 1 Buchst. a RPflG). Die Prüfung erfolgt anhand der Anmeldung und der beigefügten Unterlagen auf Plausibilität.[66] Von der Richtigkeit der angemeldeten Tatsachen und mitgeteilten Wertungen hat der Richter auszugehen. Bei sachlich begründeten Zweifeln an der Richtigkeit der sich daraus ergebenden Tatsachen muß er diese allerdings von Amts wegen (§ 12 FGG) klären.[67] Dies folgt in der Regel durch zu begründende Zwischenverfügung (§ 26 Satz 2 HRV). Behebbare Mängel (etwa fehlende oder unvollständige Unterlagen) können noch bis zur Eintragung beseitigt werden. Zweckmäßigkeitsüberlegungen hat der Richter indes nicht anzustellen. 113

Bei **Sacheinlagen** hat das Registergericht anhand der Gutachten zu überprüfen, ob der Wert der Sacheinlage dem Wert der dafür zu gewährenden Aktien entspricht. Diese Prüfung tritt neben die Prüfung durch einen externen Gründungsprüfer. 114

Bleibt der Wert der Sacheinlage „nicht unwesentlich" hinter dem geringsten Ausgabebetrag der dafür zu gewährenden Aktien oder dem Wert der dafür zu gewährenden Gegenleistung zurück (§ 38 Abs. 2 Satz 2 AktG), muß das Gericht die Eintragung der AG ablehnen. Trägt das Gericht dennoch ein, ist die AG wirksam entstanden. Die **Wertdifferenz** ist durch Zahlung des Differenzbetrages **in bar auszugleichen**.[68] Die Zahlung ist durch Bankbestätigung 115

---

66) Vgl. OLG Düsseldorf, Beschl. v. 29. 3. 1995 – 3 Wx 568/94, GmbHR 1995, 592; *Hüffer*, AktG, § 38 Rz. 3.
67) *Keidel/Schmatz/Stöber*, Rz. 367.
68) *Hüffer*, AktG, § 9 Rz. 6.

(§ 37 Abs. 1 Satz 3 AktG) nachzuweisen und zusätzlich in einer Ergänzung zur Anmeldung in beglaubigter Form zu versichern (§ 37 Abs. 1 Satz 3 AktG). Kritisch ist die Abweichung dann, wenn die übliche Bandbreite der Bewertungsdifferenzen überschritten ist.[69] Der Richter muß – trotz der „Kann-Formulierung" – auch ablehnen bei offensichtlichen Unrichtigkeiten und Unvollständigkeiten von Gründungsbericht und Gründungsprüfungsbericht der Verwaltungsorgane (§ 38 Abs. 2 Satz 1 AktG).

116 Bei **Satzungsmängeln** ist das Prüfungsrecht des Gerichts eingeschränkt (§ 38 Abs. 3 AktG). Dies gilt jedoch nicht bei Fehlen der zwingend notwendigen Angaben (§ 23 Abs. 3 AktG). Hier muß das Gericht – gegebenenfalls nach Erlaß einer Zwischenverfügung – ablehnen.

117 **Strittig** ist vor allem, ob das ordnungsgemäß aufgebrachte **Kapital** nur bei Anmeldung oder noch bei Eintragung (genauer: zum Zeitpunkt der richterlichen Prüfung) gegenständlich oder wertmäßig **vorhanden** sein muß. Grundsätzlich gilt, daß der Richter von der Richtigkeit und Vollständigkeit der Anmeldung und der eingereichten Unterlagen, insbesondere von der Versicherung über die freie Verfügbarkeit des aufgebrachten Grundkapitals, auszugehen hat und nur bei begründeten Zweifeln an der Richtigkeit weitere Ermittlungen anstellen darf (oben Rz. 113).[70] Ein Teil der Literatur stellt unter Hinweis auf die Unterbilanzhaftung der Gründer (unten Rz. 170) bei Bareinlagen auf deren gegenständliches oder wertmäßiges Vorhandensein bei der **Anmeldung** ab.[71] Der Verbrauch der Geldeinlagen durch Geschäftsaufnahme zwischen Anmeldung und Prüfung durch den Richter rechtfertigt danach eine Ablehnung der Eintragung nicht. Teilweise wird dies auch so für die Sacheinlage/Sachübernahme vertreten.[72] Die Rechtsprechung[73] hingegen stellt in beiden Fällen auf den Eintragungszeitpunkt ab: Sind bei der Bareinlage die Gelder wertmäßig nicht mehr vorhanden, haben die Gründer nachzuschießen; ebenso ist der Wertverlust bei der Sacheinlage/Sachübernahme auszugleichen (Differenzhaftung). Geschieht dies nicht, hat der Richter die Eintragung abzulehnen.

---

69) *Hüffer*, AktG, § 38 Rz. 9; MünchKomm-*Pentz*, AktG, § 38 Rz. 60; *Röhricht*, in: Großkomm. z. AktG, § 38 Rz. 41.
70) BGH ZBB 1991, 168 = ZIP 1991, 511, 517.
71) So wohl *Hüffer*, AktG, § 38 Rz. 10; *Röhricht*, in: Großkomm. z. AktG, § 38 Rz. 13; MünchKomm-*Pentz*, AktG, § 38 Rz. 20.
72) *Röhricht*, in: Großkomm. z. AktG, § 38 Rz. 13; *Scholz/Winter*, GmbHG, § 9c Rz. 33 (für GmbH).
73) BGH, Urt. v. 13. 7. 1992 – II ZR 263/91, BGHZ 119, 177, 187 f = ZIP 1992, 1387; BGH, Urt. v. 9. 3. 1981 – II ZR 54/80, BGHZ 80, 129, 136 f = ZIP 1981, 394; BayObLG, Beschl. v. 7. 10. 1998 – 3ZR BR 177/98, GmbHR 1998, 1225.

IV. Die Gründungsphase

b) Eintragung

Sind die eingereichten Unterlagen beanstandungsfrei, hat der Richter die AG 118
in das Handelsregister einzutragen. Dabei sind die Firma und der Sitz der
Gesellschaft, der Gegenstand des Unternehmens, die Höhe des Grundkapitals,
der Tag der Feststellung der Satzung und die Vorstandsmitglieder mit Vertretungsbefugnis einzutragen (§ 39 Abs. 1 AktG). Enthält die Satzung Bestimmungen über die Dauer der Gesellschaft oder haben die Gründer bereits ein
genehmigtes Kapital beschlossen, sind auch diese Bestimmungen einzutragen.
Weitere Einzelheiten der Eintragung ergeben sich aus § 43 HRV.

c) Bekanntmachung

Die Eintragung wird im Bundesanzeiger und mindestens einem weiteren Blatt 119
(§ 10 Abs. 1 Satz 1 HGB, § 11 HGB) mit ihrem gesamten Inhalt sowie den
weiteren, in § 40 AktG erwähnten Angaben bekanntgemacht.

11. Mitteilungspflichten bei Gründung

a) Mitteilung nach § 20 AktG

Gehört einem Unternehmen mehr als der vierte Teil der Aktien einer AG, ist 120
dies der Gesellschaft unverzüglich schriftlich mitzuteilen (§ 20 Abs. 1 Satz 1
AktG). Dies gilt auch für die Übernahme von Aktien bei Gründung.[74] Kenntniserlangung des Vorstands auf andere Weise soll grundsätzlich nicht ausreichen.[75] Mitteilungspflichtig sind aber nur Unternehmen (unabhängig von
ihrer Rechtsform), nicht jedoch Private.

Erfolgt die Anzeige nicht, sind die Rechte aus den Aktien (wie das Recht auf 121
Teilnahme an der Hauptversammlung, das Stimm- und Auskunftsrecht) bis
zur Mitteilung suspendiert; für den Dividendenanspruch und den Anteil am Liquidationserlös gilt dies allerdings nur dann, wenn die Mitteilung vorsätzlich
unterblieben ist (§ 20 Abs. 7 AktG).

b) Mitteilung nach § 42 AktG

Vereinigen sich alle Aktien in der Hand eines Aktionärs (Einpersonen-AG), 122
hat der Vorstand dem Handelsregister eine entsprechende Mitteilung mit den
in § 42 AktG verlangten Angaben einzureichen. Nach herrschender Meinung

---

[74] *Hüffer*, AktG, § 20 Rz. 2; *Hoffmann-Becking*, in: Münchener Handbuch des Gesellschaftsrechts, § 3 Rz. 20.
[75] *Hüffer*, AktG, § 20 Rz. 2.

gilt diese Mitteilungspflicht auch bei der **Gründung** durch eine Person;[76)] begründet wird dies damit, daß jeder durch Einsicht in die Registerakten ohne weitere Prüfung der Gründungsunterlagen die Einpersonensituation erkennen können soll. Schriftform ist für die Mitteilung ausreichend.

12. Ausgabe von Aktienurkunden

a) Zeitpunkt

123 Aktienurkunden können, müssen aber nicht von der Gesellschaft ausgegeben werden. Die Mitgliedschaftsrechte bestehen auch ohne Aktienurkunden, denen ohnehin nur deklaratorische Bedeutung zukommt.[77)] Die Übertragung der die Mitgliedschaft vermittelnden Aktien erfolgt dann gemäß §§ 398, 413 BGB ohne besondere Form.[78)]

124 Die Ausgabe von Aktienurkunden empfiehlt sich aber: Die Inhaberschaft kann leichter nachgewiesen werden, etwa gegenüber der Gesellschaft bei der Hauptversammlung oder zum Bezug von Dividenden (§ 410 BGB). Außerdem ist ein gutgläubiger Erwerb nur bei der verbrieften Aktie möglich.[79)]

125 Eine Ausgabe von Aktienurkunden darf jedoch **frühestens ab Eintragung** der AG im Handelsregister erfolgen (§ 41 Abs. 4 Sätze 1 und 2 AktG). Vorher wäre die Verbriefung, da das Mitgliedschaftsrecht erst mit Eintragung der AG im Handelsregister entsteht, unwirksam.[80)]

126 Für die Verbriefung der Aktien einer kleinen AG gibt es **keine** besondere **Form**. Sie können etwa handschriftlich oder mittels PC-Druck erstellt, aber auch so gedruckt werden, wie es für die zum Börsenhandel zugelassenen Aktien verlangt wird.[81)] Sie sind stets mindestens vom Vorstand der ausgebenden AG in vertretungsberechtigter Zahl zu unterzeichnen (§ 13 Satz 1 AktG). Die Satzung kann eine strengere Form vorsehen. Als **Mindestinhalt** muß der Text der Urkunde erkennen lassen, wer die ausstellende AG

---

76) *Hüffer*, AktG, § 42 Rz. 3; MünchKomm-*Pentz*, AktG, § 42 Rz. 5; *Hoffmann-Becking*, in: Münchener Handbuch des Gesellschaftsrechts, § 3 Rz. 22.
77) Vgl. statt vieler MünchKomm-*Heider*, AktG, § 10 Rz. 6 m. w. N.
78) LG Berlin, Urt. v. 27. 8. 1993 – 85 O 140/93, AG 1994, 378, 379; MünchKomm-*Heider*, AktG, § 10 Rz. 8; *Wiesner*, in: Münchener Handbuch des Gesellschaftsrechts, § 14 Rz. 12.
79) Vgl. *Brändel*, in: Großkomm. z. AktG, § 10 Rz. 11; *Lutter*, in: Kölner Komm. z. AktG, § 68 Rz. 3; *Wiesner*, in: Münchener Handbuch des Gesellschaftsrechts, § 14 Rz. 4, 12.
80) *Hüffer*, AktG, § 42 Rz. 31; MünchKomm-*Pentz*, AktG, § 41 Rz. 165.
81) Einzelheiten bei *Hüffer*, AktG, § 13 Rz. 5; MünchKomm-*Heider*, AktG, § 13 Rz. 14 u. 22.

ist, daß das Mitgliedschaftsrecht an ihr verbrieft wird, ob sie als Inhaber- oder Namensaktie, Nennbetrags- oder Stückaktie ausgegeben ist.[82]

b) Ausgabepflicht

Jeder Aktionär kann verlangen, daß von jeder von ihm gehaltenen Aktie eine Urkunde erstellt wird („Einzelverbriefung"),[83] vor vollständiger Leistung nur in Form von Namensaktien (§ 10 Abs. 2 AktG) oder Zwischenscheinen (§ 10 Abs. 3 AktG). Um gerade der kleinen AG die mit der Stückelungsmöglichkeit auf einen Euro verbundenen Kosten zu ersparen, kann der Anspruch des Aktionärs auf Verbriefung aller seiner Anteile in der Satzung sowohl bei als auch nach Gründung gänzlich ausgeschlossen oder eingeschränkt werden (§ 10 Abs. 5 AktG). Diese Beschränkungsmöglichkeit besteht auch bei der börsennotierten AG. Der Anspruch des Aktionärs auf Ausstellung einer Sammelurkunde (Globalaktie) über sämtliche von der AG ausgegebenen Aktien soll aber nicht ausgeschlossen werden können.[84] Wird diese Aktie bei der Gesellschaft verwahrt, ist das kein Bankgeschäft.[85] **127**

V. Satzungsgestaltung

1. Mindestinhalt der Satzung

Die Satzung muß einen bestimmten Mindestinhalt haben (§ 23 Abs. 3, 4 AktG), sonst kann der Registerrichter die Eintragung der Gesellschaft ablehnen (§ 38 Abs. 1, 3 AktG). Trägt er dennoch ein, kann Klage auf Nichtigkeit der Gesellschaft erhoben werden (§ 275 Abs. 1 AktG). **128**

Zum Mindestinhalt gehören – soweit sich aus Spezialgesetzen nichts anderes ergibt[86] – Angaben über Firma und Sitz, Gegenstand des Unternehmens, Höhe des Grundkapitals, Zerlegung des Grundkapitals, Inhaber- oder Namensaktien, Zahl der Vorstandsmitglieder und Form der Bekanntmachung. **129**

In aller Regel enthält die Satzung noch weitere Angaben.[87] Bei der Gestaltung ist jedoch streng darauf zu achten, daß von den Vorschriften des Aktiengeset- **130**

---

82) Weitere Einzelheiten bei MünchKomm-*Heider*, AktG, § 13 Rz. 9 ff.
83) Vgl. MünchKomm-*Heider*, AktG, § 10 Rz. 10.
84) So *Hüffer*, AktG, § 10 Rz. 11; *Seibert*, DB 1999, 267, 269.
85) Vgl. noch § 1 Abs. 1 Nr. 5 KWG; a. A. *Lauppe*, DB 2000, 807.
86) Siehe hierzu *Hüffer*, AktG, § 23 Rz. 33.
87) Vgl. *Kirchfeld*, Muster einer Gründungsurkunde, unten Anh. I.

zes nur abgewichen werden kann, wenn das Aktiengesetz eine Abweichung **ausdrücklich** zuläßt (§ 23 Abs. 5 AktG; dazu unten Rz. 161). Schweigen des Gesetzes reicht also nicht.[88]

a) Firma

131 Die Firma ist der Name der AG, unter dem sie am Rechtsverkehr teilnimmt (vgl. § 14 Abs. 1 HGB). In ihrer Entscheidung über die Firmierung der AG sind die Gründer grundsätzlich frei, sie können also eine Sachfirma, eine Personenfirma oder eine Phantasiefirma bilden. Entscheidend ist, daß die Firma zur Kennzeichnung der AG geeignet ist und Unterscheidungskraft besitzt. Der Firma ist in allen Fällen die Bezeichnung „Aktiengesellschaft" oder eine allgemein verständliche Abkürzung dieser Bezeichnung beizufügen (§ 4 AktG). Die gebräuchlichste aller Abkürzungen ist „AG", was auch in das Handelsregister eingetragen wird.[89]

132 Ihre Grenze findet die Firmenbildung im Irreführungsverbot (§ 18 Abs. 2 HGB). Danach darf die Firma keine Angaben enthalten, die geeignet sind, die angesprochenen Verkehrskreise über ihre geschäftlichen Verhältnisse irrezuführen. Im Eintragungsverfahren hat der Registerrichter zu prüfen, ob eine **Irreführung** ersichtlich ist. Er kann also nur einen eingeschränkten Prüfungsmaßstab zugrunde legen. Die Eintragung kann er nur zurückweisen, wenn die Täuschungseignung auf der Hand liegt, sie also ohne umfangreiche Beweisaufnahme feststeht.[90]

b) Sitz

133 Sitz der Gesellschaft ist der Ort, den die **Satzung** bestimmt. Satzungssitz kann in der Regel nur der Ort sein, an dem die Gesellschaft einen Betrieb hat, an dem sich die Geschäftsleitung befindet oder an dem die Verwaltung geführt wird (§ 5 AktG). Die Satzung hat dem grundsätzlich zu entsprechen, anderenfalls ist die Eintragung der Gesellschaft abzulehnen. Wird dennoch eingetragen, ist die AG zwar wirksam entstanden; es droht aber die Zwangslöschung (siehe § 262 Abs. 1 Nr. 5 AktG, § 144 Abs. 1 Satz 1 FGG). Nur bei schutzwürdigem Interesse kann der Gesellschaftssitz auch an einem anderen als den drei genannten Orten liegen.[91]

---

88) Zu den Rechtsfolgen bei Verstößen gegen § 23 Abs. 5 AktG: *Hüffer*, AktG, § 23 Rz. 43.
89) *Wiesner*, in: Münchener Handbuch des Gesellschaftsrechts, § 7 Rz. 5.
90) Einzelheiten bei MünchKomm-*Heider*, AktG, § 4 Rz. 20 ff.
91) Siehe MünchKomm-*Heider*, AktG, § 5 Rz. 36; *Kraft*, in: Kölner Komm. z. AktG, § 5 Rz. 17.

Der Sitz hat einmal **individualisierenden Charakter**, ferner ist er Anknüpfungsmerkmal verschiedener verfahrensrechtlicher Bestimmungen, z. B. für den Gerichtsstand (§ 14 Abs. 1 Satz 1 ZPO), für die örtliche Zuständigkeit des Registergerichts (§§ 125 ff FGG) und für die Zuständigkeit bei aktienrechtlichen Klagen (§ 246 Abs. 3 Satz 1 AktG).[92]

134

Fallen tatsächlicher und Satzungssitz nach Eintragung auseinander, ist die Satzungsbestimmung durch Satzungsänderung entsprechend anzupassen. Hingegen ist eine Änderung der Anschrift innerhalb derselben politischen Gemeinde kein Fall für die Änderung der Satzung.[93]

135

c) Gegenstand des Unternehmens

Weiterer zwingender Bestandteil der Satzung ist der Gegenstand des Unternehmens (§ 23 Abs. 2 AktG). Das ist die **Tätigkeit**, die die Gesellschaft aufzunehmen beabsichtigt.[94] Er ist vom Gesellschaftszweck zu unterscheiden.[95] Der Unternehmensgegenstand muß in der Satzung so konkret beschrieben sein, daß die beteiligten Verkehrskreise hinreichend erkennen können, was die AG betreibt.[96] Deshalb ist der Handel mit oder die Produktion von Waren aller Art nicht konkret genug und damit unzulässig. Mit dem Unternehmensgegenstand werden ferner nach innen die **Grenzen der Geschäftsführungsbefugnis** des Vorstandes festgelegt, der grundsätzlich von Aufsichtsrat und Hauptversammlung unabhängig ist (§ 76 Abs. 1 AktG). Eine Überschreitung dieser Grenzen macht den Vorstand schadensersatzpflichtig. Die vom Vorstand getätigten Geschäfte bleiben gleichwohl wirksam.

136

Ist der Unternehmensgegenstand nur zum Schein angegeben, wie etwa bei der verdeckten Vorratsgründung (unten Rz. 186), führt dies zur Nichtigkeit der Satzung und des Gründungsvorganges. Die Gesellschaft kann nicht in

137

---

92) Siehe MünchKomm-*Heider*, AktG, § 5 Rz. 72.
93) Zum Doppelsitz vgl. MünchKomm-*Heider*, AktG, § 5 Rz. 41 ff; *Hüffer*, AktG, § 5 Rz. 10.
94) BGH, Beschl. v. 9. 11. 1987 – II ZB 49/87, BGHZ 102, 209, 213 = ZIP 1988, 433, dazu EWiR 1988, 371 *(Gustavus)*; *Wiesner*, in: Münchener Handbuch des Gesellschaftsrechts, § 9 Rz. 10.
95) H. M.; *Kraft*, in: Kölner Komm. z. AktG, § 23 Rz. 43; MünchKomm-*Pentz*, AktG, § 23 Rz. 70 ff.
96) Dies wird aus dem zweiten Halbsatz von § 23 Abs. 3 Nr. 2 AktG gefolgert, wonach namentlich bei Industrie- und Handelsunternehmen die Art der Erzeugnisse und Waren, die hergestellt und gehandelt werden, näher anzugeben ist, vgl. *Kraft*, in: Kölner Komm. z. AktG, § 23 Rz. 44; MünchKomm-*Pentz*, AktG, § 23 Rz. 68; *Röhricht*, in: Großkomm. z. AktG, § 23 Rz. 107; *Hüffer*, AktG, § 23 Rz. 24.

das Handelsregister eingetragen werden. Geschieht dies trotzdem, kann nach herrschender Meinung[97] Nichtigkeitsklage erhoben werden, was zur Amtslöschung führt (§ 275 AktG, § 144 FGG).

138 Wird eine AG auf Vorrat gegründet, ist dies im Unternehmensgegenstand (etwa durch „Verwaltung eigenen Vermögens/der Einlage") kenntlich zu machen.[98]

139 Soll der Unternehmensgegenstand auch durch Beteiligungsunternehmen verfolgt werden können, muß dies in der Satzung ebenfalls angegeben werden.[99]

d) Höhe und Zerlegung des Grundkapitals
aa) Höhe

140 Die Satzung muß ferner die Höhe des Grundkapitals (§ 1 Abs. 2, § 6 AktG) durch einen festen Betrag in Euro bestimmen, mindestens 50 000 Euro. Ein Mindest- oder Höchstwert ist nicht zulässig. Für bestimmte Tätigkeiten ist ein höherer Mindestbetrag vorgesehen, so z. B. für Kreditinstitute und Kapitalanlagegesellschaften.[100]

141 Das Grundkapital ist eine **feste Größe**. Es verändert sich nur durch von der Hauptversammlung zu beschließende Kapitalerhöhung oder -herabsetzung. Von ihm zu unterscheiden ist das Vermögen der Gesellschaft, das sämtliche in ihrem Eigentum stehenden Sachen, Rechte und sonstige Vermögensgegenstände umfaßt und anders als das Grundkapital stetigen Schwankungen unterliegt. Das Grundkapital ist ferner zu unterscheiden vom Kapitalbedarf der AG, den das Grundkapital in der Regel nicht deckt und der zusätzlich finanziert werden muß (etwa durch Agio, Aktionärsdarlehen oder Fremdfinanzierung).

142 Angesichts dessen sollte bereits bei der Gründung ein genehmigtes Kapital festgesetzt werden, um einen kurzfristigen Kapitalbedarf befriedigen zu können. Diese Ermächtigung muß Bestandteil der Satzung sein, kann nur auf höchstens fünf Jahre von der Eintragung der Gesellschaft ab laufen und darf die Hälfte des bei Eintragung der Gesellschaft bestehenden Grundkapitals nicht übersteigen (§§ 202 ff AktG).

---

97) Einzelheiten m. w. N. bei *Hüffer*, AktG, § 23 Rz. 26.
98) BGH, Beschl. v. 16. 3. 1992 – II ZB 17/91, BGHZ 117, 323, 325 f = ZIP 1992, 689, dazu EWiR 1992, 673 *(Kraft)*.
99) Weitere Einzelheiten bei *Wiesner*, in: Münchener Handbuch des Gesellschaftsrechts, § 9 Rz. 10.
100) Siehe Übersichten bei *Kraft*, in: Kölner Komm. z. AktG, § 7 Rz. 7.

V. Satzungsgestaltung

Ob die Gründungssatzung bereits ein bedingtes Kapital (vgl. §§ 192 ff AktG), etwa zur Vorbereitung eines Mitarbeiterbeteiligungsprogramms, vorsehen darf, ist strittig.[101] Aus Vorsichtsgründen ist daher hierzu nicht zu raten.

143

bb) Zerlegung

Die Satzung hat ferner zu bestimmen, ob das Grundkapital in **Nennbetragsaktien** – dann unter Angabe der Nennbeträge und der Zahl der Aktien je Nennbetrag – oder Stückaktien – unter Angabe der Anzahl – zerlegt ist, sowie – wenn mehrere Gattungen bestehen – die Aktiengattung und die Zahl der Aktien jeder Gattung (§ 23 Abs. 2 Nr. 4 AktG).

144

Der Mindestnennbetrag einer (Nennbetrags-)Aktie beträgt einen Euro (§ 8 Abs. 2 AktG). Soll der Betrag höher sein, muß er auf volle Euro lauten (§ 8 Abs. 2 Satz 4 AktG).

145

Stückaktien lauten auf keinen Nennbetrag. Sie sind am Grundkapital im gleichen Umfang beteiligt. Der rechnerische Anteil am Grundkapital, der auf jede Stückaktie entfällt und den man erhält, indem man das Grundkapital durch die Anzahl der Stückaktien teilt, darf lediglich einen Euro nicht unterschreiten; liegt er höher, braucht er nicht einem vollen Euro entsprechen. Ein „krummer" Betrag ist unbedenklich.

146

Bei den Nennbetragsaktien bestimmt sich der Anteil am Grundkapital nach dem Verhältnis ihres Nennbetrages zum Grundkapital. Nennbetragsaktien können auf unterschiedlich hohe Nennbeträge lauten; die Satzung hat dann die Anzahl der Aktien mit unterschiedlichem Nennwert anzugeben. Bei Stückaktien darf es nicht zu unterschiedlichen Beträgen kommen. Auch darf das Grundkapital nicht sowohl in Stück- als auch in Nennbetragsaktien eingeteilt sein.

147

Gattungsangaben sind nur erforderlich, wenn es mehr als eine Gattung von Aktien (etwa Stamm- und Vorzugsaktien) gibt. Inhaber- und Namensaktien sind keine Gattung.

148

cc) Inhaber- und Namensaktien

Die Aktien können auf den **Inhaber** oder auf den **Namen** lauten (§ 10 Abs. 1 AktG). Bei einer Vielzahl kleiner Aktiengesellschaften herrscht die Namensaktie vor. Sie ist auf den Namen des Aktionärs ausgestellt. Die Aktien müssen auf Namen lauten, wenn sie vor der vollen Leistung des Ausgabebetrages aus-

149

---

101) Siehe *Hüffer*, AktG, § 192 Rz. 7 m. w. N.

gegeben werden (§ 10 Abs. 2 AktG). Ausschließlich Namensaktien gibt es beispielsweise bei den Wirtschaftsprüfungs- und Buchführungsgesellschaften (§ 28 Abs. 5 Satz 2, § 130 Satz 2 WPO) und Steuerberatungsgesellschaften (§ 50 Abs. 5 Satz 2 StBerG).

150 Ob Inhaber- oder Namensaktien gewählt werden, ist letztlich eine Frage der Zweckmäßigkeit. Bei Namensaktien sind die Aktionäre der Gesellschaft namentlich bekannt (vgl. § 67 Abs. 1, 2 AktG). Zudem kann die Gesellschaft unproblematisch von den Einladungserleichterungen für die Hauptversammlung Gebrauch machen (§ 121 Abs. 4 AktG). Nur Namensaktien können vinkuliert sein, d. h., für deren Übertragung kann ein Zustimmungserfordernis vorgesehen werden (§ 68 Abs. 2 Satz 1 AktG).

151 Inhaberaktien unterscheiden sich ferner durch die Art der Übertragung: Namensaktien können durch Indossament übertragen werden (Art. 12, 13 und 16 WG). Die Inhaberaktie hingegen hat eine höhere Fungibilität, denn ihre Übertragung darf an keine Form gebunden werden (§ 23 Abs. 5 AktG). Zur Übertragung der Mitgliedschaft ist die Übereignung des Papiers ausreichend, aber auch erforderlich („Das Recht aus dem Papier folgt dem Recht am Papier"). Sind die Aktien nicht verbrieft, können Inhaber- und Namensaktien durch Abtretung übertragen werden[102] (§§ 389, 413 BGB).

152 Die Bestimmung der Aktienart kann jederzeit durch satzungsändernden Hauptversammlungsbeschluß geändert werden. Möglich ist auch, sowohl Namens- als auch Inhaberaktien auszugeben.

153 Enthält die Satzung versehentlich keine Bestimmung über die Art der auszugebenden Aktien und hilft auch die Auslegung nicht weiter, so hat das Registergericht die Eintragung der Gesellschaft abzulehnen. Erfolgt die Eintragung dennoch, so führt dies allerdings nicht zu ihrer Nichtigkeit (vgl. § 275 AktG). Es droht aber die Amtslöschung (§ 144a FGG, § 262 Abs. 1, 5 AktG).

e) Zusammensetzung des Vorstands (§ 23 Abs. 3 Nr. 6 AktG)

154 Die Angabe einer festen Zahl von Vorstandsmitgliedern empfiehlt sich nicht. Wird diese Zahl nämlich später unterschritten, so kann die Anpassung an die tatsächlichen Verhältnisse nur durch Satzungsänderung erfolgen, die jedoch erst wirksam wird, wenn sie im Handelsregister eingetragen ist (§ 181 Abs. 3 AktG). Zweckmäßig erscheint es deshalb, keine feste Zahl festzulegen, sondern lediglich die Regeln, nach denen diese Zahl bestimmt wird. Auch dem Aufsichtsrat kann die Befugnis erteilt werden, die genaue Anzahl der Vor-

---

[102] *Wiesner*, in: Münchener Handbuch des Gesellschaftsrechts, § 14 Rz. 14.

standsmitglieder festzulegen. Zulässig ist es ferner, eine bestimmte Mindest- oder Höchstzahl von Vorstandsmitgliedern vorzusehen. Angaben zur Zahl der Aufsichtsratsmitglieder sind nicht erforderlich.

f) Form der Bekanntmachung der Gesellschaft (§ 23 Abs. 4 AktG)

Bekanntmachungen, die nach Gesetz oder Satzung in den Gesellschaftsblättern zu erfolgen haben, können nur im Bundesanzeiger bekanntgemacht werden. Daneben kann die Satzung auch noch andere Blätter als Gesellschaftsblätter, in denen diese Pflichtbekanntmachungen veröffentlicht werden sollen, bezeichnen. **155**

Soweit das Gesetz oder die Satzung Bekanntmachungen vorschreiben, ohne zugleich die Gesellschaftsblätter als Publikationsorgan zu bestimmen, sind dies die von § 23 Abs. 4 AktG erfaßten Blätter. Zweckmäßigerweise wird auch für diese Bekanntmachungen der Bundesanzeiger gewählt. Ausreichend ist aber auch eine Tageszeitung oder sogar ein eingeschriebener Brief.[103] **156**

2. Besonderheiten bei Sachgründung, Sondervorteilen, Umwandlungsfällen

a) Sachgründung

Bei einer Sachgründung (durch Sacheinlage oder Sachübernahme) sind der **Gegenstand** der Sacheinlage oder Sachübernahme, die Person, von der die Gesellschaft den Gegenstand erwirbt, und der Nennbetrag der bei der Sacheinlage zu gewährenden Aktien oder die bei der Sachübernahme zu gewährende Vergütung **in die Satzung aufzunehmen** (§ 27 Abs. 1 Satz 1 AktG). Diese Angaben müssen so präzise sein, daß keine Unklarheiten über die vorgenannten Angaben bestehen. Es reicht also nicht aus, wenn nur die Gründungsurkunde diese Angaben enthält oder die Angaben in einer Anlage zur Urkunde aufgenommen sind (oben Rz. 81). Die Aufnahme dieser Angaben in die Satzung soll sicherstellen, daß Dritte darüber informiert werden, daß es sich nicht um eine Bargründung handelt.[104] **157**

Zu beachten ist noch folgendes: Eine **Änderung** der in der Satzung getroffenen Festsetzungen über Sacheinlagen und Sachübernahmen ist frühestens fünf Jahre nach Eintragung der Gesellschaft zulässig (§ 26 Abs. 4 AktG). Aus der Satzung vollständig **entfernt** werden können diese Angaben erst, wenn die **158**

---

103) *Hüffer*, AktG, § 23 Rz. 32; *Röhricht*, in: Großkomm. z. AktG, § 23 Rz. 165.
104) *Röhricht*, in: Großkomm. z. AktG, § 27 Rz. 140; zu den Rechtsfolgen bei fehlender Aufnahme in die Satzung siehe oben Rz. 83.

Gesellschaft dreißig Jahre eingetragen ist und die Rechtsverhältnisse, die den Festsetzungen zugrunde liegen, seit mindestens fünf Jahren abgewickelt sind (§ 26 Abs. 5 AktG).

b) Sondervorteile

159 Werden in sachlichem Zusammenhang mit der Gründung Aktionären oder Dritten Sondervorteile gleich welcher Art eingeräumt oder eine Entschädigung oder Belohnung gewährt, muß dies – um gegenüber der Gesellschaft wirksam zu sein – unter Nennung des Berechtigten in der Satzung festgesetzt werden (§ 26 Abs. 1 und 2 AktG). Typisches Beispiel für eine Entschädigung ist die Übernahme der **Gründungskosten** durch die Gesellschaft, die als Gesamtsumme (gegebenenfalls in geschätzter Höhe) in die Satzung aufzunehmen sind. Die meisten Registergerichte akzeptieren eine Gesamtsumme, die 10 % des Grundkapitals nicht übersteigt. Auch hier gilt hinsichtlich der Änderung oder Beseitigung aus der Satzung die fünf- bzw. dreißigjährige Frist (§ 26 Abs. 4, 5 AktG).

c) Umwandlungsfälle

160 Strittig ist, ob auch bei Verschmelzung durch Neugründung, Spaltung zur Neugründung und Formwechsel in eine AG die Satzung ausweisen muß, daß die AG durch den entsprechenden Umwandlungsvorgang entstanden ist. Denn derartige Gründungen stellen Sachgründungen dar (oben Rz. 40). Eine Pflicht zur Aufnahme in die Satzung erscheint jedoch zweifelhaft: Das Gesetz ordnet die Aufnahme nicht ausdrücklich an. Der Transparenz des Kapitalaufbringungsvorganges wird dadurch Genüge getan, daß im Handelsregister – anders als bei der regulären Sachgründung – eingetragen wird, aufgrund welchen Umwandlungsvorganges die Gesellschaft entstanden ist, und dieser Eintrag selbst nach dreißig Jahren noch existiert.[105]

3. Gestaltungsgrenzen

161 Die Satzung enthält in aller Regel mehr als nur die Mindestangaben, etwa Angaben zum Geschäftsjahr, zur Zusammensetzung des Vorstandes und zu seiner Geschäftsführung; Einzelheiten zum Aufsichtsrat mit Amtsdauer, Verfahren bei Beschlußfassung, Vergütung; Einberufung der Hauptversammlung, Teil-

---

105) Wie hier *Lutter/Grunewald*, UmwG, § 74 Rz. 6; *Kraft*, in: Kölner Komm. z. AktG, § 353 Rz. 13; a. A. *Kallmeyer/Marsch-Barner*, UmwG, § 74 Rz. 1.

nahmerecht, Stimmrecht, Vorsitz; Jahresabschluß und Gewinnverwendung.[106] Der Gestaltung sind jedoch enge Grenzen gesetzt. Denn die Satzung kann – anders als im GmbH-Recht – vom Gesetz nur abweichen, wenn es **ausdrücklich** im Aktiengesetz zugelassen ist (§ 23 Abs. 5 Satz 1 AktG). Schweigen reicht nicht aus.[107] Abweichen heißt: die Satzung bestimmt etwas anderes als das Gesetz.[108] Ausdrücklich läßt das Gesetz Abweichungen zu, wenn es von „ wenn die Satzung nichts anderes bestimmt" oder „die Satzung kann bestimmen" spricht.[109]

Schwieriger zu beurteilen ist, in welchem Umfang die Satzung das Aktiengesetz **ergänzende Bestimmungen** vorsehen darf. Denn diese sind nur zulässig, wenn das Gesetz keine abschließende Regelung enthält (§ 23 Abs. 5 Satz 2 AktG). Dies soll möglich sein, wenn das Aktiengesetz die Frage nicht regelt, also eine Lücke geschlossen werden soll, oder die gesetzliche Regelung, ohne sie anzutasten, weitergeführt wird.[110] Sofern sie nicht ausdrücklich zugelassen sind (vgl. z. B. § 8 Abs. 2 AktG), kann der Ergänzungsspielraum nur durch Auslegung ermittelt werden. Aus Vorsichtsgründen wird man zu einer restriktiven Auslegung neigen.[111]   **162**

Neben der Satzung können Vereinbarungen der Aktionäre bestehen, die ihr Verhältnis untereinander regeln. Hierbei handelt es sich um sogenannte „**schuldrechtliche Nebenabreden**".[112] In ihnen werden etwa Vorerwerbs- oder Vorkaufsrechte, Nachschußpflichten oder Stimmpoolung vereinbart.[113]   **163**

VI. Die Vor-AG

In der Zeit ab Errichtung der AG (§§ 23, 29 AktG) bis zu ihrer Eintragung im Handelsregister besteht die Gesellschaft als werbende AG, auch als Vor-AG oder Vorgesellschaft bezeichnet. Sie ist eine **Organisationsform eigener**   **164**

---

106) Siehe z. B. *Kirchfeld*, Mustersatzung, unten Anh. II.
107) *Wiesner*, in: Münchener Handbuch des Gesellschaftsrechts, § 6 Rz. 10 m. w. N.
108) MünchKomm-*Pentz*, AktG, § 23 Rz. 152.
109) MünchKomm-*Pentz*, AktG, § 23 Rz. 155, und *Hüffer*, AktG, § 23 Rz. 36, jeweils mit Katalog.
110) *Hüffer*, AktG, § 23 Rz. 37.
111) Zu unbedenklichen Ergänzungen siehe Katalog bei *Hüffer*, AktG, § 21 Rz. 38, und MünchKomm-*Pentz*, AktG, § 23 Rz. 161.
112) MünchKomm-*Pentz*, AktG, § 23 Rz. 187; *Wiesner*, in: Münchener Handbuch des Gesellschaftsrechts, § 6 Rz. 13.
113) Dazu unten *Blaum*, Rz. 744 ff.

Art,[114)] für die bereits wirksam gehandelt werden kann: Sie ist z. B. aktiv und passiv parteifähig, grundbuch- und beteiligungsfähig. Die für die Vor-AG begründeten Rechte und Pflichten werden ohne weiteres (ipso iure) solche der AG mit deren Eintragung im Handelsregister. Die Vor-AG endet dann liquidationslos.

165 Auf die **Innenbeziehungen** zwischen Gründern und den Verwaltungsorganen (Vorstand, Aufsichtsrat) ist das Aktiengesetz, insbesondere bezüglich des Willensbildungsprozesses, entsprechend anwendbar, soweit die Regelung des Aktiengesetzes nicht die Rechtsfähigkeit voraussetzt. Nach **außen** wird die Vor-AG durch ihren Vorstand entsprechend der ihm durch den ersten Aufsichtsrat erteilten konkreten Vertretungsbefugnis vertreten. Seine Vertretungsmacht ist bei der Bargründung aber grundsätzlich auf die für die Entstehung der AG (Eintragung im Handelsregister) wirtschaftlich notwendigen Maßnahmen und Rechtshandlungen beschränkt (z. B. Kontoeröffnung, Zahlung der Gründungskosten).

166 Ob der Vorstand der Vor-AG darüber hinaus – dann allerdings nur mit formloser Zustimmung der Gründer – geschäftlich tätig werden und die Gesellschaft entsprechend verpflichten darf oder ob im Aktienrecht weiterhin das **Vorbelastungsverbot** gilt, das die Unversehrtheit des Grundkapitals bis zur Eintragung der AG im Handelsregister sicherstellen will und deshalb die Begründung von Verbindlichkeiten mit Ausnahme der oben genannten untersagt, hat der Bundesgerichtshof – anders als zur GmbH – noch nicht abschließend geklärt. Die herrschende Meinung in der Literatur und Teile der Rechtsprechung gehen zutreffend davon aus, daß auch im Aktienrecht das Vorbelastungsverbot durch das aus **Unterbilanzhaftung** und **Verlustdeckungshaftung** der Gründer bestehende Haftungskonzept ersetzt wurde (unten Rz. 170, 174). Die Gründer können daher den Vorstand der Vor-AG zur **Geschäftsaufnahme** ermächtigen.

167 Bei Sachgründung hingegen geht die Vertretungsmacht weiter als bei der Bargründung: Der Vorstand hat die Befugnisse, die erforderlich sind, um die Sacheinlagen ab Einbringung ordnungsgemäß zu „bewirtschaften", und die Verpflichtung, entsprechende Maßnahmen zu ergreifen; z. B. ist ein eingebrachtes Unternehmen auch ohne Zustimmung der Gründer weiterzuführen.[115)]

---

114) *Henze*, Aktienrecht, Rz. 72. *Hoffmann-Becking*, in: Münchener Handbuch des Gesellschaftsrechts, § 3 Rz. 27; *Hüffer*, AktG, § 41 Rz. 4: Gesamthandsgemeinschaft eigener Art.

115) *Hüffer*, AktG, § 41 Rz. 6 m. w. N.; *Wiesner*, in: Münchener Handbuch des Gesellschaftsrechts, § 19 Rz. 25, der unbeschränkte Vertretungsmacht annimmt.

VII. Haftungsgefahren

1. Haftung der Vorgründer

Die bloße unverbindliche Gründungsabsprache birgt keine Haftungsrisiken, es sei denn, daß bindende Vorabsprachen zur Gründung bestanden haben (oben Rz. 46), die nicht eingehalten werden. Werden die Vorgründer allerdings während dieser Phase bereits geschäftlich tätig, gehen sie das Risiko unbeschränkter persönlicher Haftung als Gesellschafter bürgerlichen Rechts oder einer Offenen Handelsgesellschaft ein.[116] **168**

2. Haftung der Gründer

Nimmt die Vor-AG mit Zustimmung der Gründer ihre **Geschäftstätigkeit vor Eintragung** der Gesellschaft im Handelsregister als AG auf, gehen die Rechte und Pflichten aus solchen Geschäften mit Eintragung der AG ohne weiteres auf diese über.[117] Die Unversehrtheit des Grundkapitals bei Eintragung der AG wird durch die sinngemäße Übernahme des dafür vom Bundesgerichtshof für die Vor-GmbH entwickelten Haftungskonzepts der Unterbilanz- und Verlustdeckungshaftung sichergestellt. **169**

a) Unterbilanzhaftung

Kommt es zur Eintragung der AG ins Handelsregister und bleibt der Wert des Gesellschaftsvermögens abzüglich des in der Satzung festgelegten Gründungsaufwands bei Eintragung hinter dem in der Satzung festgesetzten Grundkapital zurück, muß das Vermögen wieder auf die Grundkapitalziffer gebracht werden. Soweit also die Vor-AG Verluste erlitten hat, sind diese von den Gründern auszugleichen. Insoweit haften sie unbeschränkt mit ihrem gesamten Vermögen. **170**

Diese Unterbilanzhaftung setzt mit Eintragung der AG ins Handelsregister ein;[118] der Umfang der Unterbilanz wird durch eine auf den Tag der Eintragung festgestellte Vermögensbilanz ermittelt.[119] Eine Unterbilanzhaftung besteht für die Gründer nur dann nicht, wenn der Vorstand die Geschäfte ohne ihre Zustimmung aufgenommen hat.[120] **171**

---

116) Vgl. BGH ZIP 1984, 950.
117) *Hüffer*, AktG, § 41 Rz. 16; *Hoffmann-Becking*, in: Münchener Handbuch des Gesellschaftsrechts, § 3 Rz. 33.
118) *Goette*, Rz. 58 (für GmbH); *Hoffmann-Becking*, in: Münchener Handbuch des Gesellschaftsrechts, § 3 Rz. 33.
119) *Hüffer*, AktG, § 41 Rz. 9.
120) *Goette*, Rz. 47 (für GmbH).

172 Die Gründer haften der Gesellschaft gegenüber unmittelbar, nicht den Gläubigern (unbeschränkte Innenhaftung). Die Gläubiger müssen sich an die AG halten und sich gegebenenfalls den Anspruch gegen die Gründer im Wege der Pfändung (§ 835 ZPO) überweisen lassen.

173 Die Gründer haften nicht als Gesamtschuldner, sondern anteilig entsprechend ihrer Beteiligung am Grundkapital.[121] Im Gegensatz zum GmbH-Recht wird eine Ausfallhaftung im AG-Recht bislang abgelehnt.[122] Ob sich dies angesichts der mit der GmbH vergleichbaren personalistischen Struktur bei der kleinen AG halten läßt, wird abzuwarten sein.[123] Der Anspruch auf proratarische Beseitigung der Unterbilanzhaftung verjährt in fünf Jahren nach Eintragung der AG im Handelsregister, also nicht wie der auf Leistung der Einlage in dreißig Jahren (§ 195 BGB).

b) Verlustdeckungshaftung

174 Kommt es nicht zur Eintragung der Gesellschaft ins Handelsregister, können die entstandenen Anlaufverluste nicht auf die AG übergehen. Ist die Vor-AG nicht in der Lage, diese zu begleichen, und kommt es so zum Liquidations- oder Insolvenzverfahren, haben die Gründer diese Verluste – nach oben begrenzt durch die Grundkapitalziffer – auszugleichen. Auch diese Haftung ist eine unbeschränkte Innenhaftung. Anspruchsinhaber ist die abzuwickelnde Vor-AG. Diese Verlustdeckungshaftung bei Scheitern der Eintragung entspricht der bei Eintragung der AG entstehenden Unterbilanzhaftung. Die Gründer haften also proratarisch. Die Innenhaftung wird jedoch dann zur Außenhaftung – d. h., der Gläubiger kann im Wege des Durchgriffs direkt gegen die Gründer vorgehen –, wenn die Vor-AG insolvent ist oder die Gründer ihre Eintragungsabsicht aufgegeben haben und dennoch für die AG handeln (Fall der unechten Vor-AG).[124]

---

121) LG Heidelberg, Urt. v. 11. 6. 1997 – 8 O 97/96, ZIP 1997, 2045, dazu EWiR 1998, 51 *(Reiff)*; *Hüffer*, AktG, § 41 Rz. 96; *Wiedenmann*, ZIP 1997, 2029, 2033; a. A. *Karsten Schmidt*, Gesellschaftsrecht, § 27 II 4 c.
122) OLG Karlsruhe, Urt. v. 19. 12. 1997 – 1 U 170/97, ZIP 1998, 1961 = AG 1999, 131, 132, dazu EWiR 1998, 1011 *(Kort)*; kritisch: *Hüffer*, AktG, § 41 Rz. 96.
123) *Jäger*, NZG 1999, 573, 574.
124) Siehe hierzu: BGH, Urt. v. 27. 1. 1997 – II ZR 123/94, ZIP 1997, 679, dazu EWiR 1997, 463 *(Fleischer)* (zur Vor-GmbH); ihm folgend für die Vor-AG: OLG Karlsruhe ZIP 1998, 1961 = AG 1999, 131, 132 f; LG Heidelberg, Urt. v. 11. 6. 1997 – 8 O 97/96, ZIP 1997, 2045 = AG 1998, 197, 198 f, dazu EWiR 1998, 51 *(Reiff)*; *Hüffer*, AktG, § 41 Rz. 9a; *Hoffmann-Becking*, in: Münchener Handbuch des Gesellschaftsrechts, § 3 Rz. 35; *Wiedenmann*, ZIP 1997, 2029, 2032 f.

VII. Haftungsgefahren

c) Sonstige Verantwortlichkeit

Die Gründer haften gemäß § 46 Abs. 1, 3 AktG der Gesellschaft als Gesamtschuldner ferner für die Richtigkeit und Vollständigkeit der zum Zwecke der Gründung gemachten – in § 46 Abs. 1 AktG abschließend aufgezählten – Angaben, insbesondere für die Angaben im Gründungsbericht, sowie dann, wenn sie einen der Tatbestände des § 46 Abs. 2 AktG (Schäden durch Einlagen etc.) schuldhaft erfüllen. Ist ihnen bekannt, daß ein Gründer leistungsunfähig ist, schulden sie der AG Schadensersatz als Gesamtschuldner (§ 46 Abs. 4 AktG). Wie ein Gründer haftet auch der Strohmann (§ 46 Abs. 5 AktG). Die Ansprüche stehen ausschließlich der Gesellschaft zu. Sie verjähren in fünf Jahren (§ 51 AktG). **175**

Zum Schutze der Kapitalaufbringung wird die Haftung bei Gründung auch auf die Gründergenossen (§ 47 Nr. 1 und 2 AktG) und den Emittenten (§ 47 Nr. 3 AktG) erstreckt.[125] **176**

3. Handelndenhaftung

Wer vor Eintragung der AG in ihrem Namen handelt, haftet persönlich – mehrere als Gesamtschuldner (§ 41 Abs. 1). Gehaftet wird für das, wofür die Gesellschaft auch haftet. Der Gläubiger kann nicht, wie nach § 179 BGB, Erfüllung oder Schadensersatz wählen.[126] Die Haftung ist eine unbeschränkte Außenhaftung. Handelnde sind die Mitglieder des Vorstandes, nicht die Gründer.[127] **177**

Diese Haftung tritt neben die Haftung der Gründer. Sie erlischt mit Eintragung im Handelsregister. Ist der Vorstand im Einverständnis mit den Gründern geschäftlich tätig geworden, kann er bei diesen Regreß nehmen.[128] Geht man von einer nur proratarischen Gründerhaftung aus, trägt letztlich der handelnde Vorstand den Anteil des ausgefallenen Gründers.[129] **178**

Eine Regreßmöglichkeit besteht hingegen nicht, wenn der Vorstand ohne Einverständnis der Gründer die Geschäfte aufgenommen hat. Denn dann handelt der Vorstand als Vertreter ohne Vertretungsmacht und kann die Vor-AG nicht verpflichten. **179**

---

125) Zur Haftung des Beraters vgl. LG Heidelberg ZIP 1997, 2045.
126) *Wiedenmann*, ZIP 1997, 2029, 2035.
127) *Hüffer*, AktG, § 41 Rz. 20; *Hoffmann-Becking*, in: Münchener Handbuch des Gesellschaftsrechts, § 5 Rz. 36.
128) OLG Karlsruhe ZIP 1998, 1961, 1964; LG Heidelberg ZIP 1997, 2045, 2048.
129) Kritisch deshalb *Hüffer*, AktG, § 41 Rz. 9b; *Jäger*, NZG 1999, 573, 574.

4. Haftung von Vorstand und Aufsichtsrat

180 Für schuldhafte Pflichtverstöße im Zusammenhang mit der Gründung haften der Gesellschaft auch die Mitglieder von Vorstand und Aufsichtsrat, etwa wenn die Bareinlagen dem Vorstand nicht zur endgültigen freien Verfügung stehen, weil sie Verwendungsabsprachen unterliegen (§ 48 Satz 1 Halbs. 2 AktG), wenn sie die Gründungsprüfung (§ 33 Abs. 1 AktG) nicht ordnungsgemäß durchgeführt sowie ihre allgemeinen Sorgfaltspflichten aus den §§ 93 und 116 AktG bei der Gründung verletzt haben (§ 48 Satz 2 AktG).

5. Haftung des Gründungsprüfers

181 Die Haftung des Gründungsprüfers entspricht der des Abschlußprüfers. § 49 AktG verweist daher auf die in § 323 Abs. 1–4 HGB normierte Verantwortlichkeit des Abschlußprüfers.

6. Haftung des kontoführenden Kreditinstituts

182 Bei der Anmeldung der Bargründung (§ 37 Abs. 1 AktG) hat der Vorstand dem Registergericht u. a. die Bestätigung eines Kreditinstitutes einzureichen, wonach der eingezahlte Betrag endgültig zu seiner freien Verfügung steht. Hat der Vorstand über die eingezahlten Mittel im Zeitpunkt der Abgabe der Bankbestätigung bereits verfügt (oben Rz. 76), muß dies in der Bankbestätigung (oben Rz. 109) ebenfalls zum Ausdruck kommen. Für die Richtigkeit der Bestätigung ist das Institut der Gesellschaft verantwortlich (§ 37 Abs. 1 Satz 3 AktG). Es ist also gegebenenfalls schadensersatzpflichtig. Dabei handelt es sich um eine verschuldensunabhängige Haftung der Bank.[130]

7. Differenzhaftung des Sacheinlegers

183 Werden Sacheinlagen geleistet, darf der Wert der Einlage den geringsten Ausgabebetrag (Nennbetrag oder – bei Stückaktien – anteiliger Betrag des Grundkapitals) einschließlich Agio nicht wesentlich unterschreiten (§ 36a Abs. 2 Satz 3 AktG) – Verbot der Unter-Pari-Emission. Bleibt der Wert dahinter zurück, hat der Einleger die Differenz in bar zu zahlen.[131] Der Anspruch der Gesellschaft auf Zahlung der Differenz verjährt fünf Jahre nach Eintragung der AG ins Handelsregister. Diese Differenzhaftung darf nicht verwechselt werden

---

130) *Hüffer*, AktG, § 37 Rz. 3a.
131) *Hoffmann-Becking*, in: Münchener Handbuch des Gesellschaftsrechts, § 4 Rz. 30 m. w. N.

mit der gelegentlich ebenso bezeichneten Unterbilanzhaftung (oben Rz. 170 ff), die eine Verlustausgleichshaftung ist.

VIII. Vorrats- und Mantelgesellschaften

Vom notariellen Gründungsakt an bis zur Eintragung der AG in das Handelsregister vergeht – nicht zuletzt wegen der Prüfung durch das Registergericht – eine gewisse Zeit, die in der Praxis – etwa bei bevorstehenden Unternehmenserwerben – nicht immer abgewartet werden kann. Um den bis zur Eintragung der Gesellschaft bestehenden Haftungsgefahren (oben Rz. 170 ff) auszuweichen, wird daher häufig auf bestehende, aber inaktive Aktiengesellschaften zurückgegriffen. Solche Gesellschaften werden auch gern dann erworben, wenn sie länger als zwei Jahre im Handelsregister eingetragen sind, da sie dann nicht mehr den Nachgründungsvorschriften unterliegen (§ 52 AktG). **184**

Hierbei werden zwei Typen von Gesellschaften unterschieden: die offene, **auf Vorrat** gegründete Gesellschaft, die ihr eigenes Vermögen, ihr Stammkapital verwaltet und nicht unternehmerisch tätig ist (Vorratsgesellschaft), und die Gesellschaft, die unternehmerisch tätig war, aber ihren **Geschäftsbetrieb eingestellt** hat und nur noch als Mantel existiert (Mantelgesellschaft). **185**

Die Gründung einer offenen Vorrats-AG ist unbedenklich zulässig, vorausgesetzt, der im Register eingetragene Unternehmensgegenstand gibt dies zu erkennen (etwa: Verwaltung eigenen Vermögens).[132] Eine verdeckte Vorratsgründung, bei der also der Unternehmensgegenstand nur zum Schein vereinbart wird, ist unzulässig, die Gründung nichtig.[133] **186**

Mantelgesellschaften sind rechtlich ebenfalls unbedenklich. Der Umstand, daß sie nicht mehr aktiv sind und nicht mehr ihren Unternehmenszweck verwirklichen, bietet keine rechtliche Handhabung, gegen sie etwa im Wege der Zwangslöschung einzuschreiten.[134] **187**

Umstritten ist aber, ob nach Erwerb der Geschäftsanteile an einer solchen Vorrats-/Mantelgesellschaft das Handelsregister anläßlich eines sich anschließenden Registerverfahrens (etwa weil der Sitz verlegt oder der Gegenstand und die Firma geändert werden) erneut prüfen darf, ob das Grundkapital noch unversehrt vorhanden ist („wirtschaftliche Neugründung"). Die herrschende **188**

---

[132] BGHZ 117, 323 = ZIP 1992, 689.
[133] BGHZ 117, 323, 334 = ZIP 1992, 689; *Kraft*, in: Kölner Komm. z. AktG, § 23 Rz. 56; *Meller-Hannich*, ZIP 2000, 345, 346.
[134] BGHZ 117, 323, 332 = ZIP 1992, 689; *Meller-Hannich*, ZIP 2000, 345, 346.

Meinung bejaht diese Prüfungsbefugnis.[135] Richtiger Ansicht nach ist diese registerrechtliche Kontrolle jedoch nicht gerechtfertigt. Denn es besteht keine Gesetzeslücke, die eine (analoge) Anwendung der Gründungsprüfung rechtfertigt. Die Prüfung der Kapitalaufbringung hat sowohl bei der Mantel- wie auch bei der Vorratsgesellschaft bereits stattgefunden.[136]

189 Für die offen gegründete Vorrats-AG stellt die herrschende Meinung kein Problem dar. Bei diesen Gesellschaften ist das Grundkapital stets – gegebenenfalls zulässigerweise gemindert um die Gründungskosten – vorhanden und kann durch Kontoauszug ohne weiteres nachgewiesen werden; bei früher aktiven Mantel-Aktiengesellschaften, deren Grundkapital nicht oder nicht mehr vollständig vorhanden ist und bei denen die Reaktivierung des Mantels somit mit einem wesentlich geringeren Kapitaleinsatz als bei der Neugründung einer AG möglich ist, wird man sich vorsorglich auf die Neuaufbringung des Grundkapitals einzustellen haben. Ferner soll auch eine **Handelndenhaftung** (§ 41 Abs. 1 Satz 2 AktG) in Betracht kommen.[137]

IX. Nachgründung

1. Anwendungsbereich

190 Schließt eine AG innerhalb von **zwei Jahren nach ihrer Eintragung** in das Handelsregister mit ihren Aktionären oder Dritten schuldrechtliche **Verträge über den Erwerb** (nicht Verkauf) von vorhandenen oder herzustellenden Anlagen oder anderen Vermögensgegenständen und hat sie dafür eine Vergütung von mehr als 10 % ihres bei Abschluß der Verträge im Handelsregister eingetragenen[138] Grundkapitals zu zahlen,[139] sind diese nur wirksam, wenn die Hauptversammlung dem Vertragsabschluß zugestimmt hat **und** sie ins Handelsregister eingetragen worden sind (vgl. § 52 Abs. 1 AktG). Hinsichtlich solcher Verträge ist die Vertretungsmacht des Vorstandes also

---

135) OLG Frankfurt/M., Urt. v. 4. 11. 1998 – 21 U 264/97, GmbHR 1999, 32, dazu EWiR 1999, 359 *(Keil)*; OLG Stuttgart, Urt. v. 2. 12. 1998 – 3 U 44/98, GmbHR 1999, 610; LG Duisburg, Beschl. v. 18. 9. 1997 – 41 T 4/97, Rpfleger 1998, 115, dazu EWiR 1998, 223 *(Rawert)*; *Röhricht*, in: Großkomm. z. AktG, § 23 Rz. 118, 136; *Hüffer*, AktG, § 23 Rz. 27a, unter Berufung auf BGHZ 117, 230, 232 ff.
136) BayObLG, Beschl. v. 24. 3. 1999 – 3Z BR 295/98, GmbHR 1999, 607, dazu EWiR 1999, 647 *(Heublein)*; *Meller-Hannich*, ZIP 2000, 345, 351; *Bärwaldt/Schabacker*, GmbHR 1998, 1005, 1008 f.
137) So *Hüffer*, AktG, § 23 Rz. 27a m. w. N.
138) *Hüffer*, AktG, § 52 Rz. 3.
139) Nach *Hüffer*, AktG, § 52 Rz. 3, muß die Vergütung aus dem das Grundkapital deckenden Vermögen der AG und der Kapitalrücklage (§ 272 Abs. 2 Nr. 1–3 HGB) stammen.

eingeschränkt. Bei einer AG mit einem Mindestgrundkapital von 50 000 Euro sind Verträge mit einer Vergütung ab 5 000 Euro erfaßt. Die Nachgründungsvorschriften erfassen ferner **Sachkapitalerhöhungen** innerhalb der Zweijahresfrist – und zwar sowohl bei der AG wie auch bei von ihr zu 100 % gehaltenen Tochtergesellschaften[140] – sowie Umwandlungsvorgänge (vgl. § 67 UmwG: Verschmelzung; § 125 UmwG: Spaltung; § 220 Abs. 3 Satz 2 UmwG: Formwechsel).

Zweck der Nachgründungsvorschriften ist die **Sicherstellung der Kapitalaufbringung**. Die Umgehung der Sacheinlagenvorschriften soll verhindert werden: Die Gründer vereinbaren nach außen eine Bargründung, in Wahrheit beabsichtigen sie aber eine Sachgründung und vollziehen diese zu einem späteren Zeitpunkt unter Umgehung der Sacheinlagevorschriften (§§ 27, 32 ff AktG). Damit sind also verschleierte Sacheinlagen gemeint.[141] **191**

§ 52 Abs. 1 bereitet in der Praxis Probleme. Er wird häufig übersehen oder aus Vorsichtsgründen extensiv ausgelegt. Hier ist eine Klarstellung durch den Gesetzgeber auf dem Weg.[142] **192**

§ 52 AktG erfaßt Verträge über Vermögensgegenstände jeder Art. Es kommt nicht darauf an, ob diese Gegenstand einer Sacheinlage (§ 27 AktG) sein können. Auch Dienstleistungen und Darlehensverträge fallen hierunter.[143] **193**

2. Wirksamkeitsvoraussetzungen

Folgende Schritte sind bei der Nachgründung einzuhalten: **194**

– Der (Nachgründungs-)Vertrag muß mindestens schriftlich geschlossen sein, sofern gesetzlich nicht eine strengere Form einzuhalten ist (etwa gemäß § 313 BGB, § 15 GmbHG). Es reicht, wenn der Vertrag im Entwurf vorliegt.[144]

---

140) *Hoffmann-Becking*, in: Münchener Handbuch des Gesellschaftsrechts, § 4 Rz. 35; *Krieger*, in: Festschrift Claussen, S. 223, 235; *Jäger*, NZG 1998, 370, 371 f.
141) MünchKomm-*Pentz*, AktG, § 52 Rz. 5, 70; *Hüffer*, AktG, § 52 Rz. 1; *Lutter/Ziemons*, ZGR 1999, 479, 482 jeweils m. w. N.; zur verschleierten Sacheinlage oben Rz. 89 ff.
142) Siehe RegE NaStraG, abgedruckt in: ZIP 2000, 937, der den Anwendungsbereich des § 52 AktG auf Verträge mit Gründern oder mit mehr als zehn vom Hundert des Grundkapitals an der Gesellschaft beteiligten Aktionären beschränken will; kritisch MünchKomm-*Pentz*, AktG, § 52 Rz. 7a.
143) *Hüffer*, AktG, § 52 Rz. 2b; MünchKomm-*Pentz*, AktG, § 52 Rz. 16 f; *Krieger*, in: Festschrift Claussen, S. 223, 226 f; a. A. für Dienstleistungen *Kraft*, in: Kölner Komm. z. AktG, § 52 Rz. 7.
144) *Barz*, in: Großkomm. z. AktG, § 52 Rz. 8; *Hoffmann-Becking*, in: Münchener Handbuch des Gesellschaftsrechts, § 4 Rz. 38

B. Gründung der Aktiengesellschaft

– Prüfung des Vertrages durch den Aufsichtsrat **vor** Beschluß der Hauptversammlung und Erstellung eines Nachgründungsberichts (§ 52 Abs. 3 AktG). Nicht geklärt ist, ob diese Prüfung auch nach dem Hauptversammlungsbeschluß, aber vor Anmeldung der Nachgründung erfolgen kann, wenn alle in der Hauptversammlung erschienenen bzw. vertretenen Aktionäre damit einverstanden sind. Dies wird man in analoger Anwendung des § 121 Abs. 6 AktG annehmen können.[145] Es ist nicht erkennbar, warum dieser Gedanke nicht auch hier Anwendung finden könnte.

– Prüfung durch einen unabhängigen Gründungsprüfer **vor** Beschluß der Hauptversammlung. Auch hier wird man mit den vorerwähnten Gründen eine Prüfung auch noch nach Beschluß der Hauptversammlung für zulässig halten dürfen.

– Beachtung der Informationspflichten (§ 52 Abs. 2 Satz 2 ff AktG). Auch hierauf kann die Universal-Hauptversammlung verzichten.[146]

– Beschluß der Hauptversammlung mit Dreiviertelmehrheit des vertretenen Grundkapitals, bei noch nicht ein Jahr alter AG mindestens mit einem Viertel des gesamten Grundkapitals (§ 52 Abs. 5 AktG).

– Anmeldung, Eintragung und Bekanntmachung des Vertrages im Handelsregister (§ 52 Abs. 7, 8 AktG). Mit Eintragung im Handelsregister wird der Vertrag rückwirkend wirksam.[147]

3. Rechtsfolgen bei Verstößen

195 Hat der (Nachgründungs-)Vertrag nicht die gehörige Form, ist er nichtig (§ 125 BGB). Die Eintragung im Handelsregister heilt den Vertrag nicht.[148] Bis zur Eintragung im Handelsregister ist der Vertrag schwebend unwirksam. Erst mit der Eintragung wird er (rückwirkend) wirksam.[149]

---

145) Bezüglich des Vorstandsberichts zum Bezugsrechtsausschluß will die herrschende Meinung in der Literatur – Rechtsprechung existiert soweit ersichtlich nicht – einen Verzicht unter Hinweis auf § 121 Abs. 6 AktG zulassen, siehe *Hüffer*, AktG, § 186 Rz. 23; *Hoffmann-Becking*, ZIP 1995, 1, 7.
146) *Happ*, Muster 2.03 Rz. 14.
147) *Hoffmann-Becking*, in: Münchener Handbuch des Gesellschaftsrechts, § 4 Rz. 44.
148) *Hüffer*, AktG, § 52 Rz. 5; MünchKomm-*Pentz*, AktG, § 52 Rz. 63.
149) *Hoffmann-Becking*, in: Münchener Handbuch des Gesellschaftsrechts, § 4 Rz. 41.

IX. Nachgründung

Wird die Unwirksamkeit erst nach Ablauf der Zweijahresfrist erkannt, ist zwar der Vertrag erneut wirksam abzuschließen, nicht aber das Nachgründungsverfahren einzuhalten.[150] **196**

Fehlen der Nachgründungsbericht des Aufsichtsrats (§ 52 Abs. 3 AktG), die (Nach-)Gründungsprüfung (§ 52 Abs. 4 AktG) und ganz oder teilweise die Erläuterung des Vertrages durch den Vorstand (§ 52 Abs. 2 Satz 5 AktG), so ist der Zustimmungsbeschluß wegen Gesetzesverstoßes anfechtbar[151] (§ 243 Abs. 1 AktG); auf die Wirksamkeit des Vertrages (nach Eintragung) hat dies keine Auswirkungen.[152] **197**

Ist der Vertrag wegen Nichtbeachtung der Nachgründungsvorschriften nichtig, so ist die Leistung rückabzuwickeln (§ 812 BGB). Der Anspruch kann aber erneut – wie bei der Heilung einer verdeckten Sacheinlage – eingelegt werden. **198**

4. Ausnahmen

Nicht jedes von der AG abgeschlossene Erwerbsgeschäft wird von den Nachgründungsvorschriften erfaßt. Bildet der Erwerb den (in der Satzung festgelegten)[153] Gegenstand des Unternehmens[154] oder erfolgte er in der Zwangsvollstreckung, bleibt der Erwerb nachgründungsfrei. **199**

Unter welchen Voraussetzungen sich ein Erwerb im Rahmen des Unternehmensgegenstandes bewegt, ist umstritten. Fest steht nur, daß Erwerbsgeschäfte ausgenommen sind, die den Kern des Unternehmensgegenstandes oder den Hauptzweck der Gesellschaft bilden.[155] Dies erstreckt sich auch auf für die Verfolgung des Unternehmenszwecks notwendige Hilfsgeschäfte, sofern sich diese Notwendigkeit bei objektiver Auslegung aus der Satzung ergibt.[156] Es reicht also nicht, wenn der Erwerb am Rande vom Unterneh- **200**

---

150) So auch MünchKomm-*Pentz*, AktG, § 52 Rz. 61.
151) *Hüffer*, AktG, § 52 Rz. 10; MünchKomm-*Pentz*, AktG, § 52 Rz. 65 ff; *Kraft*, in: Kölner Komm. z. AktG, § 52 Rz. 24.
152) MünchKomm-*Pentz*, AktG, § 52 Rz. 50.
153) *Hüffer*, AktG, § 52 Rz. 14 m. w. N.; *Kraft*, in: Kölner Komm. z. AktG, § 52 Rz. 55.
154) Klassiker ist der Erwerb von Grundbesitz durch Immobilien-AG (vgl. RG, Urt. v. 4. 7. 1910 – 487/09 IV., JW 1910, 800).
155) *Kraft*, in: Kölner Komm. z. AktG, § 52 Rz. 56; *Bröcker*, ZIP 1999, 1029, 1031; *Hüffer*, AktG, § 52 Rz. 14; *Hoffmann-Becking*, in: Münchener Handbuch des Gesellschaftsrechts, § 4 Rz. 35.
156) Wohl h. M. in der Literatur, vgl.: *Hüffer*, AktG, § 52 Rz. 14; MünchKomm-*Pentz*, AktG, § 52 Rz. 56; *Krieger*, in: Festschrift Claussen, S. 223, 232; *Hoffmann-Becking*, in: Münchener Handbuch des Gesellschaftsrechts, § 4 Rz. 35; siehe insbesondere zum Erwerb von Beteiligungen an anderen Unternehmen und Tochtergesellschaften bzw. Holdings als Kern: *Krieger*, in: Handbuch des Gesellschaftsrechts, § 69 Rz. 46; *Lutter/Ziermons*, ZGR 1999, 479 ff; *Diekmann*, ZIP 1996, 2149, 2150; *Jäger*, NZG 1998, 370 ff.

mensgegenstand mit erfaßt ist. Gegenstände des Anlagevermögens hingegen (§ 266 Abs. 2 A HGB), die zur Verfolgung des Unternehmensgegenstandes benötigt werden, sind nicht ausgenommen, und zwar auch dann nicht, wenn der konkrete Erwerbsvorgang in die Satzung mit aufgenommen wird.[157]

---

157) *Hüffer*, AktG, § 52 Rz. 14; MünchKomm-*Pentz*, AktG, § 52 Rz. 54; *Krieger*, in: Festschrift Claussen, S. 223, 230 f; a. A. *Binz/Freudenberg*, DB 1992, 2281, 2282.

C. Umwandlung in die kleine AG

Literatur: *Aha,* Einzel- oder Gesamtrechtsnachfolge bei der Ausgliederung?, AG 1997, 345; *Bärwaldt/Schabacker,* Der Formwechsel als modifizierte Neugründung, ZIP 1998, 1293; *Baumann,* Kapitalerhöhung zur Durchführung der Verschmelzung von Schwestergesellschaften mbH im Konzern?, BB 1998, 2321; *Bayer,* Kein Abschied vom Minderheitenschutz – Plädoyer für eine restriktive Anwendung des § 16 Abs. 3 UmwG –, ZGR 1995, 613; *Binnewies,* Formelle und materielle Voraussetzungen von Umwandlungsbeschlüssen – Beschlossen ist beschlossen?, GmbHR 1997, 727; *Borges,* Einheitlicher Vertrag bei Ausgliederung mehrerer Vermögensteile?, BB 1997, 589; *Buchner,* Die Ausgliederung von betrieblichen Funktionen (Betriebsteilen) unter arbeitsrechtlichen Aspekten, GmbHR 1997, 377 und 434; *Busch,* Die Deckung des Grundkapitals bei Formwechsel einer GmbH in eine Aktiengesellschaft, AG 1995, 555; *Decher,* Die Überwindung der Registersperre nach § 16 Abs. 3 UmwG, AG 1997, 388; *Engelmeyer,* Das Spaltungsverfahren bei der Spaltung von Aktiengesellschaften, AG 1996, 193; *dies.,* Die Aufspaltung und Abspaltung einer GmbH, NWB 1996, 3997; *dies.,* Die Informationsrechte des Betriebsrats und der Arbeitnehmer bei Strukturänderungen, DB 1996, 2542; *dies.,* Informationsrechte und Verzichtsmöglichkeiten im Umwandlungsgesetz, BB 1998, 330; *Feddersen/Kiem,* Die Ausgliederung zwischen „Holzmüller" und neuem Umwandlungsrecht, ZIP 1994, 1078; *Flesch,* Die Beteiligung von 5-DM-Aktionären an der GmbH nach einer formwechselnden Umwandlung, ZIP 1996, 2153; *Gaul,* Beteiligungsrechte von Wirtschaftsausschuß und Betriebsrat bei Umwandlung und Betriebsübergang, DB 1995, 2265; *Happ,* Formwechsel von Kapitalgesellschaften, in: Lutter (Hrsg.), Kölner Umwandlungsrechtstage, S. 223; *Heckschen,* Die Entwicklung des Umwandlungsrechts aus Sicht der Rechtsprechung und Praxis, DB 1998, 1385; *Ihrig,* Verschmelzung und Spaltung ohne Gewährung neuer Anteile?, ZHR 160 (1996), 317; *ders.,* Gläubigerschutz durch Kapitalaufbringung bei Verschmelzung und Spaltung nach neuem Umwandlungsrecht, GmbHR 1995, 622; *Joost,* Die Bildung des Aufsichtsrats beim Formwechsel einer Personenhandelsgesellschaft in eine Kapitalgesellschaft, in: Festschrift Claussen, 1997, S. 187; *Kallmeyer,* Der Ein- und Austritt der KomplementärGmbH einer GmbH & Co. KG bei Verschmelzung, Spaltung und Formwechsel nach dem UmwG 1995, GmbHR 1996, 80; *ders.,* Der Formwechsel der GmbH oder GmbH & Co. in die AG oder KGaA zur Vorbereitung des Going Public, GmbHR 1995, 888; *Kiem,* Die schwebende Umwandlung, ZIP 1999, 173; *ders.,* Umwandlungsrecht – Rückschau und Entwicklungstendenzen nach drei Jahren Praxis, in: Hommelhoff/Röhricht (Hrsg.), Gesellschaftsrecht 1997, RWS-Forum 10, 1998, S. 105; *ders.,* Die Stellung der Vorzugsaktionäre bei Umwandlungsmaßnahmen, ZIP 1997, 1627; *ders.,* Das neue Umwandlungsrecht und die Vermeidung „räuberischer" Anfechtungsklagen, AG 1992, 430; *Liebscher,* Einschränkung der Verzinslichkeit des Abfindungsanspruchs dissentierender Gesellschafter gemäß §§ 30 Abs. 1 S. 2, 208 UmwG; § 305 Abs. 3 S. 3, 1. Hs. AktG, AG 1996, 455; *Melchior,* Die Beteiligung von Betriebsräten an Umwandlungsvorgängen aus Sicht des Handelsregisters, GmbHR 1996, 833; *Mertens,* Die formwechselnde Umwandlung einer GmbH in eine Aktiengesellschaft mit Kapitalerhöhung und die Gründungsvorschriften, AG 1995, 561; *Meyer-Landrut/Kiem,* Der Formwechsel einer Publikumsaktiengesellschaft – Erste Erfahrungen aus der Praxis –, WM 1997, 1361 und 1413; *Neye,* Die Änderungen im Umwandlungsrecht nach den handels- und gesellschaftsrechtlichen Reformgesetzen in der 13. Legislaturperiode, DB 1998, 1649; *Pickhardt,* Die Abgrenzung des spaltungsrelevanten Vermögensteils als Kernproblem der Spaltung, DB 1999, 729; *Priester,* Mitgliederwechsel im Umwandlungszeitpunkt,

C. Umwandlung in die kleine AG

DB 1997, 560; *Riegger/Schockenhoff*, Das Unbedenklichkeitsverfahren zur Eintragung der Umwandlung ins Handelsregister, ZIP 1997, 2105; *Schmid*, Das umwandlungsrechtliche Unbedenklichkeitsverfahren und die Reversibilität registrierter Verschmelzungsbeschlüsse, ZGR 1997, 493; *H. Schmidt*, Mehrheitsklauseln für Umwandlungsbeschlüsse in Gesellschaftsverträgen von Personenhandelsgesellschaften nach neuem Umwandlungsrecht, in: Festschrift Brandner, 1996, 133; *Karsten Schmidt*, HGB-Reform und gesellschaftsrechtliche Gestaltungspraxis, DB 1998, 61; *ders.*, Zum Analogieverbot des § 1 Abs. 2 UmwG – Denkanstöße gegen ein gesetzliches Denkverbot –, in: Festschrift Kropff, 1997, S. 260; *ders.*, Formwechsel zwischen GmbH und GmbH & Co. KG, GmbHR 1995, 693; *Schöne*, Das Aktienrecht als „Maß aller Dinge" im neuen Umwandlungsrecht?, GmbHR 1995, 325; *Seibert*, Der Ausschluß des Verbriefungsanspruchs des Aktionärs in Gesetzgebung und Praxis, DB 1999, 267; *Timm*, Einige Zweifelsfragen zum neuen Umwandlungsrecht, ZGR 1996, 247; *Trölitzsch*, Rechtsprechungsbericht: Das Umwandlungsrecht seit 1995, WiB 1997, 795; *Veil*, Aktuelle Probleme im Ausgliederungsrecht, ZIP 1998, 361; *ders.*, Die Registersperre bei der Umwandlung einer AG in eine GmbH, ZIP 1996, 1065; *ders.*, Der nicht-verhältniswahrende Formwechsel von Kapitalgesellschaften – Eröffnet das neue Umwandlungsgesetz den partiellen Ausschluß von Anteilsinhabern?, DB 1996, 2529; *Walpert*, Fallstudie zur Trennung von Gesellschafterstämmen einer GmbH durch Abspaltung, WiB 1996, 44; *Wirth*, Auseinanderspaltung als Mittel zur Trennung von Familienstämmen und zur Filialabspaltung, AG 1997, 455; *Wlotzke*, Arbeitsrechtliche Aspekte des neuen Umwandlungsrechts, DB 1995, 40; *Zöllner*, Grundsatzüberlegungen zur umfassenden Umstrukturierbarkeit der Gesellschaftsformen nach dem Umwandlungsgesetz, in: Festschrift Claussen, 1997, S. 423.

Übersicht

I. Der Weg in die kleine AG durch Wechsel der Rechtsform 201	**II. Formwechsel von der GmbH in die kleine AG** 209
1. Das Umwandlungsgesetz 202	1. Vorbereitung des Formwechsels 210
a) Regelungsinhalt 202	a) Umwandlungsbericht 210
aa) Zum Formwechsel zugelassene Rechtsformen 203	aa) Zweck des Umwandlungsberichts 211
bb) GmbH & Co. KG und GbR 204	bb) Begründung des Formwechsels 212
b) Aufbau, Systematik und Terminologie des Umwandlungsgesetzes 205	cc) Geheimhaltungsinteressen 213
c) Allgemeine Voraussetzungen für eine Umwandlung (Überblick) 206	dd) Entbehrlichkeit eines Umwandlungsberichts 214
aa) Regelvoraussetzungen 206	ee) Barabfindungsangebot 215
bb) Ausnahmen 207	b) Mindestinhalt des Entwurfs eines Umwandlungsbeschlusses 216
2. Gang der Darstellung 208	aa) Rechtsform und Firmierung 217
	bb) Beteiligungsverhältnisse 218

C. Umwandlung in die kleine AG

(1) Beibehaltung der Anteilsverhältnisse	218
(2) Mindestbetrag der gewährten Anteile	219
(3) Mindestkapital der neuen AG	220
cc) Sonderrechte	221
(1) Ausdrückliche Benennung	221
(2) Ausgleich für den Verlust bestehender Sonderrechte	222
dd) Unternehmensbewertung	223
ee) Folgen für die Arbeitnehmer und ihre Vertretungen	224
ff) Entwurf der neuen AG-Satzung	225
c) Unterrichtung des Betriebsrats	226
aa) Rechtzeitige Zuleitung des Beschlußentwurfs	226
bb) Zuständiger Betriebsrat	227
cc) Fehlender Betriebsrat	228
dd) Beachtung der Monatsfrist	229
d) Barabfindungsangebot	230
aa) Zweck des Barabfindungsangebots	230
bb) Verzichtsmöglichkeit	231
cc) Angemessenheit des Abfindungsangebots	232
dd) Prüfung der Angemessenheit	233
2. Umwandlungsbeschluß	234
a) Inhalt	234
aa) Unterrichtung der Gesellschafter	234
bb) Vorherige Einholung eines Meinungsbildes	235
cc) Spätere Änderungen	236
b) Beschlußfassung	237
c) Zusätzliche Zustimmungserfordernisse	238
aa) Zustimmung bei Änderung der Beteiligungsquote	238
bb) Zustimmung der Inhaber von Sonderrechten	239
cc) Zustimmung bei Abtretung von Geschäftsanteilen	240
d) Mindestangaben in der neuen Satzung	241
e) Zusammensetzung von Aufsichtsrat und Vorstand	242
f) Kapitalerhöhung	244
g) Notarielle Beurkundung	245
h) Klageerhebung	246
3. Beachtung des Gründungsrechts der kleinen AG	247
a) Kapitalschutzregeln	247
b) Aktienrechtliche Gründungsvorschriften	248
c) Gründerhaftung	249
d) Gründungsprüfung	250
4. Registerverfahren	251
a) Handelsregisteranmeldung	251
b) Bekanntmachung der Eintragung des Formwechsels	252
c) Überwindung der Registersperre	253
5. Wirkungen des Formwechsels	254
a) Wirksamwerden mit Handelsregistereintragung	254
b) Umtausch von Anteilen	255
6. Gläubigerschutz	256
7. Inanspruchnahme des Barabfindungsangebots	257
a) Annahme des Barabfindungsangebots	257
b) Spruchstellenverfahren	258
8. Kosten des Formwechsels	259
III. Formwechsel von der Personenhandelsgesellschaft in die kleine AG	**263**
1. Vorbereitung des Formwechsels	265
a) Erläuterungen im Umwandlungsbericht	265
b) Vermögensaufstellung	266
c) Verzicht auf die Erstattung eines Umwandlungsberichts	267
d) Zuleitung an den Betriebsrat	268
e) Unterrichtung der Gesellschafter	269

C. Umwandlung in die kleine AG

2. Umwandlungsbeschluß	270	
a) Mehrheitserfordernisse	270	
b) Mehrheitsbestimmungen in Gesellschaftsverträgen	271	
c) Notarielle Beurkundung/ Wahl des Aufsichtsrats und des Abschlußprüfers	272	
3. Besonderheiten bei der Anwendung des Gründungsrechts und der Anmeldung des Formwechsels zum Handelsregister	273	
a) Kapitalaufbringung	273	
b) Handelsregisteranmeldung	274	
c) Prüfung des Abfindungsangebotes	275	
4. Wirkungen des Formwechsels/ Nachhaftung	276	
IV. Besonderheiten bei der GmbH & Co. KG	**277**	
1. Beteiligung der Komplementär-GmbH	277	
2. Ausscheiden der Komplementär-GmbH	278	
3. Nachfolgende Verschmelzung der Komplementär-GmbH	279	
V. Sonstige Umwandlungsvorgänge in die kleine AG	**280**	
1. Verschmelzung	282	
a) Definition	283	
b) Wechsel der Gesellschafter/Umtauschverhältnis	284	
c) Verschmelzungsvertrag	285	
d) Schlußbilanz	286	
e) Verschmelzungsbericht	287	
f) Verschmelzungsprüfung	288	
g) Auswirkungen der Verschmelzung	290	
2. Spaltung	291	
a) Formen der Spaltung	292	
aa) Aufspaltung	292	
bb) Abspaltung	293	
cc) Ausgliederung	294	
b) Vermögenszuordnung	295	
c) Beteiligungsverhältnisse	296	
VI. Wege in die kleine AG außerhalb des Umwandlungsgesetzes	**297**	
1. Einbringung im Wege der Einzelrechtsnachfolge	298	
2. Anwachsung	299	
3. Vorgehen bei geplantem Börsengang	300	
VII. Wege in die kleine AG aus steuerlicher Sicht	**301**	
1. Formwechsel einer GmbH in die kleine AG	301	
a) Gesellschaftsrecht	301	
b) Steuerrecht	301	
2. Formwechsel einer Personenhandelsgesellschaft in die kleine AG	303	
a) Unterschied zum Gesellschaftsrecht	303	
b) Besteuerungsprinzip	304	
c) Steuerliche Auswirkungen für die übernehmende kleine AG	305	
aa) Anfangsbilanz	305	
bb) Bewertungswahlrecht	306	
cc) Buchwertansatz	307	
dd) Auflösung stiller Reserven	308	
ee) Bemessungsgrundlagen	309	
ff) Verlustvorträge	310	
d) Steuerliche Auswirkungen für die übertragende Personenhandelsgesellschaft	311	
aa) Steuerbilanz	311	
bb) Steuerlicher Übertragungsstichtag	312	
e) Besteuerung der Gesellschafter der Personenhandelsgesellschaft	313	
aa) Einbringungsgewinn	313	
bb) Stille Reserven	314	
f) Umsatzsteuerliche Aspekte	315	
g) Grunderwerbsteuer	316	
3. Sonstige Umwandlungsvorgänge in die kleine AG	317	
a) Verschmelzung/Spaltung	317	
b) Anwachsung	318	

I. Der Weg in die kleine AG durch Wechsel der Rechtsform

Mit der Entscheidung für die kleine AG geht zwangsläufig die Frage einher, wie sich am schnellsten und kostengünstigsten der Übergang in die neue Rechtsform bewerkstelligen läßt. Hierauf gibt es eine einfache Antwort: Durch Gründung einer neuen Aktiengesellschaft oder durch Umwandlung der bestehenden Rechtsform. Angesichts der gesetzlich vorgesehenen Mindestkapitalisierung von 50 000 Euro (§ 7 AktG) ist die Gründung einer AG am Anfang der unternehmerischen Betätigung eine nicht leicht zu nehmende Hürde. Deswegen sind die typischerweise bei Aufnahme des unternehmerischen Engagements gewählten Rechtsformen die GmbH, die GmbH & Co. KG oder eine (sonstige) Personenhandelsgesellschaft. Die kleine AG wird häufig erst später als Rechtsform interessant, auch wenn durchaus eine zunehmend stärkere Attraktivität der AG als Eingangsrechtsform feststellbar ist. So sind ca. ein Drittel der neu eingetragenen AGs durch Umwandlung (überwiegend aus der GmbH) und zwei Drittel durch Neugründung entstanden. Bei letzteren dürfte es sich aber häufig auch um Gründungen im Konzern, also durch bereits bestehende Unternehmen, handeln. Es besteht also ein großes Bedürfnis, aus diesen Rechtsformen ohne vorherige Liquidation und Neugründung in die kleine AG wechseln zu können. Hierfür steht seit dem 1. 1. 1995 das neue Umwandlungsgesetz zur Verfügung.[1] Mit ihm wurden das Umwandlungsgesetz von 1969 abgelöst und die Möglichkeiten der Umwandlung von Unternehmen wesentlich erweitert. Es erlaubt unter anderem das „Springen" zwischen den einzelnen Rechtsformen, also auch den Übergang von einer Personenhandelsgesellschaft oder einer GmbH in die kleine AG. Es eröffnet aber auch den Weg „zurück", falls sich die Erwartungen in die kleine AG nicht materialisiert haben sollten. Das zeitgleich in Kraft getretene Umwandlungssteuergesetz[2] ermöglicht die weitgehend steuerneutrale Durchführung von Umwandlungen (dazu unten Rz. 301 ff).

201

1. Das Umwandlungsgesetz

a) Regelungsinhalt

Das Umwandlungsgesetz regelt nicht nur den Wechsel der Rechtsform, sondern allgemein **Umstrukturierungen von Unternehmen** wie die Verschmel-

202

---

1) Umwandlungsgesetz (UmwG) vom 28. 10. 1994, BGBl I, 3210, zuletzt geändert durch das Gesetz zur Änderung des Umwandlungsgesetzes, des Partnerschaftsgesellschaftsgesetzes und anderer Gesetze vom 22. 7. 1998, BGBl I, 1878; siehe dazu *Neye*, DB 1998, 1649, 1650 ff.
2) Umwandlungssteuergesetz (UmwStG) vom 28. 10. 1994, BGBl I, 3267.

zung, die Auf- und Abspaltung sowie die Ausgliederung und die Vermögensübertragung.[3] Hier interessiert jedoch zunächst nur der sogenannte Formwechsel, mit dem der Übergang in die kleine AG am einfachsten bewerkstelligt werden kann.[4] Bei einem **Formwechsel** wird lediglich das „Rechtskleid" einer Gesellschaft ausgetauscht.[5] Die Gesellschaft als solche und das Gesellschaftsvermögen bleiben unverändert bestehen (**Identitätsgrundsatz**). Gleiches gilt im Grundsatz für die Anteilsinhaber und deren Beteiligungsverhältnisse. Die Mitgliedschaft der Anteilsinhaber setzt sich – unter anderen rechtlichen Vorzeichen – in der formwechselnden Gesellschaft fort. Nur der rechtliche Rahmen der Gesellschaft wird also bei einem Formwechsel geändert.

aa) Zum Formwechsel zugelassene Rechtsformen

203 Aus folgenden Rechtsformen kann man im Wege des Formwechsels in die kleine AG umwandeln:

Personenhandelsgesellschaft (OHG, KG, GmbH & Co. KG)	(§§ 214–225 UmwG)
Einzelkaufmann	(§ 214 UmwG i. V. m. § 105, § 140 Abs. 1 Satz 2 HGB)[6]
Partnerschaftsgesellschaft	(§§ 225a–225c UmwG)[7]
GmbH	(§§ 226, 238–250 UmwG)
KGaA	(§§ 226, 227, 238–250 UmwG)
e. G.	(§§ 258–271 UmwG)
e. V./wirtschaftlicher Verein	(§§ 272–282 UmwG)
VVAG	(§§ 301–304 UmwG)
Körperschaften/Anstalten des öffentlichen Rechts	(§§ 301–304 UmwG)

---

3) Siehe allgemein *Zöllner*, in: Festschrift Claussen, S. 423; sowie ergänzend zur Entwicklung des Umwandlungsrechts: *Heckschen*, DB 1998, 1385.
4) Zu den anderen Umwandlungsvorgängen, soweit sie in die kleine AG münden, siehe unten Rz. 280 ff.
5) Vgl. *Bärwaldt/Schabacker*, ZIP 1998, 1293.
6) § 140 Abs. 1 Satz 2 HGB neu eingefügt durch das Gesetz zur Neuregelung des Kaufmanns- und Firmenrechts und zur Änderung anderer handels- und gesellschaftsrechtlicher Vorschriften (Handelsrechtsreformgesetz – HRefG) vom 22. 6. 1998, BGBl I, 1474, 1477.
7) Neu eingefügt durch das Gesetz zur Änderung des Umwandlungsgesetzes, des Partnerschaftsgesellschaftsgesetzes und anderer Gesetze vom 22. 7. 1998, BGBl I, 1878, 1880; siehe auch bereits *Karsten Schmidt*, in: Festschrift Kropff, 1997, S. 260, 264 f.

bb) GmbH & Co. KG und GbR

Wichtig für die Praxis ist hier insbesondere, daß durch das Umwandlungsgesetz auch der Formwechsel einer GmbH & Co. KG in eine AG möglich ist. Aus der Rechtsform der Gesellschaft bürgerlichen Rechts kann nunmehr ebenfalls in eine kleine AG umgewandelt werden, wenn die Gesellschaft in das Handelsregister eingetragen ist (§ 190 Abs. 2 UmwG, § 105 Abs. 2, § 161 Abs. 2 HGB).[8]

204

b) Aufbau, Systematik und Terminologie des Umwandlungsgesetzes

Die praktische Handhabung des Umwandlungsgesetzes ist nicht ganz einfach, da es einheitlich alle Umwandlungsvorgänge für beinahe alle Rechtsformen regelt. Daher empfiehlt es sich, sich mit dem Aufbau und der Terminologie vorab vertraut zu machen. Das Umwandlungsgesetz ist nach der sogenannten **Baukastentechnik**[9] aufgebaut. Dies bedeutet, daß für die einzelnen Umwandlungsarten (Verschmelzung, Spaltung, Vermögensübertragung und Formwechsel) zunächst in einem allgemeinen Teil die für alle Rechtsformen geltenden, allgemeinen Regeln aufgestellt werden. Sodann sind in einem besonderen Teil die Spezialregeln für die an der Umwandlung beteiligten Gesellschaftstypen aufgeführt. Die Bestimmungen des allgemeinen Teils sind nur anzuwenden, wenn und soweit in dem jeweiligen besonderen Teil nichts Abweichendes bestimmt ist. Außerdem wird vielfach auf die Regelungen zur Verschmelzung verwiesen, die das Grundschema für die Umwandlung vorgeben. Zum Teil kann es bei dem Nebeneinander von allgemeinen und besonderen Regeln auch zu Überschneidungen kommen, die dann nach Sinn und Zweck der jeweiligen Bestimmung zu lösen sind. Das Umwandlungsrecht spricht im Zusammenhang mit den an einer Umwandlung beteiligten Gesellschaften einheitlich von einem „Rechtsträger". Gemeint ist damit die juristische Einheit, die Inhaberin des Unternehmens ist, also die GmbH, die AG usw. Die Gesellschafter werden regelmäßig als „Anteilsinhaber" bezeichnet.

205

---

8) Während die Umwandlungsfähigkeit einer Gesellschaft bürgerlichen Rechts bisher an deren Eintragungsunfähigkeit scheiterte, kann seit der Handelsrechtsreform von 1998 jede zur Umwandlung anstehende Gesellschaft bürgerlichen Rechts als OHG oder KG in das Handelsregister eingetragen werden; siehe dazu *Karsten Schmidt*, DB 1998, 61, 62.

9) Begründung zum RegE UmwG, BT-Drucks. 12/6699, S. 79, abgedruckt in: *Neye*, RWS-Dok. 17, S. 97.

c) Allgemeine Voraussetzungen für eine Umwandlung (Überblick)

aa) Regelvoraussetzungen

206 Das Umwandlungsgesetz folgt einem weitgehend standardisierten Ablaufschema, nach dem sich grundsätzlich alle Umwandlungsvorgänge vollziehen. Überblickartig sind bei der Durchführung einer Umwandlung die folgenden Voraussetzungen zu erfüllen:

– Umwandlungsvertrag: je nach Umwandlungsart in der Form eines Verschmelzungsvertrages (§§ 4–7 UmwG), Spaltungsvertrages (§§ 125, 126 UmwG) oder eines Spaltungsplans (§ 136 UmwG) sowie eines Übertragungsvertrages (§§ 176, 177 UmwG), nicht jedoch bei einem Formwechsel, bei dem kein Umwandlungsvertrag erforderlich ist,

– Umwandlungsbeschluß (§§ 13, 125, 176, 177, 193, 194 Abs. 1 UmwG),

– Umwandlungsbericht (§§ 8, 127, 162, 176, 177, 192 UmwG),

– Umwandlungsprüfung (§§ 9–12, 125, 176, 177 UmwG),

– Umwandlungsbilanz: entweder als Schlußbilanz (§ 17 Abs. 2 UmwG) oder als Vermögensaufstellung (§ 192 Abs. 2 UmwG),

– Eintragung der Umwandlung in das Handelsregister (§§ 16–20, 125, 129–131, 176, 177, 198–202 UmwG).

bb) Ausnahmen

207 Die vorgenannten Regelvoraussetzungen müssen jedoch nicht bei allen Umwandlungsvorgängen vollständig erfüllt werden. Je nach Rechtsform oder Umwandlungsart können die gesetzlichen Anforderungen abgemildert sein oder einzelne Voraussetzungen ganz entfallen. So ist beim Formwechsel beispielsweise keine förmliche Umwandlungsprüfung erforderlich. Dies gilt auch für die Ausgliederung (§ 125 Satz 2 UmwG). Auch bedarf es beim Formwechsel keines Umwandlungsvertrages, da an ihm nur die formwechselnde Gesellschaft beteiligt und somit kein zweiseitiger Vertrag erforderlich ist. Nicht wenige Voraussetzungen sind darüber hinaus entbehrlich, wenn alle Anteilsinhaber ihren **Verzicht** auf die Einhaltung der jeweiligen Schutzbestimmung erklären. Darin liegt eine wesentliche Erleichterung für die Durchführung einer Umwandlung, von der in der Praxis häufig Gebrauch gemacht wird. Vereinfacht wird die Durchführung eines Formwechsels des weiteren dadurch, daß hier, anders als bei anderen Umwandlungsvorgängen, nur ein Rechtsträger – die formwechselnde Gesellschaft – beteiligt ist.

2. Gang der Darstellung

208 In aller Regel wird es sich anbieten, aus der bestehenden Rechtsform im Wege des Formwechsels nach dem Umwandlungsgesetz in die kleine AG umzuwandeln, anstatt den oft mühsamen Weg der Neugründung und Einbringung des Gesellschaftsvermögens zu gehen. Deshalb steht der Formwechsel nach dem Umwandlungsgesetz im Vordergrund der Darstellung. Anknüpfungspunkt für die Betrachtung der verschiedenen Umwandlungsmöglichkeiten ist dabei die Ausgangsrechtsform des bestehenden Unternehmens: Personenhandelsgesellschaft (OHG, KG) oder Kapitalgesellschaft (GmbH). Nachfolgend soll zunächst der Formwechsel aus der GmbH in die kleine AG ausführlich beschrieben werden. Sodann wird der Formwechsel einer Personenhandelsgesellschaft in die kleine AG dargestellt, wobei im Anschluß daran die bei einem Formwechsel aus einer GmbH & Co. KG zu beachtenden Besonderheiten beschrieben werden. Schließlich werden die darüber hinaus noch bestehenden weiteren Möglichkeiten vorgestellt, mit denen sich ebenfalls der Übergang in die kleine AG erreichen läßt.

II. Formwechsel von der GmbH in die kleine AG

209 Der Formwechsel einer GmbH in eine kleine AG ist speziell in den §§ 238–250 UmwG geregelt, wobei auf die allgemeinen Vorschriften (§§ 190–213 UmwG) Bezug genommen wird. Der Umwandlungsvorgang gliedert sich – dem allgemeinen Ablaufplan für Umwandlungen entsprechend – auch hier in eine Vorbereitungsphase, die Beschlußfassung durch die Anteilsinhaber sowie die Anmeldung des Formwechsels zum Handelsregister. Außerdem sind die Erfordernisse des aktienrechtlichen Gründungsrechts zu beachten.

1. Vorbereitung des Formwechsels

a) Umwandlungsbericht

210 Bevor die GmbH-Gesellschafter den Wechsel der Rechtsform formal beschließen, ist diese Beschlußfassung sorgfältig vorzubereiten. Dazu bestimmt § 192 UmwG, daß die GmbH-Geschäftsführer einen sogenannten Umwandlungsbericht zu erstatten haben. Mit ihm wird die umfassende **Unterrichtung der Anteilsinhaber** über die geplante Umwandlung bezweckt. In dem schriftlich zu erstattenden Umwandlungsbericht sind der Formwechsel und die künftige Beteiligung der Anteilsinhaber in der Zielgesellschaft rechtlich und wirtschaftlich zu erläutern und zu begründen. Dem Umwandlungsbericht ist bereits ein Entwurf des später zu fassenden Umwandlungsbeschlusses beizufügen. Der sonst erforderlichen Beifügung einer Vermögensaufstellung zum Umwandlungsbericht (§ 192 Abs. 2 UmwG) bedarf es bei der Umwandlung einer GmbH in eine AG jedoch nicht (§ 238 Satz 2 UmwG).

aa) Zweck des Umwandlungsberichts

211 Der Umwandlungsbericht dient der Information der Gesellschafter. Sie sollen wissen, worüber sie entscheiden. In dem Umwandlungsbericht ist daher zu allen für die Umwandlung relevanten Fragen Stellung zu beziehen. Erforderlich ist dabei eine ausführliche Erläuterung. Insoweit bestehen in der Praxis immer noch Unklarheiten über den erforderlichen Mindestinhalt und -umfang, so daß im Zweifel zu einer möglichst umfassenden Berichterstattung zu raten ist.[10] Als Maßstab ist dabei auf einen objektiven Dritten abzustellen, dem auf der Grundlage des erstatteten Umwandlungsberichts eine **Plausibilitätskontrolle** der geplanten Umwandlungsmaßnahme ermöglicht werden muß.[11]

bb) Begründung des Formwechsels

212 Im einzelnen sind daher die Gründe für den Formwechsel und seine wirtschaftliche Zweckmäßigkeit nachvollziehbar darzulegen. Zu berichten ist insbesondere über die **Auswirkungen auf die Rechtsposition der einzelnen Anteilseigner**, die sich durch die neue Rechtsform ergeben. Dies gilt in besonderem Maße bei Bestehen von Sonderrechten der GmbH-Gesellschafter, die wegen ihrer Unvereinbarkeit mit den strengeren aktienrechtlichen Vorschriften in der neuen Gesellschaft wegfallen. Da beim Formwechsel von der GmbH in die AG eine Vermögensbilanz nicht aufgestellt werden muß, ist in wirtschaftlicher Hinsicht der Schwerpunkt auf die festgelegte Abfindung für ausscheidende Gesellschafter zu legen, falls eine solche festzusetzen war. In diesem Zusammenhang sind auch eventuelle Schwierigkeiten bei der Bewertung zu erörtern (§ 192 Abs. 1 Satz 2 i. V. m. § 8 Abs. 1 Satz 2 UmwG).

cc) Geheimhaltungsinteressen

213 Für die Praxis von besonderer Bedeutung ist es, daß im Umwandlungsbericht keine Tatsachen wiedergegeben werden müssen, deren Bekanntwerden dem

---

10) *Lutter/Decher*, UmwG, § 192 Rz. 6; *Kallmeyer/Meister/Klöcker*, UmwG, § 192 Rz. 11; *Dehmer*, § 192 UmwG Rz. 7.

11) Dazu ausführlich *Lutter/Decher*, UmwG, § 192 Rz. 10 ff; *Kallmeyer/Meister/Klöcker*, UmwG, § 192 Rz. 11, 14; *Bermel*, in: Goutier/Knopf/Tulloch, § 8 UmwG Rz. 8 ff; *Dehmer*, § 192 UmwG Rz. 14; und *Meyer-Landrut/Kiem*, WM 1997, 1413, 1416 f.

II. Formwechsel von der GmbH in die kleine AG

bisherigen Rechtsträger oder einem mit ihm verbundenen Unternehmen einen nicht unerheblichen Nachteil zufügen können (§ 192 Abs. 1 Satz 2, § 8 Abs. 2 UmwG). Wird im Interesse der **Geheimhaltung sensibler Tatsachen** von diesem Recht Gebrauch gemacht, ist das besondere Geheimhaltungsinteresse des Rechtsträgers zu begründen. Es ist also darzulegen, warum bestimmte Umstände im Umwandlungsbericht nicht im Detail erläutert werden können. Erforderlich, aber auch ausreichend ist es, wenn unter Hinweis auf eine bestehende konkrete Wettbewerbssituation dargelegt wird, warum die Veröffentlichung bestimmter Fakten dem Unternehmen schaden kann.[12] Bei Zweifelsfragen kann die zur Erstattung von Verschmelzungsberichten zum alten Recht ergangene Rechtsprechung entsprechend herangezogen werden.[13]

dd) Entbehrlichkeit eines Umwandlungsberichts

Aus der Sicht der Praxis äußerst wichtig ist die Bestimmung des § 192 Abs. 3 UmwG. Danach ist ein Umwandlungsbericht nicht erforderlich, wenn an der formwechselnden GmbH nur eine Person beteiligt ist oder wenn alle Anteilsinhaber auf seine Erstattung verzichten. Die **Verzichtserklärungen** sind **notariell** zu beurkunden. Insbesondere bei Gesellschaften mit einem überschaubaren Gesellschafterkreis, was bei der GmbH häufig der Fall sein wird, ist es ratsam, sich bereits im Vorfeld über einen Verzicht auf die Erstattung des Umwandlungsberichts zu verständigen und die entsprechenden Verzichtserklärungen im Gesellschafterkreis einzuholen. Bei einer Einmann-GmbH ergibt sich die Entbehrlichkeit des Umwandlungsberichts bereits unmittelbar aus dem Gesetz.

214

ee) Barabfindungsangebot

Außerdem ist den Anteilsinhabern, die gegen den Formwechsel gestimmt haben, ein Barabfindungsangebot zu unterbreiten, damit diese aus der Gesellschaft gegen Zahlung einer Entschädigung für ihre Beteiligung ausscheiden können. Zur Ermittlung der Höhe des Barabfindungsangebots ist eine Unternehmensbewertung durchzuführen. Die Ordnungsmäßigkeit dieser Ermittlung ist außerdem durch einen **unabhängigen Prüfer** zu prüfen. Da in dem Umwandlungsbericht zur Ermittlung des Barabfindungsangebots Stellung zu be-

215

---

12) Vgl. den Formulierungsvorschlag von *Kiem*, Umwandlungsverträge, Rz. 75.
13) BGH, Urt. v. 22. 5. 1989 – II ZR 206/88, ZIP 1989, 980, 982 f – Kochs Adler, dazu EWiR 1989, 843 *(Hirte)*; BGH, Urt. v. 18. 12. 1989 – II ZR 254/88, ZIP 1990, 168, 169 – DAT/Altana II, dazu EWiR 1990, 321 *(Timm)*.

C. Umwandlung in die kleine AG

ziehen ist und außerdem das Barabfindungsangebot im Entwurf des Umwandlungsbeschlusses bereits erwähnt sein muß, ist die Durchführung der Unternehmensbewertung logisch vorrangig. Dem Barabfindungsangebot kommt in der Praxis ein besonderer Stellenwert nur bei den Publikumsgesellschaften zu. Bei Gesellschaften mit einem überschaubaren Gesellschafterkreis wird meistens schon aus Kostengründen im Vorfeld ein einvernehmlicher Verzicht auf die Unterbreitung eines Barabfindungsangebots vereinbart. Deswegen soll auf die Einzelheiten des Barabfindungsangebots und seiner Ermittlung erst nach der Darstellung des für die Praxis wichtigeren Umwandlungsberichts und des Entwurfes des Umwandlungsbeschlusses eingegangen werden (dazu unten Rz. 230 ff).

b) Mindestinhalt des Entwurfs eines Umwandlungsbeschlusses

216 Der Umwandlungsbericht muß einen Entwurf des Umwandlungsbeschlusses enthalten; diesem ist wiederum als Anlage der Entwurf der neuen Satzung für die kleine AG beizufügen (§ 243 Abs. 1, § 218 Abs. 1 Satz 1 UmwG). Der gesetzlich zwingende Mindestinhalt des Umwandlungsbeschlusses ergibt sich aus § 194 Abs. 1 UmwG sowie aus §§ 218 und 243 UmwG. Danach sind im einzelnen anzugeben

– die Rechtsform des neuen Rechtsträgers, hier also die Rechtsform der Aktiengesellschaft (Rz. 217);

– die genaue Firmierung der neuen Aktiengesellschaft (Rz. 217);

– Angaben zur Beteiligung der Anteilsinhaber in der alten und der neuen Gesellschaft (Rz. 218 ff);

– Angaben über die in der neuen Aktiengesellschaft gewährten Sonderrechte oder zu den als Ersatz für wegfallende Sonderrechte vorgesehenen Maßnahmen (Rz. 221 f);

– das Barabfindungsangebot (Rz. 230 ff);

– die Folgen des Formwechsels für die Arbeitnehmer und ihre Vertretungen sowie die insoweit vorgesehenen Maßnahmen (Rz. 224).

aa) Rechtsform und Firmierung

217 Die Angaben zur Rechtsform und Firmierung im Beschlußentwurf sind unproblematisch und bedürfen keiner weiteren Erörterung.

II. Formwechsel von der GmbH in die kleine AG

bb) Beteiligungsverhältnisse

(1) Beibehaltung der Anteilsverhältnisse

Da zumindest im gesetzlichen Regelfall die Anteilsverhältnisse an der formwechselnden Gesellschaft in der alten und der neuen Gesellschaft identisch sind, sind in dem Entwurf des Umwandlungsbeschlusses lediglich die bisherigen Beteiligungsverhältnisse unter Angabe der genauen Nennbeträge der Stammeinlagen festzuschreiben und die den Anteilsinhabern zugewiesenen Aktien (einschließlich der Zertifikatnummern) anzugeben. § 243 Abs. 3 UmwG, der insoweit zuletzt durch Art. 2 StückAG[14] und durch Art. 3 § 4 EuroEG[15] geändert wurde, stellt klar, daß die auf die Anteile entfallenden Beträge des Stammkapitals nicht mit den Beträgen der dafür ausgegebenen Aktien übereinstimmen müssen. Einem GmbH-Gesellschafter mit einer Stammeinlage von 25 000 Euro können mithin 1 000 Aktien im Nennbetrag von 25 Euro oder eine entsprechende Anzahl von Stückaktien gewährt werden.

218

(2) Mindestbetrag der gewährten Anteile

Der auf die Nennbetrags- oder auf die Stückaktie entfallende Betrag des Grundkapitals muß mindestens auf einen Euro lauten (§ 8 Abs. 2 und 3 AktG). Die frühere, mißverständliche Formulierung des § 243 Abs. 3 Satz 2 UmwG, wonach der Nennbetrag der Anteile der neuen Gesellschaft nunmehr mindestens 50 Euro betragen und durch zehn teilbar sein muß,[16] ist jetzt explizit auf die formwechselnde Umwandlung einer Kapitalgesellschaft in eine Gesellschaft mit beschränkter Haftung beschränkt worden (Art. 3 § 4 EuroEG). Für den Formwechsel einer Gesellschaft mit beschränkter Haftung in die kleine AG gilt diese Vorschrift daher nicht.

219

(3) Mindestkapital der neuen AG

Da die AG ein Grundkapital von mindestens 50 000 Euro haben muß (§ 7 AktG i. d. F. von Art. 3 § 1 EuroEG), kommt ein Formwechsel nur in Betracht, wenn das Stammkapital der GmbH mindestens diesen Betrag erreicht. Sollte dies nicht der Fall sein, ist das Stammkapital der GmbH vor der Durchführung des Formwechsels entsprechend zu erhöhen (dazu unten Rz. 244).

220

---

14) Gesetz über die Zulassung von Stückaktien (Stückaktiengesetz – StückAG) vom 25. 3. 1998, BGBl I, 590.
15) Gesetz zur Einführung des Euro (Euro-Einführungsgesetz – EuroEG) vom 9. 6. 1998, BGBl I, 1242.
16) Dazu *Vossius*, in: Widmann/Mayer, Formwechsel Rz. 109; *Dehmer*, § 243 UmwG Rz. 8; *Mertens*, AG 1995, 561, 562; *Flesch*, ZIP 1996, 2153 ff.

cc) Sonderrechte

(1) Ausdrückliche Benennung

221 Sonderrechte, die einzelnen Anteilsinhabern in der neuen Aktiengesellschaft gewährt werden, sind ebenfalls im Entwurf des Umwandlungsbeschlusses anzugeben. Zu denken ist hier an den Fall, daß einzelnen Anteilsinhabern Vorzugsaktien gewährt werden sollen. Bei der Verpflichtung zur Benennung gewährter Sonderrechte steht die **Alarmfunktion** im Vordergrund: Die Mitgesellschafter sollen über die einem einzelnen Gesellschafter gewährten Privilegien informiert werden. Einer ausdrücklichen Benennung im Beschlußentwurf bedarf es daher nicht, wenn allen Anteilsinhabern gleichmäßig Sonderrechte eingeräumt werden, wohl aber sind diese dann in der dem Beschluß beizufügenden Satzung der Aktiengesellschaft anzuführen.

(2) Ausgleich für den Verlust bestehender Sonderrechte

222 Ferner ist in dem Beschlußentwurf darzulegen, welche Rechte den sogenannten Inhabern von Sonderrechten – gleich ob als Anteilsinhaber oder sonstige Gläubiger – in der kleinen AG gewährt werden sollen. Als Sonderrechte nennt das Gesetz in diesem Zusammenhang exemplarisch Anteile ohne Stimmrecht, Vorzugsaktien, Mehrstimmrechtsaktien, Schuldverschreibungen und Genußrechte (§ 194 Abs. 1 Nr. 5 UmwG).[17] Hier steht nicht die Warnfunktion im Vordergrund, sondern der **Ausgleich** für die **Beeinträchtigung** oder den **Verlust bestehender Sonderrechte**. Diese Bestimmung ist im Zusammenhang mit §§ 204, 23 UmwG zu sehen, wonach Sonderrechtsinhabern gleichwertige Rechte in der Zielgesellschaft zu gewähren sind. Im Fall eines Formwechsels einer GmbH in eine kleine AG wird die Regelung in § 194 Abs. 1 Nr. 5 UmwG nur bei Bestehen von Sondergewinnrechten oder Anteilen mit Mehrfachstimmrecht praktisch bedeutsam werden. Können diese Sonderrechte aufgrund zwingenden Aktienrechts in der kleinen AG nicht gewährt werden, so sind in der neuen Satzung solche Rechte zugunsten der betroffenen Sonderrechtsinhaber vorzusehen, die dem untergehenden Recht rechtlich und wirtschaftlich am ehesten entsprechen.[18]

---

[17] Zur Stellung der Vorzugsaktionäre bei Umwandlungsmaßnahmen siehe *Kiem*, ZIP 1997, 1627.

[18] Vgl. *Feddersen/Kiem*, ZIP 1994, 1078, 1082; *Vossius*, in: Widmann/Mayer, Formwechsel Rz. 131. Unberührt davon bleibt jedoch das Zustimmungserfordernis jedes einzelnen Anteilsinhabers, soweit Sonderrechte i. S. d. § 241 Abs. 2 UmwG betroffen sind oder die Abtretung von Geschäftsanteilen der Zustimmung einzelner Gesellschafter bedarf; siehe dazu unten Rz. 238 ff.

dd) Unternehmensbewertung

Die Angaben zum Barabfindungsangebot (§ 194 Abs. 1 Nr. 6 UmwG) setzen 223
voraus, daß eine Unternehmensbewertung durchgeführt wurde, auf deren
Grundlage das Barabfindungsangebot errechnet wurde. Es bedarf keiner Betonung, daß eine Unternehmensbewertung **zeitraubend** und **kostspielig** und
deshalb nach Möglichkeit zu vermeiden ist. Außerdem führt die Gewährung
einer Barabfindung zu einem unerwünschten **Liquiditätsabfluß**. Zwar ist im
Gesetz kein förmlicher Verzicht durch die Anteilsinhaber vorgesehen. Wenn
aber alle Anteilsinhaber den Formwechsel mittragen, ist ein Barabfindungsangebot gleichwohl entbehrlich. In diesem Fall ist in dem Beschlußentwurf jedoch anzugeben, warum ein Barabfindungsangebot nicht unterbreitet wurde.

ee) Folgen für die Arbeitnehmer und ihre Vertretungen

Schließlich sind in dem Beschlußentwurf die Folgen des Formwechsels für die 224
Arbeitnehmer und ihre Vertretungen darzulegen. Die Angaben zu diesem
Punkt erschöpfen sich in aller Regel in der Feststellung, daß der Formwechsel
zu **keinen Auswirkungen** auf die **Arbeitnehmer** und ihre **Vertretungen**
führt. Die betriebliche Organisation und die einzelnen Arbeitsverhältnisse werden durch den Formwechsel nicht berührt. Da durch die Änderung des § 76
BetrVG 1952 die GmbH und die AG den gleichen Mitbestimmungsregeln unterliegen, hat der Formwechsel auch keine Auswirkungen auf die Mitbestimmungsrechte der Arbeitnehmer. Auch hier beschränken sich die Angaben darauf, daß Änderungen des status quo durch den Formwechsel nicht eintreten.

ff) Entwurf der neuen AG-Satzung

Dem Entwurf des Umwandlungsbeschlusses ist außerdem der Entwurf der 225
neuen AG-Satzung beizufügen. Es bedarf keiner Betonung, daß dem Entwurf
der neuen Satzung für die kleine AG ganz besondere Bedeutung zukommt. Mit
der Gesellschaftssatzung werden nicht nur die Rechtsbeziehungen der künftigen Gesellschafter untereinander geregelt, sondern auch der Grundstein für
eine kooperative Zusammenarbeit der Organe der Gesellschaft gelegt. Erfolgt
der Formwechsel im Hinblick auf einen geplanten **Börsengang**, sollte das Bemühen nach einer klaren, den **Marktstandards** entsprechenden Gesellschaftssatzung im Vordergrund stehen. Überwiegt hingegen der Charakter einer **Familiengesellschaft**, sind Instrumentarien zum Interessenausgleich und Konfliktlösungsverfahren vorzusehen.[19]

---

19) Dazu unten *Blaum*, Rz. 725 ff.

c) Unterrichtung des Betriebsrats
aa) Rechtzeitige Zuleitung des Beschlußentwurfs

226 Von erheblicher praktischer Bedeutung bei der Durchführung eines Formwechsels (wie auch jeder sonstigen Umwandlungsmaßnahme) ist die rechtzeitige Information des Betriebsrats. Gemäß § 194 Abs. 2 UmwG ist dem zuständigen Betriebsrat spätestens einen Monat vor dem Tag der Gesellschafterversammlung, auf der über den Formwechsel beschlossen werden soll, der Entwurf des Umwandlungsbeschlusses einschließlich des Satzungsentwurfes zuzuleiten.[20] Da der Anmeldung des Formwechsels zum Handelsregister ein Nachweis über die rechtzeitige Zuleitung an den Betriebsrat beizufügen ist, empfiehlt sich ein datiertes Empfangsbekenntnis des Betriebsratsvorsitzenden.[21]

bb) Zuständiger Betriebsrat

227 Das Umwandlungsgesetz trifft keine Regelung darüber, welchem Betriebsrat der Beschlußentwurf zuzuleiten ist. Anders als beispielsweise eine Verschmelzung oder eine Spaltung hat der Formwechsel keine Auswirkungen auf die einzelnen Betriebe des Unternehmens. Insoweit ist es ausreichend, den Beschlußentwurf nebst Entwurf der Satzung nur dem Gesamtbetriebsrat zuzuleiten, da dieser gemäß § 50 BetrVG für die Belange des Gesamtunternehmens zuständig ist.[22] Falls ein Gesamtbetriebsrat nicht besteht, ist der Beschlußentwurf dem oder den einzelnen Betriebsräten zuzuleiten.

cc) Fehlender Betriebsrat

228 Besteht überhaupt kein Betriebsrat, ist dies bei der Anmeldung des Formwechsels von den Geschäftsführern mitzuteilen. Nach der Praxis einiger Registergerichte wird diesbezüglich die **Glaubhaftmachung des Nichtbestehens** durch Abgabe einer eidesstattlichen Versicherung der Geschäftsführer verlangt.[23] Ein Aushang am schwarzen Brett zum Zwecke der Information der

---

20) Vgl. OLG Naumburg, Urt. v. 6. 2. 1997 – 7 U 236/96, GmbHR 1998, 382, 383; ferner *Gaul*, DB 1995, 2265.
21) *Kiem*, Umwandlungsverträge, Rz. 29; *Engelmeyer*, DB 1996, 2542, 2545.
22) So auch *Dehmer*, § 5 UmwG Rz. 54; *Kallmeyer/Willemsen*, UmwG, § 5 Rz. 75; *Lutter*, UmwG, § 5 Rz. 86; *Melchior*, GmbHR 1996, 833, 834 f; a. A.: *Vossius*, in: Widmann/Mayer, Formwechsel Rz. 197; *Wlotzke*, DB 1995, 40, 45.
23) AG Duisburg, Beschl. v. 4. 1. 1996 – 23 HRB 4942, 5935, GmbHR 1996, 372.

Belegschaft über den geplanten Formwechsel, wie er für den Fall des Nichtbestehens eines Betriebsrats vereinzelt vorgeschlagen wurde, ist weder erforderlich noch aus Gründen der Vertraulichkeit zweckmäßig.[24]

dd) Beachtung der Monatsfrist

Da bei GmbHs häufig auf die Einhaltung der Ladungsfristen verzichtet wird (dazu unten Rz. 235), die fristgerechte Zuleitung an den Betriebsrat jedoch Voraussetzung für die Eintragung des Formwechsels und damit für dessen Wirksamwerden ist, ist der Beachtung der Monatsfrist besondere Bedeutung beizumessen.[25] Von einer Abkürzung der Monatsfrist im Einvernehmen mit dem Betriebsrat sollte nur in Abstimmung mit dem zuständigen Registergericht Gebrauch gemacht werden. **229**

d) Barabfindungsangebot

aa) Zweck des Barabfindungsangebots

Schließlich ist in der Vorbereitungsphase des Formwechsels zu beachten, daß grundsätzlich ein Barabfindungsangebot zugunsten dissentierender Gesellschafter zu unterbreiten ist. Gemäß § 207 UmwG hat der formwechselnde Rechtsträger jedem Anteilsinhaber, der gegen den Umwandlungsbeschluß Widerspruch zur Niederschrift erklärt, den Erwerb seiner umgewandelten Anteile gegen eine angemessene Barabfindung anzubieten. Es soll kein Gesellschafter in eine Gesellschaft gezwungen werden, mit deren Rechtsform er nicht einverstanden ist. Andererseits soll ein einzelner Anteilsinhaber aber auch nicht eine von der Mehrheit seiner Mitgesellschafter getragene Umwandlung blockieren können. Deshalb ist dem dissentierenden Gesellschafter das Ausscheiden aus der Gesellschaft gegen eine angemessene Abfindung anzubieten.[26] **230**

bb) Verzichtsmöglichkeit

Wie bereits ausgeführt können die Anteilsinhaber auf die Unterbreitung eines Barabfindungsangebots verzichten (dazu oben Rz. 223). **231**

---

24) *Dehmer*, § 194 UmwG Rz. 12; *Lutter/Decher*, UmwG, § 194 Rz. 31.
25) Siehe dazu *Kiem*, Umwandlungsverträge, Rz. 65.
26) Zur Verzinslichkeit des Abfindungsanspruchs siehe *Liebscher*, AG 1996, 455.

C. Umwandlung in die kleine AG

cc) Angemessenheit des Abfindungsangebots

232 Zeichnet sich im Vorfeld der Beschlußfassung hingegen ab, daß nicht alle Anteilsinhaber die Umwandlung mittragen, ist zur Vorbereitung der Beschlußfassung ein angemessenes Barabfindungsangebot festzusetzen. Die Höhe der Barabfindung ist auf der Grundlage des **wirklichen Unternehmenswertes** zu ermitteln. Dazu ist die Durchführung einer Unternehmensbewertung erforderlich. Die Unternehmensbewertung ist nach den allgemein anerkannten Grundsätzen vorzunehmen. Regelmäßig ist also auf den Ertragswert des Unternehmens mit dem Substanzwert als Untergrenze abzustellen.[27] Aus dem so ermittelten Unternehmenswert ist dann das Barabfindungsangebot für die einzelnen Anteile abzuleiten.

dd) Prüfung der Angemessenheit

233 Die Angemessenheit des Barabfindungsangebots ist ihrerseits durch einen unabhängigen Prüfer zu prüfen (§§ 208, 30 Abs. 2 UmwG), es sei denn, die Anteilsinhaber haben ihren Verzicht auf die Durchführung dieser Prüfung erklärt. Die Prüfung wird durch einen **unabhängigen Wirtschaftsprüfer** durchgeführt. Es versteht sich von selbst, daß dies nicht der Wirtschaftsprüfer sein kann, der die Unternehmensbewertung zur Ermittlung des Barabfindungsangebots durchgeführt hat, da sonst Kontrolleur und Kontrollierter identisch wären. Die Höhe des Barabfindungsangebots und dessen Herleitung aufgrund der durchgeführten Unternehmensbewertung sind im Umwandlungsbericht eingehend zu erläutern.[28] Die Ausführungen müssen den Anteilsinhabern eine Plausibilitätskontrolle ermöglichen, anhand deren sie die Angemessenheit der angebotenen Barabfindung beurteilen können.[29] Die Barabfindung ist aus Gesellschaftsmitteln zu erbringen.

2. Umwandlungsbeschluß

a) Inhalt

aa) Unterrichtung der Gesellschafter

234 Der Formwechsel bedarf der Zustimmung der GmbH-Gesellschafter. Vor der Beschlußfassung sind die Gesellschafter über die geplante Umwandlung zu

---

27) Stellungnahme des IdW, HFA 2/1983, WPg 1983, 468, 469, 474 f.
28) KG, Urt. v. 27. 11. 1998 – 14 U 2892/97, AG 1999, 126 ff – Aqua Butzke-Werke AG; EWiR 1997, 421 *(Kiem)*; LG Heidelberg, Urt. v. 7.8.1996 – KfH O 4/96 II, WiB 1997, 308, 309 ff – Scheidemandel AG; vgl. aus dem Schrifttum *Lutter/Decher*, UmwG, § 192 Rz. 31 ff; *Meyer-Landrut/Kiem*, WM 1997, 1413, 1416 m. w. N.
29) Dazu *Kiem*, Umwandlungsverträge, Rz. 299.

unterrichten. Die Unterrichtung der Gesellschafter beginnt bereits mit der Einberufung der Gesellschafterversammlung, die über den Formwechsel beschließen soll. Mit der Einberufung ist der Umwandlungsbericht nebst Anlagen zu übersenden (§ 238 Satz 1, § 230 UmwG). Gemäß § 238 Satz 1, § 231 UmwG haben die GmbH-Geschäftsführer den Gesellschaftern außerdem spätestens mit der Einberufung der Gesellschafterversammlung das Abfindungsangebot mitzuteilen. Sieht die Satzung der GmbH keine längere Einberufungsfrist vor, gilt auch hier die einwöchige Frist des § 51 Abs. 1 Satz 2 GmbHG.

bb) Vorherige Einholung eines Meinungsbildes

Da bei einem Verzicht der GmbH-Gesellschafter die Erstattung eines Umwandlungsberichts entbehrlich wird und bei einer einmütigen Zustimmung zum Formwechsel auch kein Barabfindungsangebot unterbreitet werden muß, empfiehlt es sich, bereits vor Abhaltung einer formellen Gesellschafterversammlung das Meinungsbild im Gesellschafterkreis zu sondieren. Eine von allen Gesellschaftern mitgetragene Umwandlung erspart die Einhaltung vieler Förmlichkeiten und damit erhebliche Kosten. Besteht Einvernehmen zwischen den Gesellschaftern kann auch auf die Einhaltung von Ladungsfristen verzichtet werden. Die Abhaltung einer förmlichen Gesellschafterversammlung ist aber in jedem Fall erforderlich. **235**

cc) Spätere Änderungen

In der Gesellschafterversammlung selbst ist der Umwandlungsbericht auszulegen (§ 239 Abs. 1 UmwG), falls nicht dessen Erstattung aufgrund des Verzichts der Gesellschafter ebenfalls entbehrlich war. Der vorliegende Entwurf des Umwandlungsbeschlusses kann auf Wunsch der Gesellschafter abgeändert werden, was in der Praxis nicht selten vorkommt. Allerdings ist darauf zu achten, daß bei gravierenden Abweichungen vom ursprünglichen Entwurf eine erneute Zuleitung des Beschlusses zum Betriebsrat erforderlich werden kann. Auch hier empfiehlt es sich, bereits im Vorfeld zumindest den wesentlichen Inhalt des Umwandlungsbeschlusses im Gesellschafterkreis abzustimmen. **236**

b) Beschlußfassung

Der Umwandlungsbeschluß ist in einer Versammlung der Anteilsinhaber zu fassen (§ 193 Abs. 1 Satz 2 UmwG). Eine Beschlußfassung im Umlaufverfahren scheidet also auch dann aus, wenn eine solche Art der Beschlußfassung im **237**

Gesellschaftsstatut ausdrücklich zugelassen ist.[30] Allerdings ist die Vertretung eines oder mehrerer Gesellschafter durch einen Bevollmächtigten möglich, wenn die Satzung dies nicht ausschließt. Falls der Gesellschaftsvertrag kein höheres Mehrheitserfordernis vorsieht, bedarf der Umwandlungsbeschluß einer Mehrheit von mindestens 3/4 der abgegebenen Stimmen (§ 240 Abs. 1 UmwG). Für die Ermittlung der abgegebenen Stimmen und die Feststellung des Beschlußergebnisses gelten die allgemeinen Regeln.

c) Zusätzliche Zustimmungserfordernisse

aa) Zustimmung bei Änderung der Beteiligungsquote

238 Darüber hinaus ordnet § 241 UmwG als zusätzliches Erfordernis die Zustimmung einzelner Anteilsinhaber in drei verschiedenen Fällen an. Zunächst bedarf es der **ausdrücklichen Zustimmung** solcher Gesellschafter, die sich aufgrund der Festlegung des Aktienbetrages **nicht entsprechend ihrer bisherigen Beteiligung** an der AG beteiligen können. Da der Mindestbetrag für GmbH-Geschäftsanteile 100 Euro beträgt (§ 5 Abs. 1 GmbHG) und der Mindestbetrag für Nennbetragsaktien und für Stückaktien nach § 8 Abs. 2 Satz 1 und Abs. 3 Satz 3 AktG nunmehr bei 1 Euro liegt, dürfte es in aller Regel möglich sein, jedem GmbH-Gesellschafter Aktien zu gewähren, deren Gesamtbetrag seiner Beteiligung an der GmbH entspricht.

bb) Zustimmung der Inhaber von Sonderrechten

239 Des weiteren bestimmt § 241 Abs. 2 UmwG, daß der Formwechsel auch der Zustimmung jedes einzelnen Gesellschafters mit Sonderrechten im Sinne des § 50 Abs. 2 UmwG bedarf. Das ist der Fall, wenn die Satzung zugunsten bestimmter Anteilsinhaber besondere Rechte vorsieht, mit denen auf die Leitung der Gesellschaft Einfluß genommen werden kann. Denkbar sind insoweit **Bestellungs- oder Benennungsrechte** zur Geschäftsführung oder aber auch besondere **Veto- oder Mehrstimmrechte**.[31] Nicht umfaßt sind hingegen finanzielle Sonderrechte, wie ein Sondergewinnrecht. Schließlich besteht ein Zustimmungserfordernis dann, wenn in der GmbH-Satzung bestimmten Anteilsinhabern sogenannte Nebenleistungsverpflichtungen auferlegt wurden, die nach dem Formwechsel aufgrund der beschränkten Zulässigkeit von Nebenleistungspflichten im Aktienrecht nicht aufrechterhalten werden können. Das Zu-

---

30) *Vossius*, in: Widmann/Mayer, Formwechsel Rz. 213; *Dehmer*, § 193 UmwG Rz. 3.
31) *Laumann*, in: Goutier/Knopf/Tulloch, § 50 UmwG Rz. 22; *Kiem*, Umwandlungsverträge, Rz. 63; *Kallmeyer/Zimmermann*, UmwG, § 50 Rz. 20; *Lutter/Winter*, UmwG, § 50 Rz. 19.

stimmungserfordernis beruht auf dem Gedanken, daß einer Verpflichtung des Anteilsinhabers regelmäßig auch eine Vergünstigung oder Berechtigung gegenübersteht. Ist dies nicht der Fall, besteht also nur einseitig eine Verpflichtung auf seiten des Anteilsinhabers, bedarf es seiner Zustimmung gemäß § 241 Abs. 3 UmwG nicht.[32]

cc) Zustimmung bei Abtretung von Geschäftsanteilen

Ein häufig übersehenes Zustimmungserfordernis ergibt sich daneben noch aus § 193 Abs. 2 UmwG. Danach bedarf es der Zustimmung eines GmbH-Gesellschafters zum Umwandlungsbeschluß, wenn die Abtretung von GmbH-Geschäftsanteilen ebenfalls seiner Zustimmung bedarf. Durch diese Bestimmung werden nicht solche Fälle erfaßt, in denen die Gesellschafterversammlung oder die GmbH-Geschäftsführer einer Abtretung von GmbH-Geschäftsanteilen zustimmen müssen (beispielsweise bei vinkulierten GmbH-Anteilen). Der § 193 Abs. 2 UmwG stellt vielmehr auf den **einzelnen Anteilsinhaber** ab; die Satzung muß also vorsehen, daß die Abtretung von GmbH-Geschäftsanteilen der Zustimmung des Gesellschafters X bedarf. Allerdings sehen aus der Zeit vor dem Inkrafttreten des neuen Umwandlungsgesetzes stammende GmbH-Satzungen häufig vor, daß die Abtretung von GmbH-Geschäftsanteilen der Zustimmung der Anteilsinhaber bedarf. Obwohl hier häufig die Zustimmung der Gesellschafterversammlung gemeint sein wird, bedarf es dennoch der Zustimmung jedes einzelnen Anteilsinhabers zum Umwandlungsbeschluß. Dies erscheint jedenfalls dann sachgerecht, wenn nicht ausgeschlossen werden kann, daß auch die Abtretung von GmbH-Geschäftsanteilen der Zustimmung jedes einzelnen Gesellschafters bedarf.

240

d) Mindestangaben in der neuen Satzung

Mit dem Umwandlungsbeschluß ist auch die neue Satzung der kleinen AG, die diesem als Anlage beizufügen ist, durch die Gesellschafterversammlung festzustellen (§ 243 Abs. 1, § 218 Abs. 1 Satz 1 UmwG). Die festgestellte Satzung muß alle nach dem **Aktiengesetz** erforderlichen **Mindestangaben** enthalten. Dazu zählen auch gewährte Sondervorteile sowie der anläßlich des Formwechsels entstandene, von der Gesellschaft zu tragende Gründungsaufwand. Sind daneben in der GmbH-Satzung noch Angaben über Sondervorteile, Gründungsaufwand, Sacheinlagen und Sachübernahmen für die Ursprungsge-

241

---

32) Zutreffend *Laumann*, in: Goutier/Knopf/Tulloch, § 241 UmwG Rz. 20 f; *Dehmer*, § 241 UmwG Rz. 10; *Lutter/Happ*, UmwG, § 241 Rz. 9; *Kallmeyer/Dirksen*, UmwG, § 241 Rz. 7.

C. Umwandlung in die kleine AG

sellschaft enthalten, sind auch diese Festsetzungen in die neue AG-Satzung zu übernehmen (§ 243 Abs. 1 Satz 2 UmwG). In der Praxis stellt sich hier häufig das Problem, daß durch diese Bestimmung die neue AG-Satzung mit eher nebensächlichen Angaben überfrachtet wird, zumal wenn diese Vorgänge weit zurückliegen. Gerade im Hinblick auf einen geplanten Börsengang besteht aber oft ein Bedürfnis, die Satzung von solchen Angaben freizuhalten. Hier empfiehlt es sich, vor der Beschlußfassung über den Formwechsel eine „Bereinigung" der alten GmbH-Satzung zu beschließen, soweit dies gesetzlich zulässig ist.[33] Dies ist insbesondere deswegen von Bedeutung, weil nach den strengeren aktienrechtlichen Vorschriften Angaben über Sondervorteile und den Gründungsaufwand erst nach Ablauf einer Dreißigjahresfrist durch Satzungsänderung beseitigt werden können (§ 26 Abs. 5 AktG).[34]

e) Zusammensetzung von Aufsichtsrat und Vorstand

242 Besteht bei der GmbH nicht schon ein **Aufsichtsrat**, hat die Gesellschafterversammlung neben der Beschlußfassung über den Formwechsel und der Feststellung der AG-Satzung auch über die personelle Zusammensetzung des künftigen Aufsichtsrats zu entscheiden. Für die Wahl gelten die in der neuen AG-Satzung vorgesehenen Bestimmungen über die Wahlzeit, die Anzahl der Mitglieder und die Entsendungsrechte. Bei einem bereits bestehenden Aufsichtsrat hat der Formwechsel zur AG keine Auswirkungen auf die Amtsdauer. Die Aufsichtsratsmitglieder bleiben vielmehr für den Rest ihrer Wahlzeit im Amt, wenn nicht die Gesellschafterversammlung beschließt, daß mit dem Formwechsel ihr Amt endet (§ 203 UmwG). Ein solcher Beschluß betrifft in einem mitbestimmten Aufsichtsrat jedoch nur die Vertreter der Kapitaleignerseite (§ 203 Satz 2 UmwG). Die Arbeitnehmervertreter im Aufsichtsrat bleiben bis zum Ende ihrer Amtsperiode, für die sie gewählt wurden, im Amt.

243 Der entweder bereits bestehende oder erstmalig gewählte Aufsichtsrat ist wiederum für die Bestellung der **Vorstandsmitglieder** der künftigen kleinen AG zuständig. Die Bestellung erfolgt zweckmäßigerweise bereits in der konstituierenden Aufsichtsratssitzung am Ende der Gesellschafterversammlung, die über die Umwandlung beschließt. Die frühzeitige Bestellung der Vorstandsmitglieder ist insbesondere deswegen erforderlich, weil diese gemäß § 246 Abs. 2

---

33) Nach h. M. im GmbH-rechtlichen Schrifttum sind die Angaben zum Gründungsaufwand und zu Sacheinlagen mindestens fünf Jahre in der Satzung beizubehalten; vgl. *Baumbach/Hueck*, GmbHG, § 5 Rz. 55 m. w. N.; danach kann eine Bereinigung der Satzung im Wege der Satzungsänderung vorgenommen werden.

34) Vgl. dazu *Hüffer*, AktG, § 26 Rz. 10.

II. Formwechsel von der GmbH in die kleine AG

UmwG zugleich mit dem Formwechsel zur Eintragung in das Handelsregister anzumelden sind. Auch sind die künftigen Vorstandsmitglieder für die Durchführung der Gründungsprüfung mitverantwortlich (dazu unten Rz. 250).

f) **Kapitalerhöhung**

Wie bereits ausgeführt, bleibt bei einem Formwechsel das Nominalkapital unverändert (§ 247 Abs. 1 UmwG). Der Beschluß über den Formwechsel kann jedoch auch mit einer Kapitalerhöhung kombiniert werden. Dies ist erforderlich, falls das Stammkapital der GmbH das Mindestnennkapital für die kleine AG von 50 000 Euro nicht erreicht. Dann ist die fehlende Lücke des Nennkapitals durch eine Kapitalerhöhung zu schließen. Gemäß § 243 Abs. 2 UmwG bleiben andere Gesetze über die Änderung des Stammkapitals unberührt. Daraus folgt, daß sich die **Kapitalerhöhung** – noch – **nach den Vorschriften** des GmbH-Rechts vollzieht. Dies bedingt jedoch, daß die Kapitalerhöhung vor dem Wirksamwerden des Formwechsels abgeschlossen ist. Dies wird durch eine entsprechende Steuerung der Anmeldung von Kapitalerhöhung und Formwechsel zum Handelsregister erreicht. Allerdings ist es auch zulässig – und häufig auch aus praktischen Gründen zu empfehlen –, den Kapitalerhöhungsbeschluß mit dem Umwandlungsbeschluß zu kombinieren.[35] Die Kapitalerhöhung wird dann zeitgleich mit dem Formwechsel wirksam. Sie ist allerdings nach den aktienrechtlichen Vorschriften zu beschließen und durchzuführen.[36]

244

g) **Notarielle Beurkundung**

Der Umwandlungsbeschluß bedarf gemäß § 193 Abs. 3 Satz 1 UmwG der notariellen Beurkundung. Die festgestellte Gesellschaftssatzung ist mit zu beurkunden, da sie Bestandteil des Umwandlungsbeschlusses ist.[37] Zu beurkunden sind ebenfalls die erforderlichen **Zustimmungserklärungen** einzelner Anteilsinhaber sowie die **Verzichtserklärungen** für die Erstattung des Umwandlungsberichts. Vorsorglich sollten die Anteilsinhaber auch erklären, daß sie auf die Unterbreitung eines Barabfindungsangebots verzichten. Auch insoweit ist eine notarielle Beurkundung erforderlich.

245

---

35) *Mertens*, AG 1995, 561, 562.
36) *Mertens*, AG 1995, 561, 562; *Lutter/Happ*, UmwG, § 243 Rz. 47; *Grunewald*, in: Geßler/Hefermehl/Eckardt/Kropff, AktG, § 369 Rz. 37; anders *Kallmeyer*, UmwG, § 243 Rz. 10.
37) Siehe zur Beurkundung ausführlich *Vossius*, in: Widmann/Mayer, Formwechsel Rz. 237 f.

C. Umwandlung in die kleine AG

h) Klageerhebung

246 Gegen den Umwandlungsbeschluß kann sich ein Anteilsinhaber durch Erhebung einer Anfechtungs- oder Nichtigkeitsklage zur Wehr setzen. Gemäß § 195 Abs. 1 UmwG muß die Klage binnen **eines Monats** nach der Beschlußfassung erhoben werden. Sie kann **nicht darauf gestützt** werden, daß das Barabfindungsangebot zu **niedrig bemessen** ist oder daß die angebotenen Aktien der künftigen AG **keinen ausreichenden Gegenwert** für den GmbH-Geschäftsanteil darstellen (§ 195 Abs. 2 UmwG). Gesellschafter, die gemäß § 195 Abs. 2 UmwG von der Klageerhebung ausgeschlossen sind, haben jedoch die Möglichkeit, Nachbesserung gemäß § 196 UmwG durch bare Zuzahlung von der Gesellschaft zu verlangen. Allerdings können alle sonstigen Gründe gegen die Festsetzung der Beteiligungsverhältnisse vorgebracht werden; also insbesondere eine Verletzung des Gleichbehandlungsgrundsatzes durch Benachteiligung bestimmter Gesellschafter.[38] Das Klagerecht ist grundsätzlich **verzichtbar**. Bei einer einmütig beschlossenen Umwandlung empfiehlt es sich, bei der Beschlußfassung den Klageverzicht ebenfalls notariell beurkunden zu lassen. Damit geht eine erhebliche Beschleunigung des Registerverfahrens einher, da die einmonatige Wartefrist gemäß § 198 Abs. 3, § 16 Abs. 2 Satz 2 UmwG abgekürzt werden kann.

3. Beachtung des Gründungsrechts der kleinen AG

a) Kapitalschutzregeln

247 § 197 Satz 1 UmwG bestimmt, daß auf den Formwechsel die für die neue Rechtsform geltenden Gründungsvorschriften anzuwenden sind, soweit sich nicht aus den Sonderregeln des Umwandlungsrechts etwas anderes ergibt. Daraus folgt, daß grundsätzlich das **gesamte Gründungsrecht** der kleinen AG[39] zu beachten ist. Allerdings ist dabei zu berücksichtigen, daß es sich nicht um eine Neugründung im eigentlichen Sinne handelt. Vielmehr bleibt die Gesellschaft auch nach dem Formwechsel dieselbe (Identitätsgrundsatz). Allerdings dürfen die Kapitalschutzregeln durch einen Formwechsel nicht unterlaufen werden. Deshalb bestimmt § 220 Abs. 1 UmwG, daß der Nennbetrag des Grundkapitals einer Aktiengesellschaft nach Abzug der Schulden das verbleibende Vermögen der formwechselnden Gesellschaft nicht übersteigen darf. Das **Reinvermögen der GmbH** muß also das in der Satzung bestimmte **Grundkapital der künftigen AG** erreichen. Bislang ungeklärt ist indessen,

---

[38] Zur Inhaltskontrolle des Umwandlungsbeschlusses siehe *Binnewies*, GmbHR 1997, 727; *Meyer-Landrut/Kiem*, WM 1997, 1361, 1364 ff.
[39] Siehe dazu oben *Zimmermann*, Rz. 47 ff.

II. Formwechsel von der GmbH in die kleine AG

ob eine bei der GmbH bestehende Unterbilanz einem Formwechsel in die AG entgegensteht.[40] Richtig dürfte insoweit sein, auf eine rein handelsbilanzielle Sichtweise abzustellen.[41] Dies bedeutet, daß zum Zeitpunkt des Formwechsels das Gesellschaftsvermögen (einschließlich stiller Reserven) das Nennkapital decken muß. Eine unabhängig von der Deckung des Nennkapitals bestehende handelsbilanzielle Unterbilanz hindert jedoch nicht die Durchführung eines Formwechsels.[42]

b) **Aktienrechtliche Gründungsvorschriften**

Daneben sind bei der Durchführung des Formwechsels die allgemeinen aktienrechtlichen Gründungsvorschriften zu beachten. Dies bedeutet zunächst, daß den Vorschriften über Form und Inhalt der AG-Satzung zu entsprechen ist. Des weiteren ist ein **Sachgründungsbericht** gemäß § 220 Abs. 2 UmwG zu erstellen. Form und Inhalt des Sachgründungsberichtes müssen der korrespondierenden Vorschrift im aktienrechtlichen Gründungsrecht (§ 32 AktG) entsprechen.[43] Darüber hinaus verlangt der § 220 Abs. 2 UmwG, daß auch der bisherige Geschäftsverlauf und die Lage der formwechselnden Gesellschaft in dem Sachgründungsbericht dargestellt werden. Dies ergibt sich daraus, daß anders als bei einer Neugründung die formwechselnde Gesellschaft bereits ein „Vorleben" hatte. In dem Bericht ist die geschäftliche Entwicklung der letzten beiden Geschäftsjahre darzustellen.[44]

248

c) **Gründerhaftung**

Gemäß § 32 Abs. 1 AktG wird der Sachgründungsbericht durch die Gründer der Gesellschaft erstattet; nach der Sondervorschrift des § 245 Abs. 1 Satz 1 UmwG werden als Gründer diejenigen Gesellschafter angesehen, die für den Formwechsel gestimmt haben.[45] Dies bedeutet, daß diejenigen GmbH-Gesellschafter, die dem Formwechsel zugestimmt haben, auch für die Erstattung des Gründungsberichts – haftungsrechtlich – verantwortlich sind.[46] In diesem Zu-

249

---

40) Verneinend *Happ,* in: Lutter (Hrsg.), Kölner Umwandlungsrechtstage, S. 223 ff; *Dehmer,* § 197 UmwG Rz. 30; differenzierend und überzeugend *Busch,* AG 1995, 555; sowie *Lutter/Joost,* UmwG, § 220 Rz. 11 f; *Kallmeyer/Dirksen,* UmwG, § 220 Rz. 5 ff.
41) So überzeugend *Busch,* AG 1995, 555, 557 ff; ebenso *Lutter/Joost,* UmwG, § 220 Rz. 12; *Kallmeyer/Dirksen,* UmwG, § 220 Rz. 7 f.
42) *Busch,* AG 1995, 555, 557 ff.
43) Dazu oben *Zimmermann,* Rz. 98 ff.
44) *Laumann,* in: Goutier/Knopf/Tulloch, § 220 UmwG Rz. 28; *Kallmeyer/Dirksen,* UmwG, § 221 Rz. 13; *Dehmer,* § 220 UmwG Rz. 14; *Lutter/Joost,* UmwG, § 220 Rz. 25.
45) Vgl. das Muster eines Gründungsberichts bei *Kiem,* Umwandlungsverträge, Rz. 121.
46) Vgl. *Hüffer,* AktG, § 32 Rz. 2 m. w. N.

sammenhang kann sie insbesondere die sogenannte Differenzhaftung treffen, wenn das Reinvermögen der Gesellschaft nicht das festgesetzte Grundkapital der künftigen AG erreichen sollte.

d) Gründungsprüfung

250 Schließlich hat noch eine Gründungsprüfung gemäß § 33 AktG zu erfolgen.[47] Die Gründungsprüfung erfolgt zum einen durch den Vorstand und den Aufsichtsrat der künftigen AG[48] sowie zum anderen durch einen zu bestellenden Gründungsprüfer (§ 220 Abs. 3 Satz 1 UmwG, § 33 Abs. 2 AktG). Bei der Gründungsprüfung ist die **Ordnungsmäßigkeit des Umwandlungsvorgangs** im Hinblick auf die Kapitalerbringung zu prüfen.[49] Als Gründungsprüfer werden in aller Regel unabhängige Wirtschaftsprüfer bestellt (§ 33 Abs. 4 AktG).

4. Registerverfahren

a) Handelsregisteranmeldung

251 Gemäß § 246 Abs. 1, § 198 UmwG ist der Formwechsel bei dem Handelsregister am Sitz der Gesellschaft zur Eintragung anzumelden. Die Anmeldung ist durch die Geschäftsführer in vertretungsberechtigter Anzahl vorzunehmen.[50] Anzumelden sind der Formwechsel und die Neufassung der Gesellschaftssatzung sowie gemäß § 246 Abs. 2 UmwG die neu bestellten Vorstandsmitglieder der künftigen AG. Bei der Anmeldung ist zu versichern, daß eine Klage gegen den Umwandlungsbeschluß nicht oder nicht fristgemäß erhoben oder eine solche Klage rechtskräftig abgewiesen oder zurückgenommen worden ist.[51] Haben nicht alle Anteilsinhaber einen Klageverzicht erklärt, kann diese Erklärung erst nach Ablauf der einmonatigen Klagefrist abgegeben werden. In der Praxis erfolgt jedoch häufig eine Anmeldung vor Ablauf der Klagefrist mit dem Versprechen, die sogenannte **Negativerklärung** nachzureichen. Dagegen bestehen keine Bedenken, da eine Eintragung des Formwechsels erst nach Eingang der Negativerklärung vorgenommen werden darf. Der Anmeldung sind als **Anlagen** beizufügen:

---

47) Dazu oben *Zimmermann*, Rz. 102 ff.
48) Vgl. das Muster eines Gründungsprüfungsberichts des Vorstands und des Aufsichtsrats bei *Kiem*, Umwandlungsverträge, Rz. 122.
49) Dazu im einzelnen *Kiem*, Umwandlungsverträge, Rz. 342.
50) *Vossius*, in: Widmann/Mayer, Formwechsel Rz. 302.
51) Gemäß § 198 Abs. 3, § 16 Abs. 2 Satz 1 UmwG; siehe dazu *Kiem*, AG 1992, 430; *ders.*, in: RWS-Forum 10, S. 105 ff; *ders.*, Umwandlungsverträge, Rz. 174; *Decher*, AG 1997, 388; *Lutter/Decher*, UmwG, § 198 Rz. 25; *Dehmer*, § 16 UmwG Rz. 17 ff; *Kallmeyer/Marsch-Barner*, UmwG, § 16 Rz. 22 ff.

- Niederschrift des Umwandlungsbeschlusses einschließlich Neufassung der Gesellschaftssatzung;
- Zustimmungserklärungen einzelner GmbH-Gesellschafter (falls erforderlich);
- Umwandlungsbericht oder die entsprechenden Verzichtserklärungen der Gesellschafter;
- Nachweis über die fristgerechte Zuleitung des Beschlußentwurfes an den Betriebsrat (oder Versicherung, daß ein Betriebsrat nicht besteht);
- eventuell erforderliche staatliche Genehmigungen;
- Namenszeichnung der Vorstandsmitglieder sowie Versicherung gemäß § 76 Abs. 3 Satz 3 AktG;
- Gründungsbericht gemäß § 32 AktG;
- Gründungsprüfungsbericht des Vorstands und des Aufsichtsrats (§ 33 Abs. 1 AktG);
- Gründungsprüfungsbericht der Gründungsprüfer (§ 33 Abs. 2, § 34 Abs. 2 AktG);
- Aufsichtsratsbeschluß zur Vorstandsbestellung;
- Berechnung des Gründungsaufwands;
- Nachweis über die Bestellung der Mitglieder des Aufsichtsrats (Protokoll der Gesellschafterversammlung).

Daneben empfiehlt sich bei einem einmütig beschlossenen Formwechsel die Einreichung von Verzichtserklärungen für das Barabfindungsangebot und die Klageerhebung. Anzumelden sind auch alle sonstigen Rechtsverhältnisse der Gesellschaft, beispielsweise die Erteilung von Prokuren etc.[52]

b) Bekanntmachung der Eintragung des Formwechsels

Gemäß § 201 UmwG hat das zuständige Registergericht die Eintragung des Formwechsels im Bundesanzeiger sowie einem anderen Blatt bekanntzumachen. **252**

c) Überwindung der Registersperre

Wurde gegen den Umwandlungsbeschluß Anfechtungsklage erhoben, kann eine Eintragung der Umwandlung – und damit deren Wirksamwerden – erst **253**

---

52) Vgl. zum Muster einer Handelsregisteranmeldung *Kiem*, Umwandlungsverträge, Rz. 123.

nach Abschluß des Klageverfahrens erfolgen. Ausnahmsweise kann diese „Registersperre" jedoch durch ein Beschlußverfahren gemäß § 16 Abs. 3 UmwG überwunden werden.[53]

5. Wirkungen des Formwechsels
a) Wirksamwerden mit Handelsregistereintragung

254 Der Formwechsel wird mit der Eintragung in das Handelsregister wirksam (§ 202 UmwG). Gemäß § 247 Abs. 1 UmwG wird das bisherige Stammkapital der GmbH zum Grundkapital der kleinen AG. Die **Bestellung der GmbH-Geschäftsführer** erlischt. Häufig werden sie jedoch zuvor bereits zu Vorstandsmitgliedern der neuen AG bestellt worden sein. Die **Dienstverträge** der ehemaligen GmbH-Geschäftsführer bleiben vom Formwechsel unberührt; sie sind entweder aus wichtigem Grund zu kündigen oder aber, falls eine Bestellung zum Vorstandsmitglied erfolgt ist, entsprechend anzupassen.

b) Umtausch von Anteilen

255 Die ehemaligen GmbH-Anteile sind nach den im Umwandlungsbeschluß getroffenen Regelungen in Aktien der Gesellschaft umzutauschen (§ 248 Abs. 1 UmwG). Da GmbH-Anteile in aller Regel nicht verkörpert sind, hat man sich darunter keinen körperlichen Tausch der GmbH-Anteile gegen Aktienzertifikate vorzustellen. Vielmehr erfolgt regelmäßig nur die Ausgabe der Aktienzertifikate an den materiell Berechtigten. Nach der Neufassung des § 10 Abs. 5 AktG durch das KonTraG besteht aber auch die Möglichkeit, den Anspruch des Aktionärs auf Verbriefung seines Anteils in der Satzung auszuschließen.[54]

---

53) Vgl. dazu aus der Rechtsprechung OLG Frankfurt/M., Beschl. v. 17. 2. 1998 – 5 W 32/97, WM 1999, 386, 387, dazu EWiR 1998, 665 *(Bayer)*; OLG Frankfurt/M., Beschl. v. 9. 6. 1997 – 10 W 12/97, ZIP 1997, 1291 f – Chemische Werke Brockhues, dazu EWiR 1997, 1039 *(Kiem)*; OLG Frankfurt/M., Beschl. v. 22. 12. 1995 – 5 W 42 u. 43/95, ZIP 1996, 379 = WM 1996, 534 – Frankfurter Hypothekenbank, dazu EWiR 1996, 187 *(Bork)*; OLG Stuttgart, Beschl. v. 17. 12. 1996 – 12 W 44/96, ZIP 1997, 75 = WiB 1997, 919 – Kolbenschmidt, m. Anm. *Trölitzsch*, dazu auch *Bork*, EWiR 1997, 131; LG Hanau, Beschl. v. 5. 10. 1995 – 5 O 183/95, ZIP 1995, 1820 – Schwab/Otto, dazu EWiR 1995, 1219 *(Bayer)*. Aus dem Schrifttum siehe *Lutter/Bork*, UmwG, § 16 Rz. 1 ff; *Kallmeyer/Zimmermann*, UmwG, § 16 Rz. 1 ff; *Bermel*, in: Goutier/Knopf/Tulloch, § 16 UmwG Rz. 1 ff; *Kiem*, in: RWS-Forum 10, S. 105, 108 ff; *ders.*, AG 1992, 430; *Veil*, ZIP 1996, 1065; *Decher*, AG 1997, 388; *Riegger/Schockenhoff*, ZIP 1997, 2105; *Schmid*, ZGR 1997, 493; *Bayer*, ZGR 1995, 613; *Timm*, ZGR 1996, 247, 257 ff.

54) *Seibert*, DB 1999, 267.

6. Gläubigerschutz

Gemäß §§ 204, 22 UmwG sind die Gläubiger des formwechselnden Rechtsträgers berechtigt, binnen **sechs Monaten** nach dem Wirksamwerden des Formwechsels durch Eintragung in das Handelsregister die **Leistung einer Sicherheit** zu verlangen. Dies gilt allerdings nur, wenn sie glaubhaft machen können, daß durch den Formwechsel die Erfüllung ihrer Forderung gefährdet wird.[55] Dies ist jedenfalls bei einem Formwechsel von einer GmbH in eine AG kaum anzunehmen, da die Aktiengesellschaft strengeren Kapitalaufbringungsvorschriften unterliegt.

256

7. Inanspruchnahme des Barabfindungsangebots

a) Annahme des Barabfindungsangebots

Diejenigen Anteilsinhaber, die gegen den Umwandlungsbeschluß Widerspruch zu Protokoll erklärt haben, sind berechtigt, das Barabfindungsangebot anzunehmen. Ihnen steht insoweit ein **Wahlrecht** zu. Dies bedeutet, daß sie trotz des Widerspruchs in der Gesellschaft verbleiben können. Wählen sie statt dessen das Barabfindungsangebot, scheiden sie aus der Gesellschaft aus. Die Annahme des Angebots ist gemäß § 209 Satz 1 UmwG binnen zwei Monaten nach der Bekanntmachung der Registereintragung des Formwechsels im Bundesanzeiger und einem anderen Bekanntmachungsblatt zu erklären. Die Anteile des ausscheidenden Anteilsinhabers werden von der Gesellschaft und nicht etwa von den anderen Anteilsinhabern übernommen. Die Gesellschaft hält damit sogenannte **eigene Anteile**. Diese sind gemäß § 71c AktG von der Aktiengesellschaft zu veräußern, wenn der Gesamtbetrag der eigenen Aktien 10 % des Grundkapitals übersteigt. Die Aktiengesellschaft ist frei, diese Anteile an ihre Aktionäre oder an Dritte zu veräußern, muß dabei jedoch den Gleichbehandlungsgrundsatz beachten. Sie darf also nicht einzelne Aktionäre bevorzugen.

257

b) Spruchstellenverfahren

Gemäß § 212 UmwG kann ein Anteilsinhaber die Angemessenheit der angebotenen Barabfindung gerichtlich überprüfen lassen. Für das sogenannte Spruchstellenverfahren gelten die §§ 305 ff UmwG. Das zuständige Gericht setzt dann die **angemessene Barabfindung** fest, falls die angebotene Barabfindung zu niedrig bemessen gewesen sein sollte.

258

---

[55] *Ihrig*, GmbHR 1995, 622; *Lutter/Grunewald*, UmwG, § 22 Rz. 11 f; *Dehmer*, § 22 UmwG Rz. 13; *Kallmeyer/Marsch-Barner*, UmwG, § 22 Rz. 7 f; *Trölitzsch*, WiB 1997, 795, 798.

C. Umwandlung in die kleine AG

8. Kosten des Formwechsels

259 Eine in der Praxis häufig gestellte Frage betrifft die bei der Durchführung eines Formwechsels anfallenden Kosten. Zu trennen ist hier zwischen den Notar- und Gerichtsgebühren einerseits und dem Beratungs- und Prüfungsaufwand andererseits.

260 Die **Notar- und Gerichtsgebühren** richten sich im wesentlichen nach dem Geschäftswert (§ 30 Abs. 1 KostO), der aber nach den Vorschriften der Kostenordnung nur bis zu einer Höchstgrenze von 1 Mio. DM für die Berechnung der Gebühren berücksichtigt wird (§ 26 Abs. 4, § 27 KostO). Für die Beurkundung des Umwandlungsbeschlusses ist eine Gebühr von maximal 10 000 DM zu entrichten (§ 141, § 47 Satz 2 KostO). Die Kosten für die notarielle Beurkundung der Anmeldung des Formwechsels zum Handelsregister belaufen sich auf ca. 1 000 DM (§§ 141, 38 Abs. 2 Nr. 7, § 39 Abs. 4 KostO). Die Kosten für die Eintragung des Formwechsels im Handelsregister betragen ca. 2 000 DM (§ 79 Abs. 1 KostO). Außerdem sind die Kosten für die Bekanntmachung im Bundesanzeiger hinzuzurechnen, die sich zur Zeit auf 1,38 DM bis 1,84 DM pro Zeile belaufen.

261 **Beispiel**: Bei dem Formwechsel einer GmbH mit einem Stammkapital von 100 000 DM und 500 000 DM Aktiva fallen folgende Gerichts-, Notar- und Prüfungsgebühren an:

Beurkundung des Umwandlungsbeschlusses:
Geschäftswert: 500 000 DM (§ 27 Abs. 2 KostO)
20/10-Gebühr (§ 47 KostO)   1 720 DM

Unterschriftsbeglaubigung der Handelsregisteranmeldung:
Geschäftswert: 1 % des Stammkapitals,
mindestens 50 000 DM (§ 26 Abs. 4 Nr. 1 KostO)
1/4-Gebühr (höchstens 250 DM, § 45 KostO)   40 DM

Notarielle Beurkundung der Handelsregisteranmeldung:
Geschäftswert: 1 % des Stammkapitals,
mindestens 50 000 DM (§ 26 Abs. 4 Nr. 1 KostO)
5/10-Gebühr (§ 38 Abs. 2 Nr. 7 KostO)   80 DM

Handelsregistereintragung:
Geschäftswert: 1 % des Stammkapitals,
mindestens 50 000 DM (§ 26 Abs. 4 Nr. 1 KostO)
10/10-Gebühr (§ 79 Abs. 1 KostO)   160 DM

Bestellung des Gründungsprüfers:
Geschäftswert: 1 % des Stammkapitals,
mindestens 50 000 DM (§ 26 Abs. 4 Nr. 1 KostO)
20/10-Gebühr (§ 121 KostO)   320 DM
Gesamt   2 320 DM

Bei den Notar- und Prüfungsgebühren kommen Umsatzsteuer und Auslagen hinzu (§§ 151a, 152 KostO).

Die Kosten für den **Beratungs- und Prüfungsaufwand** hängen ganz entscheidend vom Einzelfall ab. Hier ist es äußerst schwierig, einen Kostenrahmen zu nennen. Je komplexer die Verhältnisse im Einzelfall sind, desto höher ist der Beratungs- und Prüfungsaufwand zu veranschlagen. Schließlich sind die Kosten, die sich durch den Formwechsel unmittelbar ergeben, zu berücksichtigen. Dies sind beispielsweise die Kosten für die Benachrichtigung der Geschäftskunden über die neue Rechtsform sowie für den Druck neuen Geschäftspapiers etc. (zu den steuerlichen Folgen des Formwechsels unten Rz. 305 ff). 262

III. Formwechsel von der Personenhandelsgesellschaft in die kleine AG

Der Formwechsel einer Personenhandelsgesellschaft (OHG, KG) folgt im wesentlichen den beim Formwechsel der GmbH in die kleine AG beschriebenen Verfahren. Nachfolgend sollen daher nur die rechtsformbedingten Abweichungen näher dargestellt werden. 263

Das Umwandlungsgesetz sieht bei einem Formwechsel einer Personenhandelsgesellschaft in eine Kapitalgesellschaft keine wesentlichen Einschränkungen vor. Jedoch bestimmt § 214 Abs. 2 UmwG, daß eine aufgelöste Personenhandelsgesellschaft nur dann ihre Rechtsform wechseln kann, wenn nicht eine andere Art der Auseinandersetzung als die Abwicklung oder als der Formwechsel vereinbart ist. 264

1. Vorbereitung des Formwechsels

a) Erläuterungen im Umwandlungsbericht

Auch beim Formwechsel einer Personenhandelsgesellschaft in die kleine AG ist die Beschlußfassung der Gesellschafter durch die Erstattung eines Umwandlungsberichts vorzubereiten. Insoweit gelten hier grundsätzlich keine Besonderheiten. Allerdings ist mit dem Formwechsel zwischen Personen- und Kapitalgesellschaft eine **tiefgreifende Veränderung der Gesellschaftsstruktur** verbunden. Die im Gesetz angelegte Eigengeschäftsführung der Gesell- 265 schafter einer Personenhandelsgesellschaft ist bei der Aktiengesellschaft auf den Vorstand verlagert. Dieser muß nicht aus dem Kreis der Aktionäre besetzt werden, es gilt also der Grundsatz der Fremdgeschäftsführung. Der Vorstand leitet die Geschäfte der AG in eigener Verantwortung (§ 76 Abs. 1 AktG). Die Teilhabe der Gesellschafter an den Entscheidungen der Gesellschaft findet bei der AG allein in der förmlichen Hauptversammlung statt. Den Gesellschaftern und der Geschäftsführung (Vorstand) ist ein eigenständiges Kontrollorgan – der Aufsichtsrat – zwischengeschaltet. Nicht zuletzt ändern sich durch den Formwechsel von der Personengesellschaft in eine kleine AG auch die steuerlichen Rahmendaten für die Anteilsinhaber. Diese mit dem Formwechsel verbundenen Änderungen sind im Umwandlungsbericht, wenn auch in geraffter Form, anzusprechen.

b) Vermögensaufstellung

266 Anders als bei einem Formwechsel von der GmbH in die kleine AG ist dem Umwandlungsbericht eine Vermögensaufstellung beizufügen. In ihr sind die Gegenstände und Verbindlichkeiten der Gesellschaft mit dem wirklichen Wert anzusetzen, der ihnen am Tage der Erstellung des Berichts beizulegen ist (§ 192 Abs. 2 Satz 1 UmwG). Die Vermögensbilanz dient der Unterrichtung der Anteilsinhaber über den **wirklichen Wert** (Buchwerte unter Hinzurechnung der stillen Rücklagen und der stillen Lasten) der formwechselnden Gesellschaft, damit die Anteilsinhaber auch diese Information ihrer Entscheidung zugrunde legen können.[56] Die Vermögensaufstellung ist weniger aufwendig als die Vermögensbilanz; sie ähnelt dieser aber deutlich. Die Aufstellung der Aktiva und Passiva zum wirklichen Wert wird in der Praxis zweckmäßigerweise aus der ordentlichen Bilanz abgeleitet.[57] Bei der Vermögensaufstellung hat man sich von dem Zweck leiten zu lassen, den Anteilsinhabern einen umfassenden Überblick über die **wahre Vermögenslage** der Gesellschaft zu geben.[58] Die Vermögensaufstellung ist auf den Tag der Erstattung des Umwandlungsberichts aufzustellen. Eine Prüfung durch einen Wirtschaftsprüfer ist nicht zwingend vorgeschrieben, kann sich jedoch als zweckmäßig erweisen.

---

56) Begründung zum RegE UmwG, BT-Drucks. 12/6699, S. 138, abgedruckt in: *Neye*, RWS-Dok. 17, S. 327.
57) *Schmidt-Diemitz/Moszka*, in: Münchener Vertragshandbuch, Formular XII 6 Anm. 4.
58) Zu den einzelnen Positionen der Vermögensaufstellung siehe *Laumann*, in: Goutier/Knopf/Tulloch, § 192 UmwG Rz. 18 ff; *Vossius*, in: Widmann/Mayer, Formwechsel Rz. 168 ff; *Kallmeyer/Meister/Klöcker*, UmwG, § 192 Rz. 26 ff; *Dehmer*, § 192 UmwG Rz. 17 ff; *Lutter/Decher*, UmwG, § 192 Rz. 55 ff.

III. Formwechsel von der Personenhandelsgesellschaft in die kleine AG

c) Verzicht auf die Erstattung eines Umwandlungsberichts

Wie beim Formwechsel einer GmbH in die kleine AG ist auch bei der Personenhandelsgesellschaft die Erstattung eines Umwandlungsberichts (einschließlich der Vermögensaufstellung) dann entbehrlich, wenn alle Gesellschafter auf seine Erstattung verzichten. Darüber hinaus bestimmt § 215 UmwG, daß ein Umwandlungsbericht dann nicht erforderlich ist, wenn alle Gesellschafter der formwechselnden Gesellschaft zur Geschäftsführung berechtigt sind. Das sind im gesetzlichen Regelfall bei der OHG alle Gesellschafter (§ 114 Abs. 1 HGB) und bei der KG die Komplementäre, nicht jedoch die Kommanditisten (§ 164 Satz 1 HGB). Im Gesellschaftsvertrag kann die Berechtigung zur Geschäftsführung allerdings abweichend geregelt sein. So können Gesellschafter einer OHG von der Geschäftsführung ausgeschlossen sein. Umgekehrt kann Kommanditisten das Recht zur Geschäftsführung eingeräumt werden. Nur wenn alle Gesellschafter zur Geschäftsführung berechtigt sind, ist der Umwandlungsbericht einschließlich der Vermögensaufstellung unabhängig von einem Verzicht der Gesellschafter entbehrlich.

267

d) Zuleitung an den Betriebsrat

Auch wenn die Erstattung eines Umwandlungsberichts einschließlich einer Vermögensaufstellung nicht erforderlich ist, ist dem Betriebsrat der Entwurf des Umwandlungsbeschlusses innerhalb der Monatsfrist zuzuleiten. Insoweit gelten wiederum keine Besonderheiten gegenüber dem Formwechsel von der GmbH in die kleine AG. Jedoch führt der Formwechsel von der Personenhandelsgesellschaft in eine kleine AG zur Anwendung der Vorschriften zur **Unternehmensmitbestimmung**, falls nicht die Gesellschaft regelmäßig weniger als 500 Mitarbeiter beschäftigt (vgl. § 76 Abs. 1, 6 BetrVG 1952 bzw. § 1 Abs. 1 Nr. 1 MitbestG). Auf die mit dem Formwechsel eintretende Unternehmensmitbestimmung ist im Entwurf des Umwandlungsbeschlusses hinzuweisen.

268

e) Unterrichtung der Gesellschafter

Allen von der Geschäftsführung ausgeschlossenen Gesellschaftern ist spätestens zusammen mit der Einberufung zur Gesellschafterversammlung, die über den Formwechsel beschließen soll, der Gegenstand der Beschlußfassung schriftlich anzukündigen und, falls erforderlich, der Umwandlungsbericht und das Abfindungsangebot zu übersenden.

269

C. Umwandlung in die kleine AG

2. Umwandlungsbeschluß

a) Mehrheitserfordernisse

270 Auch bei der Personenhandelsgesellschaft bedarf der Formwechsel eines Umwandlungsbeschlusses der Gesellschafter. Dabei trägt das Umwandlungsgesetz aber dem Umstand Rechnung, daß im gesetzlichen Regelfall bei der OHG und der KG Gesellschafterbeschlüsse einstimmig zu fassen sind. Deshalb ist gemäß § 217 Abs. 1 Satz 1 UmwG grundsätzlich die Zustimmung aller Gesellschafter erforderlich. Dies gilt jedoch nicht, wenn der Gesellschaftsvertrag der formwechselnden Gesellschaft eine Mehrheitsentscheidung der Gesellschafter vorsieht (§ 217 Abs. 1 Satz 2 UmwG). Dann kann der Umwandlungsbeschluß mit der im Gesellschaftsvertrag vorgesehenen Mehrheit, mindestens jedoch mit 3/4 der Stimmen der Gesellschafter gefaßt werden (§ 217 Abs. 1 Satz 3 UmwG). Hierbei ist zu beachten, daß Mehrheitsbeschlüsse bei Personenhandelsgesellschaften nach dem sogenannten **Bestimmtheitsgrundsatz** nur dann zulässig sind, wenn der jeweilige Beschlußgegenstand im Gesellschaftsvertrag hinreichend bestimmt ist. Damit ist gewährleistet, daß der Gesellschafter einer Personengesellschaft vor Überraschungsentscheidungen geschützt ist.

b) Mehrheitsbestimmungen in Gesellschaftsverträgen

271 Allerdings entsteht in der Praxis oft das Problem, daß die Gesellschaftsverträge nicht ausdrücklich die Mehrheitsentscheidung für Umwandlungen nach dem neuen Umwandlungsgesetz zulassen. Dies erklärt sich ganz einfach dadurch, daß die meisten Gesellschaftsverträge vor dem Wirksamwerden des Umwandlungsgesetzes abgefaßt wurden. Hier ist im Zweifelsfall ein strenger Maßstab anzulegen, wann eine Mehrheitsentscheidung zulässig ist, obwohl im Gesellschaftsvertrag nicht der genaue Rechtsterminus des Umwandlungsgesetzes genannt ist. Dies wird beispielsweise dann der Fall sein, wenn nach dem Gesellschaftsvertrag eine Mehrheitsentscheidung für eine sogenannte übertragende Umwandlung nach dem alten Umwandlungsgesetz zulässig war.[59]

---

[59] *Vossius*, in: Widmann/Mayer, § 217 UmwG Rz. 76 f; *H. Schmidt*, in: Festschrift Brandner, S. 133, 145 ff; vgl. insoweit zum früheren Recht: OLG Düsseldorf, Urt. v. 10.2.1998 – 24 U 27/97, NZG 1998, 431 f.

III. Formwechsel von der Personenhandelsgesellschaft in die kleine AG

c) **Notarielle Beurkundung/Wahl des Aufsichtsrats und des Abschlußprüfers**

Der Umwandlungsbeschluß bedarf der notariellen Beurkundung. Gemäß 272 § 217 Abs. 2 UmwG sind bei einer Mehrheitsentscheidung die Gesellschafter, die für den Formwechsel gestimmt haben, in der Niederschrift über den Umwandlungsbeschluß namentlich aufzuführen. Die namentliche Nennung ist deswegen erforderlich, weil gemäß § 219 UmwG die Gesellschafter, die dem Formwechsel zugestimmt haben, der **Gründerverantwortlichkeit** unterliegen. Hinsichtlich des Inhalts des Umwandlungsbeschlusses und der sonstigen Formalitäten gelten gegenüber dem Formwechsel der GmbH in die kleine AG keine Besonderheiten. Hinzuweisen ist jedoch auf die notwendige Wahl des künftigen Aufsichtsrats.[60] Bei einer der Mitbestimmung unterliegenden kleinen AG bezieht sich dies nur auf die Aufsichtsratsmitglieder der Kapitaleignerseite. Die Arbeitnehmervertreter sind von der Belegschaft zu wählen. Der neue Aufsichtsrat bestellt den künftigen Vorstand der kleinen AG. Außerdem ist von den Gesellschaftern mit dem Umwandlungsbeschluß stets ein Abschlußprüfer für das erste Geschäftsjahr zu wählen (§ 220 Abs. 3 Satz 1 i. V. m. § 33 Abs. 2 Nr. 4 AktG).[61]

3. **Besonderheiten bei der Anwendung des Gründungsrechts und der Anmeldung des Formwechsels zum Handelsregister**

a) **Kapitalaufbringung**

Grundsätzlich gilt hinsichtlich der Beachtung des aktienrechtlichen Grün- 273 dungsrechts und der Anmeldung des Formwechsels zum Handelsregister das bereits zum Formwechsel bei der GmbH (oben Rz. 247 ff) Ausgeführte entsprechend. Allerdings ergeben sich aus der Rechtsform der Personenhandelsgesellschaft einige Besonderheiten. Anders als bei der GmbH, bei der gemäß § 247 Abs. 1 UmwG das bisherige Stammkapital zwingend zum Grundkapital der kleinen AG wird, sind die Gesellschafter einer Personenhandelsgesellschaft bei einem Formwechsel in die kleine AG frei, die Höhe des Grundkapitals festzusetzen. Dabei sind jedoch die Kapitalaufbringungsvorschriften des Aktienrechts zu beachten. Das Reinvermögen der formwechselnden Gesellschaft muß also das Grundkapital der künftigen AG abdecken (§ 220 Abs. 1 UmwG). Die sonstigen Formalitäten des aktienrechtlichen Gründungsrechts

---

60) Dazu *Joost*, in: Festschrift Claussen, S. 187.
61) Zur Unabdingbarkeit des Prüfungserfordernisses beim Formwechsel in die kleine AG siehe *Lutter/Joost*, UmwG, § 220 Rz. 27; *Dehmer*, § 220 UmwG Rz. 15; *Kallmeyer/Dirksen*, UmwG, § 220 Rz. 15; *Laumann*, in: Goutier/Knopf/Tulloch, § 220 UmwG Rz. 30.

(Sachgründungsbericht und Gründungsprüfung) sind, wie bei der GmbH ausführlich dargestellt, ebenfalls zu beachten.

b) Handelsregisteranmeldung

274 Die Anmeldung des Formwechsels zum Handelsregister erfolgt gemäß § 222 Abs. 1 Satz 1 UmwG abweichend von den Bestimmungen zum Formwechsel einer GmbH nicht durch die geschäftsführenden Gesellschafter, sondern durch den künftigen Vorstand und den Aufsichtsrat. Außerdem müssen alle Gesellschafter, die dem Formwechsel zugestimmt haben, die Anmeldung vornehmen (§ 222 Abs. 2 UmwG).

c) Prüfung des Abfindungsangebotes

275 Anders als bei einem Formwechsel der GmbH ist bei einem Formwechsel einer Personenhandelsgesellschaft das Abfindungsangebot nur auf ausdrückliches Verlangen eines Gesellschafters zu prüfen (§ 225 Satz 1 UmwG).

4. Wirkungen des Formwechsels/Nachhaftung

276 Zu den Wirkungen des Formwechsels kann auf das bei der GmbH Ausgeführte verwiesen werden. Gleiches gilt hinsichtlich des Gläubigerschutzes mit einer wesentlichen Ausnahme. Die **persönlich haftenden Gesellschafter** der formwechselnden Personenhandelsgesellschaft **haften den Gesellschaftsgläubigern weiter**. Allerdings ist entsprechend der Regelung in § 160 HGB für das Ausscheiden eines persönlich haftenden Gesellschafters die **Haftung auf einen Fünfjahreszeitraum begrenzt** (Nachhaftung). Die Fünfjahresfrist beginnt mit der Bekanntmachung des Formwechsels im Bundesanzeiger (§ 224 Abs. 3 UmwG).

IV. Besonderheiten bei der GmbH & Co. KG

1. Beteiligung der Komplementär-GmbH

277 Grundsätzlich finden auf den Formwechsel einer GmbH & Co. KG in eine kleine AG die Regeln über den Formwechsel einer Personenhandelsgesellschaft Anwendung. Der Formwechsel aus der GmbH & Co. KG in eine kleine AG ist also zulässig. Aufgrund der spezifischen Ausgestaltung der GmbH & Co. KG treten jedoch häufig einige Sonderfragen auf. Diese ergeben sich daraus, daß die Komplementär-GmbH regelmäßig nicht am Gesellschaftsvermögen der KG beteiligt ist. Hier stellt sich die Frage, in welcher Höhe die Komplementär-GmbH an der kleinen AG zu beteiligen ist. Auch entfällt durch die

Umwandlung in aller Regel das Bedürfnis nach einer Aufrechterhaltung der Komplementär-GmbH, denn das Problem der Haftungsbeschränkung stellt sich nach dem Formwechsel in die kleine AG nicht mehr.

2. Ausscheiden der Komplementär-GmbH

Soll die Komplementär-GmbH mit dem Wirksamwerden des Formwechsels **278** aus der Gesellschaft ausscheiden, so ist im Umwandlungsbeschluß festzulegen, daß ihr keine Beteiligung an der kleinen AG zustehen soll. Vorsorglich ist die Zustimmungserklärung der Komplementär-GmbH zum Ausscheiden aus der Gesellschaft notariell zu beurkunden. Zu beachten ist, daß die Komplementär-GmbH nicht vor dem Wirksamwerden des Formwechsels aus der Gesellschaft ausscheiden kann, da ansonsten ein anderer persönlich haftender Gesellschafter zur Verfügung stehen müßte. Das Ausscheiden der Komplementär-GmbH mit dem Wirksamwerden des Formwechsels wird rechtstechnisch durch einen auf diesen Zeitpunkt **aufschiebend bedingten Austritt** der GmbH erreicht.[62] Mit dem Ausscheiden der Komplementär-GmbH läuft die Nachhaftungsfrist gemäß § 224 Abs. 3 UmwG.

3. Nachfolgende Verschmelzung der Komplementär-GmbH

Da die bisherige Komplementär-GmbH mit ihrem Ausscheiden ihren Unter- **279** nehmensgegenstand – die Führung der Geschäfte der KG – verliert, ist rechtstechnisch die Satzung anzupassen. Praktisch stellt sich die Frage, was mit der GmbH geschehen soll. Als pragmatische Lösung bietet sich die dem Wirksamwerden des Formwechsels **nachfolgende Verschmelzung** der GmbH auf die kleine AG an. Damit wird eine förmliche Liquidation der ehemaligen Komplementär-GmbH vermieden.

V. Sonstige Umwandlungsvorgänge in die kleine AG

Die Rechtsform der kleinen AG läßt sich auch ohne Durchführung eines **280** Formwechsels mit Hilfe der sonstigen im Umwandlungsgesetz geregelten Umwandlungsvorgänge erreichen. Der Formwechsel ist dadurch gekennzeichnet, daß Gesellschafterbestand und Gesellschaftsvermögen durch die Umwandlung grundsätzlich unangetastet bleiben. Die Gesellschaft wird in der neuen Rechtsform fortgeführt. Demgegenüber ist auch denkbar, daß zwei (oder auch mehre-

---

[62] Vgl. *Karsten Schmidt*, GmbHR 1995, 693, 696; *Kallmeyer*, GmbHR 1995, 888, 889 f; *ders.*, GmbHR 1996, 80 ff; anders *Mayer*, in: Widmann/Mayer (10/81), § 41 UmwG Rz. 755.4; *Staub/Schilling*, HGB, § 177 Rz. 26.

re) bereits bestehende Gesellschaften ohne vorherige Abwicklung in eine neu gegründete kleine AG zusammengeführt werden (Verschmelzung) oder daß von einer bestehenden Gesellschaft ein abgrenzbarer Bereich auf eine kleine AG übertragen wird (Spaltung). Soll hingegen lediglich ein bestehendes Unternehmen in die Rechtsform der kleinen AG übergehen, bietet sich der oben dargestellte Formwechsel an.

281 Grundsätzlich stehen sich die einzelnen Umwandlungsarten gleichberechtigt gegenüber. Auch die zu erfüllenden Voraussetzungen sind grundsätzlich gleichgelagert. Daher ist jeweils im Einzelfall zu entscheiden, welche Umwandlungsform zu den gewünschten Ergebnissen führt.

1. Verschmelzung

282 Eine Verschmelzung wird sich beispielsweise dann anbieten, wenn bisher getrennte Unternehmensbereiche in einer kleinen AG zusammengeführt werden sollen. Sie kommt aber auch in Betracht, wenn bei Bestehen mehrerer GmbHs der Formwechsel einer einzelnen GmbH daran scheitert, daß deren Stammkapital weniger als 50 000 Euro beträgt.[63]

a) Definition

283 Das Umwandlungsgesetz definiert die Verschmelzung als Übertragung des Vermögens eines oder mehrerer Rechtsträger als Ganzes auf einen anderen Rechtsträger gegen Gewährung von Anteilen des übernehmenden Rechtsträgers an die Anteilsinhaber des übertragenden Rechtsträgers (§ 2 UmwG). Dabei sind zwei Arten der Verschmelzung zu unterscheiden: zum einen die **Verschmelzung durch Aufnahme** (§ 2 Nr. 1 UmwG) und zum anderen die **Verschmelzung durch Neugründung** (§ 2 Nr. 2 UmwG). Der wesentliche Unterschied zwischen diesen beiden Verschmelzungsarten liegt darin, daß im Fall der Aufnahme die Verschmelzung auf einen bereits bestehenden Rechtsträger erfolgt, während bei der Neugründung im Rahmen der Verschmelzung ein neuer Rechtsträger gegründet wird. Bezogen auf die hier interessierende Zielrechtsform der kleinen AG bedeutet dies, daß eine Verschmelzung durch Aufnahme nur dann in Betracht kommt, wenn eine der beteiligten Gesellschaften bereits die Rechtsform der kleinen AG hat. Ist dies nicht der Fall, wäre zuvor ein Formwechsel (gegebenenfalls auch kombiniert mit der Verschmelzung) durchzuführen.

---

[63] Vgl. zur Kapitalerhöhung für die Durchführung der Verschmelzung von Schwestergesellschaften im Konzern: *Baumann*, BB 1998, 2321.

b) Wechsel der Gesellschafter/Umtauschverhältnis

Während bei einem Formwechsel der Gesellschafterkreis in aller Regel in der alten und der neuen Rechtsform identisch ist, führt eine Verschmelzung nur dann nicht zu einer veränderten Zusammensetzung des Gesellschafterkreises, wenn die Gesellschafter gleichmäßig an allen an der Verschmelzung teilnehmenden Gesellschaften beteiligt sind. Dies liegt daran, daß den Gesellschaftern der übertragenden Gesellschaft Anteile an der aufnehmenden Gesellschaft zu gewähren sind.[64] Diese Anteile sind regelmäßig im Wege der Kapitalerhöhung zu schaffen. Daher kommt der richtigen Bemessung des Umtauschverhältnisses bei einer Verschmelzung entscheidende Bedeutung zu. Die Gesellschafter der übertragenden Gesellschaft A, die in der Folge der Verschmelzung untergeht, werden Gesellschafter der aufnehmenden Gesellschaft B. Nach Vollzug der Verschmelzung sind an der Gesellschaft B sowohl die ehemaligen Gesellschafter der Gesellschaft A als auch die Altgesellschafter der Gesellschaft B beteiligt.

284

c) Verschmelzungsvertrag

Auch die Verschmelzung gliedert sich in die Phase der Vorbereitung, der Beschlußfassung und der Durchführung. Insoweit ist auf die Ausführungen zum Formwechsel zu verweisen. Unterschiede gegenüber der Durchführung eines Formwechsels ergeben sich jedoch insbesondere daraus, daß an einer Verschmelzung mehrere Gesellschaften – in der Terminologie des Gesetzgebers: Rechtsträger – beteiligt sind. Während bei dem Formwechsel der wesentliche Inhalt der neuen Gesellschaft im Umwandlungsbeschluß festgelegt wird, wird bei einer Verschmelzung ein **förmlicher Verschmelzungsvertrag** zwischen übertragender und aufnehmender Gesellschaft geschlossen (§§ 4, 5 UmwG). Der Mindestinhalt des Verschmelzungsvertrages ergibt sich aus § 5 UmwG.[65] Die Mindestangaben entsprechen im wesentlichen denen, die der Umwandlungsbeschluß bei einem Formwechsel enthalten muß. Auch insoweit kann auf die Ausführungen zum Formwechsel verwiesen werden (oben Rz. 216 ff).[66] Der Verschmelzungsvertrag ist notariell zu beurkunden (§ 6 UmwG).

285

---

64) Vgl. hierzu *Ihrig*, ZHR 160 (1996), 317 ff.
65) Vgl. OLG Frankfurt/M., Beschl. v. 10. 3. 1998 – 20 W 60/98, ZIP 1998, 1191 = WM 1999, 322 f, dazu EWiR 1998, 517 *(Neye)*.
66) Zum Mindestinhalt eines Verschmelzungsvertrages siehe auch *Kiem*, Umwandlungsverträge, Rz. 12 ff.

d) Schlußbilanz

286 Wichtig ist bei der Verschmelzung zunächst die Aufstellung einer Schlußbilanz der jeweiligen übertragenden Gesellschaft. Die Angaben in der Schlußbilanz bilden den bilanziellen Anknüpfungspunkt für die Fortführung des eingeschmolzenen Geschäftsbetriebes in der aufnehmenden Gesellschaft.[67] Als Schlußbilanz kann der jeweilige Jahresabschluß dienen. Allerdings darf der Bilanzstichtag bei der Anmeldung der Verschmelzung nicht länger als acht Monate zurückliegen (§ 17 Abs. 2 Satz 4 UmwG). Angesichts der mit der Aufstellung einer Bilanz verbundenen Kosten kommt dieser Frist entscheidende Bedeutung bei der Terminplanung für eine Verschmelzung zu.[68]

e) Verschmelzungsbericht

287 Anstatt eines Umwandlungsberichts hat grundsätzlich jeder an der Verschmelzung beteiligte Rechtsträger einen Verschmelzungsbericht zu erstatten (§ 8 UmwG). Allerdings kann auch ein gemeinsamer Verschmelzungsbericht erstattet werden (§ 8 Abs. 1 Satz 1 Halbs. 2 UmwG). Der Inhalt des Verschmelzungsberichts entspricht im wesentlichen dem des Umwandlungsberichts bei einem Formwechsel (dazu oben Rz. 210), wobei jedoch das jeweilige Umtauschverhältnis im Vordergrund der Berichterstattung steht.[69]

f) Verschmelzungsprüfung

288 Anders als bei einem Formwechsel in die kleine AG ist bei einer Verschmelzung eine förmliche Verschmelzungsprüfung durchzuführen (§ 9 UmwG). Dazu sind Verschmelzungsprüfer zu bestellen, die die Vollständigkeit des Verschmelzungsvertrages und die Angemessenheit des Umtauschverhältnisses prüfen.[70] Auf die Durchführung einer Verschmelzungsprüfung können die Gesellschafter der beteiligten Rechtsträger jedoch einvernehmlich verzichten (§ 8 Abs. 3 UmwG).

---

67) Zum Zusammenhang zwischen der Schlußbilanz und dem Verschmelzungsstichtag siehe *Kiem*, Umwandlungsverträge, Rz. 21 f; *ders.*, ZIP 1999, 173, 179 f.

68) Vgl. KG, Beschl. v. 22. 9. 1998 – 1 W 4387/97, DB 1998, 2511, 2512, dazu EWiR 1998, 1145 *(Rottnauer)*; AG Duisburg GmbHR 1996, 372.

69) Zu den Standards bei der Erstellung eines Verschmelzungsberichts vgl. ausführlich *Lutter*, UmwG, § 8 Rz. 13 ff; *Kallmeyer/Marsch-Barner*, UmwG, § 8 Rz. 6 ff; *Schöne*, GmbHR 1995, 325, 330 f; aus der jüngeren Rechtsprechung siehe LG Essen, Urt. v. 8. 2. 1999 – 44 O 249/98, AG 1999, 329, 330 f – Thyssen/Krupp; OLG, Düsseldorf, Beschl. v. 15. 3. 1999 – 17 W 18/99, ZIP 1999, 793 – Thyssen/Krupp, dazu EWiR 1999, 1185 *(Keil)*; OLG Hamm, Beschl. v. 4. 3. 1999 – 8 W 11/99, ZIP 1999, 798 – Thyssen/Krupp, dazu EWiR 1999, 521 *(Veil)*.

70) *Lutter*, UmwG, § 9 Rz. 9 ff.

Im Fall der Verschmelzung durch Aufnahme findet keine gesonderte Grün- 289
dungsprüfung statt. Vielmehr erfolgt die Prüfung der Werthaltigkeit des im
Wege der Verschmelzung übergehenden Unternehmens nach den jeweiligen
Vorschriften der betreffenden Rechtsform über die Kapitalerhöhung gegen
Sacheinlage.

g) Auswirkungen der Verschmelzung

Mit dem Wirksamwerden der Verschmelzung gehen alle Aktiva und Passiva 290
der übertragenden Gesellschaft(en) im Wege der Gesamtrechtsnachfolge auf
die aufnehmende Gesellschaft über (§ 20 Abs. 1 Nr. 1 UmwG). Die übertragende Gesellschaft geht ohne förmliche Liquidation unter (§ 20 Abs. 1 Nr. 2
UmwG). Die Anteilsinhaber der übertragenden Gesellschaft werden Anteilsinhaber der aufnehmenden Gesellschaft (§ 20 Abs. 1 Nr. 3 UmwG). Im Falle der
Verschmelzung durch Neugründung gehen alle übertragenden Altgesellschaften ohne förmliche Abwicklung unter; das Vermögen geht durch Gesamtrechtsnachfolge auf die neu gegründete Gesellschaft über. Die Altgesellschafter werden Gesellschafter der neu gegründeten Gesellschaft.

2. Spaltung

Eine Spaltung bietet sich an, wenn nur mit einer vielleicht sehr kapitalträchti- 291
gen Betriebssparte der Gang in die kleine AG zwecks Börseneinführung ge-
plant ist. Die Spaltung ermöglicht es, einen Teil des unternehmerischen Engagements abzusondern und auf unmittelbarem Wege in eine kleine AG umzuwandeln. Eine Spaltung kann aber auch dann interessant sein, wenn nur ein
Teil der Gesellschafter den Weg in die kleine AG antreten möchte. Hier ist
denkbar, daß ein Teil des unternehmerischen Engagements in eine kleine AG
abgespalten wird und nur ein Teil der Gesellschafter die Aktien an der kleinen
AG übernimmt (sogenannte nicht verhältniswahrende Abspaltung). Die anderen Gesellschafter verbleiben in der Ausgangsgesellschaft und führen den restlichen Teil der Geschäftsaktivitäten fort.

a) Formen der Spaltung
aa) Aufspaltung

Die Spaltung gemäß §§ 123 ff UmwG ist das begriffliche Gegenstück zur Ver- 292
schmelzung. Das Umwandlungsgesetz unterscheidet grundsätzlich drei Arten
der Spaltung: Die Aufspaltung, die Abspaltung und die Ausgliederung. Bei

der Aufspaltung überträgt eine Gesellschaft ihr Vermögen auf zwei oder mehrere bereits bestehende oder neu zu gründende andere Gesellschaften. Die übertragende Gesellschaft geht mit dem Wirksamwerden der Spaltung unter. Die Gesellschafter der übertragenden Gesellschaft werden anteilig Gesellschafter der aufnehmenden Gesellschaften. Die Gesellschaft A überträgt beispielsweise ihr Vermögen je zur Hälfte auf die bereits bestehenden Gesellschaften B und C. Die Gesellschafter von A werden Gesellschafter sowohl bei B als auch bei C.

bb) Abspaltung

293 Bei der Abspaltung bleibt die übertragende Gesellschaft bestehen. Sie überträgt lediglich einen Teil ihres Vermögens auf eine oder mehrere andere – ebenfalls bereits bestehende oder noch zu gründende – Gesellschaften gegen Gewährung von Anteilen an ihre Gesellschafter (vgl. § 123 Abs. 2 UmwG).[71] Beispielsweise überträgt die Gesellschaft A einen Teil ihres Vermögens auf die Gesellschaft B. Die Gesellschafter von A sind in der Folge sowohl an der Gesellschaft A als auch an der Gesellschaft B beteiligt.[72]

cc) Ausgliederung

294 Schließlich wird bei der Ausgliederung ebenfalls nur ein Teil des Gesellschaftsvermögens auf bereits bestehende oder noch zu gründende Gesellschaften übertragen.[73] Als Gegenleistung werden jedoch keine Anteile an die Gesellschafter der übertragenden Gesellschaft gewährt, sondern an diese selbst. Die Gesellschaft A überträgt beispielsweise einen Teil ihres Vermögens auf die zu gründende Gesellschaft B. Die als Gegenleistung zu gewährenden Anteile stehen der Gesellschaft A und nicht ihren Gesellschaftern zu. Es besteht ein **Mutter-Tochter-Verhältnis** zwischen der Gesellschaft A und der Gesellschaft B. Die Ausgliederung eignet sich daher idealerweise zur Bildung eines Konzerns.[74]

---

71) Ausnahmsweise kann auch eine „Abspaltung zu Null" erfolgen, bei der keine Anteile gewährt werden, vgl. LG Konstanz, Beschl. v. 13. 2. 1998 – 1 HTH 6/97, ZIP 1998, 1226 = DB 1998, 1177 f; *Priester*, DB 1997, 560 ff.
72) Siehe zur Auf- und Abspaltung *Engelmeyer*, NWB 1996, 3997; *dies.*, AG 1996, 193.
73) *Veil*, ZIP 1998, 361; *Borges*, BB 1997, 589.
74) Zu den arbeitsrechtlichen Aspekten der Ausgliederung vgl. *Buchner*, GmbHR 1997, 377 ff und 434 ff.

b) Vermögenszuordnung

Bei der Spaltung kommt wesentliche Bedeutung der Zuordnung des abzuspaltenden Vermögens zu.[75] Diese Zuordnung erfolgt in einem Spaltungsvertrag oder -plan (§ 126 oder § 136 UmwG). Im übrigen gelten die zum Formwechsel bereits dargestellten Ausführungen im wesentlichen entsprechend.[76] **295**

c) Beteiligungsverhältnisse

Bei Auf- und Abspaltung setzen sich die Mitgliedschaften der Gesellschafter entsprechend ihrer Beteiligungsverhältnisse fort. Im Umwandlungsgesetz ist jedoch auch vorgesehen, daß eine sogenannte nicht verhältniswahrende Spaltung durchgeführt wird (§ 128 UmwG). Danach können die Gesellschafter vereinbaren, daß ihnen an den neuen Gesellschaften Anteile zugewiesen werden, die von dem Beteiligungsverhältnis in der Altgesellschaft abweichen.[77] Beispielsweise sind in der Gesellschaft A zwei Gesellschafter je zur Hälfte beteiligt. Bei einer Aufspaltung der Gesellschaft A auf die Gesellschaften B und C werden dem einen Gesellschafter nur Anteile an der Gesellschaft B und dem anderen Gesellschafter nur Anteile an der Gesellschaft C zugewiesen. Durch diese Konstruktion lassen sich Gesellschafterstämme trennen.[78] **296**

VI. Wege in die kleine AG außerhalb des Umwandlungsgesetzes

Neben den im Umwandlungsgesetz geregelten Umwandlungsvorgängen bestehen weitere Möglichkeiten, aus der bisherigen Rechtsform in die kleine AG zu gelangen. Angesichts der Vielzahl der verschiedenen Möglichkeiten, die häufig von den im Einzelfall vorzufindenden besonderen Gegebenheiten abhängen, sollen nachstehend nur die wesentlichen Übertragungsmodelle aufgezeigt werden. **297**

1. Einbringung im Wege der Einzelrechtsnachfolge

Auch nach dem Inkrafttreten des Umwandlungsgesetzes von 1995 können bestimmte Umwandlungsvorgänge außerhalb des Umwandlungsgesetzes **298**

---

75) Dazu ausführlich *Pickhardt*, DB 1999, 729.
76) Vgl. ergänzend zu den Berichtspflichten im Rahmen der Spaltung: *Engelmeyer*, BB 1998, 330, 331.
77) Vgl. LG Konstanz, Beschl. v. 13. 2. 1998 – 1 HTH 6/97, ZIP 1998, 1226 = DB 1998, 1177 f – Abspaltung zu Null; sowie *Veil*, DB 1996, 2529.
78) Vgl. hierzu *Wirth*, AG 1997, 455; *Walpert*, WiB 1996, 44.

durchgeführt werden.[79] Denkbar ist zunächst die Einbringung des bestehenden Unternehmens auf eine neu gegründete kleine AG im Wege der Einzelrechtsnachfolge. Dazu ist in einem ersten Schritt eine kleine AG zu gründen. Hier gelten die beim Formwechsel entsprechend anzuwendenden Gründungsvorschriften des Aktienrechts originär. Parallel dazu sind im Wege der Sacheinlage alle Aktiva und Passiva des bestehenden Unternehmens auf die kleine AG zu übertragen. Die Übertragung der Aktiva und Passiva im Wege der Einzelrechtsnachfolge ist jedoch häufig unpraktisch.

2. Anwachsung

299 Einen weiteren Weg in die kleine AG bietet das sogenannte Anwachsungsmodell, das sich teilweise außerhalb des Umwandlungsgesetzes vollzieht. Bei einer GmbH & Co. KG wird zunächst die Komplementär-GmbH in eine kleine AG umgewandelt. Hierzu kann auf die Ausführungen zum Formwechsel einer GmbH in eine kleine AG verwiesen werden. In einem zweiten Schritt scheiden alle Kommanditisten aus der KG aus. Mit dem Ausscheiden tritt die sogenannte Anwachsung ein. Dies bedeutet, daß das gesamte Gesellschaftsvermögen der KG ohne weiteren Zwischenschritt auf die Komplementär-AG übergeht. Der Vorteil dieser Lösung liegt in der Kostenersparnis, da der Wert der Komplementär-GmbH regelmäßig deutlich unter dem der KG liegt. Dieses Modell empfiehlt sich allerdings nur, wenn die Kommanditisten zu gleichen Teilen an der Komplementär-AG beteiligt sind. Abwandeln läßt sich das Modell dahin gehend, daß in eine GmbH & Co. KG eine neu gegründete kleine AG eintritt und in einem zweiten Schritt die Komplementär-GmbH und die Kommanditisten ausscheiden.

3. Vorgehen bei geplantem Börsengang

300 Abschließend ist zu diesen Modellen jedoch zu sagen, daß bei einem geplanten Börsengang nach Möglichkeit der direkte Weg der Umwandlung nach dem Umwandlungsgesetz beschritten werden sollte. Das Anlegerpublikum honoriert in aller Regel klar nachvollziehbare Umwandlungsvorgänge, auch wenn diese bei der Umsetzung formaufwendiger sein sollten.

---

79) Vgl. *Feddersen/Kiem*, ZIP 1994, 1078, 1079 ff; *Aha*, AG 1997, 345 ff.

VII. Wege in die kleine AG aus steuerlicher Sicht
1. Formwechsel einer GmbH in die kleine AG
a) Gesellschaftsrecht

Aus gesellschaftsrechtlicher Sicht bleiben beim Formwechsel einer Kapitalgesellschaft (GmbH) in eine andere Form der Kapitalgesellschaft (kleine AG) die formwechselnde Gesellschaft und das Gesellschaftsvermögen unverändert bestehen (oben Rz. 202). **301**

b) Steuerrecht

Die Identität des formwechselnden Rechtsträgers bleibt auch aus ertragsteuerlicher Sicht bestehen, so daß bei dem Formwechsel einer GmbH in die kleine AG keine steuerlichen Konsequenzen zu ziehen sind. Der Formwechsel in eine andere Form der Kapitalgesellschaft ist sowohl für die formwechselnde Gesellschaft als auch für deren Gesellschafter steuerneutral. Deshalb sind im Umwandlungssteuergesetz auch keine Bestimmungen enthalten, die diese Möglichkeit des Formwechsels regeln. **302**

2. Formwechsel einer Personenhandelsgesellschaft in die kleine AG
a) Unterschied zum Gesellschaftsrecht

Anders als beim Formwechsel zwischen Kapitalgesellschaften folgt das Ertragsteuerrecht beim (kreuzenden) Formwechsel von einer Personenhandelsgesellschaft in eine Kapitalgesellschaft (und umgekehrt) nicht dem Gesellschaftsrecht und ignoriert die zivilrechtliche Identität des formwechselnden Rechtsträgers, d. h. ein solcher Formwechsel wird steuerlich wie ein Rechtsträgerwechsel behandelt. **303**

b) Besteuerungsprinzip

Der Formwechsel einer Personenhandelsgesellschaft in eine Kapitalgesellschaft zieht eine Änderung des Besteuerungsprinzips nach sich: Die Gewinne einer Personenhandelsgesellschaft werden im Grundsatz auf der Ebene der Gesellschafter besteuert (ausgenommen bei der Gewerbesteuer), während nach deren Formwechsel in eine Kapitalgesellschaft die Unternehmensgewinne von der Gesellschaft selbst zu versteuern sind. Wegen des Übergangs der Besteuerung als Personengesellschaft zur Besteuerung nach dem Konzept für Kapitalgesellschaften ordnet § 25 UmwStG an, daß dieser Formwechsel nach den Vorschriften der §§ 20 ff UmwStG zu behandeln ist, d. h. wie eine Einbrin- **304** gung von Mitunternehmeranteilen in eine Kapitalgesellschaft gegen Gewährung neuer Gesellschaftsrechte betrachtet wird.

c) Steuerliche Auswirkungen für die übernehmende kleine AG
aa) Anfangsbilanz

305 Die übernehmende kleine AG hat auf den steuerlichen Übertragungsstichtag eine Anfangsbilanz aufzustellen, weil es sich aus steuerlicher Sicht um die Neugründung einer AG handelt.

bb) Bewertungswahlrecht

306 Das Bewertungswahlrecht für die eingebrachten Wirtschaftsgüter steht nicht der formwechselnden Personenhandelsgesellschaft zu, sondern der übernehmenden Kapitalgesellschaft.

cc) Buchwertansatz

307 Die übernehmende AG darf das eingebrachte Vermögen der Personenhandelsgesellschaft im Falle des Formwechsels aber nur mit dem Buchwert[80] ansetzen. Aus handelsrechtlicher Sicht fehlt es insoweit an einer Aufstockungsmöglichkeit; § 24 UmwG ist beim Formwechsel nicht anwendbar, weil kein Vermögensübergang stattfindet. Der Ansatz zu Teilwerten oder Zwischenwerten ist beim Formwechsel also nicht möglich. Die Beschränkung des Ansatzes auf den Buchwert hat aber in den meisten Fällen keine negativen steuerlichen Folgen. Die Buchwertfortführung wird vielmehr häufig die steuerlich günstigste Alternative sein, weil sie eine steuerneutrale Umwandlung gewährleistet und die Besteuerung stiller Reserven verhindert.

dd) Auflösung stiller Reserven

308 Eine zwangsweise Auflösung stiller Reserven erfolgt beim Formwechsel beispielsweise, wenn das Besteuerungsrecht der Bundesrepublik Deutschland hinsichtlich eines Gewinns aus der Veräußerung der neuen Gesellschaftsanteile im Zeitpunkt der Sacheinlage ausgeschlossen ist (wenn beispielsweise Gesellschafter der Personenhandelsgesellschaft im Ausland ansässig sind und ein Doppelbesteuerungsabkommen eingreift). Gleiches gilt für den Fall, daß die Personenhandelsgesellschaft ein negatives Eigenkapital ausweist und die

---

[80] Umwandlungssteuererlaß: BMF-Schreiben vom 25. 3. 1998, BStBl I, 268, Tz. 20.30.

übernommenen Wirtschaftsgüter aufgestockt werden müssen, um zumindest ein ausgeglichenes Eigenkapital aufweisen zu können.

ee) Bemessungsgrundlagen

Im Regelfall ist aber die Übernahme der Buchwerte durch die Kapitalgesellschaft möglich, so daß eine ertragsteuerneutrale Umwandlung durchgeführt werden kann. Wenn die Kapitalgesellschaft das eingebrachte Betriebsvermögen mit dem Buchwert ansetzt, so tritt sie in die Rechtsstellung der früheren Personenhandelsgesellschaft ein. Dies gilt für die AfA, die erhöhte Absetzung, die Sonder-AfA, die Inanspruchnahme einer Bewertungsfreiheit oder eines Bewertungsabschlags und für den steuerlichen Gewinn mindernde Rücklagen. Die Buchwertfortführung gewährleistet mithin, daß die bisherigen steuerlichen Bemessungsgrundlagen in der kleinen AG fortgeführt werden können. **309**

ff) Verlustvorträge

Allerdings kann ein bei der Personenhandelsgesellschaft bestehender gewerbesteuerlicher Verlustvortrag im Rahmen des Formwechsels nicht auf die kleine AG übertragen und von dieser genutzt werden (§ 22 Abs. 4 UmwStG). In solchen Fällen ist daher im Vorfeld des Formwechsels zu überlegen, wie der gewerbesteuerliche Verlustvortrag genutzt werden kann. Ähnliche Überlegungen sind auch anzustellen für Verlustvorträge, die wegen eines negativen Kapitalkontos eines Kommanditisten i. S. d. § 15a EStG bisher nicht abzugsfähig waren. Dabei ist außerdem zu berücksichtigen, daß bei negativem Eigenkapital gemäß § 20 Abs. 2 Satz 4 UmwStG zwangsweise eine (Teil-)Gewinnrealisierung erfolgen muß. **310**

d) Steuerliche Auswirkungen für die übertragende Personenhandelsgesellschaft

aa) Steuerbilanz

Da der Formwechsel einer Personenhandelsgesellschaft in eine Kapitalgesellschaft steuerlich wie ein Rechtsträgerwechsel behandelt wird, sieht § 25 Satz 2 UmwStG die Aufstellung einer Steuerbilanz (steuerliche Einbringungsbilanz) auf den steuerlichen Übertragungsstichtag vor. Denn aus handelsrechtlicher Sicht besteht keine Verpflichtung, eine Schlußbilanz für die Personenhandelsgesellschaft zu erstellen; allenfalls ist gemäß § 192 Abs. 2 UmwG eine Vermögensaufstellung anzufertigen. **311**

bb) Steuerlicher Übertragungsstichtag

312 Deshalb sehen die Bestimmungen des Umwandlungsgesetzes nicht die sonst übliche Rückbeziehungsfrist von acht Monaten vor. § 25 UmwStG verweist jedoch auf die in § 20 Abs. 8 UmwStG enthaltenen Rückbeziehungsvorschriften, so daß auch im Falle des Formwechsels eine Rückbeziehung von bis zu acht Monaten möglich ist. Als steuerlicher Übertragungsstichtag kann damit ein Zeitpunkt bestimmt werden, der höchstens acht Monate vor der Anmeldung des Formwechsels zur Eintragung in das Handelsregister der formwechselnden Personenhandelsgesellschaft liegt.

e) Besteuerung der Gesellschafter der Personenhandelsgesellschaft
aa) Einbringungsgewinn

313 Der Formwechsel einer Personenhandelsgesellschaft in die kleine AG ist kein unentgeltlicher Vermögensübergang, sondern gilt ertragsteuerlich als tauschähnlicher Vorgang, der beim Gesellschafter grundsätzlich als Veräußerungsvorgang zu behandeln ist. Der Kaufpreis ist der Wert, mit dem die übernehmende AG das eingebrachte Betriebsvermögen angesetzt hat. Dieser Wert gilt gleichzeitig auch als Anschaffungskosten des Gesellschafters für die neu gewährten Anteile. Ein Veräußerungsgewinn ergibt sich also aus der Differenz zwischen dem so definierten Kaufpreis und dem Buchwert der eingebrachten Wirtschaftsgüter. Ein Einbringungsgewinn kann mithin nur entstehen, wenn die AG einen Wert für das eingebrachte Vermögen in ihrer steuerlichen Aufnahmebilanz ansetzt, der über dessen bisherigem Buchwert liegt.

bb) Stille Reserven

314 Die Versteuerung in den neuen Aktien enthaltener stiller Reserven wird aber nur zeitlich verschoben. Durch den Buchwertansatz des eingebrachten Vermögens werden die dafür gewährten Anteile sogenannte einbringungsgeborene Anteile (§ 21 Abs. 1 UmwStG). Diese führen insbesondere bei späterer Veräußerung zur Besteuerung eines Veräußerungsgewinns, auch wenn es sich nicht um eine wesentliche Beteiligung (10 % bzw. 1 % nach Art. 5 des Steuersenkungsgesetzes[81]) handelt. Bei einer nachhaltigen Wertsteigerung der Gesellschaftsanteile drohen mithin erhebliche Steuerzahlungen, wenn die Anteile veräußert werden. Allerdings hätte eine Veräußerung der Mitunternehmerbe-

---

81) Gesetz zur Senkung der Steuersätze und zur Reform der Unternehmensbesteuerung – Steuersenkungsgesetz (StSenkG), abrufbar unter www.bundesfinanzminirium.de.

teiligung auch eine Besteuerung ausgelöst. Nach den Änderungen des Umwandlungssteuergesetzes gemäß Art. 5 StSenkG wird die spätere Veräußerung der einbringungsgeborenen Anteile indes unter das sogenannte Halbeinkünfteverfahren fallen. Danach werden anfallende Veräußerungsgewinne nur zur Hälfte in die Besteuerungsgrundlage einbezogen, wenn die Wartefrist von sieben Jahren beachtet wird.

f) Umsatzsteuerliche Aspekte

Da ein Formwechsel zivilrechtlich keine Vermögensübertragung darstellt, sondern sich nur die Rechtsform der Gesellschaft ändert, liegen aus umsatzsteuerlicher Sicht auch keine Lieferungen oder sonstigen Leistungen vor. Die ertragsteuerliche Fiktion eines tauschähnlichen Vorgangs läßt sich nicht auf den umsatzsteuerlichen Bereich übertragen. Der Formwechsel ist daher in umsatzsteuerlicher Hinsicht irrelevant. 315

g) Grunderwerbsteuer

Wenn zum Vermögen der formwechselnden Personenhandelsgesellschaft ein Grundstück gehört, war die Finanzverwaltung früher der Auffassung, daß durch den Formwechsel Grunderwerbsteuer ausgelöst wird. Aufgrund mehrerer Urteile und Beschlüsse der Finanzgerichte hat sich die Finanzverwaltung[82] aber der Ansicht angeschlossen, daß beim Formwechsel kein Rechtsträgerwechsel vorliegt und deshalb kein Sachverhalt verwirklicht wird, der einen grunderwerbsteuerbaren Tatbestand erfüllt. 316

3. Sonstige Umwandlungsvorgänge in die kleine AG

a) Verschmelzung/Spaltung

Der Weg in die kleine AG läßt sich auch noch durch andere Maßnahmen erreichen, beispielsweise durch Verschmelzung oder Spaltung. Das Umwandlungssteuerrecht sieht auch für diese Maßnahmen die Möglichkeit vor, den Weg in die kleine AG ohne die Aufdeckung und Versteuerung stiller Reserven zu erreichen. Die steuerneutrale Spaltung von Kapitalgesellschaften ist aber erst mit Einführung des Umwandlungssteuergesetzes zum 1. Januar 1995 möglich geworden. 317

---

[82] Vgl. Finanzministerium Baden-Württemberg, Erlaß vom 18. 9. 1997 – S 4520/2, DB 1997, 2002.

C. Umwandlung in die kleine AG

b) Anwachsung

318 Die außerhalb des Umwandlungssteuergesetzes entwickelten Modelle zur Umwandlung von Unternehmen in eine kleine AG haben anläßlich des Wegfalls des sogenannten Mitunternehmererlasses durch das Steuerentlastungsgesetz 1999/2000/2002 auch aus steuerlicher Sicht an Bedeutung verloren. Auch das für eine GmbH & Co. KG häufig genutzte sogenannte einfache Anwachsungsmodell könnte angesichts der veränderten steuerrechtlichen Rahmenbedingungen von der Finanzverwaltung in Zukunft nicht mehr anerkannt werden. Dies wird sich auch durch die teilweise Wiedereinführung des Mitunternehmererlasses durch das Steuersenkungsgesetz nicht grundsätzlich ändern. Das erweiterte Anwachsungsmodell, bei dem der Einbringende neue Anteile an der aufnehmenden Kapitalgesellschaft erhält, ist aber weiterhin eine gangbare Alternative.

D. Die Organisation der kleinen AG
I. Die tragenden Prinzipien des Aktienrechts

Literatur: *Henze*, Treuepflichten der Gesellschafter im Kapitalgesellschaftsrecht, ZHR 162 (1998), 186; *Kiem*, Der Erwerb eigener Aktien bei der kleinen AG, ZIP 2000, 209; *Mertens*, Satzungs- und Organisationsautonomie im Aktien und Konzernrecht, ZGR 1994, 426; *Schubert/Hommelhoff*, Hundert Jahre modernes Aktienrecht, ZGR Sonderheft 4, 1985, S. 114.

Übersicht

1. Einleitung 319
2. Organisationsstruktur der Gesellschaft 321
   a) Der Grundsatz der Satzungsstrenge (§ 23 Abs. 5 AktG) 321
      aa) Schutzzweck 322
      bb) Inhalt 323
   b) Prinzip der Fremdorganschaft/Eigenverantwortliche Leitung der Gesellschaft durch den Vorstand 325
      aa) Abgrenzung Fremdorganschaft/Selbstorganschaft 325
      bb) Unabhängige Leitung der Gesellschaft durch den Vorstand 326
      cc) Ausnahme: Strukturmaßnahmen nach den Holzmüller-Grundsätzen 327
   c) Der Grundsatz der zwingenden Organzuständigkeit (Gewaltenteilung) 329
      aa) Kompetenzverteilung 329
      bb) Schnittstellen 330
   d) Unabhängigkeit der Aktiengesellschaft vom Bestand ihrer Mitglieder und freie Übertragbarkeit der Anteile 332
      aa) Grundsatz: Freie Übertragbarkeit der Anteile 332
      bb) Einschränkung: Zustimmung des Vorstands, des Aufsichtsrats oder der Hauptversammlung 333
   e) Einheitlichkeit der Mitgliedschaft (Auf- und Abspaltungsverbot) 334
      aa) Inhalt 334
      bb) Reichweite 335
   f) Die Aktiengesellschaft als juristische Person 336
      aa) Entstehung 336
      bb) Trennungsprinzip 337
3. Verhältnis zwischen der Gesellschaft und ihren Aktionären 338
   a) Mehrheitsprinzip 338
      aa) Stimmen- und Kapitalmehrheit 338
      bb) Einschränkungen 339
   b) Minderheitenschutz 340
      aa) Institutioneller Minderheitenschutz 341
      bb) Technischer Minderheitenschutz 342
      cc) Sachlicher Minderheitenschutz 344
   c) Der Gleichbehandlungsgrundsatz (§ 53a AktG) 345
      aa) Adressat 346
      bb) Formale und materielle Ungleichbehandlung 347
      cc) Gleichbehandlungsgebot bei verschiedenen Aktiengattungen 348
   d) Bezugsrecht der Aktionäre 349
      aa) Inhalt 349
      bb) Ausschluß 350
   e) Treuepflicht 351
      aa) Reichweite 351

D. Die Organisation der kleinen AG

bb) Rechtsbegründende/ rechtsbegrenzende Wirkung	352	
cc) Inhalt	353	
dd) Sanktionen bei Verstößen gegen die Treuepflicht	354	
4. Verhältnis zwischen der Gesellschaft und Dritten	355	
a) Die Grundsätze der Kapitalaufbringung und der Kapitalerhaltung	355	
aa) Der Grundsatz der Kapitalaufbringung	356	
bb) Der Grundsatz der Kapitalerhaltung	359	
b) Handelsgesellschaft	361	
5. Die kleine AG und ihre Töchter	362	
a) Schutz der Minderheitsgesellschafter im Konzern	362	
b) Beherrschungsvertrag	363	
c) Gewinnabführungsvertrag	364	
d) Qualifizierter/einfacher faktischer Konzern	365	

1. Einleitung

319 Das Aktienrecht wird durch verschiedene Prinzipien geprägt, ohne deren näheres Verständnis sich die einzelnen Bestimmungen des Aktiengesetzes nicht immer erschließen. Ihrem thematischen Bezug und Regelungsgehalt nach werden die tragenden Prinzipien des Aktienrechts – von denen viele gleichermaßen tragende Prinzipien des Gesellschaftsrechts verkörpern – zweckmäßigerweise in drei Gruppen unterteilt: Die erste Gruppe umfaßt die Prinzipien zur Organisationsstruktur der Gesellschaft, die zweite betrifft das Verhältnis der Gesellschaft zu ihren Aktionären sowie deren Verhältnis untereinander und die dritte Gruppe bezieht sich auf das Verhältnis der Aktiengesellschaft zu Dritten, insbesondere ihren Gläubigern.[1)]

320 Dabei sind alle diese Prinzipien vor dem Hintergrund des besonderen Charakters der Aktiengesellschaft zu sehen, der durch ihre Funktion als „**Kapitalsammelbecken**" geprägt ist.[2)] Die Rechtsform der Aktiengesellschaft ist zwar grundsätzlich nicht mit der Börsennotierung der von ihr ausgegebenen Aktien gleichzusetzen.[3)] Dennoch hatte der historische Gesetzgeber anders als bei der Gesellschaft mit beschränkter Haftung hier nicht das Leitbild einer „geschlossenen" Gesellschaft, sondern vielmehr die Idee einer Vielzahl anonymer Aktionäre vor Augen, die der Gesellschaft mehr oder weniger unbekannt und nicht bereit, willens oder in der Lage sind, sich selbst unternehmerisch zu betäti-

---

1) Zu dieser Einteilung vgl. *Brändel*, in: Großkomm. z. AktG, § 1 Rz. 26 ff.
2) Vgl. *Assmann*, in: Großkomm. z. AktG, Einl. Rz. 292 f.
3) Neueren Zahlen zufolge sind von ca. 5 000 Aktiengesellschaften in Deutschland ca. 4 200 nicht bösennotiert; vgl. oben *Seibert*, Rz. 7.

gen.[4] Gerade diese fehlende unternehmerische „Einmischung" der Aktionäre in die Angelegenheiten der Gesellschaft und die daraus folgende „Fremdverwaltung" des Vermögens der Aktionäre macht ein recht hohes Mindestmaß an gesetzlichen Vorschriften zum Schutz der Aktionäre und ihres Vermögens erforderlich. Zwar hat diese Idee der Aktiengesellschaft durch die Umsetzung des Gesetzes für kleine Aktiengesellschaften und zur Deregulierung des Aktienrechts[5] gewisse Einschränkungen erfahren. Die Intention dieses Gesetzes war aber nicht zuletzt, kleinen „geschlossenen" Unternehmen über die Rechtsform der Aktiengesellschaft den Weg zur börsennotierten „offenen" Gesellschaft zu ermöglichen.[6] Im folgenden wird deutlich werden, daß sich die tragenden Prinzipien des Aktienrechts in vielerlei Hinsicht auf dieses Leitbild der Aktiengesellschaft als Kapitalsammelbecken zurückführen lassen.

2. Organisationsstruktur der Gesellschaft

a) Der Grundsatz der Satzungsstrenge (§ 23 Abs. 5 AktG)

Ein rein aktienrechtliches Phänomen ist der Grundsatz der **Satzungsstrenge**, der in § 23 Abs. 5 AktG festgeschrieben ist. Während im Personengesellschaftsrecht und insbesondere in der Gesellschaft mit beschränkter Haftung viele der gesetzlichen Regelungen dispositiv und der individuellen Gestaltung durch die Gesellschafter zugänglich sind, zieht § 23 Abs. 5 AktG dieser Gestaltungsfreiheit enge Grenzen: An die Stelle des Grundsatzes der Vertrags- und Gestaltungsfreiheit, wonach die Gesellschafter jedwede Regelung treffen können, sofern sie nicht ausnahmsweise gesetzlich verboten ist, tritt der Grundsatz, daß Abweichungen von den aktienrechtlichen Vorschriften in der Satzung nur erlaubt sind, soweit das Gesetz sie ausdrücklich zuläßt oder keine abschließende Regelung enthält.

321

aa) Schutzzweck

Der Grundsatz der Satzungsstrenge wurde durch das Aktiengesetz 1965 in das Aktienrecht aufgenommen. Durch ihn sollen insbesondere künftige Aktionäre, die nicht an der Gründung der Aktiengesellschaft und der Aufstellung der Satzung beteiligt waren, geschützt werden. Sie sollen sich bei allen Aktiengesellschaften auf einen vergleichbaren, standardisierten und damit gesicherten Cha-

322

---

4) Vgl. *Schubert/Hommelhoff*, ZGR Sonderheft 4, S. 114 ff.
5) Siehe oben *Seibert*, Rz. 1 ff.
6) Dazu oben *Seibert*, Rz. 9.

rakter ihrer Mitgliedschaft verlassen können.[7] Daneben dient das Gebot der Satzungsstrenge auch dem Schutzbedürfnis der Gläubiger, denen mit der Aktiengesellschaft eine Rechtspersönlichkeit mit beschränkter Haftung gegenübersteht.[8]

bb) Inhalt

323 Inhaltlich soll die Satzungsstrenge gewährleisten, daß die gesetzlichen Vorschriften nicht einfach durch Regelungen in der Satzung ersetzt werden. Dies bedeutet zunächst, daß die Regelungen des Aktiengesetzes zwingender Natur sind. In der Satzung darf daher nur von ihnen abgewichen werden, wenn die betreffende gesetzliche Regelung es ausdrücklich zuläßt. Darüber hinaus sollen auch Ergänzungen und Konkretisierungen des gesetzlichen Leitbildes der Aktiengesellschaft nur dort möglich sein, wo das Gesetz keine abschließenden Regelungen vorsieht. Ob das Gesetz eine bestimmte Abweichung zuläßt, ergibt sich entweder ausdrücklich aus dem Wortlaut oder durch Auslegung der betreffenden Vorschrift.[9] Gleiches gilt für die Feststellung, ob eine gesetzliche Regelung abschließend ist. Die Mehrzahl der aktienrechtlichen Vorschriften hat jedoch abschließenden Charakter und ist mithin keiner Ergänzung oder Abweichung durch die Satzung zugänglich. Dementsprechend gering ist der Gestaltungsspielraum bei der Ausarbeitung der Satzung einer Aktiengesellschaft. Als abschließend im Aktiengesetz geregelte Bereiche seien die Bestimmungen über die mitgliedschaftlichen Rechte und Pflichten der Aktionäre, die Bildung, Zusammensetzung und Zuständigkeiten der Organe sowie Satzungsänderungen genannt. Diesen Vorschriften wird nicht zuletzt durch den Grundsatz der Satzungsstrenge ein besonderes Gewicht verliehen.

324 Die Gestaltungsfreiheit wird außer durch den aktienrechtlichen Grundsatz der Satzungsstrenge zusätzlich durch andere zwingende Normen eingeschränkt. Diese können unabhängig von der Rechtsform eingreifen, wirken sich aber vor allem bei der Aktiengesellschaft aus. Hierzu gehören z. B. die Vorschriften des Mitbestimmungsgesetzes zur hälftigen Besetzung des Aufsichtsrats durch Arbeitnehmervertreter. Nicht zuletzt wegen der hohen Regelungsdichte, die das Aktiengesetz zwingend vorgibt, besteht ein Bedürfnis, die wenigen Bereiche, in denen die Gesellschafter einen Gestaltungsfreiraum haben, ausführlich zu

---

7) *Röhricht*, in: Großkomm. z. AktG, § 23 Rz. 167. Insgesamt kritisch zum Grundsatz der Satzungsstrenge *Mertens*, ZGR 1994, 426 ff.
8) Vgl. dazu *Raiser*, § 11 Rz. 2.
9) *Eckardt*, in: Geßler/Hefermehl/Eckardt/Kropff, AktG, § 23 Rz. 108; *Hüffer*, AktG, § 23 Rz. 35.

regeln. Dies geschieht bei kleinen Aktiengesellschaften häufig durch Gesellschafterabreden außerhalb der Satzung in Konsortial- oder Poolverträgen.[10]

b) Prinzip der Fremdorganschaft/Eigenverantwortliche Leitung der Gesellschaft durch den Vorstand

aa) Abgrenzung Fremdorganschaft/Selbstorganschaft

Weiteres Merkmal des gesetzlichen Leitbildes der Aktiengesellschaft ist das Prinzip der Fremdorganschaft. Es steht im Gegensatz zum Prinzip der Selbstorganschaft. Das Prinzip der Selbstorganschaft[11] gilt zwingend im Personengesellschaftsrecht. Danach kann originäre Geschäftsführungsfunktionen nur ausüben, wer auch Gesellschafter der betreffenden Gesellschaft ist.[12] Anders ist es bei der Aktiengesellschaft und auch bei der Gesellschaft mit beschränkter Haftung, die von dem Grundsatz der Fremdorganschaft beherrscht werden. Mitgliedschaft und Organfunktion sind dort nicht zwingend miteinander verbunden. Zwar kann ein Vorstandsmitglied einer Aktiengesellschaft auch zugleich Aktionär sein. Bei einem geschlossenen Gesellschafterkreis entspricht die Bestellung eines Aktionärs zum Vorstand sogar dem Regelfall. Das gesetzliche Leitbild der Aktiengesellschaft geht aber davon aus, daß sich die Mehrheit der Aktionäre vorbehaltlich der in der Hauptversammlung ausgeübten Rechte nicht an der Führung und Verwaltung der Gesellschaft beteiligen will. Deshalb geht das Gesetz von einer **strikten Trennung der Aktionärsseite und der Geschäftsführungsorgane** aus. 325

bb) Unabhängige Leitung der Gesellschaft durch den Vorstand

Eine Besonderheit bei der Fremdorganschaft in der Aktiengesellschaft ist die in § 76 Abs. 1 und § 77 AktG verankerte weitreichende **Unabhängigkeit des Vorstands** bei der Leitung der Gesellschaft. Danach leitet der Vorstand – anders als der Geschäftsführer einer Gesellschaft mit beschränkter Haftung – die Gesellschaft eigenverantwortlich und damit grundsätzlich weisungsfrei. Das bedeutet zunächst, daß die Hauptversammlung den Vorstand nicht anweisen kann, bestimmte Geschäftsführungsmaßnahmen vorzunehmen oder zu unterlassen. Im Gegensatz dazu können die Gesellschafter einer Gesellschaft mit beschränkter Haftung den Geschäftsführern nahezu unbeschränkt Weisungen 326

---

10) Dazu unten *Blaum*, Rz. 744 ff, 769 ff.
11) Ausführlich zum Prinzip der Selbstorganschaft *Karsten Schmidt*, Gesellschaftsrecht, § 14 II.
12) Daneben enthält das Prinzip der Selbstorganschaft nach seinem gesetzlichen Leitbild auch die grundsätzliche Befugnis jedes persönlich haftenden Gesellschafters zur Geschäftsführung.

erteilen und die Durchführung bestimmter Maßnahmen verlangen. Die strikte Unabhängigkeit des Vorstands in Fragen der Geschäftsführung gilt nicht nur gegenüber der Hauptversammlung. Auch der Aufsichtsrat darf nicht in die Führung der Geschäfte durch den Vorstand „hineinregieren" und hat sich Anweisungen gegenüber dem Vorstand zu enthalten. Allerdings obliegt ihm die Kontrolle und Überwachung des Vorstands. Insoweit darf er einen bestimmten Katalog von Geschäften seiner vorherigen Zustimmung unterstellen.[13] Er kann den Vorstand hingegen nicht veranlassen, bestimmte Geschäfte durchzuführen.

cc) Ausnahme: Strukturmaßnahmen nach den Holzmüller-Grundsätzen

327 Kein Grundsatz ohne Ausnahme: Die Alleinentscheidungskompetenz des Vorstands in Geschäftsführungsangelegenheiten stößt dort an ihre Grenzen, wo eine Maßnahme so schwerwiegend für die Geschicke der Gesellschaft ist, daß sie unmittelbar in die Mitgliedsstellung des einzelnen Aktionärs eingreift. Nach den sogenannten **Holzmüller-Grundsätzen** des Bundesgerichtshofs[14] ist der Vorstand gemäß § 119 Abs. 2 AktG verpflichtet, besonders schwerwiegende Entscheidungen, welche die Struktur der Gesellschaft betreffen – sogenannte **Strukturmaßnahmen** –, nicht ohne Zustimmung der Hauptversammlung zu treffen.[15] Damals hatte der Bundesgerichtshof über die Ausgliederung des wichtigsten Betriebsteils auf eine Tochtergesellschaft, bei der Dritte beteiligt werden sollten, zu entscheiden. Der Kreis der Strukturmaßnahmen ist heute stark erweitert und kann den Erwerb oder die Veräußerung bedeutender Beteiligungen, die Veräußerung beträchtlicher Teile des Gesellschaftsvermögens, die Aufgabe einer wesentlichen Geschäftssparte, die Konzernbildung und sonstige, in ähnlicher Weise in die Mitgliedschaftsstellung der Aktionäre eingreifende Maßnahmen betreffen.

328 Trotz dieser Einschränkungen der Eigenverantwortlichkeit des Vorstands einer Aktiengesellschaft ist diese nach wie vor ein ganz entscheidendes Merkmal des Aktienrechts. Sie wird dadurch abgesichert, daß ein Mitglied des Vorstands nur bei Vorliegen eines wichtigen Grundes vorzeitig abberufen werden

---

13) Ein solcher Zustimmungskatalog kann in der Satzung durch die Hauptversammlung oder durch den Aufsichtsrat im Wege eines einfachen Beschlusses oder – so der Regelfall – einer Geschäftsordnung festgelegt werden, vgl. § 111 Abs. 4 Satz 2 AktG.
14) Die Holzmüller-Grundsätze gehen zurück auf das Urteil des BGH v. 25. 2. 1982 – II ZR 174/80, ZIP 1982, 568 (Hafenbetriebsfall); siehe dazu die Nachweise bei *Hüffer*, AktG, § 119 Rz. 17.
15) Dazu unten *Bommert*, Rz. 379 f.

kann (§ 84 Abs. 3 Satz 1 und 2 AktG). Kehrseite der Eigenverantwortlichkeit ist die strikte Haftung des Vorstands im Falle eines Fehlverhaltens (§ 93 AktG).[16]

c) **Der Grundsatz der zwingenden Organzuständigkeit (Gewaltenteilung)**

aa) **Kompetenzverteilung**

Die Organstruktur der Aktiengesellschaft zeichnet sich im weiteren dadurch aus, daß dem eigenverantwortlichen Vorstand der Aufsichtsrat als Kontroll- und Beratungsorgan und die Hauptversammlung als Entscheidungsforum für wesentliche Grundlagenentscheidungen gegenübergestellt werden. Neben die der Hauptversammlung durch das Aktiengesetz ausdrücklich zugewiesenen Entscheidungskompetenzen tritt noch die Entscheidung über sogenannte Strukturmaßnahmen nach den Holzmüller-Grundsätzen des Bundesgerichtshofs (oben Rz. 327). Dadurch entsteht ein ausgewogenes System der „**checks and balances**". Die Kompetenzzuordnung für die drei Organe Vorstand, Aufsichtsrat und Hauptversammlung ist dabei vom Grundsatz strikter Aufgabenverteilung und gegenseitiger Kontrolle geprägt. Durch den Grundsatz der Satzungsstrenge wird sichergestellt, daß das im Aktiengesetz angelegte Zusammenspiel der gesetzlich vorgeschriebenen Organe einer Aktiengesellschaft nicht durch abweichende Satzungsbestimmungen ausgehebelt werden kann. 329

bb) **Schnittstellen**

Gegenseitige Abhängigkeiten und sich überschneidende Aufgabenbereiche sind daher nach der Konzeption des Aktiengesetzes nur in eng begrenzten Ausnahmebereichen denkbar. Unvermeidbare Schnittstellen sind zumeist im Aktiengesetz geregelt – häufig kommt hier aber auch dem Satzungsgeber ein gewisser Gestaltungsspielraum zu. Die strikte Aufgabenverteilung zwischen den Organen läßt sich beispielhaft an dem Zusammenspiel der §§ 76, 111 Abs. 4 und § 119 Abs. 2 AktG veranschaulichen: Nach § 76 Abs. 1 Satz 1 AktG hat der Vorstand die Gesellschaft unter eigener Verantwortung, also unabhängig von Hauptversammlung und Aufsichtsrat, zu leiten. Gemäß § 111 Abs. 4 Satz 1 AktG können dem Aufsichtsrat als Kontrollorgan Maßnahmen der Geschäftsführung grundsätzlich nicht übertragen werden. Der Aufsichtsrat kann sich aber gemäß § 111 Abs. 4 Satz 2 AktG die Zustimmung zu einzelnen Geschäften in einem Katalog zustimmungsbedürftiger Geschäfte vorbehalten. 330

---

16) Siehe unten *Bommert*, Rz. 428 ff.

Im Extremfall kann der Aufsichtsrat auch ad hoc einzelne, konkret anstehende Geschäfte seiner vorherigen Zustimmung unterwerfen.[17]

331 Die Unabhängigkeit bei der Überwachung der Geschäftsführung durch den Aufsichtsrat wird ihrerseits durch die in § 105 Abs. 1 AktG angeordnete Unvereinbarkeit von gleichzeitiger Mitgliedschaft im Vorstand und im Aufsichtsrat (Inkompatibilität) gewährleistet. Die Trennlinie gegenüber der Hauptversammlung zieht der § 119 Abs. 2 AktG, wonach die Hauptversammlung über Fragen der Geschäftsführung nur entscheiden kann, wenn der Vorstand dies verlangt.[18]

d) Unabhängigkeit der Aktiengesellschaft vom Bestand ihrer Mitglieder und freie Übertragbarkeit der Anteile

aa) Grundsatz: Freie Übertragbarkeit der Anteile

332 Ein weiteres, typisch körperschaftliches Prinzip besteht darin, daß die Aktiengesellschaft, anders als eine Personengesellschaft, aufgrund ihrer eigenen Rechtspersönlichkeit vom Wechsel ihrer Mitglieder unabhängig ist: Der Bestand der Gesellschaft wird durch das Ausscheiden oder Eintreten einzelner Gesellschafter in die Gesellschaft nicht berührt. Die Gesellschaft wird weder aufgelöst, wenn einzelne Gesellschafter ausscheiden, noch haben die verbleibenden Aktionäre die Fortsetzung der Gesellschaft zu beschließen. Dem entspricht die grundsätzlich freie Übertragbarkeit der Mitgliedschaft. Sie ist im Aktienrecht ganz auf die Bedürfnisse des Kapitalmarktes zugeschnitten. Die Mitgliedschaft ist in Anteilscheinen – der Aktie – verkörpert, die ohne Beachtung einer bestimmten Form übertragen werden können. Die Übertragung bedarf – anders als bei der Gesellschaft mit beschränkter Haftung – nicht der notariellen Beurkundung. Damit wird ein Höchstmaß an freier Handelbarkeit gewährleistet, die **Fungibilität** der Aktie ist größer als die aller sonstigen Gesellschaftsanteile.

bb) Einschränkung: Zustimmung des Vorstands, des Aufsichtsrats oder der Hauptversammlung

333 Allerdings läßt das Aktiengesetz eine Einschränkung der freien Handelbarkeit zu. Dazu ist in die Satzung eine Bestimmung aufzunehmen, daß die Übertragung einer Aktie der Zustimmung des Vorstands, des Aufsichtsrats oder gar der Hauptversammlung bedarf (sogenannte **Vinkulierung**). Will sich die Ge-

---

17) Vgl. *Hüffer*, AktG, § 111 Rz. 18.
18) Durch die Holzmüller-Grundsätze, vgl. BGH ZIP 1982, 568 ff, wurde diese Trennlinie indessen aufgeweicht.

sellschaft oder wollen sich die Aktionäre bezüglich des Wechsels der Gesellschafter ein Mitspracherecht sichern, so haben sie folglich in der Satzung durch die Einfügung einer entsprechenden Vinkulierungsklausel Vorsorge zu treffen (§ 68 Abs. 2 AktG).[19]

e) Einheitlichkeit der Mitgliedschaft (Auf- und Abspaltungsverbot)
aa) Inhalt

Die Aktie verkörpert die Mitgliedschaft des Aktionärs in der Aktiengesellschaft.[20] Gemäß § 8 Abs. 5 AktG sind Aktien unteilbar. Dadurch wird die **Einheitlichkeit der Mitgliedschaft** unterstrichen, aus der wiederum das Auf- und das Abspaltungsverbot folgen. Dieses besagt, daß eine Aktie nicht in einzelne Mitgliedschaftsrechte unterteilt (abgespalten) werden darf. Unzulässig ist aber auch die Trennung und gesonderte Übertragung der einzelnen, durch die Mitgliedschaft vermittelten Rechte (Vermögens- und Verwaltungsrechte).

334

bb) Reichweite

Die Reichweite des Abspaltungsverbots geht nur so weit, als aus der Mitgliedschaft noch keine konkreten Ansprüche erwachsen sind. So ist etwa das Vermögensrecht des Aktionärs auf den Anteil am Bilanzgewinn gemäß § 58 Abs. 4, § 60 AktG nicht von der Mitgliedschaft abtrennbar oder gesondert übertragbar. Sobald indes mit Wirksamwerden des Gewinnverwendungsbeschlusses (§ 174 AktG) ein bezifferbarer Dividendenanspruch für ein bestimmtes Geschäftsjahr entstanden ist, ist dieser Anspruch von der Mitgliedschaft frei ablösbar und wie ein eigenständiger schuldrechtlicher Anspruch zu behandeln und zu übertragen.[21] Freilich bleibt es den Aktionären unbenommen, Dritte mit der Ausübung ihrer Mitgliedschaftsrechte zu bevollmächtigen.[22] Auch steht das Abspaltungsverbot der Bestellung eines Nießbrauchs an Aktien nicht entgegen.[23] Die Nießbrauchsbestellung kann mithin wie bei der Gesellschaft mit beschränkter Haftung auch bei der Aktiengesellschaft als Instrument der vorweggenommenen Erbfolge genutzt werden. Von der Auf- oder Abspaltung der in den Aktien verkörperten Mitgliedschaftsrechte ist die Über-

335

---

19) Siehe unten *Blaum*, Rz. 778 ff.
20) Vgl. *Kraft*, in: Kölner Komm. z. AktG, § 1 Rz. 31 f; *Brändel*, in: Großkomm. z. AktG, § 1 Rz. 81.
21) Vgl. etwa *Hüffer*, AktG, § 8 Rz. 30.
22) Die Bevollmächtigung zur Stimmrechtsausübung bedarf gemäß § 134 Abs. 3 Satz 2 AktG der Schriftform.
23) Vgl. *Karsten Schmidt*, Gesellschaftsrecht, § 19 III 4b.

tragbarkeit der Aktie als solcher zu unterscheiden, die durch diese Grundsätze nicht eingeschränkt wird.

f) Die Aktiengesellschaft als juristische Person
aa) Entstehung

336 Gemäß § 41 Abs. 1 Satz 1 AktG entsteht die Aktiengesellschaft als juristische Person – und damit als selbständige Einheit – erst mit ihrer Eintragung in das Handelsregister. Dieser Eintragung hat gemäß § 38 Abs. 1 AktG eine Prüfung durch das Registergericht voranzugehen, ob die Gesellschaft ordnungsgemäß errichtet und angemeldet worden ist. Sind die gesetzlichen Voraussetzungen erfüllt, können die Gründer der Aktiengesellschaft grundsätzlich die Eintragung der Aktiengesellschaft ins Handelsregister verlangen.[24]

bb) Trennungsprinzip

337 Bezeichnend für die Aktiengesellschaft als juristische Person ist des weiteren das sogenannte **Trennungsprinzip**. Es hat zwei voneinander unabhängige Ausprägungen. Zum einen beschreibt es die Trennung zwischen der Aktiengesellschaft als juristischer Person und ihren Gesellschaftern: Die Aktiengesellschaft mit ihrer eigenen Rechtspersönlichkeit – und nicht die Gesamtheit ihrer Aktionäre – ist Trägerin von Rechten und Pflichten. Sie tritt in Rechtsbeziehungen zu Dritten und ist rechtliches Zuordnungsobjekt.[25] Zum anderen bezeichnet das Trennungsprinzip die bereits beschriebene dualistische Konzeption der Verwaltung und die strikte persönliche und funktionale Trennung von Vorstand und Aufsichtsrat.[26]

3. Verhältnis zwischen der Gesellschaft und ihren Aktionären
a) Mehrheitsprinzip
aa) Stimm- und Kapitalmehrheit

338 Soweit Gesetz oder Satzung keine größere Mehrheit oder weitere Erfordernisse bestimmen, bedürfen die Beschlüsse der Hauptversammlung der Mehrheit der abgegebenen Stimmen (§ 133 Abs. 1 AktG). § 133 Abs. 1 AktG verlangt

---

[24] Vgl. etwa *Hoffmann-Becking*, in: Münchener Handbuch des Gesellschaftsrechts, § 1 Rz. 5.
[25] Vgl. *Hüffer*, AktG, § 1 Rz. 4; *Brändel*, in: Großkomm. z. AktG, § 1 Rz. 35 ff; *Kraft*, in: Kölner Komm. z. AktG, § 1 Rz. 7 ff.
[26] Siehe dazu *Wiesner*, in: Münchener Handbuch des Gesellschaftsrechts, § 19 Rz. 2.

damit die einfache Stimmenmehrheit für die Beschlußfassung durch die Hauptversammlung. In dieser Vorschrift kommt ein weiteres tragendes Prinzip des Aktienrechts zum Ausdruck. Anders als im Personengesellschaftsrecht, in dem nach der gesetzlichen Ausgangslage Gesellschafterbeschlüsse vorbehaltlich abweichender Regelungen einstimmig gefaßt werden (§ 119 Abs. 1 HGB), gilt im Aktienrecht das **Mehrheitsprinzip**. Es hat im Aktiengesetz allerdings eine Differenzierung erfahren, welche die Mehrheitserfordernisse des Aktienrechts von denen des GmbH-Gesetzes deutlich unterscheidet: Häufig besteht ein **doppeltes Mehrheitserfordernis**. Neben der einfachen Mehrheit der Stimmen wird für bestimmte Beschlüsse zusätzlich das Erreichen einer qualifizierten Kapitalmehrheit verlangt. Dabei wird auf das bei der Beschlußfassung vertretene Grundkapital abgestellt. So bedarf beispielsweise eine Satzungsänderung sowohl der einfachen Stimmenmehrheit als auch der Zustimmung von drei Vierteln des vertretenen Grundkapitals.[27] In einigen wenigen Fällen bedarf es zwar keiner zusätzlichen qualifizierten Kapitalmehrheit, wohl aber einer qualifizierten Stimmenmehrheit. So ist für die Abberufung eines Aufsichtsratsmitglieds durch die Hauptversammlung eine Mehrheit von drei Vierteln der abgegebenen Stimmen erforderlich (§ 103 Abs. 1 Satz 2 AktG).

bb) Einschränkungen

Die im Gesetz angelegte Unterscheidung zwischen Stimmen- und Kapitalmehrheit geht zurück auf die Existenz von Mehrstimmrechtsaktien, die indessen in der Praxis stark an Bedeutung verloren haben und zwischenzeitlich gänzlich abgeschafft sind.[28] Die vorstehend skizzierten Ausprägungen des Mehrheitsgrundsatzes verdeutlichen die starke Stellung, die der Hauptversammlungsmehrheit zukommt. Auch Änderungen der Verbandsverfassung unterliegen dem Mehrheitsprinzip und sind von der Minderheit hinzunehmen. Die dadurch begründete Mehrheitsherrschaft besteht indes nicht unbeschränkt. Ihr werden – wie im folgenden noch ausgeführt wird – etwa durch zwingendes Recht, durch den Gleichbehandlungsgrundsatz, die gesellschaftsrechtliche Treuepflicht, die guten Sitten und mehrheitsfeste Minderheitenrechte Schranken gezogen.[29]

339

---

27) § 179 Abs. 2 Satz 1 AktG. Die Satzung kann indessen andere – außer für die Änderung des Unternehmensgegenstandes auch niedrigere – Mehrheitserfordernisse aufstellen, vgl. § 179 Abs. 2 Satz 2 AktG.
28) Vgl. § 12 Abs. 2 AktG in der Neufassung durch das KonTraG; bestehende Mehrstimmrechte unterfallen der Übergangsregelung des § 5 EGAktG.
29) Vgl. nur *Karsten Schmidt*, Gesellschaftsrecht, § 16 II 4.

b) Minderheitenschutz

340 Der Minderheitenschutz kommt im Aktiengesetz in mehrfacher Ausprägung vor. Rechtstechnisch läßt er sich in drei Gruppen einteilen.[30]

aa) Institutioneller Minderheitenschutz

341 Der **institutionelle** Minderheitenschutz besteht darin, die Legitimation von Hauptversammlungsbeschlüssen – also typischerweise von Entscheidungen der Mehrheit – durch bestimmte Verfahrensregeln zu gewährleisten. Hierzu zählen insbesondere Informations- und Unterrichtungspflichten im Vorfeld einer Beschlußfassung. Diese beginnen mit der Einhaltung von Einladungsformalitäten bei der Einberufung einer Hauptversammlung zum Schutz vor Überraschungsentscheidungen. Auf sie kann nur einvernehmlich verzichtet werden (vgl. § 121 Abs. 6 AktG). Sie werden ergänzt durch die diversen, im Aktiengesetz verankerten Berichtspflichten des Vorstands. Damit ist die Verwaltung gezwungen, die von ihr zur Abstimmung gestellten Maßnahmen auch der Minderheit gegenüber zu begründen. Schließlich zählen hierzu auch die qualifizierten Mehrheitserfordernisse für bestimmte, besonders weitreichende Maßnahmen. Damit sollen bestimmte Hauptversammlungsbeschlüsse auf eine breitere Mehrheit gestützt werden. Durch die Beachtung all dieser Verfahrensregeln wird die sachliche Legitimation eines von der Mehrheit getragenen Hauptversammlungsbeschlusses erhöht. Man spricht insoweit auch von einer **„Richtigkeitsgewähr"** von Mehrheitsentscheidungen.

bb) Technischer Minderheitenschutz

342 Minderheitsrechte im **technischen** Sinne hingegen sind die Rechte, die nach der gesetzlichen Ausgangslage einer Minderheit als solcher – anknüpfend an eine bestimmte **Beteiligungsquote** – eingeräumt werden. Exemplarisch sei hier das Recht auf Einberufung der Hauptversammlung gemäß § 122 AktG genannt, das Aktionären, die zusammen mindestens 5 % des Grundkapitals halten, zusteht. Zu nennen ist auch das Recht auf Einzelentlastung aus § 120 Abs. 1 Satz 2 AktG, das einer Gruppe von Aktionären mit einem insgesamt 10 %-igen Anteil am Grundkapital zusteht. Genannt seien in diesem Zusammenhang auch die Rechte auf Abstimmung über Wahlvorschläge von Aktionären zur Wahl von Aufsichtsratsmitgliedern (§ 137 AktG), auf gesonderte Versammlung und gesonderte Abstimmung (§ 138 Satz 3 AktG), auf Sonder-

---

[30] *Karsten Schmidt*, Gesellschaftsrecht, § 16 III 2.

prüfung (§ 142 Abs. 2 und 4 AktG) oder auf Geltendmachung von Ersatzansprüchen (§ 147 AktG).

Der Minderheitenschutz wird letztlich aber auch durch die **allgemeinen** Mitgliedschaftsrechte vermittelt, die jedem Mitglied **unabhängig vom Umfang seiner Beteiligung** zustehen. Hierzu zählen etwa das Teilnahmerecht an Hauptversammlungen einschließlich des Rederechts (§ 118 Abs. 1 AktG), das Frage- und Auskunftsrecht (§ 131 AktG) und – besonders praxisrelevant – das Recht zur Beseitigung rechtswidriger Hauptversammlungsbeschlüsse durch Erhebung einer Anfechtungsklage (§ 245 Nr. 1–3 AktG). 343

cc) Sachlicher Minderheitenschutz

Flankiert und untermauert werden die Minderheitenrechte schließlich durch den **sachlichen Minderheitenschutz**. Hierzu rechnet die gerichtliche Kontrolle von Mehrheitsentscheidungen im Hinblick auf die Übereinstimmung mit Recht und Gesetz, insbesondere im Hinblick auf eine unzulässige Verfolgung von Sondervorteilen (vgl. § 243 Abs. 2 AktG) durch die Mehrheit, die Verletzung des Gleichbehandlungsgrundsatzes (unten Rz. 345 ff), der aktienrechtlichen Treuepflicht (unten Rz. 351 ff) oder – wo erforderlich – des Vorliegens eines sachlichen Grundes. 344

c) Der Gleichbehandlungsgrundsatz (§ 53a AktG)

Gemäß § 53a AktG sind Aktionäre unter gleichen Voraussetzungen stets gleich zu behandeln. Dieses – durch die Umsetzung von Art. 42 der Zweiten gesellschaftsrechtlichen Richtlinie[31)] im deutschen Aktiengesetz explizit verankerte – Verbot der Ungleichbehandlung ist als allgemeiner Grundsatz des Gesellschaftsrechts schon seit langem anerkannt.[32)] Insofern hat § 53a AktG lediglich klarstellenden Charakter. 345

---

31) Zweite Richtlinie 77/91/EWG des Rates vom 13. 12. 1976 zur Koordinierung der Schutzbestimmungen, die in den Mitgliedstaaten den Gesellschaften im Sinne des Artikel 58 Absatz 2 des Vertrages im Interesse der Gesellschafter sowie Dritter für die Gründung der Aktiengesellschaft sowie für die Erhaltung und Änderung ihres Kapitals vorgeschrieben sind, um diese Bestimmungen gleichwertig zu gestalten (Zweite gesellschaftsrechtliche Richtlinie), ABl 1977 Nr. L 26/1.

32) Vgl. die Nachweise bei *Hüffer*, AktG, § 53a Rz. 1; und *Eckardt*, in: Geßler/Hefermehl/Eckardt/Kropff, AktG, § 11 Rz. 5.

aa) Adressat

346 Das aktienrechtliche Gleichbehandlungsgebot richtet sich an die Aktiengesellschaft.[33] Die Aktionäre untereinander sind grundsätzlich nicht zur Gleichbehandlung verpflichtet. Für die Gesellschaft unterliegt das Gleichbehandlungsgebot aber dem bereits beschriebenen Gebot der Satzungsstrenge (§ 23 Abs. 5 AktG) und ist mithin nicht abdingbar.[34] Möglich ist indes, daß der einzelne Aktionär auf eine Gleichbehandlung verzichtet, indem er etwa einem Hauptversammlungsbeschluß zustimmt, der seine Benachteiligung zur Folge hat.[35] **Maßstab der Gleichbehandlung** ist regelmäßig die Höhe der **Kapitalbeteiligung**. So bestimmen sich etwa der Gewinnanteil des Aktionärs, das Stimmrecht und das Bezugsrecht bei der Kapitalerhöhung nach dem Verhältnis der Aktiennennbeträge oder der Anzahl seiner Stückaktien (§ 60 Abs. 1, § 134 Abs. 1, § 186 Abs. 1 AktG). Die Ausübung von sogenannten Hilfsrechten (Auskunfts-, Rede-, Teilnahmerecht) ist hingegen vom Kapitalanteil unabhängig und richtet sich strikt nach Köpfen.[36]

bb) Formale und materielle Ungleichbehandlung

347 Im Rahmen des Gleichbehandlungsgebots unterscheidet man die **formale und materielle Ungleichbehandlung**. Die formale Ungleichbehandlung läßt sich leicht an äußeren Kriterien wie beispielsweise dem Ausschluß nur einzelner Aktionäre vom Bezugsrecht oder einem Höchststimmrecht nur für ausländische Aktionäre festmachen. Schwieriger zu beurteilen ist die Situation bei der materiellen Ungleichbehandlung, bei der trotz formaler Gleichbehandlung entweder nur einzelne Aktionäre betroffen oder einzelne Aktionäre schwerer betroffen sind als andere. Das ist zum Beispiel der Fall bei einer Kapitalherabsetzung im Verhältnis 10 : 1 für diejenigen Aktionäre, die weniger als zehn Aktien halten.[37] Hauptversammlungsbeschlüsse, die gegen § 53a AktG verstoßen, sind anfechtbar.[38] Ein solcher Verstoß liegt dann vor, wenn eine Ungleichbehandlung vorgenommen worden ist, die weder im Gesetz noch durch die Satzung – freilich im Rahmen des zulässigen – gestattet ist. Ferner muß

---

33) Vgl. nur *Hüffer*, AktG, § 53a Rz. 4.
34) Vgl. *Wiesner*, in: Münchener Handbuch des Gesellschaftsrechts, § 17 Rz. 9; *Hüffer*, AktG, § 23 Rz. 35, 36, § 53a Rz. 5.
35) Allgemeine Meinung, vgl. nur *Hüffer*, AktG, § 53a Rz. 5.
36) Vgl. *Wiesner*, in: Münchener Handbuch des Gesellschaftsrechts, § 17 Rz. 10.
37) Vgl. zur Unterscheidung zwischen formaler und materieller Ungleichbehandlung *Lutter*, in: Kölner Komm. z. AktG, § 53a Rz. 9 ff.
38) Vgl. *Hüffer*, AktG, § 53a Rz. 21; zur Beachtung des Gleichbehandlungsgrundsatzes im Fall des Erwerbs eigener Aktien bei der kleinen AG siehe auch *Kiem*, ZIP 2000, 209 ff.

die Ungleichbehandlung willkürlich erfolgt und darf nicht sachlich gerechtfertigt sein.[39)]

cc) Gleichbehandlungsgebot bei verschiedenen Aktiengattungen

Bestehen verschiedene Aktiengattungen in der Gesellschaft (z. B. Stamm- und Vorzugsaktien),[40)] so wird das Gleichbehandlungsgebot hierdurch nicht außer Kraft gesetzt, sondern lediglich in seinem Anwendungsbereich eingeschränkt. Innerhalb der einzelnen Gattung entfaltet das Gleichbehandlungsgebot volle und uneingeschränkte Wirkung. Im Verhältnis der verschiedenen Gattungen untereinander muß es dort zurücktreten, wo die Gattungsunterschiede die Vergleichbarkeit der Aktien beseitigen und deshalb die von § 53a AktG geforderten „gleichen Voraussetzungen" nicht mehr vorliegen. Das ist beispielsweise hinsichtlich der Stimmrechtsausübung zwischen Stamm- und Vorzugsaktien der Fall. Charakteristisch für Vorzugsaktien ist gerade das fehlende Stimmrecht (§ 139 Abs. 1 AktG); folglich stellt die fehlende Stimmberechtigung der Vorzugsaktionäre keine Ungleichbehandlung dar. Im übrigen findet das Gleichbehandlungsgebot auch in diesem Verhältnis Anwendung.[41)]

348

d) Bezugsrecht der Aktionäre
aa) Inhalt

Die durch den Erwerb einer bestimmten Anzahl von Aktien einmal erlangte Stellung des Aktionärs in dem Geflecht von Gleichbehandlungsgrundsatz, Mehrheitsprinzip und Minderheitenschutz und der hiermit verbundene Einfluß auf die Geschicke der Gesellschaft sollen dem Aktionär nicht willkürlich durch die anderen Aktionäre entzogen werden können. Um dies zu verhindern, steht jedem Aktionär bei einer Kapitalerhöhung gemäß § 186 Abs. 1 Satz 1 AktG ein seinem Anteil am bisherigen Grundkapital entsprechender Teil der neuen Aktien zu. Damit erhält jeder Aktionär die Gelegenheit, seine Beteiligungsquote und die ihr entsprechende Stellung in der Aktiengesellschaft zu erhalten und vor **Verwässerung** zu schützen.[42)] Die Regelung in § 186 Abs. 1 Satz 1 AktG gilt entsprechend für das genehmigte Kapital (§ 203 Abs. 1 AktG) und die Ausgabe von Wandel- und Optionsanleihen und ähnlichen Schuldverschreibungen (§ 221 Abs. 4 AktG).

349

---

39) Vgl. nur *Henn*, § 1 Rz. 42.
40) Dazu unten *Schüppen*, Rz. 682 ff.
41) Vgl. *Hefermehl/Bungeroth*, in: Geßler/Hefermehl/Eckardt/Kropff, AktG, § 53a Rz. 12.
42) *Karsten Schmidt*, Gesellschaftsrecht, § 29 III 2d.

bb) Ausschluß

350 Das Bezugsrecht zählt zu den „Grundrechten" des Aktionärs. Allerdings besteht in manchen Situationen ein Bedürfnis der Gesellschaft, die durch eine Kapitalerhöhung geschaffenen Aktien nicht den Altaktionären, sondern Dritten zum Bezug anzubieten.[43] Das Gesetz läßt deswegen in bestimmten Fällen den Ausschluß des Bezugsrechts der Aktionäre zu (§ 186 Abs. 3 AktG).[44]

e) Treuepflicht

aa) Reichweite

351 Als letzter tragender Grundsatz im Verhältnis zwischen Gesellschaft und Aktionären ist die Treuepflicht zu nennen, die quasi ein Korrektiv für als nicht angemessen angesehene gesetzliche Regelungen oder gesetzlich nicht geregelte Fälle darstellt. Die Treuepflicht gilt auch zwischen den Aktionären untereinander. Während der Grundsatz der Treuepflicht als allgemeiner Rechtsgrundsatz im Personengesellschafts- und auch im GmbH-Recht schon lange anerkannt war, hat er sich bei der Aktiengesellschaft erst allmählich durchgesetzt. Mittlerweile sind Treuepflichten nach herrschender Auffassung in Literatur und Rechtsprechung auch im Aktienrecht[45] weitgehend anerkannt.

bb) Rechtsbegründende/rechtsbegrenzende Wirkung

352 Je nach den Besonderheiten des Einzelfalls vermag die Treuepflicht rechtsbegründend oder rechtsbegrenzend zu wirken.[46] Im ersten Fall kann sie Handlungs- und Unterlassungspflichten mit sich bringen, im zweiten Fall können sich aus ihr Schranken ergeben, die zur Unbeachtlichkeit oder Undurchsetzbarkeit treuwidrig ausgeübter Gesellschafterrechte führen.[47] Ihrer Wirkungsrichtung nach ist zwischen der Treuepflicht im Verhältnis der Aktionäre zur Gesellschaft (sowie umgekehrt) und im Verhältnis der Aktionäre untereinander zu differenzieren. Insbesondere letztere war lange Zeit umstritten. Gegen ihre Anerkennung wurde eingewandt, daß die Treuepflicht aus einem gegenseitigen Vertrauensverhältnis der Gesellschafter untereinander resultiere, wie es zwar unter den Gesellschaftern von Personengesellschaften oder auch von

---

43) Beispielsweise bei einer Börseneinführung im Ausland, bei einer Sacheinlage, bei Aktienoptionsprogrammen etc.
44) Dazu unten *Schüppen*, Rz. 887 ff.
45) Vgl. die Nachweise bei *Hüffer*, AktG, § 53a Rz. 14 ff m. w. N.; sowie bei *Brändel*, in: Großkomm. z. AktG, § 1 Rz. 84 ff.
46) Vgl. dazu *Henze*, Aktienrecht, Rz. 894 f.
47) Vgl. *Henze*, ZHR 162 (1998), 186 ff.

Gesellschaften mit beschränkter Haftung, nicht aber im lockeren Verbund der Aktiengesellschaft bestehe. Auch die Treuepflicht zwischen den Aktionären kann aber mittlerweile als anerkannt gelten.[48]

cc) Inhalt

Auch die Wirkungsweise der Treuepflicht ist unterschiedlich. Zum einen begründet sie Verhaltenspflichten für den Mehrheitsgesellschafter, der bei der Ausübung der Gesellschafterrechte hinreichend Rücksicht auf die Interessen der Minderheit zu nehmen hat. Auf der anderen Seite wird auch der Minderheitsgesellschafter verpflichtet, seine Minderheitenrechte nicht treuwidrig auszuüben und zu mißbrauchen. Umfaßt sind insofern seine Mitwirkungs- und Kontrollrechte, die „quotalen" oder „technischen" Minderheitenrechte und die Sperrminorität. Schließlich gibt es eine weitere Ausprägung der Treuepflicht, die das Verhältnis zwischen der Gesellschaft und ihren Organen betrifft. So unterliegt etwa der Vorstand schon aufgrund der Treuepflicht einer Verschwiegenheitspflicht, dem Wettbewerbsverbot und der Pflicht, Erwerbschancen für die Gesellschaft und nicht eigennützig wahrzunehmen. Gleichermaßen ist das Verhältnis zwischen Gesellschaft und Aufsichtsratsmitgliedern von der Treuepflicht geprägt. Schließlich ist auch die Intensität der Treuepflicht davon abhängig, in welchem Umfang personalistische und kooperative Elemente Eingang in das Verbandsleben finden. Außerdem wird sie durch die Frage bestimmt, ob ein Gesellschafter lediglich als Kapitalanleger in der Gesellschaft fungiert oder ob er sich unternehmerisch in ihr betätigt.[49] 353

dd) Sanktionen bei Verstößen gegen die Treuepflicht

Wird gegen die Treuepflicht verstoßen, so kommen als Sanktionen verschiedene Rechtsfolgen in Betracht, die im einzelnen von dem jeweiligen Sachverhalt abhängig sind. Werden, wie etwa im Fall der treuwidrigen Stimmabgabe, die Schranken der Stimmabgabe überschritten, kann diese ohne Rechtswirkungen oder nichtig sein. Darüber hinaus ist aber auch – und diese Rechtsfolge ist von besonderer praktischer Relevanz – ein Beschluß der Hauptversammlung, der unter Verstoß gegen die Treuepflicht zustande gekommen ist, anfechtbar. Verstößt der Aktionär schuldhaft gegen seine Treuepflicht gegenüber der Gesellschaft, so kann dieser ein Schadensersatzanspruch daraus erwachsen. 354

---

48) Erstmalig anerkannt durch BGH, Urt. v. 1. 2. 1988 – II ZR 75/87, ZIP 1988, 301 – Linotype, dazu EWiR 1988, 529 *(Drygala)*, zuletzt bestätigt durch BGH, Urt. v. 20. 3. 1995 – II ZR 205/94, ZIP 1995, 819 – Girmes, dazu EWiR 1995, 525 *(Rittner)*.
49) *Karsten Schmidt*, Gesellschaftsrecht, § 20 IV 2 c.

4. Verhältnis zwischen der Gesellschaft und Dritten
a) Die Grundsätze der Kapitalaufbringung und der Kapitalerhaltung

355 Im Verhältnis der Gesellschaft zu Dritten kommen typischerweise die Prinzipien zum Tragen, die einer Gefährdung Dritter durch die beschränkte Haftung der Aktiengesellschaft vorbeugen sollen. Hierzu gehören vor allem die Grundsätze der **Kapitalaufbringung** und **Kapitalerhaltung**.

aa) Der Grundsatz der Kapitalaufbringung

356 Die Höhe des Grundkapitals, das nach § 7 AktG mindestens 50 000 Euro betragen muß, ist nach § 23 Abs. 3 Nr. 3 AktG notwendiger Satzungsbestandteil. Eventuelle Kapitalerhöhungen oder -herabsetzungen bedürfen daher einer Satzungsänderung und damit der Eintragung ins Handelsregister. Sowohl der Gründung als auch einer Kapitalerhöhung geht eine strenge Prüfung voraus. Grund für diese Regelungen ist die Garantiefunktion des Grundkapitals. Es soll den Gesellschaftsgläubigern eine gewisse Mindesthaftungsmasse zur Verfügung stellen und damit die Befriedigung ihrer Forderungen gewährleisten. Insofern stellt das Grundkapital den notwendigen Ausgleich für die fehlende persönliche Haftung der Aktionäre aus § 1 Abs. 1 Satz 2 AktG dar.[50] Bilanztechnisch wird die Erhaltung des Grundkapitals dadurch erreicht, daß es gemäß § 266 Abs. 3 A. I. HGB als gezeichnetes Kapital auf der Passivseite der Bilanz ausgewiesen wird.

357 Dieser Garantiefunktion des Grundkapitals stehen die Prinzipien der Kapitalaufbringung und Kapitalerhaltung zur Seite. Sie sollen Vorsorge dafür treffen, daß ein der Grundkapitalziffer entsprechendes Vermögen als Haftungsmasse für die Gläubiger zunächst tatsächlich aufgebracht wird und später nur durch Verluste im Rahmen des Geschäftsbetriebes vermindert werden kann.[51]

358 Ausprägungen des Grundsatzes der **Kapitalaufbringung** sind beispielsweise das Verbot der Ausgabe von Aktien für einen geringeren Betrag als den Nennbetrag oder den auf die einzelne Stückaktie entfallenden anteiligen Betrag des Grundkapitals (Verbot der Unterpari-Emission gemäß § 9 Abs. 1 AktG), das Verbot der Stufengründung (§§ 2, 29 AktG), die Verpflichtung, vor Anmeldung der Gesellschaft zur Eintragung in das Handelsregister bei Bareinlagen zumindest ein Viertel des geringsten Ausgabebetrags und die Sacheinlagen vollständig zu leisten (§ 36a AktG), die Gründungsprüfung, die Gründungs-

---

50) Vgl. dazu nur *Brändel*, in: Großkomm. z. AktG, § 1 Rz. 29.
51) Vgl. nur *Hüffer*, AktG, § 1 Rz. 11 f.

haftung oder das Verbot der Befreiung von Einlageverpflichtungen (§ 66 AktG).

bb) **Der Grundsatz der Kapitalerhaltung**

Wesentlicher Kern des Prinzips der **Kapitalerhaltung** sind das Verbot der Einlagenrückgewähr (§ 57 Abs. 1 AktG), das grundsätzliche Verbot, eigene Aktien zu erwerben (§§ 71 ff AktG),[52] und das Gebot, vor Auflösung der Gesellschaft nur den Bilanzgewinn unter die Aktionäre zu verteilen (§ 57 Abs. 3 AktG). Von herausragender Bedeutung ist insoweit das Verbot der Einlagenrückgewähr. Es bestimmt, daß an die Aktionäre keine anderen Leistungen als die von der Hauptversammlung im Rahmen der Gewinnverwendung beschlossene Dividende ausgekehrt werden dürfen.[53] Darin besteht ein ganz wesentlicher Unterschied zur Rechtslage bei der Gesellschaft mit beschränkter Haftung: Dort können jederzeit **Zahlungen an die Gesellschafter** erfolgen, solange das verbleibende Gesellschaftsvermögen das Stammkapital abdeckt.[54] Während bei der Gesellschaft mit beschränkter Haftung an die Gesellschafter also auch **ohne formellen Gewinnverwendungsbeschluß** unterjährig Mittel zugewandt werden dürfen, soweit dadurch das Stammkapital nicht angegriffen wird, ist dies **bei der Aktiengesellschaft strikt verboten**. So können beispielsweise Mittel aus der Auflösung einer Rücklage nur in Form einer Dividende ausgeschüttet werden. Dazu sind die Feststellung des Jahresabschlusses und ein entsprechender Gewinnverwendungsbeschluß der Hauptversammlung erforderlich. Mit dem strikten Verbot der Einlagenrückgewähr korrespondiert der Rückgewähranspruch der Gesellschaft gemäß § 62 AktG. Danach können Leistungen, die unter Verstoß gegen § 57 AktG einem Aktionär zugewandt wurden, von diesem zurückgefordert werden. Der Vorstand ist zur Geltendmachung dieser Ansprüche der Gesellschaft verpflichtet. Unterläßt er eine Geltendmachung, macht er sich schadensersatzpflichtig. Schon deshalb ist auf eine strikte Einhaltung der Kapitalerhaltungsvorschriften zu achten. 359

Der Schutz des Gesellschaftsvermögens vor Aufzehrung durch Verluste im Rahmen des Geschäftsbetriebes ist streng genommen nicht Teil der Kapitalerhaltungsregeln, wirkt sich aber in gewissem Rahmen auch kapitalerhaltend aus. Ein solcher Schutz wird durch die Pflicht des Vorstands zur unverzüglichen Einberufung der Hauptversammlung gemäß § 92 Abs. 1 AktG erreicht. 360

---

52) Allerdings wurde dieses grundsätzliche Verbot durch das KonTraG wesentlich gelockert.
53) Eine Ausnahme besteht lediglich für den Fall einer Abschlagszahlung auf den Bilanzgewinn, vgl. § 59 AktG.
54) Zu der damit verbundenen Problematik der verdeckten Gewinnausschüttung vgl. *Karsten Schmidt*, Gesellschaftsrecht, § 37 III.

Diese Pflicht tritt ein, wenn die Höhe des in einem Jahr entstehenden Verlustes die Hälfte des Grundkapitals erreicht.

b) Handelsgesellschaft

361 Abschließend sei als Strukturmerkmal einer Aktiengesellschaft noch genannt, daß diese gemäß § 3 Abs. 1 AktG als Handelsgesellschaft gilt und gemäß § 6 Abs. 1 HGB daher zwingend den Bestimmungen des Handelsrechts unterliegt.

5. Die kleine AG und ihre Töchter

a) Schutz der Minderheitsgesellschafter im Konzern

362 Kein originäres Prinzip des Aktienrechts ist der **Schutz** der Minderheitsgesellschafter, der Gesellschaftsgläubiger und letztlich der Gesellschaft selbst **vor unzulässigen Konzerneinflüssen**. Gemeint ist damit der Schutz vor der Einflußnahme eines beherrschenden Aktionärs zum Nachteil der Gesellschaft oder der Minderheitsaktionäre. Ist ein Aktionär gleichzeitig an mehreren Gesellschaften wesentlich beteiligt, besteht die Gefahr, daß die einzelnen Gesellschaften unter einer einheitlichen Leitung zusammengefaßt werden. Die Entscheidungen der einzelnen Gesellschaft sind dann nicht mehr unbedingt am Gesellschaftsinteresse, sondern möglicherweise am Interesse des Gesamtkonzerns ausgerichtet. Den damit für die Minderheitsgesellschafter und die Gläubiger der Gesellschaft verbundenen Gefahren versucht das Aktiengesetz durch einen umfangreichen Katalog konzernrechtlicher Vorschriften zu begegnen (§§ 291 ff AktG).

b) Beherrschungsvertrag

363 Die konzernrechtlichen Vorschriften des Aktiengesetzes, die in weiten Teilen auch entsprechend auf die Gesellschaft mit beschränkter Haftung angewandt werden, sollen hier nur in einem kurzen Überblick vorgestellt werden. Das Aktiengesetz sieht vor, daß eine Aktiengesellschaft aufgrund eines Beherrschungsvertrages unter die Leitung einer anderen Gesellschaft gestellt werden kann (§ 291 Abs. 1 AktG). Besteht ein **Beherrschungsvertrag**, so ist das herrschende Unternehmen berechtigt, dem Vorstand der beherrschten Aktiengesellschaft hinsichtlich der Leitung der Gesellschaft Weisungen zu erteilen. Das Prinzip der weisungsfreien Leitung der Gesellschaft durch den Vorstand (oben Rz. 326) ist damit außer Kraft gesetzt.

I. Die tragenden Prinzipien des Aktienrechts

c) Gewinnabführungsvertrag

Daneben kann sich die beherrschte Aktiengesellschaft auch verpflichten, ihren **364** Gewinn an ein anderes Unternehmen abzuführen (**Gewinnabführungsvertrag**, § 291 Abs. 1 AktG). Das herrschende Unternehmen ist auf der Grundlage eines Beherrschungs- und/oder Gewinnabführungsvertrages verpflichtet, den sogenannten außenstehenden Aktionären – also den Minderheitsaktionären – einen entsprechenden Ausgleich zu zahlen (Barabfindungsangebot, Garantiedividende, §§ 304 ff AktG). Außerdem besteht eine Verpflichtung des herrschenden Unternehmens zum Verlustausgleich bei der beherrschten Gesellschaft (§ 302 AktG).

d) Qualifizierter/einfacher faktischer Konzern

Diese Regelungen werden teilweise entsprechend angewandt, wenn zwar kein **365** Unternehmensvertrag abgeschlossen worden ist, aber die Einflußnahme durch einen Gesellschafter auf die Leitung der Gesellschaft ein derartiges Maß erreicht hat, daß ein Unterschied zur Beherrschung aufgrund eines Beherrschungsvertrages kaum noch festgestellt werden kann (sogenannter qualifizierter faktischer Konzern).[55] Besteht eine solche intensive Einflußnahme auf die betreffende Gesellschaft nicht, kann gleichwohl ein einfacher faktischer Konzern vorliegen. In diesem Fall hat der Vorstand der abhängigen Gesellschaft einen Abhängigkeitsbericht zu erstellen, in dem über die Leistungsbeziehungen zur herrschenden Gesellschaft zu berichten ist (§ 312 AktG). Auf Veranlassung des herrschenden Unternehmens vorgenommene nachteilige Rechtsgeschäfte führen zu einer Ausgleichspflicht (§ 311 AktG). Aufgrund der teilweise weitreichenden Konsequenzen der Anwendung der konzernrechtlichen Vorschriften bedürfen Konzernrechtsverhältnisse einer umfassenden rechtlichen Beratung.

---

55) Vgl. hierzu *Hüffer*, AktG, § 302 Rz. 6 ff.

II. Vorstand

Literatur: *Brebeck*, KonTraG und Risikomanagement, in: K. Schmidt/Riegger (Hrsg.), Gesellschaftsrecht 1999, RWS-Forum 15, 2000, S. 181; *Mülbert*, Shareholder Value aus rechtlicher Sicht, ZGR 1997, 129.

Übersicht

1.	Der Vorstand als Leitungsorgan der Aktiengesellschaft	366	
	a) Zahl	369	
	b) Vorsitzender und Sprecher	371	
2.	Geschäftsführung und Vertretung	373	
	a) Leitungskompetenz	373	
	b) Vertretung	381	
3.	Bestellung und Abberufung des Vorstandes	387	
	a) Bestellung	388	
	b) Abberufung	397	
	c) Amtsniederlegung	400	
	d) Notvorstand	401	
4.	Das Anstellungsverhältnis	402	
	a) Dauer	404	
	b) Vergütung	405	
	c) Betriebliche Altersversorgung und Urlaub	410	
	d) Kreditgewährung	412	
5.	Pflichten des Vorstandes	413	
	a) Einrichtung eines Überwachungssystems	414	
	b) Abhängigkeitsbericht	416	
	c) Treuepflicht und Gleichbehandlung	417	
	d) Wettbewerbsverbot	419	
	e) Verschwiegenheitspflicht	425	
6.	Haftung der Vorstandsmitglieder	428	

1. Der Vorstand als Leitungsorgan der Aktiengesellschaft

366 Der Vorstand ist neben der Hauptversammlung und dem Aufsichtsrat das dritte **Organ der Aktiengesellschaft**. Seine originäre Aufgabe ist nach § 76 AktG die Leitung der Gesellschaft unter eigener Verantwortung. Ihm obliegen die gerichtliche und außergerichtliche Vertretung der Gesellschaft (§ 78 Abs. 1 Satz 1 AktG). In der Aktiengesellschaft übernimmt der Vorstand dementsprechend diejenigen Funktionen, die bei einer GmbH den Geschäftsführern zugewiesen sind (vgl. § 35 Abs. 1 GmbHG). Gleichwohl sind Vorstand einer AG einerseits und Geschäftsführer einer GmbH andererseits von ihrer rechtlichen Stellung her nur bedingt vergleichbar. Unterschiede ergeben sich insbesondere im Vergleich zwischen der Aktiengesellschaft und der (nicht mitbestimmten) GmbH aus der gesetzlich zwingend vorgeschriebenen Dreigliedrigkeit des Organaufbaus und namentlich der Verschiedenheit der Kompetenzen im Vergleich zwischen der Hauptversammlung der Aktiengesellschaft einerseits und der Gesellschafterversammlung der GmbH andererseits. Im Gegensatz zur GmbH (vgl. etwa § 37 Abs. 1 GmbH), bei der die Geschäftsführer nur in einem begrenzten Umfang unentziehbare Kompetenzen und Pflichten haben (z. B. organschaftliche Vertretung im Außenverhältnis, Insolvenzantragspflicht, Verpflichtung zur Buchführung und Bilanzierung), sind die Zuständigkeitsordnung und damit zugleich die Abgrenzung der Kompetenzbereiche der Organe untereinander durch das Aktiengesetz weitestgehend festgelegt. Insbesondere ergibt sich in der Aktiengesellschaft im Unterschied zur GmbH nur in äußerst engen Grenzen die Möglichkeit, die Aufgaben und Befugnisse des Geschäftsleitungsorgans durch Satzungsbestimmungen oder Beschlüsse der Hauptversammlung zu definieren oder zu begrenzen.

Die **Bezeichnung** des Leitungsorgans der AG als **Vorstand** ist gesetzlich verbindlich vorgeschrieben. Auf den Geschäftsbriefen der Gesellschaft sind die Vorstandsmitglieder als solche namentlich aufzuführen (§ 80 Abs. 1 AktG), wobei der Vorsitzende des Vorstandes in dieser seiner Eigenschaft gesondert zu bezeichnen ist (§ 80 Abs. 1 Satz 2 AktG). Die Aktiengesellschaft hat dementsprechend im rechtlichen Sinne keine „Geschäftsführung" als Organ und keine „Geschäftsführer".[56] Es ist von daher nicht zutreffend, wenngleich in kleineren Gesellschaften durchaus nicht selten anzutreffen, wenn zum Zwecke einer Aufwertung nach außen auch Angehörige einer zweiten Führungsebene des Unternehmens unterhalb des Vorstandes als Mitglieder einer (gegebenenfalls erweiterten) Geschäftsführung tituliert werden. Dies sollte vermieden werden, um nicht den Anschein zu erwecken, es handele sich um Mitglieder des Vorstandes. 367

Ausdrücklich läßt das Gesetz demgegenüber die Bestellung **stellvertretender Vorstandsmitglieder** zu. Materielle Bedeutung hat diese Unterscheidung allerdings kaum, da § 94 AktG die Geltung aller Vorschriften für die Vorstandsmitglieder auch für die Stellvertreter anordnet. Stellvertretende Vorstandsmitglieder sind daher rechtlich vollwertige Vorstandsmitglieder mit allen Rechten und Pflichten. Die Unterscheidung zwischen Vorstandsmitgliedern und stellvertretenden Vorstandsmitgliedern bewirkt dementsprechend im wesentlichen nur eine Abstufung nach außen, hat im übrigen jedoch nur eine geringe sachliche Bedeutung. Eine Differenzierung ist in der Praxis bei großen Gesellschaften teilweise üblich, insbesondere für die erstmalige Bestellung von Führungsnachwuchs zu Vorstandsmitgliedern, wobei eine solche Bestellung zu stellvertretenden Vorstandsmitgliedern dann oft auch für eine kürzere als 368

---

56) Begrifflich irreführend ist insofern § 192 Abs. 2 Nr. 3 AktG, wonach eine bedingte Kapitalerhöhung u. a. zur Gewährung von Bezugsrechten an „Mitglieder der Geschäftsführung der Gesellschaft" zulässig sein soll. Der Wortlaut erklärt sich aus der Verkürzung der Formulierung heraus, die sich zugleich auch auf Mitglieder von Geschäftsführungen verbundener Unternehmen ohne Rücksicht auf deren Rechtsform bezieht, so daß hier der Ausdruck „Mitglied der Geschäftsführung" als Oberbegriff für die Mitgliedschaft in dem Leitungsorgan einer Gesellschaft jeglicher Rechtsform zu verstehen ist.

D. Die Organisation der kleinen AG

die gesetzlich zulässige Frist von fünf Jahren erfolgt. Für die kleine AG wird sich dies in der Regel nicht anbieten.

a) Zahl

369 Was die Bestimmung der **Zahl** der Vorstandsmitglieder betrifft, so ist die Gesellschaft hier im wesentlichen frei. § 76 Abs. 2 Satz 1 AktG läßt grundsätzlich sowohl den eingliedrigen als auch den mehrgliedrigen Vorstand ausdrücklich zu. Hat die Gesellschaft ein Grundkapital von mehr als 3 Mio. Euro, so sieht das Gesetz einen mindestens zweiköpfigen Vorstand vor (§ 76 Abs. 2 Satz 2 AktG). Aber auch diese Bestimmung ist insofern nicht zwingend, als die Satzung für einen solchen Fall die Möglichkeit vorsehen kann (dann aber auch muß), daß der Vorstand nur aus einer Person bestehen kann oder soll. Die Satzung kann eine Mindest- und/oder eine Höchstzahl der Vorstandsmitglieder festlegen, an die der Aufsichtsrat bei der Bestellung gebunden ist. Üblich und zweckmäßig ist eine **Satzungsbestimmung**, die die **Festlegung der Zahl** der Vorstandsmitglieder dem Aufsichtsrat überläßt. Die einzige **zwingende gesetzliche Einschränkung** ergibt sich aus den Vorschriften des Mitbestimmungsgesetzes, des Montanmitbestimmungsgesetzes und des Mitbestimmungs-Ergänzungsgesetzes, welche unabdingbar die Bestellung eines Arbeitsdirektors vorschreiben (§ 33 Abs. 1 Satz 1 MitbestG 1976, § 13 Abs. 1 MontanMitbestG, § 13 MitbestErgG). Im Anwendungsbereich dieser Gesetze, die kleine Aktiengesellschaften jedoch regelmäßig nicht betreffen, muß der Vorstand zwingend aus mindestens zwei Personen bestehen; es wäre nicht zulässig, ein alleiniges Vorstandsmitglied zugleich zum Arbeitsdirektor zu ernennen.

370 Wird die satzungsmäßige oder gesetzliche **Mindestzahl** der Vorstandsmitglieder **nicht erreicht**, so ist der Aufsichtsrat verpflichtet, eine hinreichende Zahl weiterer Vorstandsmitglieder zu bestellen. Wird hingegen die statutarische Höchstzahl von Vorstandsmitgliedern überschritten, so ist nicht etwa die Bestellung der überzähligen Vorstandsmitglieder unwirksam.[57] Vielmehr hat der Aufsichtsrat lediglich im Rahmen des rechtlich Zulässigen auf eine entsprechende Reduzierung hinzuwirken. Außerdem kann der Aufsichtsrat schadensersatzpflichtig sein im Hinblick auf den durch die Bestellung überzähliger Vorstandsmitglieder anfallenden finanziellen Aufwand.

---

57) *Mertens*, in: Kölner Komm. z. AktG, § 57 Rz. 94.

b) Vorsitzender und Sprecher

Besteht der Vorstand aus mehr als einem Mitglied, so kann eine Abstufung 371 zwischen diesen auch in der Weise erfolgen, daß ein **Vorsitzender** des Vorstandes ernannt wird (§ 84 Abs. 2 AktG). Von dieser Möglichkeit wird in der Praxis auch bei kleinen Aktiengesellschaften häufig Gebrauch gemacht. Gesetzlich nicht geregelt ist die insbesondere bei größeren Gesellschaften des öfteren anzutreffende Figur eines **Vorstandssprechers**. Ob ein solcher Vorstandssprecher ein Vorsitzender des Vorstandes im gesetzlichen Sinne ist (und lediglich nicht als solcher bezeichnet wird), entscheidet sich im Einzelfall aufgrund der Bestimmungen der Satzung und der Geschäftsordnung des jeweiligen Vorstandes. Die Bestellung eines Vorsitzenden des Vorstandes ist ausschließlich dem Aufsichtsrat übertragen. Sie kann also insbesondere nicht dem Vorstand selbst überlassen werden. Ein Vorstandssprecher hingegen kann auch durch Beschluß oder Geschäftsordnung des Vorstandes vorgesehen oder gewählt werden.[58]

Gesetzliche Bestimmungen über besondere **Aufgaben und Zuständigkeiten** 372 des Vorstandsvorsitzenden gibt es nicht. Die Satzung und die Geschäftsführung des Vorstandes können die Stellung des Vorsitzenden dementsprechend im einzelnen näher ausgestalten. Der Begriff „Vorsitzender" legt es nahe, ihm das Recht zur Leitung und zur Einberufung von Sitzungen des Vorstandes zuzuordnen. Satzung und Geschäftsordnung können dem Vorstandsvorsitzenden jedoch auch weitergehende Rechte einräumen. Jedenfalls bei den nicht der (paritätischen) Mitbestimmung unterliegenden Gesellschaften ist es nach herrschender Auffassung rechtlich zulässig, dem Vorstandsvorsitzenden ein Vetorecht und/oder ein Recht auf einen Stichentscheid im Falle der Stimmengleichheit bei Beschlüssen des Vorstandes zuzugestehen.[59] Letzeres ist allerdings bei einem lediglich zweiköpfigen Vorstand ausgeschlossen, weil eine solche Regelung darauf hinausliefe, daß das zweite Vorstandsmitglied praktisch keinen Einfluß auf die Entscheidungen des Gesamtorgans hätte.[60] In der kleinen AG bietet sich innerhalb der somit gezogenen rechtlichen Grenzen das Instrument eines Stichentscheidungsrechts und/oder eines Vetorechts in denjenigen Fällen an, in denen es darum geht, die Position eines im Vorstand tätigen (insbesondere beherrschenden) Aktionärs zu stärken als Ausgleich für die im Vergleich zur GmbH wegfallende Möglichkeit, die Geschäftsführung über entsprechende Weisungsbeschlüsse der Gesellschafterversammlung zu steuern.

---

58) *Hüffer*, AktG, § 84 Rz. 22.
59) *Hüffer*, AktG, § 84 Rz. 21.
60) *Hefermehl*, in: Geßler/Hefermehl/Eckardt/Kropff, AktG, § 77 Rz. 8.

2. Geschäftsführung und Vertretung

a) Leitungskompetenz

373 Dem Vorstand obliegt die **Leitung der Gesellschaft unter eigener Verantwortung** (§ 76 Abs. 1 AktG). Die vom Gesetz ausdrücklich hervorgehobene Eigenverantwortlichkeit des Vorstandes ist das charakteristische Merkmal der Organisationsverfassung der Aktiengesellschaft und unterscheidet diese insbesondere von der GmbH. Die eigenverantwortliche Stellung des Vorstandes ist rechtsformspezifisch und damit unabhängig von der Größe der Aktiengesellschaft. Sie ist weder durch die Satzung noch durch Regelungen im Anstellungsvertrag oder sonstigen schuldrechtlichen Vereinbarungen noch durch Beschlüsse der Hauptversammlung abdingbar. Mit dem Übergang von der Rechtsform der GmbH zur Aktiengesellschaft ist der zwangsläufige Verlust des Rechts der Gesellschafter verbunden, auf die unternehmenspolitischen Entscheidungen unmittelbaren Einfluß nehmen zu können. Ein entsprechender Einfluß kann daher entweder nur durch eigene Präsenz der Gesellschafter im Vorstand oder – in sehr stark abgeschwächter Form – über die Mitgliedschaft im Aufsichtsrat durch die Ausübung von Kontrollrechten einschließlich des Rechts zur (Wieder-)Bestellung des Vorstandes teilweise kompensiert werden. Zur Leitung des Unternehmens gehören sowohl die Bestimmung der Grundlinien der Unternehmenspolitik (begrenzt lediglich durch den satzungsmäßigen Unternehmensgegenstand der Gesellschaft sowie Zustimmungsvorbehalte des Aufsichtsrates) als auch die Maßnahmen zu ihrer Umsetzung sowie sämtliche Entscheidungen der laufenden Geschäftsführung. Die Geschäftsführung des Vorstandes umfaßt sämtliches Handeln für die Gesellschaft nach innen wie nach außen.

374 Die eigenverantwortliche Leitung der Gesellschaft schließt das Recht und die Pflicht des Vorstandes ein, innerhalb seiner Zuständigkeiten nach pflichtgemäßem Ermessen zu entscheiden. § 93 Abs. 1 Satz 1 AktG verpflichtet die Vorstandsmitglieder darauf, bei ihrer Geschäftsführung die **Sorgfalt eines ordentlichen und gewissenhaften Geschäftsleiters** anzuwenden. Maßstab dieser Pflichtenbindung ist das Interesse der Gesellschaft. Entgegen einer insbesondere im Zusammenhang mit der Mitbestimmungsdiskussion verschiedentlich vertretenen Auffassung existiert ein rechtlich anzuerkennendes, vom Gesellschaftsinteresse verschiedenes **Unternehmensinteresse** nicht.[61] Ein solches folgt auch weder aus der gegenüber den Aktionären eigenverantwortlichen Stellung des Vorstandes noch aus der Mitbestimmungsidee. Richtig ist allerdings, daß der Vorstand sich bei der Ausübung seines pflichtmäßigen Ermes-

---

[61] Vgl. aber z. B. *Raiser*, § 14 Rz. 11 m. w. N.

sens nicht notwendigerweise allein an dem Interesse der Aktionäre an einer kurzfristigen Gewinnmaximierung orientieren muß und die Aktionäre dies dem Vorstand auch nicht vorgeben können. Vielmehr umfaßt das Gesellschaftsinteresse – und zwar unabhängig von den Willensbekundungen der Gesellschafter im Einzelfall – auch langfristige unternehmenspolitische Ziele, so daß es dem Vorstand von daher nicht verwehrt ist, gegebenenfalls auch auf Kosten der kurzfristigen Ertragslage des Unternehmens Belange der Arbeitnehmerschaft oder der Allgemeinheit in die Gesamtabwägung seiner Entscheidungen mit einzubeziehen. Dies geschieht dann jedoch nicht als Selbstzweck, sondern im Sinne der Ausrichtung an einem langfristigen und dauerhaften Shareholder value.[62]

Sind mehrere Vorstandsmitglieder vorhanden, so gilt nach § 77 Abs. 1 Satz 1 AktG der (allerdings dispositive) Grundsatz der **Gesamtgeschäftsführung**. Das bedeutet, daß der Vorstand in allen Belangen nur dann handeln kann, wenn alle Vorstandsmitglieder mit der Geschäftsführungsmaßnahme einverstanden sind. Dieser Grundsatz ist jedoch in doppelter Hinsicht abdingbar. Die Satzung oder die Geschäftsordnung des Vorstands können zum einen vorsehen, daß der Vorstand seine Entscheidung aufgrund einfacher oder qualifizierter Mehrheit trifft. Sie können zum anderen auch das Kollegialprinzip in der Weise durchbrechen, daß einzelnen Vorstandsmitgliedern Ressorts zugewiesen werden, innerhalb deren sie zur alleinigen Geschäftsführung befugt sind. Möglich ist daher insbesondere, daß die Satzung oder die Geschäftsführung eine Geschäftsverteilung innerhalb des Vorstandes vorsehen. Eine Aufgabenverteilung unter den Mitgliedern des Vorstandes ist jedoch gesetzlich nicht unbeschränkt zulässig. Es gibt eine Reihe von Aufgaben und Pflichten, die der Gesetzgeber zwingend dem Vorstand als Kollegialorgan oder jedem einzelnen seiner Mitglieder auferlegt. 375

Beispiele: Der Vorstand ist in seiner Gesamtheit zu Berichten an den Aufsichtsrat verpflichtet (§ 90 AktG). Er ist für die Buchführung und die Einführung eines Überwachungssystems kollektiv verantwortlich (§ 91 AktG). Bei einem Verlust in Höhe der Hälfte des Grundkapitals hat der Vorstand unverzüglich die Hauptversammlung einzuberufen (§ 92 Abs. 1 AktG). Bei Zahlungsunfähigkeit oder Überschuldung muß der Vorstand einen Antrag auf Eröffnung des Insolvenzverfahrens stellen (§ 92 Abs. 2 AktG). Der Vorstand hat als Gesamtorgan die Befugnis, die Einberufung einer Aufsichtsratssitzung zu verlangen (§ 110 Abs. 1 AktG). Er ist kollektiv für die Aufstellung des Jahresabschlusses und des Lageberichts sowie dessen Vorlage an den Aufsichtsrat verantwortlich (§ 170 Abs. 1 AktG). Der Vorstand hat für die ordnungsgemä- 376

---

62) Siehe hierzu *Mülbert*, ZGR 1997, 129.

D. Die Organisation der kleinen AG

ße Zusammensetzung des Aufsichtsrates zu sorgen (§§ 97, 98, 104 AktG). Der Vorstand in seiner Gesamtheit beruft die Hauptversammlung ein (§ 121 Abs. 2 AktG).

377 Auch unabhängig von den gesetzlich besonders geregelten Fällen folgt aus § 76 Abs. 1 AktG eine **kollektive Verantwortung des Gesamtvorstandes** für die Leitung der Gesellschaft. Entscheidungen, die über den laufenden Geschäftsbetrieb hinausgehen und für Bestand und Entwicklung des Unternehmens von wesentlicher Bedeutung sind, müssen vom Gesamtvorstand getroffen werden und können nicht durch Ressortzuweisung auf einzelne Vorstandsmitglieder delegiert werden. Aus der Gesamtverantwortung des Vorstandes ergibt sich zugleich auch die Verpflichtung jedes Vorstandsmitglieds zur Überwachung der Tätigkeit der übrigen Vorstandsmitglieder, und zwar auch im Falle eines arbeitsteilig organisierten Vorstandes. Stellt ein Vorstandsmitglied fest, daß ein anderes Vorstandsmitglied (gegebenenfalls auch innerhalb seiner Ressortzuständigkeit) die ihm obliegenden Sorgfaltspflichten verletzt, so ist es verpflichtet, einzugreifen und gegebenenfalls eine Entscheidung des Gesamtvorstandes einzuholen; es kann sich in einem solchen Fall nicht darauf berufen, daß es nach dem Geschäftsverteilungsplan für das betreffende Ressort nicht zuständig sei.[63]

378 Der Vorstand kann seine Geschäftsführungsaufgabe **nicht auf Dritte übertragen**. Auch Beschlüsse der Hauptversammlung oder des Aufsichtsrates entbinden den Vorstand grundsätzlich nicht von seiner Verantwortung für die Geschäftsführung. Eine Ausnahme bildet das Recht des Vorstandes, zu Fragen der Geschäftsführung einen Beschluß der **Hauptversammlung** einzuholen (§ 119 Abs. 2 AktG). Kommt ein solcher Beschluß gesetzmäßig zustande, so befreit er den Vorstand gemäß § 93 Abs. 4 Satz 1 AktG von der Haftung für die betreffende Geschäftsführungsmaßnahme.

379 Grundsätzlich trifft den Vorstand ein Ermessen, welche Geschäfte er nach § 119 Abs. 2 AktG der Hauptversammlung zur Entscheidung vorlegt. In der Praxis wird von dieser Möglichkeit verhältnismäßig wenig Gebrauch gemacht. Die Rechtsprechung[64] geht davon aus, daß bei Geschäften von besonders herausragender Bedeutung, namentlich der Ausgliederung des wesentlichen und wertvollsten Teils des Gesellschaftsvermögens auf eine Tochtergesellschaft, den Vorstand eine Verpflichtung treffe, der Hauptversammlung die Maßnahme zur Entscheidung vorzulegen.

---

63) *Wiesner*, in: Münchener Handbuch des Gesellschaftsrechts, § 22 Rz. 13.
64) Grundlegend BGH, Urt. v. 25. 2. 1982 – II ZR 174/80, BGHZ 83, 122 = ZIP 1982, 568 – Holzmüller.

II. Vorstand

Die Tragweite dieser Rechtsprechung, die in der Wissenschaft umstritten **380**
ist,[65)] ist von einer abschließenden Klärung weit entfernt. Da es sich um eine
Durchbrechung des Grundsatzes der eigenverantwortlichen Leitung der Gesellschaft durch den Vorstand handelt, muß eine solche Reduzierung des Ermessens des Vorstandes, über die Vorlage an die Hauptversammlung selbst zu
entscheiden, jedenfalls auf besondere Ausnahmefälle beschränkt bleiben. Es
wäre auch nicht zulässig, solche Fälle durch die Satzung oder Beschlüsse der
Hauptversammlung näher zu konkretisieren und auf diese Weise ähnlich wie
in der GmbH einen Katalog von Geschäften aufzustellen, zu deren Vornahme
der Vorstand der Zustimmung der Hauptversammlung bedürfte. Auch in der
kleinen AG kommt wegen der Eigenverantwortlichkeit der Leitung der Gesellschaft durch den Vorstand die Einführung solcher Zustimmungsvorbehalte der
Hauptversammlung nicht in Betracht.

b) Vertretung

Entsprechend seiner Aufgabe, die Geschäfte der Gesellschaft auch nach außen **381**
hin zu führen, ist der Vorstand auch zur Vertretung der Gesellschaft ausdrücklich befugt. § 78 Abs. 1 AktG bestimmt, daß der Vorstand die Gesellschaft gerichtlich und außergerichtlich vertritt. Gemeint ist die Vertretung in bezug auf
Rechtsgeschäfte aller Art, insbesondere das Abgeben und Empfangen von
Willenserklärungen. Durch den Vorstand als Organ der Gesellschaft ist diese
im Außenverhältnis handlungsfähig. Es handelt sich hier um einen Fall **organschaftlicher Vertretung**. Vom Grundsatz her ist die Stellung des Vorstandes
insoweit vergleichbar mit derjenigen der Geschäftsführer in der GmbH, welche
ebenfalls organschaftliche Vertreter der Gesellschafter sind (vgl. § 35 Abs. 1
GmbHG).

Auf dem gleichen rechtlichen Grundgedanken beruht auch der für den Vor- **382**
stand der Aktiengesellschaft ebenso wie für die Geschäftsführer der GmbH
geltende Grundsatz, daß die Vertretungsmacht des Vorstandes unbeschränkbar
ist (§ 82 Abs. 1 AktG; vgl. auch § 37 Abs. 2 GmbHG). Der Rechtsverkehr
kann sich daher generell darauf verlassen, daß rechtsgeschäftliche oder rechtsgeschäftsähnliche Erklärungen, die der Vorstand für die Gesellschaft abgibt,
für diese rechtlich verbindlich sind. Hiervon gibt es nur sehr eng begrenzte
Ausnahmen durch das Rechtsinstitut des Mißbrauchs der Vertretungsmacht.[66)]
Nur dann, wenn ausnahmsweise der Dritte nicht schutzwürdig ist, weil er insbesondere mit dem Vorstand zum Nachteil der Gesellschaft kollusiv zusam-

---

65) Nachweise bei *Hüffer*, AktG, § 119 Rz. 17 f; vgl. auch *Raiser*, § 16 Rz. 11 ff.
66) Vgl. hierzu *Palandt/Heinrichs*, BGB, § 164 Rz. 13 ff.

D. Die Organisation der kleinen AG

menwirkt oder er weiß oder wissen müßte, daß der Vorstand die ihm im Innenverhältnis auferlegten Beschränkungen seiner Befugnisse überschreitet, kann ausnahmsweise die rechtliche Wirksamkeit des vom Vorstand geschlossenen Geschäfts in Frage stehen. Da solche Beschränkungen des Vorstandes im Innenverhältnis wegen seiner eigenverantwortlichen Stellung eine wesentlich geringere Bedeutung haben als bei den Geschäftsführern der GmbH, sind solche Fälle mit Ausnahme von Kollusionssituationen nur schwer denkbar.

383 In einigen wenigen Fällen ist der Grundsatz der unbeschränkten Vertretungsmacht des Vorstandes insofern **durchbrochen**, als die Wirksamkeit auch im Außenverhältnis von der Mitwirkung anderer Organe und gegebenenfalls weiteren formellen Voraussetzungen abhängt. Neben dem Abschluß von Unternehmensverträgen i. S. v. §§ 291, 292 AktG (Beherrschungsvertrag, Gewinnabführungsvertrag, Gewinngemeinschaft, Teilgewinnabführungsvertrag – unter den übrigens auch die Eingehung einer stillen Gesellschaft fällt[67] –, Betriebspacht- und Betriebsüberlassungsvertrag) ist hier als praktisch wichtigster Fall die Nachgründung nach § 52 AktG zu nennen. Hierbei handelt es sich um Verträge der Gesellschaft innerhalb der ersten zwei Jahre nach ihrer Eintragung in das Handelsregister, die auf den Erwerb von Anlagen oder anderen Vermögensgegenständen mit einer Gegenleistung in Höhe von mehr als 10 % des Grundkapitals gerichtet sind und die zu ihrer Wirksamkeit unter anderem der Zustimmung der Hauptversammlung und der Eintragung in das Handelsregister nach vorangehender Angemessenheitsprüfung durch den Aufsichtsrat und einen gerichtlich bestellten Prüfer bedürfen.

384 Besteht der Vorstand aus mehreren Mitgliedern, so gilt nach der gesetzlichen Bestimmung des § 78 Abs. 2 Satz 1 AktG das Prinzip der **Gesamtvertretung**. Dies würde an sich bedeuten, daß sämtliche Vorstandsmitglieder nur gemeinschaftlich zur Vertretung der Gesellschaft berechtigt sind. Die Rechtslage entspricht auch hier derjenigen bei der GmbH (§ 35 Abs. 2 Satz 2 GmbHG). Allerdings genügt für den Zugang von Willenserklärungen gegenüber der Gesellschaft, daß diese einem Vorstandsmitglied gegenüber abgegeben sind (Passivvertretung, § 78 Abs. 2 Satz 2 AktG). Der Grundsatz der gemeinschaftlichen Vertretung durch alle Vorstandsmitglieder ist bei einem mehr als zweiköpfigen Vorstand in der Praxis kaum anzutreffen. Rechtlich zulässig ist auch die Vertretung durch zwei Vorstandsmitglieder, durch ein Vorstandsmitglied zusammen mit einem Prokuristen oder durch ein Vorstandsmitglied allein. Dies kann entweder in der Satzung selbst oder aufgrund satzungsmäßiger Ermächtigung durch den Aufsichtsrat bestimmt werden (§ 78 Abs. 3 AktG).

---

[67] *Koppensteiner*, in: Kölner Komm. z. AktG, § 292 Rz. 53.

II. Vorstand

Für das **Verbot des Selbstkontrahierens** gemäß § 181 BGB (sogenannte Insichgeschäfte) bleibt bei der Aktiengesellschaft (anders als bei der GmbH) nur ein vergleichsweise geringer Anwendungsbereich. Dies ist dadurch bedingt, daß die Gesellschaft im Rahmen ihrer rechtsgeschäftlichen Vertretung gegenüber Mitgliedern des Vorstandes zwingend durch den Aufsichtsrat vertreten werden muß (§ 112 AktG). Die Konstellation, daß ein Vorstandsmitglied mit sich selbst im eigenen Namen einen Vertrag abschließt, kann daher bei der Aktiengesellschaft von vornherein nicht auftreten. Denkbar ist allerdings die zweite Fallvariante des § 181 BGB (sogenannte Mehrvertretung), d. h. die Situation, daß ein Vorstandsmitglied namens der AG ein Rechtsgeschäft mit sich selbst als Vertreter eines Dritten vornimmt. Solche Geschäfte sind nach der gesetzlichen Regel des § 181 BGB grundsätzlich unwirksam und hängen von der Gestattung durch den Vertretenen ab. Für die Zustimmung seitens der Aktiengesellschaft ist in solchen Fällen der Aufsichtsrat zuständig.[68] Die gesetzliche Regelung, die Interessenkollisionen vorbeugen soll, kann insbesondere in den Beziehungen zu verbundenen Unternehmen unzweckmäßig sein, wenn dort ebenfalls die Vorstandsmitglieder in den jeweiligen Vertretungsorganen repräsentiert sind. Vorstandsmitglieder können daher durch den Aufsichtsrat aufgrund entsprechender satzungsmäßiger Ermächtigung auch generell für den Fall der Mehrvertretung von den Beschränkungen des § 181 BGB befreit werden.

385

Das Gesetz erwähnt in § 78 Abs. 1 AktG die **gerichtliche** Vertretung der Gesellschaft gesondert. Auch sie obliegt grundsätzlich dem Vorstand. Abweichend hiervon ist wiederum die Zuständigkeit des Aufsichtsrates gegeben, wenn es sich um die gerichtliche Vertretung gegenüber Vorstandsmitgliedern – auch ausgeschiedenen[69] – handelt (§ 112 AktG). Für einige Sonderfälle kennt das Gesetz spezielle Regelungen, wie beispielsweise die gemeinschaftliche Vertretung der Gesellschaft durch Vorstand und Aufsichtsrat bei Anfechtungs- oder Nichtigkeitsklagen gegen Beschlüsse der Hauptversammlung (§ 246 Abs. 2, § 249 AktG). Ebenfalls gesondert geregelt ist die Vertretung der Gesellschaft bei Anmeldungen zum Handelsregister, die im Regelfall dem Vorstand in vertretungsberechtigter Zahl obliegt. Nur ausnahmsweise bedarf es zu einer Handelsregisteranmeldung der Mitwirkung sämtlicher Vorstandsmitglieder, der Gründer und der Aufsichtsratsmitglieder (so bei der Gründung, § 36 Abs. 1 AktG) oder zusätzlich des Vorsitzenden des Aufsichtsrates (bei

386

---

[68] *Hüffer*, AktG, § 112 Rz. 7.
[69] BGH, Urt. v. 22. 4. 1991 – II ZR 151/90, ZIP 1991, 796 = AG 1991, 269, dazu EWiR 1991, 631 *(Meyer-Landrut)*.

Kapitalerhöhungen und Kapitalherabsetzungen, § 184 Abs. 1, § 188 Abs. 1, § 195 Abs. 1, § 207 Abs. 2, § 223 Abs. 1, § 229 Abs. 3 AktG).

3. Bestellung und Abberufung des Vorstandes

387 Die Bestellung des Vorstandes ist rechtlich zu unterscheiden von der Eingehung eines Anstellungsverhältnisses. Die gesellschaftsrechtliche Stellung als Vorstandsmitglied wird durch die Bestellung als **körperschaftlicher Organisationsakt** begründet. Im Anstellungsverhältnis werden die schuldrechtlichen Rechte und Pflichten des Vorstandsmitgliedes gegenüber der Aktiengesellschaft geregelt. Aus juristischer Sicht sind die gesellschaftsrechtliche und die schuldrechtliche Ebene konsequent zu trennen. Mängel des einen Rechtsverhältnisses schlagen nicht notwendigerweise automatisch auf das andere durch. Die Beendigung des organschaftlichen Verhältnisses führt insbesondere nicht automatisch zur Beendigung des Anstellungsverhältnisses mitsamt den hieraus erwachsenden individuellen Rechten und Ansprüchen des betroffenen Vorstandsmitglieds. Jedoch ergeben sich auch Abhängigkeiten bezüglich des Abschlusses und der Ausgestaltung des Anstellungsvertrages von der gesellschaftsrechtlichen Rechtsposition.

a) Bestellung

388 Die Bestellung der Vorstandsmitglieder erfolgt durch den Aufsichtsrat (§ 84 Abs. 1 Satz 1 AktG). Die gesetzliche Zuweisung der Bestellungskompetenz an den Aufsichtsrat ist unabdingbar. Die Satzung kann auch nicht bestimmen, daß der Vorstand etwa durch die Hauptversammlung oder durch ein anderes besonderes Organ bestimmt würde. Dies gilt auch dann, wenn der Aufsichtsrat der Gesellschaft nicht der Mitbestimmung unterliegt. Die Rechtslage unterscheidet sich insofern deutlich von der Situation bei der GmbH, wo es eine gesetzlich zwingende **Bestellungskompetenz des Aufsichtsrates** nur in der nach dem Mitbestimmungsgesetz von 1976 (§ 31) und den Montan-Mitbestimmungsgesetzen gibt; im übrigen stehen sie zur Disposition der Gesellschafter. Auch in der kleinen AG kann daher die Personalpolitik hinsichtlich der Zusammensetzung des Vorstandes nur über den Aufsichtsrat betrieben werden.

389 Die Entscheidung über die Bestellung der Vorstandsmitglieder muß zwingend durch den **Aufsichtsrat in seiner Gesamtheit** erfolgen. Die Entscheidung kann einem Ausschuß nicht überlassen werden (§ 107 Abs. 3 Satz 2 AktG). Möglich und zulässig ist es jedoch, einen Aufsichtsratsausschuß mit der Vorbereitung der Entscheidung zu beauftragen, namentlich mit der Suche und

II. Vorstand

Auswahl geeigneter Kandidaten einschließlich der Verhandlung über die Anstellungskonditionen.

Die Bestellung erfolgt auf der Grundlage eines **Beschlusses** des Aufsichtsrates. Für diesen Beschluß gelten grundsätzlich die allgemein für Aufsichtsratsbeschlüsse geltenden Vorschriften. Es reicht daher grundsätzlich eine einfache Stimmenmehrheit im Aufsichtsrat für die Beschlußfassung aus. Die Satzung kann jedoch weitergehende Mehrheitserfordernisse bestimmen.[70] Bei Gesellschaften, die dem Mitbestimmungsgesetz von 1976 unterliegen, gelten abweichende Regelungen.[71] 390

Der Bestellungsakt durch den Aufsichtsrat ist **empfangsbedürftig**, bedarf also des Zugangs bei dem zum Vorstandsmitglied Bestellten. Weiterhin bedarf es der Annahme des Amtes durch das bestellte Vorstandsmitglied. 391

Grundsätzlich kann **jede unbeschränkt geschäftsfähige natürliche Person** zum Vorstandsmitglied einer Aktiengesellschaft bestellt werden (§ 76 Abs. 3 Satz 1 AktG). Das deutsche Recht kennt keine Beschränkungen hinsichtlich der Staatsangehörigkeit der Vorstandsmitglieder. Wie auch bei der GmbH sind lediglich Personen ausgeschlossen, die innerhalb eines Zeitraums von fünf Jahren wegen bestimmter Konkursdelikte (§§ 283–283d StGB) verurteilt worden sind oder denen die Ausübung eines einschlägigen Berufs oder Gewerbes untersagt worden ist (§ 76 Abs. 3 Satz 3 AktG). Zulässig sind (vorbehaltlich der erforderlichen Zustimmung des Aufsichtsrates) auch Vorstands-Doppelmandate. 392

Nicht miteinander vereinbar ist demgegenüber die gleichzeitige Mitgliedschaft im Vorstand und Aufsichtsrat der gleichen Aktiengesellschaft (§ 105 Abs. 1 AktG). Das Aufsichtsratsmitglied kann daher zum Vorstandsmitglied nur bestellt werden, wenn es vorab sein Aufsichtsratsmandat niederlegt; andernfalls ist seine Bestellung zum Vorstandsmitglied bis zur Amtsniederlegung schwebend unwirksam. Eine Ausnahme von diesem Grundsatz findet sich in § 105 Abs. 2 AktG, wonach es möglich ist, daß der Aufsichtsrat für einen im voraus begrenzten Zeitraum, der maximal ein Jahr betragen darf, einzelne seiner Mitglieder zu Stellvertretern von fehlenden oder – so der Gesetzeswortlaut – „behinderten" Vorstandsmitgliedern bestellen kann. Auch insoweit gilt aber der 393

---

70) *Wiesner*, in: Münchener Handbuch des Gesellschaftsrechts, § 20 Rz. 18.
71) § 31 Abs. 2 MitbestG sieht vor, daß die Vorstandsmitglieder im ersten Wahlgang mit einer Mehrheit von 2/3 der Mitglieder des Aufsichtsrates gewählt werden. Kommt eine solche Mehrheit nicht zustande, wird zunächst ein besonderer Ausschuß, der Vermittlungsausschuß, tätig (§ 31 Abs. 3 MitbestG). Im zweiten Wahlgang entscheidet sodann der Aufsichtsrat mit einfacher Mehrheit, wobei bei Stimmengleichheit dem Vorsitzenden des Aufsichtsrates eine zweite Stimme zusteht (§ 31 Abs. 4 MitbestG).

Grundsatz der Inkompatibilität von Vorstands- und Aufsichtsratsmandat. Die Rechte als Aufsichtsratsmitglied ruhen für den gemäß § 105 Abs. 2 AktG in den Vorstand Entsandten für die Dauer seiner Amtszeit als stellvertretendes Vorstandsmitglied (§ 105 Abs. 2 Satz 3 AktG).

394 Die Bestellung eines Vorstandsmitgliedes kann auf einen **bestimmten in der Zukunft liegenden Zeitpunkt** erfolgen. Die Eintragung des Vorstandsmitglieds im Handelsregister kann gleichwohl bereits vorab angemeldet werden und unter Vermerk der entsprechenden Zeitbestimmung auch erfolgen.

395 Das Gesetz sieht vor, daß die Bestellung eines Vorstandsmitglieds maximal für eine Zeitdauer **von fünf Jahren** erfolgen kann (§ 84 Abs. 1 Satz 1 AktG). Auch diese Bestimmung ist zwingend. Eine Wiederbestellung von Vorstandsmitgliedern auf jeweils erneut maximal fünf Jahre ist zulässig (§ 84 Abs. 1 Satz 2 und 3 AktG). Sie darf jedoch frühestens ein Jahr vor Ablauf der jeweiligen Amtszeit erfolgen. Im Gegensatz zur GmbH kann bei der Aktiengesellschaft dementsprechend ein mitgliedschaftliches Sonderrecht auf Zugehörigkeit zum Vertretungsorgan der Gesellschaft durch die Satzung nicht begründet werden. Ebenso sind Verlängerungsklauseln unzulässig, die zu einer automatischen Fortsetzung des Vorstandsmandates ohne erneuten Beschluß des Aufsichtsrates führen würden, wenn und soweit die Höchstfrist von fünf Jahren durch eine solche Verlängerung überschritten wird (§ 84 Abs. 1 Satz 4 AktG).

396 Gesetzlich vorgesehen ist ausdrücklich nur eine Höchstfrist. Eine Mindestdauer der Amtszeit eines Vorstandsmitglieds ist gesetzlich nicht bestimmt. Handelt es sich nicht lediglich um eine interimistische Besetzung einer Vorstandsposition, so wird indessen allgemein angenommen, daß der Aufsichtsrat seine Pflichten verletzt, wenn er die Bestellungsperiode zu kurz bemißt, wobei die kritische Grenze bei einem Jahr gesehen wird.[72] Der hierdurch bedingte Zwang eines Vorstandsmitglieds, sich ständig innerhalb kurzer Zeiträume einer Wiederwahl stellen zu müssen, versetzt diesen in einem Maß in eine Abhängigkeit vom Aufsichtsrat, das mit seiner eigenverantwortlichen Stellung nicht zu vereinbaren ist. Gleichwohl ist auch die pflichtwidrigerweise zu kurz bemessene Bestellung eines Vorstandsmitglieds mit dieser Befristung wirksam. Die Satzung kann weder eine Mindestdauer der Bestellungsperiode eines Vorstandsmitglieds vorschreiben noch eine andere Höchstfrist, auch keine kürzere als die im Gesetz vorgesehene.[73]

---

72) *Hüffer*, AktG, § 84 Rz. 7.
73) *Wiesner*, in: Münchener Handbuch des Gesellschaftsrechts, § 20 Rz. 30.

II. Vorstand

b) Abberufung

Anders als die Geschäftsführer einer GmbH können die Mitglieder des Vorstandes einer Aktiengesellschaft nicht ohne weiteres aufgrund bloßen Beschlusses **abberufen** werden. Der Widerruf der Bestellung zum Vorstandsmitglied, für den gleichfalls der Aufsichtsrat, und zwar in seiner Gesamtheit, zuständig ist, bedarf nach § 84 Abs. 2 Satz 1 AktG eines wichtigen Grundes. Das Gesetz selbst bezeichnet als einen solchen Grund namentlich grobe Pflichtverletzung, Unfähigkeit zur ordnungsmäßigen Geschäftsführung und Vertrauensentzug durch die Hauptversammlung, es sei denn, daß das Vertrauen aus offenbar unsachlichen Gründen entzogen worden ist. Die Einschränkung der Widerruflichkeit der Bestellung zum Vorstandsmitglied dient dem Schutz der Unabhängigkeit des Vorstandes. An den hier verlangten wichtigen Grund sind daher erhebliche Anforderungen zu stellen. Ein Verschulden des betreffenden Vorstandsmitglieds wird allerdings nicht vorausgesetzt.[74] So kann beispielsweise auch ein Vorstandsmitglied abberufen werden, welches infolge einer Krankheit nicht mehr in der Lage ist, seinen Pflichten nachzukommen. 397

Der Vertrauensentzug durch die Hauptversammlung erfordert einen besonderen **Beschluß**.[75] Die bloße Nichtentlastung eines Vorstandsmitgliedes ersetzt diesen nicht. Gerade für die kleine AG mit einer überschaubaren Aktionärsstruktur mag sich das Instrument des Vertrauensentzugs vordergründig besonders anbieten, um sich von mißliebigen Vorstandsmitgliedern zu trennen. Der Gesetzeszweck gebietet es allerdings auch hier, an die sachliche Rechtfertigung eines solchen Vertrauensentzugs erhöhte Anforderungen zu stellen. 398

Der vom Gesetzgeber an sich intendierte Bestandsschutz des Vorstandsmandats gegenüber unberechtigten Abberufungsentscheidungen des Aufsichtsrates wird allerdings in der Praxis entscheidend entwertet durch § 84 Abs. 3 Satz 4 AktG, wonach der vom Aufsichtsrat ausgesprochene Widerruf der Bestellung zum Vorstandsmitglied **wirksam ist, bis dessen Unwirksamkeit rechtskräftig festgestellt ist**. Einstweiliger Rechtsschutz (z. B. durch einstweilige Verfügungen) ist insoweit nicht gegeben.[76] Angesichts einer üblicherweise erheblichen Prozeßdauer eines über drei Instanzen betriebenen Verfahrens bis zur rechtskräftigen Feststellung, insbesondere bei schwierigen Sachverhaltsfragen, die die fünfjährige gesetzliche Bestellungsdauer durchaus erreichen kann, 399

---

74) BGH, Urt. v. 11. 7. 1955 – II ZR 230/54, WM 1955, 1222.
75) *Hüffer*, AktG, § 84 Rz. 30.
76) Vgl. *Wiesner*, in: Münchener Handbuch des Gesellschaftsrechts, § 20 Rz. 52.

ist realistischerweise kaum davon auszugehen, daß ein vom Aufsichtsrat unwirksamerweise abberufenes Vorstandsmitglied nach einem gewonnenen Prozeß wieder in sein Amt zurückkehrt.

c) Amtsniederlegung

400 Das Amt eines Vorstandsmitglieds kann des weiteren durch **Amtsniederlegung** enden. Diese führt zum Erlöschen des Vorstandsamtes. Auch hier ist wiederum zu differenzieren, ob das Vorstandsmitglied aufgrund des mit der Gesellschaft bestehenden Anstellungsvertrages zur Amtsniederlegung berechtigt war oder hierdurch seine schuldrechtlichen Verpflichtungen verletzt und sich möglicherweise schadensersatzpflichtig macht.

d) Notvorstand

401 Neben der Bestellung durch den Aufsichtsrat sieht § 85 AktG vor, daß ein Vorstandsmitglied (Notvorstand) vom Registergericht bestellt werden kann. Eine solche Bestellung kommt nur in Betracht, wenn ein erforderliches Vorstandsmitglied fehlt. Dies ist insbesondere dann zu bejahen, wenn die Gesellschaft nicht mehr handlungsfähig ist, insbesondere wenn kein Vorstandsmitglied mehr vorhanden ist. Einen Antrag auf gerichtliche Bestellung eines Vorstandsmitgliedes kann jedermann stellen, der als Beteiligter anzusehen ist und ein schutzwürdiges Interesse an der Bestellung hat, beispielsweise Gläubiger oder Aktionäre.

4. Das Anstellungsverhältnis

402 Die schuldrechtlichen Rechtsbeziehungen zwischen der Gesellschaft und dem Vorstandsmitglied werden typischerweise in einem **Anstellungsvertrag** geregelt. Es kann allerdings in besonderen Ausnahmen, insbesondere bei Aktiengesellschaften als Konzerntochtergesellschaften, vorkommen, daß das Anstellungsverhältnis nicht mit der Aktiengesellschaft selbst, sondern mit einer anderen Gesellschaft, beispielsweise einer Konzernmuttergesellschaft, besteht und diese dann gegebenenfalls Aufwendungen an die Gesellschaft weiterbelastet. Auch eine unentgeltliche Tätigkeit von Vorstandsmitgliedern für eine Aktiengesellschaft ist grundsätzlich denkbar. Im Normalfall handelt es sich bei dem Anstellungsverhältnis zwischen dem Vorstandsmitglied und der Gesellschaft um einen Dienstvertrag i. S. v. § 611 ff BGB. Wegen der gesetzlich vorgegebenen eigenverantwortlichen und leitenden Stellung des Vorstandsmit-

II. Vorstand

gliedes ist sein Anstellungsverhältnis kein Arbeitsverhältnis.[77] Konsequenterweise sind Vorstandsmitglieder nicht versicherungspflichtig in der Renten- und Arbeitslosenversicherung.

Zuständig für den Abschluß des Anstellungsvertrages mit dem Vorstandsmitglied ist der **Aufsichtsrat**. Dies ergibt sich bereits unmittelbar aus seiner Vertretungskompetenz im Verhältnis zu den Aufsichtsratsmitgliedern nach § 112 AktG und wird darüber hinaus auch aus § 84 Abs. 1 Satz 5 AktG gefolgert.[78] Anders als die Bestellung von Vorstandsmitgliedern kann der Abschluß von Anstellungsverträgen grundsätzlich einem Aufsichtsratsausschuß überlassen werden.[79] Die Regelung hat insbesondere bei größeren und vor allem mitbestimmten Aufsichtsräten praktische Bedeutung. Dort wird der Abschluß des Anstellungsvertrages üblicherweise einem Personalausschuß überlassen. Durch den Abschluß eines Anstellungsvertrages darf allerdings die Entscheidung des (Gesamt-)Aufsichtsrates über die Bestellung nicht präjudiziert werden. Nicht möglich ist es, den Abschluß des Anstellungsvertrages einzelnen Aufsichtsratsmitgliedern, insbesondere dem Aufsichtsratsvorsitzenden, zu übertragen. Dieser kann allerdings durch Satzung oder Aufsichtsratsbeschluß ermächtigt werden, den Anstellungsvertrag für den Aufsichtsrat in Ausführung des gefaßten Beschlusses gegenzuzeichnen, so daß eine ansonsten notwendige Unterzeichnung des Anstellungsvertrages durch alle Aufsichtsratsmitglieder auf diese Weise vermieden werden kann.

403

a) Dauer

Auch der Anstellungsvertrag kann **maximal auf eine Dauer von fünf Jahren** geschlossen werden. Auch im übrigen empfiehlt es sich, die Vertragslaufzeit und die Bestellungsperiode miteinander zu synchronisieren. Da eine vorzeitige Beendigung des Vorstandsmandates nur aus wichtigem Grund erfolgen kann und andererseits das bestellte Vorstandsmitglied für die Dauer seiner Amtszeit eine adäquate anstellungsvertragliche Regelung beanspruchen kann, scheiden ordentliche Kündigungsrechte für die Gesellschaft in der Regel aus. Demgegenüber kann einem Vorstandsmitglied im Anstellungsvertrag ein Recht zur ordentlichen Kündigung für den Fall der gleichzeitigen Amtsniederlegung eingeräumt werden. Theoretisch könnte der Aufsichtsrat den Anstellungsvertrag

404

---

77) Zu der Frage, unter welchen Voraussetzungen im Einzelfall arbeitsrechtliche Schutzvorschriften auf Vorstandsmitglieder entsprechend anzuwenden sind, vgl. *Wiesner*, in: Münchener Handbuch des Gesellschaftsrechts, § 21 Rz. 2–10.
78) Vgl. *Hüffer*, AktG, § 84 Rz. 11.
79) BGH, Urt. v. 24. 11. 1980 – II ZR 182/79, BGHZ 79, 38, 42 = ZIP 1981, 45; *Raiser*, § 14 Rz. 41.

kürzer befristen als die organschaftliche Bestellung zum Vorstandsmitglied. Auch dies würde jedoch dazu führen, daß die Gesellschaft während der laufenden Amtszeit eines Vorstandsmitgliedes mit diesem über den Neuabschluß eines Vertrages verhandeln müßte, ohne für den Fall der Nichteinigung allein aus diesem Grunde das Vorstandsmandat vorzeitig beendigen zu können. Eine solche Vorgehensweise wäre daher problematisch und unzweckmäßig. Eine Verlängerungsklausel, nach der sich der Anstellungsvertrag über das Vertragsende hinaus automatisch fortsetzt, ist für den Fall der Wiederbestellung des Vorstandsmitglieds grundsätzlich zulässig.[80]

b) Vergütung

405 Im Anstellungsvertrag zu regeln sind insbesondere alle Gegenleistungen, die die Gesellschaft für die Tätigkeit des Vorstandsmitglieds zu erbringen hat. Hierzu zählen zunächst alle festen und variablen **Vergütungsbestandteile**, aber auch Sachbezüge, sonstige Nebenleistungen und Versorgungsleistungen wie insbesondere Übergangsgelder, Ruhegehälter und Hinterbliebenenrenten. § 87 Abs. 1 AktG verpflichtet den Aufsichtsrat, bei der Festsetzung der Gesamtbezüge der Vorstandsmitglieder dafür zu sorgen, daß diese in einem angemessenen Verhältnis zu den Aufgaben des Vorstandsmitglieds und zur Lage der Gesellschaft stehen. Der Aufsichtsrat handelt dementsprechend pflichtwidrig, wenn er Vorstandsmitgliedern unangemessen hohe Bezüge zubilligt, wobei es auf eine Gesamtschau aller nach dem Anstellungsvertrag zu beanspruchenden Leistungen ankommt.

406 Eine Sonderregelung hinsichtlich der Konditionen der Vorstandsmitglieder enthält § 87 Abs. 2 AktG für den Fall, daß nach der Festsetzung der Bezüge eine so wesentliche **Verschlechterung** in den Verhältnissen der Gesellschaft eintritt, daß eine Weitergewährung der Vergütung in der vereinbarten Höhe eine schwere Unbilligkeit für die Gesellschaft sein würde. Unter diesen Voraussetzungen hat der Aufsichtsrat ein eigenständiges Leistungsbestimmungsrecht und kann die Bezüge der Vorstandsmitglieder angemessen herabsetzen. Bei gerichtlich bestellten Vorstandsmitgliedern wird eine solche Bestimmung durch das Registergericht vorgenommen, das auch ansonsten über die Vergütung der von ihm bestellten Vorstandsmitglieder entscheidet, wie sich aus § 85 Abs. 3 Satz 1 AktG ergibt. Allerdings ist das betroffene Vorstandsmitglied nicht verpflichtet, für eine längere Dauer seine Arbeitskraft zu verschlechterten Konditionen der Gesellschaft zur Verfügung zu stellen. Im Falle der Herabset-

---

[80] *Wiesner*, in: Münchener Handbuch des Gesellschaftsrechts, § 21 Rz. 19; *Hefermehl*, in: Geßler/Hefermehl/Eckardt/Kropff, AktG, § 84 Rz. 42.

zung der Vergütung hat das Vorstandsmitglied nach § 87 Abs. 2 Satz 3 AktG ein Sonderkündigungsrecht, auf dessen Grundlage es den Anstellungsvertrag unter Einhaltung einer Kündigungsfrist von sechs Wochen zum Quartalsende kündigen kann.

In der Praxis ist es üblich und sinnvoll, Vorstandsmitgliedern **variable Vergütungsbestandteile** zu zahlen. § 86 Satz 1 AktG läßt dies auch ausdrücklich zu und bestimmt, daß eine Gewinnbeteiligung von Vorstandsmitgliedern in der Regel am Jahresgewinn orientiert sein soll. Diese Sollvorschrift schließt es allerdings nicht aus, variable Vergütungsbestandteile an anderen Kriterien als dem Gewinn, also beispielsweise dem Umsatzerlös, auszurichten. Entscheidet sich die Gesellschaft für eine Gewinntantieme, so enthält § 86 Abs. 2 AktG eine zwingende Bemessungsgrundlage, die sich an dem Jahresüberschuß, der um den Verlustvortrag aus dem Vorjahr und die gesetzlich oder satzungsmäßig in Gewinnrücklagen einzustellenden Beträge vermindert ist, orientiert. Diese starre Regelung, für die es kein anerkennenswertes rechtspolitisches Bedürfnis gibt, ist unpraktisch und in der Regel wenig sachgerecht. Sie sollte daher restriktiv ausgelegt werden. **407**

Nach allgemeiner Auffassung werden allerdings variable Vergütungen aller Art erfaßt, sofern sie auch nur mittelbar gewinnabhängig sind.[81] Demnach würde beispielsweise auch eine an bestimmten Deckungsbeiträgen orientierte Tantieme ebenso ausscheiden wie eine Bemessungsgrundlage für eine Tantieme, die etwa den Jahresüberschuß der Gesellschaft um Steuern, außerordentliche Ergebnisse oder auch bestimmte Finanzierungsaufwendungen bereinigen würde. Es ist auch wenig überzeugend, warum eine Erfolgstantieme zwingend den vorherigen vollständigen Ausgleich eines etwa aus der Vergangenheit herrührenden handelsrechtlichen Verlustvortrages bedingen müßte. Auch dürfte es häufiger sinnvoll sein, auf das Ergebnis des Konzerns auf der Basis des Konzernjahresabschlusses abzustellen und nicht auf ein Ergebnis der Aktiengesellschaft, welches durch Geschäfte innerhalb des Konzerns verfälscht worden sein kann.[82] Die Zulässigkeit solcher sinnvolleren Regelungen erscheint allerdings durch § 86 Abs. 2 AktG mit der drakonischen Nichtigkeitsfolge entgegenstehender Festsetzungen[83] in Frage gestellt. In der Praxis erscheint daher häufig eine (zulässige) in das Ermessen des Aufsichtsrates gestellte Tantieme zweckmäßiger, wobei eine solche Maßnahme allerdings ein hohes Maß an Vertrauen in das Vorstandsmitglied voraussetzt. **408**

---

81) Vgl. etwa *Mertens*, in: Kölner Komm. z. AktG, § 86 Rz. 6.
82) *Mertens*, in: Kölner Komm. z. AktG, § 86 Rz. 9.
83) Diese führt allerdings nicht zur Nichtigkeit einer Tantiemezusage insgesamt, vgl. *Hüffer*, AktG, § 86 Rz. 7.

D. Die Organisation der kleinen AG

409 In den letzten Jahren sind **Aktienoptionen** (Stock options) zu einem immer häufiger eingesetzten zusätzlichen Vergütungselement geworden. Für die Gewährung solcher Aktienoptionen wurde erstmalig durch das KonTraG vom 27. April 1998 in § 192 Abs. 2 Nr. 3 AktG eine gesetzliche Grundlage geschaffen; bis zu diesem Zeitpunkt behalf sich die Praxis mit Hilfslösungen über die Ausgabe von Wandel- oder Optionsschuldverschreibungen. Der eigentliche Sinn solcher Modelle liegt in der überproportionalen Partizipation an Wertsteigerungen der Aktie während einer zu definierenden Optionslaufzeit, die nach den gesetzlichen Vorschriften des § 192 AktG nunmehr eine Mindestwartefrist von zwei Jahren bis zur Ausübung der Option voraussetzt. Derartige Wertsteigerungen sind für das Vorstandsmitglied nur dann meßbar und konkret realisierbar, wenn die Aktien handelbar sind und sich ein Marktpreis für diese bildet. Für die kleine AG empfiehlt sich die Ausgabe von Aktienbezugsrechten an Vorstandsmitglieder (wie auch an Arbeitnehmer) in der Regel deshalb nur dann, wenn konkrete Aussichten bestehen, daß beispielsweise durch eine geplante Börseneinführung die Handelbarkeit der Aktien während der Optionslaufzeit hergestellt werden kann.

c) Betriebliche Altersversorgung und Urlaub

410 Häufig enthalten Anstellungsverträge auch Ansprüche auf Leistungen der **betrieblichen Altersversorgung** sowie Übergangsgelder für den Fall einer Nichtwiederbestellung von Vorstandsmitgliedern nach Ablauf ihrer Amtszeit. Versorgungszusagen an nicht oder nicht maßgeblich beteiligte Vorstandsmitglieder fallen grundsätzlich auch ohne besondere vertragliche Einbeziehung unter die §§ 1–16 BetrAVG (vgl. § 17 Abs. 1 Satz 2 BetrAVG). Diese Vorschriften werden für nicht anwendbar gehalten,[84] wenn das Vorstandsmitglied zugleich Mehrheitsaktionär ist oder die Mehrheit gegebenenfalls mit anderen im Unternehmen tätigen Aktionären kontrolliert. Die Rechtfertigung dieser Differenzierung erscheint zweifelhaft. In jedem Fall empfiehlt es sich, in den entsprechenden Pensionsabreden auf die einschlägigen gesetzlichen Vorschriften zu verweisen, soweit nicht gerade zugunsten des Berechtigten von diesen abgewichen werden soll, was nach den Vorschriften des Gesetzes zur Regelung der betrieblichen Altersversorgung grundsätzlich zulässig ist.

411 Vorstandsmitglieder haben Anspruch auf angemessenen bezahlten **Erholungsurlaub**.[85] Das Bundesurlaubsgesetz gilt allerdings für sie nicht. Auch zu diesem Punkt sollte der Anstellungsvertrag Regelungen enthalten.

---

84) Vgl. *Wiesner*, in: Münchener Handbuch des Gesellschaftsrechts, § 21 Rz. 41.
85) *Wiesner*, in: Münchener Handbuch des Gesellschaftsrechts, § 21 Rz. 56.

d) Kreditgewährung

Besonders gesetzlich geregelt ist die **Kreditgewährung** an Vorstandsmitglieder in § 89 AktG. Ein solcher Kredit, zu dem auch Vorschüsse von mehr als einem Monatsgehalt zählen, darf nur auf der Grundlage eines ausdrücklichen Aufsichtsratsbeschlusses gewährt werden. Der kreditgewährende Beschluß muß das konkrete Kreditgeschäft definieren und darf nicht für länger als drei Monate im voraus gefaßt werden. Außerdem sind Verzinsung und Rückzahlung im Beschluß des Aufsichtsrates der Gesellschaft zu regeln. Einer Kreditgewährung an Vorstandsmitgliedern steht eine solche an Ehegatten oder minderjährige Kinder eines Vorstandsmitglieds sowie an Personen, die für dessen Rechnung handeln, gleich (§ 89 Abs. 3 AktG). 412

5. Pflichten des Vorstandes

§ 93 Abs. 1 AktG enthält die allgemeine Aussage, daß die Vorstandsmitglieder bei ihrer Geschäftsführung die **Sorgfalt eines ordentlichen und gewissenhaften Geschäftsleiters** anzuwenden haben. Formal ist der Sorgfaltsmaßstab praktisch deckungsgleich mit demjenigen, der nach § 43 Abs. 1 GmbHG für die Geschäftsführer einer GmbH gilt, die in Angelegenheit der Gesellschaft die „Sorgfalt eines ordentlichen Geschäftsmannes" anzuwenden haben. Materiell korrespondiert mit der Eigenverantwortlichkeit der Stellung des Vorstandes eine seiner Stellung entsprechende Sorgfaltspflicht. Mit der Übernahme der Vorstandstätigkeit geht das Vorstandsmitglied auch die Verpflichtung ein, die Geschäftsführungsaufgabe in der Gesellschaft unter Wahrung des Gesellschaftsinteresses mit der gebotenen Sorgfalt zu erfüllen. 413

a) Einrichtung eines Überwachungssystems

Neben den oben (Rz. 373 ff) bereits erwähnten Geschäftsführungs- und Vertretungstätigkeiten des Vorstandes und der im Zusammenhang mit dem Aufsichtsrat noch zu behandelnden Berichtspflicht nach § 90 AktG (unten Rz. 464 ff) ist durch das KonTraG in § 91 Abs. 2 AktG insbesondere auch die Verpflichtung des Vorstandes eingeführt worden, geeignete Maßnahmen zu treffen, insbesondere ein **Überwachungssystem** einzurichten, damit den Fortbestand der Gesellschaft gefährdende Entwicklungen früh erkannt werden. Die Regelung ist eine Konsequenz insbesondere aus den früheren Problemen bei Gesellschaften, die durch existenzgefährdende Verluste aus Derivatgeschäften des Vorstandes in eine Schieflage geraten sind. Um solche Entwicklungen künftig frühzeitig erkennen und darauf reagieren zu können, ist der Vorstand 414 nunmehr generell verpflichtet worden, ein internes Überwachungssystem als „Frühwarnsystem" einzuführen.[86] Bei Aktiengesellschaften, deren Aktien amtlich notiert sind, hat der Abschlußprüfer gemäß § 317 Abs. 4 HGB die Einrichtung eines geeigneten Überwachungssystems sowie dessen Funktionsfähigkeit im Rahmen der Abschlußprüfung zu prüfen. Welche Erfordernisse sich konkret aus diesen gesetzlichen Bestimmungen ableiten, muß im Rahmen der weiteren Rechtsentwicklung sowie der Praxis noch abgewartet werden.

415 Generell wird man sicherlich auch für die kleine AG aus § 91 Abs. 2 AktG das Erfordernis entnehmen können, internes Controlling sowie eine kurzfristige Erfolgs- und Risikobeurteilung zu installieren und zu organisieren. Wie und in welcher Intensität dies im einzelnen zu geschehen hat, ist abhängig von der Risikostruktur des für die Gesellschaft typischen Geschäfts.

b) Abhängigkeitsbericht

416 Besondere Verpflichtungen treffen Vorstandsmitglieder von Gesellschaften, die von anderen Unternehmen **abhängig** im Sinne von § 17 AktG sind. Dieser Gesichtspunkt ist auch für die kleine AG keineswegs obsolet, da die Rechtsprechung den Unternehmensbegriff sehr weit faßt. Ein herrschendes Unternehmen kann daher beispielsweise auch eine natürliche Person sein, wenn diese nicht nur die Gesellschaft beherrscht, sondern darüber hinaus noch anderweitig unternehmerisch tätig ist, insbesondere ein weiteres Gewerbe unterhält oder an einem anderen Unternehmen unternehmerisch beteiligt ist.[87] Ist beispielsweise der Mehrheitsaktionär einer kleinen AG an einer anderen Gesellschaft mit mehr als 25 % beteiligt oder übt er noch ein sonstiges Gewerbe aus, so ist grundsätzlich davon auszugehen, daß auf die AG die konzernrechtlichen Vorschriften der §§ 311 ff AktG Anwendung finden. Für den Vorstand bedeutet dies, daß er nicht nur bei Geschäften mit dem Mehrheitsaktionär auf Ausgewogenheit achten muß – diese Verpflichtung würde sich schon aus dem Grundsatz der Kapitalerhaltung ergeben –, sondern daß er darüber hinaus gemäß § 312 AktG einen Bericht über die Beziehungen der Gesellschaft zu verbundenen Unternehmen aufzustellen hat. Dieser Bericht unterliegt der Prüfung durch den Abschlußprüfer und den Aufsichtsrat nach den §§ 313, 314 AktG. Verletzungen der Berichtspflicht des Vorstandes führen zu einer besonderen Haftung nach § 318 AktG.

---

86) Dazu im einzelnen *Brebeck*, in: RWS-Forum 15, S. 181.
87) Vgl. BGH, Urt. v. 16. 9. 1985 – II ZR 275/84, BGHZ 95, 330, 337 = ZIP 1985, 1263 – Autokran, dazu EWiR 1985, 885 *(Hommelhoff)*.

II. Vorstand

c) Treuepflicht und Gleichbehandlung

Aus der Verpflichtung des Vorstandes zur Wahrung des Gesellschaftsinteresses folgt zugleich eine **Treue- oder Loyalitätspflicht** eines jeden Vorstandsmitgliedes gegenüber der Gesellschaft. Diese allgemeine Treue- und Loyalitätspflicht konkretisiert sich insbesondere in Fällen von Kollisionen zwischen den persönlichen Interessen eines Vorstandsmitglieds und den Interessen der Gesellschaft. In solchen Fällen haben grundsätzlich die Interessen der Gesellschaft Vorrang. Das Vorstandsmitglied hat insbesondere Geschäftschancen zugunsten der Gesellschaft wahrzunehmen und nicht etwa für eigene Rechnung.[88] 417

Im Verhältnis zu den Aktionären ist das Vorstandsmitglied an den Grundsatz der **Gleichbehandlung** gebunden, der sich aus § 53a AktG ergibt. Das Vorstandsmitglied darf daher nicht ohne besonderen sachlich rechtfertigenden Grund einzelne Aktionäre oder Aktionärsgruppen gegenüber anderen bevorzugen. 418

d) Wettbewerbsverbot

Ein gesetzlich besonders geregelter Fall der Treuepflicht gegenüber der Gesellschaft ist das Wettbewerbsverbot der Vorstandsmitglieder gemäß § 88 AktG. Der Anwendungsbereich dieser Vorschrift ist weit gefaßt. Die Regelung verbietet dem Vorstandsmitglied zunächst, im Geschäftszweig der Gesellschaft für eigene oder fremde Rechnung Geschäfte zu tätigen. Hierbei kommt es grundsätzlich auf die tatsächliche Tätigkeit der Gesellschaft an; ein etwa weit formulierter Unternehmensgegenstand, der aber nicht der tatsächlichen aktuellen oder von der Unternehmenspolitik her angestrebten Aktivität der Gesellschaft entspricht, führt nicht zu einer Erweiterung des Wettbewerbsverbots.[89] Der Zweck des Wettbewerbsverbots schließt auch die unternehmerische Beteiligung eines Vorstandsmitglieds an einem Konkurrenzunternehmen aus, nicht allerdings eine rein finanzielle Beteiligung, die mit keinem Einfluß auf die Unternehmensentscheidungen verbunden ist. Im Hinblick auf die Schwierigkeit einer Grenzziehung ist das Vorstandsmitglied gleichwohl gut beraten, etwaige Zweifelsfragen mit dem Aufsichtsrat abzustimmen. 419

---

88) Vgl. *Raiser*, § 14 Rz. 67; *Henn*, Rz. 550.
89) Vgl. *Hüffer*, AktG, § 88 Rz. 3; BGH, Urt. v. 21. 2. 1978 – II ZR 6/77, BGHZ 70, 331, 332 f; BGHZ 89, 170.

D. Die Organisation der kleinen AG

420 Über die Wettbewerbstätigkeit im engeren Sinne betrifft das Wettbewerbsverbot des § 88 Abs. 1 AktG ganz generell den **Betrieb eines Handelsgewerbes**, auch wenn dieses nicht in einem Konkurrenzverhältnis zur Gesellschaft steht. Der Begriff des Handelsgewerbes ist geprägt durch die einschlägige Vorschrift des § 1 HGB und ist nach dessen Änderung durch das Handelsrechtsreformgesetz vom 22. Juni 1998 im Lichte der gesetzlichen Neufassung zu interpretieren. Danach ist ein Handelsgewerbe jeder Gewerbebetrieb, wenn er nicht nach Art und Umfang einen in kaufmännischer Weise ausgeübten Geschäftsbetrieb nicht erfordert. Im Ergebnis fällt daher jegliche nicht lediglich geringfügige anderweitige gewerbliche Tätigkeit von Vorstandsmitgliedern unter § 88 AktG.

421 Die Erstreckung der gesetzlichen Regelung auch auf nicht konkurrierende gewerbliche Tätigkeiten geht über ein Wettbewerbsverbot im engeren Sinne hinaus und dient dem Schutz der Aktiengesellschaft gegen eine anderweitige Verwendung der Arbeitskraft des Vorstandes. Aus dieser Zielrichtung heraus ist die Regelung extensiv zu interpretieren. Es ist davon auszugehen, daß sie auch eine nicht gewerbliche Erwerbstätigkeit, also insbesondere auch eine freiberufliche Tätigkeit, erfaßt.[90] Auf dem gleichen Rechtsgedanken beruht auch § 88 Abs. 2 AktG, wonach auch eine anderweitige Funktion als Mitglied des Vorstandes, als Geschäftsführer oder persönlich haftender Gesellschafter einer anderen Handelsgesellschaft vom Wettbewerbsverbot umfaßt wird.

422 In allen diesen Fällen bedürfen die Vorstandsmitglieder zur Aufnahme der entsprechenden Tätigkeiten der **Einwilligung** (d. h. der vorherigen Zustimmung) des Aufsichtsrates. Diese Einwilligung kann nicht generell gewährt werden. Vielmehr schreibt § 88 Abs. 1 Satz 3 AktG vor, daß die Einwilligung des Aufsichtsrates nur für bestimmte Handelsgewerbe oder Handelsgesellschaften oder für bestimmte Arten von Geschäften erteilt werden darf. Auch die Übernahme anderweitiger Vorstands-, Geschäftsführer- oder Komplementärfunktionen bedarf der konkreten Einwilligung durch den Aufsichtsrat.

423 Die **Rechtsfolgen eines Verstoßes** gegen das Wettbewerbs- und Tätigkeitsverbot ergeben sich aus § 88 Abs. 2 AktG. Danach hat die Gesellschaft die Wahl zwischen einem Schadensersatzanspruch gegen das Vorstandsmitglied und einem Eintrittsrecht in die verbotswidrigerweise abgeschlossenen Geschäfte. Letzteres soll der Gesellschaft die Möglichkeit geben, den Gewinn, den das Vorstandsmitglied aus den nicht genehmigten Tätigkeiten erzielt hat,

---

[90] *Mertens*, in: Kölner Komm. z. AktG, § 88 Rz. 3.

II. Vorstand

zugunsten der Gesellschaft abzuschöpfen. Der Vorteil der Regelung liegt darin, daß ein Schaden der Gesellschaft, der durch Wettbewerbstätigkeit oder anderweitige Verwendung der Arbeitskraft eines Vorstandsmitglieds entsteht, oftmals nur schwer konkretisiert, geschweige denn quantifiziert werden kann. In der Praxis ist es durchaus möglich und auch üblich, die Einhaltung des Wettbewerbsverbots durch Vorstandsmitglieder durch Vertragsstrafen im Anstellungsvertrag abzusichern.

Das Gesetz sieht kein **nachvertragliches Wettbewerbsverbot** vor. Es ist allerdings grundsätzlich zulässig und auch nicht unüblich, ein nachvertragliches Wettbewerbsverbot von Vorstandsmitgliedern durch entsprechende Regelungen im Anstellungsvertrag zu vereinbaren. Da Vorstandsmitglieder keine Arbeitnehmer sind, gelten für ein solches nachvertragliches Wettbewerbsverbot die zugunsten von kaufmännischen Arbeitnehmern („Handlungsgehilfen") geltenden Schutzvorschriften der §§ 74 ff HGB grundsätzlich nicht.[91] Allerdings dürfen die Bedingungen eines solchen nachvertraglichen Wettbewerbsverbots nicht sittenwidrig sein,[92] da andernfalls die entsprechende Vereinbarung nach § 138 BGB nichtig wäre. Anhand des Maßstabes der Sittenwidrigkeit sind sowohl der räumliche, zeitliche und sachliche Geltungsbereich als auch die finanziellen Bedingungen während der Karenzzeit zu regeln. Ein entschädigungsloses nachvertragliches Wettbewerbsverbot, welches das Vorstandsmitglied umfassend an einer Wettbewerbstätigkeit hindert, dürfte daher regelmäßig unwirksam sein. Anders dürfte demgegenüber eine Regelung zu beurteilen sein, die lediglich einen Kundenschutz zugunsten der Gesellschaft vorsieht.

424

e) **Verschwiegenheitspflicht**

Als weitere Ausprägung der Treuepflicht gesetzlich besonders geregelt ist die Verschwiegenheitspflicht der Vorstandsmitglieder in § 93 Abs. 1 Satz 2 AktG. Der Vorstand hat über vertrauliche Angaben und Geheimnisse der Gesellschaft, namentlich Betriebs- oder Geschäftsgeheimnisse, die den Vorstandsmitgliedern durch ihre Tätigkeit bekanntgeworden sind, Stillschweigen zu bewahren. Die Verletzung der Geheimhaltungspflicht steht darüber hinaus gemäß § 404 AktG unter Strafdrohung. Die Schweigepflicht bezieht sich gleichermaßen auf **vertrauliche Angaben** wie auf **Betriebs- und Geschäftsge-**

425

---

91) BGH, Urt. v. 26. 3. 1984 – II ZR 229/83, BGHZ 91, 1 = ZIP 1984, 954; *Wiesner*, in: Münchener Handbuch des Gesellschaftsrechts, § 21 Rz. 61.
92) BGHZ 91, 1, 5 = ZIP 1984, 954.

D. Die Organisation der kleinen AG

heimnisse. Bei Geheimnissen handelt es sich um nicht allgemein bekannte Tatsachen, die objektiv geheimhaltungsbedürftig sind.[93] Betriebs- und Geschäftsgeheimnisse werden dahin gehend unterschieden, ob die Geheimnisse auf der technischen (Betriebsgeheimnisse) oder auf der kaufmännischen Ebene (Geschäftsgeheimnisse) liegen.[94] Vertrauliche Angaben sind in Abgrenzung zu Geheimnissen personenbezogene Vorkommnisse oder Daten, die von einem subjektiven Geheimhaltungsbedürfnis gekennzeichnet sind. Hierunter fällt beispielsweise das Abstimmungsverhalten einzelner Vorstands- oder Aufsichtsratsmitglieder.[95]

426 Nicht jede Weitergabe von Betriebs-, Geschäftsgeheimnissen oder vertraulichen Angaben stellt zugleich einen Verstoß gegen die Verschwiegenheitspflicht der Vorstandsmitglieder dar. Vom **personellen Geltungsbereich** der Schweigepflicht her ist eine Offenbarung gegenüber anderen Vorstandsmitgliedern, Mitgliedern des Aufsichtsrates, Abschluß- oder Sonderprüfern uneingeschränkt zulässig. Gleiches gilt für die bestimmungsmäßige Weitergabe von Informationen an sonstige von Berufs wegen zur Verschwiegenheit verpflichtete Personen, namentlich Rechtsanwälte, Wirtschaftsprüfer und Steuerberater, bei deren beruflicher Tätigkeit für die Gesellschaft.[96] Auch darüber hinaus ist eine Offenbarung von Geheimnissen oder vertraulichen Angaben an Dritte im Rahmen ordnungsgemäßer Geschäftsführung möglich und zulässig. Dies gilt allerdings nur in dem Umfang, wie dies für Zwecke des Unternehmens nach pflichtgemäßem Ermessen des Vorstandes sinnvoll erscheint. Im Verlaufe von Verhandlungen über eine Kooperation oder eine Fusion mit einem anderen Unternehmen kann es zulässig sein, Betriebs- oder Geschäftsgeheimnisse des Unternehmens unter Umständen sogar einem Wettbewerber zu offenbaren, wenn eine sachgerechte Entscheidung über solche Vorhaben in anderer Weise nicht getroffen werden kann. Gegebenenfalls muß der Vorstand seinerseits die Nichtweitergabe solcher Informationen durch Verschwiegenheitserklärungen der Informationsempfänger sicherstellen.

427 Bei **Konzernverhältnissen** muß der Vorstand gegenüber der Geschäftsleitung des herrschenden Unternehmens jedenfalls diejenigen Informationen zur Verfügung stellen, welche das herrschende Unternehmen zu einer ordnungsgemäßen Aufstellung eines Konzernjahresabschlusses und Konzernlageberichts instandsetzen. Im übrigen existiert jedoch kein anzuerkennendes Informationsvorrecht eines Großaktionärs. Problematisch ist von daher insbesondere auch

---

93) Vgl. BGH, Urt. v. 5. 6. 1975 – II ZR 156/73, BGHZ 64, 325, 329 – Bayer.
94) Vgl. *Wiesner*, in: Münchener Handbuch des Gesellschaftsrechts, § 25 Rz. 30.
95) BGHZ 64, 325, 332.
96) Vgl. *Hüffer*, AktG, § 93 Rz. 8.

II. Vorstand

das Spannungsverhältnis zwischen der Schweigepflicht des Vorstandes und dem Interesse von Aktionären, die Aktienmehrheit oder jedenfalls relevante Beteiligungen an unternehmerische Investoren zu veräußern, wobei die Erwerber eine solche Kaufentscheidung üblicherweise von einer eingehenden wirtschaftlichen und rechtlichen Untersuchung des Unternehmens (due diligence) abhängig machen. Die Veräußerungsabsicht der Aktionäre begründet für sich gesehen regelmäßig noch kein besonderes rechtfertigendes Interesse an der Offenbarung von Betriebs- oder Geschäftsgeheimnissen. Anders kann die Sache jedoch liegen, wenn der beabsichtigte Erwerb im Interesse der Gesellschaft liegt, insbesondere wenn durch die Zusammenarbeit mit einem neuen unternehmerischen Großaktionär Synergien, Wettbewerbsvorteile oder eine verbesserte Kapitalausstattung des Unternehmens erzielt werden können.

6. Haftung der Vorstandsmitglieder

§ 93 Abs. 2 AktG sieht eine besondere gesetzliche **Haftung** der Vorstandsmitglieder vor, die ihre Pflichten verletzen. Ähnlich wie § 43 Abs. 2 GmbHG enthält somit auch das Aktienrecht eine Generalklausel für Pflichtverletzungen aller Art. Die eigenverantwortliche Stellung des Vorstandes führt zu einem entsprechenden weiten Anwendungsbereich der Haftungsvorschrift. Die Haftung ist unabhängig von dem Maß des Verschuldens betragsmäßig nicht begrenzt. Auch eine leicht fahrlässige Sorgfaltspflichtsverletzung des Vorstandes führt daher prinzipiell zu einer unbeschränkten Schadensersatzverantwortlichkeit gegenüber der Gesellschaft, wobei mehrere Vorstandsmitglieder als Gesamtschuldner haften, wenn ihnen eine schuldhafte Pflichtverletzung vorgeworfen werden kann. **428**

Voraussetzung des Haftungstatbestandes ist eine **Pflichtverletzung** des Vorstandsmitglieds. Hierbei kann es sich um eine Verletzung der Treue- oder Loyalitätspflichten des Vorstandsmitgliedes sowie deren besondere gesetzliche Ausprägungen handeln, jedoch auch schlicht um eine Verletzung der Verpflichtung zur ordnungsgemäßen und gewissenhaften Geschäftsführung. Vorstandsmitglieder sind daher auch für den Schaden aus unternehmerischen Fehlentscheidungen haftbar, wenn und soweit diese ohne Anwendung der Sorgfalt eines ordentlichen und gewissenhaften Geschäftsleiters zustande gekommen sind. Diese Einschränkung ist von zentraler Bedeutung, da andernfalls das Risiko der Übernahme eines Vorstandsamtes nicht mehr abschätzbar und der Haftungsbestand uferlos wäre. Soweit das Vorstandsmitglied seine Loyalitätspflichten beachtet, insbesondere seine Entscheidungen nicht durch Interessenkollisionen beeinflußt sind, wird man ihm einen weiten kaufmännischen Ermessensspielraum einräumen dürfen. Jedes Vorstandsmitglied hat al- **429** lerdings auch im Rahmen der Ausübung seines unternehmerischen Ermessensspielraums die Grundlagen und Parameter seiner unternehmerischen Entscheidungen sorgfältig aufzubereiten, zu prüfen und zu dokumentieren.[97] Eine trotz sorgfältiger Vorbereitung und Prüfung getroffene Entscheidung, die in der ex-ante-Betrachtung vertretbar erscheint, ist nicht sorgfaltswidrig, wenn sie sich im nachhinein als Fehlentscheidung herausstellt.

430 Die Haftung des Vorstandes ist vom Prinzip her **verschuldensabhängig**. Es handelt sich jedoch um einen typisierten und nicht um einen individuellen Verschuldensmaßstab. Ist also eine Maßnahme objektiv pflichtwidrig, so ist im Prinzip zugleich auch fahrlässiges Handeln des Vorstandes zu bejahen. Ein Vorstandsmitglied kann sich nicht zur Abwendung seiner Haftung auf ihm fehlende Kenntnisse und Fähigkeiten berufen. Das Vorstandsmitglied trifft nach § 93 Abs. 2 Satz 2 AktG die Darlegungs- und Beweislast dafür, daß es objektiv pflichtgemäß und ohne Verschulden gehandelt hat.[98]

431 Über die Generalklausel hinaus sieht § 93 Abs. 3 AktG eine Reihe von besonderen Haftungstatbeständen vor. In den hier genannten Fällen wird ein Schaden der Gesellschaft als gegeben vermutet.[99] Hierunter fallen:

– Rückgewähr von Einlagen sowie Zahlung verbotener Zinsen und Gewinnanteile (Nr. 1 und 2),

– Verstoß gegen die Vorschriften über Erwerb und Inpfandnahme eigener Aktien (Nr. 3),

– unzulässige Ausgabe von Inhaberaktien vor Volleinzahlung des Ausgabebetrags (Nr. 4),

– Verteilung von Gesellschaftsvermögen, namentlich unter Nichteinhaltung der Liquidationsvorschriften (Nr. 5),

– Zahlungen nach Eintritt von Zahlungsunfähigkeit oder Überschuldung (Nr. 6),

– Zahlung von rechtswidrigen Vergütungen an Aufsichtsratsmitglieder (Nr. 7),

– unzulässige Kreditgewährung, namentlich an Aufsichtsratsmitglieder (Nr. 8),

– unzulässige Ausgabe von Bezugsaktien bei bedingter Kapitalerhöhung (Nr. 9).

---

97) Vgl. *Raiser*, § 14 Rz. 63.
98) *Hüffer*, AktG, § 93 Rz. 16 m. w. N.
99) *Hüffer*, AktG, § 93 Rz. 22.

II. Vorstand

Der Aufsichtsrat ist verpflichtet, Schadensersatzansprüche gegen Vorstandsmitglieder zu verfolgen. Das Gesetz erschwert auch einen Verzicht oder Vergleich über derartige Ansprüche erheblich. § 93 Abs. 4 Satz 3 AktG schließt einen Verzicht oder Vergleich innerhalb der ersten drei Jahre nach der Entstehung des Anspruchs aus und macht solche Maßnahmen im übrigen abhängig von einem Beschluß der Hauptversammlung. Auch ein solcher Beschluß reicht nicht aus, wenn in der betreffenden Hauptversammlung eine Minderheit von 10 % des Grundkapitals zur Niederschrift widerspricht. Eine Ausnahme gilt nur für den Fall einer Schuldenregulierung im Rahmen einer Insolvenz des ersatzpflichtigen Vorstandsmitglieds (§ 93 Abs. 4 Satz 4 AktG). In bestimmten Sonderfällen sind auch Gläubiger der Gesellschaft klageberechtigt (vgl. hierzu im einzelnen § 93 Abs. 5 AktG). **432**

D. Die Organisation der kleinen AG

III. Aufsichtsrat

Literatur: *Bommert*, Probleme bei der Gestaltung der Rechtstellung von Ersatzmitgliedern der Aktionärsvertreter im Aufsichtsrat, AG 1986, 315; *Lutter*, Information und Vertraulichkeit im Aufsichtsrat, 2. Aufl., 1984; *Singhof*, Die Amtsniederlegung durch das Aufsichtsratsmitglied einer Aktiengesellschaft, AG 1998, 318.

Übersicht

1. Zahl der Aufsichtsratsmitglieder und Zusammensetzung des Aufsichtsrates ... 434
2. Bestellung der Aufsichtsratsmitglieder ... 443
   a) Wahl und Entsendung ... 443
   b) Wählbarkeitsvoraussetzungen ... 446
   c) Stellvertretende Aufsichtsratsmitglieder und Ersatzmitglieder ... 450
   d) Amtsdauer und Amtsniederlegung ... 453
   e) Sonstige Beendigung des Aufsichtsratsmandats ... 457
3. Aufgaben und Rechte des Aufsichtsrates ... 461
   a) Überwachungsaufgabe ... 461
   b) Einberufung der Hauptversammlung ... 463
   c) Informationsrechte ... 464
   d) Besondere Prüfungsrechte ... 473
   e) Zustimmungsvorbehalte ... 478
4. Die innere Ordnung und Organisation des Aufsichtsrates ... 483
   a) Aufsichtsratssitzungen ... 483
   b) Beschlüsse, Beschlußfähigkeit ... 488
   c) Aufsichtsratsvorsitzender ... 491
   d) Ausschüsse ... 493
5. Persönliche Rechtsstellung der Aufsichtsratsmitglieder und Haftung ... 494
   a) Vergütung und vertragliche Vereinbarungen ... 494
   b) Kredite an Aufsichtsratsmitglieder ... 500
   c) Verschwiegenheitspflicht ... 501
   d) Haftung ... 502

433 Neben Vorstand und Hauptversammlung tritt bei der Aktiengesellschaft als drittes Organ der **Aufsichtsrat**. Die Einrichtung eines Aufsichtsrates ist vom Aktiengesetz her zwingend vorgegeben. Dies gilt auch für die „kleine" AG. In der Satzung kann also nicht etwa von der Bildung eines Aufsichtsrates generell abgesehen werden. Hierin liegt einer der entscheidenden Unterschiede zwischen der Aktiengesellschaft und der GmbH. Im Unterschied zum Aktienrecht ist die Einrichtung eines Aufsichtsrates in der GmbH fakultativ, soweit nicht mitbestimmungsrechtliche Regelungen die Bildung eines Aufsichtsrates erfordern. Es wäre auch rechtlich nicht zulässig, die zwingende Bildung eines Aufsichtsrates dadurch zu unterlaufen, daß man die Bestellung von Aufsichtsratsmitgliedern unterläßt.

III. Aufsichtsrat

1. Zahl der Aufsichtsratsmitglieder und Zusammensetzung des Aufsichtsrates

Neben den von Gesetzes wegen erforderlichen Aufsichtsrat können aufgrund entsprechender satzungsmäßiger Bestimmungen sonstige Gremien wie beispielsweise **Beiräte** oder **Gesellschafterausschüsse** treten.[100] Solchen zusätzlichen Gremien dürfen jedoch weder besondere Geschäftsführungsaufgaben noch diejenigen Kompetenzen übertragen werden, die nach den aktienrechtlichen Regelungen dem Aufsichtsrat oder der Hauptversammlung zugewiesen sind. Da das Kompetenzgefüge zwischen den drei obligatorischen Organen der AG weitestgehend durch die gesetzlichen Vorgaben definiert ist, bleibt für sonstige Organe nur ein verhältnismäßig geringer Spielraum. Für solche Gremien kommen im wesentlichen beratende Tätigkeiten in Betracht. In der mitbestimmungsfreien kleinen AG wird das Bedürfnis nach solchen zusätzlichen Gremien eher gering sein. 434

Anders als beim Vorstand ist die Bestimmung der **Zahl** der Aufsichtsratsmitglieder nicht in das Belieben der Aktionäre gestellt. Soweit nicht das Mitbestimmungsgesetz von 1976 oder die Gesetze über die Montan-Mitbestimmung eingreifen, was bei der kleinen AG der Ausnahmefall sein wird, gilt nach § 95 AktG eine Mindestzahl von drei Aufsichtsratsmitgliedern. Die gesetzliche Mindestzahl findet auch Anwendung, wenn die Satzung keine Bestimmungen über die Zahl der Aufsichtsratsmitglieder enthält (§ 95 Satz 1 AktG). Soll die Zahl der Aufsichtsratsmitglieder höher sein, so muß diese Zahl in der Satzung selbst bestimmt sein. Es ist daher nicht möglich, die Festlegung der Zahl der Aufsichtsratsmitglieder einem Beschluß der Hauptversammlung zu überlassen. Die in der Satzung bestimmte Zahl von Aufsichtsratsmitgliedern muß durch drei teilbar sein (§ 95 Satz 2 und 3 AktG). Das Gesetz sieht zugleich eine Höchstzahl von Aufsichtsratsmitgliedern vor, die bei einem Grundkapital von bis zu 1,5 Mio. Euro neun, bis zu einem solchen von 10 Mio. Euro fünfzehn und darüber hinaus einundzwanzig beträgt (§ 95 Satz 4 AktG). 435

Das **Erfordernis einer durch drei teilbaren Zahl** begründete sich bis zum Inkrafttreten des Gesetzes für kleine Aktiengesellschaften und zur Deregulierung des Aktienrechts vom 2. August 1994 daraus, daß praktisch jede Aktiengesellschaft der sogenannten „Drittelmitbestimmung" nach § 76 BetrVG 1952 unterlag, wenn sie nicht ausnahmsweise Tendenzunternehmen, Familiengesellschaft mit weniger als 500 Arbeitnehmern oder praktisch arbeitnehmer- 436

---

100) Vgl. *Mertens*, in: Kölner Komm. zum AktG, Vorb. § 76 Rz. 28.

los[101] war. Somit war bei der ganz überwiegenden Zahl der Aktiengesellschaften von Gesetzes wegen ein Drittel der Mitglieder des Aufsichtsrates durch die Arbeitnehmer zu wählen, was wiederum eine durch drei teilbare Zahl von Aufsichtsratsmitgliedern bedingt. Für die ab dem 10. August 1994 in das Handelsregister eingetragenen Aktiengesellschaften gilt dies nunmehr nicht mehr. Hier ist ein den Grundsätzen der „Drittel-Mitbestimmung" unterliegender Aufsichtsrat vielmehr unabhängig davon, ob es sich um eine Familiengesellschaft handelt, erst ab einer Arbeitnehmerzahl von 500 zu bilden. Das Gesetz hat die neuen Aktiengesellschaften der GmbH hierdurch gleichgestellt. Für die Mehrzahl der kleinen und einen erheblichen Teil auch börsennotierter Aktiengesellschaften, die keinen mitbestimmungsrechtlichen Regelungen unterliegen, ist eine Rechtfertigung der Regelung, wonach die Zahl der Aufsichtsratsmitglieder durch drei teilbar sein muß, nicht mehr ersichtlich. Sie entspricht jedoch nach wie vor geltendem Recht.

437 Sonderregelungen für die Zahl von Aufsichtsratsmitgliedern gelten im Anwendungsbereich des Mitbestimmungsgesetzes von 1976, des Montan-Mitbestimmungsgesetzes sowie des Mitbestimmungs-Ergänzungsgesetzes. Insoweit sei auf die einschlägigen gesetzlichen Vorschriften verwiesen (vgl. § 7 MitbestG 1976, §§ 4, 9 MontanMitbestG, §§ 5, 12 MitbestErgG).

438 Zu beachten ist, daß besondere gesetzliche Vorschriften zur Anwendung kommen, soweit es um den **Wechsel** in ein gesetzliches Mitbestimmungsmodell, zwischen verschiedenen Mitbestimmungsmodellen sowie von einem solchen Modell zurück in die mitbestimmungsfreie Aufsichtsratsverfassung geht. Ein solcher Wechsel erfolgt nicht ohne weiteres aufgrund der Erfüllung der gesetzlichen Kriterien, insbesondere des Über- oder Unterschreitens der Schwellenwerte für die Arbeitnehmerzahl, sondern erfordert die Einhaltung eines bestimmten Verfahrens.

439 Für die kleine AG ist hier der wichtigste Anwendungsfall der Wechsel in die „Drittelmitbestimmung" nach § 76 BetrVG 1952 oder der umgekehrte Fall des Wegfalls der Voraussetzungen für diese Mitbestimmung. Ändern sich die Voraussetzungen, von denen nach dem Gesetz das betreffende Aufsichtsratsmodell abhängt (wird also beispielsweise die Zahl von 500 Arbeitnehmern über- oder nach Bildung eines drittelmitbestimmten Aufsichtsrates wieder unterschritten), so bleibt zunächst der Aufsichtsrat gleichwohl in seiner bisherigen Zusammensetzung im Amt.

---

101) Überwiegend wurde von einer Mindestzahl von fünf Arbeitnehmern ausgegangen, vgl. *Hoffmann-Becking*, in: Münchener Handbuch des Gesellschaftsrechts, § 28 Rz. 4.

Es wäre auch nicht möglich, ohne weiteres bei einer nächsten anstehenden **440** Wahl in das „richtige" Modell überzuwechseln. Vielmehr ist der Vorstand verpflichtet, gemäß § 97 AktG eine Bekanntmachung über die richtige Zusammensetzung des Aufsichtsrates in den Gesellschaftsblättern und als Aushang in den Betrieben zu veranlassen. In dieser Bekanntmachung sind die nach Auffassung des Vorstandes zutreffenden gesetzlichen Vorschriften für die Bildung des Aufsichtsrates zu bezeichnen. Der Inhalt der Bekanntmachung wird einen Monat nach der Veröffentlichung in den Gesellschaftsblättern maßgeblich, falls nicht ein gerichtliches Verfahren über die Zusammensetzung des Aufsichtsrates eingeleitet wird; die Bekanntmachung hat auf diese Rechtsfolge hinzuweisen.

§ 99 AktG sieht vor, daß bestimmte Antragsberechtigte, zu denen u. a. der **441** Vorstand, jedes Aufsichtsratsmitglied, jeder Aktionär, der (Gesamt-)Betriebsrat, Gewerkschaften und ein bestimmtes Quorum von Arbeitnehmern zählen, eine gerichtliche Entscheidung über die Zusammensetzung des Aufsichtsrates beim zuständigen Landgericht beantragen können. Bis zu einer gerichtlichen Entscheidung gilt in diesem Falle das bisherige Aufsichtsratsmodell.

Wird der Bekanntmachung des Vorstandes über die Zusammensetzung des **442** Aufsichtsrates nicht fristgemäß durch einen entsprechenden Antrag auf gerichtliche Entscheidung begegnet, so gilt für die Umsetzung der neuen Aufsichtsratsverfassung eine Übergangsfrist bis zur nächsten Hauptversammlung, die nach Ablauf der Monatsfrist nach der Bekanntmachung einberufen wird, längstens jedoch sechs Monate nach Ablauf dieser Frist. Erst zu diesem Zeitpunkt erlischt das Mandat der nach dem alten, nunmehr nicht mehr maßgeblichen Aufsichtsratsmodell gewählten Aufsichtsratsmitglieder. Ist der Inhalt der Satzung mit dem nunmehr maßgeblichen Aufsichtsratsmodell nicht vereinbar, so treten die entgegenstehenden Bestimmungen zu diesem Zeitpunkt außer Kraft (§ 97 Abs. 2 Satz 2 und 3 AktG). Für die etwa erforderliche Satzungsbereinigung gelten erleichterte Mehrheitserfordernisse in der Hauptversammlung (§ 97 Abs. 2 Satz 4 AktG).

2. Bestellung der Aufsichtsratsmitglieder
a) Wahl und Entsendung

In der mitbestimmungsfreien Aktiengesellschaft werden die Aufsichtsrats- **443** mitglieder grundsätzlich von der Hauptversammlung gewählt (§ 101 Abs. 1 Satz 1 AktG). Gleiches gilt für die Aktionärsvertreter in mitbestimmten Aufsichtsräten. Die Hauptversammlung entscheidet, soweit nichts anderes bestimmt ist, mit einfacher Stimmenmehrheit. Hinsichtlich des Wahlverfahrens bietet § 133 Abs. 2 AktG der Satzung weitgehende Gestaltungsfreiheit. Da-

D. Die Organisation der kleinen AG

nach ist eine Block- oder Listenwahl zulässig.[102] Die Satzung kann auch bestimmen, daß die relative Stimmenmehrheit genügt, also diejenigen Kandidaten gewählt sind, die die meisten Stimmen auf sich vereinigen, auch wenn dies weniger als die Hälfte der in der Hauptversammlung vertretenen Stimmen sind. Nach allerdings umstrittener Auffassung ist auch die Zulässigkeit einer Verhältniswahl anzuerkennen, wenn die Satzung dies so bestimmt.[103]

444 Die **Arbeitnehmervertreter** werden grundsätzlich nicht von der Hauptversammlung, sondern in den jeweils maßgeblichen Wahlverfahren unmittelbar oder mittelbar von der Arbeitnehmerschaft gewählt. Einzige Ausnahme bilden die Arbeitnehmervertreter nach dem Montan-Mitbestimmungsgesetz, die zwar formal durch die Hauptversammlung, jedoch unter Bindung an Wahlvorschläge der Betriebsräte oder des Konzernbetriebsrats (§ 6 Abs. 6 MontanMitbestG) gewählt werden, so daß im Ergebnis die Hauptversammlung keinen Einfluß auf die Zusammensetzung der Arbeitnehmerseite im Aufsichtsrat besitzt. Am Wahlverfahren nehmen grundsätzlich sämtliche Arbeitnehmer aller inländischen Betriebe des Unternehmens und aller inländischen Tochtergesellschaften teil. Das Wahlverfahren ist im einzelnen in den Wahlordnungen zum Mitbestimmungsgesetz sowie zum Betriebsverfassungsgesetz von 1952 äußerst detailliert und minutiös geregelt und insbesondere bei Wahlen nach dem Mitbestimmungsgesetz von 1976 sehr kompliziert und infolge einer Mehrzahl aufeinander aufbauender Fristen auch ausgesprochen langwierig.

445 Nach § 101 Abs. 2 AktG können in der Satzung **Entsendungsrechte** für bestimmte Aktionäre oder Aktionärsgruppen geschaffen werden. Dieses Recht kann auch an bestimmte Aktien geknüpft werden, die dann allerdings als vinkulierte Namensaktien ausgestaltet werden müssen (§ 101 Abs. 2 Satz 2 AktG). Entsendungsrechte sind insgesamt auf ein Drittel der Aufsichtsratsmandate beschränkt (§ 101 Abs. 2 Satz 4 AktG) und können nur Namensaktionären oder in der Satzung bestimmten Aktionären zugestanden werden. Bei einem dreiköpfigen Aufsichtsrat kann also nur ein Mitglied in den Aufsichtsrat entsandt werden. Für die kleine AG bietet sich an, das Instrument des Entsendungsrechts dann zu nutzen, wenn einer bestimmten Aktionärsminderheit ein Mandat oder ein bestimmtes Quorum im Aufsichtsrat von maximal einem Drittel der Mitglieder gesichert werden soll. Das gleiche Ergebnis kann allerdings bei einem überschaubaren Aktionärskreis einfacher durch einen Stimmbindungsvertrag außerhalb der Satzung erreicht werden. Ein Mehrheitsaktionär benötigt Entsendungsrechte demgegenüber regelmäßig nicht, da er die per-

---

102) *Mertens*, in: Kölner Komm. zum AktG, § 101 Rz. 6; *Hüffer*, AktG, § 101 Rz. 6.
103) *Hüffer*, AktG, § 133 Rz. 33; a. A. *Mertens*, in: Kölner Komm. zum AktG, § 101 Rz. 14, jeweils mit weiteren Nachweisen.

III. Aufsichtsrat

sonelle Besetzung des Aufsichtsrates über die Hauptversammlung bestimmen kann.

b) **Wählbarkeitsvoraussetzungen**

Das **passive Wahlrecht** hinsichtlich der Mitgliedschaft im Aufsichtsrat ist in § 100 AktG geregelt. Gemäß Absatz 1 kann jede unbeschränkt geschäftsfähige natürliche Person Mitglied des Aufsichtsrates werden. Weitergehende Anforderungen, insbesondere an die fachliche oder persönliche Eignung, eines Aufsichtsratsmitglieds stellt das Gesetz nicht auf. 446

Ein Aufsichtsratsmitglied darf nicht unbegrenzt viele Aufsichtsratsämter bekleiden. Absatz 2 Nr. 1 begrenzt die **Zahl der Mandate** in Aufsichtsräten, die gesetzlich zwingend zu bilden sind (also auch in der mitbestimmten GmbH), auf zehn. Die Regelung ist durch das KonTraG nochmals verschärft worden, indem auf diese Zahl Mandate als Aufsichtsratsvorsitzender doppelt anzurechnen sind. Sie soll einer Überlastung durch Aufsichtsratsmandate vorbeugen und trägt dabei dem Umstand Rechnung, daß der Vorsitzende des Aufsichtsrates durch zusätzliche Aufgaben in stärkerem Maße zeitlich belastet ist. Nicht wählbar in den Aufsichtsrat sind die Vertretungsorgane abhängiger Unternehmen. Es ist also beispielsweise nicht möglich, einen Geschäftsführer einer Tochter-GmbH in den Aufsichtsrat der Mutter-Aktiengesellschaft zu wählen. Untersagt ist in Absatz 2 Nr. 3 ferner die sogenannte Überkreuzverflechtung. Mitglied des Aufsichtsrates kann danach nicht ein gesetzlicher Vertreter einer anderen Kapitalgesellschaft sein, deren Aufsichtsrat ein Vorstandsmitglied der Gesellschaft angehört. Schließlich können auch ein Vorstandsmitglied der Gesellschaft selbst sowie (vorbehaltlich mitbestimmungsrechtlicher Sonderregelungen) Prokuristen und zum gesamten Geschäftsbetrieb ermächtigte Handlungsbevollmächtigte nicht Aufsichtsratsmitglieder werden. 447

Die Satzung kann **weitere Wählbarkeitsvoraussetzungen** für Aufsichtsratsmitglieder definieren (§ 100 Abs. 4 AktG). Diese gelten allerdings nicht für die von der Arbeitnehmerschaft zu wählenden Repräsentanten in mitbestimmten Aufsichtsräten. Die Satzung kann also beispielsweise besondere fachliche Qualifikationen der Aufsichtsratsmitglieder (etwa ein abgeschlossenes Hochschulstudium) verlangen. Speziell bei der kleinen AG könnte von daher auch bestimmt werden, daß Aufsichtsratsmitglieder besondere Kriterien erfüllen müssen. 448

Für die **Arbeitnehmervertreter** gelten im einzelnen aufgrund der einschlägigen mitbestimmungsrechtlichen Vorschriften gesonderte zusätzliche Wählbarkeitsvoraussetzungen, so namentlich das Bestehen eines Arbeitsverhältnisses zur Gesellschaft oder die Zugehörigkeit zur Gruppe der Arbeiter, Angestellten 449

c) Stellvertretende Aufsichtsratsmitglieder und Ersatzmitglieder

450 **Stellvertretende Aufsichtsratsmitglieder** können nach § 101 Abs. 3 Satz 1 AktG nicht bestellt werden. Der Grund hierfür liegt darin, daß das Aufsichtsratsamt ein höchstpersönliches Amt ist, welches generell einer Stellvertretung nicht zugänglich ist. Daher kann sich ein Aufsichtsratsmitglied auch nicht durch einen Bevollmächtigten vertreten lassen. Das Gesetz läßt lediglich die Bestellung von **Ersatzmitgliedern** von Aufsichtsratsmitgliedern zu (§ 103 Abs. 3 Satz 2 AktG). Ersatzmitglieder unterscheiden sich von stellvertretenden Aufsichtsratsmitgliedern dadurch, daß sie für den Fall des Ausscheidens eines Aufsichtsratsmitgliedes vorgesehen sind und unter dieser Voraussetzung sodann vollwertige Aufsichtsratsmitglieder werden. Es ist auch möglich, für mehrere Aufsichtsratsmitglieder das gleiche Ersatzmitglied zu wählen. Zulässig ist es ferner, für ein Aufsichtsratsmitglied (oder auch für mehrere oder alle) eine Mehrzahl von Ersatzmitgliedern zu bestellen, die in einer im voraus bestimmten Reihenfolge in den Aufsichtsrat nachrücken.[104] Zu beachten ist, daß Ersatzmitglieder nur gleichzeitig mit dem jeweiligen Aufsichtsratsmitglied bestellt werden können (§ 101 Abs. 3 Satz 3 AktG). Diese Regelung schließt es aus, während einer laufenden Wahlperiode nachträglich noch Ersatzmitglieder nachzunominieren.

451 Fällt ein Aufsichtsratsmitglied während einer laufenden Wahlperiode weg, ohne daß ein Ersatzmitglied vorhanden ist, und ist eine Ergänzungswahl durch die Hauptversammlung (bei nicht mitbestimmten Aufsichtsräten oder bei Aktionärsvertretern im Aufsichtsrat) nicht möglich, so können Aufsichtsratsmitglieder auch durch **Beschluß des Registergerichts** bestellt werden. Der Vorstand ist verpflichtet, einen solchen Antrag unverzüglich zu stellen, wenn der Aufsichtsrat durch den Wegfall von Aufsichtsratsmitgliedern beschlußunfähig geworden ist, es sei denn, eine rechtzeitige Neubestellung des Aufsichtsratsmitgliedes durch die Hauptversammlung ist vor der nächsten Aufsichtsratssitzung zu erwarten (§ 104 Abs. 1 Satz 2 AktG). Im übrigen sind auch jedes Aufsichtsratsmitglied und jeder Aktionär antragsberechtigt, bei Arbeitnehmervertretern in mitbestimmten Aufsichtsräten auch Betriebsräte, ein Quorum von Arbeitnehmern oder Gewerkschaften bzw. ihre Spitzenorganisationen; die Einzelheiten sind in § 104 Abs. 1 Satz 3 und 4 AktG geregelt.

---

104) BGH, Urt. v. 15. 12. 1986 – II ZR 18/86, BGHZ 99, 211, 214 = ZIP 1987, 366, 367, dazu EWiR 1987, 111 *(Hüffer)*; Bommert, AG 1986, 315, 320.

III. Aufsichtsrat

Das Registergericht muß außer im Falle der Beschlußunfähigkeit eine Ersatzbestellung stets vornehmen, wenn es sich um die Ergänzung eines paritätisch besetzten Aufsichtsrates handelt oder wenn sonst ein dringender Fall vorliegt (§ 104 Abs. 2 Satz 2 und Abs. 3 AktG). Die Dringlichkeit ist vor allem dann gegeben, wenn im Aufsichtsrat Entscheidungen von besonderer Bedeutung und Tragweite für das Unternehmen sowie insbesondere auch Personalentscheidungen betreffend den Vorstand anstehen. Ist der Aufsichtsrat nicht beschlußunfähig und liegt auch kein dringender Fall vor, so erfolgt eine gerichtliche Ersatzbestellung erst, wenn die Vakanz bereits drei Monate andauert (§ 104 Abs. 1 Satz 1 AktG). Die gerichtliche Bestellung ist nur eine Notbestellung. Wird von dem für die Bestellung zuständigen Gremium das fehlende Aufsichtsratsmitglied neu bestellt, so erlischt automatisch das Mandat des gerichtlich bestellten Aufsichtsratsmitglieds. **452**

d) Amtsdauer und Amtsniederlegung

Über die **Amtsdauer** der von der Hauptversammlung zu wählenden Aufsichtsratsmitglieder entscheidet diese. Die Hauptversammlung kann auch die Wahlperiode einzelner Aufsichtsratsmitglieder unterschiedlich lang festsetzen. Gebunden ist sie ausschließlich an die gesetzliche Höchstdauer in § 102 Abs. 1 Satz 1 AktG. Dort ist bestimmt, daß Aufsichtsratsmitglieder nicht längere Zeit als bis zur Beendigung der Hauptversammlung bestellt werden können, die über die Entlastung für das vierte Geschäftsjahr nach dem Beginn der Amtszeit beschließt, wobei das Geschäftsjahr, in welchem die Amtszeit beginnt, nicht mitgerechnet wird. Dies führt praktisch zu einer Höchstdauer des Mandats von rund fünf Jahren, wobei durch die jeweilige Terminierung der ordentlichen Hauptversammlung die Wahlperiode geringfügig länger oder auch kürzer sein kann. Wird während der Wahlperiode zwischenzeitlich durch Veränderung des Geschäftsjahres ein Rumpfgeschäftsjahr begründet, so tritt eine entsprechende faktische Verkürzung der Amtszeit ein. Entgegen dem Wortlaut des Gesetzes ist nicht verlangt, daß die Hauptversammlung tatsächlich einen Beschluß über die Entlastung des entsprechenden Aufsichtsratsmitgliedes faßt. Vertagt die Hauptversammlung etwa die Entscheidung über die Entlastung eines Aufsichtsratsmitgliedes, was gelegentlich vorkommt, wenn gerichtliche Verfahren oder Sonderprüfungen schweben, so verlängert sich nicht etwa die Wahlperiode des betreffenden Aufsichtsratsmitglieds. **453**

Eine Besonderheit ist zu beachten bei dem **ersten Aufsichtsrat**, welcher bei der Gründung der Gesellschaft bestellt wird. Die Bestellungsperiode dieses ersten Aufsichtsrates ist von Gesetzes wegen verkürzt und endet mit Ablauf der ersten ordentlichen Hauptversammlung (§ 30 Abs. 1, 3 AktG). Die Rege- **454**

D. Die Organisation der kleinen AG

lung ist allerdings nur auf Neugründungen anwendbar. Entsteht die Aktiengesellschaft etwa durch Formwechsel nach den Vorschriften des Umwandlungsgesetzes, so ist sie nicht anzuwenden (§ 197 Satz 2 UmwG). Vielmehr gelten insoweit die oben ausgeführten allgemeinen Regelungen.

455 Die Bestellung eines Aufsichtsratsmitgliedes, sei es durch Beschluß der Hauptversammlung, durch Entsendung, durch Wahlakt der Arbeitnehmer oder durch gerichtliche Entscheidung, bedarf stets der **Annahme** durch das Aufsichtsratsmitglied. Im Regelfall endet das Amt des Aufsichtsratsmitgliedes durch Zeitablauf, wobei eine Wiederwahl uneingeschränkt zulässig ist. Das Aufsichtsratsmitglied kann grundsätzlich sein Mandat durch Erklärung an die Gesellschaft jederzeit (außer zur Unzeit) niederlegen. Die Erklärung ist generell an den Vorstand zu richten.[105]

456 Die Amtsniederlegung ist auch dann wirksam, wenn **kein wichtiger Grund** hierfür vorliegt.[106] Es erscheint zweifelhaft, ob die Satzung die Mandatsniederlegung an das Vorliegen eines wichtigen Grundes knüpfen kann.[107] Möglich und zulässig sind jedoch Satzungsbestimmungen, die das Wirksamwerden einer Amtsniederlegungserklärung an eine bestimmte Frist binden, soweit diese Frist nicht unangemessen lang bemessen ist, so daß sie das Recht zur Amtsniederlegung vereiteln oder wesentlich einschränken würde.

e) Sonstige Beendigung des Aufsichtsratsmandats

457 Im übrigen kommt eine vorzeitige Beendigung des Aufsichtsratsamtes außer im Falle des Todes des Aufsichtsratsmitgliedes in erster Linie dann in Betracht, wenn eine der gesetzlichen **Wählbarkeitsvoraussetzungen** nachträglich **wegfällt**. Beispiele:

- Ein Aufsichtsratsmitglied wird in den Vorstand gewählt oder zum Geschäftsführer einer Tochtergesellschaft bestellt;

- ein Arbeitnehmer, dessen Betriebszugehörigkeit Wählbarkeitsvoraussetzung ist, scheidet aus dem Arbeitsverhältnis zum Unternehmen aus.

458 Das Aufsichtsratsmandat endet ferner durch **Abberufung** des Aufsichtsratsmitgliedes. Diese ist im einzelnen in § 103 AktG geregelt, soweit es sich nicht um Aufsichtsratsmitglieder handelt, die nach den einschlägigen mitbestimmungsrechtlichen Vorschriften nicht von der Hauptversammlung frei gewählt

---

[105] *Geßler*, in: Geßler/Hefermehl/Eckardt/Kropff, AktG, § 102 Rz. 34, *Singhof*, AG 1998, 318, 326.
[106] *Hüffer*, AktG, § 103 Rz. 17; *Mertens*, in: Kölner Komm. zum AktG, § 103 Rz. 56.
[107] So aber *Singhof*, AG 1998, 318, 326; *Geßler*, in: Geßler/Hefermehl/Eckardt/Kropff, AktG, § 102 Rz. 28.

III. Aufsichtsrat

werden können (§ 103 Abs. 4 AktG). Die von der Hauptversammlung frei wählbaren Aufsichtsratsmitglieder können auch ohne wichtigen Grund von der Hauptversammlung durch Beschluß abberufen werden. Für den Beschluß ist nach dem Gesetz eine Mehrheit von mindestens 75 % der abgegebenen Stimmen in der Hauptversammlung erforderlich (§ 103 Abs. 1 Satz 2 AktG). Die Regelung ist indessen in beide Richtungen dispositiv. Soweit es gerade in einer kleinen AG darum geht, die Repräsentanz bestimmter Minderheiten im Aufsichtsrat abzusichern, ist bei der Gestaltung der Satzung ein besonderes Augenmerk darauf zu legen, welche Mehrheiten für die Abberufung erforderlich sind. Bei vielen Gesellschaften sind Regelungen üblich, die alle dispositiven qualifizierten Mehrheitserfordernisse abbedingen und einfache Mehrheiten ausreichen lassen. Dies würde dann auch für die Abberufung von Aufsichtsratsmitgliedern gelten. Aufsichtsratsmitglieder, die aufgrund eines Entsendungsrechts in den Aufsichtsrat gelangt sind, können von dem Entsendungsberechtigten abberufen werden.

Rechtlich zulässig, in der Praxis allerdings äußerst selten, ist auch die **gerichtliche Abberufung** eines Aufsichtsratsmitglieds durch das Registergericht (§ 103 Abs. 3 AktG). Die gerichtliche Abberufung ist im Gegensatz zu der Abberufung durch Beschluß der Hauptversammlung oder der Abberufung durch den Entsendungberechtigten an einen wichtigen Grund geknüpft, der in dem gerichtlichen Verfahren gegebenenfalls festzustellen ist. Das Gericht wird nur auf Antrag tätig, der im Grundsatz vom Aufsichtsrat aufgrund Mehrheitsbeschlusses zustande kommt. Lediglich bei der Abberufung eines entsandten Aufsichtsratsmitglieds kann auch eine qualifizierte Aktionärsminderheit von 10 % des Grundkapitals bzw. eines anteiligen Betrages des Grundkapitals von 1 000 000 Euro einen entsprechenden Antrag stellen. **459**

Gerade (aber nicht nur) in der kleinen AG wird die Vorschrift des § 106 AktG oft übersehen, welche den Vorstand dazu verpflichtet, jeden **Wechsel der Aufsichtsratsmitglieder** unverzüglich in den Gesellschaftsblättern (d. h. typischerweise dem Bundesanzeiger) bekanntzumachen und die Bekanntmachung zum Handelsregister einzureichen. Auch der Wohnort des Aufsichtsratsmitglieds ist dabei anzugeben (§ 40 Abs. 1 Nr. 4 AktG analog). **460**

3. Aufgaben und Rechte des Aufsichtsrates

a) Überwachungsaufgabe

Den Kern der Aufgaben des Aufsichtsrates und zugleich das Charakteristikum dieses Organs in Abgrenzung zum Vorstand bildet die in § 111 Abs. 1 AktG normierte Verpflichtung des Aufsichtsrates, die Geschäftsführung zu überwachen. Diese **Überwachungsaufgabe** bildet somit das Gegenstück und Korrek- **461** tiv der Befugnis und Verpflichtung des Vorstandes, die Gesellschaft in eigener Verantwortung zu leiten. Daraus folgt zugleich, daß es nicht Sache des Aufsichtsrates ist, seinerseits die Geschäfte der Gesellschaft zu führen oder die Leitlinien der Unternehmenspolitik vorzugeben. Von Gesetzes wegen ist also auch für die kleine AG der Aufsichtsrat nicht das Instrumentarium, um einen umfassenden Einfluß der Gesellschaft auf die Unternehmensführung zu verwirklichen. Der Aufsichtsrat vermag dementsprechend auch nicht die bei der GmbH durch die Gesellschafterversammlung gegebene Kompetenz der Gesellschafter, auf Geschäftsführungsfragen unmittelbaren Einfluß zu nehmen, zu ersetzen. Der Aufsichtsrat kann jedoch in erheblichem Maße, insbesondere durch die ihm gegebenen Möglichkeiten präventiver Kontrolle, zulässigerweise die Grundlinien der Unternehmenspolitik mitbestimmen.[108] Der Unterschied zur GmbH liegt aber jedenfalls darin, daß der Aufsichtsrat dem Vorstand keine unternehmenspolitischen Ziele einseitig vorgeben kann.

462 Grundsätzlich bestimmt der Aufsichtsrat **Inhalt und Umfang seiner Überwachungstätigkeit** nach eigenem pflichtgemäßen Ermessen. Hierbei sind naturgemäß Lage und Entwicklung der Gesellschaft und die Qualität und Ordnungsmäßigkeit der Geschäftsführung durch den Vorstand zu berücksichtigen. In besonders schwierigen Situationen kann der Aufsichtsrat daher verpflichtet sein, seine Überwachungstätigkeit zu intensivieren. Gleiches gilt, wenn der Aufsichtsrat Mängel in der Ordnungsmäßigkeit der Geschäftsführung des Vorstandes oder Defizite in dessen fachlicher Eignung feststellt. Von daher läßt sich nicht allgemein sagen, welches Maß an Aktivität der Aufsichtsrat zur Erfüllung seiner Aufgabe schuldet. Bestehen keine Anhaltspunkte für Zweifel an der Ordnungsmäßigkeit der Geschäftsführung des Vorstandes und entwickelt sich die Gesellschaft plangemäß, so wird man generell sagen können, daß sich die Aufsichtsratsmitglieder sorgfaltsgemäß verhalten, wenn sie sich auf eine kritische Prüfung der Berichte des Vorstandes beschränken.[109]

b) Einberufung der Hauptversammlung

463 Im Rahmen seiner Überwachungsfunktion hat der Aufsichtsrat nach § 111 Abs. 3 AktG die Kompetenz, seinerseits durch Mehrheitsbeschluß die **Hauptversammlung einzuberufen**. Nach dem Wortlaut des Gesetzes soll dies nur erfolgen, wenn das Wohl der Gesellschaft eine Einberufung der Hauptversammlung fordert. Da die Hauptversammlung ihrerseits keine Geschäftsführungskompetenzen hat und sie dem Vorstand solche auch nicht entziehen

---

108) Vgl. BGH, Urt. v. 25. 3. 1991 – II ZR 188/89, BGHZ 114, 127, 130 = ZIP 1991, 653, 654, dazu EWiR 1991, 525 *(Semler).*
109) Vgl. *Hoffmann-Becking*, in: Münchener Handbuch des Gesellschaftsrechts, § 33 Rz. 42.

III. Aufsichtsrat

kann, ist die Möglichkeit der Einberufung einer Hauptversammlung im Zusammenhang mit der Überwachungstätigkeit des Aufsichtsrates insbesondere dahin gehend zu sehen, daß der Aufsichtsrat auf diese Weise einen Beschluß über den Vertrauensentzug gegenüber dem Vorstand herbeiführen kann. Ein solcher Beschluß versetzt den Aufsichtsrat seinerseits in die Lage, Mitglieder des Vorstands abzuberufen (oben Rz. 458). In der Praxis sind Einberufungen der Hauptversammlung durch den Aufsichtsrat äußerst ungewöhnlich und von daher aufsehenerregend.

c) **Informationsrechte**

Zur Durchführung der Überwachungsaufgabe stehen dem Aufsichtsrat **Infor-** 464 **mationsrechte** zur Verfügung. Diese Informationsrechte ergeben sich in erster Linie spiegelbildlich aus der im Gesetz vorgesehenen Berichtspflicht des Vorstandes gegenüber dem Aufsichtsrat nach § 90 AktG. Das Gesetz unterscheidet in diesem Zusammenhang zwischen (mindestens) jährlichen und quartalsmäßigen Berichten sowie Berichten vor Durchführung der jeweiligen Maßnahmen. Die turnusmäßigen Berichte sind in kürzeren Abständen zu erstatten, wenn dies aufgrund der Lage und Entwicklung der Gesellschaft geboten ist. Mit dieser Maßgabe unterliegen der jährlichen Informationspflicht

– die beabsichtigte Geschäftspolitik und andere grundsätzliche Fragen der künftigen Geschäftsführung (insbesondere die Finanz-, Investitions- und Personalplanung; § 90 Abs. 1 Nr. 1 AktG);

– die Rentabilität der Gesellschaft, insbesondere die Rentabilität des Eigenkapitals (§ 90 Abs. 1 Nr. 2 AktG).

Speziell hinsichtlich der Berichte betreffend die Rentabilität der Gesellschaft 465 schreibt das Gesetz vor, daß diese in der Sitzung des Aufsichtsrates erstattet werden müssen, in der über den Jahresabschluß verhandelt wird (§ 90 Abs. 2 Nr. 2 AktG).

Der grundsätzlich **quartalsmäßigen** Vorlage unterliegen die Berichte über den 466 Gang der Geschäfte, insbesondere den Umsatz, und die Lage der Gesellschaft (§ 90 Abs. 1 Nr. 3 AktG). Gegenstand dieser Berichte bilden die gesamte operative und finanzielle Entwicklung der Gesellschaft einschließlich der gegenüberzustellenden Planungsrechnungen.[110] Besonders wesentliche Geschäfte, die von erheblicher Bedeutung für die Rentabilität oder Liquidität der Gesellschaft sein können, müssen dem Aufsichtsrat gegenüber so rechtzeitig berichtet werden, daß dieser vor Vornahme der Geschäfte Gelegenheit hat, zu ihnen

---

110) *Wiesner*, in: Münchener Handbuch des Gesellschaftsrechts, § 25 Rz. 8.

D. Die Organisation der kleinen AG

Stellung zu nehmen (§ 90 Abs. 2 Nr. 4 AktG). Hierdurch soll erreicht werden, daß der Aufsichtsrat auch unabhängig von bestehenden Zustimmungsvorbehalten von wichtigen Entscheidungen und Maßnahmen so rechtzeitig Kenntnis erhält, daß er noch vor der Vornahme des Geschäfts die Möglichkeit zum Eingreifen hat.

467 Ergänzt wird die Regelung durch eine Generalklausel in § 90 Abs. 1 Satz 2 AktG, wonach der Vorstand dem Vorsitzenden des Aufsichtsrates aus sonstigen **wichtigen Anlässen** zu berichten hat. Gegenüber dem Aufsichtsratsplenum ist die Berichterstattung insoweit spätestens in der nächsten Aufsichtsratssitzung nachzuholen (§ 90 Abs. 5 Satz 2 AktG). Gemeint sind hier Angelegenheiten von besonderer Dringlichkeit, die typischerweise von außen auf das Unternehmen einwirken, wie beispielsweise der Ausfall wesentlicher Kunden oder Lieferanten, Kreditkündigungen, wesentliche Forderungsverluste, Verlust oder Gefährdung behördlicher Genehmigungen.[111]

468 Die gesetzlichen Regelungen über die Berichtspflicht stellen nur das rechtlich erforderliche Minimum dar. § 90 Abs. 3 AktG sieht vor, daß der Aufsichtsrat vom Vorstand jederzeit einen **Bericht verlangen** kann über Angelegenheiten der Gesellschaft, über ihre rechtlichen und geschäftlichen Beziehungen zu verbundenen Unternehmen sowie über geschäftliche Vorgänge bei solchen Unternehmen, die auf die Lage der Aktiengesellschaft von erheblichem Einfluß sein können. Mittels dieses Instruments kann der Aufsichtsrat dem Vorstand praktisch über das gesetzlich Geforderte hinaus Gegenstand und Häufigkeit seiner Berichte vorgeben.

469 Seine Grenze findet dieses Informationsrecht des Aufsichtsrates nur im Falle des Rechtsmißbrauchs, wenn etwa die begründete Befürchtung besteht, daß Aufsichtsratsmitglieder unter Verstoß gegen ihre Treuepflicht die verlangten Informationen für aufgabenfremde Zwecke verwenden wollen. Ebenfalls rechtsmißbräuchlich wäre es, wenn die Intensität und die Detailliertheit solcher Berichtsverlangen in einer Weise ausufert, daß ihre Erfüllung die laufende Tätigkeit des Vorstandes nachhaltig beeinträchtigt, und wenn zugleich daher bei verständiger Würdigung der Aufsichtsrat die Berichte zur Erfüllung der ihm obliegenden Aufgaben nicht benötigt. Eine Informationsverweigerung durch den Vorstand wird allerdings auf besonders extreme Fälle beschränkt sein.

470 Von dem Fall der Vorabberichterstattung gegenüber dem Aufsichtsratsvorsitzenden aus wichtigem Anlaß abgesehen erfolgt die Unterrichtung des Aufsichtsrates grundsätzlich in seiner Gesamtheit. Davon zu unterscheiden ist die

---

111) Vgl. *Hüffer*, AktG, § 90 Rz. 8.

III. Aufsichtsrat

Frage, ob auch einzelnen **Aufsichtsratsmitgliedern Informationsansprüche** zustehen. Ein solches Individualrecht auf Berichterstattung ist in § 90 Abs. 3 Satz 2 AktG zugunsten jedes einzelnen Aufsichtsratsmitgliedes vorgesehen. Auch in diesem Fall erfolgt die Berichterstattung jedoch gegenüber dem gesamten Aufsichtsrat und nicht gegenüber demjenigen Aufsichtsratsmitglied allein, welches das Berichtsverlangen gestellt hat. Das Verlangen eines einzelnen Aufsichtsratsmitgliedes kann vom Vorstand zurückgewiesen werden. Dieser ist jedoch zur Berichterstattung verpflichtet, wenn sich ein zweites Aufsichtsratsmitglied dem Verlangen anschließt. Diese Regelung gilt unabhängig von der Größe des Aufsichtsrates. Auch in einem dreiköpfigen Aufsichtsrat können dementsprechend nur zwei Aufsichtsratsmitglieder gemeinsam ein Berichtsverlangen gegen den Widerstand des Vorstandes durchsetzen.

Form und Inhalt der Vorstandsberichte gegenüber dem Aufsichtsrat sind im Gesetz nicht ausdrücklich geregelt. § 90 Abs. 4 AktG sieht insoweit lediglich vor, daß die Berichte den Grundsätzen einer gewissenhaften und getreuen Rechenschaft zu entsprechen haben. § 90 Abs. 5 Satz 2 AktG bestimmt ferner, daß schriftlich erstattete Berichte an alle Aufsichtsratsmitglieder auf Verlangen auszuhändigen sind, soweit der Aufsichtsrat nichts Gegenteiliges beschlossen hat. Aus dieser Vorschrift geht indessen nicht hervor, ob und unter welchen Voraussetzungen die Berichte schriftlich erstattet werden müssen. Es ist jedoch grundsätzlich davon auszugehen, daß Vorstandsberichte an den Aufsichtsrat schriftlich zu erstatten sind,[112] soweit nicht aus Gründen der Eilbedürftigkeit, insbesondere in den Fällen der Unterrichtung des Aufsichtsratsvorsitzenden aus wichtigen Anlässen gemäß § 90 Satz 2 AktG, eine mündliche Unterrichtung geboten ist. Darüber hinaus ist der Vorstand verpflichtet, in Sitzungen des Aufsichtsrates oder seiner Ausschüsse die schriftlichen Berichte mündlich zu erläutern sowie die Fragen des Aufsichtsrates hierzu zu beantworten. 471

Berichtsverlangen des Aufsichtsrates oder einer Aufsichtsratsminderheit von mindestens zwei Mitgliedern können über das Registergericht im Zwangsgeldverfahren (§ 407 Abs. 1 Satz 1 AktG) gegenüber dem Vorstand **durchgesetzt** werden. Schwerwiegende und nachhaltige Verstöße gegen die Berichtspflicht stellen darüber hinaus einen wichtigen Grund zur Abberufung von Vorstandsmitgliedern dar. Eine Organklage, um im Zivilrechtswege eine Verurteilung des Vorstandes zur Abgabe von Berichten zu erzwingen, ist demgegenüber in ihrer Zulässigkeit umstritten.[113] 472

---

112) *Lutter*, S. 77 f.
113) Bejahend *Hüffer*, AktG, § 90 Rz. 15 m. w. N.; a. A. *Mertens*, in: Kölner Komm. zum AktG, § 90 Rz. 53.

d) Besondere Prüfungsrechte

473 Über die Berichtspflicht hinaus hat der Aufsichtsrat auch die Möglichkeit, **aktive Prüfungen der Geschäftsführung** durchzuführen. Das Gesetz nennt in § 111 Abs. 2 AktG das Recht des Aufsichtsrates, Bücher und Schriften der Gesellschaft sowie die Vermögensgegenstände, „namentlich die Gesellschaftskasse und die Bestände an Wertpapieren und Waren", einzusehen und zu prüfen. Das Prüfungsrecht des Aufsichtsrates ist umfassend. Der Aufsichtsrat kann sich die gesamte Geschäftskorrespondenz und die Buchhaltung vorlegen lassen. Zu seiner Prüfung kann sich der Aufsichtsrat einzelner seiner Mitglieder oder für bestimmte Aufgaben besonderer Sachverständiger bedienen (§ 111 Abs. 2 Satz 2 AktG). Der Aufsichtsrat könnte also beispielsweise einen Wirtschaftsprüfer mit der Prüfung der Ordnungsmäßigkeit einzelner Geschäftsvorgänge beauftragen.

474 Die Geltendmachung der Einsichtsrechte nach § 111 Abs. 2 AktG bedarf eines Aufsichtsratsbeschlusses. Eine besondere sachliche Rechtfertigung für ein solches Verlangen des Aufsichtsrates ist nicht erforderlich; insbesondere muß der Aufsichtsrat nicht einen besonderen begründeten Anlaß für ein Mißtrauen gegenüber der Ordnungsmäßigkeit der Geschäftsführung geltend machen, so daß der Vorstand die Durchführung einer Prüfung auch nicht etwa mit der Begründung verhindern kann, daß ihm gegenüber keine Verdachtsmomente für unregelmäßige Geschäftsführung bestünden. Allerdings gilt auch hier in gleicher Weise wie im Zusammenhang mit dem Berichterstattungsverlangen die Grenze des Rechtsmißbrauchs.

475 Weitere Informationsmöglichkeiten ergeben sich für den Aufsichtsrat durch das **Zusammenwirken mit dem Abschlußprüfer**, welche nach dem KonTraG intensiviert werden soll. Der Aufsichtsrat erteilt nunmehr nach § 111 Abs. 2 Satz 3 AktG dem Abschlußprüfer den Prüfungsauftrag für den Jahres- und Konzernabschluß. Nach § 171 Abs. 1 Satz 2 AktG nimmt der Abschlußprüfer obligatorisch an Verhandlungen des Aufsichtsrates oder eines Ausschusses über den Jahres- und den Konzernabschluß teil und berichtet über die wesentlichen Ergebnisse seiner Prüfung. Der Aufsichtsrat erhält damit originäre Informationsrechte auch gegenüber dem Abschlußprüfer, und zwar auch über die schon nach früherem Recht vorgesehene Vorlage des Prüfungsberichtes (§ 170 Abs. 1 Satz 2 AktG) hinaus. Die Vorschriften gelten grundsätzlich nur für prüfungspflichtige Aktiengesellschaften. Im Falle einer freiwilligen Abschlußprüfung sind sie aber jedenfalls entsprechend anzuwenden.

476 Im Rahmen seiner Überwachungsaufgabe hat der Aufsichtsrat auch seinerseits den vom Vorstand aufgestellten **Jahresabschluß und Konzernabschluß** nebst den jeweiligen Lageberichten zu prüfen und über das Ergebnis seiner Prüfung an die Hauptversammlung Bericht zu erstatten (§ 171 Abs. 2 AktG). Der Aufsichtsrat stellt den vom Vorstand aufgestellten Jahresabschluß fest, soweit er nicht die Billigung des Jahresabschlusses verweigert oder, was praktisch äußerst selten vorkommt, Vorstand und Aufsichtsrat übereinstimmend beschließen, den vom Aufsichtsrat gebilligten Jahresabschluß des Vorstandes gleichwohl der Hauptversammlung zur Beschlußfassung über die Feststellung vorzulegen (§ 173 Abs. 1 AktG).

Die Kompetenz des Aufsichtsrates zur Feststellung des Jahresabschlusses hat insbesondere deshalb erhebliche Bedeutung, als in diesem Rahmen auch ohne besonderen Beschluß der Aktionäre erhebliche Teile des Ergebnisses der Gesellschaft in Gewinnrücklagen eingestellt werden können (§ 58 Abs. 2 und 2a AktG). Auch hierin liegt ein wesentlicher Unterschied gegenüber der GmbH, bei der typischerweise der Jahresabschluß durch die Gesellschafterversammlung festgestellt wird, die in der Regel auch über die Verwendung des Ergebnisses insgesamt entscheidet, soweit nicht gesellschaftsvertragliche Bestimmungen Einschränkungen oder Abweichendes vorsehen. Der Aufsichtsrat hat ebenso wie der Vorstand der Hauptversammlung einen Beschluß über die Verwendung des sich aus dem Jahresabschluß ergebenen Bilanzgewinns zu unterbreiten. Er kann dabei, was allerdings ungewöhnlich wäre, von der Empfehlung des Vorstandes abweichen. **477**

e) Zustimmungsvorbehalte

Neben der Personalkompetenz des Aufsichtsrates ist das wichtigste Instrument zur Durchsetzung seines Einflusses auf die Geschäftsführung durch den Vorstand die in § 111 Abs. 4 AktG vorgesehene Möglichkeit des Aufsichtsrates, sich die **Zustimmung zu bestimmten Arten von Geschäften vorzubehalten**. Die Regelung läuft in ihrem praktischen Ergebnis auf ein **Vetorecht des Aufsichtsrates** gegenüber wesentlichen Entscheidungen des Vorstandes hinaus, wobei das Veto des Aufsichtsrates durch einen Hauptversammlungsbeschluß mit qualifizierter Mehrheit auf Antrag des Vorstandes wieder überspielt werden kann (§ 111 Abs. 4 Satz 3 bis 5 AktG). Die Zustimmungsvorbehalte können in der Satzung selbst oder aber durch Beschluß des Aufsichtsrates (als Gesamtorgan) begründet werden. Auch ein in der Satzung angelegter Katalog zustimmungsbedürftiger Geschäfte kann durch Aufsichtsratsbeschluß erweitert werden. In der Praxis ist es üblich, die zustimmungsbedürftigen Geschäfte und Maßnahmen des Vorstandes in einer vom Aufsichtsrat zu erlassenen Geschäftsordnung für den Vorstand zu definieren. **478**

479 Der Vorbehalt zustimmungsbedürftiger Geschäfte und Maßnahmen dient der **präventiven Kontrolle** des Vorstandes durch den Aufsichtsrat. Dementsprechend ist in allen hiervon betroffenen Fällen die vorherige Zustimmung des Aufsichtsrates erforderlich.[114] Eine lediglich nachträgliche Genehmigung genügt nicht. Allerdings ist aufgrund der unbeschränkten Vertretungsmacht des Vorstandes ein etwa auch ohne Zustimmung des Aufsichtsrates vorgenommenes Geschäft grundsätzlich im Außenverhältnis wirksam, soweit nicht ein Fall des Mißbrauchs der Vertretungsmacht durch den Vorstand vorliegt. Ein Vorstand, der einen Zustimmungsvorbehalt des Aufsichtsrates übergeht, handelt indessen pflichtwidrig. Er setzt gegebenenfalls einen wichtigen Grund für seine Abberufung und macht sich schadensersatzpflichtig, soweit durch sein eigenmächtiges Handeln für die Gesellschaft ein Nachteil entsteht.

480 Ein Zustimmungsvorbehalt kann grundsätzlich **nur für bestimmte Arten von Geschäften** bestehen. Diese müssen also vom Grundsatz her abstrakt definiert werden. Beispiele für typische zustimmungsbedürftige Geschäfte sind etwa Grundstücksgeschäfte, Erwerb und Veräußerung von Beteiligungen, Investitionen und Kreditaufnahmen in bestimmten Größenordnungen, Eingehung von Bürgschaftsverbindlichkeiten, Anstellung von Führungspersonal oder Erteilung von Prokuren. Es muß sich nicht notwendigerweise um Rechtsgeschäfte handeln. Auch interne Maßnahmen können der präventiven Kontrolle durch den Aufsichtsrat unterworfen werden. Es ist auch zulässig, daß der Aufsichtsrat besonders wesentliche Einzelgeschäfte von seiner Zustimmung abhängig macht.[115]

481 Allerdings darf nicht über das Instrument des Zustimmungsvorbehalts und das damit verbundene Vetorecht die Grenze zwischen dem Vorstand als der Geschäftsleitung und dem Aufsichtsrat als Überwachungsorgan verwischt werden. § 111 Abs. 4 Satz 1 AktG weist ausdrücklich darauf hin, daß Maßnahmen der Geschäftsführung dem Aufsichtsrat nicht übertragen werden können. Dementsprechend darf der Katalog zustimmungsbedürftiger Maßnahmen nicht so eng gezogen werden, daß dem Vorstand praktisch kaum noch ein eigenverantwortlicher Entscheidungsspielraum verbleibt. Auch in der kleinen AG kann das Instrument des Zustimmungsvorbehalts des Aufsichtsrates also nicht dazu benutzt werden, um auf diese Weise über den Aufsichtsrat das Tagesgeschäft der Gesellschaft zu steuern. Im Rahmen der so gezogenen Grenzen liegt es vorbehaltlich bereits in der Satzung angelegter Vorgaben im pflichtgemäßen

---

114) *Hüffer*, AktG, § 111 Rz. 19.
115) Vgl. BGH, Urt. v. 15. 11. 1993 – II ZR 235/92, BGHZ 124, 111, 127 = ZIP 1993, 1862, 1867, dazu EWiR 1994, 9 *(Crezelius)*; *Hüffer*, AktG, § 111 Rz. 18.

III. Aufsichtsrat

Ermessen des Aufsichtsrates, wie eng oder wie weit er den Vorstand an Zustimmungsvorbehalte bindet. Allerdings kann im Einzelfall dieser Ermessensspielraum auf null reduziert sein,[116] mit der Folge, daß ein Aufsichtsrat sich schadensersatzpflichtig machen kann, wenn er sich in solchen Fällen seiner präventiven Kontrollmöglichkeit begibt.

Über die Erteilung der Zustimmung entscheidet grundsätzlich der Aufsichtsrat in seiner **Gesamtheit**. Der Aufsichtsrat kann allerdings die Entscheidung auch auf einen Ausschuß delegieren. **482**

4. Die innere Ordnung und Organisation des Aufsichtsrates

a) Aufsichtsratssitzungen

Neben der ständigen und laufenden Überwachungstätigkeit, zu der die Aufsichtsratsmitglieder verpflichtet sind, besteht von Gesetzes wegen das Erfordernis, **Aufsichtsratssitzungen** abzuhalten. Aufgrund der durch das KonTraG verschärften Vorschrift des § 110 Abs. 3 AktG muß der Aufsichtsrat einmal und bei börsennotierten Gesellschaften zweimal im Kalenderhalbjahr zusammentreten. Er soll einmal im Kalendervierteljahr eine Sitzung abhalten. Die Sitzungen des Aufsichtsrates dienen dem Meinungsaustausch der Aufsichtsratsmitglieder und der förmlichen Willensbildung des Aufsichtsrates durch Beschlüsse. Eine Sitzung setzt ein persönliches Zusammentreffen der Aufsichtsratsmitglieder voraus. Keine Sitzung im Sinne der gesetzlichen Vorschriften dürfte demnach wohl eine Telefon- oder Videokonferenz sein. **483**

Aufsichtsratssitzungen werden grundsätzlich vom **Vorsitzenden des Aufsichtsrates** einberufen. Fristen und Formen der Einberufung sind im Gesetz nicht und werden daher üblicherweise in Satzungs- oder Geschäftsordnungsbestimmungen geregelt. Fehlt es an einer solchen Regelung, so muß die Einberufungsfrist angemessen sein. Der Vorstand und jedes Mitglied des Aufsichtsrates können vom Vorsitzenden des Aufsichtsrates die unverzügliche Einberufung des Aufsichtsrates verlangen, die in diesem Falle innerhalb von zwei Wochen nach der Einberufung stattfinden muß (§ 110 Abs. 1 AktG). Kommt der Aufsichtsratsvorsitzende dem Verlangen des Vorstandes oder mindestens von zweier Aufsichtsratsmitglieder nicht nach, haben die Antragsteller selbst die Möglichkeit, die Aufsichtsratssitzung einzuberufen (§ 110 Abs. 2 AktG). **484**

In allen Fällen der Einberufung muß diese eine Tagesordnung enthalten. Beschlüsse zu nicht angekündigten Tagesordnungspunkten können nur gefaßt **485**

---

116) Vgl. BGHZ 124, 111, 127 = ZIP 1993, 1862, 1867.

D. Die Organisation der kleinen AG

werden, wenn alle Aufsichtsratsmitglieder an der Beschlußfassung teilnehmen und kein Mitglied dieser Vorgehensweise widerspricht. Es ist allerdings nicht erforderlich, zu den jeweiligen Tagesordnungspunkten bereits in der Einberufung Beschlußvorschläge zu unterbreiten.

486 An den Aufsichtsratssitzungen sind grundsätzlich nur Aufsichtsratsmitglieder zur Teilnahme berechtigt und auch verpflichtet. Auf Verlangen des Aufsichtsrates müssen auch Vorstandsmitglieder an den Aufsichtsratssitzungen teilnehmen.[117] Speziell im Zusammenhang mit der Aufsichtsratssitzung, die bei Feststellung des Jahresabschlusses entscheidet, ist auch der Abschlußprüfer zur Teilnahme zum Zwecke der Berichterstattung über die wesentlichen Ergebnisse seiner Prüfung verpflichtet (§ 171 Abs. 1 Satz 2 AktG). Sonstige Dritte haben grundsätzlich kein Recht auf Teilnahme an Aufsichtsratssitzungen. § 109 Abs. 1 Satz 2 AktG sieht allerdings vor, daß Sachverständige und Auskunftspersonen zur Beratung über einzelne Gegenstände zugezogen werden. Die Entscheidung über die Teilnahme Dritter an Aufsichtsratssitzungen fällt grundsätzlich der Aufsichtsratsvorsitzende, soweit nicht der Aufsichtsrat selbst hierzu einen Beschluß faßt.

487 Aufgrund des höchstpersönlichen Charakters des Aufsichtsratsamtes kann vom Grundsatz her **nur das Aufsichtsratsmitglied selbst** an der Sitzung teilnehmen und sein Stimmrecht dort ausüben. Stellvertretende Aufsichtsratsmitglieder, die im Verhinderungsfall vertreten, können als solche weder gewählt werden noch aufgrund einer Bevollmächtigung durch das Aufsichtsratsmitglied handeln. § 109 Abs. 3 AktG sieht allerdings die Möglichkeit vor, daß die Satzung die Teilnahme von Nichtaufsichtsratsmitgliedern zuläßt, wenn die verhinderten Aufsichtsratsmitglieder sie hierzu entsprechend ermächtigt haben. Derartige Personen haben jedoch weder ein Rede- noch ein Antragsrecht, und sie können auch nicht in eigener Verantwortung das Stimmrecht für ein verhindertes Aufsichtsratsmitglied ausüben. § 108 Abs. 3 AktG sieht hier nur die Möglichkeit zur Abgabe einer schriftlichen Stimme des verhinderten Aufsichtsratsmitgliedes durch eine solche Person oder durch ein anderes Aufsichtsratsmitglied vor. Es handelt sich insofern aber dann nur um eine Stimmbotenschaft, die dem Boten keinerlei eigenen Entscheidungsspielraum einräumt.

b) Beschlüsse, Beschlußfähigkeit

488 Der Aufsichtsrat trifft seine Entscheidungen grundsätzlich in Form von **Beschlüssen**. Beschlüsse des Aufsichtsrates werden generell mit einfacher Stim-

---

117) *Geßler*, in: Geßler/Hefermehl/Eckardt/Kropff, AktG, § 109 Rz. 8.

III. Aufsichtsrat

menmehrheit gefaßt.[118] Auch die Satzung kann jedenfalls im Rahmen der Pflichtaufgaben des Aufsichtsrates keine anderen Mehrheitserfordernisse vorschreiben. Für zulässig wird allerdings ein satzungsmäßiger Stichentscheid des Aufsichtsratsvorsitzenden angesehen.[119] Beschlüsse des Aufsichtsrates sind zu protokollieren, wobei die Niederschrift von dem Vorsitzenden zu unterzeichnen ist. Die Einzelheiten regelt § 107 Abs. 2 AktG.

Die Satzung kann Regelungen über die **Beschlußfähigkeit** des Aufsichtsrates treffen (§ 108 Abs. 2 Satz 1 AktG). In mitbestimmten Aufsichtsräten dürfen allerdings solche Satzungsbestimmungen die Arbeitnehmervertreter nicht diskriminieren.[120] In Ermangelung einer satzungsmäßigen Bestimmung gilt, daß der Aufsichtsrat beschlußfähig ist, wenn mindestens die Hälfte der Mitglieder, aus denen er nach Gesetz oder Satzung insgesamt zu bestehen hat, an der Beschlußfassung teilnimmt (§ 108 Abs. 2 Satz 2 AktG). Für die kleine AG, deren Aufsichtsrat häufig nur aus drei Mitgliedern besteht, ist jedoch die Einschränkung wesentlich, daß in jedem Fall mindestens drei Aufsichtsratsmitglieder an der Beschlußfassung teilnehmen müssen, da andernfalls der Aufsichtsrat nicht beschlußfähig ist (§ 108 Abs. 2 Satz 3 AktG). Für den nur aus drei Personen bestehenden Aufsichtsrat bedeutet dies, daß er nur in vollzähliger Besetzung Beschlüsse fassen kann. Die Satzung kann hier auch nichts Abweichendes vorsehen. **489**

Neben der Beschlußfassung in Aufsichtsratssitzungen sind auch die in der Praxis außerordentlich häufigen **„Umlaufbeschlüsse"** zugelassen (§ 108 Abs. 4 AktG). Das Gesetz nennt hier ausdrücklich die schriftliche, telegrafische oder fernmündliche Beschlußfassung. Sinngemäß ist die Regelung auf andere Kommunikationsmittel (Telefax, E-mail) anzuwenden. Ein Beschluß im „Umlaufverfahren" ist aber stets nur dann zulässig, wenn kein Mitglied des Aufsichtsrates diesem Verfahren widerspricht. Der Widerspruch des dissentierenden Aufsichtsratsmitglieds muß sich auf das Verfahren beziehen. Auch „Umlaufbeschlüsse" brauchen daher in der Sache nicht notwendigerweise einstimmig zu erfolgen, solange nur kein Widerspruch zu der Verfahrensweise erhoben wird. **490**

---

118) Ausnahme: Entscheidung über die Bestellung von Aufsichtsratsmitgliedern im ersten Wahlgang von nach dem MitbestG 1976 mitbestimmten Aufsichtsräten, § 31 Abs. 2 MitbestG.
119) *Hüffer*, AktG, § 108 Rz. 8.
120) Unzulässig ist hier eine Satzungsklausel, die als Beschlußfähigkeitsvoraussetzung ein stimmrechtsmäßiges Übergewicht der Anteilseignerseite vorsieht, vgl. BGH, Urt. v. 25. 2. 1982 – II ZR 145/80, BGHZ 83, 151, 154 f = ZIP 1982, 442, 443 f – Bilfinger & Berger.

c) Aufsichtsratsvorsitzender

491 Der Aufsichtsrat wählt aus seiner Mitte einen **Vorsitzenden** und einen oder mehrere Stellvertreter (§ 107 Abs. 1 AktG). Der Vorsitzende des Aufsichtsrates beruft die Sitzungen des Aufsichtsrates ein und leitet sie. Typischerweise weist die Satzung dem Aufsichtsratsvorsitzenden auch das Recht zu, die Hauptversammlung zu leiten; dies ist allerdings gesetzlich nicht vorgegeben. Der Aufsichtsratsvorsitzende hat darüber hinaus eine Sonderstellung im Rahmen der Berichtspflicht des Vorstandes gegenüber dem Aufsichtsrat. Daneben obliegt dem Aufsichtsratsvorsitzenden die Anmeldung von Kapitalmaßnahmen zum Handelsregister (vgl. §§ 184, 188, 195, 203, 207 Abs. 2 Satz 1, § 223 AktG).

492 Abgesehen von der Möglichkeit des Stichentscheids bei der Beschlußfassung können dem Aufsichtsratsvorsitzenden indessen entgegen der bisweilen gehandhabten Praxis keine zusätzlichen Kompetenzen übertragen werden, die ansonsten nur dem Aufsichtsrat als Gesamtorgan zukommen. Insbesondere kann nicht (auch nicht für Eilfälle) vorgesehen werden, daß der Aufsichtsratsvorsitzende anstelle des Aufsichtsrates über die Zustimmung zu bestimmten Einzelmaßnahmen entscheidet. Zulässig, zweckmäßig und durchaus häufig sind dagegen Satzungsbestimmungen, die den Aufsichtsratsvorsitzenden zur Abgabe von Willenserklärungen namens des Gesamtaufsichtsrates ermächtigen, und zwar insbesondere im Verhältnis zu Vorstandsmitgliedern. Hierbei geht es allerdings nur um die rechtsgeschäftliche Kundgabe von Entscheidungen des Aufsichtsrates nach außen; die Entscheidungen selbst trifft der Aufsichtsrat und nicht der Vorsitzende.

d) Ausschüsse

493 Der Aufsichtsrat kann bestimmte Aufgaben auf **Ausschüsse** delegieren. Dies ist im einzelnen in § 107 Abs. 2 AktG geregelt. Rechtlich vergleichsweise unproblematisch sind dabei die Ausschüsse, die Entscheidungen des Aufsichtsrates lediglich vorbereiten oder ihre Einhaltung überwachen. Gesetzlichen Beschränkungen unterliegt demgegenüber die Delegation von Entscheidungsbefugnissen auf Aufsichtsratsausschüsse (vgl. im einzelnen § 107 Abs. 3 Satz 2 AktG). Die Einrichtung von beschließenden Ausschüssen spielt bei den für kleine AGs typischen Aufsichtsräten mit lediglich drei Mitgliedern keine Rolle, da auch Ausschüsse, denen Entscheidungsbefugnis übertragen werden, aus mindestens drei Personen bestehen müssen.[121] Die Übertragung von Entschei-

---

[121] BGH, Urt. v. 23. 10. 1975 – II ZR 90/73, BGHZ 65, 190, 192.

III. Aufsichtsrat

dungsbefugnissen auf den Aufsichtsrat ist stets nur eine abgeleitete. Das Gesamtorgan kann die Entscheidungsbefugnis sowohl generell als auch im Einzelfall jederzeit wieder an sich ziehen und auf diese Weise auch Entscheidungen eines Ausschusses revidieren. Hinsichtlich der Einberufung von Ausschußsitzungen, der Teilnahme an solchen sowie der inneren Ordnung und Beschlußfähigkeit der Ausschüsse gelten vorbehaltlich abweichender Bestimmungen in der Satzung und der Geschäftsordnung des Aufsichtsrates im wesentlichen die gleichen Grundsätze wie für den Aufsichtsrat selbst.

5. Persönliche Rechtsstellung der Aufsichtsratsmitglieder und Haftung

a) Vergütung und vertragliche Vereinbarungen

Die Rechtsstellung der Aufsichtsratsmitglieder gegenüber der Gesellschaft ist im Gesetz im einzelnen geregelt und durch vertragliche Regelung nur in einem sehr eingeschränkten Umfang gestaltbar. Die Tätigkeit der Aufsichtsratsmitglieder kann **entgeltlich oder unentgeltlich** sein. Bei unentgeltlicher Tätigkeit besteht lediglich aufgrund der Vorschriften des Auftragsrechts (§ 670 BGB) ein Anspruch auf Ersatz von Auslagen. Eine Vergütung für die Aufsichtsratstätigkeit bedarf der Festsetzung in der Satzung oder eines Beschlusses der Hauptversammlung (§ 113 Abs. 1 Satz 2 AktG). Eine freie vertragliche Regelung mit der Gesellschaft kann also nicht getroffen werden. 494

Die Vergütung soll im angemessenen Verhältnis zu den Aufgaben der Aufsichtsratsmitglieder und zur Lage der Gesellschaft stehen (§ 113 Abs. 1 Satz 3 AktG). Den Mitgliedern des ersten Aufsichtsrates kann nur durch Hauptversammlungsbeschluß eine Vergütung gewährt werden (§ 113 Abs. 2 Satz 1 AktG). Hierdurch soll eine verdeckte in der Satzung nicht als solche ausgewiesene Gründungsvergütung an Aufsichtsratsmitglieder vermieden und unter die Kontrolle der Hauptversammlung gestellt werden. Die Vergütung kann eine feste oder variable Vergütung oder eine Kombination aus beidem sein. § 113 Abs. 3 AktG bestimmt, daß bei einer gewinnbezogenen Aufsichtsratstantieme Bemessungsgröße der Bilanzgewinn sein muß, der sich um einen Betrag von mindestens 4 % der auf den Nennbetrag der Aktien geleisteten Einlagen vermindert. Die gesetzliche Regelung ist zwingend. Aktienoptionen unter Verwendung bedingten Kapitals können Mitgliedern des Aufsichtsrates als solchen nicht gewährt werden.[122] 495

---

122) *Hüffer*, AktG, § 192 Rz. 21.

D. Die Organisation der kleinen AG

496 Das Gesetz enthält in § 114 AktG Vorkehrungen gegen **mittelbare Vergütungsgewährungen** an Aufsichtsratsmitglieder außerhalb der in der Satzung oder durch den Hauptversammlungsbeschluß festgesetzten Vergütung. Die Eingehung von Dienst- oder Werkverträgen betreffend Tätigkeiten höherer Art mit Aufsichtsratsmitgliedern bedürfen zu ihrer Wirksamkeit der Zustimmung des Aufsichtsrates (§ 114 Abs. 1 AktG). Etwa ohne eine solche Zustimmung erlangte Leistungen sind zurückzugewähren, ohne daß hiergegen mit einem bereicherungsrechtlichen Gegenanspruch aufgerechnet werden kann (§ 114 Abs. 2 AktG). Die Regelung betrifft insbesondere und typischerweise Beratungsverträge mit Aufsichtsratsmitgliedern. Ausgenommen sind lediglich Arbeitsverhältnisse. Der Zustimmungsvorbehalt bezweckt, daß derartige Verträge dem Aufsichtsrat gegenüber offengelegt und von diesem gebilligt werden müssen. Damit wird verhindert, daß Aufsichtsratsmitglieder durch vertragliche Vereinbarungen mit dem Vorstand in eine Abhängigkeit von diesem geraten und hierdurch möglicherweise verleitet werden, ihre Aufsichtsratspflichten zu vernachlässigen.

497 Die Regelung betrifft nur Tätigkeiten **außerhalb der Aufsichtsratstätigkeit**. Hieraus ist zu schließen, daß Verträge mit Aufsichtsratsmitgliedern über ihre eigentliche Aufsichtsratstätigkeit überhaupt nicht geschlossen werden können. Es ist nicht zulässig, außerhalb der Festsetzung durch Satzung oder Hauptversammlungsbeschluß Vereinbarungen über eine Vergütung der Aufsichtsratstätigkeit zu treffen. Dieser Grundsatz macht allerdings eine im Einzelfall schwierige Differenzierung zwischen der Aufsichtsratstätigkeit und einer sonstigen Tätigkeit außerhalb des Aufsichtsrates erforderlich. Die Rechtsprechung ist hier ausgesprochen rigide,[123] indem sie den Rahmen der Aufsichtsratstätigkeit äußerst weit zieht.

498 An diesem Ansatz ist richtig, daß die Intensität einer Aufsichtsratstätigkeit sich nicht generell bestimmen läßt und jedes Aufsichtsratsmitglied auch gehalten ist, sein spezielles Wissen und Können einzubringen. Gleichwohl sollte nicht außer acht bleiben, daß die Aufsichtsratstätigkeit generell eine nebenamtliche Tätigkeit ist. Für die Praxis ist beim Abschluß von Beratungsverträgen mit Aufsichtsratsmitgliedern daher Vorsicht geboten. Eine allgemeine Beratung des Unternehmens in allen geschäftlichen Belangen ist grundsätzlich nicht gesondert vergütungsfähig, da sie von der normalen Aufsichtsratstätigkeit nicht abgrenzbar ist. Ein zulässiger Beratungsvertrag ist insbesondere bei

---

[123] Grundlegend BGHZ 114, 127, 130 f = ZIP 1991, 653, 654 f; BGH, Urt. v. 4. 7. 1994 – II ZR 197/93, BGHZ 126, 340, 344 ff = ZIP 1994, 1216, 1217 ff, dazu EWiR 1994, 943 (*Bork*).

III. Aufsichtsrat

projektbezogenen Beratungsaufträgen denkbar, wenn die Intensität der Beratung hierbei über das hinausgeht, was normalerweise von einem Aufsichtsratsmitglied in dieser seiner Eigenschaft erwartet werden kann.[124]

Die Beschränkungen betreffend Beratungsverträge mit Aufsichtsratsmitgliedern dürfen nicht dadurch umgangen werden, daß der Beratungsvertrag nicht mit der AG, sondern z. B. mit einer Tochtergesellschaft geschlossen wird. **499**

Demgegenüber sind Beratungsverträge mit Dritten, so etwa mit dem hinter der Wahl des Aufsichtsratsmitgliedes stehenden Großaktionär, grundsätzlich zulässig, soweit sie nicht darauf ausgerichtet sind, die Unabhängigkeit des Aufsichtsratsmitgliedes zu beeinträchtigen oder dieses zu Pflichtverletzungen anzuhalten.

b) Kredite an Aufsichtsratsmitglieder

Kredite können Aufsichtsratsmitgliedern von der Gesellschaft nur mit Einwilligung des Aufsichtsrates gewährt werden (§ 115 Abs. 1 AktG). Die Regelung ist im wesentlichen der Bestimmung des § 89 AktG über die Gewährung von Krediten an Vorstandsmitgliedern nachgebildet. Allerdings gibt es bei Aufsichtsratsmitgliedern keine Sonderregelung betreffend die Zulässigkeit von Vorschüssen auf ihre Bezüge. **500**

c) Verschwiegenheitspflicht

Hinsichtlich der **Verschwiegenheitspflicht** der Aufsichtsratsmitglieder (§ 116 i. V. m. § 93 Abs. 1 Satz 2 AktG) gelten auch für die Aufsichtsratsmitglieder die gleichen Maßstäbe wie für den Vorstand (oben Rz. 425 ff). Der Vertraulichkeit unterliegen auch die Beratungen und Abstimmungsergebnisse im Aufsichtsrat und seinen Ausschüssen. Auch soweit Aufsichtsratsmitglieder bestimmte Aktionäre oder Interessengruppen im Aufsichtsrat vertreten oder gar von ihnen entsandt sind, müssen sie diesen gegenüber die Pflicht zur Verschwiegenheit einhalten. Entsprechendes gilt auch für Arbeitnehmervertreter in mitbestimmten Aufsichtsräten. **501**

d) Haftung

Hinsichtlich der **Sorgfaltspflichten und der Haftung der Aufsichtsratsmitglieder** verweist § 116 AktG auf die für die Vorstandsmitglieder geltende **502**

---

124) Vgl. zum Beispiel OLG Köln, Urt. v. 27. 5. 1994 – 19 U 289/93, ZIP 1994, 1773 = AG 1995, 90, 91 betreffend die Entwicklung eines EDV-gestützten Controlling-Systems.

Vorschrift des § 93 AktG (oben Rz. 428 ff). Dementsprechend gilt grundsätzlich auch für die Aufsichtsratsmitglieder die Verpflichtung auf die Sorgfalt eines ordentlichen und gewissenhaften Geschäftsleiters. Bei der Anwendung dieses Haftungsmaßstabes dürfen jedoch die Unterschiede in der Aufgabenstellung der Vorstandsmitglieder einerseits und der Aufsichtsratsmitglieder andererseits nicht verkannt werden. Es ist nicht Aufgabe der Aufsichtsratsmitglieder, die Geschäfte der Aktiengesellschaft zu führen, so daß sich grundsätzlich ihre Haftung hierauf auch nicht beziehen kann.

503 Gegenstand der Haftung von Aufsichtsratsmitgliedern kann von daher neben einer Verletzung eigener Loyalitäts- und insbesondere Verschwiegenheitspflichten vor allem die schuldhafte Vernachlässigung der Pflicht zur Überwachung des Vorstandes sein. Die Haftung ist abhängig vom Verschulden des jeweiligen Aufsichtsratsmitgliedes. Dies bedeutet allerdings nicht, daß etwa Unerfahrenheit und individuell fehlende Sachkompetenz vor einer Haftung schützen würde. Vielmehr wird von allen Aufsichtsratsmitgliedern im Sinne eines typisierten Verschuldensmaßstabes ein Mindeststandard an fachlicher Eignung für dieses Amt vorausgesetzt. Insoweit ist die Haftung für alle Aufsichtsratsmitglieder gleich; es gibt auch kein Privileg für Arbeitnehmervertreter in Aufsichtsräten.[125] Dies schließt allerdings nicht aus, daß für einzelne Aufsichtsratsmitglieder, welche über besondere Spezialkenntnisse verfügen, insofern strengere Anforderungen zu stellen sind.[126]

504 Die Bedeutung der Haftung von Aufsichtsratsmitgliedern nimmt in der Praxis zu.[127] Zu beobachten ist daher die Tendenz, daß sich Aufsichtsratsmitglieder durch **Haftpflichtversicherungen oder Freistellungserklärungen** Dritter gegen Haftungsrisiken absichern. Wenngleich beides als rechtlich zulässig anzusehen ist, bergen solche Tendenzen die Gefahr, daß die Verantwortlichkeit aus der Aufsichtsratstätigkeit, die typischerweise eine nebenamtliche Tätigkeit ist, weniger ernst genommen wird, als es im Interesse der Aktiengesellschaft der Fall sein sollte.

505 Im Zentrum der Haftungsproblematik des Aufsichtsrates steht die **Überwachung des Vorstandes.** Aufsichtsratsmitglieder setzen sich insbesondere dann einer Schadensersatzverantwortlichkeit aus, wenn sie gegen von ihnen verkannte oder für sie erkennbare Pflichtverletzungen des Vorstandes nicht ein-

---

125) Vgl. BGH, Urt. v. 15. 11. 1982 – II ZR 27/82, BGHZ 85, 293, 295 f = ZIP 1983, 55, 56; *Hüffer*, AktG, § 116 Rz. 2.
126) *Hoffmann-Becking*, in: Münchener Handbuch des Gesellschaftsrechts, § 33 Rz. 41.
127) Vgl. aus neuester Zeit etwa LG Bielefeld, Urt. v. 16. 11. 1999 – 15 O 91/98, ZIP 1999, 20 m. Anm. *H.-P. Westermann – Balsam*, dazu EWiR 2000, 107 *(v. Gerkan)*.

III. Aufsichtsrat

schreiten. Der Aufsichtsrat darf daher auch keinesfalls tolerieren, daß der Vorstand seine Berichtspflichten verletzt oder Geschäfte ohne die erforderliche vorbehaltene vorherige Zustimmung des Aufsichtsrates abschließt. Nimmt der Aufsichtsrat solche Pflichtverletzungen wahr, so kommt er nicht umhin, (wirtschaftlich erfolgversprechende) Schadensersatzansprüche gegen Vorstandsmitglieder geltend zu machen.[128]

Der Aufsichtsrat ist auch zur präventiven Kontrolle der Vorstandstätigkeit durch Statuierung entsprechender **Zustimmungsvorbehalte** nach § 111 Abs. 4 Satz 1 AktG verpflichtet. Wenngleich der Katalog zustimmungsbedürftiger Geschäfte grundsätzlich in das Ermessen des Aufsichtsrates gestellt ist, so ist doch nicht zu verkennen, daß nach der Rechtsprechung in bestimmten Fällen dieser Ermessensspielraum auf Null reduziert ist.[129] Verzichtet daher der Aufsichtsrat überhaupt auf die Aufstellung eines solchen Kataloges oder gestaltet er diesen zu großzügig, so geht er demzufolge ein gesteigertes Haftungsrisiko ein. Haftungsträchtig ist weiterhin die Tolerierung einer **Verzögerung der Insolvenzantragstellung** durch den Vorstand.[130] **506**

Hinsichtlich der **Geltendmachung des Schadensersatzanspruches** und der gesetzlichen Schranken, auf Schadensersatzansprüche gegen Aufsichtsratsmitglieder zu verzichten oder sich mit solchen hierüber zu vergleichen, gelten über die Verweisungsvorschrift des § 116 AktG die Regelung des § 93 Abs. 4 und 5 betreffend die Vorstandsmitglieder entsprechend (oben Rz. 432). Die Geltendmachung von Ansprüchen gegen schadensersatzverpflichtete Aufsichtsratsmitglieder obliegt grundsätzlich dem Vorstand. **507**

---

128) Vgl. BGH, Beschl. v. 20. 1. 1997 – II ZR 175/95, ZIP 1997, 883 = AG 1997, 377 – ARAG/Garmenbeck.
129) Vgl. BGHZ 124, 111, 127 = ZIP 1993, 1862, 1867.
130) Vgl. BGH, Urt. v. 9. 7. 1979 – II ZR 118/77, BGHZ 75, 96 – Herstatt.

D. Die Organisation der kleinen AG

IV. Die Hauptversammlung

Behrends, Einberufung der Hauptversammlung gem. § 121 IV AktG (mittels eingeschriebenem Brief) trotz abweichender Satzungsbestimmung, NZG 2000, 578; *DNotI,* Gutachten zum Aktienrecht 1997, 1998/1999, 1999; *Goette,* Auslandsbeurkundungen im Kapitalgesellschaftsrecht, DStR 1996, 709; *Happ/Freitag,* Die Mitternachtstund' als Nichtigkeitsgrund?, AG 1998, 493; *Hasselbach/Schumacher,* Hauptversammlung im Internet, ZGR 2000, 258; *Hölters/Deilmann,* Die „kleine" Aktiengesellschaft und sonstige Neuerungen der Aktienreform 1994, 1997; *Hoffmann-Becking,* Gesetz zur „kleinen AG" – unwesentliche Randkorrekturen oder grundlegende Reform?, ZIP 1995, 1; *Lutter,* Das neue „Gesetz für kleine Aktiengesellschaften und zur Deregulierung des Aktienrechts", AG 1994, 429; *Marsch,* Zum Bericht des Vorstands nach § 186 Abs. 4 Satz 2 AktG beim genehmigten Kapital, AG 1981, 211; *Noack,* Hauptversammlung und neue Medien, BB 1998, 2533; *ders.,* Moderne Kommunikationsformen vor den Toren des Unternehmensrechts, ZGR 1998, 592; *Neye/Limmer/Frenz/Harnacke,* Handbuch der Unternehmenswandlung, 1996; *Stützle/Walgenbach,* Leitung der Hauptversammlung und Mitspracherechte der Aktionäre in Fragen der Versammlungsleitung, ZHR 155 (1991), 516; *Riegger/Mutter,* Zum Einsatz neuer Kommunikationsmedien in Hauptversammlungen von Aktiengesellschaften, ZIP 1998, 637; *Zwissler,* Gesellschafterversammlung und Internet, GmbHR 2000, 28.

Übersicht

1.	Arten	508	b) Legitimation	560
	a) Die ordentliche Hauptver-		c) Rederecht	568
	sammlung	509	d) Fragerecht	573
	b) Die außerordentliche Haupt-		aa) Auskunftsanspruch	573
	versammlung	510	bb) Auskunftsverweigerung	581
	c) Die Vollversammlung	511	cc) Protokollierung	583
2.	Zuständigkeiten	515	e) Antragsrecht	584
3.	Einberufung	524	f) Stimmrecht	591
	a) Zuständigkeit	524	g) Beschlüsse und Wahlen	599
	b) Frist	528	aa) Zustandekommen	600
	c) Art und Weise	532	bb) Mehrheiten	607
	d) Inhalt	535	cc) Aufhebung von Be-	
	e) Ort	539	schlüssen	611
4.	Mitteilungs- und Informations-		dd) Sonderbeschlüsse	612
	pflichten	544	ee) Wahlen	614
	a) Mitteilungen	544	7. Niederschrift	615
	b) Auszulegende Unterlagen	547	a) Funktion, Arten	615
5.	Leitung der Hauptver-		b) Notarielle Niederschrift	619
	sammlung	550	c) Niederschrift des Vor-	
	a) Person des Leiters	550	sitzenden	625
	b) Befugnisse des Leiters	551	d) Zwingender Inhalt	631
	c) Teilnehmerverzeichnis	553	aa) Beschlüsse	632
6.	Rechte des Aktionärs	558	bb) Minderheitsverlangen	634
	a) Teilnahmerecht	558	cc) Auskunftsverweigerung	635

IV. Die Hauptversammlung

dd) Widerspruch zur Niederschrift	637	jj) Feststellung des Vorsitzenden	653
ee) Sonstige Vorgänge	642	kk) Fakultativer Inhalt	655
ff) Ort, Tag der Versammlung	644	e) Anlagen	656
		aa) Teilnehmerverzeichnis	657
gg) Name des Protokollanten	645	bb) Einberufungsbelege	660
hh) Abstimmungsart	646	cc) Sonstige Anlagen	662
ii) Ergebnis der Abstimmung	649	dd) Fehlen von Anlagen	665
		f) Handelsregister	667
		8. Virtuelle Hauptversammlung	668

1. Arten

Die Hauptversammlung ist das Forum, auf dem die Aktionäre ihre Mitgliedschaftsrechte ausüben (§ 118 Abs. 1 AktG). Unterschieden wird gemeinhin zwischen ordentlicher und außerordentlicher Hauptversammlung, ohne daß damit ein rechtlicher Unterschied zum Ausdruck kommt.[131] **508**

a) Die ordentliche Hauptversammlung

Die **ordentliche Hauptversammlung** hat jährlich regelmäßig, und zwar in den ersten acht Monaten eines jeden Jahres stattzufinden (§ 175 Abs. 1 AktG). Sie nimmt den vom Aufsichtsrat festgestellten Jahresabschluß- und Lagebericht entgegen, es sei denn, die Hauptversammlung stellt den Jahresabschluß selbst fest (vgl. § 173 AktG). Ferner beschließt sie über die Verwendung des Bilanzgewinns (§ 175 Abs. 1 AktG). Sie entlastet auch Vorstand und Aufsichtsrat (§ 120 AktG) und wählt – falls die AG prüfungspflichtig ist (vgl. § 267 HGB) – den Abschlußprüfer (§ 318 Abs. 1 HGB). Sie ist jedoch hierauf nicht beschränkt. Sie kann auch weitere in den Zuständigkeitsbereich der Hauptversammlung fallende Gegenstände behandeln (zu den weiteren Zuständigkeiten unten Rz. 516 ff), ohne daß sie dadurch den Charakter einer ordentlichen Hauptversammlung verliert. **509**

b) Die außerordentliche Hauptversammlung

Eine **außerordentliche Hauptversammlung** wird nur in Sonderfällen einberufen, also wenn andere als die regelmäßig wiederkehrenden Tagesordnungspunkte behandelt werden sollen.[132] **510**

---

131) *Zöllner*, in: Kölner Komm. z. AktG, § 120 Rz. 6; *Hüffer*, AktG, § 175 Rz. 1.
132) *F.-J. Semler*, in: Münchener Handbuch des Gesellschaftsrechts, § 34 Rz. 47; *J. Semler*, in: Semler/Volhard, I A 3.

c) Die Vollversammlung

511 Von einer **Vollversammlung** oder **Universalversammlung** spricht man, wenn in der Hauptversammlung alle Aktionäre erschienen oder vertreten sind und kein Aktionär der Beschlußfassung widerspricht. Einstimmigkeit bei der Beschlußfassung ist nicht erforderlich (§ 121 Abs. 4 AktG). Hat die Aktiengesellschaft (stimmrechtslose) Vorzugsaktien, müssen auch diese anwesend oder vertreten sein, da es auf die Teilnahme und nicht auf das Stimmrecht ankommt.[133] Die Niederschrift (§ 130 Abs. 1 AktG) hat zu erwähnen, daß eine Vollversammlung stattgefunden und kein Aktionär der Beschlußfassung widersprochen hat. Die Hauptversammlung einer Einpersonen-AG ist stets Vollversammlung, ohne daß dies in der Niederschrift erwähnt werden muß.

512 Die Vollversammlung ist von den Einberufungs- und Mitteilungsförmlichkeiten der §§ 121–128 AktG befreit (§ 126 Abs. 4 AktG). Dies erstreckt sich auch auf besondere Vorschriften der Bekanntmachungen (wie z. B. § 183 Abs. 1 Satz 2, § 186 Abs. 4 Satz 1, § 203 Abs. 2 Satz 2 AktG). Einberufungsmängel sind also bei der Vollversammlung unbeachtlich.

513 Das Gesetz kennt auch bei einem geschlossenen Kreis von wenigen Aktionären **nicht** – wie beim Aufsichtsrat – die Beschlußfassung im **Umlaufverfahren** (also schriftliche, telegrafische oder telefonische Beschlußfassung). Stets sind die Beschlüsse in einer Versammlung zu fassen. Ist die persönliche Teilnahme zu aufwendig, bietet sich die Erteilung einer Vollmacht an. Wegen dieser Erleichterungen sollte immer eine Vollversammlung angestrebt werden.

514 Bei der Vollversammlung wird man mangels Widerspruch gegen die Beschlußfassung auch annehmen können, daß der Vorstand von den ihm kraft Gesetzes auferlegten Berichtspflichten entbunden ist (vgl. z. B. § 52 Abs. 2 Satz 4 AktG – Nachgründung, § 186 Abs. 4 Satz 2 AktG – Bezugsrechtsausschluß), sofern das Gesetz für einen solchen Verzicht nicht besondere Förmlichkeiten vorschreibt (z. B. § 293a Abs. 3 AktG – ausdrücklicher Verzicht).

2. Zuständigkeiten

515 Die Hauptversammlung hat keine allumfassende Kompetenz, insbesondere kann sie nicht – anders als im GmbH-Recht – den Verwaltungsorganen (Vorstand und Aufsichtsrat) ohne weiteres Weisungen erteilen. Denn diese Organe haben ihre eigenen, nicht von der Hauptversammlung abgeleiteten Befugnisse, in die die Hauptversammlung nicht eingreifen kann.[134] Dies läßt sich den Ak-

---

133) *F.-J. Semler*, in: Münchener Handbuch des Gesellschaftsrechts, § 34 Rz. 48.
134) *F.-J. Semler*, in: Münchener Handbuch des Gesellschaftsrechts, § 34 Rz. 5; *Zöllner*, in: Kölner Komm. z. AktG, § 119 Rz. 43.

tionären der kleinsten der kleinen Aktiengesellschaft – insbesondere wenn sie vorher GmbH-Gesellschafter waren – nicht immer vermitteln.

Die Hauptversammlung hat grundsätzlich nur die Zuständigkeiten, die ihr das Gesetz – damit sind auch andere Gesetze als das Aktiengesetz, wie z. B. das Umwandlungsgesetz, gemeint – oder die Satzung im Rahmen des Gesetzes zubilligt (§ 119 Abs. 1 AktG).[135] Sie kann diese Zuständigkeiten auch keinem anderen Organ übertragen, wie auch jene grundsätzlich ihre Kompetenzen nicht der Hauptversammlung übertragen können. **516**

Bei den Zuständigkeiten wird gemeinhin unterschieden zwischen den **regelmäßig wiederkehrenden** oder laufenden **Maßnahmen** und den Strukturmaßnahmen oder **Grundlagenzuständigkeiten**. **517**

Zu den laufenden Maßnahmen zählen insbesondere **518**

– Entgegennahme des festgestellten Jahresabschlusses und des Lageberichts und Beschlußfassung über die Verwendung des Bilanzgewinns (§ 175 Abs. 1 Satz 1 AktG);
– Wahl der Mitglieder des Aufsichtsrates (§ 101 Abs. 2 AktG), soweit diese nicht durch einzelne Aktionäre entsandt werden oder als Arbeitnehmervertreter zu bestellen sind;
– Feststellung des Jahresabschlusses in den von § 173 Abs. 1 AktG genannten Fällen;
– Entlastung der Mitglieder des Vorstandes und des Aufsichtsrates (§ 120 Abs. 1 AktG);
– Wahl des Abschlußprüfers (§ 318 HGB).

Zu den Grundlagenzuständigkeiten gehören insbesondere **519**

– alle Satzungsänderungen (§ 179 Abs. 1 AktG; hiervon ausgenommen ist die Änderung der Satzungsfassung durch den Aufsichtsrat, soweit die Satzung ihn dazu ermächtigt);
– Kapitalmaßnahmen (Kapitalerhöhung, -herabsetzung, §§ 182, 192, 207, 221, 222 229, 237 AktG);
– die Bestellung von Sonderprüfern (§ 142 Abs. 1 AktG);
– Zustimmung zum Nachgründungsvertrag (§ 50 Abs. 1, 5 AktG);
– Verschmelzungs-, Spaltungs- und Umwandlungsbeschlüsse nach dem Umwandlungsgesetz;

---

135) *Hüffer*, AktG, § 119 Rz. 1.

D. Die Organisation der kleinen AG

- Zustimmung zum Unternehmensvertrag (§ 293 Abs. 1, § 295 AktG);
- Zustimmung zur Übertragung des ganzen Gesellschaftsvermögens (§ 179a AktG);
- Auflösung der Gesellschaft (§ 262 Abs. 1 Nr. 2 AktG).

520 Neben diesen Zuständigkeiten bestehen noch weitere, verstreut im Aktiengesetz der Hauptversammlung zugewiesene Kompetenzen.[136] Auch die Satzung kann der Hauptversammlung zusätzliche Beschlußzuständigkeiten zuweisen, sofern dies mit § 23 Abs. 5 AktG, insbesondere mit der vom Aktiengesetz festgelegten Zuständigkeitsordnung, vereinbar ist.[137]

521 Anders als die GmbH-Gesellschafterversammlung darf die Hauptversammlung dem Vorstand keine Weisungen für die Geschäftsführung erteilen. Beschlüsse in **Geschäftsführungsangelegenheiten** darf sie nur fassen, wenn der Vorstand dies von ihr verlangt (vgl. § 119 Abs. 2 AktG).[138]

522 Nach wohl herrschender Meinung gibt es auch sogenannte **ungeschriebene Hauptversammlungszuständigkeiten** bei Geschäftsführungsmaßnahmen des Vorstandes, die zwar von seiner Vertretungsmacht nach außen gedeckt sind, bei denen es sich aber um Strukturmaßnahmen von herausragender, „eher krasser"[139] Bedeutung für die Gesellschaft handelt.[140] Hier ist immer noch vieles unklar und umstritten, vor allem, mit welcher Mehrheit (einfache oder qualifizierte) die Hauptversammlung zustimmen muß.

523 Die Praxis scheint sich darauf eingestellt zu haben, daß Ausgliederungen und sonstige Umstrukturierungen, sofern sie ca. 30 % oder mehr des Gesellschaftsvermögens betreffen, vorsichtshalber der Hauptversammlung zur Zustimmung

---

136) Siehe Katalog bei *F.-J. Semler*, in: Münchener Handbuch des Gesellschaftsrechts, § 34 Rz. 11 f; *J. Semler*, in: Semler/Volhard, I A 25-I A 119.
137) *Schaaf*, Rz. 13.
138) Zum Verfahren siehe *Hüffer*, AktG, § 119 Rz. 13; *F.-J. Semler*, in: Münchener Handbuch des Gesellschaftsrechts, § 34 Rz. 15.
139) *Hüffer*, AktG, § 148 Rz. 18.
140) Grundlegend BGH, Urt. v. 25. 2. 1982 – II ZR 174/80, BGHZ 83, 122, 131 = ZIP 1982, 568; ihm folgend OLG München, Urt. v. 10. 11. 1994 – 24 O 1036/93, AG 1995, 232, 233, für Weggabe des einzigen werthaltigen Vermögensgegenstandes; LG Frankfurt/M., Urt. v. 10. 3. 1993 – 3/14 O 25/92, ZIP 1993, 830, dazu EWiR 1993, 635 *(Timm)* (Ausgliederung einer Niederlassung) und LG Frankfurt/M., Urt. v. 29. 7. 1997 – 3/5 O 162/95, ZIP 1997, 1698, dazu EWiR 1997, 919 *(Drygala)* (Tochtergesellschaft); auch LG Hamburg, Beschl. v. 21. 1. 1997 – 402 O 122/96, AG 1997, 238, dazu EWiR 1997, 1111 *(Veil)*; LG Düsseldorf, Urt. v. 13. 2. 1997 – 31 O 133/96, AG 1999, 94, 95; LG Heidelberg, Urt. v. 1. 12. 1998 – O 95/98 KfH I, AG 1999, 135, 137; siehe ferner zum Streitstand die Nachweise bei *Hüffer*, AktG, § 119 Rz. 18, und *Schaaf*, Rz. 16a, 16b.

vorzulegen sind.[141] Die Zustimmungspflicht kann sich auch auf Vorgänge bei Tochtergesellschaften beziehen, sofern diese grundlegende Bedeutung für die Obergesellschaft haben.[142] Ungeschriebene Zuständigkeiten soll es auch geben bei der Entscheidung über die Börseneinführung und über ein „Delisting".[143]

3. Einberufung

a) Zuständigkeit

Die Hauptversammlung ruft der **Vorstand** als Gesamtorgan ein, der darüber mit einfacher Mehrheit beschließt (§ 121 Abs. 2 AktG). Besteht der Vorstand nach der Satzung aus mindestens zwei Personen und ist nur noch ein Vorstandsmitglied vorhanden, kann die Hauptversammlung vom Vorstand nicht wirksam einberufen werden.[144]   524

Der **Aufsichtsrat** ist **ausnahmsweise** zur Einberufung befugt, wenn es das Wohl der Gesellschaft erfordert (§ 111 Abs. 3 AktG), etwa zur Vorbereitung der Abberufung des Vorstandes (§ 84 Abs. 3 AktG) oder zur Geltendmachung von Ersatzansprüchen.   525

Minderheitsaktionäre können vom Vorstand die Einberufung der Hauptversammlung verlangen, wenn ihre Anteile zusammen den zwanzigsten Teil des Grundkapitals erreichen (§ 122 Abs. 1 AktG). Entspricht der Vorstand ihrem Verlangen nicht, so kann das für den Sitz der Gesellschaft zuständige Amtsgericht (§ 145 Abs. 1 FGG) die Minderheitsaktionäre ermächtigen, die Hauptversammlung einzuberufen und den Gegenstand bekanntzumachen. Das Gericht kann auch den Vorsitzenden bestimmen (§ 122 Abs. 3 Satz 2 AktG).   526

Einberufungsberechtigt können ferner der Abwickler (§ 268 Abs. 2 AktG) und die in der Satzung bestimmten Personen (§ 121 Abs. 2 Satz 3 AktG) sein.[145]   527

---

141) So *Schaaf*, Rz. 16b.
142) *F.-J. Semler*, in: Münchener Handbuch des Gesellschaftsrechts, § 34 Rz. 44; *J. Semler*, in: Semler/Volhard, I A 171 mit Beispielen.
143) LG München, Urt. v. 4. 11. 1999 – 5 HKO 10580/99, ZIP 1999, 2017 = NZG 2000, 273, 275, dazu EWiR 2000, 75 *(Kiem)*.
144) LG Münster, Urt. v. 3. 12. 1997 – 21 O 161/97, EWiR 1998, 387 *(Weimar)*; *F.-J. Semler*, in: Münchener Handbuch des Gesellschaftsrechts, § 35 Rz. 6; *Werner*, in: Großkomm. z. AktG, § 121 Rz. 27; *Schlitt*, in: Semler/Volhard, I B 200. Hier bleibt nur Ersatzbestellung durch das Gericht (§ 85 AktG) oder Einberufung durch den Aufsichtsrat.
145) Dies können bestimmte Aktionäre, aber auch Gesellschaftsfremde sein, vgl. *Hüffer*, AktG, § 121 Rz. 8; *F.-J. Semler*, in: Münchener Handbuch des Gesellschaftsrechts, § 35 Rz. 11.

b) Frist

528 Die Hauptversammlung ist mit einer Frist von **einem Monat** einzuberufen (§ 123 Abs. 1 AktG). Die Berechnung dieser Frist richtet sich nach § 187 Abs. 1, § 188 Abs. 2 BGB. Dabei ist vom Tag der Hauptversammlung rückwärts zu zählen, ohne den Tag der Hauptversammlung und den der Bekanntmachung mitzuzählen.[146]

529 Die Einberufung der Hauptversammlung auf einen Sonntag oder am Ort der Versammlung geltenden Feiertag ist unzulässig,[147] ebenso die Abhaltung über Mitternacht hinaus.[148]

530 Ist nach der Satzung nur der Aktionär teilnahmeberechtigt, der sich **angemeldet** oder der seine Aktien **hinterlegt** hat (§ 123 Abs. 3, 4 AktG), so verlängert sich die Einberufungsfrist: Für die Berechnung der Frist wird dann nicht auf den Tag der Versammlung, sondern auf den letzten Hinterlegungs- oder Anmeldetag abgestellt (§ 123 Abs. 2 Satz 2 AktG). Für die kleine AG sind Hinterlegungsregeln nur zweckmäßig, wenn Inhaberaktien bestehen und darüber Aktienurkunden ausgegeben sind. Bei Namensaktien stehen die Aktionäre aufgrund ihrer Eintragung in das Aktienbuch fest (§ 67 Abs. 2 AktG).

531 Die Fristvorschrift ist insofern zwingend, als die Satzung die Frist nur verlängern, nicht aber verkürzen kann.[149] Die **Vollversammlung** kann sich hierüber stets hinwegsetzen (oben Rz. 512 ff).

c) Art und Weise

532 Die Einberufung ist in den Gesellschaftsblättern bekanntzumachen (§ 121 Abs. 3 Satz 1 AktG), mindestens aber im **Bundesanzeiger** (§ 25 AktG). Da für den Druck der Einladung ein zeitlicher Vorlauf nötig ist und der Bundesanzeiger nicht an allen Tagen erscheint, ist eine Abstimmung mit dem Bundesanzeiger rechtzeitig vor Beginn der Monatsfrist ratsam.

533 Sind die **Aktionäre** der Gesellschaft **namentlich bekannt,** kann die Versammlung statt über den Bundesanzeiger durch eingeschriebenen Brief einberufen werden. Dann gilt der Tag der Absendung (Postaufgabe[150]) des letzten Briefes als Tag der Bekanntmachung (§ 121 Abs. 4 AktG). Namentlich bekannt sind Namensaktionäre, weil diese im Aktienbuch der Gesellschaft einge-

---

146) *Hüffer,* AktG, § 123 Rz. 3; *Schaaf,* Rz. 99; *Reichert/Schlitt,* in: Semler/Volhard, I B 244.
147) *Geßler,* in: Geßler/Hefermehl/Eckardt/Kropff, AktG, § 122 Rz. 46.
148) *Zöllner,* in: Kölner Komm. z. AktG, § 121 Rz. 38; kritisch *Happ/Freitag,* AG 1998, 493, 495 f.
149) *Schaaf,* Rz. 101.
150) *Hüffer,* AktG, § 121 Rz. 11f.

IV. Die Hauptversammlung

tragen sein müssen (vgl. § 67 Abs. 1 und 2 AktG). Bei Inhaberaktien kann die Gesellschaft nicht sicher sein, alle Aktionäre zu kennen. Bestehen Zweifel, sollte aus Vorsichtsgründen über die Gesellschaftsblätter einberufen werden (§ 121 Abs. 3 Satz 1 AktG). Denn die mit einer nicht ordnungsgemäßen Einberufung verbundenen Risiken trägt die Gesellschaft.[151]

Unklar ist, ob ausschließlich mit eingeschriebenem Brief auch dann einberufen werden kann, wenn die Satzung Einberufung über die Gesellschaftsblätter vorsieht. Hier scheint sich die Auffassung durchzusetzen, daß die Satzungsbestimmung vorgeht.[152] Um der Gesellschaft beide Optionen zu erhalten, sollte die Satzung der kleinen AG gar keine Bestimmung über die Art und Weise der Einberufung enthalten.[153]

534

d) Inhalt

Die Einberufung muß – und zwar unabhängig davon, ob über die Gesellschaftsblätter oder per eingeschriebenen Brief eingeladen wird – **zwingend** angeben: Firma und Sitz der Gesellschaft, Zeit (= Tag und Uhrzeit des Beginns der Hauptversammlung), die Bedingungen für die Teilnahme und die Ausübung des Stimmrechts (§ 121 Abs. 3 AktG) sowie die **Tagesordnung** mit den Beschlußvorschlägen der Verwaltung (§ 124 Abs. 1, 3 AktG). Zusätzlich soll die Person des Einberufenden anzugeben sein.[154] Nur die Vollversammlung (oben Rz. 512) kann diese Förmlichkeiten unbeachtet lassen.

535

Besondere Bekanntmachungspflichten bestehen bei Vorschlägen zur Wahl von Aufsichtsratsmitgliedern (§ 124 Abs. 2 Satz 1 AktG), Vorschlägen zur Satzungsänderung, die im Wortlaut anzugeben sind, und zustimmungspflichtigen Verträgen, deren wesentlicher Inhalt (nicht Wortlaut[155]) bekanntzugeben ist (§ 124 Abs. 2 Satz 2 AktG). Zu diesen Verträgen zählen:

536

– Nachgründungsverträge (§ 52 Abs. 1 AktG),

– Verträge über Vermögensübertragung (§ 179a AktG, § 174 UmwG),

– Unternehmensverträge (§ 293 Abs. 1 und 2, § 295 Abs. 1 AktG),

---

151) *Hoffmann-Becking*, ZIP 1995, 1, 6; *Behrends*, NZG 2000, 578 Fußn. 2; a. A. *Lutter*, AG 1994, 429, 438; *Hüffer*, AktG, § 121 Rz. 11c, wonach die Gesellschaft nur bei von ihr zu vertretenden Irrtümern über die Zusammensetzung des Aktionärskreises die Risiken trägt.
152) *Hüffer*, AktG, § 121 Rz. 11a; *Happ*, Muster 10.07 Rz. 1; *Hölters/Deilmann*, S. 79; *DNotI*, S. 109; a. A. *Behrends*, NZG 2000, 578, 580.
153) So auch *Behrends*, NZG 2000, 578, 583 und dort Fußn. 31.
154) *Werner*, in: Großkomm. z. AktG, § 121 Rz. 42 ff.
155) BGH, Urt. v. 15. 6. 1992 – II ZR 18/91, BGHZ 119, 1, 11 f = ZIP 1992, 1227, dazu EWiR 1992, 953 *(Windbichler)*; *Hüffer*, AktG, § 124 Rz. 10; *Reichert/Schlitt*, in: Semler/Volhard, I B 343.

D. Die Organisation der kleinen AG

- Verschmelzungs- uns Spaltungsverträge (§§ 13, 60 ff, 125 UmwG),
- Spaltungspläne (§§ 136, 135 UmwG),
- Verträge über wesentliche Strukturmaßnahmen (§ 119 Abs. 2 AktG, oben Rz. 522) sowie
- sämtliche Verzichts- oder Vergleichsvereinbarungen in bezug auf Ersatzansprüche der Gesellschaft (§ 50 Satz 1, §§ 53, 93 Abs. 4, §§ 116, 117 Abs. 4, § 309 Abs. 3, § 310 Abs. 4, § 317 Abs. 4, § 318 Abs. 4 AktG).

537 Hat der Vorstand für bestimmte Maßnahmen einen Bericht zu erstellen, wie z. B. über den Grund für den Ausschluß des Bezugsrechts bei einer Kapitalerhöhung (§ 186 Abs. 4 Satz 2 AktG), sollte auch vorsorglich dessen wesentlicher Inhalt in der Einladung bekanntgemacht werden.[156]

538 Grundsätzlich bestimmen Vorstand und Aufsichtsrat den Inhalt der Tagesordnung. Aber auch Aktionäre können die Aufnahme von Tagesordnungspunkten und deren Bekanntmachung verlangen, wenn ihre Anteile 5 % des Grundkapitals oder den anteiligen Betrag von 500 000 Euro erreichen (§ 122 Abs. 2 AktG). Dies bezieht sich aber nur auf solche Gegenstände, über die ein Beschluß zu fassen ist.[157]

e) Ort

539 Den Ort der Hauptversammlung legt in erster Linie die **Satzung** fest (§ 121 Abs. 5 AktG). Schweigt sie, ist die Hauptversammlung am Sitz der Gesellschaft abzuhalten (§ 121 Abs. 5 Satz 1 AktG).

540 Bei der AG mit kleinem Aktionärskreis wird die Hauptversammlung in der Regel in den Geschäftsräumen der Gesellschaft, in der Kanzlei ihres Beraters oder – falls ihre Beschlüsse notariell zu protokollieren sind – in der Kanzlei des beurkundenden Notars stattfinden. Die Satzungsbestimmung über den **Ort** der Hauptversammlung sollte daher so **flexibel** wie möglich sein. Sie kann die

---

[156] Str.: bejahend für Bezugsrechtsausschluß BGH, Urt. v. 9. 11. 1992 – II ZR 230/91, BGHZ 120, 141, 156 = ZIP 1992, 1728, dazu EWiR 1993, 323 *(Martens); Hüffer*, AktG, § 186 Rz. 24; a. A. *Marsch*, AG 1981, 211, 213, für andere Berichte, wie z. B. über den Erwerb eigener Aktien (§ 71 Abs. 3 AktG), Berichte in Umwandlungsfällen (§§ 8, 63, 125, 127, 192, 230, 238 UmwG), Bericht über Unternehmensverträge (§ 293a AktG). Eine ausdrückliche gesetzliche Grundlage oder Rechtsprechung existiert hierzu nicht. Die Praxis veröffentlicht aber vorsichtshalber, siehe *Schaaf*, Rz. 126; *Reichert/Schlitt*, in: Semler/Volhard, I B 348.

[157] *F.-J. Semler*, in: Münchener Handbuch des Gesellschaftsrechts, § 35 Rz. 39 m. w. N.

IV. Die Hauptversammlung

Wahl des Versammlungsortes allerdings nicht in das Belieben des Einberufenden stellen. Die Satzung muß mindestens eine Rahmenregelung erhalten. Zulässig sind etwa: jede Stadt in der Bundesrepublik über 100 000 Einwohner; Ort in dem Bundesland, in dem die Gesellschaft ihren Sitz hat.[158] Unzulässig wäre eine Regelung, die es der Hauptversammlung überläßt, den jeweiligen Ort der nächsten Hauptversammlung festzulegen.[159]

Unklar ist, ob die Hauptversammlung im **Ausland** stattfinden kann. Dies dürfte bei der kleinen AG mit ihrem geschlossenen Aktionärskreis relevanter sein, als bei der börsennotierten AG. Hierzu ist zunächst zu unterscheiden, ob die Beschlüsse der Hauptversammlung nur durch den Vorsitzenden des Aufsichtsrates (unten Rz. 625) oder durch den Notar zu protokollieren sind (§ 130 Abs. 1 AktG). Für die durch den Vorsitzenden zu protokollierende Hauptversammlung ist kein Grund ersichtlich, warum sie nicht auch im Ausland stattfinden darf. Voraussetzung ist allerdings, daß die Satzung eine Hauptversammlung unter entsprechender Beachtung der für die Hauptversammlung im Inland geltenden präzisen Kriterien zuläßt; ferner darf der Versammlungsort nicht so gewählt werden, daß damit das Teilnahmerecht unterlaufen würde. Unbeachtlich wäre dies allerdings bei der Vollversammlung (oben Rz. 511 ff). **541**

Bei der notariell zu protokollierenden Hauptversammlung geht die wohl herrschende Meinung in Rechtsprechung und Literatur[160] seit der Entscheidung des Bundesgerichtshofs vom 16. Februar 1981[161] ebenfalls davon aus, daß die Hauptversammlung im Ausland stattfinden und durch einen ausländischen Notar beurkundet werden kann, wenn die Beurkundung hinsichtlich Urkundsperson und -verfahren dem deutschen Recht gleichwertig ist. Ob dies weiterhin so angenommen werden kann, ist **fraglich**: Denn der Bundesgerichtshof hat in seiner „Supermarkt-Entscheidung"[162] herausgestellt, daß die notarielle Beurkundung satzungsändernder Beschlüsse keine Formalie darstellt, sondern der Einhaltung des materiellen Rechts dient. Demnach dürfte eine Beurkundung organisationsrechtlicher Vorgänge (wie z. B. Satzungsänderungen, Umwand- **542**

---

158) *Hüffer*, AktG, § 121 Rz. 13; *Richter*, in: Semler/Volhard, I B 565.
159) BGH, Urt. v. 8. 11. 1993 – II ZR 26/93, ZIP 1993, 1867 = WM 1993, 2244, dazu EWiR 1994, 111 *(Rittner)*; *Hüffer*, AktG, § 121 Rz. 13; *F.-J. Semler*, in: Münchener Handbuch des Gesellschaftsrechts, § 35 Rz. 31.
160) Zum Streitstand vgl. *Palandt/Heldrich*, Art. 11 EGBGB Rz. 8, und *Hüffer*, AktG, § 130 Rz. 8, § 121 Rz. 16.
161) BGH, Beschl. v. 16. 2. 1981 – II ZB 8/80, BGHZ 80, 76 = ZIP 1981, 402.
162) BGH, Beschl. v. 24. 10. 1988 – II ZB 7/88, BGHZ 105, 324 = ZIP 1989, 29, dazu EWiR 1989, 59 *(Schulze-Osterloh)*.

lungsvorgänge, Zustimmung zu Unternehmensverträgen) durch einen ausländischen Notar nicht ausreichen.[163]

543 Aus Vorsichtsgründen – die Beschlüsse wären nichtig (§ 241 Nr. 2 AktG) – ist von der Auslandsbeurkundung abzuraten, es sei denn, eine Auslandsbeurkundung wird vom Registergericht akzeptiert und durch Registereintragung tritt Heilung ein.

4. Mitteilungs- und Informationspflichten

a) Mitteilungen

544 Auch der Vorstand der kleinen AG hat die besonderen Mitteilungspflichten nach den §§ 125–127 AktG zu beachten (§ 121 Abs. 4 Satz 2 AktG), es sei denn, die Vollversammlung verzichtet hierauf: Der Vorstand muß innerhalb von zwölf Tagen nach Bekanntmachung der Einladung im Bundesanzeiger oder nach Absendung des letzten eingeschriebenen Einladungsbriefes Kreditinstituten und Aktionärsvereinigungen, soweit sie in der letzten Hauptversammlung Stimmrechte ausgeübt oder die Mitteilung verlangt haben, übersenden

- die Einberufung der Hauptversammlung mit Tagesordnung,
- Anträge und Wahlvorschläge von Aktionären einschließlich der Namen der Aktionäre und einer etwaigen Stellungnahme der Verwaltung, soweit sich aus den §§ 126, 127 AktG nichts anderes ergibt,
- einen Hinweis darauf, daß das Stimmrecht auch durch einen Bevollmächtigten, der auch eine Aktionärsvereinigung sein kann, ausgeübt werden kann.

545 Soweit nicht bereits durch eingeschriebenen Brief geschehen (§ 121 Abs. 4 AktG), sind die gleichen Dokumente unverzüglich den Aktionären zu übersenden, die

- eine Aktie bei der Gesellschaft hinterlegt haben,
- dies nach Bekanntmachung der Einberufung im Bundesanzeiger verlangt haben oder
- als Namensaktionäre im Aktienbuch der Gesellschaft eingetragen (§ 67 Abs. 2 AktG) und in der letzten Hauptversammlung nicht durch Kreditinstitute vertreten worden sind.

---

[163] Wie hier: OLG Hamburg MittBayNot 1994, 80; *Volhard*, in: Semler/Volhard, I H 17; *Goette*, DStR 1996, 709.

IV. Die Hauptversammlung

Durch das geplante Namensaktiengesetz zeichnen sich hier Änderungen ab. Bei Gesellschaften mit Namensaktien hat die Gesellschaft den Namensaktionären die Mitteilungen dann unmittelbar zuzusenden.

Ebenso kann jedes Aufsichtsratsmitglied Übersendung dieser Unterlagen verlangen (§ 125 Abs. 3 AktG). Unbeachtlich sind diese Formalitäten bei der Universalversammlung (oben Rz. 511 ff). 546

b) Auszulegende Unterlagen

Vor der ordentlichen Hauptversammlung sind von der Einberufung an in den Geschäftsräumen der Gesellschaft **zur Einsicht der** Aktionäre auszulegen: der Jahresabschluß, der Lagebericht, der Bericht des Aufsichtsrates und der Vorschlag des Vorstandes für die Verwendung des Bilanzgewinns sowie gegebenenfalls der Konzernabschluß und der Konzernlagebericht. Auf Verlangen ist jedem Aktionär eine Abschrift dieser Unterlagen zu erteilen. 547

Soll die Hauptversammlung einem Vertrag zustimmen, so ist nicht nur sein wesentlicher Inhalt in der Einladung bekanntzugeben (oben Rz. 536); der Vertrag ist zusätzlich von der Einberufung der Hauptversammlung an in den Geschäftsräumen der Gesellschaft auszulegen. Auch von ihm ist auf Verlangen jedem Aktionär eine Abschrift zu erteilen. 548

Der Vorstand hat ferner bei bestimmten bedeutenden Maßnahmen (oben Rz. 522) der Hauptversammlung einen schriftlichen Bericht vorzulegen, der ebenfalls von der Einberufung an in den Geschäftsräumen zur Einsicht auszulegen hat. Die vorgenannten Unterlagen sind auch in der Hauptversammlung selbst zur Einsicht der Aktionäre auszulegen. 549

5. Leitung der Hauptversammlung

a) Person des Leiters

Das Gesetz selbst trifft keine Bestimmung darüber, wer Leiter der Hauptversammlung ist, setzt den Leiter nur an verschiedenen Stellen voraus (vgl. z. B. § 122 Abs. 3 AktG). Die Satzungen sehen üblicherweise den **Vorsitzenden des Aufsichtsrates** und im Falle seiner Verhinderung seinen Stellvertreter vor. Enthält die Satzung keine Regelung, wählt die Hauptversammlung den Leiter.[164] Ist der nach der Satzung vorgesehene Leiter nicht anwesend, gilt entsprechendes.[165] Bis zur Wahl leitet der Einberufende, in der Regel der Vor- 550

---

164) *Hüffer*, AktG, § 129 Rz. 18.
165) *v. Hülsen*, in: Semler/Volhard, I D 5 m. w. N.; dadurch wird die Satzung durchbrochen.

D. Die Organisation der kleinen AG

stand (der Vorsitzende)[166] die Versammlung, ansonsten derjenige, auf den sich die Aktionäre verständigen. Bei der **Einpersonen-AG** ist die Wahl eines Leiters überflüssig.[167] Sie wäre bloße Förmelei.

b) Befugnisse des Leiters

551 Der Versammlungsleiter hat für einen **ordnungsgemäßen Ablauf** der Versammlung Sorge zu tragen. Ihm stehen demzufolge alle Rechte und Pflichten zu, die dafür notwendig sind: Er eröffnet und schließt die Versammlung, entscheidet über die Zugangsberechtigung, sorgt für eine zügige Erledigung der Tagesordnung, bestimmt die Reihenfolge der zu erledigenden Tagesordnungspunkte und die der Redner. Er entscheidet außerdem, ob die Aussprache über die zur Beschlußfassung gestellten Tagesordnungspunkte durch Generaldebatte oder zu jedem Tagesordnungspunkt gesondert erfolgt. Er hat ferner darauf zu achten, daß über nicht ordnungsgemäß bekanntgemachte Tagesordnungspunkte kein Beschluß gefaßt wird (Ausnahme: Vollversammlung, § 121 Abs. 6 AktG); er hat das Teilnehmerverzeichnis der erschienenen oder vertretenen Aktionäre zu unterzeichnen (§ 129 Abs. 2 AktG) und für die Beantwortung der von den Aktionären gestellten Fragen zu sorgen. Er beschränkt gegebenenfalls die Redezeit, schließt die Rednerliste, ordnet den Schluß der Debatte an, darf Ordnungsmaßnahmen gegen einzelne (störende) Teilnehmer festsetzen und die Versammlung unterbrechen.[168]

552 Der Leiter bestimmt ferner die **Art der Abstimmung** (Handaufheben, namentlicher Aufruf, Zuruf oder Abstimmung durch Stimmkarten) und legt fest, ob offen oder geheim abgestimmt wird, sofern die Satzung nicht eine bestimmte Art vorschreibt.[169] Er achtet auf die Einhaltung von Stimmverboten (vgl. §§ 136 AktG, 71 AktG) und bestimmt die Art und Weise der Stimmenauszählung.[170] Er hat dafür Sorge zu tragen, daß die **Abstimmungsergebnisse** ordnungsgemäß verkündet und festgestellt werden. Bei Sonderbeschlüssen hat er sicherzustellen, daß nur die stimmberechtigten Aktionäre an der Abstimmung

---

166) *F.-J. Semler*, in: Münchener Handbuch des Gesellschaftsrechts, § 36 Rz. 36; *Zöllner*, in: Kölner Komm. z. AktG, § 119 Rz. 47.
167) *F.-J. Semler*, in: Münchener Handbuch des Gesellschaftsrechts, § 36 Rz. 37; *Schaaf*, Rz. 410.
168) Einzelheiten bei: *F.-J. Semler*, in: Münchener Handbuch des Gesellschaftsrechts, § 36 Rz. 39; *Hüffer*, AktG, § 129 Rz. 17 ff; *v. Hülsen*, in: Semler/Volhard, I D 49-I D 126; *Schaaf*, Rz. 415 ff.
169) *F.-J. Semler*, in: Münchener Handbuch des Gesellschaftsrechts, § 39 Rz. 16; *Richter*, in: Semler/Volhard, I D 142.
170) *Richter*, in: Semler/Volhard, I D 161.

IV. Die Hauptversammlung

teilnehmen. Falls der Notar entbehrlich ist, muß er auch das **Protokoll** über die Hauptversammlung erstellen (§ 130 Abs. 1 AktG).

c) **Teilnehmerverzeichnis**

Nach Beginn der Hauptversammlung ist so bald wie möglich ein Teilnehmerverzeichnis zu erstellen, in dem die erschienenen oder vertretenen Aktionäre und deren Vertreter mit ihrem Namen und ihrem Wohnort sowie dem Gesamtbetrag der von ihnen gehaltenen Aktien (bei Nennbetragsaktien die Summe der Nennbeträge; bei Stückaktien die Summe des rechnerischen Anteils am Grundkapital[171]) und Aktiengattungen auszuweisen sind (§ 129 Abs. 1 Satz 2 AktG). Dieses Teilnehmerverzeichnis ist zu den einzelnen Beschlußpunkten stets zu **aktualisieren**, d. h., Zu- und Abgänge sind genau zu vermerken und dem Vorsitzenden vor jeder Beschlußfassung mitzuteilen. 553

Das Gesetz verlangt keine Angaben darüber, welcher Aktionär wieviel **Stimmen** hat. Diese Angaben sind jedoch zweckmäßig, um bei der Abstimmung problemlos die Anzahl der Stimmen ermitteln oder die Angaben des Aktionärs (bei Abstimmung durch Zuruf) verifizieren zu können. Steht dem Aktionär nur ein proratarisches Stimmrecht zu (unten Rz. 593), sollte auch dies zweckmäßigerweise im Teilnehmerverzeichnis kenntlich gemacht werden. 554

Die **Gesellschaft** erstellt das Teilnehmerverzeichnis und sorgt auch für eine lückenlose Zu- und Abgangskontrolle. Dem Vorsitzenden obliegt hingegen die Pflicht, das Teilnehmerverzeichnis auf offensichtliche Unrichtigkeiten hin durchzusehen.[172] 555

Auch für die **Vollversammlung** (§ 121 Abs. 6 AktG) ist ein Teilnehmerverzeichnis aufzustellen, nicht jedoch für die **Einpersonengesellschaft**, denn im letzteren Fall käme ihm kein besonderer Informationswert zu, wäre also Förmelei. 556

Das Teilnehmerverzeichnis ist vor der ersten Abstimmung zur Einsicht für alle Teilnehmer der Hauptversammlung **auszulegen** (§ 129 Abs. 4 Satz 1 AktG) und anschließend zur Niederschrift über die Hauptversammlung zu nehmen (§ 130 Abs. 3 Satz 1 AktG). Strittig ist, wann der Vorsitzende das Verzeichnis zu unterzeichnen hat. In der Praxis unterzeichnet der Vorsitzende das Verzeichnis **vor** der ersten Abstimmung, unabhängig davon, ob diese Abstimmung **zu Sachanträgen**, zu Geschäftsführungsanträgen oder zur Wahl des Vorsitzenden erfolgt. Die wohl überwiegende Meinung hält eine Unterzeichnung 557

---

171) *Hüffer*, AktG, § 129 Rz. 3.
172) *Hüffer*, AktG, § 129 Rz. 7; *Schaaf*, Rz. 362; *v. Hülsen*, in: Semler/Volhard, I D 29.

D. Die Organisation der kleinen AG

vor der ersten Abstimmung nicht für erforderlich.[173] Das geplante Namensaktiengesetz enthält auch eine Änderung, die das Teilnehmerverzeichnis betrifft. Das Gesetz läßt es dann ausdrücklich zu, daß das Teilnehmerverzeichnis nur auf Bildschrimen dargestellt wird. Auf eine Unterschrift des Vorsitzenden wird folglich verzichtet und ebenso auf eine Einreichung zum Handelsregister.

6. Rechte des Aktionärs

a) Teilnahmerecht

558 **Jeder Aktionär** – auch der Vorzugsaktionär – hat ein Recht auf **Teilnahme** an der Hauptversammlung, entweder persönlich oder durch einen Vertreter. Dieses Recht kann durch die Satzung nicht beschränkt werden. Die Gesellschaft ist daher verpflichtet, dafür zu sorgen, daß eine solche Teilnahme ermöglicht wird. Die Teilnahme kann aber von der Erfüllung bestimmter Mitwirkungspflichten abhängig gemacht werden, wie z. B. die vorherige Anmeldung zur Teilnahme bei der Gesellschaft und die Hinterlegung der Aktien.[174] Bei der kleinen AG dürfte dies aber die Ausnahme sein.

559 Nicht teilnahmeberechtigt sind hingegen die Aktionäre, die ihre Anzeigepflichten nach § 20 Abs. 1, 4, § 21 Abs. 1, 2 AktG nicht erfüllt haben oder die Aktien unter Verstoß gegen § 56 Abs. 2 AktG übernommen haben.

b) Legitimation

560 Wie stellt die Gesellschaft sicher, daß keine unbefugten Personen Zugang zur Hauptversammlung erhalten und bei der Beschlußfassung abstimmen? Wenn die Satzung keine Bestimmung über die Legitimation der Aktionäre enthält, so gilt bei verkörperten **Namensaktien** (oder Zwischenscheiden) im Verhältnis zur Gesellschaft derjenige als Aktionär, der im Aktienbuch eingetragen ist (§ 67 Abs. 2 AktG). Bei **Inhaberaktien** legitimiert sich der Aktionär durch Vorlage seiner Aktienurkunde oder einer Hinterlegungsbescheinigung, auch wenn die Satzung dies nicht vorsieht.[175]

561 Ist die Mitgliedschaft allerdings **nicht** urkundlich **verkörpert**, gelten gegenüber der Gesellschaft die Gründer als legitimiert oder diejenigen, die Aktien im Zuge einer Kapitalerhöhung gezeichnet haben, ohne daß es eines weiteren

---

173) *F.-J. Semler*, in: Münchener Handbuch des Gesellschaftsrechts, § 36 Rz. 29; *Hüffer*, AktG, § 129 Rz. 14, und v. *Hülsen*, in: Semler/Volhard, I D 33: spätestens bis zur Einreichung der Niederschrift zum Handelsregister.

174) *Hüffer*, AktG, § 118 Rz. 13 f; *F.-J. Semler*, in: Münchener Handbuch des Gesellschaftsrechts, § 36 Rz. 7 f.

175) *Hüffer*, AktG, § § 123 Rz. 5.

IV. Die Hauptversammlung

Nachweises bedarf. Denn Gründungsurkunde und Zeichnungsscheine (§ 185 AktG) liegen der Gesellschaft vor.[176)] Es obliegt der Gesellschaft im Streitfall die fehlende Aktionärseigenschaft nachzuweisen.

Leitet der Aktionär seine Aktionärseigenschaft aus Übertragung der Aktien (im Wege der Einzel- oder Gesamtrechtsnachfolge) ab, hat er die entsprechenden Nachweise zu führen (z. B. Vorlage des Aktienübertragungsvertrages, Ausfertigung des Erbscheins).[177)] Hat der Aktionär den rechtsgeschäftlichen Aktienübergang der Gesellschaft angezeigt, so ist eine erneute Legitimation in entsprechender Anwendung der §§ 410, 413 BGB entbehrlich. 562

Die **Einlaßkontrolle** bei der Hauptversammlung ist Angelegenheit der Gesellschaft. Bestehen Streitigkeiten über die Teilnahmeberechtigung, entscheidet der Vorsitzende, nicht die Hauptversammlung. 563

Bei der kleinen AG mit unverkörperten Mitgliedschaftsrechten sollte die Satzung eine Regelung hinsichtlich der Legitimationsvoraussetzung vorsehen oder die Einberufenden ermächtigen festzulegen, welche Legitimationserfordernisse zu erfüllen sind. 564

Nicht immer gesehen wird, daß (einzelne) Aktionäre, die auf ihre Aktie die **Einlage noch nicht vollständig** geleistet haben, an der Hauptversammlung zwar teilnehmen, in der Hauptversammlung aber nicht abstimmen dürfen (§ 134 Abs. 2 Satz 1 AktG), es sei denn, die Satzung gewährt das Stimmrecht bereits bei Teilleistungen (§ 134 Abs. 2 Satz 2 AktG) oder alle Aktionäre haben die Einlagen noch nicht vollständig geleistet. Im letzteren Fall steht dann jedem Aktionär ein proportionales Stimmrecht zu (vgl. § 134 Abs. 2 Satz 3 AktG). Dies ist zwar kein Problem des Teilnahmerechts; in der Regel wird aber bei der Zugangskontrolle bereits das Teilnehmerverzeichnis erstellt, so daß es sich empfiehlt, in dem Teilnehmerverzeichnis (oben Rz. 553) das fehlende Stimmrecht oder dessen proportionale Beschränkung auszuweisen. 565

Der Aktionär muß nicht persönlich erscheinen; er kann sich vertreten lassen (§ 134 Abs. 3 AktG). Der Vertreter muß der AG eine schriftliche **Vollmacht** vorlegen und gegebenenfalls die Aktionärseigenschaft des Vollmachtgebers nachweisen (oben Rz. 560 f). 566

Wechselt die Aktionärseigenschaft während der Einladungsfrist oder nach einer beschlossenen Kapitalerhöhung, hat dies keinen Einfluß auf die Wirksamkeit der Einladung. Der neue Aktionär muß den Stand des Einberufungsverfahrens bei Erwerb der Aktionärseigenschaft hinnehmen. 567

---

176) *Hüffer*, AktG, § § 123 Rz. 4.
177) *Hüffer*, AktG, § § 123 Rz. 4; *Zöllner*, in: Kölner Komm. z. AktG, § 123 Rz. 13.

c) Rederecht

568 **Jeder Aktionär** – auch der Vorzugsaktionär – hat das Recht, zu Angelegenheiten der Gesellschaft in der Hauptversammlung zu reden, auch wenn die Angelegenheit nicht zur Tagesordnung steht.[178] Das Rederecht besteht unabhängig vom Frage- und Stimmrecht.[179] Das Wort erteilt der Versammlungsleiter. Er darf gegebenenfalls auch den Wortbeitrag unterbrechen, wenn nicht zur Angelegenheit der Gesellschaft geredet wird. An die zeitliche Reihenfolge der Wortmeldungen ist der Leiter bei der Worterteilung nicht gebunden. Er kann davon abweichen, wenn es ihm für den Ablauf der Hauptversammlung sachgerecht erscheint, etwa zur Schaffung von Diskussionsblöcken zu bestimmten Fragestellungen.[180] Praktisch dürfte dies für die kleine AG jedoch nur werden, wenn eine umfangreiche Tagesordnung abzuhandeln ist und eine Vielzahl von Wortmeldungen vorliegen. Bei kleinem Aktionärskreis dürfte dies eher die Ausnahme sein. Gelegentlich bestimmen auch die Satzungen, daß der Vorsitzende die Reihenfolge bestimmt, ohne daß dem eine besondere Bedeutung zukommt.

569 Die **Redezeit** kann der Versammlungsleiter nur dann angemessen **beschränken**, wenn zu befürchten ist, daß die Hauptversammlung aufgrund der Vielzahl der Wortmeldungen nicht bis Mitternacht geschlossen werden kann.[181] Dabei handelt es sich um ein originäres Recht des Versammlungsleiters,[182] also nicht der Versammlung. Die Redezeit kann auch abgestuft eingeschränkt werden. Wird die begrenzte Redezeit überschritten, hat der Leiter das Recht, dem betreffenden Aktionär das Wort zu entziehen.[183]

570 Zu beachten ist, daß die Beschränkung der Redezeit **nicht** zur Beschränkung des **Fragerechts** führt. Die Zeit, die der Aktionär für Fragen aufwendet, darf nicht zu Lasten seines Rederechts gehen, ein Redner kann also auch noch nach Ablauf seiner Redezeit Fragen stellen.

571 Erscheint der Zeitplan für eine zeitige Schließung der Hauptversammlung gefährdet, darf der Leiter die Rednerliste schließen. Neue **Wortmeldungen** wer-

---

178) *Volhard*, in: Semler/Volhard, I F 1.
179) *Volhard*, in: Semler/Volhard, I F 4.
180) *F.-J. Semler*, in: Münchener Handbuch des Gesellschaftsrechts, § 36 Rz. 43; *Barz*, in: Großkomm. z. AktG, § 119 Rz. 36; *Schaaf*, Rz. 455 ff.
181) *F.-J. Semler*, in: Münchener Handbuch des Gesellschaftsrechts, § 36 Rz. 48; OLG Stuttgart, Urt. v. 15. 2. 1995 – 3 U 118/94, WM 1995, 617; *Volhard*, in: Semler/Volhard, I F 9; differenzierend *Happ/Freitag*, AG 1998, 493.
182) BGH, Urt. v. 11. 11. 1965 – II ZR 122/63, BGHZ 44, 245.
183) Entsprechendes gilt bei beleidigenden Äußerungen: *Zöllner*, in: Kölner Komm. z. AktG, § 119 Rz. 86; *Schaaf*, Rz. 589.

IV. Die Hauptversammlung

den danach nicht mehr entgegengenommen. Bereits erfolgte Wortmeldungen sind aber noch zu erledigen.[184)] Läßt der Versammlungsleiter trotz **Schließung der Rednerliste** noch eine neue Wortmeldung zu, muß er aus Gründen der Gleichbehandlung auch alle übrigen sich meldenden Aktionäre zulassen.[185)]

Vom Schluß der Rednerliste zu unterscheiden ist der **Schluß der Debatte**. Mit dieser Anordnung beendet der Leiter die Aussprache. Die Aktionäre können dann weder von ihrem Rede- noch von ihrem Fragerecht Gebrauch machen. Noch nicht erledigte Wortmeldungen dürfen dann nicht mehr zugelassen werden.[186)] Den Schluß der Debatte darf der Versammlungsleiter aber nur dann anordnen, wenn die Aussprache die zeitige Beendigung der Hauptversammlung gefährden würde. Zu berücksichtigen ist vom Ablauf her insbesondere, daß nach Schluß der Debatte in der Regel der Abstimmungsvorgang beginnt, der je nach Größe des Aktionärskreises und Art der Ermittlung des Abstimmungsergebnisses geraume Zeit in Anspruch nehmen kann. 572

d) **Fragerecht**

aa) **Auskunftsanspruch**

Jeder in der Hauptversammlung anwesende oder vertretene Aktionär kann vom **Vorstand** in der Hauptversammlung Auskunft über Angelegenheiten der Gesellschaft und zu mit ihr verbundenen Unternehmen verlangen (§ 131 Abs. 1 Satz 1 AktG). Ebenso wie beim Rederecht kommt es auf seine Stimmberechtigung oder die Höhe seiner Beteiligung nicht an.[187)] Dieses Recht kann nur in der Hauptversammlung ausgeübt werden. Anfragen außerhalb der Hauptversammlung müssen von der Gesellschaft nicht beantwortet werden. Werden einem Aktionär allerdings außerhalb der Hauptversammlung Auskünfte erteilt, kann jeder Aktionär in der nächsten Hauptversammlung die gleichen Informationen verlangen (§ 131 Abs. 4 AktG).[188)] 573

Das Auskunftsrecht soll dem Aktionär ermöglichen, sich **zur sachgemäßen Beurteilung** der zu behandelnden Tagesordnungspunkte die nötigen Informa- 574

---

184) *F.-J. Semler*, in: Münchener Handbuch des Gesellschaftsrechts, § 36 Rz. 48; *Hüffer*, AktG, § 129 Rz. 21.
185) LG Stuttgart, Urt. v. 27. 4. 1994 – 7 KfH 0122/93, ZIP 1994, 950 = WM 1994, 1754, 1758 f.
186) *F.-J. Semler*, in: Münchener Handbuch des Gesellschaftsrechts, § 36 Rz. 48; *Schaaf*, Rz. 574.
187) *Hüffer*, AktG, § 131 Rz. 3; *F.-J. Semler*, in: Münchener Handbuch des Gesellschaftsrechts, § 37 Rz. 1; *Volhard*, in: Semler/Volhard, I F 13.
188) *Hüffer*, AktG, § 131 Rz. 38.

tionen zu beschaffen.¹⁸⁹⁾ Jeder Vorstand ist gut beraten, dieses Recht ernst zu nehmen, also gegebenenfalls nicht defensiv, sondern auskunftsfreudig zu reagieren. Denn eine Verletzung dieses Auskunftsrechts gewährt – sofern keiner der Ausnahmetatbestände vorliegt (§ 131 Abs. 3 AktG) – dem betreffenden Aktionär ein Recht auf Anfechtung (§ 241 Abs. 1 Nr. 1 AktG).

575 **Auskunftspflichtig** ist der Vorstand in seiner Gesamtheit. Erteilt der Vorsitzende des Vorstands Auskunft, kann allerdings ohne weiteres davon ausgegangen werden, daß ein entsprechender vorheriger oder stillschweigender Ad-hoc-Beschluß gefaßt worden ist.¹⁹⁰⁾ Der Vorstand kann sich ferner sogenannter Auskunftsgehilfen bedienen, z. B. für Gebiete, auf denen ihm die nötige Sachkunde fehlt. Als einen solchen wird man auch den Vorsitzenden des Aufsichtsrates anzusehen haben, wenn er Auskünfte zu Angelegenheiten des Aufsichtsrates gibt (z. B. zur Zahl der Sitzungen). Denn den Auskunftsanspruch hat der Vorstand zu erfüllen, nicht der Vorsitzende des Aufsichtsrates, auch wenn er von dem betreffenden Aktionär direkt angesprochen wird.¹⁹¹⁾

576 Der Vorstand hat die Auskunft grundsätzlich **mündlich** zu erteilen.¹⁹²⁾ Aus dem Anspruch auf Auskunft folgt kein Anspruch auf Einsicht in die Geschäftsunterlagen der Gesellschaft. Bei der Vorbereitung der Hauptversammlung muß der Vorstand dafür Sorge tragen, daß er dem Auskunftsverlangen nachkommen kann. Gegebenenfalls hat er die erforderlichen Unterlagen zur Hauptversammlung mitzubringen.¹⁹³⁾

577 Der **Auskunftspflicht** unterliegt **alles**, was sich auf die Gesellschaft bezieht.¹⁹⁴⁾ Nicht hierzu gehören persönliche Angelegenheiten der Organmitglieder.¹⁹⁵⁾ Die Auskunft muß objektiv zur sachgemäßen Beurteilung des Gegenstandes der Tagesordnung erforderlich sein (§ 131 Abs. 1 Satz 1 AktG). Daß dies von Vorstand und Aktionären durchaus unterschiedlich gesehen wird, belegt die insbesondere in den letzten zehn Jahren ergangene Rechtspre-

---

189) *F.-J. Semler*, in: Münchener Handbuch des Gesellschaftsrechts, § 37 Rz. 2.
190) BGH, Urt. v. 19. 2. 1987 – II ZR 119/86, BGHZ 101, 1, 5 = ZIP 1987, 1239, dazu EWiR 1987, 1057 *(Claussen)*; *F.-J. Semler*, in: Münchener Handbuch des Gesellschaftsrechts, § 37 Rz. 6.
191) Vgl. *Barz*, in: Großkomm. z. AktG, § 131 Rz. 4; *Hüffer*, AktG, § 131 Rz. 6.
192) BGHZ 101, 1, 15 f = ZIP 1987, 1239; *Volhard*, in: Semler/Volhard, I F 25.
193) Vgl. BayObLG, Beschl. v. 11. 1. 1996 – 3Z BR 17/90, AG 1996, 127, 130, 134; OLG Düsseldorf, Beschl. v. 17. 7. 1991 – 19 W 2/91, AG 1992, 34, 35, dazu EWiR 1991, 115 *(Gehling)*; *Schaaf*, Rz. 615g.
194) *Hüffer*, AktG, § 131 Rz. 11; *F.-J. Semler*, in: Münchener Handbuch des Gesellschaftsrechts, § 37 Rz. 7.
195) OLG Stuttgart, Urt. v. 15. 2. 1995 – 3 U 118/94, AG 1995, 234, 235.

IV. Die Hauptversammlung

chung.[196] Die Erforderlichkeit unterliegt voller richterlicher Kontrolle. Der Vorstand hat keinen Beurteilungsspielraum.[197]

Die Auskunft des Vorstandes muß den Grundsätzen einer gewissenhaften und getreuen Rechenschaft entsprechen (§ 131 Abs. 2 AktG). Die Antworten müssen vollständig und zutreffend sein.[198] Deshalb ist gerade die diesbezügliche Vorbereitung auf die Hauptversammlung ernst zu nehmen. Bei der AG mit überschaubarem und namentlich bekanntem Aktionärskreis ist zu empfehlen, die Übersendung der Tagesordnung an die Aktionäre mit der Aufforderung zu verbinden, dem Vorstand zur entsprechenden Vorbereitung die beabsichtigten Fragen vor der Hauptversammlung mitzuteilen. **578**

Neben diesem **allgemeinen Auskunftsrecht** (§ 131 AktG) gewährt das Gesetz den Aktionären noch **besondere Auskunftsrechte** bei Beschlüssen über Unternehmensverträge (§ 293g AktG), die Eingliederung (§ 319 Abs. 2 Satz 4, § 320 Abs. 1 Satz 3 AktG), die Verschmelzung und Spaltung (§ 64 Abs. 2, §§ 73, 125 UmwG). **579**

Zum Abschluß der Aussprache sollte der Leiter – insbesondere bei wichtigen Beschlüssen – nachfragen, ob alle Fragen der Aktionäre beantwortet sind und das Ergebnis in seiner Niederschrift oder der des Notars festhalten lassen. **580**

bb) Auskunftsverweigerung

Der Vorstand muß nicht jede Frage beantworten. Wäre seine Auskunft geeignet, der Gesellschaft oder einem mit ihr verbundenen Unternehmen einen nicht unerheblichen Nachteil zuzufügen, darf er sie verweigern (§ 131 Abs. 3 Nr. 1 AktG). Das Recht zur Verweigerung gilt ferner, wenn sich die Auskünfte auf steuerliche Wertansätze oder die Höhe einzelner Steuern beziehen (§ 131 Abs. 3 Nr. 2 AktG), bei Fragen über stille Reserven, Bilanzierungs- und Bewertungsvorschriften und bei Strafbarkeit der Auskunftserteilung (vgl. § 131 Abs. 3–5 AktG). Aus anderen Gründen darf die Auskunft nicht verweigert werden (§ 131 Abs. 3 Satz 2 AktG). Für die besonderen Auskunftstatbestände (oben Rz. 579) gilt § 131 Abs. 3 AktG entsprechend. **581**

Bei seiner Entscheidung über die Auskunftsverweigerung sollte der Vorstand bedenken, daß dies insbesondere bei querulatorischen Aktionären – dies ist nicht nur ein Problem der Publikums-Hauptversammlung – eine Anfechtungs- **582**

---

196) Vgl. Katalog bei *Hüffer*, AktG, § 131 Rz. 17 ff; *F.-J. Semler*, in: Münchener Handbuch des Gesellschaftsrechts, § 37 Rz. 11; *Volhard*, in: Semler/Volhard, I F 44.
197) Vgl. *Barz*, in: Großkomm. z. AktG, § 131 Rz. 10; *F.-J. Semler*, in: Münchener Handbuch des Gesellschaftsrechts, § 37 Rz. 8.
198) *Hüffer*, AktG, § 131 Rz. 21; *Volhard*, in: Semler/Volhard, I F 31.

D. Die Organisation der kleinen AG

klage provozieren kann und wichtige Vorhaben (wie z. B. eine Verschmelzung) nicht in der gewünschten Zeit ins Handelsregister eingetragen werden können (vgl. § 16 Abs. 2 UmwG).

cc) Protokollierung

583 Jeder Aktionär, dem eine Auskunft verweigert wurde, kann verlangen, daß seine Frage und der Grund für die Auskunftsverweigerung in das Hauptversammlungsprotokoll aufgenommen werden (§ 131 Abs. 5 AktG). Dies dient der Beweissicherung für ein eventuelles Auskunftserzwingungsverfahren (§ 132 AktG), eine Anfechtungsklage (hierfür ist aber noch der Widerspruch zur Niederschrift gegen den Beschluß erforderlich, vgl. § 245 Nr. 1 AktG) oder eine Schadensersatzklage gegen den Vorstand.[199]

e) Antragsrecht

584 In der Regel schlägt die **Verwaltung** zu jedem Gegenstand der Tagesordnung die Beschlußfassung vor. Aber auch den **Aktionären** steht das Recht zu, in der Hauptversammlung Anträge zu stellen, und zwar sowohl die vor der Hauptversammlung angekündigten Anträge (§§ 126, 126 AktG) als auch vorher nicht angekündigte Anträge. Dies folgt aus § 118 AktG.

585 Ein nicht ordnungsgemäß angekündigter Antrag kann in der Hauptversammlung allerdings nur gestellt werden, wenn er zu einem Gegenstand der Tagesordnung gestellt ist (§ 124 Abs. 4 Satz 2 AktG). Ist dies nicht der Fall, darf der Leiter der Versammlung außer bei der Vollversammlung (§ 121 Abs. 4 AktG) über den Antrag nicht abstimmen lassen (§ 124 Abs. 4 Satz 1 AktG). Wann ein Antrag vom Gegenstand der Tagesordnung gedeckt ist, läßt sich nicht immer zweifelsfrei ermitteln. Ganz allgemein wird gesagt, daß der (ankündigungsfreie) Antrag nach der Verkehrsauffassung mit einem bekanntgemachten Gegenstand der Tagesordnung im engen inneren Zusammenhang stehen muß und sachlich nicht wesentlich über ihn hinausgehen darf.[200]

586 Zu unterscheiden ist zwischen **Verfahrens-** und **Sachanträgen**: Verfahrensanträge sind stets zulässig, wenn die Hauptversammlung zur Entscheidung zuständig ist,[201] ansonsten darf der Versammlungsleiter den Antrag nicht zulassen. Zu den nicht in die Kompetenz der Hauptversammlung fallenden Maß-

---

199) *Hüffer*, AktG, § 132 Rz. 44; *F.-J. Semler*, in: Münchener Handbuch des Gesellschaftsrechts, § 37 Rz. 65.
200) *Zöllner*, in: Kölner Komm. z. AktG, § 124 Rz. 15; *F.-J. Semler*, in: Münchener Handbuch des Gesellschaftsrechts, § 39 Rz. 9; *Schaaf*, Rz. 468.
201) *Schaaf*, Rz. 483.

IV. Die Hauptversammlung

nahmen gehören etwa die Leitungsmaßnahmen des Vorsitzenden (oben Rz. 551). Weicht der Versammlungsleiter von der Reihenfolge der bekanntgemachten Tagesordnungspunkte ab, kann die Hauptversammlung seine Entscheidung allerdings korrigieren.[202)]

In welcher **Reihenfolge** die gestellten Anträge zu behandeln sind, legt ebenfalls grundsätzlich der Leiter der Hauptversammlung fest. Er hat dabei die Grundsätze der **Verfahrensökonomie** zu beachten und darf die Aktionäre nicht ungleich behandeln. Zwingende **Ausnahmen** gibt es bei der Abstimmung über **Wahlvorschläge** der Aktionäre (§ 137 AktG). Hierüber hat der Versammlungsleiter vor den Vorschlägen der Verwaltung abzustimmen. Bei der Entlastung von Vorstand und Aufsichtsrat kann er durch eine Minderheit unter den Voraussetzungen des § 120 Abs. 2 Satz 1 AktG zu einer Abstimmung über die Entlastung eines der Mitglieder gezwungen werden. Ferner hat er über zulässige Verfahrensanträge vor dem entsprechenden Sachantrag abzustimmen, d. h. nicht, wie vielfach angenommen wird, unverzüglich. 587

Da die Hauptversammlung den **Versammlungsleiter** jederzeit **abwählen** kann, hat der Leiter einen entsprechenden Antrag unverzüglich zur Abstimmung zu stellen.[203)] Hierfür genügt grundsätzlich die einfache Mehrheit. Bestimmt allerdings die Satzung den Leiter der Versammlung, bedarf der Abberufungsbeschluß einer für die Änderung der Satzung erforderlichen Mehrheit (§ 179 Abs. 2 Satz 1).[204)] 588

Sollen **Anträge** von der Tagesordnung **abgesetzt**, also nicht behandelt werden oder soll die Hauptversammlung insgesamt vertagt werden, so fällt die Entscheidung darüber ebenfalls in die Kompetenz der Hauptversammlung. Einen solchen Antrag braucht der Vorsitzende aber dann nicht zur Abstimmung zu stellen, wenn er offensichtlich rechtsmißbräuchlich gestellt worden ist (etwa aus Unmut).[205)] Hingegen ist die Verwaltung frei, ihre Vorschläge wieder von der Tagesordnung absetzen zu lassen.[206)] 589

Die Vorschläge der Verwaltung stellen noch keinen Antrag dar; der Leiter der Versammlung muß sie zur Abstimmung stellen. Die Verwaltung ist aber nicht verpflichtet, ihre Vorschläge zur Abstimmung zu stellen. Sie kann sie abweichend zur Abstimmung stellen, etwa wenn sich die Beschlußgrundlage geän- 590

---

202) *Zöllner*, in: Kölner Komm. z. AktG, § 119 Rz. 34; *F.-J. Semler*, in: Münchener Handbuch des Gesellschaftsrechts, § 36 Rz. 41; *Stützle/Walgenbach*, ZHR 155 (1991), 516, 529.
203) *F.-J. Semler*, in: Münchener Handbuch des Gesellschaftsrechts, § 39 Rz. 10.
204) *v. Hülsen*, in: Semler/Volhard, I D 13.
205) *Zöllner*, in: Kölner Komm. z. AktG, § 119 Rz. 66; *F.-J. Semler*, in: Münchener Handbuch des Gesellschaftsrechts, § 36 Rz. 44.
206) *v. Hülsen*, in: Semler/Volhard, I D 63.

dert hat,[207] ohne sie gänzlich von der Tagesordnung abzusetzen (zu Änderungsanträgen von Aktionären oben Rz. 585). Geringfügige **Bekanntmachungsmängel** darf der Vorsitzende in der Hauptversammlung korrigieren, ohne daß er dadurch gegen § 124 Abs. 4 AktG verstößt[208]

f) Stimmrecht

591 Das Stimmrecht gibt den Aktionären das Recht, durch Stimmabgabe Hauptversammlungsbeschlüsse zu fassen oder zu wählen.[209] Grundsätzlich gewährt **jede Aktie** das gleiche Stimmrecht (§ 12 Abs. 1 Satz 1 AktG). Kein Stimmrecht – wohl aber alle sonstigen Rechte eines Aktionärs – haben Vorzugsaktien ohne Stimmrecht (§ 12 Abs. 1 Satz 2 AktG), solange der Vorzugsbetrag gezahlt wird (vgl. § 140 Abs. 2 AktG). Kann er nicht gezahlt werden, haben auch die Vorzugsaktionäre Stimmrecht. Bei gerade startenden Gesellschaften empfiehlt sich daher bei unsicheren Gewinnaussichten die Schaffung von stimmrechtslosen Vorzugsaktien nicht. Die vielfach bei der Beteiligung von Venture-Capital-Gesellschaften anzutreffenden Aktien, denen ein Vorzug etwa bei der Verteilung des Liquidationserlöses gewährt wird, gelten zwar als Vorzugsaktien, diese sind aber nicht stimmrechtslos.

592 Das Stimmrecht wird nach **Aktiennennbeträgen**, bei Stückaktien nach der **Zahl** der Aktien ausgeübt: Bei Stückaktien gewährt jede Aktie eine Stimme, bei Nennbetragsaktien bestimmt sich der Umfang nach Aktiennennbeträgen (§ 134 Abs. 1 Satz 1 AktG).

593 Das Stimmrecht beginnt mit der **vollständigen Leistung der Einlage** (§ 134 Abs. 2 Satz 1 AktG). Haben jedoch alle Aktionäre ihre Einlage noch nicht vollständig geleistet, beginnt das Stimmrecht bereits mit Leistung der Mindesteinlage (§ 134 Abs. 2 Satz 4 Halbs. 2). Das Stimmenverhältnis berechnet sich dann nach den geleisteten Einlagen. Zu **beachten** ist: Wird auch nur auf eine Aktie der volle Betrag gezahlt, dann ist allein der Inhaber dieser Aktie stimmberechtigt, die übrigen Aktionäre sind ausgeschlossen. Soll dieses verhindert werden, muß die Gründungssatzung vorsehen, daß das Stimmrecht bereits mit Zahlung der Mindesteinlage beginnt (§ 134 Abs. 2 Satz 2 AktG).

---

207) *Hüffer*, AktG, § 124 Rz. 12; *Werner*, in: Großkomm. z. AktG, § 124 Rz. 80; *Zöllner*, in: Kölner Komm. z. AktG, § 124 Rz. 26.
208) *Werner*, in: Großkomm. z. AktG, § 124 Rz. 101; *Zöllner*, in: Kölner Komm. z. AktG, § 124 Rz. 42; *Hüffer*, AktG, § 124 Rz. 18; *F.-J. Semler*, in: Münchener Handbuch des Gesellschaftsrechts, § 35 Rz. 57.
209) *Hüffer*, AktG, § 12 Rz. 2; *F.-J. Semler*, in: Münchener Handbuch des Gesellschaftsrechts, § 38 Rz. 1.

IV. Die Hauptversammlung

Im Gegensatz zur Publikums-AG kann bei der kleinen AG das Stimmrecht durch ein in der Satzung verankertes **Höchststimmrecht** eingeschränkt werden (§ 134 Abs. 1 Satz 2 AktG). **Mehrstimmrechte** sind hingegen auch bei der kleinen AG unzulässig (§ 12 Abs. 2 AktG). **594**

Wird über die **Entlastung** von Vorstand und Aufsichtsrat abgestimmt, so dürfen die Mitglieder dieser Verwaltungsorgane bei ihrer eigenen Entlastung nicht mitstimmen (§ 136 Abs. 1 AktG). Wenn – wie häufig üblich – insgesamt über die Entlastung von Vorstand oder Aufsichtsrat abgestimmt wird, sind sie hinsichtlich der gesamten Abstimmung ausgeschlossen.[210] Hat die zu entlastende Person maßgeblichen Einfluß auf eine Gesellschaft, die Aktionär ist – sei es als Mitglied der Verwaltung oder als Gesellschafter[211] – so unterliegt auch diese Gesellschaft dem Stimmverbot. Entsprechendes gilt für die Abstimmung über die Befreiung von einer Verbindlichkeit oder Geltendmachung eines Anspruchs gegen den betreffenden Aktionär. **595**

Auf die Einhaltung der Stimmverbote hat der Vorsitzende zu achten. Die von dem Stimmrechtsausschuß betroffenen Aktionäre gelten als bei der Abstimmung nicht anwesend, was die Niederschrift über die Hauptversammlung (§ 130 AktG) entsprechend kenntlich zu machen hat. Die Stimmen sind von der Präsenz abzusetzen. Sie lediglich als Enthaltungen zu werten, ist allerdings unschädlich, da Enthaltungen als nicht abgegebene Stimmen zu werten sind (unten Rz. 603). **596**

Hält die Gesellschaft unmittelbar oder mittelbar eigene Aktien, stehen ihr daraus keine Rechte zu (§§ 71b, 71d AktG). Für Unternehmen, die ihrer Mitteilungspflicht gemäß § 20 AktG nicht nachgekommen sind, ruht das Stimmrecht (§ 20 Abs. 7 AktG). **597**

Vertretung bei der Stimmrechtsausübung ist zulässig. Zu beachten ist jedoch, daß die **Vollmacht schriftlich** (§ 134 Abs. 3 Satz 2 AktG) **vor der Abstimmung** erteilt sein muß; anderenfalls ist der betreffende Beschluß nach herrschender Meinung[212] anfechtbar. Die Vollmachtsurkunde kann jedoch nachgereicht werden, wenn sie vor Beschlußfassung ausgestellt wurde. Die Teilnahme eines vollmachtlosen Vertreters soll ebenfalls zur Anfechtbarkeit des **598**

---

[210] BGH, Urt. v. 12. 6. 1989 – II ZR 246/88, BGHZ 108, 21, 25 ff = ZIP 1989, 913, dazu EWiR 1989, 1103 *(Roth)*.

[211] Vgl. BGH, Urt. v. 29. 1. 1962 – II ZR 1/61, BGHZ 36, 296; OLG Karlsruhe, Urt. v. 23. 5. 2000 – 8 U 233/99, ZIP 2000, 1578, 1579 f; OLG Hamburg, Urt. v. 19. 9. 1980 – 11 U 42/80, DB 1981, 80; *Barz*, in: Großkomm. z. AktG, § 136 Rz. 3; *Hüffer*, AktG, § 136 Rz. 10, 12.

[212] Siehe Nachweise bei *Hüffer*, AktG, § 134 Rz. 24; *F.-J. Semler*, in: Münchener Handbuch des Gesellschaftsrechts, § 41 Rz. 28.

D. Die Organisation der kleinen AG

Beschlusses führen.[213] Die Satzung kann den Kreis der Bevollmächtigten einschränken. Grenze ist die Unzumutbarkeit. Eine Beschränkung nur auf Aktionäre soll darüber hinausgehen.[214] Mit dem geplanten Namensaktiengesetz soll auf die Schriftform für die Stimmrechtsvollmacht verzichtet werden können. Dann kann die Satzung regeln, welche anderen Formen der Bevollmächtigung Privater (für Kreditinstitute und Aktionärsvereinigungen wird generell auf die Form verzichtet) zugelassen werden. Denkbar wäre Fax, E-Mail o. ä.

g) Beschlüsse und Wahlen

599 Die Hauptversammlung entscheidet durch Beschlüsse und Wahlen. Ihrer Rechtsnatur nach sind diese Entscheidungen **Rechtsgeschäfte eigener Art**, auf die die Regeln über die Willenserklärungen nur subsidiär Anwendung finden, den aktienrechtlichen Regelungen also nachgehen. Insbesondere sind die Regeln über Willensmängel und über die Beschränkungen des Selbstkontrahierens (§ 181 BGB) nicht anwendbar.[215] Unterschieden werden **positive** Beschlüsse (Antrag wurde angenommen) und **negative** (Antrag wurde abgelehnt). Daneben kennt man noch die „beschlußlose Hauptversammlung", die – gewollt oder ungewollt – ohne Beschlußfassung endet.

aa) Zustandekommen

600 Eine Beschlußfassung kann erst erfolgen, wenn die Hauptversammlung beschlußfähig ist. Bestimmungen der Satzung über die **Beschlußfähigkeit** sind zu beachten. Regelt die Satzung zur Beschlußfähigkeit nichts, ist die Hauptversammlung stets beschlußfähig.

601 Jede Beschlußfassung setzt einen entsprechenden in der Hauptversammlung gestellten und hinreichend bestimmten **Antrag** voraus. Über die Reihenfolge der zur Abstimmung gestellten Anträge entscheidet der Versammlungsleiter (oben Rz. 551). Bei einer komplexen Tagesordnung ist es unbedenklich, die Abstimmungsvorgänge dadurch zu konzentrieren, daß über mehrere Tagesordnungspunkte gleichzeitig abgestimmt wird. Voraussetzung ist aber, daß mit unterschiedlichen Stimmkarten zu einzelnen Tagesordnungspunkten abgestimmt wird. Denn diese Abstimmungen werden nur zusammengefaßt, der

---

213) BGH, Urt. v. 14. 12. 1967 – II ZR 30/67, BGHZ 49, 183, 184; *Hüffer*, AktG, § 134 Rz. 23; *Barz*, in: Großkomm. z. AktG, § 134 Rz. 29f; *F.-J. Semler*, in: Münchener Handbuch des Gesellschaftsrechts, § 38 Rz. 4.
214) Vgl. *Hüffer*, AktG, § 134 Rz. 26.
215) *Zöllner*, in: Kölner Komm. z. AktG, § 133 Rz. 16; *Hüffer*, AktG, § 133 Rz. 2; *F.-J. Semler*, in: Münchener Handbuch des Gesellschaftsrechts, § 39 Rz. 1.

IV. Die Hauptversammlung

Aktionär kann aber ohne weiteres zu einzelnen Tagesordnungspunkten unterschiedlich abstimmen.

Die **Zusammenfassung** aller oder mehrerer **Tagesordnungspunkte** zu einer **602** einheitlichen Beschlußfassung, ohne daß Gelegenheit zu differenzierter Abstimmung über einzelne Tagesordnungspunkte besteht, verbietet sich grundsätzlich. Ein solches Verfahren ist ausnahmsweise zulässig, wenn zwischen den zur Abstimmung gestellten Tagesordnungspunkten ein enger sachlicher Zusammenhang besteht[216] (z. B. Entlastung; mehrere Satzungsänderungen aufgrund geänderter Rechtslage, wie z. B. Umstellung des Grundkapitals auf Euro).

Mit **Abgabe seiner Stimme** entscheidet der Aktionär über Zustimmung oder **603** Ablehnung des Beschlußvorschlags. Wer sich der Stimme enthält, gibt keine Stimme ab. Die Stimmabgabe ist **Willenserklärung**. Es finden daher die entsprechenden Regeln des BGB (§§ 104 ff BGB) Anwendung (über Zugang, Anfechtung und Nichtigkeit etc.).[217] Um wirksam zu sein, muß die Stimmabgabe dem Versammlungsleiter zugehen.[218] Bei Handaufheben und/oder Zuruf geschieht dies durch Wahrnehmung, bei Abstimmung mittels Stimmkarte durch Einwurf in den Stimmkasten oder Übergabe an den Stimmzähler. Nach Zugang ist ein Widerruf der Stimmabgabe nicht mehr möglich. Es bleibt dann nur der Weg der Anfechtung (§§ 119 ff BGB).[219] Ein Aktionär kann auch seine Stimmen uneinheitlich abgeben, wenn er mehrere Aktien hält.[220]

Wie (geheim oder offen) und in welcher **Form** (Zuruf, Handaufheben) abzu- **604** stimmen ist, überläßt das Gesetz der Satzung (§ 134 Abs. 4 AktG) oder mangels Satzungsregelung dem Versammlungsleiter.[221] Bei der AG mit kleinem Aktionärskreis wird man mit Handaufheben gegebenenfalls unter Angabe der Stimmzahl abstimmen, seltener mit Stimmkarten oder gar mittels elektronischer Stimmabgabe.

---

216) Einzelheiten bei *F.-J. Semler*, in: Münchener Handbuch des Gesellschaftsrechts, § 39 Rz. 12 ff; *Richter*, in: Semler/Volhard, I D 159 f; *Schaaf*, Rz. 496 ff.
217) *F.-J. Semler*, in: Münchener Handbuch des Gesellschaftsrechts, § 39 Rz. 15; *Schaaf*, Rz. 780, jeweils m. w. N.
218) *Zöllner*, in: Kölner Komm. z. AktG, § 133 Rz. 21; *F.-J. Semler*, in: Münchener Handbuch des Gesellschaftsrechts, § 39 Rz. 18; *Schaaf*, Rz. 781.
219) *Hüffer*, AktG, § 133 Rz. 19; *F.-J. Semler*, in: Münchener Handbuch des Gesellschaftsrechts, § 39 Rz. 19; *Schaaf*, Rz. 782.
220) *F.-J. Semler*, in: Münchener Handbuch des Gesellschaftsrechts, § 39 Rz. 19; *Hüffer*, AktG, § 133 Rz. 21; *Zöllner*, in: Kölner Komm. z. AktG, § 133 Rz. 49.
221) *Hüffer*, AktG, § 133 Rz. 22; *F.-J. Semler*, in: Münchener Handbuch des Gesellschaftsrechts, § 39 Rz. 16.

D. Die Organisation der kleinen AG

605 Die **Ermittlung des Stimmergebnisses** erfolgt entweder nach der **Additions-** oder **Subtraktionsmethode**. Bei der Additionsmethode werden jeweils die Ja- und Nein-Stimmen getrennt gezählt. Bei der Subtraktionsmethode werden die Nein-Stimmen und Enthaltungen ermittelt und von der Zahl der stimmberechtigten Stimmen abgezogen. Die Differenz ergibt dann die Ja-Stimmen. Wer mit Ja stimmen will, braucht also nichts zu tun. Die Abstimmung nach der Subtraktionsmethode empfiehlt sich, wenn damit zu rechnen ist, daß die überwiegende Mehrheit für oder gegen einen zur Abstimmung gestellten Vertrag stimmen wird. Im ersten Fall ermittelt man die Nein-Stimmen und die Enthaltungen, im zweiten Fall die Ja-Stimmen und die Enthaltungen.[222]

606 Für die **korrekte Ermittlung** des Abstimmungsergebnisses ist der Versammlungsleiter verantwortlich. Er hat auch anschließend ausdrücklich festzustellen, ob ein Antrag angenommen oder abgelehnt wurde. Auf diese Feststellung ist besonders zu achten. Denn erst diese Feststellung ist (in Verbindung mit ihrer Protokollierung, vgl. § 130 Abs. 2 AktG) für den Beschluß konstitutiv, verleiht ihm also Wirksamkeit.[223] Er kann dann nur noch durch die Anfechtungsklage beseitigt werden. Die immer wieder anzutreffende bloße Verkündung der Ja- und Nein-Stimmen reicht nicht aus, ebensowenig die Angabe der für oder gegen einen Vorschlag abgegebenen Aktiennennbeträge.[224]

bb) Mehrheiten

607 Das Aktiengesetz kennt die einfache Mehrheit, die qualifizierte Mehrheit und die Kapitalmehrheit. Das Gesetz geht von der **einfachen** Mehrheit der **abgegebenen** – nicht der insgesamt vorhandenen – Stimmen aus (§ 133 Abs. 1 AktG). Abgegeben sind nur Ja- und Nein-Stimmen. Enthaltungen zählen nicht mit.[225] Die einfache Mehrheit ist erreicht, wenn die Zahl der Nein-Stimmen um Mindestens eine Stimme hinter der Zahl der Ja-Stimmen zurückbleibt. Bei Stimmengleichheit gilt ein Antrag als abgelehnt.[226]

---

222) *Zöllner*, in: Kölner Komm. z. AktG, § 133 Rz. 56; *Hüffer*, AktG, § 133 Rz. 23 f; *F.-J. Semler*, in: Münchener Handbuch des Gesellschaftsrechts, § 39 Rz. 35; *v. Hülsen*, in: Semler/Volhard, I D 164.
223) *Hüffer*, AktG, § 130 Rz. 22, und unten Rz. 653.
224) BGH, Urt. v. 4. 7. 1994 – II ZR 114/93, ZIP 1994, 1171, 1172, dazu EWiR 1994, 1051 *(Petzoldt)*.
225) BGH, Urt. v. 25. 1. 1982 – II ZR 164/81, BGHZ 83, 35 = ZIP 1982, 693; *Hüffer*, AktG, § 133 Rz. 12; *F.-J. Semler*, in: Münchener Handbuch des Gesellschaftsrechts, § 39 Rz. 20.
226) *Hüffer*, AktG, § 130 Rz. 12; *F.-J. Semler*, in: Münchener Handbuch des Gesellschaftsrechts, § 39 Rz. 20.

IV. Die Hauptversammlung

Eine Mehrheit von drei Vierteln der abgegebenen Stimmen (**qualifizierte** **608** **Mehrheit**) wird etwa für die Abberufung von Aufsichtsratsmitgliedern verlangt (§ 103 Abs. 1 Satz 2 AktG).

Bei Grundlagenbeschlüssen verlangt das Gesetz neben der einfachen **Mehr-** **609** **heit der abgegebenen Stimmen** auch eine Mehrheit von **drei Vierteln** des bei der Beschlußfassung **vertretenen** (= des in der Hauptversammlung anwesenden) **Grundkapitals**.[227] Hierzu gehören Beschlüsse und Satzungsänderungen (§ 179 Abs. 2 AktG), Kapitalmaßnahmen (Erhöhung, Herabsetzung des Grundkapitals), Umwandlungsbeschlüsse (Verschmelzung gemäß § 13 UmwG, Spaltung gemäß §§ 125, 13 UmwG, Formwechsel gemäß § 194 UmwG) und Beschlüsse über die Vermögensübertragung.

Die Satzung kann die Mehrheitserfordernisse heraufsetzen, und zwar bis zur **610** Zustimmung durch alle Aktionäre. Legt das Gesetz bestimmte Kontroll- und Maßregelungsbefugnisse der Aktionäre mit einfacher Mehrheit der abgegebenen Stimmen fest, kann die Satzung allerdings hiervon nicht abweichen. **Beschlußerleichterungen** in der Satzung sind nur möglich, wenn sie das Gesetz ausdrücklich zuläßt. So kann die Satzung beispielsweise bei Satzungsänderungen die Mehrheit des vertretenen Grundkapitals bis zur einfachen Mehrheit des vertretenen Grundkapitals absenken.[228]

cc) **Aufhebung von Beschlüssen**

Gefaßte Beschlüsse kann die Hauptversammlung wiederaufheben, entweder in **611** derselben oder einer späteren Hauptversammlung. Für den Aufhebungsbeschluß ist die einfache Mehrheit der abgegebenen Stimmen ausreichend, auch wenn das Gesetz für den aufzuhebenden Beschluß eine Mehrheit von drei Vierteln des vertretenen Grundkapitals vorsieht.[229] Haben die Beschlüsse aber bereits Außenwirkung entfaltet (wenn z. B. die Verschmelzungsbeschlüsse aller beteiligten Rechtsträger gefaßt sind), ist eine Aufhebung nicht mehr möglich.[230]

---

[227] *Hüffer*, AktG, § 179 Rz. 14; *F.-J. Semler*, in: Münchener Handbuch des Gesellschaftsrechts, § 39 Rz. 24; *Volhard*, in: Semler/Volhard, I G 7 f.
[228] Vgl. hierzu BGH, Urt. v. 13. 3. 1980 – II ZR 54/78, BGHZ 76, 191, 193; *Zöllner*, in: Kölner Komm. z. AktG, § 133 Rz. 86; *Hüffer*, AktG, § 133 Rz. 17; *F.-J. Semler*, in: Münchener Handbuch des Gesellschaftsrechts, § 39 Rz. 28.
[229] *Zöllner*, in: Kölner Komm. z. AktG, § 133 Rz. 121 f; *F.-J. Semler*, in: Münchener Handbuch des Gesellschaftsrechts, § 39 Rz. 41; a. A. *Barz*, in: Großkomm. z. AktG, § 119 Rz. 16.
[230] *Zöllner*, in: Kölner Komm. z. AktG, § 133 Rz. 109, 122; *F.-J. Semler*, in: Münchener Handbuch des Gesellschaftsrechts, § 39 Rz. 42.

D. Die Organisation der kleinen AG

dd) Sonderbeschlüsse

612 In einigen Fällen werden von der Hauptversammlung gefaßte Beschlüsse nur wirksam, wenn ihnen die Inhaber einzelner Aktiengattungen (§ 11 AktG) oder ein bestimmter Kreis von Aktionären durch Beschluß zustimmt (Sonderbeschluß, § 138 Abs. 1 AktG). Am geläufigsten dürften die Sonderbeschlüsse von Vorzugsaktionären sein (vgl. z. B. § 142 Abs. 2 AktG). Ein Kreis von bestimmten Aktionären muß beispielsweise einen Sonderbeschluß fassen im Zusammenhang mit der Aufhebung eines Unternehmensvertrages (§ 296 Abs. 2 AktG).

613 Sonderbeschlüsse werden entweder in einer **gesonderten Versammlung** oder in einer **gesonderten Abstimmung** in der Hauptversammlung gefaßt (§ 138 Satz 1 AktG). Für die Einberufung und Durchführung der gesonderten Versammlung gelten die Regeln für die reguläre Hauptversammlung entsprechend. Sie muß gesondert neben der regulären Hauptversammlung einberufen werden. Häufig wird die Sonderversammlung im Anschluß an die reguläre Hauptversammlung durchgeführt.[231] Sowohl bei der gesonderten Versammlung als auch bei der gesonderten Abstimmung ist darauf zu achten, daß keine unbefugten Aktionäre mit abstimmen. Die Niederschrift über die Hauptversammlung hat zu vermerken, wie dieses sichergestellt wurde.

ee) Wahlen

614 Wahlbeschlüsse unterscheiden sich von den übrigen Beschlüssen nur dadurch, daß sie Personalentscheidungen und keine Verfahrens- und Sachentscheidungen betreffen. Wahlbeschlüsse werden so gefaßt, verkündet und festgestellt **wie die übrigen Beschlüsse**. Die Hauptversammlung ist zuständig für die Wahl der Aufsichtsratsmitglieder der Anteilseigner, soweit diese nicht zu entsenden sind (§ 101 Abs. 1, § 119 Abs. 1 Nr. 1 AktG); sie wählt den Abschlußprüfer (§ 318 HGB) und den Sonderprüfer (§ 142 AktG). Bei der Wahl der Aufsichtsratsmitglieder muß nicht jeder Kandidat einzeln gewählt werden; es können auch mehrere oder alle Kandidaten en bloc gewählt werden.[232]

---

231) *Hüffer*, AktG, § 138 Rz. 4; *F.-J. Semler*, in: Münchener Handbuch des Gesellschaftsrechts, § 39 Rz. 53.
232) *Hüffer*, AktG, § 133 Rz. 32 ff; *Zöllner*, in: Kölner Komm. z. AktG, § 133 Rz. 42; *F.-J. Semler*, in: Münchener Handbuch des Gesellschaftsrechts, § 39 Rz. 81.

IV. Die Hauptversammlung

7. Niederschrift
a) Funktion, Arten

Über jede Hauptversammlung, in der Beschlüsse gefaßt werden, also auch in Sonderversammlungen (oben Rz. 612), ist eine Niederschrift zu erstellen. § 130 Abs. 1 AktG unterscheidet die **notarielle** Niederschrift (Satz 1) für jede Art von Hauptversammlung; zwingend bei Beschlüssen, für die gesetzlich mindestens eine Dreiviertel- oder höhere Mehrheit vorgeschrieben ist, sowie die **Niederschrift des Vorsitzenden des Aufsichtsrates** (Satz 3) in allen anderen Fällen, soweit keine Beschlüsse gefaßt werden, für die nach dem Gesetz mindestens Dreiviertelmehrheit erforderlich ist. **615**

Beide Arten von Niederschriften haben den **Zweck** zu dokumentieren, welche Beschlüsse die Hauptversammlung gefaßt hat und ob dabei ein geordnetes Verfahren eingehalten wurde, und zwar sowohl im Interesse der beteiligten Aktionäre und der AG als auch zum Schutze Dritter, wie etwa von Gläubigern oder künftigen Aktionären.[233] **616**

Beide Niederschriften, also auch die des Vorsitzenden, müssen stets zum **Handelsregister** eingereicht werden (§ 130 Abs. 5 AktG), auch wenn keine eintragungspflichtigen Beschlüsse gefaßt worden sind. Damit soll die Einhaltung der Publizität sichergestellt bleiben.[234] **617**

Streitig ist, ob die Hauptversammlung einer kleinen AG, auf der Beschlüsse gefaßt werden, für die das Gesetz mindestens Dreiviertelmehrheit vorsieht, stets insgesamt nur vom Notar zu protokollieren ist oder ob es ausreicht, daß der Notar sich auf die Protokollierung dieser Beschlüsse beschränkt und über den Verlauf der Hauptversammlung im übrigen der Vorsitzende eine Niederschrift anfertigt. Richtiger Ansicht nach bildet die Hauptversammlung eine Einheit, die entweder insgesamt notariell zu beurkunden ist oder, soweit zulässig, privatschriftlich.[235] **618**

b) Notarielle Niederschrift

Die Niederschrift selbst ist **Bericht** dessen, was der Notar in der Hauptversammlung selbst sinnlich wahrgenommen hat. Der Notar ist also in erster Linie Protokollant. Sein Protokoll hat die beurkundungspflichtigen Vorgänge **619**

---

233) *Hüffer*, AktG, § 130 Rz. 1; *F.-J. Semler*, in: Münchener Handbuch des Gesellschaftsrechts, § 40 Rz. 1.
234) *Hüffer*, AktG, § 130 Rz. 1.
235) Vgl. *Hüffer*, AktG, § 130 Rz. 14c; *Hoffmann-Becking*, ZIP 1995, 1, 7; a. A. *Lutter*, AG 1994, 429, 440.

D. Die Organisation der kleinen AG

(§ 130 Abs. 1 AktG) mit dem Mindestgehalt des § 130 Abs. 2 AktG festzuhalten.

620 Die Niederschrift wird weder verlesen, noch genehmigt, noch von anderen Personen als dem Notar unterschrieben. Es ist jedoch bedenkenfrei, sie zu verlesen und von dem Vorsitzenden durch dessen Unterschrift genehmigen zu lassen.

621 Die Förmlichkeiten der Niederschrift sind in § 130 AktG abschließend geregelt.[236] § 130 AktG geht als lex specialis vor allen Dingen den Regelungen des Beurkundungsgesetzes vor (§ 59 BeurkG), insbesondere finden die §§ 6–35 BeurkG keine Anwendung, weil die Niederschrift keine Willenserklärung aufnimmt.[237] Die Beurkundung der Hauptversammlungsbeschlüsse stellt nämlich nicht die Beurkundung von Stimmabgaben, die man noch als Willenserklärung ansehen könnte, dar, sondern lediglich das rechnerische Ergebnis der Abstimmung zu bestimmten Beschlüssen.

622 Schwierigkeiten treten in der Praxis dann auf, wenn in der Hauptversammlung notariell zu beurkundende **Willenserklärungen** abgegeben werden (z. B. die Verzichterklärungen gemäß § 8 Abs. 3, § 9 Abs. 3 UmwG). Hier ist insofern Vorsicht geboten, als die Aufnahme der Tatsache in das Hauptversammlungsprotokoll, daß die Zustimmung erfolgte, dieses Formerfordernis nicht erfüllt. Vielmehr ist die Zustimmung gesondert nach den Regeln der §§ 8 ff BeurkG zu beurkunden.

623 Dennoch sind nicht zwingend zwei notarielle Urkunden zu fertigen: Auch die Niederschrift über die Hauptversammlung kann nach den §§ 8 ff BeurkG beurkundet werden, da es sich bei der Beurkundung von Willenserklärungen im Verhältnis zur Tatsachenbeurkundung nach § 130 AktG um die strengere Form handelt.[238] Die Niederschrift nach den §§ 8 ff BeurkG muß aber den von § 130 AktG zwingend vorgeschriebenen Inhalt enthalten.[239]

624 Mit seiner Unterschrift übernimmt der Notar die Verantwortung für die inhaltliche Richtigkeit der Niederschrift.

---

236) *Werner*, in: Großkomm. z. AktG, § 130 Rz. 46; *Hüffer*, AktG, § 130 Rz. 11.
237) Allgemeine Meinung, vgl. *F.-J. Semler*, in: Münchener Handbuch des Gesellschaftsrechts, § 40 Rz. 3.
238) Vgl. *DNotI*, S. 143.
239) Wie hier: *Widmann/Mayer/Heckschen*, UmwG, Stand: 3/99, § 13 Rz. 222; *Limmer*, in: Neye/Limmer/Frenz/Harnacke, Rz. 356.

IV. Die Hauptversammlung

c) **Niederschrift des Vorsitzenden**

Die Niederschrift des Vorsitzenden des Aufsichtsrates ersetzt die Niederschrift des Notars, wenn in der Hauptversammlung keine Beschlüsse gefaßt werden, für die das Gesetz mindestens eine Dreiviertelmehrheit vorsieht. Da § 130 Abs. 1 Satz 2 AktG weder auf Kapital- noch auf Stimmenmehrheit abstellt, sind damit Beschlüsse gemeint, für die gesetzlich wenigstens eine Mehrheit von drei Vierteln des bei der Abstimmung vertretenen Grundkapitals erforderlich sind, unabhängig davon, ob zwingend oder durch Satzung abdingbar.[240] **625**

Dazu gehören Beschlüsse über: **626**

– Zustimmung zum Nachgründungsvertrag (§ 52 AktG),

– Satzungsänderungen (§ 179 AktG),

– Zustimmung zur Übertragung des ganzen Gesellschaftsvermögens (§ 179a AktG),

– Kapitalerhöhungen und -herabsetzungen (§§ 182 ff, 222 ff AktG)

– Zustimmung zur Ausgabe von Wandelschuldverschreibungen, Gewinnschuldverschreibungen, Genußrechten (§ 221 AktG),

– Auflösung (§ 262 AktG)

– Zustimmung zu Unternehmensverträgen (§ 293 AktG),

– Zustimmung zur Eingliederung (§ 319 AktG)

– Zustimmung zu Verschmelzung, Spaltung und Formwechsel (§§ 65, 66, 233, 240 UmwG).

Sieht die Satzung **größere Mehrheitserfordernisse** vor, führt dies nicht zur notariellen Beurkundungspflicht. Maßgeblich ist allein die gesetzliche Regelung. Ob auch sogenannte Grundlagenbeschlüsse nach dem „Holzmüller"-Vorbild[241] darunter fallen, ist umstritten.[242] Man wird diese Beschlüsse wohl dann für notariell beurkundungspflichtig halten müssen, wenn dafür eine Mehrheit von drei Vierteln des Grundkapitals erforderlich sein sollte. **627**

Der Vorsitzende des Aufsichtsrates braucht die Niederschrift **nicht selbst** zu erstellen. Er kann sich dafür Dritter bedienen. Er muß sie nur unterzeichnen. Mit seiner Unterschrift übernimmt er allerdings – wie der Notar – die Gewähr für die Richtigkeit und Vollständigkeit der Niederschrift. **628**

---

240) *F.-J. Semler*, in: Münchener Handbuch des Gesellschaftsrechts, § 40 Rz. 2.
241) Vgl. BGHZ 83, 122 = ZIP 1982, 568.
242) Vgl. *Hüffer*, AktG, § 130 Rz. 14c m. w. N.

629 Ist der **Vorsitzende des Aufsichtsrates verhindert**, ist sie vom satzungsmäßigen Stellvertreter zu unterzeichnen. Bestimmt die Satzung einen Dritten oder wählt die Hauptversammlung bei Verhinderung des Vorsitzenden und dessen Stellvertreter einen Dritten als **Leiter der Hauptversammlung**, so haben diese in entsprechender Anwendung des § 130 Abs. 1 Satz 2 AktG die Niederschrift zu unterzeichnen, da das Gesetz nur vom satzungsmäßigen Regelfall ausgeht.[243]

630 Für die vom Vorsitzenden des Aufsichtsrates oder sonstigem Leiter der Versammlung zu unterzeichnende Niederschrift gilt § 130 AktG ansonsten entsprechend.

d) Zwingender Inhalt

631 Die Niederschrift ist **Ergebnisprotokoll**, kein Verlaufsprotokoll; eine chronologische Wiedergabe des Ablaufs der Hauptversammlung wird also nicht verlangt.

aa) Beschlüsse

632 Jeder Beschluß der Hauptversammlung ist zu protokollieren, und zwar sowohl der Beschluß, durch den ein Antrag angenommen worden ist (positiver Beschluß), als auch der, durch den ein Antrag abgelehnt worden ist (negativer Beschluß). Zu beurkunden sind neben den Sachbeschlüssen auch Verfahrens- und Wahlbeschlüsse. Auf die Qualität der Beschlüsse, also ob sie für die Aktionäre von besonderer Bedeutung sind oder nicht, kommt es nicht an.[244]

633 **Nicht beurkundungspflichtig** sind **verfahrensleitende Maßnahmen** des Vorsitzenden. Es kann sich aber aus anderen Gründen empfehlen, diese in die Niederschrift aufzunehmen (unten Rz. 642 ff). Wird in der Hauptversammlung **kein Beschluß** gefaßt, ist nach herrschender Meinung die notarielle Beurkundung nicht erforderlich.[245]

bb) Minderheitsverlangen

634 Der Notar muß weiterhin stets folgende Minderheitsverlangen (§ 130 Abs. 1 Satz 2 AktG) in die Niederschrift aufnehmen:

---

243) Wie hier im Ergebnis auch *Hüffer,* AktG, § 130 Rz. 140; *Volhard,* in: Semler/Volhard, I H 86.
244) *Hüffer,* AktG, § 130 Rz. 2; *Schaaf,* Rz. 814.
245) *Zöllner,* in: Kölner Komm. z. AktG, § 130 Rz. 17; *Werner,* in: Großkomm. z. AktG, § 130 Rz. 14; *F.-J. Semler,* in: Münchener Handbuch des Gesellschaftsrechts, § 40 Rz. 11.

IV. Die Hauptversammlung

- Minderheitsverlangen nach § 120 Abs. 1 Satz 2 AktG. Hiernach hat bei Mitgliedern des Vorstandes oder des Aufsichtsrates eine Einzelentlastung u. a. stattzufinden, wenn eine Minderheit es verlangt, deren Anteile zusammen den zehnten Teil des Grundkapitals oder den anteiligen Betrag von einer Million Euro erreichen.

- Minderheitsverlangen nach § 137 AktG: Hiernach hat die Abstimmung über den Vorschlag eines Aktionärs zur Wahl von Aufsichtsratsmitgliedern vor der Abstimmung über den Vorschlag des Aufsichtsrats stattzufinden, wenn es eine Minderheit der Aktionäre verlangt, deren Anteile zusammen den zehnten Teil des vertretenen Grundkapitals erreichen.

- Minderheitsverlangen nach § 147 Abs. 1 AktG: Hiernach sind Ersatzansprüche der Gesellschaft auch geltend zu machen, wenn es eine Minderheit verlangt, deren Anteile zusammen den zehnten Teil des Grundkapitals erreichen.

cc) Auskunftsverweigerung

Nach § 131 Abs. 1 AktG kann jeder Aktionär verlangen, daß ihm der Vorstand in der Hauptversammlung Auskunft über Angelegenheiten der Gesellschaft gibt, soweit sie zur sachgemäßen Beurteilung des Gegenstandes der Tagesordnung erforderlich ist. Der Vorstand kann die Auskunft nur unter den in § 131 Abs. 3 AktG genannten Gründen verweigern. **635**

Ist dem Aktionär die Frage nicht oder nicht ausreichend beantwortet worden, kann er verlangen, daß seine Frage und der Grund, warum der Vorstand die Auskunft verweigert, in die Niederschrift aufgenommen werden (§ 130 Abs. 5 AktG). Die Aufnahme in das Protokoll soll es dem betreffenden Aktionär ermöglichen, im anschließenden **Auskunftserzwingungsverfahren** (§ 132 AktG) Nachweis darüber zu führen, daß ihm die Auskunft auf seine Frage verweigert wurde. Die Protokollierung ist zwar nicht Voraussetzung für das gerichtliche Auskunftserzwingungsverfahren. Sie erleichtert aber wesentlich die dem Aktionär gemäß § 132 Abs. 2 AktG in diesem Verfahren obliegende **Beweislast**. Hilfreich kann es im Einzelfall sein, die Antworten des Vorsitzenden in das Protokoll aufzunehmen, um der Gesellschaft die spätere Beweisführung zu erleichtern.[246] **636**

---

246) *F.-J. Semler*, in: Münchener Handbuch des Gesellschaftsrechts, § 40 Rz. 21.

D. Die Organisation der kleinen AG

dd) Widerspruch zur Niederschrift

637 Der Widerspruch sichert dem in der Hauptversammlung erschienenen Aktionär das Recht, den betreffenden Beschluß mit der Anfechtungsklage anzugreifen (§ 245 Nr. 1 AktG). Als Widerspruch ist jede mündliche oder schriftliche Äußerung zu werten, mit welcher der Aktionär seine Bedenken gegen die Gültigkeit der gefaßten Beschlüsse kundtut. Er setzt nicht voraus, daß der Aktionär die Aufnahme seines Verlangens ausdrücklich wünscht. Er muß sich aber so eindeutig verhalten, daß die Erklärung als Widerspruch erkannt werden kann.[247] Bestehen Zweifel, soll der Notar oder der Leiter der Versammlung auf eine eindeutige Erklärung hinwirken.

638 Der Widerspruch kann während der gesamten Hauptversammlung gegen einzelne oder alle Beschlüsse sowohl vor als auch nach der Beschlußfassung erklärt werden.[248] Eine Begründung ist nicht erforderlich.

639 Der Widerspruch ist zur Niederschrift zu erklären. Es reicht, wenn in die Niederschrift aufgenommen wird: „Gegen diesen Beschluß erklärte der Aktionär ... Widerspruch zur Niederschrift." Ob der Widerspruch sinnvoll ist, ist nicht zu prüfen.

640 Der Widerspruch muß vor Beendigung der Hauptversammlung zur Niederschrift erklärt werden. Danach ist er unbeachtlich,[249] es sei denn, der Aktionär wurde durch abrupte Schließung überrumpelt.[250] Behauptet ein Aktionär solche Umstände, könnte dies in einem Nachtrag (Vermerk) zur Niederschrift festgehalten werden.

641 Aufgrund gesetzlicher Sonderregelungen sind außerdem folgende Widersprüche in die Niederschrift aufzunehmen:

– der Widerspruch einer Aktionärsminderheit gegen die Wahl eines Abschlußprüfers, (§ 318 Abs. 3 Satz 1 Halbs. 2 HGB)

– der Widerspruch einer Aktionärsminderheit gegen den Verzicht auf Ersatzansprüche aus der Gründerhaftung und aus Sorgfaltspflichtverletzung der Organe (§ 50 Satz 1, § 93 Abs. 4, § 116 AktG)

---

247) BGH ZIP 1993, 1867, 1868 = WM 1993, 2244, 2246, dazu EWiR 1994, 111 *(Rittner)*.
248) LG Ingolstadt, Urt. v. 12. 6. 1990 – HKO 0763/89, ZIP 1990, 1128 = WM 1991, 685, 689, dazu EWiR 1990, 847 *(Lauber-Nöll)*; *Volhard*, in: Semler/Volhard, I 54.
249) LG Köln, Urt. v. 24. 5. 1991 – 91 O 2/95, AG 1996, 37.
250) *Hüffer*, AktG, § 245 Rz. 14.

- der Widerspruch außenstehender Aktionäre im Konzern gegen den Verzicht auf bestimmte Ansprüche (§ 302 Abs. 3 Satz 3, § 309 Abs. 3 Satz 1, § 310 Abs. 4, § 317 Abs. 4, § 318 Abs. 4 und § 323 Abs. 1 AktG) und
- der Widerspruch als Voraussetzung für den Erhalt einer angemessenen Barabfindung (§ 29 Abs. 1 Satz 1 UmwG).

ee) **Sonstige Vorgänge**

Welche weiteren – gesetzlich nicht geregelten – (obligatorischen) Angaben die Niederschrift enthalten muß, ist nicht ganz klar. Die weitestgehende Auffassung verlangt, daß in die Niederschrift alle rechtserheblichen Maßnahmen und Entscheidungen aufzunehmen sind, die für die Wirksamkeit der gefaßten Beschlüsse und den ordnungsgemäßen Ablauf der Hauptversammlung von Bedeutung sein können.[251] Andere beschränken die Pflicht zur Protokollierung auf die ausdrücklich angeordneten Fälle.[252] 642

Aktienrechtlich genügt, das zu protokollieren, was das Gesetz verlangt. Insbesondere kann es keine Nichtigkeitsfolgen gemäß § 241 Nr. 2 AktG geben, ohne daß das Gesetz die Beurkundung ausdrücklich fordert. Es erscheint jedoch geboten, unmittelbar beschlußrelevante Vorgänge (wie Ordnungsmaßnahmen des Vorsitzenden und erkennbare Verstöße gegen das Stimmverbot des § 136 AktG) zu protokollieren. 643

ff) **Ort, Tag der Versammlung**

Zwingend anzugeben sind Ort und Tag der Verhandlung (§ 130 Abs. 2 AktG). Für die **Ortsangabe** reicht die Angabe der politischen Gemeinde, in der die Versammlung stattgefunden hat. Die Angabe des Versammlungsorts nach Straße und Hausnummer wird nicht verlangt, ist aber üblich.[253] Zur Angabe des **Tages der Verhandlung** reicht Angabe des Datums. Üblich ist vielfach auch Angabe des Zeitpunkts, zu dem die Versammlung begonnen und geendet hat. Dauert die Versammlung über Mitternacht hinaus, ist dies ebenfalls deutlich zu machen und zwar unter tageweiser Zuordnung der gefaßten Beschlüsse.[254] 644

---

251) Siehe Nachweise bei *Hüffer*, AktG, § 130 Rz. 5.
252) *Eckardt*, in: Geßler/Hefermehl/Eckardt/Kropff, AktG, § 130 Rz. 38.
253) *Werner*, in: Großkomm. z. AktG, § 130 Rz. 16; *Hüffer*, AktG, § 130 Rz. 15.
254) *Eckardt*, in: Geßler/Hefermehl/Eckardt/Kropff, AktG, § 130 Rz. 14; *Zöllner*, in: Kölner Komm. z. AktG, § 130 Rz. 29.

D. Die Organisation der kleinen AG

gg) Name des Protokollanten

645 In der Niederschrift muß der Name des Notars bzw. des Vorsitzenden des Aufsichtsrats erscheinen (§ 130 Abs. 2 AktG), die Unterschrift unter der Niederschrift allein reicht dafür nicht aus.[255]

hh) Abstimmungsart

646 Abgestimmt wird nach Stimmen, weder nach Köpfen, noch nach Nennbeträgen. Unter Art der Abstimmung wird verstanden:[256]

- **Wie abgestimmt** wird: z. B. ob geheim, schriftlich, elektronisch oder durch Aufstehen, Handaufheben, Zuruf und/oder namentliche Abstimmung abgestimmt worden ist[257];

- **welche** Stimmen abzugeben sind: Ja- und Nein-Stimmen (Additionsmethode); Nein- Stimmen und Enthaltungen (Subtraktionsmethode);

- gegebenenfalls **wo** die Stimmen abzugeben sind;

- **wie** die Stimmen **ausgezählt** werden, also ob nach der Additions- oder Subtraktionsmethode abgestimmt worden ist, und ob Stimmzähler eingesetzt worden sind oder elektronisch ausgezählt wurde.

647 Ferner ist festzuhalten, welche Maßnahmen der Vorsitzende getroffen hat, um die Einhaltung des Stimmrechtsverbotes gemäß §§ 71b, 136, 142 Abs. 1 Satz 2 AktG zu beachten. In der Regel reicht hierzu der Hinweis des Vorsitzenden aus, daß die betreffenden Personen sich der Stimme zu enthalten haben oder nicht an der Abstimmung teilnehmen sollen.[258]

648 Bei der **Einpersonengesellschaft** hingegen sind Angaben zur Art der Abstimmung entbehrlich, da es in der Regel nicht zu einem Abstimmungsverfahren kommt. Hier reicht es, lediglich die verlautbarte (Beschluß-)Erklärung des Aktionärs zu beurkunden.[259] Dies soll auch in den Fällen gelten, in denen die AG zwar mehrere Aktionäre hat, auf der Hauptversammlung aber nur ein Aktionär anwesend ist.[260]

---

255) *Huhn/v. Schuckmann*, BeurkG, § 37 Rz. 9; *Schaaf*, Rz. 839.
256) Vgl. *Volhard*, in: Semler/Volhard, I H 35-39.
257) *Eckardt*, in: Geßler/Hefermehl/Eckardt/Kropff, AktG, § 130 Rz. 21; *Zöllner*, in: Kölner Komm. z. AktG, § 130 Rz. 31.
258) Vgl. *Werner*, in: Großkomm. z. AktG, § 130 Rz. 18; *Schaaf*, Rz. 840 ff.
259) Wie hier *F.-J. Semler*, in: Münchener Handbuch des Gesellschaftsrechts, § 40 Rz. 10.
260) OLG Düsseldorf, Urt. v. 24. 4. 1997 – 6 U 20/96, ZIP 1997, 1153, 1161 m. w. N. – ARAG/Garmenbeck; *Volhard*, in: Semler/Volhard, I H 41.

IV. Die Hauptversammlung

ii) Ergebnis der Abstimmung

Zum zwingenden Inhalt der Niederschrift gehören weiter Angaben über das **649** Ergebnis der Abstimmung (§ 130 Abs. 2 AktG). Unter dem anzugebenden Ergebnis der Abstimmung ist sowohl der sachliche Inhalt des Beschlusses (Antrag angenommen/abgelehnt) als auch das ziffernmäßige Ergebnis der Abstimmung zu verstehen, also die Anzahl der für den Antrag oder gegen den Antrag abgegebenen Stimmen.[261] Eine Beurkundung nur der für und gegen den Antrag abgegebenen Kapitalbeträge führt zur Nichtigkeit des Beschlusses.[262]

Stimmenthaltungen sind nicht anzugeben; aber aus informatorischen Gründen **650** ist Angabe empfehlenswert.[263] Wird nach Aktiengattungen abgestimmt, so sollten vorsorglich die Abstimmungsergebnisse getrennt festgestellt werden.[264] Zwingend ist dies jedenfalls bei Sonderbeschlüssen (§ 138 Satz 1 AktG). Besteht etwa Streit darüber, ob bestimmte Aktionäre stimmberechtigt sind, so muß die Niederschrift auch angeben, wie für einzelne Aktien abgestimmt worden ist.

Festgehalten werden soll ferner bei solchen Beschlüssen, die zu ihrer Wirk- **651** samkeit der Mehrheit des vertretenen Grundkapitals bedürfen, neben der Angabe zur einfachen Stimmenmehrheit auch die jeweilige Kapitalmehrheit.[265]

Die Angaben zum Abstimmungsergebnis erfassen auch Angaben zum rechtli- **652** chen Ergebnis der Abstimmung. In die Niederschrift aufzunehmen ist daher, welche rechtlichen Schlußfolgerungen der Notar aus dem Ergebnis der Abstimmung gezogen hat, jedenfalls dann, wenn sie von der Feststellung des Vorsitzenden abweicht.[266]

jj) Feststellung des Vorsitzenden

Nach § 130 Abs. 2 AktG sind die Feststellungen des Vorsitzenden über die **653** Beschlußfassung für jeden Beschluß der Hauptversammlung zu treffen. Worin

---

261) BGH ZIP 1994, 1171, 1172, dazu EWiR 1994, 1051 (*Petzoldt*); *Werner*, in: Großkomm. z. AktG, § 130 Rz. 22; *F.-J. Semler*, in: Münchener Handbuch des Gesellschaftsrechts, § 40 Rz. 14.
262) BGH ZIP 1994, 1171, 1172
263) Str., wie hier *Hüffer*, AktG, § 130 Rz. 19; *Zöllner*, in: Kölner Komm. z. AktG, § 130 Rz. 34; a. A. *Huhn/v. Schuckmann*, BeurkG, § 37 Rz. 10.
264) So auch *Huhn/v. Schuckmann*, BeurkG, § 37 Rz. 10; a. A. *Werner*, in: Großkomm. z. AktG, § 130 Rz. 24.
265) *Werner*, in: Großkomm. z. AktG, § 130 Rz. 25.
266) Wie hier: *Hüffer*, AktG, § 130 Rz. 21; *Werner*, in: Großkomm. z. AktG, § 130 Rz. 26; *Zöllner*, in: Kölner Komm. z. AktG, § 130 Rz. 37; a. A. *Huhn/v. Schuckmann*, BeurkG, § 37 Rz. 10, die die Feststellung des Vorsitzenden als für den Notar verbindlich ansehen.

D. Die Organisation der kleinen AG

im einzelnen die Feststellungen des Vorsitzenden „über die Beschlußfassung" bestehen muß, sagt das Gesetz nicht. Man versteht darunter die Feststellung des Vorsitzenden, daß ein Beschluß eines bestimmten Inhalts entweder mit der dafür notwendigen Mehrheit gefaßt worden oder abgelehnt worden ist. Demzufolge ist nicht die Verkündung ausreichend, wie viele Ja- und Nein-Stimmen abgegeben wurden. Tatsächlich wird dies von den Vorsitzenden in der Hauptversammlung nicht immer richtig gehandhabt.

654 Die Beschlußfeststellung durch den Versammlungsleiter in Verbindung mit der (gegebenenfalls notariellen) Protokollierung verleiht dem Beschluß erst die rechtliche Wirksamkeit,[267] und zwar auch dann, wenn die Feststellung des Versammlungsleiters und die Wahrnehmung des Notars aus irgendwelchen Gründen dem wahren Abstimmungsergebnis nicht entsprechen und deshalb unrichtig sind. Ein solcher Beschluß kann nur durch Anfechtungsklage und Urteil beseitigt werden.[268] Die Feststellung muß ausdrücklich verkündet werden. Bei der **Einpersonengesellschaft** ist eine Feststellung des Vorsitzenden hingegen überflüssig.[269]

kk) Fakultativer Inhalt

655 Die Niederschrift braucht sich nicht auf den vorerwähnten zwingenden Inhalt zu beschränken. Es ist allgemeine Meinung, daß der Notar oder Vorsitzende auch solche Angaben in die Niederschrift aufnehmen darf, die ihm zweckmäßig oder aus Beweisgründen sachdienlich erscheinen. Hierzu gehören etwa Angabe der teilnehmenden Vorstands- und Aufsichtsratsmitglieder, Angaben darüber, daß die in § 175 Abs. 2 AktG genannten Unterlagen ordnungsgemäß ausgelegen haben, Angaben zu Beginn und Ende der Hauptversammlung, Mitteilung darüber, daß das Teilnehmerverzeichnis vor der ersten Abstimmung vom Vorsitzenden unterschrieben wurde, daß sämtliche Fragen zu den einzelnen Tagesordnungspunkten z. B. im Rahmen einer Generaldebatte, beantwortet worden sind etc.[270] Bedacht werden sollte jedoch stets, daß die Niederschrift ein Beschluß- und kein Verlaufsprotokoll ist.

---

[267] BGH, Urt. v. 23. 9. 1996 – II ZR 126/95, ZIP 1996, 2071, 2074; OLG Düsseldorf ZIP 1997, 1153, 1161
[268] *Hüffer*, AktG, § 130 Rz. 22 m. w. N.
[269] *Huhn/v. Schuckmann*, BeurkG, § 37 Rz. 10.
[270] Vgl. auch *Werner*, in: Großkomm. z. AktG, § 130 Rz. 43; *Schaaf*, Rz. 827; *Volhard*, in: Semler/Volhard, I H 57-62, jew. m. w. N.

e) Anlagen

Gemäß § 130 Abs. 3 AktG sind das Verzeichnis der Versammlungsteilnehmer **656** und die Belege über die Einberufung beizufügen, es sei denn, letztere sind unter Angabe ihres Inhalts in der Niederschrift aufgeführt.

aa) Teilnehmerverzeichnis

Die Gesellschaft (nicht der Leiter der Hauptversammlung) hat ein Verzeichnis **657** der Teilnehmer aufzustellen. Das Teilnehmerverzeichnis und sämtliche Nachträge, die die gesetzlich vorgeschriebenen Angaben (§ 129 AktG) enthalten müssen, sind der Niederschrift im Original als Anlage beizufügen. Das Teilnehmerverzeichnis ist vom Vorsitzenden der Hauptversammlung zu unterzeichnen (§ 129 Abs. 4 Satz 2 AktG). Streitig ist, wann dies zu geschehen hat: vor der ersten Abstimmung,[271] nach Schluß der Hauptversammlung[272] oder bis zur Einreichung der Niederschrift zum Handelsregister.[273] Vorsichtshalber sollte das Teilnehmerverzeichnis unmittelbar vor der ersten Abstimmung und sämtliche Ergänzungen dann jeweils vor jeder späteren Abstimmung unterzeichnet werden (zu den geplanten Gesetzesänderungen oben Rz. 557).

Unrichtigkeiten oder Unvollständigkeiten des Teilnehmerverzeichnisses führen **658** nur dann zur Anfechtbarkeit der gefaßten Beschlüsse, wenn die Angaben zu einer möglicherweise unzutreffenden Stimmenauszählung geführt haben oder nicht auszuschließen ist, daß es bei richtiger Führung des Verzeichnisses zu einem anderen Beschlußergebnis gekommen wäre.[274]

Bei der **Einpersonen-Hauptversammlung** ist die Anfertigung eines Teilneh- **659** merverzeichnisses nicht erforderlich.[275]

bb) Einberufungsbelege

Als Anlagen der Niederschrift beizufügen sind die Belege über die Einberu- **660** fung der Hauptversammlung, also die Unterlagen, aus denen sich die Ordnungsmäßigkeit der Einberufung ergibt, in der Regel also die entsprechende Bekanntmachung im Bundesanzeiger (§ 121 Abs. 3 AktG) oder in den übrigen Gesellschaftsblättern. Sind die Aktionäre der Gesellschaft namentlich bekannt

---

271) *Eckardt*, in: Geßler/Hefermehl/Eckardt/Kropff, AktG, § 129 Rz. 16.
272) Z. B. *Zöllner*, in: Kölner Komm. z. AktG, § 129 Rz. 29.
273) *Hüffer*, AktG, § 129 Rz. 14.
274) OLG Hamburg, Urt. v. 19. 5. 1989 – 11 U 62/89, WM 1990, 149, 151, dazu EWiR 1990, 731 *(Großfeld/Isenbeck).*
275) *Hüffer*, AktG, § 129 Rz. 5; *Volhard*, in: Semler/Volhard, I H 65.

D. Die Organisation der kleinen AG

und ist die Hauptversammlung mit eingeschriebenem Brief einberufen worden (§ 121 Abs. 4 Satz 1 AktG), sind die Tagesordnung und die Nachweise über die Aufgabe der eingeschriebenen Briefe zur Post beizufügen.

661 Beizufügen sind die Belege über die Einberufung dann nicht, wenn sie unter Angabe ihres Inhalts in der Niederschrift aufgeführt werden (§ 130 Abs. 2 Satz 2 AktG). Die Beifügung der Einberufungsbelege oder die entsprechenden Angaben in der Niederschrift sind ferner dann **entbehrlich**, wenn sämtliche Aktionäre in der Versammlung anwesend sind und die Versammlung unter Verzicht auf sämtliche Form- und Fristerfordernisse abgehalten worden ist. Für **Einpersonengesellschaften** gilt entsprechendes.[276]

cc) Sonstige Anlagen

662 In einer Reihe von **gesetzlichen Sonderbestimmungen** ist vorgeschrieben, daß der Niederschrift weitere Unterlagen beizufügen sind. So sind etwa die entsprechenden Verträge der Niederschrift beizufügen bei der Nachgründung (§ 52 Abs. 2 Satz 6 AktG), bei der Übertragung des gesamten Vermögens (§ 179a Abs. 2 Satz 5 AktG), bei der Zustimmung zu Unternehmensverträgen (§ 293g Abs. 2 Satz 2 AktG) und bei der Zustimmung zu Verschmelzungsverträgen (§ 13 Abs. 3 Satz 2 UmwG).

663 Die Verbindung von Anlage und Beschluß soll hier dem Registerrichter die Prüfung ermöglichen, ob die Versammlung tatsächlich den abgeschlossenen Verträgen zugestimmt hat. Die Beifügung der Anlagen ist also nicht konstitutiv.[277]

664 Darüber hinaus können auch solche Anlagen zur Niederschrift genommen werden, die dem Protokollanten für die Rechtswirksamkeit oder Durchführung des Vorganges von Bedeutung erscheinen.

dd) Fehlen von Anlagen

665 Wenn das Teilnehmerverzeichnis oder die Einberufungsbelege fehlen oder nicht vollständig beigefügt sind, so ist unklar, welche Auswirkungen dies auf die beurkundeten Vorgänge hat. Allgemeine Meinung dürfte wohl sein, daß ihr Fehlen nicht zur Nichtigkeit der beurkundeten Vorgänge führt, da eine Verletzung von § 130 Abs. 3 AktG, der die Pflicht zur Beifügung normiert, in

---

276) *Werner*, in: Großkomm. z. AktG, § 130 Rz. 150; *Volhard*, in: Semler/Volhard, I H 65; *F.-J. Semler*, in: Münchener Handbuch des Gesellschaftsrechts, § 40 Rz. 10.

277) *Kallmeyer/Zimmermann*, UmwG, § 13 Rz. 39.

IV. Die Hauptversammlung

§ 241 Nr. 2 AktG nicht als Nichtigkeitsgrund genannt ist. Ob auch die **Anfechtung** (§ 243 Abs. 1 AktG) ausscheidet, ist strittig.[278]

Fehlen die oben in Rz. 656 genannten Anlagen, die lediglich der Beweissicherung dienen (so etwa im Umwandlungsgesetz), so hat dies auf die Wirksamkeit des Beschlusses (und der Verträge) keinen Einfluß, soweit der Nachweis anders geführt werden kann, wie z. B. durch Hinweis auf die UR-Nummer des Notars.[279]   **666**

f) Handelsregister

Unverzüglich nach der Hauptversammlung hat der Vorstand eine öffentlich beglaubigte Abschrift der Niederschrift und ihrer Anlagen (Teilnehmerverzeichnis, Einberufungsbelege, sofern Sonderbestimmungen keine weiteren Anlagen vorsehen (oben Rz. 642 f) zum Handelsregister einzureichen (§ 130 Abs. 5 AktG). Reicht das privatschriftliche Protokoll des Vorsitzenden des Aufsichtsrates, genügt die Einreichung der beglaubigten Abschrift dieses Protokolls nebst Anlagen (zu den geplanten Gesetzesänderungen oben Rz. 557).   **667**

8. Virtuelle Hauptversammlung

Die virtuelle Hauptversammlung läßt das Gesetz (noch) nicht zu. Denn es geht davon aus, daß sich die Aktionäre physisch an einem Ort versammeln. Dies ist jedoch – de lege ferenda – keineswegs zwingend. Solange ein ordnungsgemäßer Ablauf der Hauptversammlung sichergestellt ist, d. h. zum Beispiel die Identität der Aktionäre und die Anzahl ihrer Stimmen ordnungsgemäß festgestellt werden, das Rede-, Frage- und Stimmrecht nicht beschnitten und ein ordnungsgemäßes Zustandekommen der Beschlüsse gewährleistet wird, ist die virtuelle Hauptversammlung als Alternative erwägenswert, gerade für die kleine AG. Hiervon zu unterscheiden ist die (unbedenkliche) internetgestützte Hauptversammlung, die im Rahmen des geltenden Aktienrechts sich des Internets bedient, etwa um die Zuschaltung von Aktionären zur Ausübung ihrer Informations- und Antragsrechte zu ermöglichen. Erste Ansätze des Gesetzgebers, neue Medien für die Hauptversammlung nutzbar zu machen, finden sich im Regierungsentwurf eines Namensaktiengesetzes, das u. a. die Schriftform für die Vollmacht abschaffen und Bevollmächtigung und Weisungserteilung für die Hauptversammlung auf elektronischem Wege zulassen will.[280]   **668**

---

278) Für grundsätzliche Anfechtung etwa: *Eckardt*, in: Geßler/Hefermehl/Eckardt/Kropff, AktG, § 130 Rz. 80; a. A. *Hüffer*, AktG, § 130 Rz. 32.
279) Vgl. *Kallmeyer/Zimmermann*, UmwG, § 13 Rz. 39.
280) Siehe dazu *Noack*, ZGR 1998, 592; *ders.*, BB 1998, 2533; *Riegger/Mutter*, ZIP 1998, 637; *Zwissler*, GmbHR 2000, 28; *Hasselbach/Schumacher*, ZGR 2000, 258.

D. Die Organisation der kleinen AG

V. Aktien

Literatur: *Bachmann,* Namensaktie und Stimmrechtsvertretung, WM 1999, 2100; *Bork,* Vinkulierte Namensaktien in Zwangsvollstreckung und Insolvenz des Aktionärs, in: Festschrift Henckel, 1993, S. 23; *Bezzenberger,* Vorzugsaktien ohne Stimmrecht, 1991; *Christians,* Der Aktionär und sein Stimmrecht, AG 1990, 47; *Diekmann,* Namensaktien bei Publikumsgesellschaften, BB 1999, 1985; *Funke,* Wert ohne Nennwert – zum Entwurf einer gesetzlichen Regelung über die Zulassung nennwertloser Aktien, AG 1997, 385; *Heider,* Einführung der nennwertlosen Akte in Deutschland anläßlich der Umstellung des Gesellschaftsrechts auf den Euro, AG 1998, 1; *Ihrig/Streit,* Aktiengesellschaft und Euro, Handlungsbedarf und Möglichkeiten der Aktiengesellschaften anläßlich der Euro-Einführung zum 1. 1. 1999, NZG 1998, 201; *Kluth,* Abschaffung von Mehrstimmrechtsaktien verfassungswidrig?, ZIP 1997, 1217; *Kölling,* Namensaktien im Wandel der Zeit – „NaStraG", NZG 2000, 626; *Kopp,* Stückaktie und Euro-Umstellung, BB 1998, 701; *Leuering,* Das Aktienbuch, ZIP 1999, 1745; *Lutter/Grunewald,* Zur Umgehung von Vinkulierungsklauseln in Satzungen von Aktiengesellschaften und Gesellschaften mbH, AG 1989, 109; *Meyer-Sparenberg,* Deutsche Aktien auf dem US-amerikanischen Kapitalmarkt – eine Alternative zu ADR-Programmen?, WM 1996, 1117; *Müller,* „Tracking-Stock" und seine Realisierbarkeit im deutschen Gesellschaftsrecht, WiB 1997, 57; *Noack,* Die Namensaktie – Dornröschen erwacht, DB 1999, 1306; *ders.,* Neues Recht für die Namensaktie – Zum Referentenentwurf eines Na StraG, ZIP 1999, 1993; *ders.,* Moderne Kommunikationsformen vor den Toren des Unternehmensrechts, ZGR 1998, 592; *Reckinger,* Vorzugsaktien in der Bundesrepublik, AG 1983, 216; *Schürmann,* Euro und Aktienrecht, NJW 1998, 3162; *Seibert,* Der Ausschluß des Verbriefungsanspruchs des Aktionärs in Gesetzgebung und Praxis, DB 1999, 267; *Siebel,* Vorzugsaktien als „hybride" Finanzierungsform und ihre Grenzen, ZHR 161 (1997), 628; *Sieger/Hasselbach,* „Tracking Stock" im deutschen Aktienrecht, BB 1999, 1277; *Siems,* Der RegE für ein Gesetz zur Namensaktie und zur Erleichterung der Stimmrechtsausübung (NaStraG), NZG 2000, 626; *Sieveking/Technau,* Das Problem sogenannter „indisponibler Stimmrechte" zur Umgehung der Vinkulierung von Namensaktien, AG 1989, 17; *Zöllner,* Neustückelung des Grundkapitals und Neuverteilung von Einzahlungsquoten bei teileinbezahlten Aktien der Versicherungsgesellschaften, AG 1985, 19.

Übersicht

1. Begriff der Aktie 669	c) Umfang der Berechtigung 682
2. Inhaltliche Ausgestaltung 671	aa) Stammaktien 683
a) Grundlagen 671	bb) Mehrstimmrechtsaktien und Höchststimmrechte 684
aa) Überblick 671	cc) (Stimmrechtslose) Vorzugsaktien 686
bb) Exkurs: Das Dividendenrecht 673	dd) Sonderformen 690
b) Beteiligungsquote 676	d) Verfahren bei Änderungen 692
aa) Nennbetragsaktien 677	aa) Umstellung der Aktienform 692
bb) Stückaktien 679	bb) Umstellung der Aktiengattungen 694

V. Aktien

3. Verbriefung und Übertragung 697
   a) Allgemeines 698
   b) Inhaberaktien 700
   c) Namensaktien 702
      aa) Allgemeines 702
      bb) Aktienbuch 703
      cc) Übertragung 708
      dd) Vinkulierung 709
      ee) Praktische Bedeutung der Namensaktie 712
   d) Unverbriefte Aktien 715
   e) Nachträgliche Änderung und Kraftloserklärung 718
      aa) Umstellung auf Namensaktien 718
      bb) Kraftloserklärung 720

1. Begriff der Aktie

Das Aktiengesetz verwendet den Begriff der Aktie in einer doppelten Bedeutung: Zum einen bezeichnet er das (einzelne) **Beteiligungsrecht** des Aktionärs als Inbegriff der mit der Beteiligung verbundenen Rechte und Pflichten (so §§ 8, 9 und 11 AktG). Zum anderen wird der Begriff für die **Aktienurkunde**, die Verbriefung des Beteiligungsrechts verwandt (§§ 10, 13 AktG). Dementsprechend werden nachfolgend zunächst die die inhaltliche Ausgestaltung der Aktie betreffenden Aspekte und sodann die formellen Aspekte der Verbriefung und die hiermit zusammenhängende Frage der Übertragung der Aktie dargestellt.[281]   **669**

Die Aktie im materiellen Sinne fällt als **Eigentumsrecht** in den Schutzbereich des Art. 14 GG, wie das Bundesverfassungsgericht in mehreren Entscheidungen klargestellt hat.[282] Dabei hat das Bundesverfassungsgericht einerseits die sozialen Bindungen herausgearbeitet, denen die Aktie als gesellschaftsrechtlich vermitteltes Eigentum unterliegt; andererseits hat es die besondere Bedeutung der Fungibilität als Wesensmerkmal und wertbestimmenden Faktor der Aktienanlage betont.[283]   **670**

---

281) Häufig ist zu lesen, der Begriff der Aktie werde noch in einer dritten Bedeutung, nämlich zur Bezeichnung eines Bruchteils des Grundkapitals, verwendet, z. B. bei *Wiesner*, in: Münchner Handbuch des Gesellschaftsrechts, § 12 Rz. 1; *Karsten Schmidt*, Gesellschaftsrecht, S. 783; *Hüffer*, AktG, § 1 Rz. 13. Diese Ansicht geht auf die mißglückte Formulierung des § 1 Abs. 2 AktG zurück und ist zumindest mißverständlich; zutreffend *Kraft*, in: Kölner Komm. z. AktG, § 1 Rz. 30 ff.
282) BVerfG, Urt. v. 7. 8. 1962 – 1 BvL 16/60, BVerfGE 14, 263, 276 – Feldmühle, sowie die beiden neueren Beschlüsse zum Spruchstellenverfahren BVerfG, Beschl. v. 27. 4. 1999 – 1 BvR 1613/94, ZIP 1999, 1436 = WM 1999, 1666, 1667, dazu EWiR 1999, 751 *(Neye)*, und BVerfG, Beschl. v. 27. 1. 1999 – 1 BvR 1805/94, ZIP 1999, 532 = WM 1999, 435, 436, dazu EWiR 1999, 459 *(Neye)*.
283) Vgl. BVerfG ZIP 1999, 1436, 1440 = WM 1999, 1666, 1667 m. w. N.

D. Die Organisation der kleinen AG

2. Inhaltliche Ausgestaltung

a) Grundlagen

aa) Überblick

671 Die mit der Aktie verbundenen Verpflichtungen beschränken sich – abgesehen vom Sonderfall der Aktie mit Nebenleistungsverpflichtung – auf die **Pflicht zur Einlageleistung** und die typischerweise nur schwach ausgeprägten **Treuepflichten**.[284] Auf der anderen Seite steht der materielle Aktienbegriff für ein Bündel von Rechten, die sich in **Verwaltungsrechte** und **Vermögensrechte** unterteilen lassen.[285] Als Verwaltungsrechte sind das Recht auf Teilnahme an der Hauptversammlung (§ 118 Abs. 1 AktG), das Auskunftsrecht (§§ 131 f AktG), das Stimmrecht (§ 12 Abs. 1, §§ 133 ff, AktG) und das Recht zur Anfechtung von Hauptversammlungsbeschlüssen (§ 245 AktG) zu nennen.[286] Mit der Aktie verbundene Vermögensrechte sind das Dividendenrecht, das Bezugsrecht auf junge Aktien (§ 186 AktG) sowie Wandel- und Optionsschuldverschreibungen (§ 221 Abs. 4 AktG) sowie das Recht auf den Liquidationserlös (§ 271 AktG).

672 Bei der inhaltlichen Ausgestaltung des Beteiligungsrechts Aktie läßt das Gesetz Spielraum in zwei Richtungen: Für die Art und Weise der Berechnung der relativen Berechtigung des Aktionärs, der Beteiligungsquote, stehen zwei **Aktienformen** zur Verfügung (unten Rz. 677 ff). Des weiteren besteht die Möglichkeit, unterschiedliche **Aktiengattungen** zu schaffen, wobei sich die Differenzierungsmöglichkeit im wesentlichen auf die mit der Mitgliedschaft verbundenen Vermögensrechte bezieht (unten Rz. 683 ff).

bb) Exkurs: Das Dividendenrecht

673 Hervorgehoben sei an dieser Stelle das mit der Aktie verbundene Dividendenrecht.[287] Nach § 58 Abs. 4 AktG haben die Aktionäre **Anspruch auf den Bilanzgewinn**, soweit er nicht nach Gesetz oder Satzung oder durch Hauptversammlungsbeschluß von der Verteilung unter die Aktionäre ausgeschlossen ist. Dieser mitgliedschaftliche Gewinnanspruch entsteht mit der Feststellung

---

284) Dazu oben *Kiem*, Rz. 351 ff.
285) *Eisenhardt*, Rz. 622; *Hüffer*, AktG, § 11 Rz. 3 f.
286) Dazu oben *Zimmermann*, Rz. 558 ff.
287) Der Dividendenzahlungsanspruch kann in einem Wertpapier, dem sogenannten Dividendenschein, verbrieft werden. Dividendenscheine werden als Inhaberpapiere ausgestellt und als Zusammendruck von mehreren durch Nummern gekennzeichneten Scheinen als sogenannter Bogen zusammen mit dem Erneuerungsschein und der Aktie ausgegeben, *Hüffer*, AktG, § 58 Rz. 29.

V. Aktien

des Jahresabschlusses und hat seine Rechtsgrundlage in der Mitgliedschaft des Aktionärs;[288] er ist zu unterscheiden von dem als Gläubigerrecht zu klassifizierenden konkreten Zahlungsanspruch, der erst mit dem Gewinnverwendungsbeschluß der Hauptversammlung entsteht.[289] Der Aktionär hat einen Anspruch gegen die Gesellschaft auf Herbeiführung des Gewinnverwendungsbeschlusses;[290] in Sondersituationen, insbesondere bei in Familiengesellschaften denkbaren Pattsituationen, kommt auch eine Beschlußfeststellungsklage zur Herbeiführung des Gewinnverwendungsbeschlusses in Betracht.[291]

674 Die Bedeutung des Dividendenrechts wird dadurch unterstrichen, daß § 254 Abs. 1 AktG für den Fall übermäßiger Rücklagenbildung einen eigenständigen **Anfechtungstatbestand** normiert. Tatbestandsvoraussetzung ist, daß den Aktionären kein Gewinn in Höhe von mindestens 4 von 100 des Grundkapitals ausgeschüttet wird. Da sich dieser Prozentsatz allerdings auf das Grundkapital bezieht, ist er im Verhältnis zum wertmäßig gebundenen Kapital typischerweise verschwindend gering, so daß der Regelungszweck der Norm – Schutz der Minderheit vor Aushungerungspolitik der Mehrheit[292] – nicht erreicht wird.

675 Der **Bilanzgewinn** ergibt sich nach Veränderung des Jahresüberschusses durch Addition bzw. Subtraktion von Gewinnvortrag bzw. Verlustvortrag sowie Rücklagenauflösung bzw. Rücklagendotierung (§ 158 Abs. 1 AktG). Der Mechanismus der Rücklagenbildung ist für den Regelfall der Feststellung des Jahresabschlusses durch Vorstand und Aufsichtsrat in § 58 Abs. 2 AktG geregelt; danach kann – vereinfacht – die Hälfte des Jahresüberschusses in die anderen Gewinnrücklagen eingestellt werden. Bei der kleinen AG kann diese Gewinnverwendungskompetenz der Verwaltung durch die Satzung nicht nur erweitert, sondern auch eingeschränkt, gegebenenfalls auch ausgeschlossen werden (§ 58 Abs. 2 Satz 2 AktG). Die Hauptversammlung kann nach Feststellung des Jahresabschlusses durch Vorstand und Aufsichtsrat beschließen, weitere Beträge aus dem Bilanzgewinn nicht für die Gewinnausschüttung zu verwenden, sondern ebenfalls in die Gewinnrücklagen einzustellen (§ 58 Abs. 4 AktG).

---

288) BGH, Urt. v. 3. 11. 1975 – II ZR 67/73, BGHZ 65, 230, 235; BGH, Urt. v. 28. 10. 1993 – IX ZR 21/93, BGHZ 124, 27, 31 = ZIP 1993, 1886, 1889, dazu EWiR 1994, 173 *(Braun)*.
289) *Hüffer*, AktG, § 58 Rz. 28.
290) *Lutter*, in: Kölner Komm. z. AktG, § 58 Rz. 90.
291) Vgl. hierzu BGH, Urt. v. 26. 10. 1983 – II ZR 87/83, ZIP 1983, 1444, 1447, zu einer Patt-Situation in einer GmbH.
292) *Kropff*, S. 340.

b) Beteiligungsquote

676 Die Unterscheidung der in der Gesetzesüberschrift des § 8 AktG sogenannten „Aktienformen" Nennbetragsaktie und Stückaktie ist ein Novum im deutschen Aktienrecht. Bis zum Stückaktiengesetz vom März 1998 war ausschließlich die Nennbetragsaktie bekannt. Nunmehr besteht die Möglichkeit, den quantitativen Umfang der Beteiligung, der grundsätzlich durch eine relationale Beziehung zum Grundkapital gemessen wird (§ 1 Abs. 2 AktG), durch die Kombination von Aktienzahl und Aktiennennbetrag oder ausschließlich durch die Zahl von nennbetragslosen Aktien auszudrücken. Die Angabe darüber, ob das Grundkapital in Nennbetragsaktien oder in Stückaktien zerlegt ist, muß zwingend in der Gründungssatzung enthalten sein (§ 23 Abs. 2 Nr. 4 AktG).

aa) Nennbetragsaktien

677 Der Nennbetrag von Nennbetragsaktien muß mindestens 1 Euro betragen. Höhere Nennbeträge sind grundsätzlich möglich, müssen aber jeweils auf volle Eurobeträge lauten (§ 8 Abs. 2 AktG). Aktien über verschieden hohe Nennbeträge sind nebeneinander möglich, so daß die Satzung im Falle von Nennbetragsaktien ihre Nennbeträge und die Zahl der Aktien jeden Nennbetrages enthalten muß (Beispiel: Das Grundkapital in Höhe von 50 000 Euro ist eingeteilt in 30 Aktien im Nennbetrag von jeweils 1 000 Euro und 20 000 Aktien im Nennbetrag von jeweils 1 Euro). Der Anteil am Grundkapital bestimmt sich bei Nennbetragsaktien nach dem Verhältnis ihres Nennbetrages zum Grundkapital (§ 8 Abs. 4 AktG). Auch das Stimmrecht wird bei Nennbetragsaktien gemäß § 134 Abs. 1 AktG nach Aktiennennbeträgen ausgeübt.

678 Die jüngere Entwicklung der Nennbetragsaktie ist von einer deutlichen **Tendenz zu geringen Nominalbeträgen** geprägt.[293] Nachdem zunächst durch das Zweite Finanzmarktförderungsgesetz der Mindestnennwert von 50 DM auf 5 DM herabgesetzt worden war, ergibt sich durch die Herabsetzung des Mindestnennbetrages auf 1 Euro im Zuge des am 1. Januar 1999 in Kraft getretenen Euro-Einführungsgesetzes eine weitere deutliche Verringerung. Diese durch den Wunsch der börsennotierten Gesellschaften nach einer „optischen" Verbilligung ihrer Aktien mit beeinflußte Entwicklung hat nichts daran geändert, daß die Nennbetragsaktie durch die Stückaktie weitgehend abgelöst worden ist. Einen Anwendungsbereich hat die Nennbetragsaktie nur noch insoweit, als die Fungibilität von über sehr hohe Nennbeträge lautenden Aktien faktisch eingeschränkt ist und einer Zersplitterung des Aktienbesitzes wirksam

---

[293] *Hüffer*, AktG, § 8 Rz. 6.

V. Aktien

entgegengewirkt werden kann. Dies mag im Einzelfall in der kleinen (Familien-) Aktiengesellschaft erwünscht sein.

bb) Stückaktien

Von den im Zuge der Diskussion über das Abgehen vom Prinzip der Nennwertaktie diskutierten Möglichkeiten[294] hat sich der Gesetzgeber für eine **unecht nennwertlose Stückaktie** entschieden. Dabei bedeutet der Begriff der Stückaktie im Gegensatz zum Begriff der Quotenaktie zunächst, daß die Zerlegung des Grundkapitals in eine in der Satzung festgelegte bestimmte Zahl von Aktien erfolgt und nicht etwa in Aktien, die quantitativ durch eine Quotenangabe gekennzeichnet werden.[295] Obwohl diese Aktie keinen Nennwert mehr trägt, ist die Nennwertlosigkeit insofern „unecht", als sich der „rechnerische" Nennwert aus der Division des festen Grundkapitals durch die Zahl der Aktien ergibt.[296] Das Gesetz nennt diesen Wert den „**auf die einzelne Stückaktie entfallenden anteiligen Betrag des Grundkapitals**" und macht ihn zum Bezugspunkt der für die Stückaktie selbstverständlich ebenso wie für die Nennbetragsaktie geltenden Regeln der Kapitalaufbringung und -erhaltung (Verbot der Unterpari-Emission, Mindesteinzahlung etc.).[297] Dieser anteilige Betrag des Grundkapitals entspricht dem Mindestnennwert der Nennbetragsaktien und beträgt ebenfalls 1 Euro (§ 8 Abs. 3 Satz 3 AktG). Hierdurch wird die Entstehung von „penny stocks" verhindert, was nach Auffassung der Gesetzgebungsgremien mit Bedürfnissen des Anlegerschutzes nicht vereinbar gewesen wäre.[298]

679

Der entscheidende Vorteil der Stückaktie liegt darin, daß oberhalb dieses Mindestbetrags der rechnerische Anteil am Grundkapital jeden beliebigen Betrag annehmen kann und anders als bei Nennbetragsaktien **keine Betragsstufen** existieren. Deshalb besteht bei Kapitalmaßnahmen, insbesondere der Kapitalerhöhung aus Gesellschaftsmitteln, eine weit größere **Flexibilität** als bei Nennbetragsaktien. Nicht zufällig erfolgte die gesetzliche Einführung der Stückaktie im Vorfeld der Euro-Einführung. Die Einführung der Stückaktie erleichtert die Umstellung auf den Euro aus dem genannten Grund beträchtlich, weil der bei der Euro-Umstellung von Nennbetragsaktien sich ergebende Glät-

680

---

294) Überblick über die alternativ denkbaren Gestaltungsformen bei *Heider*, AG 1998, 1, 2 ff.
295) *Hüffer*, AktG, § 8 Rz. 20.
296) *Funke*, AG 1997, 385, 386.
297) Dazu näher oben *Kiem*, Rz. 355 ff, und unten *Schüppen*, Rz. 817 ff.
298) Begründung RegE StückAG, BT-Drucks. 13/9573, S. 11, abgedruckt bei: *Ernst/Seibert/Stuckert*, S. 178 f und S. 185.

D. Die Organisation der kleinen AG

tungsbedarf entfällt.[299] Dies und die – allerdings nur auf den ersten Blick – einfachere Handhabbarkeit der Stückaktie haben sie die Nennbetragsaktie praktisch verdrängen lassen.[300]

681 Der **Anteil am Grundkapital** bestimmt sich bei Stückaktien nach der Zahl der Aktien (§ 8 Abs. 4 AktG). Das Stimmrecht wird nach der Zahl der Aktien ausgeübt (§ 134 Abs. 1 AktG). In der Satzung ist bei der Zerlegung des Grundkapitals in Stückaktien nur mehr deren Zahl anzugeben (§ 23 Abs. 3 Nr. 4 AktG).

c) Umfang der Berechtigung

682 § 11 AktG stellt klar, daß Aktien verschiedene Rechte gewähren können. Dies ist angesichts des gesetzlichen Gleichbehandlungsgrundsatzes (§ 53a AktG) nicht selbstverständlich, aber § 53a AktG schreibt die Gleichbehandlung eben nur unter gleichen Voraussetzungen vor, und § 11 AktG erlaubt ausdrücklich die Schaffung von Aktien mit unterschiedlichen Rechten; diese werden als **Aktiengattungen** bezeichnet.

aa) Stammaktien

683 Das Aktiengesetz kennt den Begriff der Stammaktie nicht. Er wird im Falle der Existenz verschiedener Aktiengattungen insbesondere zur Abgrenzung der **stimmberechtigten „Standardaktien"** zur stimmrechtslosen Vorzugsaktie verwendet.[301] Die das Stimmrecht gewährenden Stammaktien bilden in diesem Fall eine Aktiengattung.

bb) Mehrstimmrechtsaktien und Höchststimmrechte

684 Mehrstimmrechte – d. h. die satzungsmäßige Verbindung einer Aktie mit mehr Stimmrechten, als es ihrem Kapitalanteil entspricht – sind gemäß § 12 Abs. 2 AktG, der mit Wirkung zum 1. Mai 1998 durch das KonTraG eingefügt worden ist, unzulässig. § 5 Abs. 1 bis 6 EGAktG enthält eine detaillierte Übergangsvorschrift für bei Inkrafttreten der Neuregelung bereits bestehende Mehrstimmrechte. Diese erlöschen am 1. Juni 2003, wenn nicht zuvor die Hauptversammlung mit einer Mehrheit von mindestens drei Vierteln des bei der Beschlußfassung vertretenen Grundkapitals – ohne Stimmrecht der betrof-

---

299) Vgl. *Heider*, AG 1998, 1; *Kopp*, BB 1998, 701 ff; *Schürmann*, NJW 1998, 3162 ff.
300) Zu den Vor- und Nachteilen von nennwertlosen Aktien siehe auch *Heider*, AG 1998, 1, 3 f; zum verbleibenden Einsatzbereich der Nennbetragsaktien oben Rz. 678 a. E.
301) Vgl. nur *Raiser*, § 17 Rz. 5 f.

V. Aktien

fenen Mehrstimmrechtsaktionäre – die Fortgeltung beschlossen hat. Soweit die Mehrstimmrechte zu diesem Termin erlöschen oder die Hauptversammlung bereits vorher gemäß § 5 Abs. 2 EGAktG ihre Beseitigung beschließt, ist den Inhabern von Mehrstimmrechtsaktien ein finanzieller Ausgleich zu gewähren, der in den Absätzen 3–6 näher geregelt ist.[302]

Ebenfalls durch das KonTraG neu geregelt wurde die Begrenzung des Stimmrechts durch **Höchststimmrechte**. Danach ist es nur noch für nicht börsennotierte Gesellschaften möglich, durch die Satzung das Stimmrecht durch Festsetzung eines Höchstbetrages zu beschränken, wenn einem Aktionär mehrere Aktien gehören (§ 134 Abs. 1 Satz 2 AktG). Das Stimmrecht kann damit auf einen bestimmten Umfang der Beteiligung am Grundkapital, beispielsweise 5 oder 10 %, beschränkt werden; darüber hinausgehender Aktienbesitz gewährt dann kein Stimmrecht mehr. Die Satzung kann auch nach Beschlußgegenständen differenzieren.[303] **685**

cc) (Stimmrechtslose) Vorzugsaktien

Eine gesetzlich besonders vorgeformte Aktiengattung ist die Vorzugsaktie ohne Stimmrecht, die einzige Möglichkeit stimmrechtslose Aktien auszugeben (vgl. § 12 Abs. 1 AktG). Da Vorzugsaktien ohne Stimmrecht nur „nach den Vorschriften dieses Gesetzes" ausgegeben werden können, muß sich ihre Ausgestaltung zwingend im Rahmen der §§ 139, 140 AktG halten. Die der Aktiengattung zugrundeliegende Regelungsidee liegt darin, den **Verzicht auf das Stimmrecht** durch einen **Vorzug bei der Gewinnverteilung** zu kompensieren.[304] Darüber hinaus ist die Stimmrechtslosigkeit nicht endgültig: Das Stimmrecht lebt auf, wenn der Vorzugsbetrag in zwei aufeinanderfolgenden Jahren nicht oder nicht vollständig bezahlt wird und erlischt erst mit vollständiger Nachzahlung der Rückstände wieder (§ 140 Abs. 2 AktG). **686**

Nachdem die Vorzugsaktien mit Ausnahme des Stimmrechts sämtliche dem Aktionär zustehenden Rechte gewähren, eignen sie sich von ihrer Konzeption her für den **ausschließlich** an einer **Kapitalanlage** interessierten Anleger.[305] Um zu verhindern, daß eine Mehrheit von Kapitalgebern durch die Stimmrechtsmacht einer Minderheit beherrscht wird, begrenzt § 139 Abs. 2 AktG die Ausgabe von Vorzugsaktien auf die **Hälfte des Grundkapitals**. Die stimm- **687**

---

302) Zur verfassungsrechtlichen Beurteilung der Abschaffung von Mehrstimmrechten vgl. *Kluth*, ZIP 1997, 1217 ff.
303) *Hüffer*, AktG, § 134 Rz. 6 m. w. N.
304) *Zöllner*, in: Kölner Komm. z. AktG, § 12 Rz. 5.
305) *Hüffer*, AktG, § 139 Rz. 2.

rechtslose Vorzugsaktie ist kapitalmarktpolitisch nicht unumstritten und bereits mehrfach, auch im Hinblick auf internationale Vergleiche, totgesagt worden.[306] Dem gegenüber ist festzuhalten, daß die Grundkonzeption überzeugt, weil es für die Aktieninvestition unterschiedliche Interessen geben kann und das Stimmrecht für viele Anleger in der Tat bedeutungslos ist; aufgrund der gesetzlichen Absicherungen (Begrenzung der Ausgabe und Wiederaufleben des Stimmrechts) handelt es sich um ein überzeugendes Konzept. Dem entspricht es auch, daß Vorzugsaktien entgegen einer landläufigen Meinung im Börsenhandel keineswegs stets niedriger als Stammaktien bewertet werden, sondern zum Teil höher als diese notieren.[307]

688 Als **zwingende Ausstattungsmerkmale** der Vorzugsaktie schreibt § 139 Abs. 1 AktG einerseits eine Priorität der Vorzugsaktionäre gegenüber den Stammaktionären bei der Ausschüttung des Bilanzgewinns vor, andererseits ein Recht auf Nachzahlung für mangels hinreichendem Bilanzgewinn ganz oder teilweise ausgefallene Vorzugsdividenden in späteren Geschäftsjahren. Der geforderte Vorzug ist gegeben, wenn die in der Satzung bestimmte Dividende an die Vorzugsaktionäre ausgeschüttet wird, bevor eine Ausschüttung an die übrigen (Stamm-)Aktionäre erfolgt.[308] Nicht notwendig, aber möglich und in der Praxis häufig ist, daß neben dieser Priorität auch eine Mehrdividende vorgesehen wird. Die bloße Mehrdividende ist jedoch kein Vorzug i. S. d. § 139 Abs. 1 AktG und daher für sich nicht ausreichend, die gesetzlichen Anforderungen an stimmrechtslose Aktien zu erfüllen.[309] Umstritten – aber zu bejahen – ist die Frage, ob der Dividendenvorzug auch zugleich als **Höchstdividende** ausgestaltet werden kann mit der Folge, daß über einen bestimmten Sockelbetrag hinausgehende Dividenden in vollem Umfang den Stammaktionären zufallen;[310] es ergeben sich obligationenähnliche Vorzugsaktien.

689 Vorzugsaktien können auch stimmberechtigt sein; nur für stimmrechtslose Vorzugsaktien hat der Gesetzgeber aber eine besondere Normierung für erforderlich gehalten. Ebenso wie die beiden nachfolgend dargestellten Sonderformen sind Vorzugsaktien für die „normale" kleine AG insbesondere dann weniger empfehlenswert, wenn in absehbarer Zeit an einen Börsengang gedacht wird. Andererseits gibt es wichtige Einzelfälle, beispielsweise bei größeren

---

306) Krtisch äußern sich beispielsweise *Christians*, AG 1990, 47, 48 f, und *Siebel*, ZHR 161 (1997), 628, 664.
307) Vgl. auch *Raiser*, § 17 Rz. 9.
308) Vgl. für einen allerdings bereits älteren – empirischen Überblick über verschiedenen Ausgestaltungsvarianten von Vorzugsaktien *Reckinger*, AG 1983, 216.
309) *Hüffer*, AktG, § 139 Rz. 8.
310) Dafür: *Bezzenberger*, S. 54; *Hefermehl*, in: Geßler/Hefermehl/Eckardt/Kropff, AktG, § 139 Rz. 7. Dagegen: *Zöllner*, in: Kölner Komm. z. AktG, 1. Aufl., § 139 Rz. 12.

Familiengesellschaften oder in Unternehmensnachfolgesituationen, für die gerade diese „exotischen" Ausgestaltungen der Aktie die notwendige Flexibilität geben.

dd) Sonderformen

Als eine auf der Verpflichtungsseite anknüpfende besondere Aktiengattung[311] kennt das Gesetz die **Nebenleistungsaktie** gemäß § 55 AktG. Danach kann die Satzung den Aktionären die Verpflichtung auferlegen, neben den Einlagen auch nicht in Geld bestehende, wiederkehrende Leistungen zu erbringen. Solche Nebenleistungsaktien dürfen nur als vinkulierte Namensaktien ausgegeben werden.[312]

690

Derzeit (noch) bedeutungslos sind „**tracking stocks**".[313] Hierbei handelt es sich um Aktien, die hinsichtlich des Dividendenrechts und/oder hinsichtlich des Rechts auf den Liquidationserlös nicht an die Gesamtgesellschaft, sondern an einzelne **Teilbereiche** anknüpfen. Solche Aktien können sowohl als „**subsidiary shares**", d. h. an den Erfolg von Tochtergesellschaften anknüpfend, oder als „**divisional shares**", d. h. an den Erfolg juristisch nicht verselbständigter Geschäftsbereiche anknüpfend, ausgestaltet werden. § 11 AktG läßt, ebenso wie § 60 Abs. 3 AktG, die Ausgabe von Aktien mit einer von der gesetzlichen Regelung abweichenden Gewinnverteilung und Verteilung des Liquidationserlöses aufgrund Satzungsregelung ausdrücklich zu. Die Höhe des Gewinnanspruchs der Aktionäre bei der Verteilung des Bilanzgewinns kann danach prinzipiell mit dem wirtschaftlichen Erfolg einzelner Sparten der AG verbunden werden.[314] Allerdings dürfen auch solche Aktien nur aus dem Bilanzgewinn bedient werden; die Zusage einer **Mindestdividende** ist durch § 57 Abs. 1 und 3 AktG ausgeschlossen.

691

d) Verfahren bei Änderungen
aa) Umstellung der Aktienform

Da die Festlegung der Aktienform in der Satzung erfolgt (§ 23 Abs. 3 Nr. 4 AktG), ist die **Umstellung von Nennbetragsaktien auf Stückaktien Satzungsänderung**, so daß eine Mehrheit von mindestens drei Vierteln des bei

692

---

311) Entgegen dem irreführenden Wortlaut des § 11 AktG können auch unterschiedliche Pflichtenanknüpfungen zu unterschiedlichen Aktiengattungen führen, zutreffend *Hüffer*, AktG, § 12 Rz. 7 unter Hinweis auf RG, Urt. v. 25. 9. 1912 – Rep I 6/12, RGZ 80, 95, 97.
312) *Hüffer*, AktG, § 55 Rz. 2.
313) Vgl. hierzu *Sieger/Hasselbach*, BB 1999, 1277; *Müller*, WiB 1997, 57.
314) *Müller*, WiB 1997, 57, 59.

der Beschlußfassung vertretenen Grundkapitals erforderlich ist (§ 179 Abs. 2 AktG). Eines darüber hinausgehenden Sonderbeschlusses gemäß § 179 Abs. 3 AktG oder § 141 Abs. 1 AktG bedarf es nicht, weil es sich bei den unterschiedlichen Aktienformen weder um Aktiengattungen handelt noch die alternative Aufteilung des Grundkapitals in Nennbetrags- oder Stückaktien einen Vorzug oder einen Eingriff in ein mitgliedschaftliches Recht darstellen.[315] Soweit Aktien über unterschiedlich hohe Nennbeträge existieren, muß der Umstellung zwangsläufig eine **Neustückelung des Grundkapitals** unter Angleichung der Nennbeträge vorangehen. Eine solche Neustückelung ist keine – durch § 8 Abs. 5 AktG verbotene – Teilung der Aktie, sondern eine Neufestsetzung des Verhältnisses zwischen Aktie und Grundkapital. Sie ist als Satzungsänderung und unter deren Voraussetzungen grundsätzlich zulässig und jedenfalls dann unproblematisch, wenn sie nicht zur Entstehung von Aktienbruchteilen führt.[316]

693 Für den umgekehrten Fall der **Umstellung von Stückaktien auf Nennbetragsaktien** gilt prinzipiell nichts anderes. In der Praxis ist diese Konstellation noch nicht aufgetreten, nachdem Stückaktien erst seit kurzem möglich sind. Künftig werden solche „Rückumstellungen" aber für Probleme sorgen, denn hier wird häufig eine Neustückelung notwendig werden, bei der – aufgrund der ungeraden rechnerischen Nennbeträge – Spitzen entstehen. Soll die Umstellung zugleich mit der Schaffung von Aktien über hohe Nennbeträge verbunden werden, so dürfte dies jedenfalls ohne sachlichen Grund nur mit Zustimmung aller Aktionäre zulässig sein, weil die hiermit verbundene Herabsetzung der Fungibilität einen nicht ohne weiteres durch das Recht zur Satzungsänderung gedeckten Eingriff in das Eigentumsrecht des Aktionärs darstellt.

bb) **Umstellung der Aktiengattungen**

694 Differenzierter und schwieriger stellt sich die Rechtslage bei der Einführung und dem Wechsel zwischen verschiedenen Aktiengattungen dar. Sollen **Stammaktien in stimmrechtslose Vorzugsaktien** umgewandelt werden, ist die Zustimmung jedes betroffenen Aktionärs erforderlich. Soweit nämlich die Einführung der Vorzugsaktien mit Eingriffen in das Stimmrecht von Aktionären verbunden ist, bedarf es über die satzungsändernde Mehrheit hinaus der von der bloßen Ja-Stimme zu unterscheidenden Zustimmung der betroffenen Aktionäre.[317] Aber auch die von der Umwandlung nicht betroffenen Aktio-

---

315) *Hüffer*, AktG, § 8 Rz. 23; *Heider*, AG 1998, 1, 9; *Ihrig/Streit*, NZG 1998, 201, 206.
316) *Hüffer*, AktG, § 8 Rz. 31; *Zöllner*, AG 1985, 19 ff.
317) *Hüffer*, AktG, § 139 Rz. 12; BGH, Urt. v. 19. 12. 1977 – II ZR 136/75, BGHZ 70, 117, 122 – Mannesmann.

näre müssen zustimmen, weil die Einführung des nachzahlbaren Vorzugs bei der Gewinnverteilung eine zu ihren Lasten gehende Abweichung von § 53a AktG darstellt.[318] Demgegenüber können Vorzugsaktien ohne die Notwendigkeit von Sonderbeschlüssen oder Einzelzustimmungen unter den normalen Voraussetzungen einer Satzungsänderung im Zuge einer Kapitalerhöhung neu geschaffen werden.[319] Aufgrund des für alle Aktionäre bestehenden Bezugsrechts sind hierbei nämlich Benachteiligungen ausgeschlossen.

Soweit verschiedene Aktiengattungen bestehen, ergibt sich aus § 179 Abs. 3 AktG, daß ein **Sonderbeschluß der benachteiligten Aktionäre** erforderlich ist, wenn das bisherige Verhältnis mehrerer Gattungen von Aktien zum Nachteil einer Gattung verändert wird. So ist mit dem praktisch wichtigsten Fall der Aufhebung des Gewinnvorzugs gemäß § 141 Abs. 1 AktG das Entstehen des Stimmrechts gemäß § 141 Abs. 4 AktG verbunden. Aus diesem Grund handelt es sich um einen nachteiligen Eingriff in die Rechtsstellung der Stammaktionäre, so daß neben dem Sonderbeschluß der Vorzugsaktionäre ein Sonderbeschluß der Stammaktionäre erforderlich ist. Das Verfahren für den Sonderbeschluß ist in § 138 AktG geregelt. Materiell unterliegt er einem doppelten Mehrheitserfordernis, weil gemäß § 179 Abs. 3 Satz 3 i. V. m. § 179 Abs. 2 Satz 1 AktG eine Kapitalmehrheit von drei Vierteln und gemäß § 138 Satz 2 i. V. m. § 133 Abs. 1 AktG die einfache Stimmenmehrheit erforderlich ist. **695**

Die **Aufhebung oder Beschränkung des Gewinnvorzugs** bedarf zu ihrer Wirksamkeit der Zustimmung der Vorzugsaktionäre im Rahmen eines Sonderbeschlusses. Dieser Sonderbeschluß muß in einer gesonderten Versammlung gefaßt werden und bedarf einer Mehrheit, die mindestens drei Viertel der abgegebenen Stimmen umfaßt (§ 141 Abs. 1, 3 AktG). Abgesehen von dem Erfordernis der **eigenständigen Versammlung** ist das Verfahren des Sonderbeschlusses in § 138 AktG geregelt. Für die Einberufung der gesonderten Versammlung und die Teilnahme an ihr sowie für die Sonderbeschlüsse gelten die Bestimmungen über die Hauptversammlung und Hauptversammlungsbeschlüsse sinngemäß. Durch diese ausdrückliche Vorschrift ist zugleich klargestellt, daß durch Satzungsänderung und einen zusätzlich mit qualifizierter Mehrheit zu fassenden Sonderbeschluß Vorzugsaktien abgeschafft werden können, ohne daß es der Zustimmung aller Vorzugsaktionäre bedarf. **696**

3. Verbriefung und Übertragung

Schon in der synonymen Verwendung des Begriffes der Aktie für das Beteiligungsrecht einerseits, die es verbriefende Urkunde andererseits kommt die **697**

---

318) *Hüffer*, AktG, § 139 Rz. 12; *Zöllner*, in: Kölner Komm. z. AktG, 1. Aufl., § 139 Rz. 23.
319) *Hüffer*, AktG, § 139 Rz. 11.

D. Die Organisation der kleinen AG

Vorstellung des historischen Gesetzgebers zum Ausdruck, daß das Beteiligungsrecht typischerweise verbrieft werden wird. Deshalb ist bemerkenswert, daß in jüngerer Zeit der Gesetzgeber den Ausschluß des Verbriefungsanspruches ausdrücklich erlaubt hat und eine **Tendenz zum unverbrieften Recht** festzustellen ist (unten Rz. 715). Aus der Praxis des Aktienrechts ist weiterhin bemerkenswert, daß die über Jahrzehnte fast ausschließlich verwendete Inhaberaktie immer häufiger durch die Namensaktie abgelöst wird (unten Rz. 702 ff).

a) **Allgemeines**

698 Formelle Anforderungen an die **Aktienurkunde** sind im Aktiengesetz nur fragmentarisch und verstreut enthalten. Einzelbestimmungen treffen die §§ 8, 10, 13 und 55 AktG. Die gesetzlich nicht zwingend geregelten Formalien können durch die Satzung oder – praktikabler und üblich – aufgrund Satzungsermächtigung durch den Vorstand, gegebenenfalls mit Zustimmung des Aufsichtsrats, festgelegt werden. Für die Technik der Urkundenherstellung kommen Handschrift, Maschinenschrift, Fotokopie und Druck in gleicher Weise in Frage.[320]

699 Aus dem **Text der Urkunde** muß sich ergeben, daß ein Mitgliedsrecht verbrieft wird, und zwar entweder als Nennbetragsaktie oder als Stückaktie. Des weiteren muß die Aktie auf den Inhaber oder auf den Namen lauten. Die ausstellende Gesellschaft muß bezeichnet sein; darüber hinaus müssen die einzelnen Urkunden durch Serienzeichen und Nummern unterscheidbar sein.[321] Ist die Einlageleistung noch nicht voll erbracht, so muß der Betrag der Teilleistungen auf den Ausgabebetrag in der Aktie angegeben werden (§ 10 Abs. 2 AktG). Auch etwaige mitgliedschaftliche Nebenverpflichtungen sind in der Aktie anzugeben (§ 55 Abs. 1 AktG). § 13 AktG gestattet die Unterzeichnung der Aktien durch eine vervielfältigte Unterschrift. Mangels näherer Bestimmung muß es sich um eine Unterschrift von Vorstandsmitgliedern in vertretungsberechtigter Zahl oder von zur Unterschrift bevollmächtigten Personen handeln.[322] Häufig wird als zusätzliches Formerfordernis von der Satzung oder dem auf der Satzungsermächtigung beruhenden Beschluß der Verwaltung die zweite Unterschrift eines sogenannten Kontrollbeamten oder eines Aufsichtsratsmitglieds vorgesehen.[323] Soweit das Mindestmaß der Form- und In-

---

320) *Kraft*, in: Kölner Komm. z. AktG, § 13 Rz. 17.
321) Vgl. *Hüffer*, AktG, § 13 Rz. 4, m. w. N.
322) *Eckardt*, in: Geßler/Hefermehl/Eckardt/Kropff, AktG, § 13 Rz. 4; *Kraft*, in: Kölner Komm. z. AktG, § 13 Rz. 12.
323) *Kraft*, in: Kölner Komm. z. AktG, § 13 Rz. 15.

b) Inhaberaktien

§ 10 Abs. 1 AktG läßt **für die Verbriefung** der Aktie Wahlfreiheit zwischen Inhaber- und Namensaktie. Die Inhaberaktie ist – ebenso wie die Namensaktie – Wertpapier im weiteren und im engeren Sinne. Die Inhaberaktie lautet auf den Inhaber. Sie ist **Inhaberpapier**, das wertpapierrechtlichen Grundsätzen analog §§ 793 ff BGB unterliegt.[325] 700

Die Inhaberaktie wird wie eine Sache gemäß §§ 929 ff BGB durch Einigung und Übergabe oder Übergabesurrogat übertragen.[326] Hieraus ergibt sich eine **leichte Fungibilität** der Aktie, allerdings auch die Gefahr des Rechtsverlusts bei Abhandenkommen der Urkunde (§ 932 BGB i. V. m. § 935 Abs. 2 BGB, wonach gutgläubiger Erwerb an Inhaberpapieren trotz Abhandenkommens möglich ist). 701

c) Namensaktien

aa) Allgemeines

Ihrer Bezeichnung entsprechend lauten Namensaktien auf den Namen des Inhabers. Es handelt sich um ein **geborenes Orderpapier**,[327] für das die entsprechenden wertpapierrechtlichen Vorschriften gelten; § 68 Abs. 1 Satz 2 AktG verweist insoweit ausdrücklich auf die entsprechende Anwendung der Art. 12, 13 und 16 WG. Diese Aufzählung ist jedoch nicht abschließend, die entsprechende Geltung weiterer wechselrechtlicher Vorschriften ist als selbstverständlich vom Gesetzgeber vorausgesetzt worden.[328] Neben den daher für die Übertragung der Namensaktie geltenden wertpapierrechtlichen Besonderheiten unterscheidet sie sich von der Inhaberaktie entscheidend durch die nur für sie geltenden Vorschriften über das Aktienbuch und der auf die Namensaktie beschränkte Möglichkeit der Vinkulierung. 702

---

324) *Hüffer*, AktG, § 13 Rz. 8, mit zutreffender Kritik an der in der Literatur behaupteten Rechtsfolge „Nichtigkeit der Aktienurkunde"; möglich bleibt die Übertragung des Mitgliedschaftsrechts gemäß §§ 398, 413 BGB.
325) *Henn*, Rz. 31.
326) *Balser/Bokelmann/Piorreck*, Rz. 75.
327) *Balser/Bokelmann/Piorreck*, Rz. 171.
328) *Hüffer*, AktG, § 68 Rz. 6.

D. Die Organisation der kleinen AG

bb) Aktienbuch

703 Die gesetzliche Normierung des Aktienbuches ist in § 67 AktG enthalten. Das Aktienbuch gehört zu den „sonst erforderlichen Aufzeichnungen" i. S. d. § 239 HGB und kann in jeder in § 239 HGB zugelassenen Form geführt werden. Daher kommt neben einer Kartei oder einer geordneten Belegablage insbesondere die Führung des Aktienbuchs auf Datenträgern in Betracht.[329] Die Gesellschaft ist zur Führung eines Aktienbuches verpflichtet, wenn sie Namensaktien ausgibt. In das Aktienbuch ist der Inhaber der Namensaktie – wie sich aus dem Regelungszusammenhang ergibt, meint § 67 Abs. 1 AktG zunächst den ersten Inhaber des verbrieften Rechts – mit seinem Namen, seinem Wohnort und seinem Beruf[330] einzutragen.

704 Die Vorschriften über das Aktienbuch bezwecken **Rechtsklarheit** für die Gesellschaft über die Personen, die ihr gegenüber berechtigt und verpflichtet sind.[331] Allerdings erlauben sie nicht nur der Gesellschaft selbst, sondern auch den Aktionären untereinander eine Orientierung über den Aktionärskreis, denn § 67 Abs. 5 AktG schreibt vor, daß jedem Aktionär auf Verlangen Einsicht in das Aktienbuch zu gewähren ist. Dabei kommt es nur auf die Aktionärseigenschaft an; ein besonderes rechtliches Interesse an der Einsichtnahme muß nicht dargelegt werden.[332]

705 Neben der **Informationsfunktion** des Aktienbuchs ergibt sich dessen Bedeutung vor allem aus der in § 67 Abs. 2 AktG normierten **Legitimationsfunktion** im Verhältnis des Aktionärs zur Gesellschaft. Aus § 67 Abs. 2 AktG ergibt sich mehr als eine bloße widerlegbare Vermutung zugunsten der materiellen Berechtigung. Denn nur der im Aktienbuch Eingetragene ist befugt, Mitgliedschaftsrechte auszuüben. Dividendenrecht, Teilnahmerecht an der Hauptversammlung, Stimmrecht und Fragerecht hängen von der Eintragung im Aktienbuch ab.[333] Umgekehrt muß auch der Eingetragene die mitgliedschaftlichen Pflichten erfüllen, etwa eingeforderte Einlagen leisten.[334] Gemäß § 68

---

329) *Hefermehl/Bungeroth*, in: Geßler/Hefermehl/Eckardt/Kropff, AktG, § 67 Rz. 9; *Diekmann*, BB 1999, 1985.
330) Kritisch zur Notwendigkeit der Berufsangabe *Diekmann*, BB 1999, 1985, 1986; die vorgesehene Neufassung des § 67 AktG durch das NaStraG (unten Rz. 707) sieht die Streichung dieses Erfordernisses vor; vgl. Begründung zum RegE NaStraG, abgedruckt in: ZIP 2000, 937, 940.
331) *Hüffer*, AktG, § 67 Rz. 1.
332) *Lutter*, in: Kölner Komm. z. AktG, § 67 Rz. 54; der RegE NaStraG (unten Rz. 707) sieht in § 67 Abs. 6 und 7 eine Beschränkung des Einsichtsrechts des Aktionärs auf die zu seiner Person eingetragenen Daten vor; Begründung zum RegE NaStraG, abgedruckt in: ZIP 2000, 937, 940 f.
333) *Hefermehl/Bungeroth*, in: Geßler/Hefermehl/Eckardt/Kropff, AktG, § 67 Rz. 26 ff.
334) *Hüffer*, AktG, § 67 Rz. 11 m. w. H.

Abs. 3 AktG ist die Übertragung einer Namensaktie auf einen anderen bei der Gesellschaft anzumelden und nachzuweisen; die Gesellschaft vermerkt sodann den Übergang der Aktie im Aktienbuch. Unterbleibt die Anmeldung der Übertragung, so hat sich zwar materiell der Aktieninhaber geändert, gegenüber der Gesellschaft bleibt aber weiterhin nur der Eingetragene berechtigt und verpflichtet.[335]

Zu beachten ist, daß die Vorschriften über das Aktienbuch nur auf die verbriefte Mitgliedschaft Anwendung finden. Ein etwa bei der Gesellschaft geführtes Verzeichnis der Aktionäre ist daher kein Aktienbuch i. S. d. § 67 Abs. 1 AktG, solange die Mitgliedschaftsrechte nicht verbrieft worden sind.[336] **706**

Mit Veränderungen der Vorschriften über das Aktienbuch ist in absehbarer Zeit durch ein im fortgeschrittenen Vorbereitungsstadium befindliches „**Gesetz zur Namensaktie und zur Erleichterung der Stimmrechtsausübung (NaStraG)**" zu rechnen.[337] Der vorliegende Regierungsentwurf[338] sieht eine Modernisierung der §§ 65, 67, 68 AktG und ihre Anpassung an praktische Erfordernisse vor. **707**

cc) Übertragung

Unabhängig von einem etwaigen Zustimmungserfordernis (hierzu sogleich Rz. 709 ff) erfolgt die Übertragung der Namensaktien grundsätzlich durch **Übergabe und Indossament** (§ 68 Abs. 1 Satz 1 AktG). Hierfür gelten die wechselrechtlichen Vorschriften der Art. 12 ff WG entsprechend. Hervorzuheben ist, daß das Indossament unbedingt sein muß und daß als rechtmäßiger Inhaber der Urkunde gilt, wer sie in Händen hat und seine Berechtigung durch eine ununterbrochene Reihe von Indossamenten nachweisen kann. Neben dem Vollindossament mit namentlicher Bezeichnung des Indossatars kommt auch ein Blankoindossament in Betracht; blankoindossierte Namensaktien können in entsprechender Anwendung des Art. 14 Abs. 2 Nr. 3 WG durch Übereignung gemäß §§ 929 ff BGB weiterübertragen werden und nähern sich damit den Inhaberpapieren an.[339] Neben der Übertragung durch Indossament ist auch die Übertragung des verbrieften Rechts durch **Abtretung** gemäß §§ 398, **708**

---

335) *Hefermehl/Bungeroth*, in: Geßler/Hefermehl/Eckardt/Kropff, AktG, § 67 Rz. 22 f, § 68 Rz. 169.
336) Unstr., vgl. *Leuering*, ZIP 1999, 1745.
337) Hierzu *Noack*, ZIP 1999, 1993; *Siems*, NZG 2000, 626.
338) RegE NaStraG, abgedruckt in: ZIP 2000, 937, 939 ff.
339) *Hüffer*, AktG, § 68 Rz. 5.

413 BGB möglich.³⁴⁰⁾ Umstritten ist, ob die Übergabe der Urkunde auch in diesem Fall zum Übertragungstatbestand gehört. Insoweit besteht ein Dissens zwischen einer gefestigten Rechtsprechung, die die Übergabe der Urkunde verlangt, und einer wohl überwiegenden Literaturmeinung, die hierauf verzichten will.³⁴¹⁾

dd) Vinkulierung

709 Durch Satzung kann – nicht muß – die Übertragung von Namensaktien an die **Zustimmung der Gesellschaft** geknüpft werden. Durch diese sogenannte Vinkulierung kann der Grundsatz freier Verfügbarkeit der Aktie eingeschränkt werden.³⁴²⁾ Die Vinkulierung bezieht sich auf die „Übertragung" und damit nur auf das Verfügungsgeschäft, nicht auf das schuldrechtliche Verpflichtungsgeschäft.³⁴³⁾ Die Zustimmung ist dingliche Voraussetzung für den Rechtsübergang. Mit der Zustimmung wird die Übertragung der Aktien wirksam. Ist die Übertragung ohne Vorliegen einer Zustimmung erfolgt, ist sie zunächst schwebend unwirksam (§§ 182 ff BGB).³⁴⁴⁾ Erfaßt werden nur rechtsgeschäftliche Übertragungen; alle Fälle der Gesamtrechtsnachfolge (z. B. Erbfall, Verschmelzung und sonstige Umwandlungsvorgänge) scheiden aus.³⁴⁵⁾

710 Problematisch ist, inwieweit die Vinkulierung schuldrechtliche Geschäfte dann erfaßt, wenn sie aufgrund ihres wirtschaftlichen Ergebnisses eine **Umgehung** der Vinkulierungsklausel darstellen (beispielsweise Kombination von Stimmbindungen und Abtretung von Dividendenrechten und Liquidationserlösen). Nach einer verbreiteten Auffassung soll die Anwendung der Vinkulierungsklausel in solchen Fällen möglich sein.³⁴⁶⁾ Da nur eine Kombination von verschiedenen schuldrechtlichen Verpflichtungen zum Verdikt der Umgehung führen könnte, läuft dies allerdings auf eine Einzelfallentscheidung unter Abwägung der gesamten Umstände hinaus. Ob einer solchen Anwendung der Vinkulierungsklauseln auf Umgehungsfälle zuzustimmen ist, ist jedenfalls im

---

340) Unstr.; RG, Urt. v. 29. 1. 1915 – Rep II 432/14, RGZ 86, 154, 157; LG Mannheim, Urt. v. 15. 12. 1966 – 9020/66, AG 1967, 83, 84.
341) Vgl. *Hüffer*, AktG, § 68 Rz. 3 m. w. N.
342) Zu den sich in der Zwangsvollstreckung und Insolvenz des Aktionärs hierdurch ergebenden Problemen vgl. *Bork*, in: Festschrift Henckel, S. 23 ff.
343) RG, Urt. v. 31. 3. 1931 – Rep II 222/30, RGZ 132, 149, 157; *Hüffer*, AktG, § 68 Rz. 11 m. w. N.
344) BGH, Urt. v. 28. 4. 1954 – II ZR 8/53, BGHZ 13, 179, 187; *Lutter*, in: Kölner Komm. z. AktG, § 68 Rz. 38.
345) *Lutter*, in: Kölner Komm. z. AktG, § 68 Rz. 4.
346) *Hüffer*, AktG, § 68 Rz. 12; *Lutter/Grunewald*, AG 1989, 109, 111 ff und 409, 410 ff; *Sieveking/Technau*, AG 1989, 17, 18 f.

Aktienrecht sehr zweifelhaft. Die Vinkulierung steht im unmittelbaren Zusammenhang mit dem Institut der Namensaktie und dessen Ziel der Rechtsklarheit. Hiermit ist eine einzelfallabhängige Umgehungskasuistik kaum vereinbar.

In der Satzung kann nach § 68 Abs. 2 AktG nicht nur das Ob der Vinkulierung festgelegt werden, sondern es können auch die Gründe bestimmt werden, aus denen die Zustimmung verweigert werden darf (Satz 3). Ebenso kann die Satzung Abweichungen von der gesetzlichen Norm anordnen, wonach die Zustimmung durch den Vorstand erteilt wird. Diese Kompetenz kann auf den Aufsichtsrat oder auf die Hauptversammlung verlagert werden. Enthält die Satzung keine Regelung zu den Gründen der Zustimmungsverweigerung, entscheidet der Vorstand oder das durch die Satzung berufene Organ nach pflichtgemäßem Ermessen unter Berücksichtigung des Gesellschaftsinteresses und des Gleichbehandlungsgrundsatzes (§ 53a AktG).[347] Auch soweit Aufsichtsrat oder Hauptversammlung für die Entscheidung zuständig sind, wird die Erklärung der Zustimmung nach außen stets durch den Vorstand abgegeben.[348]

ee) Praktische Bedeutung der Namensaktie

Zwischen den Verbriefungsformen der Inhaberaktien und der Namensaktie besteht **grundsätzlich Wahlfreiheit**. Für einige Spezialfälle schreibt das Aktiengesetz selbst die Verwendung von Namensaktien vor, so bei unvollständiger Leistung des Ausgabebetrages (§ 10 Abs. 2 AktG) oder im Falle von Nebenleistungsverpflichtungen, § 55 Abs. 1 AktG. Darüber hinaus schreiben einige Gesetze die Verwendung der Namensaktie für Aktiengesellschaften mit speziellem Unternehmensgegenstand vor (§ 28 Abs. 5 Satz 1 WPO, § 50 Abs. 5 Satz 1 StBG, § 1 Abs. 4 Satz 1 KAGG).

In jüngerer Zeit hat die **Namensaktie** begonnen, die **Inhaberaktie zu verdrängen**.[349] Als Ursache hierfür ist an erster Stelle die technische Entwicklung zu nennen: Aufgrund der Einführung elektronischer Aktienbücher ist es ohne große Schwierigkeiten möglich, die notwendigen Eintragungen vorzu-

---

347) BGH, Urt. v. 1. 12. 1986 – II ZR 287/85, ZIP 1987, 291, 293 = NJW 1987, 1019, 1020, dazu EWiR 1987, 107 *(Priester)*; *Hefermehl/Bungeroth*, in: Geßler/Hefermehl/Eckardt/Kropff, AktG, § 68 Rz. 124. Für freies Ermessen allerdings RGZ 132, 149, 156.
348) *Hüffer*, AktG, § 68 Rz. 15.
349) Zum aktuellen Stand der Umstellung auf die Namensaktie: „Namensaktien erobern die Kurszettel", Bericht in der Süddeutschen Zeitung vom 10. 8. 1999. Der Gesetzgeber beabsichtigt, dieser Entwicklung Rechnung zu tragen und das Recht der Namensaktie zu modernisieren; der Regierungsentwurf eines Gesetzes zur Namensaktie und zur Erleichterung der Stimmrechtsausübung liegt bereits seit einiger Zeit vor, vgl. bereits oben Rz. 707.

D. Die Organisation der kleinen AG

nehmen.[350] Die elektronischen Aktienbücher der Unternehmen stehen darüber hinaus mit einem Datenverarbeitungssystem der Clearstream AG in Verbindung, das diese seit 1997 zur Abwicklung girosammelverwahrter Namensaktien anbietet. Zweitens führt die gestiegene Bedeutung von Investor Relations dazu, daß die Gesellschaft besonderes Interesse daran hat, Beruf und Anschrift ihrer Aktionäre zu kennen.[351] Drittens sind an den meisten US-amerikanischen Wertpapiermärkten, insbesondere an der New York Stock Exchange, nur Namensaktien zugelassen.[352]

714 Abgesehen von der von dieser Entwicklung wiederum ausgehenden Leitbildfunktion auch für kleinere Gesellschaften ist die Namensaktie auch für die kleine AG von spezifischem Interesse. Dies ergibt sich daraus, daß die gerade für sie geschaffenen Möglichkeiten der Vollversammlung (§ 121 Abs. 6 AktG) und die Möglichkeit der Einberufung durch eingeschriebenen Brief (§ 121 Abs. 4 AktG) die zuverlässige Kenntnis der Aktionäre voraussetzen. Diese kann aber letztlich nur durch die Einführung von Namensaktien sichergestellt werden, so daß deren Verwendung – jedenfalls bis zum Börsengang – in aller Regel empfehlenswert ist.

d) Unverbriefte Aktien

715 Für die Entstehung der Mitgliedschaft des Aktionärs ist die Verbriefung unerheblich. Auch dann, wenn eine Verbriefung nicht erfolgt oder nicht einmal vorgesehen ist, entsteht die Beteiligung rechtlich fehlerfrei.[353] Allerdings hat der Aktionär **Anspruch auf Verbriefung** seiner Mitgliedschaft, wie sich mittelbar aus der Regelung des § 10 Abs. 5 AktG ergibt. Er kann daher grundsätzlich die Ausstellung von Aktienurkunden von der Gesellschaft verlangen, wenn nicht die Satzung eine abweichende Regelung enthält. Das Recht des Aktionärs auf Verbriefung seiner Mitgliedschaft wurde zunächst durch das Gesetz für kleine Aktiengesellschaften und zur Deregulierung des Aktienrechts dadurch eingeschränkt, daß in der Satzung der Anspruch auf Einzelverbriefung ausgeschlossen werden konnte. Aufgrund der neuerlichen Änderung des § 10 Abs. 5 AktG durch das KonTraG[354] kann nunmehr die **Satzung** den An-

---

350) Generell zum Einfluß moderner Kommunikationstechniken auf das Unternehmensrecht *Noack*, ZGR 1998, 592 ff.
351) Generell zu Investor Relations und den Einfluß der Umstellung auf Namensaktien auf die Stimmrechtsvertretung *Bachmann*, WM 1999, 2100 ff.
352) Zu möglichen Ausweichkonstruktionen *Meyer-Sparenberg*, WM 1996, 1117 f; ausführlich zu den Gründen der Beliebtheit von Namensaktien *Kölling*, NZG 2000, 631, 634 ff.
353) *Hüffer*, AktG, § 10 Rz. 2 m. w. N.; *Kölling*, NZG 2000, 631, 633.
354) Hierzu *Seibert*, DB 1999, 267.

V. Aktien

spruch des Aktionärs auf Verbriefung seiner Mitgliedschaft **vollständig ausschließen**. Zweck dieser Regelung ist es, den Gesellschaften eine Kostenersparnis, namentlich im Zusammenhang mit der Umstellung auf den Euro, zu ermöglichen.[355] Für die kleine AG ist der Verzicht auf die Verbriefung – vorbehaltlich der Berücksichtigung der sogleich darzustellenden Problematik – im Normalfall zu empfehlen.[356]

Die nicht verbriefte Mitgliedschaft wird durch **Abtretung** gemäß §§ 398, 413 BGB übertragen, so daß ihre **Fungibilität** grundsätzlich **uneingeschränkt** gegeben ist.[357] Für die kleine AG, die aus den oben (Rz. 714) genannten Gründen die Namensaktie wählt, liegt aber in einem Verzicht auf die Verbriefung eine gewisse Gefahr, weil die Vorschriften über das Aktienbuch auf unverbriefte Mitgliedschaften keine Anwendung finden und Übertragungen in einer solchen Situation daher ohne Kenntnis der Gesellschaft erfolgen könnten. Hiergegen kann sich die Gesellschaft durch die Vinkulierung der Aktien schützen. Die **Vinkulierung der nicht verbrieften Mitgliedschaft** ist nach zutreffender Auffassung nämlich dann möglich, wenn die Verbriefung ihrerseits in der Form von Namensaktien vorgesehen ist.[358] Notwendig ist allerdings eine ausdrückliche Satzungsbestimmung, wonach die Vinkulierung (auch) das unverbriefte Recht erfaßt; die Vinkulierung der Namensaktie reicht hierfür nicht aus. 716

Von eher geringer praktischer Bedeutung und weniger empfehlenswert ist die Verbriefung der Mitgliedschaft durch **Zwischenscheine** (§ 10 Abs. 3 und 4 AktG); die Vorschriften für Namensaktien gelten für Zwischenscheine sinngemäß (§ 67 Abs. 4, § 68 Abs. 5 AktG). 717

e) **Nachträgliche Änderung und Kraftloserklärung**

aa) **Umstellung auf Namensaktien**

Die Umstellung von Inhaberaktien auf Namensaktien kann durch **Satzungsänderung** gemäß § 179 AktG beschlossen werden. Die Verbriefung der Mitgliedschaft als Inhaberaktie dürfte weder ein Sonderrecht i. S. d. § 35 BGB darstellen, noch wird man sagen können, daß der Aktionär mit der Aushändigung der Aktien hinsichtlich der Urkunde eine den Gläubigerrechten entspre- 718

---

355) Vgl. Rechtsausschuß zum RegE KonTraG, BT-Drucks. 13/10038, S. 4, 42, abgedruckt bei: *Ernst/Seibert/Stuckert*, S. 42 f.
356) Als Alternative kommt die Ausstellung einer Globalurkunde über das gesamte Grundkapital und deren Verwahrung durch die Gesellschaft in Betracht, vgl. ZIP aktuell 125, ZIP 2000, A 55.
357) *Hüffer*, AktG, § 72 Rz. 5, § 73 Rz. 6.
358) *Hefermehl/Bungeroth*, in: Geßler/Hefermehl/Eckardt/Kropff, AktG, § 68 Rz. 81 m. w. N.

chende Rechtsstellung erlangt hat.³⁵⁹⁾ Auch die gegen die Namensaktie vorgetragenen **datenschutzrechtlichen Bedenken** dürften letztlich die Notwendigkeit einer Zustimmung der betroffenen Aktionäre nicht tragen. So kann der betroffene Aktionär durch das **Widerspruchsrecht** des § 28 Abs. 3 BDSG die Verwendung seiner Daten für Investor-Relations-Zwecke unterbinden. Auch das Einsichtsrecht des § 67 Abs. 5 AktG in das Aktienbuch ist letztlich unbedenklich, weil es ein Recht auf Anonymität innerhalb der Sonderbeziehung des Aktionärs zur Gesellschaft und der Aktionäre untereinander nicht gibt. Im übrigen verbleibt dem Aktionär die Möglichkeit, einen **Treuhänder** – typischerweise das die Aktien verwahrende Kreditinstitut – im Aktienbuch als Aktionär eintragen zu lassen, um seine Anonymität zu wahren.

719 Nicht möglich ist es allerdings, ohne die Zustimmung der betroffenen Aktionären mit der Umstellung auf Namensaktien zugleich eine Vinkulierung einzuführen.

bb) Kraftloserklärung

720 Aktienurkunden, die – beispielsweise aufgrund einer Umstellung von Inhaberin Namensaktien – inhaltlich unrichtig geworden sind, können im Verfahren des § 73 AktG für kraftlos erklärt werden.³⁶⁰⁾ Hierzu hat die Gesellschaft zunächst die Genehmigung des Gerichts einzuholen und sodann die Aktionäre zur Vorlage der Aktien zwecks Berichtigung oder Umtausch aufzufordern. Die Kraftloserklärung selbst geschieht durch Bekanntmachung in den Gesellschaftsblättern, in der die für kraftlos erklärten Aktien bestimmt – d. h. mit der Seriennummer – zu bezeichnen sind.

721 Von der Kraftloserklärung für unrichtig gewordene Aktien ist die Kraftloserklärung im **Aufgebotsverfahren** gemäß §§ 946 ff, 1003 ff ZPO für abhanden gekommene oder vernichtete Aktienurkunden zu unterscheiden (§ 72 AktG). Wenn die Urkunde im Aufgebotsverfahren nicht rechtzeitig vorgelegt wird, erfolgt die Kraftloserklärung durch **Ausschlußurteil** (§ 1017 ZPO).

---

359) *Hüffer*, AktG, § 24 Rz. 6; *Eckardt*, in: Geßler/Hefermehl/Eckardt/Kropff, AktG, § 24 Rz. 9 m. w. N.; anders aber *Kraft*, in: Kölner Komm. z. AktG, 1. Aufl., § 24 Rz. 17.
360) Vgl. hierzu auch mit Beispiel *Seibert*, DB 1999, 267, 269.

E. Sicherung des Familieneinflusses

Literatur: *Baumann/Reiß*, Satzungsergänzende Vereinbarungen – Nebenverträge im Gesellschaftsrecht, ZGR 1989, 157; *Bezzenberger*, Vorzugsaktien ohne Stimmrecht, 1991; *Blümich*, EStG – KStG – GewStG, Loseblatt, Stand: 3/00; *Friedewald*, Die personalistische Aktiengesellschaft, 1991; *Gerkan*, Gesellschafterbeschlüsse, Ausübung des Stimmrechts und einstweiliger Rechtsschutz, ZGR 1985, 167; *Hartmann/Nissen/Bordewin*, EStG, Loseblatt, Stand: 7/00; *Hoffmann-Becking*, Der Einfluß schuldrechtlicher Gesellschaftervereinbarungen auf die Rechtsbeziehungen in der Kapitalgesellschaft, ZGR 1994, 442; *Hopt*, Familien- und Aktienpools unter dem Wertpapierhandelsgesetz, ZGR 1997, 1; *Joussen*, Gesellschafterabsprachen neben Satzung und Gesellschaftsvertrag, 1995; *Kapp/Ebeling*, ErbStG, Loseblatt, Stand: 8/00; *Martens*, Stimmrechtsbeschränkung und Stimmbindungsvertrag im Aktienrecht, AG 1993, 495; *Noack*, Gesellschaftervereinbarungen bei Kapitalgesellschaften, 1994; *J. Schröder*, Stimmrechtskonsortien unter Aktionären – Gesellschaftsprobleme und erbrechtliche Probleme, ZGR 1978, 578; *Troll/Gebel/Jülicher*, ErbStG, Loseblatt, Stand: 1/00; *Zöllner*, Zu Schranken und Wirkung von Stimmbindungsverträgen, insbesondere bei der GmbH, ZHR 155 (1991), 168; *Zutt*, Einstweiliger Rechtsschutz bei Stimmbindungen, ZHR 155 (1991), 190.

Übersicht

I.	Einleitung	722
II.	**Regelungen in der Satzung**	725
1.	Entsendungsrechte	726
2.	Stimmrechtsbegrenzungen	728
3.	Mehrheitserfordernisse	731
4.	Vinkulierte Namensaktien	734
5.	Einziehung von Aktien	738
6.	Einrichtung eines Beirats als Organ der AG	743
III.	**Aktionärsvereinbarungen**	744
1.	Zulässigkeit und Grenzen	745
2.	Form	746
3.	Rechtsnatur und Unterschied zu Regelungen in der Satzung	747
4.	Regelung in Satzung oder in Aktionärsvereinbarung?	753
IV.	**Typen von Familienpools**	756
1.	Pools mit Gesamthandsvermögen	756
2.	Pools ohne Gesamthandsvermögen	762
V.	**Einzelne Regelungen in Poolverträgen**	769
1.	Gebundener Aktienbesitz	770
2.	Vermögenseinlage	771
3.	Willensbildung, Organbesetzung und Stimmbindung	772
4.	Poolleiter	775
5.	Beirat als weiteres Poolorgan	777
6.	Verfügungsbeschränkung	778
7.	Dauer	781
8.	Ausschließung, Abfindung, Übernahme- und Erwerbsrechte	782
9.	Auflösung	786

E. Sicherung des Familieneinflusses

I. Einleitung

722 Familiengesellschaften sind herkömmlich ganz überwiegend in der Rechtsform einer Personengesellschaft oder GmbH organisiert. Die Wahl der Rechtsform der AG braucht nicht notwendigerweise damit einherzugehen, daß die Gesellschaft den **Charakter als Familiengesellschaft** verliert. Auch in den Fällen, in denen der Wechsel in die Rechtsform der AG mit einem Rückzug der Familie aus dem Management verbunden ist, soll häufig der bestimmende Einfluß der Familie gewahrt bleiben. Der Kreis der Gesellschafter soll aus Familienmitgliedern bestehen, das Eindringen Fremder vermieden werden. Bei der Einflußnahme und beim Gesellschafterwechsel sollen Stammesrechte oder andere Sonderrechte zur Geltung kommen. Auch bei Öffnung des Gesellschafterkreises z. B. durch Aufnahme eines Finanzinvestors kann weiterhin ein prägender Familieneinfluß gewünscht sein. In diesen Fällen ergibt sich die Notwendigkeit der Bündelung der Aktionärsrechte, um den Einfluß gegenüber den nicht zur Familie gehörigen Gesellschaftern zur Geltung zu bringen.

723 Von der gesetzlichen Ausgangslage her ist die AG zunächst **wenig darauf ausgerichtet**, diesen Bedürfnissen Rechnung zu tragen. Die Strukturprinzipien der AG, ihre Organverfassung und Satzungsstrenge setzen den möglichen Regelungen Grenzen.[1] So leitet der Vorstand die Gesellschaft unter eigener Verantwortung (§ 76 Abs. 1 AktG). Er unterliegt keinen Weisungen des Aufsichtsrats[2] und solchen der Hauptversammlung nur in den engen Grenzen des § 83 AktG. Die Mitglieder des Aufsichtsrats unterliegen ebenfalls keinen Weisungen der Hauptversammlung.[3] Derartige Weisungsrechte können auch nicht begründet werden. Die Einflußnahme der Aktionäre vollzieht sich unmittelbar durch ihre Stimmabgabe in der Hauptversammlung und über die Bestellung der Mitglieder des Aufsichtsrats sowie mittelbar durch die Wahrnehmung der Rechte des Aufsichtsrats gegenüber dem Vorstand, d. h. mittels der Berichterstattungspflicht des Vorstands (§ 90 AktG) und der Einsichts- und Prüfungsrechte des Aufsichtsrats (§ 111 Abs. 2 AktG), der Zustimmungspflichtigkeit von Maßnahmen des Vorstands gemäß § 111 Abs. 4 Satz 2 AktG und nicht zuletzt des Rechts des Aufsichtsrats zur Bestellung und Abberufung der Vorstandsmitglieder. Für Beschlußfassungen der Hauptversammlung gilt gemäß § 133 Abs. 1 AktG das Prinzip der einfachen Mehrheit (Ausnahme: wesentliche Strukturänderungen und Kapitalmaßnahmen).[4] Das bedeutet einen geringen Minderheitenschutz. Im übrigen gilt das Gebot der Gleichbehandlung

---

1) Dazu oben *Kiem*, Rz. 321 ff
2) Siehe oben *Bommert*, Rz. 373 ff.
3) Vgl. oben *Zimmermann*, Rz. 515.
4) Dazu oben *Kiem*, Rz. 338 ff, und *Zimmermann*, Rz. 609.

aller Aktionäre (§ 53a AktG). Schließlich sind die Aktien frei veräußerlich und vererblich.

Um einen weitergehenden Familieneinfluß wirksam werden zu lassen, bedarf es Regelungen, die auf verschiedenen Ebenen ansetzen können. Zum einen ist dies die **Satzung**. Wegen der Satzungsstrenge der AG oder aus Gründen der Vertraulichkeit können oder sollen jedoch nicht alle erforderlichen und wünschenswerten Regelungen in die Satzung aufgenommen werden. Deshalb müssen daneben **schuldrechtliche Vereinbarungen** zwischen den Aktionären getroffen werden. Diese **Aktionärsvereinbarungen** werden auch **Schutzgemeinschafts-, Pool-, Konsortial- oder Stimmbindungsverträge** genannt. 724

II. Regelungen in der Satzung

Folgende Regelungen zur Sicherung des Familieneinflusses können aktienrechtlich zulässigerweise als echte **materielle Satzungsbestandteile**[5] in die Satzung aufgenommen werden. Ob sie in allen Fällen sinnvollerweise aufgenommen werden sollten oder ob man entsprechende oder weitergehende Regelungen in einer Aktionärsvereinbarung außerhalb der Satzung niederlegt, ist im Einzelfall im Hinblick auf die unterschiedlichen Rechtswirkungen der beiden Regelungsinstrumente zu entscheiden (dazu näher Rz. 747 ff). 725

1. Entsendungsrechte

Gemäß § 101 Abs. 2 Satz 1 AktG kann ein Recht, **Mitglieder in den Aufsichtsrat zu entsenden**, durch die Satzung begründet werden. Soweit derartige Entsendungsrechte bestehen, werden die von den Anteilseignern zu bestellenden Mitglieder des Aufsichtsrats nicht wie sonst gewählt (§ 101 Abs. 1 Satz 1 AktG), sondern durch Erklärung der berechtigten Aktionäre bestellt. Mehrere berechtigte Aktionäre können das Recht nur gemeinsam ausüben. Auf diese Weise entsandte Aufsichtsratsmitglieder haben dieselbe Rechtsstellung wie gewählte. Sie sind nicht weisungsabhängig.[6] 726

Das Entsendungsrecht kann in zwei verschiedenen Weisen begründet werden: Entweder für **namentlich bestimmte Aktionäre** oder durch **nähere Bestimmung der Aktien**, mit denen das Entsendungsrecht verbunden ist. Im ersten Fall handelt es sich um ein höchstpersönliches und nicht übertragbares (auch 727

---

5) Werden weitergehende Regelungen in die Satzung aufgenommen, entfalten diese keine organisationsrechtliche Wirkung. Es sind lediglich formelle Satzungsbestimmungen. Sie bleiben schuldrechtlicher Natur, vgl. *Hüffer*, AktG, § 23 Rz. 4 und § 133 Rz. 26. Es kann zu Beanstandungen durch das Handelsregistergericht kommen.

6) *Hüffer*, AktG, § 101 Rz. 10 m. w. N.

nicht vererbliches) Recht, im zweiten Fall ist das Entsendungsrecht an bestimmte Aktien geknüpft, wobei es sich um vinkulierte Namensaktien handeln muß (§ 101 Abs. 2 Satz 2 AktG). In beiden Fällen ist das Entsendungsrecht ein Sonderrecht im Sinne von § 35 BGB, das den Berechtigten nur durch Satzungsänderung und mit ihrer Zustimmung entzogen werden kann.[7] Entsendungsrechte können jedoch insgesamt **höchstens für ein Drittel** der von den Anteilseignern zu bestellenden Mitglieder des Aufsichtsrats begründet werden (§ 101 Abs. 2 Satz 4 AktG). Wegen der restlichen von den Anteilseignern zu bestellenden Aufsichtsratsmitglieder verbleibt es bei dem Grundsatz der Wahl durch die Hauptversammlung. Die Begrenzung der satzungsmäßigen Begründbarkeit eines Entsendungsrechts auf ein Drittel der Anteilseignervertreter im Aufsichtsrat bedeutet eine eingeschränkte Tauglichkeit dieses Instruments für die Sicherung des Familieneinflusses, es sei denn zur Gewährung eines reinen Minderheitenschutzes. Ein weitergehender Einfluß auf die Besetzung des Aufsichtsrats läßt sich allein durch Wahlabsprachen außerhalb der Satzung erreichen. Sollen diese nicht nur ad hoc erfolgen, sondern institutionell gesichert sein, bedarf es einer Aktionärsvereinbarung (unten Rz. 772).

2. Stimmrechtsbegrenzungen

728 Das Aktiengesetz läßt zwei Formen der von der Kapitalbeteiligung abweichenden Stimmrechtsregelung zu: Die Ausgabe von **Vorzugsaktien ohne Stimmrecht** (§ 12 Abs. 1 Satz 2 AktG) und bei **nicht börsennotierten** Gesellschaften die Festsetzung von **Höchststimmrechten** (§ 134 Abs. 1 Satz 2 AktG; anders bei der börsennotierten AG, § 5 Abs. 7 EGAktG). Die Begründung von **Mehrstimmrechten ist unzulässig** (§ 12 Abs. 2 AktG).[8] Stimmrechtsbeschränkungen können dazu eingesetzt werden, um den Einfluß einzelner Aktionäre oder Aktionärsgruppen (Familienstämme) oder den Einfluß nicht zur Familie gehörender Aktionäre zu begrenzen. Ihre nachträgliche Einführung gegen den Willen der Betroffenen ist nicht möglich.

729 **Stimmrechtslose Vorzugsaktien** müssen ihren Inhabern einen Vorzug bei der Verteilung des Gewinns gewähren (§ 139 Abs. 1 AktG). Während bei der Ausgestaltung dieses Vorzugs eine gewisse Flexibilität besteht,[9] kann das Stimmrecht von Vorzugsaktien stets **nur vollständig** ausgeschlossen, dagegen

---

7) *Hüffer*, AktG, § 101 Rz. 8.
8) Wegen der Fortgeltung früher begründeter Mehrstimmrechte vgl. § 5 Abs. 1 bis 6 EGAktG.
9) Näher *Hefermehl*, in: Geßler/Hefermehl/Eckardt/Kropff, AktG, § 139 Rz. 5 ff; *Zöllner*, in: Kölner Komm. z. AktG, § 139 Rz. 9 ff; *Hüffer*, AktG, § 139 Rz. 5 ff; ausführlich *Bezzenberger*, S. 51 ff.

II. Regelungen in der Satzung

nicht nur für einzelne Gegenstände ausgeschlossen oder hinsichtlich der Stimmkraft lediglich beschränkt werden.[10] Gemäß § 140 Abs. 2 AktG lebt das Stimmrecht der Vorzugsaktionäre wieder auf, wenn der Vorzugsbetrag in einem Jahr nicht vollständig bezahlt und auch im folgenden Jahr neben dem dann fälligen Vorzugsbetrag nicht nachgezahlt wird. Das Stimmrecht besteht so lange und in voller Höhe, wie noch Rückstände nachgezahlt werden müssen. Es dürfen allerdings nicht mehr stimmrechtslose Vorzugsaktien ausgegeben werden als der **Hälfte des Grundkapitals** entspricht (§ 139 Abs. 2 AktG). Zu bedenken ist ferner, daß die Ausgabe stimmrechtsloser Vorzugsaktien eine eigene Aktiengattung schafft (§ 11 AktG). Dies kann die Notwendigkeit von Sonderbeschlüssen der Vorzugsaktionäre gemäß § 141 Abs. 1 und 2, § 179 Abs. 3 AktG zur Folge haben, allerdings nicht in den praktisch bedeutsamen Fällen der Kapitalerhöhung und -herabsetzung (§ 182 Abs. 2, § 222 Abs. 2 AktG) und der Verschmelzung (§ 65 Abs. 2 Satz 1 UmwG).

Höchststimmrechte können **nur für sämtliche**, nicht dagegen für einzelne Aktionäre begründet werden (§ 134 Abs. 1 Satz 5 AktG). Es handelt sich um eine Stimmrechtsbegrenzung, die an eine bestimmte Höhe des Aktienbesitzes anknüpft. Die Beschränkung kann auch gestaffelt erfolgen (z. B. bis 10 % des Grundkapitals volles Stimmrecht, darüber hinaus bis 15 % gemindertes Stimmrecht, jenseits von 15 % kein Stimmrecht) oder auch bezogen auf einzelne Beschlußgegenstände in unterschiedlicher Weise (z. B. für satzungsändernde Beschlüsse; nicht dagegen für Wahlen).[11] Das Bestehen von Stimmbindungsverträgen führt als solches nicht zur Zusammenrechnung der so gebundenen Stimmen und ihrer Unterwerfung unter die Höchststimmbegrenzung; die Satzung kann dies aber anordnen.[12] Da es sich nur um eine Beschränkung der Stimmrechtsausübung handelt, die an den konkreten Aktienbesitz des Aktionärs anknüpft, vermittelt die Aktie im Falle der Übertragung dem Erwerber wieder das volle Stimmrecht, sofern er seinerseits nicht die in der Satzung bestimmten Schwellenwerte erreicht, bei denen die Höchststimmrechtsbeschränkung einsetzt.[13] Höchststimmrechtsregelungen bleiben allerdings bei der Berechnung einer nach Gesetz oder Satzung erforderlichen Kapitalmehrheit außer Betracht (§ 134 Abs. 1 Satz 6 AktG).

730

---

10) *Hefermehl*, in: Geßler/Hefermehl/Eckardt/Kropff, AktG, § 139 Rz. 16; *Zöllner*, in: Kölner Komm. z. AktG, § 139 Rz. 5 f; *Hüffer*, AktG, § 139 Rz. 13; *Bezzenberger*, S. 88.
11) *Zöllner*, in: Kölner Komm. z. AktG, § 134 Rz. 30 ff; *Hüffer*, AktG, § 134 Rz. 6; *Semler*, in: Münchener Handbuch des Gesellschaftsrechts, § 38 Rz. 6.
12) *Martens*, AG 1993, 495, 497 ff; *Noack*, S. 133 ff.
13) *Barz*, in: Großkomm. z. AktG, § 134 Anm. 16.

3. Mehrheitserfordernisse

731 Nach § 133 Abs. 1 AktG bedürfen die Beschlüsse der Hauptversammlung der **Mehrheit der abgegebenen Stimmen** (einfache Stimmenmehrheit), soweit nicht Gesetz oder Satzung eine größere Mehrheit oder weitere Erfordernisse bestimmen. Eine größere Mehrheit sieht das Gesetz etwa bei der Abberufung von Aufsichtsratsmitgliedern (§ 103 Abs. 2 AktG) vor, zusätzliche Erfordernisse immer dann, wenn neben der Stimmenmehrheit auch eine Kapitalmehrheit zustimmen muß. Dies ist bei allen Kapital- und wesentlichen Strukturmaßnahmen der Fall. Das Gesetz verlangt hier teilweise eine Mehrheit von mindestens drei Vierteln des bei der Beschlußfassung vertretenen Grundkapitals. Durch Satzungsbestimmung können diese Mehrheitserfordernisse weiter **verschärft**, in einigen Fällen (einfache Satzungsänderungen, die nicht den Gegenstand des Unternehmens betreffen) auch **gemildert** werden (§ 179 Abs. 2 Satz 2 AktG). Macht man von dieser Möglichkeit der Satzungsgestaltung Gebrauch, verändert man das relative Stimmengewicht von Mehrheit und Minderheit. Auf diese Weise läßt sich auch der Einfluß eines Aktienpakets, das etwa bei einem Familienstamm liegt oder einer familienexternen Aktionärsgruppe gehört, verstärken oder abschwächen.

732 Im Falle von **Wahlen**, insbesondere Aufsichtsratswahlen, kann durch Satzungsbestimmungen noch weitergehender vom Prinzip der einfachen Mehrheit abgewichen werden, nämlich nicht nur in Form einer Verschärfung des Mehrheitserfordernisses, sondern auch in der Zulassung einer Wahl durch eine **relative Mehrheit** (§ 133 Abs. 2 AktG).[14] Nach herrschender Meinung ist die Begründung eines Verhältniswahlrechts in der Satzung jedoch nicht zulässig.[15]

733 Bei der Veränderung der Mehrheitserfordernisse für Beschlußfassungen als Instrument zur Sicherung des Familieneinflusses ist stets zu bedenken, daß durch eine Erhöhung von Mehrheitserfordernissen zugleich der Einigungszwang unter den Familienmitgliedern steigt. Dies kann die Einigungsbereitschaft fördern, kann jedoch auch die Gesellschaft lähmen, wenn die erforderlichen Beschlußfassungen nicht zustande kommen. Statt einer von der gesetzlichen Regelung abweichenden Satzungsregelung lassen sich die Regeln der Willensbildung und Mehrheitsfindung außerhalb der Satzung und ohne die Grenzen zulässiger Abweichungen von der Gesetzeslage (z. B. Verhältniswahlrecht) in einer Aktionärsvereinbarung festlegen. Die beteiligten Aktionäre

---

14) *Hefermehl*, in: Geßler/Hefermehl/Eckardt/Kropff, AktG, § 101 Rz. 11; *Semler*, in: Münchener Handbuch des Gesellschaftsrechts, § 39 Rz. 73.
15) *Hüffer*, AktG, § 134 Rz. 33 m. w. N.

II. Regelungen in der Satzung

4. Vinkulierte Namensaktien

Aktien der Gesellschaft, gleich ob sie als Inhaber- oder als Namensaktien ausgegeben werden, sind von Gesetzes wegen frei veräußerlich und vererblich. Bei **Namensaktien** besteht gemäß § 68 Abs. 2 AktG die Möglichkeit, durch Satzungsbestimmung die Übertragung an die **Zustimmung der Gesellschaft** zu binden. Die Zustimmung erteilt der Vorstand. Die Satzung kann jedoch bestimmen, daß der Aufsichtsrat oder die Hauptversammlung über die Erteilung der Zustimmung beschließt (§ 68 Abs. 2 Satz 2 und 3 AktG).[16] Eine ohne Zustimmung erfolgte Übertragung ist **schwebend unwirksam**. Mit Erklärung der Zustimmung wird sie wirksam, mit deren Versagung endgültig unwirksam. Es handelt sich mithin um eine echte, gegenüber Dritten wirkende Übertragungssperre, die allerdings auf **rechtsgeschäftliche Übertragungen unter Lebenden** beschränkt ist. Den Übergang von Aktien im Wege der **Rechtsnachfolge von Todes wegen** oder andere Fälle der **gesetzlichen Gesamtrechtsnachfolge** hindert die Vinkulierung **nicht**, eine Zustimmung der Gesellschaft zum rechtswirksamen Übergang der Aktien ist also in diesen Fällen nicht erforderlich.[17]

734

Die Vinkulierung ist ein wirksames Mittel, das Eindringen von fremden Aktionären durch Erwerb von Aktien aus dem Aktionärskreis zu verhindern und die bisherigen Beteiligungsverhältnisse und die sich daraus ableitenden Einflußrechte aufrechtzuerhalten. Die Vinkulierung kann jedoch nicht dazu eingesetzt werden, jegliche Übertragung von Aktien zu verhindern. Die Satzung kann zwar einzelne Gründe bestimmen, aus denen die Zustimmung verweigert werden **darf** (§ 68 Abs. 2 Satz 4 AktG), nach herrschender Meinung aber nicht, daß die Zustimmung versagt werden **muß**.[18] Die Aufnahme von zumindest beispielhaft genannten Gründen für die Versagung der Zustimmung in die Satzung hat den Vorteil größerer Rechtssicherheit. Denn anderenfalls haben über den Antrag auf Erteilung der Zustimmung die zuständigen Gesellschaftsorgane nach **pflichtgemäßem Ermessen** zu entscheiden. Die Gesell-

735

---

16) Das Erfordernis der Zustimmung von Aufsichtsrat und Hauptversammlung (kumulativ) kann nicht begründet werden, vgl. *Hefermehl/Bungeroth*, in: Geßler/Hefermehl/Eckardt/Kropff, AktG, § 68 Rz. 117.
17) *Hüffer*, AktG, § 68 Rz. 11; *Lutter*, in: Kölner Komm. z. AktG, § 68 Rz. 3.
18) H. M.: *Hefermehl/Bungeroth*, in: Geßler/Hefermehl/Eckardt/Kropff, AktG, § 68 Rz. 102; *Hüffer*, AktG, § 68 Rz. 14; *Wiesner*, in: Münchener Handbuch des Gesellschaftsrechts, § 14 Rz. 23; a. A. *Lutter*, in: Kölner Komm. z. AktG, § 68 Rz. 27; *Friedewald*, S. 39 f.

schaftsinteressen und die Interessen des übertragungswilligen Aktionärs sind abzuwägen und das Gleichbehandlungsgebot (§ 53a AktG) zu beachten.[19]

736 Kann sich das zuständige Organ auf ausdrücklich in der Satzung niedergelegte Versagungsgründe stützen, wird das Risiko eines Streites um die Versagungsentscheidung deutlich vermindert. So kann etwa in der Satzung geregelt werden, daß eine Zustimmung zur Übertragung an Familienfremde verweigert werden kann. Die Vinkulierung kann auch von vornherein auf bestimmte Fälle beschränkt werden, andere Fälle der Übertragung, z. B. solche innerhalb eines Familienstamms, von dem Erfordernis der Zustimmung dagegen ausgenommen werden.[20]

737 **Andere Übertragungsbeschränkungen** als das Zustimmungserfordernis bei der Vinkulierung, also etwa Vorerwerbsrechte, Kaufoptionen oder Andienungsrechte können **nicht satzungsmäßig** verankert werden.[21] Derartige Regelungen können nur in einer Aktionärsvereinbarung getroffen werden (unten Rz. 778 ff).

5. Einziehung von Aktien

738 Die Satzung kann die **Einziehung von Aktien gegen den Willen des Aktionärs** zulassen (gestattete Zwangseinziehung gemäß § 237 Abs. 1 AktG). Als Einziehungsgrund kann etwa die Vererbung an Familienfremde bestimmt werden, die Zwangsversteigerung von Aktien oder die Eröffnung des Insolvenzverfahrens über das Vermögen eines Aktionärs, also Fälle, in denen insbesondere ein etwa bestehender Vinkulierungsschutz nicht greift und das Eindringen Fremder in den Aktionärskreis verhindert werden soll.[22]

739 Anders als im GmbH-Recht ist die Zwangseinziehung gemäß §§ 237 ff AktG stets mit einer **Herabsetzung des Grundkapitals** verbunden. Hierüber muß durch Beschluß der Hauptversammlung mit einer Mehrheit von drei Vierteln des vertretenen Grundkapitals entschieden werden; die Gläubigerschutzbestimmungen sind zu beachten (§ 237 Abs. 2 i. V. m. § 225 Abs. 2 AktG).

---

19) BGH, Urt. v. 1. 12. 1986 – II ZR 287/85, ZIP 1987, 291, 292, dazu EWiR 1987, 107 *(Priester)*; LG Aachen, Urt. v. 19. 5. 1992 – 41 O 30/92, ZIP 1992, 924, 928 ff, dazu EWiR 1992, 837 *(Bork)*; *Hefermehl/Bungeroth*, in: Geßler/Hefermehl/Eckardt/Kropff, AktG, § 68 Rz. 124 f; *Lutter*, in: Kölner Komm. z. AktG, § 68 Rz. 30; *Hüffer*, AktG, § 68 Rz. 15 m. w. N., sowie ausführlich *Friedewald*, S. 40 ff.

20) *Friedewald*, S. 38; *Hefermehl/Bungeroth*, in: Geßler/Hefermehl/Eckardt/Kropff, AktG, § 68 Rz. 98; *Hüffer*, AktG, § 68 Rz. 14.

21) *Wiesner*, in: Münchener Handbuch des Gesellschaftsrechts, § 14 Rz. 18; *Noack*, S. 282 f m. w. N.

22) *Friedewald*, S. 55 f; *Lutter*, in: Kölner Komm. z. AktG, § 237 Rz. 50 ff.

II. Regelungen in der Satzung

Deutlich weniger schwerfällig und insbesondere mit nur einfacher Stimmenmehrheit durchführbar ist demgegenüber das **vereinfachte Einziehungsverfahren**, das unter den Voraussetzungen des § 237 Abs. 3 AktG zulässig ist.

Im Falle der Zwangseinziehung hat die Gesellschaft dem Aktionär ein **Einziehungsentgelt** zu bezahlen. Die Höhe des Einziehungsentgelts und die Kriterien seiner Ermittlung sollten in der Satzung bereits festgelegt werden. Die Höhe des Einziehungsentgelts braucht nicht notwendigerweise dem wahren Wert der Beteiligung zu entsprechen. Sie kann höher oder niedriger sein, auch dem Nominalbetrag der eingezogenen Aktien oder ihrem Anteil am Grundkapital oder dem Buchwert entsprechen.[23] Fehlt in der Satzung eine Bestimmung über die Höhe des Einziehungsentgelts, hat der Aktionär kraft Gesetzes Anspruch auf ein angemessenes Entgelt, das entsprechend den Grundsätzen des § 305 AktG zu bestimmen sein dürfte.[24] Der Beschluß der Hauptversammlung setzt die Höhe des Einziehungsentgelts fest. Ein Streit über die Höhe ist im Rahmen einer Anfechtungsklage auszutragen. Ein Verfahren nach § 306 AktG ist gesetzlich nicht angeordnet.

740

Neben den vorstehend beschriebenen Verfahren einer gestatteten Zwangseinziehung kann in der Satzung weitergehend auch eine **Zwangseinziehung angeordnet** werden (§ 237 Abs. 6 AktG). In diesem Fall müssen alle Einzelheiten der Einziehung in der Satzung geregelt sein. Der Vorstand ist für diese Einziehung zuständig, hat aber kein eigenes Ermessen, sondern muß im Falle des Eintritts der Voraussetzungen die Zwangseinziehung vornehmen.[25]

741

Insgesamt ist die Zwangseinziehung zwar ein taugliches Mittel zur Sicherung des Familieneinflusses, aber auch ein an zahlreiche Voraussetzungen geknüpftes. Diese Voraussetzungen wie etwa das hohe Mehrheitserfordernis außerhalb einer vereinfachten Zwangseinziehung gemäß § 237 Abs. 3 AktG und die Notwendigkeit einer Kapitalherabsetzung können aus der Sicht der Familienaktionäre eine zu hohe Hürde darstellen und weitergehende Festlegungen in einer Aktionärsvereinbarung erfordern oder eine Kombination beider Regelungen nahelegen (Rz. 785).

742

---

23) Nach h. M. kann ein Einziehungsentgelt sogar ausgeschlossen werden, vgl. *Hüffer*, AktG, § 237 Rz. 17; zweifelhaft im Hinblick auf die Rechtsprechung im Recht der Personengesellschaften und der GmbH zu Abfindungsklauseln, bei denen ein krasses Mißverhältnis zwischen Abfindung und wahrem Wert besteht, BGH, Urt. v. 20. 9. 1993 – II ZR 104/92, BGHZ 123, 281 = ZIP 1993, 1611, dazu EWiR 1993, 1179 *(Büttner)*; BGH, Urt. v. 13. 6. 1994 – II ZR 38/93, BGHZ 126, 226 = ZIP 1994, 1173, dazu EWiR 1994, 973 *(Wiedemann)*.
24) *Hüffer*, AktG, § 237 Rz. 18.
25) *Krieger*, in: Münchener Handbuch des Gesellschaftsrechts, § 62 Rz. 7; *Hüffer*, AktG, § 237 Rz. 10.

6. Einrichtung eines Beirats als Organ der AG

743 Nach herrschender Meinung kann durch die Satzung als weiteres Organ der Gesellschaft ein Beirat eingerichtet werden. Die Kompetenzen eines solchen Beirats sind gering, so daß er sich nicht sonderlich für eine aktive Einflußnahme auf die Geschäftsführung eignet. Insbesondere dürfen ihm keine Zuständigkeiten der drei Organe Vorstand, Aufsichtsrat und Hauptversammlung zu Lasten dieser Organe zugewiesen werden. Es handelt sich um ein **reines Beratungsorgan**, das rechtlich insoweit Bedeutung hat, als der Vorstand einen solchen Beirat nicht einfach ignorieren kann. Er ist dem Beirat aber weder auskunfts- oder rechenschaftspflichtig, noch unter dem Gesichtspunkt des § 93 Abs. 1 Satz 2 AktG ohne weiteres zur Auskunft über vertrauliche Angelegenheiten berechtigt.[26] Letztlich handelt es sich um ein Beratungsgremium, dessen Autorität maßgeblich von den Persönlichkeiten geprägt wird, die zu seinen Mitgliedern bestellt werden.

III. Aktionärsvereinbarungen

744 Aktionärsvereinbarungen sind Vereinbarungen zwischen **einzelnen oder allen** Aktionären in bezug auf ihren jeweiligen Aktienbesitz. Sie dienen der **koordinierten Einflußnahme** auf die Aktiengesellschaft und enthalten regelmäßig Abreden über einheitliches Stimmverhalten, Wahlabsprachen, häufig auch Festlegungen zu Unternehmensstruktur und -zielen. Daneben unterwerfen sich die Aktionäre Übertragungsbeschränkungen sowie Regelungen, die es einzelnen Aktionären ermöglichen, aus dem Aktionärskreis auszuscheiden unter Wahrung der Interessen der Verbleibenden an der Aufrechterhaltung ihres Einflusses.[27]

1. Zulässigkeit und Grenzen

745 Aktionärsvereinbarungen sind zulässig und erzeugen wirksame **vertragliche Bindungen** der Beteiligten.[28] Aktionärsvereinbarungen stoßen an folgende **Zulässigkeitsgrenzen**: Vereinbarungen, die den Aktionär bei seinem Ab-

---

26) *Friedewald*, S. 95 f; *Hoffmann-Becking*, in: Münchener Handbuch des Gesellschaftsrechts, § 29 Rz. 18 ff jew. m. w. N.
27) Zur rechtstatsächlichen Vielfalt von Gesellschaftervereinbarungen vgl. *Baumann/Reiß*, ZGR 1989, 157; *Hopt*, ZGR 1997, 1; *Joussen*, S. 5 ff; *Noack*, S. 32 ff.
28) Heute ganz h. M., ausdrücklich BGH, Urt. v. 29. 5. 1967 – II ZR 105/66, BGHZ 48, 163; BGH, Urt. v. 3. 2. 1966 – II ZR 230/63, WM 1966, 511; BGH, Urt. v. 14. 5. 1970 – II ZR 136/68, WM 1970, 962; BGH, Urt. v. 25. 9. 1986 – II ZR 272/85, ZIP 1987, 103, dazu EWiR 1987, 27 *(Tiedtke)*; BGHZ 126, 226 = ZIP 1994, 1173, und *Noack*, S. 66 ff m. w. N.

III. Aktionärsvereinbarungen

stimmungsverhalten dem Willen der Verwaltung unterwerfen, sind gemäß § 136 Abs. 2 AktG nichtig. Ebenso unwirksam sind Stimmverpflichtungen, die auf eine Umgehung der Stimmverbote des § 136 Abs. 1 AktG hinauslaufen (Entlastung, Haftungsverzicht).[29] Aus § 405 Abs. 3 Nr. 6 und 7 AktG ergibt sich darüber hinaus, daß Abreden, deren Gegenstand ein Stimmenkauf ist, ordnungswidrig und damit zugleich zivilrechtlich nichtig sind (§ 134 BGB). Aktionärsvereinbarungen dürfen ferner keine wettbewerbsbeschränkenden Abreden zwischen Aktionären enthalten (§ 1 GWB). Teilweise werden auch Vereinbarungen mit Dritten, also Nichtaktionären, für unzulässig gehalten, wenn sie darauf gerichtet sind, den Aktionär in seinem Abstimmungsverhalten oder der Ausübung anderer Mitgliedschaftsrechte Weisungen außenstehender Dritter zu unterwerfen.[30] Aktionärsvereinbarungen können konzern- und kartellrechtliche Zurechnungstatbestände und Mitteilungspflichten auslösen.[31] Im übrigen besteht jedoch für Aktionärsvereinbarungen **Vertragsfreiheit**, wobei die Treuepflicht der Aktionäre eine immanente Schranke bildet und zugleich eine Auslegungsmaxime für jede Aktionärsvereinbarung.[32] Damit ermöglicht die Aktionärsvereinbarung **flexiblere und differenziertere Regelungen**, als sie in der Satzung getroffen werden können.

2. Form

Aktionärsvereinbarungen sind **formlos** wirksam. Sie unterliegen insbesondere nicht dem notariellen Beurkundungserfordernis des § 23 Abs. 1 AktG.[33] Schriftform ist zu Beweiszwecken praktisch unverzichtbar.

746

3. Rechtsnatur und Unterschied zu Regelungen in der Satzung

Im Unterschied zu Regelungen in der Satzung, die unmittelbar das Mitgliedschaftsrecht des Aktionärs ausgestalten, erzeugen Aktionärsvereinbarungen **schuldrechtliche Bindungen zwischen den Aktionären**. Sie berechtigen und

747

---

29) BGHZ 48, 163, 166.
30) Vgl. *Hachenburg/Hüffer*, GmbHG, § 47 Rz. 73 ff m. w. N.; teilweise a. A. *Zöllner*, ZHR 155 (1991), 168, 180 f.
31) BGH, Urt. v. 4. 3. 1974 – II ZR 89/72, BGHZ 62, 193, 196 ff; BGH, Urt. v. 8. 5. 1979 – KVR 1/78, BGHZ 74, 359, 366; BAGE 22, 390, 395 f; BAG, Beschl. v. 30. 10. 1986 – 6 ABR 19/85, ZIP 1987, 1407 = DB 1987, 1691, dazu EWiR 1988, 15 *(Konzen)*; OLG Düsseldorf, Urt. v. 22. 7. 1993 – 6 U 84/92, ZIP 1993, 1791, 1798 = WM 1994, 842, 846, dazu EWiR 1994, 211 *(Kohte)*; *Krieger*, in: Münchener Handbuch des Gesellschaftsrechts, § 68 Rz. 51; ausführlich *Noack*, S. 87 ff, 252 f, und *Joussen*, S. 164 ff.
32) *Karsten Schmidt*, § 21 II 4 dd; *Zöllner*, ZHR 155 (1991), 168, 170 ff, 178.
33) BGH ZIP 1987, 103, 104.

E. Sicherung des Familieneinflusses

verpflichten die Aktionäre im Verhältnis zueinander, haften aber nicht an der Aktie. Satzungsregelungen und Aktionärsvereinbarungen bestehen nebeneinander und ergänzen sich. Aktionärsvereinbarungen können Satzungsregelungen nicht abändern. Mit ihnen kann aber geregelt werden, wie die Aktionäre die sich aus der Satzung ergebenden Mitgliedschaftsrechte auszuüben und wie sie über das Mitgliedschaftsrecht zu disponieren haben. Die rechtlichen Unterschiede zwischen Satzungsregelung und Aktionärsvereinbarung zeigen sich an folgenden Punkten:

748 Satzungsregelungen gelten automatisch für den **Rechtsnachfolger eines Aktionärs**, eine Aktionärsvereinbarung nur, falls der Rechtsnachfolger kraft **Gesamtrechtsnachfolge** wie z. B. durch Erbrecht gebunden ist **oder** der Vereinbarung **beitritt**.[34]

749 Eine Satzungsregelung gilt auf **unbestimmte Zeit**. Aktionärsvereinbarungen sind als schuldrechtliche Regelungen jedenfalls aus wichtigem Grund **kündbar**. Darüber hinaus werden durch Aktionärsvereinbarungen regelmäßig Gesellschaften bürgerlichen Rechts begründet, für die auch die **ordentliche Kündigung** gemäß § 723 Abs. 3 BGB **nicht** unbefristet lange **ausgeschlossen** werden kann.

750 Satzungsregelungen erlangen registerrechtliche **Publizität**. Aktionärsvereinbarungen unterliegen keiner Publizitätspflicht, können mithin **vertraulich** bleiben, worauf es den Beteiligten häufig entscheidend ankommt.

751 Satzungsregelungen sind nur im Wege der **Satzungsänderung**, d. h. unter Mitwirkung eines Notars und Eintragung im Handelsregister abänderbar. Aktionärsvereinbarungen können **formlos und kostenlos** geändert werden.

752 Schließlich besteht ein wesentlicher Unterschied in den Sanktionen im Falle der Nichteinhaltung von Satzungsregelungen und Aktionärsvereinbarungen. Der Verstoß gegen Satzungsregelungen im Zusammenhang mit Beschlußfassungen kann mit der Anfechtungsklage gemäß § 243 Abs. 1 AktG angefochten werden. Ist die Anfechtungsklage erfolgreich, wird der Beschluß vernichtet. Demgegenüber begründet eine Verletzung von Pflichten aus einer Aktionärsvereinbarung grundsätzlich keine Anfechtungsklage. Ob für Aktionärsvereinbarungen, die unter **sämtlichen** Aktionären getroffen worden sind, etwas anderes gilt, ist umstritten, bei dem definierten Personenkreis einer kleinen AG

---

34) Werden unter Inkaufnahme der Publizität schuldrechtliche Regelungen in die Satzung als unechte Satzungsbestandteile aufgenommen, kann im Falle der Kenntnis des Erwerbers von einem Übernahmewillen auszugehen sein, vgl. *Noack*, S. 176 m. w. N.

aber im Einklang mit der Rechtslage bei der GmbH zu bejahen.[35] Im übrigen sind jedoch Stimmabgaben und Beschlüsse, die entgegen einer vereinbarten Stimmbindung erfolgen, **wirksam**.[36] Die Aktionärsvereinbarung erzeugt aber hinsichtlich der Stimmabgabe **klagbare Ansprüche**, und zwar nicht nur Schadensersatzansprüche oder etwa Ansprüche auf eine vereinbarte Vertragsstrafe, sondern nach herrschender Meinung auch **vollstreckbare Erfüllungs- und Unterlassungsansprüche**.[37] Ansprüche auf Unterlassung einer abredewidrigen Stimmabgabe lassen sich unter bestimmten Voraussetzungen auch durch **einstweilige Verfügung** sichern.[38]

4. Regelung in Satzung oder in Aktionärsvereinbarung?

Soweit Regelungen in die Satzung aufgenommen werden können, entsteht die Frage, ob sie auch oder statt dessen in die Aktionärsvereinbarung aufgenommen werden. Der wichtigste Gesichtspunkt für die Nichtaufnahme in die Satzung ist, daß sich dadurch **Publizität** vermeiden läßt. Ein weiterer Gesichtspunkt kann sein, daß die Aufnahme einer Regelung in die Satzung wegen der Satzungsstrenge der AG nur in einer Weise erfolgen kann, daß sie lediglich einen Teilaspekt der gewünschten Gesamtregelung abdeckt, zu undifferenziert ist oder auch zu weit geht, so daß dies durch die Aktionärsvereinbarung ergänzt oder teilweise sogar korrigiert werden muß mit der Folge, daß das Nebeneinander von Satzung und Aktionärsvereinbarung **zu kompliziert und unübersichtlich** wird. 753

Umgekehrt vermittelt die Satzungsregelung häufig einen **stärkeren Schutz** als die Aktionärsvereinbarung sowohl gegenüber Dritten als auch gegenüber einer Kündigung, damit zugleich aber auch die **stärkere Bindung**. So wirkt etwa die Vinkulierung einer Namensaktie stärker als ein etwa nur in einer Aktionärsvereinbarung enthaltenes schuldrechtliches Veräußerungsverbot, auch wenn dies etwa durch eine Vertragsstrafe gesichert sein mag. Satzungsmäßige 754

---

35) Für die GmbH BGH, Urt. v. 20. 1. 1983 – II ZR 243/81, ZIP 1983, 297 und BGH, Urt. v. 27. 10. 1986 – II ZR 240/85, ZIP 1987, 293, 295, dazu EWiR 1987, 53 *(Riegger)*; eingehend *Hoffmann-Becking*, ZGR 1994, 442, 446 ff; *Joussen*, S. 141 ff; *Noack*, S. 156 ff, ausdrücklich für die personalistische AG S. 168 f; a. A. *Hüffer*, AktG, § 243 Rz. 10.
36) *Hüffer*, AktG, § 133 Rz. 26.
37) BGHZ 48, 163, 169 ff; *Noack*, S. 68 m. w. N.
38) OLG Koblenz, Urt. v. 25. 10. 1990 – 6 U 238/90, NJW 1991, 1119; *v. Gerkan*, ZGR 1985, 167 ff; *Zutt*, ZHR 155 (1991), 199 ff; vgl. auch OLG Stuttgart, Urt. v. 20. 2. 1987 – 2 U 202/86, NJW 1987, 2449; OLG Saarbrücken, Urt. v. 30. 6. 1989 – 4 U 2/89, NJW-RR 1989, 1512; OLG Koblenz, Urt. v. 27. 2. 1986 – 6 U 261/86, ZIP 1986, 503, dazu EWiR 1986, 373 *(v. Gerkan)*; OLG Frankfurt/M., Urt. v. 1. 7. 1992 – 17 U 9/91, GmbHR 1993, 161; OLG Hamm, Urt. v. 6. 7. 1992 – 8 W 18/92, GmbHR 1993, 163.

Entsendungsrechte in den Aufsichtsrat können mit sofortiger Wirkung und ohne weiteres gegenüber der Gesellschaft ausgeübt werden. Sie sind unentziehbar.

755 Demgegenüber müssen Wahlabsprachen stets erst getroffen oder nach Maßgabe der Willensbildungsregeln der Aktionärsvereinbarung zustande gebracht und sodann umgesetzt werden, was vertragstreues Verhalten der übrigen Beteiligten der Aktionärsvereinbarung voraussetzt. Insofern ist es auch eine Frage des **Vertrauens** unter den Beteiligten, ob sie sich mit den Regelungen in der Aktionärsvereinbarung begnügen oder auf Regelungen in der Satzung drängen. Ist der Kreis der an der Aktionärsvereinbarung Beteiligten nicht mit dem Kreis der Aktionäre identisch, weil es etwa familienexterne Aktionäre gibt oder nur eine Regelung innerhalb eines Familienstammes getroffen wird, muß es allerdings notwendigerweise bei einer Aktionärsvereinbarung ohne satzungsmäßige Absicherung bleiben.

IV. Typen von Familienpools

1. Pools mit Gesamthandsvermögen

756 Die intensivste und weitestgehende Form eines Pools besteht in der Errichtung einer **Gesellschaft bürgerlichen Rechts**, auf die die Mitglieder ihre **Aktien übertragen**, so daß sie **Gesamthandsvermögen** werden. Das einzelne Poolmitglied verliert damit seine Verfügungsbefugnis über die Aktie. Die Poolmitglieder sind nicht mehr unmittelbar an der AG beteiligt, sondern nur noch an dem vorgeschalteten Pool. Über den Anteil am Pool können die Mitglieder nicht verfügen (§ 719 Abs. 1 BGB), soweit der Poolvertrag keine Verfügungsmöglichkeit eröffnet. Die Bildung eines Pools mit Gesamthandsvermögen kann gemäß § 1 Abs. 3 GrEStG **Grunderwerbsteuer** auslösen. Seit 1. Januar 1999 kann ein solcher Pool, der eigenes Vermögen verwaltet, auch die Rechtsform einer **Handelsgesellschaft** haben und im **Handelsregister** eingetragen werden (§ 105 Abs. 2 Satz 1 HGB), was allerdings die Publizität des Mitgliederbestandes, im Falle einer KG auch der Höhe der jeweiligen Hafteinlagen (§§ 106, 162 HGB) und die Notwendigkeit der Anmeldung aller diesbezüglicher Änderungen (§§ 107, 175 HGB) zur Folge hat.[39]

757 Ein Pool mit Gesamthandsvermögen braucht nicht nur Geschäftsführungssondern auch Vertretungsorgane, die die Mitgliedschaftsrechte aus den auf den Pool übertragenen Aktien aufgrund ihrer **organschaftlichen Vertretungsmacht** gegenüber der Aktiengesellschaft wahrnehmen. Einer Stimmbindung

---

[39] Zu den selteneren Formen von Pools in der Rechtsform von Kapitalgesellschaften oder eines Vereins vgl. *Noack*, S. 52 ff.

der Poolmitglieder oder einer Bevollmächtigung des Poolleiters bedarf es nicht, denn die Poolmitglieder haben bei der Aktiengesellschaft **kein Stimmrecht** mehr.

758 Die **Dividenden sind Einkünfte des Pools**, der darüber Rechnung zu legen hat und sie durch Gewinnausschüttungen an die Poolmitglieder weitergibt. Steuerlich ist ein solcher Pool, sofern er nicht aus anderen Gründen gewerblich ist, **keine Mitunternehmerschaft** i. S. v. § 15 EStG. Die Poolmitglieder beziehen Einkünfte aus **Kapitalvermögen** (§ 20 Abs. 1 Nr. 1 und 3, Abs. 2a EStG i. V. m. § 39 Abs. 2 Nr. 2 AO), **nicht aus Gewerbebetrieb**.[40]

759 Im **Erbfall** gehen **keine Aktien** auf die Rechtsnachfolger über, sondern die **Anteile am Pool**. Damit finden zugleich ausschließlich die Regeln über die **Vererbung von Personengesellschaftsanteilen** Anwendung. Das bedeutet, daß bei Fortsetzung des Pools mit den Erben jeder von mehreren Erben im Wege der Sondernachfolge nach Maßgabe seiner Erbquote in die Mitgliedschaft des Erblassers nachrückt **(keine Erbengemeinschaft an der Poolmitgliedschaft)**. Bei Pools in der Form einer Gesellschaft bürgerlichen Rechts muß wegen § 727 Abs. 1 BGB die Fortsetzung mit den Erben ausdrücklich angeordnet werden (sogenannte Fortsetzungs- und einfache Nachfolgeklausel), bei der OHG genügt die Nachfolgeklausel (§ 131 Abs. 3 Nr. 1 HGB), bei der KG ist auch sie für die Kommanditisten entbehrlich (§ 177 HGB). Qualifizierte Nachfolgeklauseln im Poolvertrag, die nur einzelne Erben zur Nachfolge zulassen, führen dazu, daß die übrigen Erben nicht Poolmitglieder werden und im Innenverhältnis zu dem zur Nachfolge berechtigten Erben Ausgleichsansprüche erwerben.[41] Es entsteht **in keinem Fall eine Erbengemeinschaft an den Aktien**.

760 Für Zwecke der Erbschaftsteuer ist die Bildung von Gesamthandsvermögen des Pools meistens ohne Bedeutung. Denn bei Pools mit Gesamthandsvermögen, die – wie regelmäßig – keinen steuerlichen Gewerbebetrieb haben, stellen die Aktien kein Betriebsvermögen i. S. v. §§ 95 ff BewG dar. Für die erbschaftsteuerliche Bewertung ist gemäß § 10 Abs. 1 Satz 3 ErbStG der anteilige Wert der Wirtschaftsgüter anzusetzen, hier also der Wert der Aktien, der sich aufgrund § 11 Abs. 2 und 3 BewG für nicht börsennotierte Aktien ergibt (Ableitung aus Verkäufen oder Stuttgarter Verfahren). Die erbschaftsteuerlich vorteilhaften Vorschriften der § 13a, § 19a, § 28 ErbStG finden keine Anwen-

---

40) Es liegt Vermögensverwaltung vor, vgl. *Schulze zur Wiesche*, in: Hartmann/Nissen/Bordewin, EStG, § 15 Rz. 150; *Stuhrmann*, in: Blümich, EStG, § 15 Rz. 110 f.
41) BGH, Urt. v. 22. 11. 1956 – II ZR 222/55, BGHZ 22, 186, 191 ff; BGH, Urt. v. 10. 2. 1977 – II ZR 120/75, BGHZ 68, 225, 231 ff; BGH, Urt. v. 4. 5. 1983 – IVa ZR 229/81, WM 1983, 672; näher MünchKomm-*Ulmer*, BGB, § 727 Rz. 20 ff.

E. Sicherung des Familieneinflusses

dung, soweit sie auf das Vorhandensein von Betriebsvermögen abstellen. Der Freibetrag des § 13a Abs. 4 Nr. 3 ErbStG und der Bewertungsabschlag gemäß § 19a Abs. 2 Nr. 3 ErbStG kommen jedoch bei Vererbung von mehr als 25 % Kapitalanteil zur Anwendung.[42]

761 Eine solche Form eines Pools mit Gesamthandsvermögen kommt in erster Linie bei großem Gesellschafterkreis in Betracht, der anders kaum noch zu organisieren ist und bei dem im Interesse der effektiven Wahrung des Familieneinflusses ein höherer Organisationsgrad erforderlich ist. Damit einher geht allerdings ein **verminderter Bezug** des einzelnen Familiengesellschafters zu dem Unternehmen, an dem keine unmittelbare Beteiligung mehr besteht. Bei einem solchen Pool sind zusätzliche **Satzungsregelungen** bei der AG zur Sicherung der Rechte und Pflichten der einzelnen Poolmitglieder **weder erforderlich noch tauglich**, da es bereits an einem Mitgliedschaftsrecht der Poolmitglieder bei der AG fehlt. Sie erlangen erst wieder Bedeutung beim Ausscheiden von Poolmitgliedern oder bei Auflösung des Pools, sofern der Poolvertrag eine Abfindung bzw. Liquidation in Form der Rückübertragung der Aktien auf die Poolmitglieder vorsieht.

2. Pools ohne Gesamthandsvermögen

762 Weniger weitgehende Bindungen erzeugt die in der Praxis meist gewählte Form des Pools **ohne Gesamthandsvermögen**.[43] Die Mitglieder des Pools bleiben selbst Aktionäre. Sie schließen sich zu einer **Innengesellschaft bürgerlichen Rechts** zusammen. Die Gesellschaft verwaltet kein eigenes Vermögen und auch keine sonstigen eigenen Mitgliedschaftsrechte aus den Aktien, da diese bei den Poolmitgliedern verbleiben, denen sie auch steuerlich in jeder Hinsicht weiterhin zugerechnet werden.

763 Der Poolvertrag enthält verpflichtende Regelungen zur Ausübung ihrer Rechte **an und aus den Aktien**, insbesondere Stimmbindungen und verfügungsbeschränkende Regelungen. Dabei können Pools ohne Gesamthandsvermögen ihre Mitglieder unterschiedlich stark binden. So können die Mitglieder des Pools ihre Aktien weiterhin selbst verwalten. Sie können aber auch verpflichtet werden, ihre Aktien in ein **gemeinsames Depot** einzuliefern, über das sie nicht alleine, auch nicht hinsichtlich nur ihrer Aktien oder einer diesen Aktien

---

42) Vgl. *Troll/Gebel/Jülicher*, ErbStG, § 13a Rz. 236. Die Erben des Poolmitglieds werden letztlich so besteuert, wie wenn die Aktien selbst im Nachlaß wären. Wegen möglicher Zu- und Abschläge im Hinblick auf poolvertragliche Bindungen vgl. *Kapp/Ebeling*, ErbStG, § 12 Rz. 138 ff; *Troll/Gebel/Jülicher*, ErbStG, § 12 Rz. 45 ff.

43) Muster eines Poolvertrages einer Familiengesellschaft für einen Pool ohne Gesamthandsvermögen siehe *Blaum*, Anh. III.

IV. Typen von Familienpools

entsprechenden Quote verfügen können.[44] Damit wird im praktischen Ergebnis eine ähnlich wirksame **Verfügungssperre** errichtet, wie dies bei Pools mit Gesamthandsvermögen der Fall ist.

Die Einlieferung der Aktien in ein gemeinsames Depot hat noch einen weiteren Zweck: Zusammen mit einer durch den Poolvertrag erfolgenden Bevollmächtigung einzelner Poolmitglieder kann auf diese Weise sichergestellt werden, daß stets für alle Poolmitglieder die **Hinterlegungs- und Anmeldungsvoraussetzungen** für die Teilnahme an der Hauptversammlung (§ 123 Abs. 2 bis 4 AktG) und damit die Vertretung des gesamten poolgebundenen Aktienbesitzes des Pools gewährleistet ist. Sind sämtliche Aktionäre poolgebunden, wird damit zugleich die Abhaltung von **Vollversammlungen** unter Verzicht auf Förmlichkeiten und Fristen der Einberufung einer Hauptversammlung erleichtert (§ 121 Abs. 6 AktG). **764**

Bei Pools ohne Gesamthandsvermögen gilt es zu verhindern, daß es im **Erbfall** zu einem **Auseinanderfallen der Berechtigung an den Aktien und der Mitgliedschaft am Pool** kommt: Bei mehreren Erben entsteht an den Aktien eine **Erbengemeinschaft**, für die im Verhältnis zur AG § 69 AktG gilt,[45] d. h., die Rechte aus den Aktien müssen durch einen gemeinschaftlichen Vertreter ausgeübt werden. **765**

Enthält der Pool – wie üblich – eine Fortsetzungs- und eine Nachfolgeklausel, so stellt sich bei einer Mehrheit von Erben die Frage, ob sie jeweils als Einzelperson nach Maßgabe ihrer Erbquote (Sondernachfolge) oder als Erbengemeinschaft in die Mitgliedstellung des verstorbenen Poolmitglieds einrücken. Grundsätzlich kann eine Erbengemeinschaft nicht Mitglied einer Gesellschaft bürgerlichen Rechts sein,[46] sondern es tritt Sondernachfolge nach Erbquoten ein (so beim Pool mit Gesamthandsvermögen, vgl. oben Rz. 761). Es gibt jedoch gute Gründe, dies bei einer Innengesellschaft bürgerlichen Rechts wie dem Pool ohne Gesamthandsvermögen zu verneinen. Denn die Besonderheiten der beschränkbaren Erbenhaftung, die als Haupthindernis für die Gesellschafterstellung einer Erbengemeinschaft bei einer Personengesellschaft gesehen werden, werden im Falle einer Innengesellschaft aufgrund des fehlenden Außenauftritts praktisch nicht relevant.[47] **766**

---

44) Vgl. *Blaum*, § 6 Poolvertrag-Muster, Anh. III.
45) *Hüffer*, AktG, § 69 Rz. 3.
46) H. M.: MünchKomm-*Ulmer*, BGB, § 705 Rz. 69 und § 727 Rz. 26; *Erman/Westermann*, BGB, § 727 Rz. 8; *Soergel/Hadding*, BGB, § 727 Rz. 20.
47) *Noack*, S. 185; *J. Schröder*, ZGR 1978, 578, 601 ff; wohl auch *Karsten Schmidt*, § 59 II e aa.

E. Sicherung des Familieneinflusses

767 Um sicherzustellen, daß es nicht darauf ankommt, ob mehrere Erben einzeln im Wege der Sondernachfolge oder als Erbengemeinschaft Mitglieder des Pools werden – was zu unterschiedlichen Ergebnissen führen kann[48] –, bestimmt man zweckmäßigerweise im Poolvertrag, daß mehrere Erben, solange hinsichtlich der Aktien eine ungeteilte Erbengemeinschaft besteht, ihre Rechte im Pool nur einheitlich durch einen **gemeinsamen Vertreter** ausüben können. Damit besteht in jedem Falle Gleichklang mit der aktienrechtlichen Lage (§ 69 Abs. 1 AktG).

768 Enthält der Poolvertrag eine **qualifizierte Nachfolgeklausel**, sind also nur einzelne Miterben nachfolgeberechtigt, so kann es zu einem unerwünschten und mit rechtlichen Zweifelsfragen belasteten Auseinanderfallen von Poolberechtigung und Aktieninhaberschaft führen. Aus diesem Grund ist vor qualifizierten Nachfolgeklauseln bei Pools ohne Gesamthandsvermögen zu warnen.[49] Es empfiehlt sich, zunächst alle Miterben zur Nachfolge in den Pool zuzulassen (einfache Nachfolgeklausel), so daß ein solches Auseinanderfallen vermieden wird, und sodann im Poolvertrag durch Ausschließungs- und/oder Erwerbsrechte das Instrumentarium für die Trennung von einem etwa nicht erwünschten Rechtsnachfolger zu schaffen (unten Rz. 782 ff).[50]

V. Einzelne Regelungen in Poolverträgen

769 Als Gesellschaftsvertrag einer Personengesellschaft enthält ein Poolvertrag die üblicherweise in derartigen Verträgen namentlich von Familiengesellschaften anzutreffenden Regelungen, jedoch mit folgenden Besonderheiten:

1. Gebundener Aktienbesitz

770 Die Poolbindung erstreckt sich üblicherweise auf **sämtliche von den Poolmitgliedern jeweils gehaltenen Aktien**. Sie ergreift damit auch erst zukünftig noch zu erwerbende Aktien, gleich ob das Poolmitglied diese durch Kauf, Erbgang, Kapitalerhöhung oder Umtausch erwirbt. Zum anderen wird bisher ungebundener Aktienbesitz erfaßt, auch wenn der Aktionär nur hinsichtlich bestimmter Aktien, z. B. durch Erbfolge, erstmals poolgebundene Aktien erwirbt.[51] Beim Pool mit Gesamthandsvermögen muß eine Übertragung der gebundenen Aktien auf den Pool erfolgen, beim Pool ohne Gesamdhandsvermö-

---

48) Näher *J. Schröder*, ZGR 1978, 578, 600 ff; *Noack*, S. 186.
49) *Noack*, S. 185.
50) Vgl. *Blaum*, § 8 Poolvertrag-Muster, Anh. III.
51) Vgl. *Blaum*, § 1 Abs. 3 Poolvertrag-Muster, Anh. III.

gen bei entsprechender Anordnung im Poolvertrag eine Einlieferung der Aktienurkunden in ein gemeinsames Depot (oben Rz. 763).

2. Vermögenseinlage

Anders als bei Poolverträgen, bei denen die Poolmitglieder die Aktien in das Gesellschaftsvermögen einbringen, gibt es bei **Pools ohne Gesamthandsvermögen keine Vermögenseinlagen** der Poolbeteiligten. Ihr Stimmrecht in der Poolversammlung bestimmt sich daher nicht nach Vermögenseinlagen, sondern nach der jeweiligen Höhe des durch den Poolvertrag gebundenen Aktienbesitzes jedes Poolbeteiligten. Auch sonstige vermögensrechtliche Regelungen wie etwa Bestimmungen über den Jahresabschluß, Gewinnverteilung, Entnahmerechte, Gesellschafterkonten, Abfindungsregeln im Falle des Ausscheidens, Auseinandersetzungsguthaben, die bei einem Pool mit Gesamthandsvermögen nicht fehlen dürfen, sind entbehrlich. 771

3. Willensbildung, Organbesetzung und Stimmbindung

Eines der Kernstücke jedes Poolvertrages sind die **Regeln über die Willens-** 772 **bildung**. Diese erfolgt durch Beschlußfassungen der Poolversammlung. Gegenstand der Beschlußfassung sind sämtliche Beschlußfassungen der Hauptversammlung einschließlich insbesondere Wahlentscheidungen, gelegentlich auch Fragen der Unternehmensstruktur oder -politik oder Fragen, über die bei der AG der Aufsichtsrat zu entscheiden hat (z. B. Vorstandsbesetzung). Im übrigen entscheidet die Poolversammlung über poolinterne Maßnahmen wie etwa die Wahl eines Poolleiters, die Aufnahme und den Ausschluß von Poolmitgliedern sowie die Änderung des Poolvertrages, die Auflösung des Pools und etwa erforderliche Mitwirkungshandlungen bei der Übertragung von Aktien oder Poolanteilen durch Poolmitglieder.

Der Poolvertrag enthält detaillierte Regelungen zur Einberufung von Poolversammlungen und Ankündigung von Beschlußgegenständen, Beschlußfähigkeitsanforderungen, Stimmrechtsregelungen und Mehrheitserfordernisse.[52] Soweit es um Beschlußfassungen geht, die Abstimmungen in der Hauptversammlung der AG zum Gegenstand haben, brauchen für das Zustandekommen des Beschlusses **nicht dieselben Mehrheitserfordernisse** festgelegt zu werden, wie sie in der Hauptversammlung der AG gelten. Es können höhere und geringere Mehrheitserfordernisse bestimmt werden.[53] Für Wahlen läßt sich die Geltung des **Verhältniswahlrechts** vereinbaren (vgl. Rz. 732 f). Es kön- 773

---

52) Vgl. *Blaum*, § 3 Poolvertrag-Muster, Anh. III.
53) *Noack*, S. 207 f.

E. Sicherung des Familieneinflusses

nen auch **Vorschlags- oder Benennungsrechte** von Gruppen von Poolmitgliedern (z. B. Familienstämme) für die zu bestellenden Mitglieder des Aufsichtsrats begründet werden.

774 Charakteristikum des Poolvertrages eines Pools ohne Gesamthandsvermögen ist es, daß die Beschlüsse des Pools die Poolmitglieder **verpflichten, im gleichen Sinne ihr Stimmrecht in der Hauptversammlung der AG auszuüben**.[54] Für den Fall der Zuwiderhandlung empfiehlt es sich, eine **Vertragsstrafe** zu vereinbaren, da Schadensersatzansprüche häufig schwer quantifizierbar sind.[55] Für alle Pools gilt, daß deren Entscheidungen für Poolmitglieder, die zugleich dem **Vorstand** oder dem **Aufsichtsrat** der Gesellschaft angehören, **keine rechtlich bindende Wirkung** für deren Verhalten als Mitglieder dieser Organe haben können, da sie insofern aktienrechtlich zwingend eigenverantwortlich handeln. Gleichwohl haben Beschlußfassungen des Pools im Kompetenzbereich von Vorstand und Aufsichtsrat erhebliche faktische Wirkung, und Mitglieder dieser Organe, die die Beschlüsse des Pools nicht umsetzen, müssen mit ihrer Abberufung oder Nichtwiederwahl rechnen.

4. Poolleiter

775 Dem von der Poolversammlung gewählten Poolleiter (oder mehrköpfigen Leitungsorgan) kommen zum einen **organisatorische Aufgaben** zu. Er hat für die ordnungsgemäße Einberufung von Poolversammlungen und Durchführung der Poolbeschlüsse zu sorgen. Daneben hat er die **sachgerechte Beschlußfassung durch die Poolversammlung** vorzubereiten. Hierzu hat er den notwendigen engen Kontakt mit den Organen der Gesellschaft zu halten.[56] Bei Pools ohne Gesamthandsvermögen wird er zweckmäßigerweise **bevollmächtigt**, Aktionäre, die nicht selbst an der Hauptversammlung teilnehmen, zu vertreten.[57] Diese Vollmacht hat **keine verdrängende Wirkung**. Der Aktionär bleibt selbst zur Teilnahme und Stimmabgabe berechtigt. Bei Pools mit Gesamthandsvermögen ist das Poolleitungsorgan zugleich **Vertretungsorgan** und nimmt die Mitgliedschaftsrechte aus den Aktien **in eigener Zuständigkeit** wahr.

776 Es gibt **keine** grundsätzliche **Inkompatibilität** zwischen Poolleitungsorgan und dem Amt als Mitglied des Vorstands oder Aufsichtsrats der AG. Jedoch können Poolleitungsorgane das Stimmrecht für den Pool oder für einzelne Poolmitglieder nicht ausüben, soweit es um ihre eigene Entlastung, Befreiung

---

[54] Vgl. *Blaum*, § 4 Poolvertrag-Muster, Anh. III.
[55] Vgl. *Blaum*, § 9 Poolvertrag-Muster, Anh. III.
[56] Vgl. *Blaum*, § 2 Poolvertrag-Muster, Anh. III.
[57] Vgl. *Blaum*, § 4 Abs. 1 Poolvertrag-Muster, Anh. III.

V. Einzelne Regelungen in Poolverträgen

von einer Verbindlichkeit, Verzicht von Ansprüchen der Gesellschaft gegen sie (§ 136 Abs. 1 AktG) oder ihre Abberufung aus wichtigem Grund geht. Für diese Fälle muß sichergestellt sein, daß diese Personen an der internen Willensbildung des Pools nicht mitwirken und daß gegenüber der AG andere Personen die Rechte aus den Aktien wirksam ausüben können.

5. Beirat als weiteres Poolorgan

Bei Pools mit großem Mitgliederkreis kann es zur effektiveren und kompetenteren Willensbildung empfehlenswert sein, einen Beirat als zusätzliches Poolorgan zu berufen, der die Beschlußfassungen der Poolversammlung sachverständig vorbereitet und begleitet, oder auch eigene Entscheidungsbefugnisse gegenüber dem Poolleitungsorgan hat. Ein solcher Beirat kann außerdem die Funktion haben, Repräsentanten verschiedener Gruppen (z. B. Familienstämme) einzubinden. Insoweit gelten dieselben Überlegungen, die zur Einrichtung von Beiräten in anderen Familiengesellschaften führen. Anders als einem Beirat als zusätzlichem Organ der AG (vgl. Rz. 743) können dem Beirat als weiterem Poolorgan erhebliche Kompetenzen eingeräumt werden. **777**

6. Verfügungsbeschränkung

Weiteres charakteristisches Kernstück eines Poolvertrages sind Bestimmungen, die die Poolmitglieder **in der Verfügung** über ihre Aktien (Pool ohne Gesamthandsvermögen) oder ihre Poolanteile (Pool mit Gesamthandsvermögen) **beschränken**.[58] Dabei geht es um den Ausgleich des Interesses an der Aufrechterhaltung der Poolbindung der Aktien und der Zusammensetzung des Kreises der Poolmitglieder einerseits und dem Interesse einzelner Poolmitglieder, ihre Aktien oder Poolanteile zu veräußern. **778**

Bestimmte Verfügungen im Kreis der Poolmitglieder oder etwa begrenzt auf Mitglieder eines Familienstammes können ohne jede Beschränkung bleiben. Im übrigen ist mit dem Instrumentarium von Anbietungsverpflichtungen, Erwerbs- und Andienungsrechten, die in einem Poolvertrag in jeder Weise frei gestaltet werden können, der Fall einer beabsichtigten Veräußerung von poolgebundenen Aktien bzw. Poolanteilen zu regeln. Sachgerecht ist dabei regelmäßig, daß das veräußerungswillige Poolmitglied seine Aktien oder Poolanteile zunächst den übrigen Poolmitgliedern zum **Vorerwerb** anbieten muß, sei es zu den Bedingungen eines kaufwilligen Dritten, sei es zu Bedingungen, die der **779**

---

58) Vgl. *Blaum*, § 7 Poolvertrag-Muster, Anh. III.

Poolvertrag festlegt.[59)] Machen die übrigen Poolmitglieder von ihrem Vorerwerbsrecht keinen Gebrauch, ist zu regeln, ob das veräußerungswillige Poolmitglied dann an den Erwerbsinteressenten frei oder nur unter der Voraussetzung veräußern kann, daß dieser dem **Pool beitritt.**

780 Denkbar ist auch, die Veräußerungsmöglichkeit des einzelnen jedenfalls für eine bestimmte Zeitdauer ganz auszuschließen oder auf einen bestimmten Prozentsatz des Aktienbesitzes zu beschränken, um etwa die Mehrheitsherrschaft des Familienpools ingesamt nicht zu gefährden. Die Poolvereinbarung eines Pools ohne Gesamthandsvermögen kann insoweit restriktiver sein als etwaige Vinkulierungsbestimmungen der Satzung der AG. Sie kann umgekehrt auch weniger restriktiv sein und die Poolmitglieder verpflichten, in den zuständigen Gesellschaftsorganen auf eine Zustimmung der beabsichtigten Übertragung der Aktien hinzuwirken, wenn die im Poolvertrag vereinbarten Voraussetzungen erfüllt sind.

7. Dauer

781 Als Gesellschaftsvertrag einer Personengesellschaft kann der Poolvertrag, anders als die Satzung der AG, **nicht auf unbeschränkte Zeit** unter Ausschluß der Möglichkeit einer ordentlichen Kündigung abgeschlossen werden (§ 723 Abs. 3 BGB). Für welche Zeitdauer eine **ordentliche Kündigung** ausgeschlossen werden kann, ist höchstrichterlich noch nicht geklärt. Als äußerste Grenze dürften 30 Jahre anzusehen sein.[60)] Häufig wird sich jedoch eine deutlich kürzere Zeitdauer empfehlen, für die der Pool fest vereinbart wird, da nur wenige Poolmitglieder bereit sein werden, sich auf einen derartig langen Zeitraum zu binden. **Fehlt** eine Bestimmung, daß die ordentliche Kündigung innerhalb bestimmter zeitlicher Grenzen ausgeschlossen ist, so ist der Poolvertrag von jedem Poolmitglied **jederzeit** kündbar (§ 723 Abs. 1 Satz 1 BGB). Daneben besteht stets die Möglichkeit der **Kündigung des Poolvertrages aus wichtigem Grund.** Soll der Pool trotz der Kündigung durch ein Mitglied unter den übrigen Poolmitgliedern **fortbestehen,** so muß dies beim Pool in der Rechtsform einer Gesellschaft bürgerlichen Rechts **ausdrücklich geregelt** werden. Das kündigende Poolmitglied scheidet in diesem Falle aus (anders bei der OHG und KG, wo die Kündigung bereits kraft Gesetzes zum Ausscheiden des Kündigenden aus der Gesellschaft führt, vgl. § 131 Abs. 3 Nr. 3 HGB).

---

59) Vgl. BGHZ 126, 226 = ZIP 1994, 1173; vgl. *Blaum*, § 7 Abs. 2 Poolvertrag-Muster, Anh. III.
60) BGH, Urt. v. 19. 1. 1967 – II ZR 27/65, WM 1967, 315, 316; näher MünchKomm-*Ulmer*, BGB, § 723 Rz. 45 ff.

V. Einzelne Regelungen in Poolverträgen

8. Ausschließung, Abfindung, Übernahme- und Erwerbsrechte

Der Poolvertrag bestimmt, in welchen Fällen außer der Kündigung ein Poolmitglied **aus dem Pool auszuscheiden hat**. Dies sind zum einen die üblichen Ausschließungstatbestände wie **Insolvenz** und gravierende **Verstöße gegen die poolvertraglichen Verpflichtungen**. Zum anderen sind es die Fälle, in denen es insbesondere im Zuge der **Erbfolge** zum Einrücken von Personen in die Mitgliedstellung des Pools kommt (Rz. 759, 765 ff), die – etwa als Familienfremde – keinen Einfluß gewinnen und den Pool verlassen sollen.[61] 782

Bei Pools mit Gesamthandsvermögen – und nur bei diesen – stellt sich in allen Fällen des Ausscheidens die Notwendigkeit einer **Abfindung** aus dem Gesellschaftsvermögen. Nach dem Gesetz besteht diese in Geld (Auseinandersetzungsguthaben, § 738 Abs. 1 Satz 2 BGB). Der Poolvertrag kann jedoch bestimmen, daß statt dessen **Aktien als Abfindung** an den Ausscheidenden übertragen werden. Diese Möglichkeit sollte vorgesehen werden, da der Pool regelmäßig keine Mittel zur Finanzierung einer Abfindung in Geld hat. Den übrigen Poolmitgliedern können daneben **Übernahmerechte** eingeräumt werden, die zum Erwerb der **Poolanteile** des Ausscheidenden gegen Zahlung des Übernahmepreises berechtigen. Üben sie diese Rechte nicht aus, kommt es zur Auskehr von Aktien aus dem Poolvermögen an den Ausscheidenden und damit zur Verminderung des poolgebundenen Aktienbesitzes. 783

Bei Pools ohne Gesamthandsvermögen erhält der Ausscheidende keine Abfindung, da Gesellschaftsvermögen nicht gebildet worden ist. Aber der Pool kann Interesse an der fortbestehenden Poolbindung der Aktien haben. Um dies zu ermöglichen, werden **Erwerbsrechte** der übrigen Poolmitglieder in den Poolvertrag aufgenommen, aufgrund deren ausscheidende Poolmitglieder verpflichtet sind, ihre **Aktien** den verbleibenden Poolmitgliedern zu definierten Bedingungen zu verkaufen (*call option*).[62] 784

Schließlich können die Ausschließungs-, Übernahme- und Erwerbsrechte noch durch die Gestattung der **Zwangseinziehung** von Aktien in der Satzung der AG in den relevanten Ausscheidensfällen ergänzt werden. Dies eröffnet die Möglichkeit, **Vermögen der AG** zur Aufbringung der Abfindung zu verwenden (Rz. 738 ff). 785

---

61) Vgl. *Blaum*, § 8 Abs. 3, § 11 Poolvertrag-Muster, Anh. III.
62) Vgl. *Blaum*, § 12 Poolvertrag-Muster, Anh. III.

9. Auflösung

786 Endet der Poolvertrag, so **fällt** bei Pools ohne Gesamthandsvermögen die **Poolbindung weg**. Die Poolmitglieder erlangen ihr volles Dispositionsrecht über die Aktien und alle daraus fließenden Mitgliedschaftsrechte zurück. Zwischen den Poolmitgliedern als Aktionären gelten **fortan ausschließlich die Regelungen der Satzung**.

787 Bei Pools mit Gesamthandsvermögen fallen die Aktien **nicht automatisch an die Poolmitglieder zurück**. Dies muß vielmehr und sollte auch ausdrücklich im Poolvertrag **angeordnet** werden, da anderenfalls nach der gesetzlichen Regel des § 733 BGB das Gesellschaftsvermögen in Geld umzusetzen wäre, was regelmäßig nicht gewollt ist.

F. Alternative: Die kleine Kommanditgesellschaft auf Aktien (KGaA)

Literatur: *Binz/Sorg*, Die KGaA mit beschränkter Haftung – quo vadis?, DB 1997, 313; *dies.*, Die GmbH & Co. KGaA, BB 1988, 2041; *Blümich/Hofmeister*, Gewerbesteuergesetz, 1998; *Dierksen/Möhrle*, Die kapitalistische KGaA, ZIP 1998, 1377; *Fischer*, Die Besteuerung der KGaA und ihrer Gesellschafter – eine steuerrechtliche Bestandsaufnahme unter Berücksichtigung des BGH-Beschlusses vom 24. 2. 1997, DStR 1997, 1519; *Geck*, Überlegungen zur Verwendung der GmbH & Co. KGaA in der mittelständischen Wirtschaft, NZG 1998, 586; *Glanegger/Güroff*, Gewerbesteuergesetz, 2. Aufl., 1991; *Gonnella/Mikic*, Die Kapitalgesellschaft & Co. KGaA als „Einheitsgesellschaft", AG 1998, 508; *Heermann*, Unentziehbare Mitwirkungsrechte der Minderheitsaktionäre bei außergewöhnlichen Geschäften in der GmbH & Co. KGaA, ZGR 2000, 61; *Hennerkes/Lorz*, Roma locuta causa finita: Die GmbH & Co. KGaA ist zulässig, DB 1997, 1388; *Hennerkes/May*, Noch einmal: die GmbH & KG auf Aktien als Rechtsform für börsenwillige Familienunternehmen?, BB 1988, 2393; *Herfs*, Die Satzung der börsennotierten GmbH & Co. KGaA, in: VGR (Hrsg.), Gesellschaftsrecht in der Diskussion-Jahrestagung 1998, Bd. 1, 1999, S. 23–55; *Hommelhoff*, Anlegerschutz in der GmbH & Co. KGaA, in: Ulmer (Hrsg.), Die GmbH & Co. KGaA nach dem Beschluß BGHZ 134, 352, 1998, S. 9–31; *Ihrig/Schlitt*, Die KGaA nach dem Beschluß des BGH vom 24. 2. 1997, in: Ulmer (Hrsg.), Die GmbH & Co. KGaA nach dem Beschluß BGHZ 134, 352, 1998, S. 33–83; *Jaques*, Börsengang und Führungskontinuität durch die kapitalistische KGaA, NZG 2000, 401; *Kallmeyer*, Die KGaA – eine interessante Rechtsformalternative für den Mittelstand?, DStR 1994, 977; *ders.*, Rechte und Pflichten des Aufsichtsrats in der KGaA, ZGR 1983, 58; *Ladwig/Motte*, Die GmbH & Co. KGaA nach der Zulassung durch den BGH – die neue Rechtsform für den Mittelstand?, DStR 1997, 1539; *Lorz*, Die GmbH & Co. KGaA und ihr Weg an die Börse, in: VGR (Hrsg.), Gesellschaftsrecht in der Diskussion-Jahrestagung 1998, Bd. 1, 1999, S. 57–85; *Mertens*, Die Handelsgesellschaft KGaA als Gegenstand gesellschaftsrechtlicher Diskussion und die Wissenschaft vom Gesellschaftsrecht, in: Kley u. a. (Hrsg.), Festschrift Ritter, 1997, S. 731; *Niedner/Kusterer*, Die atypisch ausgestaltete Familien-KGaA als Instrument zur Gestaltung des Generationswechsels in mittelständischen Unternehmen, DB 1997, 2010; *dies.*, Die atypisch ausgestaltete Familien-KGaA aus der Sicht des Kommanditaktionärs, DB 1997, 1451; *Priester*, Die KGaA ohne natürlichen Komplementär, ZHR 160 (1996), S. 250-264; *Karsten Schmidt*, Deregulierung des Aktienrechts durch Denaturierung der KGaA?, ZHR 160 (1996), S. 265–287; *Schrick*, Die GmbH & Co.KG in der Form der Einheitsgesellschaft als börsenwilliges Unternehmen, NZG 2000, 675; *dies.*, Überlegungen zur Gründung einer kapitalistischen KGaA aus dem Blickwinkel der Unternehmerfamilie, NZG 2000, 409; *Sethe*, Die Besonderheiten der Rechnungslegung bei der KGaA, DB 1998, 1044; *Theisen*, Die Besteuerung der KGaA, DB 1989, 2191; *Veil*, Die Kündigung der KGaA durch persönlich haftende Gesellschafter und Kommanditaktionäre, NZG 2000, 72; *Wichert*, Die GmbH & Co. KGaA nach dem Beschluß BGHZ 134, 392, AG 2000, 268; *ders.*, Satzungsänderungen in der KGaA, AG 1999, 362.

F. Alternative: Die kleine Kommanditgesellschaft auf Aktien (KGaA)

Übersicht

I. **Grundlagen der KGaA und Unterschiede zur AG** 788
1. Regelungskonzept 789
2. Organisationsstruktur 792
3. Rechnungslegung und Besteuerung 798

II. **Die KGaA als Alternative zur Sicherung des Familieneinflusses** 801
1. Vorüberlegungen 801
2. Einflußsicherung über die Komplementärstellung 803

3. Gestaltungsspielräume beim Ausbau der Komplementärstellung 806
4. Steuerliche Aspekte 810

III. **Die KGaA als Alternative beim Zugang zum Kapitalmarkt** 812
1. Börsenzugang der KGaA in der Praxis 812
2. Einschränkungen der Gestaltungsfreiheit? 813

IV. **Zusammenfassende Bewertung** 816

I. Grundlagen der KGaA und Unterschiede zur AG

788 Dreizehn Paragraphen (§§ 278–290 AktG) genügen dem Gesetzgeber – unter Zuhilfenahme weitreichender Gesetzesverweisungen –, um mit der Kommanditgesellschaft auf Aktien eine **eigenständige Rechtsform** zu schaffen, die den Begriff „Alternative" in zweifacher Hinsicht verdient: Zum einen erlauben es die Besonderheiten dieser Rechtsform im Vergleich zur Aktiengesellschaft, den Familieneinfluß (gemeint ist typischerweise: den Einfluß einer im Verhältnis zum Gesamtgesellschafterkreis im Zeitablauf kleiner werdenden Gruppe) relativ leicht und systemkonform zu institutionalisieren; zum anderen ist sie aufgrund der Zerlegung des Grundkapitals in Aktien die einzige Alternative zur Aktiengesellschaft, wenn Beteiligungen am Eigenkapital an der Börse gehandelt werden sollen.

1. Regelungskonzept

789 Die KGaA ist eine **„personalistische Kapitalgesellschaft mit Börsenzugang"**.[1] Sie ist juristische Person[2] (§ 278 Abs. 1 AktG) und auf der Basis eines wie bei der Aktiengesellschaft in Aktien zerlegten Grundkapitals Kapitalgesellschaft.[3] Ihre Unterschiede zur Aktiengesellschaft liegen in ihrer in der Bezeichnung der Rechtsform angedeuteten hybriden Struktur: Die KGaA steht

---

1) So der Titel einer 1996 erschienenen Monographie von *Sethe*.
2) Anerkannt seit § 219 AktG 1937, durch das die Annäherung der KGaA an die Aktiengesellschaft mit der Anerkennung als juristische Person zum Abschluß kam; zur Geschichte der KGaA vgl. – mit Nachweisen – die knappe Zusammenfassung bei *Karsten Schmidt*, Gesellschaftsrecht, § 32 I 2, S. 974.
3) *Hüffer*, AktG, § 278 Rz. 4.

I. Grundlagen der KGaA und Unterschiede zur AG

dadurch der Kommanditgesellschaft nahe, daß es neben den (Kommandit-)Aktionären eine weitere Gruppe von Gesellschaftern gibt, nämlich einen oder mehrere unbeschränkt persönlich haftende Gesellschafter (bzw. Komplementäre; nachfolgend wird „Komplementär" bzw. „persönlich haftender Gesellschafter" stets im Singular verwandt, die Gesellschaft kann aber ohne weiteres auch eine Mehrzahl von persönlich haftenden Gesellschaftern haben, nachdem das Gesetz ausdrücklich von „mindestens" einem spricht). Der **Komplementär** der KGaA tritt an die Stelle des Vorstands bei der AG. Aus der Anwendbarkeit von Personengesellschaftsrecht im Zusammenhang mit dem Komplementär und aus der Substitution des Vorstands durch einen persönlich haftenden Gesellschafter lassen sich alle weiteren Unterschiede der KGaA zur AG ableiten und erklären (unten Rz. 792).

Die gesetzliche Regelung der KGaA ist insofern etwas kompliziert, als sie durch das Ineinandergreifen von drei Normengruppen gekennzeichnet ist. Zunächst und aufgrund des Spezialitätsgrundsatzes vorrangig gelten die §§ 278 ff AktG. Für das Rechtsverhältnis der Komplementäre untereinander und gegenüber der Gesamtheit der Kommanditaktionäre und gegenüber Dritten – insbesondere für ersteres und letzteres enthalten die §§ 278 ff AktG praktisch keine Regelungen – gelten die Vorschriften des HGB über die Kommanditgesellschaft (§ 278 Abs. 2 AktG i. V. m. §§ 161 ff HGB). Schließlich gelten im übrigen und subsidiär zu den §§ 278 ff AktG die Vorschriften des Ersten Buches über die Aktiengesellschaft entsprechend (§ 278 Abs. 3 i. V. m. §§ 1 bis 277 AktG).[4] 790

Prüft man unter dem besonderen Blickwinkel der **„kleinen" KGaA**, welche der als „Sonderrecht der kleinen AG" im Zuge der Deregulierung des Aktienrechts geschaffenen Normen auch für die KGaA Anwendung finden, so ist festzustellen, daß diese fast durchgängig auch für die KGaA von Bedeutung sind; ganz überwiegend beziehen sich diese nämlich auf die Aktie, die Hauptversammlung, den Aufsichtsrat und Kapitalmaßnahmen, so daß sie von der Verweisung in § 278 Abs. 3 AktG erfaßt werden. An der KGaA vorbeigegangen ist allerdings die Zulassung der Einpersonengründung (vgl. § 2 AktG), nachdem § 280 Abs. 1 Satz 1 AktG nach wie vor die Gründung durch mindestens fünf Personen verlangt; hierbei handelt es sich aber offensichtlich um ein Versehen des Gesetzgebers, das de lege ferenda korrigiert werden sollte.[5] 791

---

4) Vgl. *Hüffer*, AktG, § 278 Rz. 20, mit Hinweis auf ausdrückliche Erwähnung der KGaA in den konzernrechtlichen Regelungen etwa der §§ 291, 311 AktG, nachdem § 278 Abs. 2 AktG auf das dritte Buch nicht verweist.
5) Vgl. *Hüffer*, AktG, § 280 Rz. 2.

F. Alternative: Die kleine Kommanditgesellschaft auf Aktien (KGaA)

2. Organisationsstruktur

792 **Geschäftsführungs- und Vertretungsorgan** ist der **Komplementär** (zu den persönlichen Anforderungen unten Rz. 803 f). Maßgeblich sind über § 278 Abs. 2 AktG, § 161 Abs. 2 HGB die §§ 114–118 HGB. Für die Vertretung der Gesellschaft sind über die gleiche Verweisungskette die §§ 125, 126 und 127 HGB maßgeblich. Die Vertretungsmacht ist im Außenverhältnis unbeschränkt (§ 126 Abs. 1 HGB). Der Komplementär kann zugleich Kommanditaktionär sein. Daneben kann der Komplementär auch in seiner Eigenschaft als Komplementär Einlagen leisten, die gegebenenfalls in der Satzung nach Höhe und Art festgesetzt werden müssen (§ 281 Abs. 2 AktG). Es ist aber auch möglich, daß der Komplementär weder Aktien übernimmt noch eine Vermögenseinlage als Komplementär leistet und sein Gesellschafterbeitrag damit auf die Geschäftsführungs- und Vertretungstätigkeit und die Übernahme des Haftungsrisikos beschränkt ist.[6] Seine Haftung ergibt sich aus der Verweisungskette von § 278 Abs. 2 AktG, § 161 Abs. 2 HGB und §§ 128 ff HGB und ist damit zwingend unmittelbar, unbeschränkt und persönlich.[7]

793 Das Geschäftsführungs- und Vertretungsorgan wird durch den **Aufsichtsrat** überwacht (§ 111 Abs. 1 AktG), für den über § 278 Abs. 3 AktG auch in der KGaA die §§ 95 ff AktG gelten. Anwendbar sind auch die Vorschriften des Mitbestimmungsgesetzes 1976 und des Betriebsverfassungsgesetzes 1952 über die Mitbestimmung der Arbeitnehmer im Aufsichtsrat. Dennoch ist der Aufsichtsrat der KGaA nur ein Schatten desselben Organs bei der AG, weil sich aus der Substitution des Vorstands durch den Komplementär entscheidende Unterschiede in den Kompetenzen ergeben:

794 Der Aufsichtsrat der KGaA hat **keine Personalkompetenz**, ist also zur Bestellung und Abrufung des Komplementärs ebensowenig berufen wie zum Abschluß von Anstellungsverträgen; dementsprechend besteht auch bei unter das Mitbestimmungsgesetz 1976 fallenden Gesellschaften keine Verpflichtung zur Bestellung eines Arbeitsdirektors gemäß § 31 Abs. 1 Satz 2 und § 33 Abs. 1 Satz 2 MitbestG 1976.[8] Des weiteren kann der Aufsichtsrat Maßnahmen der Geschäftsführung nicht gemäß § 111 Abs. 4 Satz 2 an seine Zustimmung binden.[9] Bei der Feststellung des Jahresabschlusses wirkt er nicht mit, denn dieser wird gemäß § 286 Abs. 1 AktG durch die Hauptversammlung unter Zu-

---

6) *Karsten Schmidt*, Gesellschaftsrecht, § 32 III 1, S. 976 m. w. N.
7) LAG München, Urt. v. 26. 10. 1989 – 9 Sa 1073/88, ZIP 1990, 1219 f, dazu EWiR 1990, 1229 *(Stürner/Riering)*; *Hüffer*, AktG, § 278 Rz. 10, auch mit Hinweisen zur Haftung ausgeschiedener Komplementäre.
8) *Kallmeyer*, ZGR 1993, 63, 64; *Dierksen/Möhrle*, ZIP 1998, 1377, 1378.
9) *Hüffer*, AktG, § 278 Rz. 15 m. w. N.

stimmung des Komplementärs festgestellt. Schließlich ist der Aufsichtsrat auch nicht berechtigt, für den Komplementär eine Geschäftsordnung zu erlassen.[10]

Es verbleibt neben der allgemeinen **Überwachungs-, Prüfungs- und Informationskompetenz** die **Vertretung der Gesellschaft gegenüber dem Komplementär** (§ 278 Abs. 3 i. V. m. § 112 AktG), die Vertretung der Gesamtheit der Kommanditaktionäre bei Rechtsstreitigkeiten mit dem persönlich haftenden Gesellschafter sowie die Ausführung von Beschlüssen, mit denen die Hauptversammlung Rechte geltend macht, die in der Kommanditgesellschaft den Kommanditisten gegen die Gesellschaft oder gegen die Komplementäre zustehen (§ 287 Abs. 1 und 2 AktG).

795

Drittes Organ der Gesellschaft ist die **Hauptversammlung**. Teilnahmerecht, Fragerecht, Stimmrecht usw. entsprechen der Situation bei der Aktiengesellschaft, für die Kompetenzen gelten § 119 AktG und die weiteren zuständigkeitsbegründenden Vorschriften sinngemäß.[11] Gemäß § 278 Abs. 2 AktG, § 161 Abs. 2, §§ 117, 127 HGB sind die Kommanditaktionäre befugt, einem Komplementär die Vertretungsbefugnis aus wichtigem Grund zu entziehen.[12] Darüber hinaus ist die Hauptversammlung der KGaA gesetzlich zwingend zur **Feststellung des Jahresabschlusses** – allerdings mit **Zustimmung des Komplementärs** – berufen (§ 286 Abs. 1 AktG). Die Stellung der Hauptversammlung der KGaA ist daher von der Papierform her stärker als in der AG. Zu bedenken ist jedoch, daß die mittelbar über die Wahl der Aufsichtsratsmitglieder wahrgenommenen Mitwirkungsrechte entsprechend der schwächeren Stellung des Aufsichtsrats selbst weniger bedeutsam sind.

796

Die vorstehend grob skizzierte Organisationsverfassung der KGaA ist allerdings durch eine dem aktienrechtlichen Denken fremde **Flexibilität** gekennzeichnet.[13] Das Prinzip der Satzungsstrenge gilt für die KGaA nicht. Da sich die Verweisung auf das Recht der Kommanditgesellschaft (§ 278 Abs. 2 AktG) auch auf die §§ 109, 163 HGB erstreckt, steht die Organisationsstruktur in weiten Bereichen zur Disposition des Satzungsgebers.[14] Die sich hieraus ergebende **Gestaltungsfreiheit** kann zugunsten von Ausbau und Sicherung des Familieneinflusses genutzt werden.

797

---

10) *Schrick*, NZG 2000, 409, 413; *Jaques*, NZG 2000, 401, 403
11) *Hüffer*, AktG, § 278 Rz. 17.
12) Zur Möglichkeit einer Kündigung der Gesellschaft durch die Kommanditaktionäre vgl. *Veil*, NZG 2000, 72.
13) *Herfs*, S. 23, 24; *Geck*, NZG 1998, 586, 587; *Lorz*, S. 57, 63, zur „Abschreckungswirkung" gerade des § 23 Abs. 5 AktG, S. 61.
14) *Hüffer*, AktG, § 278 Rz. 6, 18.

3. Rechnungslegung und Besteuerung

798 Der **Jahresabschluß** der KGaA ist durch die geschäftsführungs- und vertretungsbefugten Komplementäre unter Beachtung der §§ 150 ff AktG, §§ 264 ff HGB aufzustellen.[15] Die Feststellung des Jahresabschlusses erfolgt durch die Hauptversammlung unter Zustimmung des persönlich haftenden Gesellschafters. Für die Bildung anderer Gewinnrücklagen im Jahresabschluß und den Gewinnverwendungsbeschluß gilt § 58 Abs. 2, Abs. 3 AktG entsprechend.[16] Die Kapitalanteile des Komplementärs sind in der Jahresbilanz gesondert auszuweisen (§ 286 Abs. 2 AktG). Für die Gewinn- und Verlustanteile der Komplementäre sowie das Entnahmerecht gelten im Vergleich zur Kommanditgesellschaft Besonderheiten, die sich im einzelnen aus der Sonderregelung in § 286 Abs. 2 und Abs. 3 AktG ergeben.[17]

799 Aus der hybriden Struktur der KGaA ergeben sich schließlich Besonderheiten bei der **Besteuerung**:[18] Die **KGaA** selbst ist – wie die AG – unbeschränkt körperschaftsteuerpflichtig (§ 1 Abs. 1 Nr. 1 KStG). Auch für die Besteuerung der Kommanditaktionäre gelten die allgemeinen Regeln, so daß diese – soweit sie die Aktien in Privatvermögen halten – in Höhe der zugeflossenen Dividenden Einkünfte aus Kapitalvermögen gemäß § 20 Abs. 1 Nr. 1 und 3 EStG erzielen. Dies gilt unabhängig davon, ob der Kommanditaktionär zugleich Komplementär ist; nach der maßgeblichen Rechtsprechung des Bundesfinanzhofes gehören die Aktien nämlich auch in diesem Fall nicht zum (Sonder-)Betriebsvermögen.[19] Die Besonderheiten resultieren aus der Einbindung des Komplementärs in die Gewinnermittlung der Gesellschaft. Gemäß § 9 Abs. 1 Nr. 1 KStG sind der Gewinnanteil des persönlich haftenden Gesellschafters und der an ihn als Vergütung (Tantieme) für die Geschäftsführung verteilte Betrag für Körperschaftsteuerzwecke abziehbar. Nach der Rechtsprechung des Bundesfinanzhofes fällt unter diese Vorschrift auch der gewinnunabhängige Teil der Vergütung.[20] Für Zwecke der Gewerbeertragsteuer sind die gemäß § 9 Abs. 1

---

15) *Sethe*, DB 1998, 1044; *Hüffer*, AktG, § 288 Rz. 2, dort Rz. 1 auch zu Recht ablehnend zur abwegigen Ansicht, daß der den Komplementären gebührende Gewinn sich aus einer zusätzlichen KG-Bilanz ergeben solle, die nur den §§ 238 ff, 252 ff HGB unterliege.
16) Ausführlich *Sethe*, DB 1998, 1044 f; *Geßler/Hefermehl/Semler*, AktG, § 286 Rz. 32 ff m. w. N.
17) *Hüffer*, AktG, § 286 Rz. 3 ff; *Sethe*, DB 1998, 1044, 1046 ff.
18) Ausführlich *Fischer*, DStR 1997, 1519 ff; *Theisen*, DB 1989, 2191 ff.
19) BFH, Urt. v. 21. 6. 1989 – X R 14/88, BStBl II 1989, 881.
20) BFH, Urt. v. 8. 2. 1984 – I R 11/80, BStBl II 1984, 381; BFH, Urt. v. 31. 10. 1990 – I R 32/86, BStBl II 1991, 253; zustimmend *Blümich/Hofmeister*, § 8 Rz. 143; *Glanegger/Güroff*, § 8 Nr. 4 Rz. 3; abweichend *Theisen*, DB 1989, 2191, 2196; *Fischer*, DStR 1997, 1519, 1520.

Nr. 1 KStG abgezogenen Aufwendungen bei der Ermittlung des Gewerbeertrages wieder hinzuzurechnen, um die einmalige Erfassung des Gewinns der KGaA bei der Gewerbesteuer sicherzustellen.

Auf der Seite des **Komplementärs** entspricht dem Abzug seiner Gewinnanteile bei der Gewinnermittlung der Gesellschaft die Erfassung dieser Gewinnanteile als Einkünfte aus Gewerbebetrieb gemäß § 15 Abs. 1 Nr. 3 EStG. Soweit die dem Komplementär zugerechneten Gewinnanteile nach § 8 Nr. 4 GewStG bei der KGaA der Gewerbesteuer unterliegen, gehören sie zu den tarifbegrenzten gewerblichen Einkünften i. S. d. § 32c Abs. 2 Satz 1 EStG.[21] Da der Komplementär Einkünfte gemäß § 15 EStG bezieht, wird er grundsätzlich wie ein Mitunternehmer behandelt; dies kann vor allem auch für Zwecke der Schenkung- und Erbschaftsteuer von Bedeutung sein (unten Rz. 810).

800

II. Die KGaA als Alternative zur Sicherung des Familieneinflusses

1. Vorüberlegungen

Die Flexibilität der Organisationsverfassung erlaubt es, Maßnahmen der Einflußsicherung alternativ beim Komplementär oder bei der Hauptversammlung anzusetzen. Aufgrund der Anwendbarkeit von Personengesellschaftsrecht auf das Verhältnis von Komplementär und Kommanditaktionären kann die **Stellung der Hauptversammlung** über den gesetzlichen Typ der KGaA hinaus und im Vergleich zur Aktiengesellschaft deutlich verstärkt werden. So können der Hauptversammlung weitgehende Informations- und Kontrollrechte über das Widerspruchsrecht des § 164 HGB hinaus eingeräumt werden; denkbar ist es auch, für wichtige Geschäftsführungsmaßnahmen ihre Zustimmung zu verlangen.[22] Ohne weiteres kann der Hauptversammlung auch die Personalkompetenz hinsichtlich des geschäftsführenden Komplementärs zugestanden werden. Den Kommanditaktionären kann gegenüber den persönlich haftenden geschäftsführenden Gesellschaftern auch ein Weisungsrecht eingeräumt werden, so daß die Hauptversammlung dann oberstes Organ in Geschäftsfragen wird.[23] Untermauern läßt sich die Dominanz der Hauptversammlung noch, wenn man die KGaA in Analogie zur Einheits-GmbH & Co. KG als Einheits-KGaA strukturiert, als eine KGaA also, die ihrerseits sämtliche Geschäftsan-

801

---

21) Zum Vorteil dieser Tarifbegrenzung vgl. *Lorz*, S. 57, 70; *Fischer*, DStR 1997, 1519, 1522.
22) *Kallmeyer*, DStR 1994, 977, 978.
23) *Kallmeyer*, DStR 1994, 977; *ders.*, ZGR 1983, 58; *Barz*, in: Großkomm. z. AktG, § 278 Rz. 22.

F. Alternative: Die kleine Kommanditgesellschaft auf Aktien (KGaA)

teile an ihrer eigenen Komplementär-GmbH hält.[24] Neben einer solchen unmittelbaren Hauptversammlungsherrschaft ist auch die Einrichtung einer sogenannten „beiratsdominierten KGaA" denkbar, indem die gegebenenfalls wie vorstehend erörtert erweiterten Entscheidungskompetenzen der Hauptversammlung auf einen – neben dem Aufsichtsrat zulässigen – **Beirat** verlagert werden.[25]

802 Zu bedenken ist allerdings, daß mit solchen Gestaltungen Ergebnisse erzielt werden, die in der Rechtsform der GmbH ohnehin und mit vergleichsweise geringerem Gestaltungsaufwand erreicht werden können. Um zumindest eine Option auf die Nutzung der Vorteile der KGaA, die Fungibilität des Anteilsbesitzes und den **Zugang zum Kapitalmarkt**, zu eröffnen, ist es naheliegend, die Einflußsicherung nicht bei dem Organ anzusetzen, bei dem durch Veräußerung von Anteilen und die Erweiterung der Kapitalbasis ein zunehmender Machtverlust droht, sondern an der **Komplementärstellung**, die durch eine Veränderung der Mehrheitsverhältnisse in der Hauptversammlung grundsätzlich nicht berührt wird.[26]

2. Einflußsicherung über die Komplementärstellung

803 Dem persönlich haftenden Gesellschafter als Geschäftsführungs- und Vertretungsorgan kommt eine herausgehobene Stellung zu. Anders als der Vorstand der AG unterliegt er nicht der Personalkompetenz und etwaigen Zustimmungsvorbehalten des Aufsichtsrats. Die Komplementärstellung ist – anders als die des Vorstands – grundsätzlich nicht befristet. Der persönlich haftende Gesellschafter ist daher im Normalfall[27] deutlich stärker als der Vorstand der AG, und wer Komplementär ist bzw. den Komplementär beherrscht, sichert sich schon in der gesetzlichen Normallage einen **erheblichen Einfluß auf die Gesellschaft**, auch wenn er weder als Kommanditaktionär noch über eine Einlage als Komplementär am Kapital der Gesellschaft beteiligt ist. Allerdings ist die Stellung als Komplementär mit der unbeschränkten persönlichen Haftung für die Verbindlichkeiten der Gesellschaft verbunden. Die überwiegende Wahl

---

24) Zur Zulässigkeit des Einsatzes juristischer Personen als Komplementär unten Rz. 804; kritisch-ironisierend zur Einheits-KGaA *Karsten Schmidt*, ZHR 160 (1996), 265, 285; positiv und ausführlich zu den rechtstechnischen Details *Gonnella/Mikic*, AG 1998, 508 ff; *Schrick*, NZG 2000, 675 ff.
25) *Dierksen/Möhrle*, ZIP 1998, 1377, 1384; *Kallmeyer*, DStR 1994, 977, 979: bei Hauptversammlungsdominierter KGaA Einrichtung eines besonderen, personell kleingliedrigen Entscheidungsorgans Gebot praktischer Vernunft.
26) Vgl. *Schrick*, NZG 2000, 409, 411.
27) Zur Möglichkeit abweichender Gestaltung – Dominanz der Hauptversammlung bis hin zum Weisungsrecht in Geschäftsführungsangelegenheiten – oben Rz. 801.

II. Die KGaA als Alternative zur Sicherung des Familieneinflusses

der Rechtsform der GmbH und der GmbH & Co. KG in der mittelständischen Wirtschaft zeigen, daß auch bei Unternehmerpersönlichkeiten eine verbreitete Abneigung gegen die Übernahme einer solchen **persönlichen Haftung** besteht.

Vor diesem Hintergrund war die Überlegung naheliegend, als Komplementär **804** nicht eine natürliche Person, sondern eine **juristische Person**, einzusetzen. Ob dies zulässig ist oder ob nach der gesetzlichen Regelung und dem Gesamtkonzept der KGaA der Komplentär zwingend – zumindest auch – eine natürliche Person sein muß, war über Jahrzehnte heftig umstritten.[28] Die Frage ist heute durch die höchstrichterliche Rechtsprechung und den ihr folgenden Gesetzgeber für die Praxis geklärt: Der Bundesgerichtshof hat in einem viel beachteten Beschluß vom 24. Februar 1997[29] entschieden, daß eine GmbH (einzige) persönlich haftende Gesellschafterin einer KGaA sein kann. Der Gesetzgeber ist dem gefolgt und hat mit der Neufassung der die Firma der KGaA regelnden Norm des § 279 AktG durch Art. 8 Nr. 5 HRefG ausdrücklich den Fall der Firmenbildung für den Fall vorgesehen, daß in der Gesellschaft keine natürliche Person persönlich haftet, und damit implizit die Entscheidung der Streitfrage durch den Bundesgerichtshof gutgeheißen.[30] Mit der Neufassung des § 279 Abs. 2 AktG ist eine vom Bundesgerichtshof als „Bedingung" für die Konstruktion formulierte Firmierung vorgeschrieben, aus der sich die Haftungsbeschränkung ergeben muß.

Aus der Begründung des Beschlusses über die Anerkennung der GmbH als **805** einzigen Komplementär der Gesellschaft durch den Bundesgerichtshof ergibt sich zugleich, daß auch eine Personenhandelsgesellschaft, etwa die GmbH & Co. KG, als Komplementär in Betracht kommt.[31] Damit steht heute zur Geltendmachung der Einflußmöglichkeiten via Komplementär auch der Einsatz einer GmbH oder einer GmbH & Co. KG zur Verfügung.

3. Gestaltungsspielräume beim Ausbau der Komplementärstellung

Vor diesem Hintergrund müssen Gestaltungsüberlegungen zunächst an der **806** Beherrschung der Komplementärgesellschaft anknüpfen. Die Beteiligung an

---

28) Der Meinungsstreit ist zuletzt – vor der nachfolgend zu referierenden Grundsatzentscheidung des BGH – in den Aufsätzen von *Priester* und *Karsten Schmidt* in ZHR 160 (1996), 265 und 287, kontrovers zusammengefaßt.
29) BGH, Beschl. v. 24. 2. 1997 – II ZB 11/96, BGHZ 134, 392 = ZIP 1997, 1027 = NJW 1997, 1923, dazu EWiR 1997, 1061 *(Sethe)*.
30) Zu nennen ist in diesem Zusammenhang außerdem die Änderung des § 18 Nr. 3 BörsZulVO durch das 3. FMFG, hierzu noch unten Rz. 815.
31) BGH ZIP 1997, 1027, 1028 f.

F. Alternative: Die kleine Kommanditgesellschaft auf Aktien (KGaA)

ihr ist unabhängig von der Höhe einer Beteiligung, ja einer Beteiligung am Aktienkapital überhaupt. Es ist daher möglich, durch die Innehabung der Geschäftsanteile an einer mit dem gesetzlichen Mindestkapital ausgestatteten Komplementär-GmbH das **Geschäftsführungs- und Vertretungsorgan** der KGaA zu **beherrschen**. Diese Position wird durch „Verwässerungen" einer möglicherweise ursprünglich bestehenden substantiellen Beteiligung am Kommanditaktienkapital nicht berührt. Die Bestellung der Geschäftsführer in der Komplementär-GmbH folgt grundsätzlich den allgemeinen Regeln, so daß diese durch die Gesellschafterversammlung der GmbH bestellt werden.

807 Unabhängig von der Person des Komplementärs kann seine Stellung im Verhältnis zu den Kommanditaktionären durch Satzungsregelungen erheblich gestärkt werden. Zum einen können die sich aus § 278 Abs. 2 AktG i. V. m. §§ 163 ff HGB ergebenden **Mitwirkungsbefugnisse der Kommanditaktionäre** eingeschränkt werden. Zu denken ist hier insbesondere an den Ausschluß der Zustimmungspflicht des § 164 HGB bei außergewöhnlichen Geschäften.[32] Darüber hinaus kann das Kontrollrecht des § 166 HGB eingeschränkt werden; zwar kann die abschriftliche Mitteilung des Jahresabschlusses schon angesichts der Feststellungskompetenz der Hauptversammlung nicht ausgeschlossen werden, wohl aber das sich aus § 166 Abs. 1 HGB ergebende Recht zur Kontrolle der Richtigkeit unter Einsicht der Bücher und Papiere. Hierfür sieht das Recht der KGaA die Jahresabschlußprüfung und gegebenenfalls die Möglichkeit der Sonderprüfung vor, so daß eine Abbedingung möglich ist.

808 Zum anderen ist es möglich, durch die Satzung den Katalog der **Zustimmungsvorbehalte zugunsten des Komplementärs** zu erweitern und ihm damit ein „Vetorecht" gegen Hauptversammlungsbeschlüsse einzuräumen:[33] In § 286 Abs. 1 AktG ist die Notwendigkeit der Zustimmung des Komplementärs für den Hauptversammlungsbeschluß über die Feststellung des Jahresabschlusses ausdrücklich vorgesehen. Darüber hinaus bestimmt § 285 Abs. 2 AktG, daß Beschlüsse der Hauptversammlung der Zustimmung des Komplementärs bedürfen, wenn sie Angelegenheiten betreffen, die bei einer Kommanditgesellschaft das Einverständnis des persönlich haftenden Gesellschafters und der Kommanditisten erforderlich machen. Aufgrund der gegebenen Ge-

---

32) § 164 HGB spricht zwar nur von einem Widerspruchsrecht, ist aber unstreitig wie § 116 HGB im Sinne einer Zustimmungspflicht zu verstehen, *Hüffer*, AktG, § 278 Rz. 19; *Herfs*, S. 23, 44, hält zu Recht Ausschluß erforderlich, weil Einberufung der Hauptversammlung unpraktikabel ist. Die Frage ist streitig; vgl. *Heermann*, ZGR 2000, 61, 76 ff mit Nachw. zum Streitstand in Fußn. 63; vgl. *Wichert*, AG 1999, 362, 365.

33) *Hüffer*, AktG, § 285 Rz. 2.

II. Die KGaA als Alternative zur Sicherung des Familieneinflusses

staltungsfreiheit können darüber hinaus alle Beschlüsse der Hauptversammlung von der Zustimmung des Komplementärs abhängig gemacht werden, wie sich aus der ausdrücklichen Regelung in § 285 Abs. 2 Satz 2 AktG ergibt: Die Grenzen eines solchen durch die Satzung einzuräumenden Vetorechts des Komplementärs sind danach nämlich (lediglich) Befugnisse der Hauptversammlung oder einer Minderheit von Kommanditaktionären, die sich auf die Bestellung von Prüfern und die Geltendmachung von Ansprüchen der Gesellschaft aus der Gründung oder aus der Geschäftsführung beziehen.

Schließlich kann darüber nachgedacht werden, die Stellung des Komplementärs im Hinblick auf künftige **Kapitalmaßnahmen** durch Satzungsregelung zu verbessern. So kann ihm durch die Satzung ein Recht auf Umwandlung seiner Komplementäreinlage in Kommanditaktien eingeräumt werden; auch ein Recht, die Komplementäreinlage proportional zu dem Kommanditkapital zu erhöhen, ist denkbar, ebenfalls ein Zustimmungsvorbehalt bei Kapitalmaßnahmen.[34] **809**

4. Steuerliche Aspekte

Weniger Einflußsicherung als **Nachfolgeplanung** ist das Thema der häufig erwähnten Eignung der KGaA für Familiengesellschaften[35] aufgrund ihrer steuerlichen Besonderheiten. Unter dem Gesichtspunkt der Nachfolgeplanung ist nämlich einerseits bemerkenswert, daß die KGaA besser als jede andere Rechtsform die Möglichkeit bietet, zwischen dem engagierten Unternehmensnachfolger und dem nur vermögensmäßig interessierten und beteiligten Erben zu differenzieren. In erbschaft- und – bei vorweggenommener Erbfolge – schenkungsteuerlicher Hinsicht bietet die KGaA die Option, die für Personengesellschaften bestehenden steuerlichen Vorteile zu nutzen.[36] Dabei liegt der Hauptvorteil darin, daß an die Stelle des Börsenkurses und des nach dem sogenannten Stuttgarter Verfahren zu berechnenden „gemeinen Wertes" bei nicht notierten Anteilen an Kapitalgesellschaften der Einheitswert des Betriebsvermögens tritt (§ 12 Abs. 5 Satz 2 ErbStG i. V. m. §§ 95 ff BewG). Dieser wird im wesentlichen aus den Steuerbilanzwerten abgeleitet (mit Ausnahmen für Kapitalgesellschaftsbeteiligungen und Grundstücke) und ist typischerweise deutlich niedriger als die Börsenbewertung oder der Wert des Stuttgarter Ver- **810**

---

34) *Herfs*, S. 23, 50.
35) Vgl. zu diesem Aspekt *Lorz*, S. 57, 74 ff; *Niedner/Kusterer*, DB 1997, 2010 ff; *Geck*, NZG 1998, 586, 588 ff.
36) Hierzu *Lorz*, S. 57, 67 ff; *Niedner/Kusterer*, DB 1997, 2010 f; *Binz/Sorg*, DB 1997, 313, 316.

fahrens. Hinzukommen der Betriebsvermögensfreibetrag (§ 13a Abs. 1 ErbStG) und der 40 %ige Bewertungsabschlag (§ 13a Abs. 2 ErbStG), die bei Kapitalgesellschaftsbeteiligungen erst ab einer Beteiligung von mehr als 25 % gewährt werden (§ 13a Abs. 4 Nr. 3 ErbStG).

811 Um diese Vorteile nutzen zu können, sind zwei **Gestaltungsmaßnahmen** erforderlich: Zum einen muß der Komplementär der KGaA eine GmbH & Co. KG sein, nicht eine GmbH, denn nur dann ist Personengesellschaftsrecht auf den Komplementär anwendbar. Zum anderen muß der wesentliche Teil des Vermögens als Komplementärkapital vom Komplementär gehalten werden; aus diesem Grunde kann man auch von einer „atypischen" KGaA sprechen.[37] Sind in einer solchen Konstellation zunächst vorweggenommene Erbfolge oder Erbfall steuergünstig gestaltet worden, so kann in einem zweiten Schritt ein Teil der Komplementäreinlage in Kommanditkapital umgewandelt und dem nur kapitalmäßig interessierten Erben zugewiesen werden.

III. Die KGaA als Alternative beim Zugang zum Kapitalmarkt

1. Börsenzugang der KGaA in der Praxis

812 Auch nach der Entscheidung des Bundesgerichtshofs für die Zulässigkeit der GmbH & Co. KGaA ist bisher ein Boom von Börsengängen von Kommanditgesellschaften auf Aktien ausgeblieben. Die relativ geringe Zahl von börsennotierten KGaA ist aber ausreichend um zu belegen, daß in den verschiedensten Größenordnungen und nicht nur im Freiverkehr, sondern sowohl im amtlichen Handel als auch im geregelten Markt die erfolgreiche Einführung von Kommanditaktien möglich ist:[38] Sowohl in den nach „Größenklassen" abgestuften Aktienindizes DAX (Henkel KGaA), MDAX (Merck KGaA) und SMAX (Eff-Eff Fritz Fuss GmbH & Co. KGaA, TFG Venture Capital AG & Co. KGaA) als auch im Neuen Markt (1 & 1 AG & Co. KGaA, Mühlbauer Holding AG & Co. KGaA)[39] sind entsprechende Notierungen zu verzeichnen. Die relativ **geringe Verbreitung der KGaA am Kapitalmarkt** hängt damit zusammen, daß üblicherweise und insbesondere von den Emissionsbanken angenommen wird, daß Kommanditaktien nur mit einem Abschlag im Vergleich zu „normalen" Aktien emittiert und gehandelt werden können. Diese These läßt sich zwar empirisch nicht belegen und erst recht nicht quantifizieren, weil sich die Rechtsform aus der Vielzahl der kursbildenden Faktoren nicht mit

---

37) *Niedner/Kusterer*, DB 1997, 1451.
38) Kritisch allerdings *Ladwig/Motte*, DStR 1997, 1539, 1541 f.
39) Quelle für alle Angaben der Notierungen Deutsche Börse AG, Stand: August 1999.

hinreichender Zuverlässigkeit isolieren läßt.[40] Es wird jedoch allgemein und mit einer gewissen Plausibilität unterstellt, daß für einen solchen Abschlag die Intransparenz der Rechtsform und der im Vergleich zur AG verringerte Schutz der Anlegerinteressen aufgrund der gesellschaftsrechtlichen Gestaltungsfreiheit verantwortlich sind.

2. Einschränkungen der Gestaltungsfreiheit?

813 In der Tat wird bei zusammenfassender Betrachtung der oben (Rz. 806 ff) aufgezeigten Möglichkeiten deutlich, daß bei entsprechender Satzungsgestaltung in der Theorie eine weitgehende Beherrschung der KGaA durch eine kleine Gruppe oder gar eine einzelne Person ohne die Inkaufnahme der persönlichen Haftung einer natürlichen Person und ohne nennenswerten Kapitaleinsatz möglich ist. Getrieben von dieser Erkenntnis ist in der juristischen Fachliteratur das Gespenst „unzulässiger Minderheitenherrschaft" heraufbeschworen und von einem „kompletten Frankenstein-Kabinett" gesprochen worden;[41] insbesondere durch die BGH-Entscheidung zur Zulässigkeit der kapitalistischen KGaA (oben Rz. 804) ist eine intensive Diskussion über die **Grenzen der Gestaltungsfreiheit** ausgelöst worden. Aus dieser Diskussion ist zunächst festzuhalten, daß sie – zu Recht – unter dem Gesichtspunkt des Anlegerschutzes geführt wird[42] und daß weitgehend Einigkeit darüber besteht, daß etwaige Einschränkungen der Gestaltungsfreiheit nur für börsennotierte Gesellschaften in Betracht kommen;[43] ergänzen müssen wird man zudem die nicht börsennotierte Publikums-KGaA.

814 Kritik und Restriktionsversuche der Gestaltungsfreiheit[44] entbehren weitgehend der erforderlichen rechtlichen Grundlage.[45] Das Recht der KGaA kennt weder ein Verbot der Minderheitenherrschaft noch die Notwendigkeit, die Stellung des Komplementärs durch eine bestimmte Relation des Komplemen-

---

40) Ungeeignet ist die gelegentlich gezogene Parallele zur Vorzugsaktie: Zum einen handelt es sich um eine völlig andere Rechtskonstruktion (Wiederaufleben des Stimmrechts bei Dividendenausfall!); zum anderen gibt es eine Reihe von Vorzugsaktien, die höher als die Stammaktie notieren.
41) *Karsten Schmidt*, ZHR 160 (1996), 265, 285.
42) *Priester*, ZHR 160 (1996), 250, 263; *Hennerkes/May*, BB 1988, 2393, 2401; *Binz/Sorg*, DB 1997, 313, 317 ff; *Ihrig/Schlitt*, S. 33, 35; *Lorz*, S. 57, 71.
43) *Hommelhoff*, S. 9, 10.
44) Ausführlich *Hommelhoff*, S. 9, 10, 25; *Ihrig/Schlitt*, S. 33, 35, 64 ff; *Dierksen/Möhrle*, ZIP 1998, 1377, 1384, 1385; *Binz/Sorg*, BB 1988, 2041, 2044 ff; *Karsten Schmidt*, ZHR 160 (1996), 265, 281; *Herfs*, S. 23, 34.
45) Nach *Hommelhoff*, S. 9, 18 f, ist es Aufgabe von Rechtsprechung und Wissenschaft, aus dem Gesetz einen Regelungsauftrag an den Satzungsgeber „herauszuarbeiten"!

F. Alternative: Die kleine Kommanditgesellschaft auf Aktien (KGaA)

tärkapitals zum Grundkapital zu rechtfertigen.[46] Hieran ändert sich durch die Zulassung der GmbH als Komplementär nichts; nicht zufällig stammen die vorgebrachten Argumente und Überlegungen weitgehend aus dem Arsenal des ablehnenden Standpunkts in der früheren Diskussion über die Zulässigkeit der kapitalistischen KGaA. Wenn der Bundesgerichtshof diese Argumente gerade nicht für überzeugend gehalten hat, so muß der Versuch, sie auf dem Umweg über vorgeblich zwingende Einschränkungen der Gestaltungsfreiheit zu reanimieren, zum Scheitern verurteilt sein. Das „Sonderrecht" der kapitalistischen KGaA wird sich auf minimale, der Rechtsfortbildung durch die Gerichte im Einzelfall vorbehaltene Weiterentwicklungen zu beschränken haben, die in der BGH-Entscheidung vorgezeichnet sind.[47] Generelle Einschränkungen aus einem vorgeblichen gesetzlichen Konzept sollten nicht mehr zur Diskussion stehen.[48]

815 In praktischer Hinsicht ist die Bedeutung der Diskussion gering, weil sie – wie gesagt – auf börsennotierte und etwaige sonstige Publikumsgesellschaften beschränkt ist. In diesem Bereich sorgen aber bereits die **kapitalmarktrechtlichen Vorschriften** über die Information der Kapitalanleger[49] sowie die Notwendigkeit, bei der Ausgestaltung der Satzung auf das Urteil des Kapitalmarktes Rücksicht zu nehmen, dafür, daß eine einseitige Verschiebung der Organisationsstruktur zu Lasten der Kommanditaktionäre unterbleibt.[50] Auch der Gesetzgeber hat „den Weg des Schutzes der Anleger über Information gewählt",[51] indem § 18 Nr. 3 BörsZulVO nach seiner Änderung durch das Dritte Finanzmarktförderungsgesetz vorschreibt, daß der **Börsenprospekt** für die KGaA Angaben über die Struktur des persönlich haftenden Gesellschafters und über die von der gesetzlichen Regelung abweichenden Bestimmungen der Satzung und des Gesellschaftsvertrages enthalten muß.

---

46) Zutreffend *Hennerkes/Lorz*, DB 1997, 1388, 1391; *Jaques*, NZG 2000, 401, 405.
47) Nach BGHZ 134, 392 = ZIP 1997, 1027, 1029 bindet die Gesellschafterversammlung des Komplementärs bei der Auswahl des Geschäftsführers und einer eventuellen Abberufung die gesellschaftsrechtliche Treuepflicht. Im übrigen sind Abweichungen von den dispositiven Vorschriften des HGB nicht unbeschränkt und einseitig zu Lasten der Kommanditaktionäre möglich, es verbleibt aber grundsätzlich bei der gesetzlichen Dispositivität dieser Regelungen.
48) Im Ergebnis ebenso *Wichert*, AG 2000, 268.
49) Hierzu *Herfs*, S. 23, 38 ff und 35 f; *Hommelhoff*, S. 9, 10 f und 26 sowie 28 f mit dem Vorschlag, durch die Börsenzulassungsstellen Musterstatute anzubieten.
50) Ebenso schon *Lorz*, S. 57, 73 f; ähnlich schon *Mertens*, in: Festschrift Ritter, S. 731, 742 f; nicht zufällig ist der Vorschlag von *Herfs*, S. 23, 24, wonach sich die Herrschaft des Komplementärs aus einer bestimmten Relation des Komplementärkapitals zum Grundkapital ableiten soll, das Praxisbeispiel einer unlängst am Neuen Markt eingeführten Gesellschaft!
51) *Herfs*, S. 23, 53; explizit gegen eine Überantwortung des Anlegerschutzes an das Kapitalmarktrecht *Ihrig/Schlitt*, S. 33, 39.

IV. Zusammenfassende Bewertung

Als Ergebnis ist festzuhalten, daß es die KGaA bei geeigneter Gestaltung ermöglicht, über die Komplementärgesellschaft den Familieneinfluß außerordentlich stark zu erhalten, auch wenn die Kapitalbeteiligung der Familie deutlich unter 50 % herabsinkt. Wenn der durch die Rechtsform der KGaA grundsätzlich ermöglichte Zugang zum Kapitalmarkt gesucht wird, sind der Gestaltungsfreiheit bei der Stärkung der Komplementärrechte allerdings vor allem durch die Akzeptanznotwendigkeit am und die Kontrollfunktion des Kapitalmarkts praktische Grenzen gesetzt. Sowohl gesellschaftsrechtliche als auch steuerrechtliche Gestaltungsmöglichkeiten machen die KGaA vor allem in vielen Situationen der Unternehmensnachfolgeplanung zur empfehlenswerten Rechtsform.

816

G. Kapitalmaßnahmen

Literatur: *Aha*, Ausgewählte Gestaltungsmöglichkeiten bei Aktienoptionsplänen, BB 1997, 2225; *Becker*, Der Ausschluß aus der Aktiengesellschaft, ZGR 1986, 383; *Benckendorff*, Erwerb eigener Aktien im deutschen und US-amerikanischen Recht, 1998; *Bitz/Schneeloch/Wittstock*, Der Jahresabschluß, 3. Aufl., 2000; *Bosse*, Melde- und Informationspflichten nach dem Aktiengesetz und Wertpapierhandelsgesetz im Zusammenhang mit dem Rückkauf eigener Aktien, ZIP 1999, 2047; *v. Braunschweig*, Steuergünstige Gestaltung von Mitarbeiterbeteiligungen in Management-Buy-Out Strukturen, DB 1998, 1831; *Bredow*, Mustervereinbarung zu Aktienoptionsplänen für das Management und leitende Angestellte (Stock Option Plans), DStR 1998, 380; *Dauner-Lieb*, Das Sanierungsprivileg des § 32a Abs. 3 Satz 3 GmbHG, DStR 1998, 1517; *Deutscher Steuerberaterverband* e. V., Steuerberaterhandbuch 2000/01, 2000; *Dörrie*, Das Sanierungsprivileg des § 32a Abs. 3 Satz 3 GmbHG, ZIP 1999, 12; *v. Einem/Pajunk*, Zivil- und gesellschaftsrechtliche Anforderungen an die Ausgestaltung von Stock Options nach deutschem Recht, in: Achleitner/Wollmert (Hrsg.), Stock Options, 2000, S. 85; *Eisele*, Technik des betrieblichen Rechnungswesens, 1993; *Eiselt*, Bilanzierung von Stock Options nach US-GAAP und IAS, IStR 1999, 759; *Escher-Weingart/Kübler*, Erwerb eigener Aktien – Deutsche Reformbedürfnisse und europäische Fesseln?, ZHR 1998 (162), 537; *Esterer/Härteis*, Die Bilanzierung von Stock Options in der Handels- und Steuerbilanz, DB 1999, 2073; *Euler*, Steuerbilanzielle Konsequenzen der internationalistischen Rechnungslegung, StuW 1998, 15; *Farr*, Der Jahresabschluß der mittelgroßen und kleinen AG, AG 1996, 145; *Fuchs*, Selbständige Optionsscheine als Finanzierungsinstrument der Aktiengesellschaft, AG 1995, 433; *Gross*, Der Inhalt des Bezugsrechts nach § 186 AktG, AG 1993, 449; *Günther/Muche/White*, Bilanzrechtliche und steuerrechtliche Behandlung des Rückkaufs eigener Anteile in den USA und in Deutschland, WPg 1998, 574; *Haarmann*, Steuer- und Bilanzierungsfragen bei der Vergütung durch Stock Options in Deutschland, in: Festschrift Rädler, 1999, S. 229; *Haas*, Fragen zum Adressatenkreis des Kapitalersatzrechts, DZWIR 1999, 177; *Haas/Pötschan*, Ausgabe von Aktienoptionen an Arbeitnehmer und deren lohnsteuerliche Behandlung, DB 1998, 2138; *Heider*, Einführung der nennwertlosen Aktie in Deutschland anläßlich der Umstellung des Gesellschaftsrechts auf den Euro, AG 1998, 1; *Herzig*, Steuerliche und bilanzielle Probleme bei Stock Options und Stock Appreciation Rights, DB 1999, 1; *Huber*, Rückkauf eigener Aktien, in: Festschrift Kropff, 1997, S. 101; *Hüffer*, Aktienbezugsrechte als Bestandteil der Vergütung von Vorstandsmitgliedern und Mitarbeitern, ZHR 1997 (161), 214; *Ihrig/Streit*, Aktiengesellschaft und Euro, NZG 1998, 201; *Jacobs*, Das KonTraG und die steuerliche Behandlung von Stock Option Plans in Deutschland, in: Dörner u. a. (Hrsg.), Reform des Aktienrechts, 1999, S. 101 ff; *ders.*, Steuerliche Auswirkungen des Aktivierungsverbots für eigene Aktien nach § 272 Abs. 1 Satz 4 HGB, FR 1998, 872; *Jäger*, Aktienoptionspläne in Recht und Praxis – eine Zwischenbilanz, DStR 1999, 28; *Jansen*, Die Sanktionen der Publizitätsverweigerung nach dem Kapitalgesellschaften- und Co-Richtlinien-Gesetz, DStR 2000, 596; *Junker*, Das eigenkapitalersetzende Aktionärsdarlehen, ZHR 156 (1992), 394; *Kallmeyer*, Aktienoptionspläne für Führungskräfte im Konzern, AG 1999, 97; *Kau/Kukat*, Aktienoptionspläne und Mitbestimmung des Betriebsrats, BB 1999, 2505; *Ketzer*, Eigenkapitalersetzende Aktionärsdarlehen, 1989; *Kiem*, Der Erwerb eigener Aktien bei der kleinen AG, ZIP 2000, 209; *Klingberg*, Der Aktienrückkauf nach dem KonTraG aus bilanzieller und steuerlicher Sicht, BB 1998, 1575; *Kohler*, Stock Options für Führungskräfte aus der Sicht der Praxis, ZHR 1997 (161), 246; *Kopp*, Stückaktie und Euroumstellung, BB 1998, 701;

G. Kapitalmaßnahmen

Kunzi/Hasbargen/Kahre, Gestaltungsmöglichkeiten von Aktienoptionsprogrammen nach US-GAAP, DB 2000, 285; *Legerlotz/Laber*, Arbeitsrechtliche Grundlagen bei betrieblichen Arbeitnehmerbeteiligungen durch Aktienoptionen und Belegschaftsaktien, DStR 1999, 1658; *Lutter*, Aktienoptionen für Führungskräfte – de lege lata und de lege ferenda, ZIP 1997, 1; *Lutter/Zöllner*, Zur Anwendung der Regeln über die Sachkapitalerhöhung auf das Ausschüttungs-Rückhol-Verfahren, ZGR 1996, 164; *Luttermann*, Das Kapitalgesellschaften- und -Co.-Richtlinie-Gesetz, ZIP 2000, 517; *Mayer*, Der Leistungszeitpunkt bei Sacheinlageleistungen im Aktienrecht, ZHR 154 (1990), 535; *Menichetti*, Aktien-Optionsprogramme für das Top-Management. Mit kritischer Analyse aktueller Beispiele, DB 1996, 1688; *Mülbert*, Shareholder Value aus rechtlicher Sicht, ZGR 1997, 129; *Naumann/Pellens/Crasselt*, Zur Bilanzierung von Stock Options, DB 1998, 1428; *Neyer*, Zuflußzeitpunkt und betragsmäßige Bestimmung des Arbeitslohns bei Arbeitnehmer-Aktienoptionen – Argumente der traditionellen Auffassung auf dem Prüfstand, DStR 1999, 1636; *Paefgen*, Eigenkapitalderivate bei Aktienrückkäufen und Management-Beteiligungsmodellen, AG 1999, 67; *Pellens/Crasselt*, Virtuelle Aktienoptionsprogramme im Jahresabschluß, Wpg 1999, 765; *dies*, Bilanzierung von Stock Options, DB 1998, 217; *Peltzer*, Die Neuregelung des Erwerbs eigener Aktien im Lichte der historischen Erfahrungen, WM 1998, 322; *Pichler*, Unternehmenssanierung auf Grundlage des geänderten § 32a GmbHG, WM 1999, 411; *Portner*, Stock Options – (Weitere) lohnsteuerliche Fragen, insbesondere bei Expatriates, DStR 1998, 1535; *Rammert*, Die Bilanzierung von Aktienoptionen für Manager – Überlegungen zur Anwendung von US-GAAP im handelsrechtlichen Abschluß, Wpg 1998, 766; *Rümker*, Formen kapitalersetzender Gesellschafterdarlehen in der Bankpraxis, in: Festschrift Stimpel, 1985, S. 673; *Schaefer*, Aktuelle Probleme der Mitarbeiterbeteiligung nach Inkrafttreten des KonTraG, NZG 1999, 531; *Schander*, Der Rückkauf eigener Aktien nach KonTraG und Einsatzpotentiale bei Übernahmetransaktionen, ZIP 1998, 2087; *Schmid/Wiese*, Bilanzielle und steuerliche Behandlung eigener Aktien, DStR 1998, 993; *Karsten Schmidt*, Die Umwandlung einer GmbH in eine AG zu Kapitaländerungszwecken, AG 1985, 150; *Schneider/Sünner*, Die Anpassung des Aktiensrechts bei Einführung der europäischen Währungsunion, DB 1996, 817; *Schröer*, Zur Einführung der unechten nennwertlosen Aktie aus Anlaß der europäischen Währungsunion, ZIP 1997, 221; *Schubert*, Die Überlassung von Stock Options ist bereits lohnsteuerpflichtig, FR 1999, 639; *Schürmann*, Euro und Aktienrecht, NJW 1998, 3162; *Seibert*, Stock Options für Führungskräfte – zur Regelung im KonTraG in: Pellens (Hrsg.), Unternehmensrechtsorientierte Entlohnungssysteme, 1998, S. 29; *ders.*, Die Umstellung des Gesellschaftsrechts auf den Euro, ZGR 1998, 1; *Strobel*, Anpassung des HGB-Bilanzrechts an EG-Vorgaben, BB 1999, 1054; *Than*, Rechtliche und praktische Fragen der Kapitalerhöhung aus Gesellschaftsmitteln bei einer Aktiengesellschaft, WM-Sonderheft 1991 (Festgabe Heinsius), S. 54; *Thiel*, Bilanzielle und steuerrechtliche Behandlung eigener Aktien nach der Neuregelung des Aktienerwerbs durch das KonTraG, DB 1998, 1583; *Thomas*, Lohnsteuerliche Aspekte bei Aktienoptionen, DStZ 1999, 710; *Weiß*, Aktienoptionsprogramme nach dem KonTraG, WM 1999, 353; *v. Werder*, Shareholder Value-Ansatz als (einzige) Richtschnur des Vorstandshandelns?, ZGR 1998, 69; *Wirth*, Vereinfachte Kapitalherabsetzung zur Unternehmenssanierung, DB 1996, 867; *Zeidler*, Aktienoptionspläne – nicht nur für Führungskräfte – im Lichte neuester Rechtsprechung, NZG 1998, 789; *D. Zimmer*, Das Gesetz zur Kontrolle und Transparenz im Unternehmensbereich, NJW 1998, 3521; *D. Zimmer/Eckhold*, Das Kapitalgesellschaften & Co.-Richtlinie-Gesetz,

I. Grundlagen

NJW 2000, 1361; *L. Zimmer*, Die Ausgabe von Optionsrechten an Mitglieder des Aufsichtsrats und externe Berater, DB 1999, 999.

Übersicht

I.	**Grundlagen**	817	3.	Kapitalerhöhung aus Gesellschaftsmitteln 862
1.	Kapitalaufbringung und Kapitalerhaltung	817	4.	Genehmigtes Kapital 869
2.	Finanzierung durch (eigenkapitalersetzende) Gesellschafterdarlehen	820	5.	Bedingtes Kapital 877
			6.	Bezugsrecht und Bezugsrechtsausschluß 884
3.	Rechnungslegung	826	**III.**	**Kapitalherabsetzungen** 893
	a) Allgemeines; Rechtsgrundlagen	826	1.	Ordentliche Kapitalherabsetzung 893
	b) Bestandteile und Prinzipien der Rechnungslegung	832	2.	Vereinfachte Kapitalherabsetzung 895
	c) Bilanzielle Darstellung des Kapitals	835	3.	Kapitalherabsetzung durch Einziehung von Aktien 899
	d) Aufstellung, Prüfung und Feststellung des Jahresabschlusses	837	**IV.**	**Sonderfragen (Spezialthemen)** 901
	e) Publizität des Jahresabschlusses	842	1.	Erwerb eigener Aktien 901
II.	**Kapitalerhöhungen**	844	2.	Stock options 909
1.	Kapitalerhöhung gegen Bareinlagen	844		a) Allgemeines 909
				b) Gesellschaftsrechtliche Aspekte 911
2.	Kapitalerhöhung gegen Sacheinlagen und verschleierte Sacheinlage	849		c) Wandelschuldverschreibungen 917
				d) Bilanzielle und steuerliche Aspekte 918
			3.	Umstellung auf den Euro 924

I. Grundlagen

1. Kapitalaufbringung und Kapitalerhaltung

Kapitalmaßnahmen sind ein praktisch wichtiger Teil der Finanzierung und damit zugleich Herzstück der **Finanzverfassung**[1] der Aktiengesellschaft. Kapitalerhöhungen und -herabsetzungen sind eine sehr technische Materie. Die relative Kompliziertheit der Normen, die sich durch vielfache Verweisungen und durch starke Einbindung bilanzrechtlicher Fragen auszeichnen, bringt für den mit der Rechtsform der Aktiengesellschaft nicht Vertrauten eine Reihe von Problemen mit sich; bereits eher belanglos erscheinende formale Fehler kön-

---

[1] So die Überschrift des § 29 im Gesellschaftsrechts-Lehrbuch von *Karsten Schmidt*.

G. Kapitalmaßnahmen

nen zur Nichtigkeit der gesamten Kapitalmaßnahme führen. Diese Technizität ist allerdings nicht Selbstzweck: Sie ist Ausdruck des Bemühens des Gesetzgebers, die dem Recht der Kapitalmaßnahmen zugrundeliegenden Grundsätze der Kapitalaufbringung und der Kapitalerhaltung[2] zu konkretisieren. Neben dem Gleichbehandlungsgrundsatz (§ 53a AktG)[3] und der gesellschaftsrechtlichen Treuepflicht[4] prägen diese beiden Prinzipien das Recht der Kapitalmaßnahmen.

818 Der Grundsatz der **Kapitalaufbringung** betrifft das Recht der Kapitalerhöhungen. Von Bedeutung ist hier zunächst, daß § 188 Abs. 2 AktG für die Anmeldung der Kapitalerhöhung auf die für die Gründung geltenden Vorschriften der §§ 36 Abs. 2, 36a und 37 Abs. 1 AktG verweist. Auch für die Kapitalerhöhung gilt, daß Aktienemissionen unter pari verboten sind (§ 9 Abs. 1 AktG) und Aktionäre nicht von ihren Leistungspflichten befreit werden können (§ 66 AktG). Speziell für Bareinlagen bedeutsam ist das in § 66 Abs. 1 Satz 2 AktG enthaltene Aufrechnungsverbot des Aktionärs gegenüber der Gesellschaft. Hieraus und aus der Notwendigkeit eines Umgehungsschutzes für das Recht der Sacheinlagen ergibt sich zugleich das Verbot verdeckter oder verschleierter Sacheinlagen (dazu unten Rz. 849 ff). Für Sacheinlagen ist eine besondere Werthaltigkeitsprüfung erforderlich. Der Kapitalaufbringung dienen schließlich auch § 182 Abs. 4 AktG, wonach das Grundkapital nicht erhöht werden soll, solange ausstehende Einlagen auf das bisherige Grundkapital erlangt werden können, und § 185 Abs. 3 AktG, wonach sich der Zeichner nach Eintragung der Durchführung der Erhöhung des Grundkapitals im Handelsregister auf eine Nichtigkeit des Zeichnungsscheines nicht mehr berufen kann, wenn er seine Verpflichtungen erfüllt hat.

819 Der **Erhaltung des einmal aufgebrachten Kapitals** dient die außerordentlich restriktive Normierung von Auszahlungen und Leistungen der Gesellschaft an ihre Aktionäre. Jegliche Einlagenrückgewähr ist – unabhängig von der bilanziellen Auswirkung auf das Grundkapital – verboten (§ 57 Abs. 1 Satz 1 AktG). Unter dieses Verbot fällt auch der Erwerb eigener Aktien, wenn er nicht – als Ausnahme vom grundsätzlichen Verbot – ausnahmsweise gesetzlich zugelassen ist (§ 57 Abs. 1 Satz 2, §§ 71 ff AktG, dazu unten Rz. 901 ff). An die Aktionäre ausgezahlt werden darf vor Auflösung der Gesellschaft nur der Bilanzgewinn; Zinsen dürfen weder zugesagt noch ausgezahlt werden (§ 57 Abs. 2 und 3 AktG). Weitere Ausnahmen sind die ordentliche Kapital-

---

2) Hierzu bereits oben *Kiem*, Rz. 355 ff.
3) Hierzu oben *Kiem*, Rz. 345 ff m. w. N.
4) Hierzu oben *Kiem*, Rz. 351 ff m. w. N.

herabsetzung und die Kapitalherabsetzung durch Einziehung von Aktien.[5] Da hierdurch die Garantiefunktion des Grundkapitals in der Grundkapitalziffer entsprechend korrigiert wird, ist die Rückzahlung der zur Deckung des reduzierten Grundkapitals nicht mehr erforderlichen Beträge unter Wahrung der den Gläubigerschutz sicherstellenden Kautelen zulässig. Zugleich können die Aktionäre unter dieser Voraussetzung auch von der Verpflichtung zur Leistung von Einlagen befreit werden (§ 66 Abs. 3 AktG),[6] so daß die ordentliche Kapitalherabsetzung und die Kapitalherabsetzung durch Einziehung von Aktien Ausnahmen sowohl von den Kapitalaufbringungs- als auch von den Kapitalerhaltungsvorschriften darstellen.

2. Finanzierung durch (eigenkapitalersetzende) Gesellschafterdarlehen

Aus der Rechtsform der Aktiengesellschaft ergeben sich für die **Möglichkeiten der Fremdfinanzierung** keine Einschränkungen. Im Gegenteil: Neben den klassischen Fremdfinanzierungen durch Bankkredite und Lieferantenverbindlichkeiten eröffnet die Rechtsform der Aktiengesellschaft auch eher als andere Rechtsformen die Möglichkeit, am Kapitalmarkt durch die Begebung von Anleihen – gegebenenfalls in der Form von Wandel- oder Optionsanleihen – Fremdkapital aufzunehmen.[7] Möglich ist selbstverständlich auch die Darlehensgewährung durch Gesellschafter. 820

Gerade für die häufig personalistisch geprägte kleine Aktiengesellschaft ist aber daran zu erinnern, daß für die durch Gesellschafter gewährten Darlehen erhebliche Besonderheiten gelten, soweit diese als **(eigen-)kapitalersetzende Darlehen** zu qualifizieren sind. Seit einer Grundsatzentscheidung des Bundesgerichtshofs aus dem Jahre 1984[8] kann als geklärt gelten, daß kapitalersetzende Darlehen kein Phänomen des GmbH-Rechts sind, sondern **auch als Aktionärsdarlehen möglich** sind.[9] Die Ableitung der Eigenkapitalersatzregeln aus der Finanzierungsverantwortung des Gesellschafters rechtfertigt es jedoch, nur Aktionäre mit unternehmerischen Interessen zu erfassen.[10] Davon ist auszugehen, wenn der Aktienbesitz eines Aktionärs 25 % des Grundkapitals über- 821

---

5) *Wiesner*, in: Münchener Handbuch des Gesellschaftsrechts, § 16 Rz. 50.
6) Dazu *Wiesner*, in: Münchener Handbuch des Gesellschaftsrechts, § 16 Rz. 31.
7) *Karsten Schmidt*, Gesellschaftsrecht, § 29 I 1 b, S. 883 f.
8) BGH, Urt. v. 26. 3. 1984 – II ZR 171/83, BGHZ 90, 381 = ZIP 1984, 572 – BuM/WestLB.
9) *Hüffer*, AktG, § 57 Rz. 17; *Karsten Schmidt*, Gesellschaftsrecht, § 29 I 2, S. 886; *Bayer*, in: v. Gerkan/Hommelhoff, Rz. 11.5 ff.
10) *Ketzer*, S. 71 f.

G. Kapitalmaßnahmen

schreitet und er damit eine Sperrminorität für qualifizierte Mehrheitsentscheidungen hat.[11)] Bei geringerem Aktienbesitz ist die Annahme von Eigenkapitalersatz nicht schlechthin ausgeschlossen; es muß sich dann die Verfolgung unternehmerischer Interessen jedoch aus anderen Merkmalen ergeben.[12)] Solche Merkmale können beispielsweise die Stellung als Vorstand, ein Aufsichtsratsmandat oder die Führungsrolle in einem Aktionärspool oder -konsortium sein.[13)] Ist ein Gesellschafter tauglicher Adressat des Eigenkapitalersatzrechts, so werden nicht nur Darlehensgewährungen, sondern auch wirtschaftlich entsprechende Rechtshandlungen erfaßt. In Betracht kommen vor allem die Gewährung von Kreditsicherheiten[14)] und die Nutzungsüberlassung, insbesondere von Grundstücken.[15)]

822 Der Tatbestand des eigenkapitalersetzenden Aktionärsdarlehen setzt voraus, daß das Darlehen nach dem **Eintritt der Kreditunwürdigkeit** gewährt wurde. Der entsprechend heranzuziehende § 32a Abs. 1 GmbHG versteht hierunter den Zeitpunkt, in dem Gesellschafter als ordentliche Kaufleute Eigenkapital zugeführt hätten. Kreditunwürdigkeit ist stets gegeben, wenn die Gesellschaft zahlungsunfähig oder überschuldet war. Ob Kreditunwürdigkeit vorlag, ist eine im Einzelfall zu beurteilende Sachverhaltsfrage. Erfaßt wird im übrigen nicht nur die Darlehensgewährung nach Eintritt der Kreditunwürdigkeit, sondern auch das Stehenlassen eines ursprünglich nicht eigenkapitalersetzenden Darlehens nach Eintritt der Krise.[16)] Das Stehenlassen eines Kredits setzt allerdings voraus, daß der Gesellschafter eine bewußte Finanzierungsentscheidung trifft. Hiervon ist nur dann auszugehen, wenn er einerseits die Krisensituation hätte erkennen können und andererseits aufgrund der rechtlichen Situation überhaupt in der Lage war, sein Engagement durch Kündigung o. ä. zu beenden.[17)]

---

11) Ganz h. M., vgl. *Hüffer*, AktG, § 57 Rz. 18; *Lutter*, in: Kölner Komm. zum AktG, § 57 Rz. 93; *Rühmker*, in: Festschrift Stimpel, S. 673 ff, 677 f; *Karsten Schmidt*, Gesellschaftsrecht, § 29 I 2, S. 886.

12) *Ketzer*, S. 80 f.

13) Ausführlich zu den im Einzelfall zu berücksichtigenden zusätzlichen Gesichtspunkten, *Junker*, ZHR 156 (1992), 394 ff, 403 ff; vgl. auch *Dörrie*, ZIP 1999, 12 ff, 15 und dort Fußn. 30.

14) *Karsten Schmidt*, Gesellschaftsrecht, § 29 I 2, S. 886 und § 18 III 4, S. 529 ff, 532 ff.

15) *Karsten Schmidt*, Gesellschaftsrecht, § 29 I 2, S. 886 und § 18 III 4, S. 529 ff, 532 ff, 534 und dort Fußn. 66.

16) *Gandenberger*, in: Beck'sches Handbuch der GmbH, § 8 Rz. 229 ff.

17) BGH, Urt. v. 14. 12. 1992 – II ZR 298/91, BGHZ 121, 31, 35 ff = ZIP 1993, 189, dazu EWiR 1993, 155 *(Fleck)*; BGH, Urt. v. 7. 11. 1994 – II ZR 270/93, BGHZ 127, 336, 341 = ZIP 1994, 1934, dazu EWiR 1995, 157 *(Westermann)*; BGH, Urt. v. 11. 12. 1995 – II ZR 128/94, ZIP 1996, 273 = NJW 1996, 722 f, dazu EWiR 1996, 171 *(v. Gerkan)*.

I. Grundlagen

823 Die **Rechtsfolge der Umqualifizierung** eines Aktionärsdarlehens als eigenkapitalersetzend ist eine doppelte. Zum einen darf die Darlehensforderung in der Insolvenz der Gesellschaft nur als letztrangige Insolvenzforderung geltend gemacht werden (vgl. § 32a Abs. 1 GmbHG; § 39 InsO). Zum anderen ergibt sich ein Rückzahlungsanspruch der Gesellschaft gemäß § 62 Abs. 1 AktG, der aufgrund der fünfjährigen Sonderverjährungsfrist des § 62 Abs. 3 AktG schärfer ist als die entsprechenden GmbH-rechtlichen Rückzahlungsvorschriften. Der Umfang der Umqualifizierung eines Aktionärsdarlehens in Eigenkapitalersatz ist aus dem Zweck der Kapitalerhaltungsregeln abzuleiten; die Umqualifizierung ist so weit vorzunehmen, daß die Gesellschaft Grundkapital zuzüglich gesetzlicher Rücklage darstellen kann. Die Gesellschaft darf das Darlehen tilgen, wenn sie bei fiktiver Betrachtung ohne das Darlehen Bilanzgewinn ausweisen könnte.[18]

824 Problematisch und ungeklärt ist, inwieweit das Eigenkapitalersatzrecht der Aktiengesellschaft durch die **Änderungen des § 32a Abs. 3 GmbHG** durch das Kapitalaufnahmeerleichterungsgesetz und das KonTraG berührt wird.[19] Durch diese Gesetze wurden zwei Ausnahmen von den Eigenkapitalersatzregeln eingeführt, zum einen das Kleinbeteiligungsprivileg für nichtgeschäftsführende Gesellschafter mit einer Beteiligung von 10 % oder weniger am Stammkapital,[20] zum anderen ein Sanierungsprivileg für Darlehensgeber, die in der Krise der Gesellschaft Geschäftsanteile mit Sanierungsabsicht erwerben (§ 32a Abs. 3 Satz 3 GmbHG)[21]. Hinsichtlich der neu eingeführten 10 %-Grenze kann fraglich sein, ob diese künftig auch im Aktienrecht die durch die Rechtsprechung entwickelte 25 %-Schwelle ersetzt. Da das Recht der eigenkapitalersetzenden Aktionärsdarlehen keine analoge Anwendung des GmbH-Rechts, sondern eine eigenständige Ableitung aus allgemeinen Grundsätzen darstellt,[22] wäre eine solche Übertragung abzulehnen;[23] auch angesichts der anders strukturierten Organisationsverfassung der Aktiengesellschaft wäre sie nicht zu rechtfertigen. Die gleichen Überlegungen müssen dann aber konsequenterweise wohl auch hinsichtlich des Sanierungsprivilegs gelten.[24]

---

18) Streitig, vgl. *Hüffer*, AktG, § 57 Rz. 19 m. w. N.
19) Vgl. dazu *Dörrie*, ZIP 1999, 12 ff; *Dauner-Lieb*, DStR 1998, 1517 ff; *Haas*, DZWIR 1999, 177 ff; *Pichler*, WM 1999, 411 ff.
20) Dazu *v. Gerkan*, in: v. Gerkan/Hommelhoff, Rz. 3.13 ff.
21) Dazu *Dauner-Lieb*, in: v. Gerkan/Hommelhoff, Rz. 4.1 ff; 4.27.
22) *Junker*, ZHR 156 (1992), 394 ff, 399 f.
23) So auch *Pichler*, WM 1999, 411 ff, 419; ebenso bereits die Begründung zum RegE KapAEG, BT-Drucks. 13/7141, S. 11 f, abgedruckt bei: *Ernst/Seibert/Stuckert*, S. 158.
24) A. A. *Pichler*, WM 1999, 411 ff, 419.

825 Ohnehin ist eine Umqualifizierung von Darlehen in Eigenkapitalersatz nicht stets nachteilig, wie ein Blick auf die **steuerliche Situation** zeigt.[25] Hinsichtlich der laufenden Zinseinnahmen ergeben sich keine Besonderheiten, hierbei handelt es sich regelmäßig um Einkünfte aus Kapitalvermögen gemäß § 20 Abs. 1 EStG. Soweit ein Aktionär im Sinne der steuerlichen Vorschriften wesentlich beteiligt ist – ab 1. Januar 1999 liegt eine wesentliche Beteiligung bereits ab einem Anteilsbesitz von 10 % am Grundkapital vor (ab 1. Januar 2001 möglicherweise bereits ab 1 %) – stellen Kapitalersatzleistungen jedoch nachträgliche Anschaffungskosten der Beteiligung dar. Soweit sich eine Investition aufgrund der Insolvenz oder einer sonst verlustreichen Abwicklung der Gesellschaft als Fehlschlag erwiesen hat, besteht ein großes Interesse des Aktionärs daran, auch die von ihm gewährten Darlehen wenigstens als steuerliche Verluste geltend machen zu können. Dies ist jedoch nur dann möglich, wenn sie im vorgenannten Sinne als nachträgliche Anschaffungskosten qualifiziert werden. Da die Rechtsprechung des Bundesfinanzhofs bei der Beurteilung eines Darlehens als eigenkapitalersetzend strikt der Zivilrechtsprechung folgt,[26] erweist es sich gerade in Situationen wirtschaftlicher Fehlschläge im nachhinein für den Gesellschafter als vorteilhaft, daß sein Darlehen als eigenkapitalersetzend zu qualifizieren war.

3. Rechnungslegung

a) Allgemeines; Rechtsgrundlagen

826 Eine praktisch wie normativ wichtige Informationsgrundlage für die Finanzverfassung der Aktiengesellschaft – und hier insbesondere für die Kapitalmaßnahmen – ist das **externe Rechnungswesen** der Gesellschaft. Es ist zunächst abzugrenzen von der Kostenrechnung, der betriebswirtschaftlichen Statistik/Vergleichsrechnung und der Planungsrechnung, die aus betriebswirtschaftlicher Sicht im Gesamtzusammenhang des betrieblichen Rechnungswesens gleichrangige Bedeutung haben.[27] Ebenfalls kein Bestandteil der externen Rechnungslegung, sondern ein eigenständiges System ist das gemäß § 91 Abs. 2 AktG vom Vorstand einzurichtende Überwachungssystem zur Früherkennung von den Fortbestand der Gesellschaft gefährdenden Entwicklungen. Die Verzahnungen zwischen externem Rechnungswesen und sonstigen betrieblichen Rechnungswerken können allerdings im Einzelfall eng sein.

---

25) *Gandenberger*, in: Beck'sches Handbuch der GmbH, § 8 Rz. 294 ff.
26) Vgl. BFH, Urt. v. 10. 11. 1998 – VIII R 6/96, BFHE 187, 480, 484.
27) Zu Gliederung und Aufbau des betrieblichen Rechnungswesens vgl. *Eisele*, S. 7 ff.

I. Grundlagen

Wesentliche **Rechtsgrundlage** der Rechnungslegung der Aktiengesellschaft ist das dritte Buch des Handelsgesetzbuches über „Handelsbücher" (§§ 238 ff HGB). Für die Aktiengesellschaft relevant sind dabei zunächst die für alle Kaufleute geltenden Vorschriften (1. Abschnitt, §§ 238–263 HGB), sodann die ergänzenden Vorschriften für Kapitalgesellschaften (2. Abschnitt, §§ 264–335 HGB). Bestandteil dieses 2. Abschnitts sind insbesondere die Vorschriften über die Konzernrechnungslegung (2. Unterabschnitt, §§ 290–315 HGB), über die Prüfung des Jahresabschlusses (3. Unterabschnitt, §§ 316–324 HGB) sowie über dessen Offenlegung (4. Unterabschnitt, §§ 325–329 HGB). Zwar sind auch die §§ 148 ff AktG mit „Jahresabschluß und Lagebericht" überschrieben. Die einstmals weitgehende Normierung der Rechnungslegung im Aktiengesetz ist jedoch entfallen, seit durch das Bilanzrichtliniengesetz mit Wirkung vom 1. Januar 1986 die Rechnungslegung übergreifend im HGB normiert worden ist.[28] Die verbliebenen aktienrechtlichen Regelungen sind punktuelle Ergänzungen, die als Spezialvorschriften vorrangig zu beachten sind.[29]

827

Nicht ohne Bedeutung für die praktische Anwendung ist schließlich, daß die Rechnungslegungsvorschriften des HGB auf einer Umsetzung von drei EG-Richtlinien beruhen:

828

- der 4. Gesellschaftsrechtlichen Richtlinie über die Rechnungslegung von Kapitalgesellschaften (sogenannte Bilanzrichtlinie) vom 25. 7. 1978,

- der 7. Gesellschaftsrechtlichen Richtlinie über die Rechnungslegung im Konzern (sogenannte Konzernabschlußrichtlinie) vom 12. 12. 1978/ 13. 6. 1983 und

- der 8. Gesellschaftsrechtlichen Richtlinie über die Zulassungsvoraussetzungen für die mit der Pflichtprüfung von Jahresabschlüssen der Kapitalgesellschaften beauftragten Personen (sogenannte Abschlußprüferrichtlinie) vom 5. 12. 1979/10. 4. 1984.[30]

Dies ist bei der Auslegung der HGB-Vorschriften zu beachten und führt dazu, daß im Rechtsstreit gegebenenfalls durch das Gericht eine Vorabentscheidung des Europäischen Gerichtshofs gemäß Art. 234 EGV einzuholen ist.

In § 264 HGB ist die **Pflicht zur Aufstellung eines Jahresabschlusses** verankert, der in **Abgrenzung zur steuerlichen Rechnungslegung** auch als Handelsbilanz bezeichnet wird. Eine analoge Verpflichtung zur Aufstellung einer

829

---

28) *Karsten Schmidt*, Gesellschaftsrecht, § 29 IV 1 a, S. 913.
29) *Hoffmann-Becking*, in: Münchener Handbuch des Gesellschaftsrechts, § 43 Rz. 1.
30) *Baumbach/Hopt*, HGB, Einl v § 238 Rz. 1 ff, 8.

den steuerlichen Vorschriften entsprechenden Steuerbilanz existiert nicht. Um den steuerrechtlichen Anforderungen zu genügen, hat die Gesellschaft vielmehr drei Möglichkeiten:

- Zum einen besteht die Möglichkeit, neben der Handelsbilanz eine gesonderte, den steuerlichen Vorschriften Rechnung tragende Steuerbilanz aufzustellen (§ 60 Abs. 2 Satz 2 EStDV).

- Zum anderen besteht die Möglichkeit, lediglich eine Handelsbilanz zu erstellen und in Anmerkungen und Zusätzen zu dieser Bilanz in Nebenrechnungen eine Anpassung an die steuerlichen Vorschriften darzustellen (§ 60 Abs. 2 Satz 1 EStDV).

- Schließlich besteht die Möglichkeit, bei der Aufstellung der Handelsbilanz von vornherein auch die steuerlichen Vorschriften mit zu beachten und eine sogenannte „Einheitsbilanz" zu erstellen. Die Möglichkeit hierzu eröffnet das Handelsbilanzrecht, indem es die Berücksichtigung steuerlicher Sondervorschriften in der Handelsbilanz zum großen Teil dann zuläßt, wenn das Steuerrecht seinerseits die Anerkennung bestimmter Wertansätze von einer analogen Handhabung in der Handelsbilanz abhängig macht.

830 Zwischen der handelsrechtlichen und der steuerlichen Gewinnermittlung besteht ein enger Zusammenhang, da aufgrund des sogenannten Maßgeblichkeitsgrundsatzes gemäß § 5 Abs. 1 EStG die handelsrechtliche Gewinnermittlung grundsätzlich auch für die Besteuerung maßgeblich ist.[31] Dies gilt jedoch nur, soweit nicht steuerrechtliche Sondervorschriften existieren. Da in den letzten Jahren eine sprunghafte Vermehrung solcher steuerlicher Sondervorschriften zu konstatieren ist und die Rechtsprechung des Bundesfinanzhofs dazu neigt, auch bei im Wortlaut gleichlautenden Vorschriften eine steuerrechtliche Sonderregelung anzunehmen,[32] unterliegt dieser Maßgeblichkeitsgrundsatz einer bereits weit fortgeschrittenen Erosion.[33]

831 Die handelsrechtliche Rechnungslegung erfüllt im wesentlichen zwei Aufgaben. Zum einen kommt ihr eine **Informationsfunktion** zu. Dabei steht die Information der Anteilseigner und der interessierten Öffentlichkeit im Vordergrund; Vorstand und Unternehmensleitung stehen für die Unternehmensführung im Rahmen des betrieblichen Rechnungswesens in der Regel präzisere

---

31) Siehe zum Maßgeblichkeitsgrundsatz *Lück*, in: Steuerberaterhandbuch, S. 232 ff.
32) BFH, Beschl. v. 16. 12. 1998 – I R 50/95, BB 1999, 1206 = DB 1999, 669 = NZG 1999, 462 (zur phasengleichen Gewinnvereinnahmung).
33) Zu steuerbilanziellen Konsequenzen der Internationalisierung der Rechnungslegung vgl. *Euler*, StuW 1998, 15 ff.

Instrumente zur Verfügung. Daneben hat der handelsrechtliche **Jahresabschluß** eine **Zahlungsbemessungsfunktion**. Dies gilt insbesondere hinsichtlich der Gewinnausschüttungen an die Anteilseigner. Die Zahlungsbemessungsfunktion des Jahresabschlusses zeigt sich aber auch bei gewinnabhängigen Vergütungen von Vorständen und Führungskräften (vgl. § 86 AktG) sowie im Rahmen der Besteuerung, soweit der handelsrechtliche Jahresabschluß aufgrund des Maßgeblichkeitsprinzips gemäß § 5 Abs. 1 EStG (noch) von Bedeutung ist. Nach geltendem Recht hat der **Konzernabschluß** ausschließlich Informationsfunktion; eine Zahlungsbemessungsfunktion kommt ihm nicht zu.

b) Bestandteile und Prinzipien der Rechnungslegung

Neben den Handelsbüchern (§§ 238 f HGB) und dem Inventar (§ 240 HGB) sind als **Bestandteile** der gesetzlich vorgeschriebenen externen Rechnungslegung der Aktiengesellschaft zu nennen: **832**

– die Jahresbilanz (§§ 242 ff, 264 ff HGB),

– die Gewinn- und Verlustrechnung (§ 242 Abs. 2 HGB),

– der Anhang (§ 264 Abs. 1 Satz 1, §§ 284 ff HGB) und

– der Lagebericht (§ 264 Abs. 1 Satz 1, § 289 HGB).

Bilanz und Gewinn- und Verlustrechnung, erweitert um den mit ihnen eine Einheit bildenden Anhang, werden vom Gesetz zusammen als Jahresabschluß bezeichnet.

Die für den Jahresabschluß geltenden Vorschriften lassen sich in drei Kategorien einordnen: **Abgrenzungsregeln, Aggregations- und Gliederungsregeln** sowie **Bewertungsregeln**. Abgrenzungsregeln legen fest, welche Vorgänge in sachlicher und zeitlicher Hinsicht im Jahresabschluß zu erfassen sind.[34] Die grundlegende Abgrenzungsregel des geltenden Rechts ist gemäß § 240 Abs. 1 HGB die „wirtschaftliche Zugehörigkeit" zum Vermögen des Kaufmanns.[35] Nachdem die überhaupt zu erfassenden Vorgänge und Gegenstände feststehen, bestimmen **Aggregations- und Gliederungsregeln**, inwieweit ein Ausweis jeweils einzeln oder in größeren Abbildungsaggregaten zusammengefaßt erfolgt; darüber hinaus müssen Reihenfolge und Bezeichnungen der Angaben festgelegt werden. Betroffen ist damit vor allem die formale Gestaltung des Jahresabschlusses. Das HGB schreibt insoweit einerseits allgemeine Grundsätze für die Gliederung (§ 265 HGB) und andererseits detaillierte Schemata für Jahres- **833**

---

34) *Bitz/Schneeloch/Wittstock*, S. 10.
35) Vgl. zur Abgrenzung von Betriebsvermögen und Privatvermögen *Lück*, in: Steuerberaterhandbuch, S. 246 ff.

abschluß und Gewinn- und Verlustrechnung vor (§§ 266, 275 HGB). Schließlich müssen die abzubildenden Sachverhalte auf einen einheitlichen Nenner gebracht werden, wozu es der Anwendung von Bewertungsregeln bedarf. Als Bewertungsvorschriften sind die §§ 252–256, 279 und §§ 280–282 HGB zu nennen. Die grundlegenden Bewertungsprinzipien ergeben sich aus § 252 HGB; es sind die Grundsätze der

- Vorsicht, mit den Ausprägungen als Realisationsprinzip, Imparitätsprinzip und Wertaufholungsprinzip,
- Bilanzidentität,
- Unternehmensfortführung (going concern),
- Stichtagsbezogenheit,
- Einzelbewertung,
- Periodenabgrenzung und
- Bewertungsstetigkeit.[36]

834 Neben dem Jahresabschluß ist gemäß §§ 290 ff HGB ein **Konzernabschluß** aufzustellen, wenn mehrere Unternehmen unter der einheitlichen Leitung einer Aktiengesellschaft als Mutterunternehmen stehen. Von dieser Pflicht zur Aufstellung eines Konzernabschlusses bestehen zunächst größenabhängige Befreiungen (§ 293 HGB). Ein Mutterunternehmen kann auch einen Konzernabschluß nach international anerkannten Rechnungslegungsgrundsätzen – in Betracht kommen insbesondere IAS oder US-GAAP – aufstellen, um von der Aufstellungspflicht eines Konzernabschlusses nach den Vorschriften des HGB befreit zu werden (§ 292a HGB); diese Möglichkeit wurde zuletzt auch auf nicht börsennotierte Unternehmen erweitert.[37]

c) Bilanzielle Darstellung des Kapitals

835 Von besonderer Bedeutung für den Bereich der Kapitalmaßnahmen ist die bilanzielle Darstellung des Eigenkapitals der Aktiengesellschaft. Das Eigenkapital wird auf der Passivseite der Bilanz ausgewiesen. § 266 Abs. 3 HGB schreibt folgende Gliederung vor:

---

36) *Bitz/Schneeloch/Wittstock*, S. 181.
37) Durch das Kapitalgesellschaften- und Co-Richtlinie-Gesetz (KapCoRiLiG) vom 24. 2. 2000, BGBl I, 154.

I. Grundlagen

A. Eigenkapital:
 I. Gezeichnetes Kapital;
 II. Kapitalrücklage;
 III. Gewinnrücklagen:
  1. gesetzliche Rücklage;
  2. Rücklage für eigene Anteile;
  3. satzungsmäßige Rücklagen;
  4. andere Gewinnrücklagen;
 IV. Gewinnvortrag/Verlustvortrag;
 V. Jahresüberschuß/Jahresfehlbetrag.

Die Bildung einer gesetzlichen Rücklage schreibt § 150 Abs. 1 AktG vor. **836** Prinzipiell sind 5 % des Jahresüberschusses in die gesetzliche Rücklage einzustellen, bis diese 10 % oder einen in der Satzung bestimmten höheren Teil des Grundkapitals erreicht (§ 150 Abs. 2 AktG). Nach § 272 Abs. 2 HGB sind in die Kapitalrücklagen einerseits die Beträge einzustellen, die bei der Ausgabe von Anteilen oder Wandel- oder Optionsschuldverschreibungen über den Nennwert hinaus erzielt werden, sowie die Zuzahlungen von Gesellschaftern in das Eigenkapital. Soweit die Kapitalrücklage aus anderen Quellen als Zuzahlungen von Gesellschaftern gespeist worden ist, darf sie nur zum Ausgleich von Verlusten oder zur Kapitalerhöhung aus Gesellschaftsmitteln aufgelöst werden (§ 150 Abs. 4 AktG). Als Gewinnrücklagen dürfen nur Beträge ausgewiesen werden, die im Geschäftsjahr oder in früheren Geschäftsjahren aus dem Ergebnis gebildet worden sind (§ 272 Abs. 3 HGB).

d) Aufstellung, Prüfung und Feststellung des Jahresabschlusses

Der Jahresabschluß ist gemäß § 264 Abs. 1 HGB durch die gesetzlichen Vertreter, bei der Aktiengesellschaft also durch den Vorstand, **aufzustellen**,[38)] und **837** zwar in den ersten drei Monaten des Geschäftsjahres für das vorangegangene Geschäftsjahr (§ 264 Abs. 1 Satz 2 HGB). Für die Frage, ob auch ein **Lagebericht** aufzustellen ist und ob Jahresabschluß und Lagebericht durch **Abschlußprüfer** zu prüfen sind, ist die Größeneinteilung des § 267 HGB bedeutsam. Soweit die Bilanzsumme 6 720 000 DM nicht überschreitet, die Umsatzerlöse 13 440 000 DM nicht übersteigen und im Jahresdurchschnitt nicht mehr als 50 Arbeitnehmer beschäftigt werden, handelt es sich um eine kleine Kapitalgesellschaft im Sinne der Rechnungslegungsvorschriften (§ 267 Abs. 1

---

38) Vgl. zur Aufstellung des Jahresabschlusses auch *Farr*, AG 1996, 145 ff.

G. Kapitalmaßnahmen

HGB);[39] nur wenn zwei der drei genannten Merkmale überschritten werden, ist die Gesellschaft als „mittelgroße" einzustufen.[40]

838 Ebenfalls zwei von drei der folgenden Merkmale müssen erfüllt sein, damit eine Gesellschaft als große Kapitalgesellschaft einzustufen ist: Bilanzsumme von 21 240 000 DM; Umsatzerlöse 42 480 000 DM; 250 Arbeitnehmer im Jahresdurchschnitt. Eine Kapitalgesellschaft gilt stets als „groß" im Sinne dieser Größenklasseneinstufung, wenn ihre Aktien oder andere von ihr ausgegebene Wertpapiere an einer Börse in einem Mitgliedstaat der Europäischen Union zum amtlichen Handel oder zum geregelten Markt zugelassen sind oder eine solche Zulassung beantragt wurde. Für kleine Kapitalgesellschaften besteht keine Pflicht zur Aufstellung eines Lageberichts (§ 264 Abs. 1 Satz 3 HGB). Auch die in §§ 316 ff HGB geregelte Prüfung des Jahresabschlusses und des Lageberichtes durch einen Abschlußprüfer ist für kleine Kapitalgesellschaften nicht vorgeschrieben.

839 Für das weitere **Prozedere vom aufgestellten Jahresabschluß bis zu dessen Feststellung** ist daher zu unterscheiden:[41] Soweit eine Jahresabschlußprüfung nicht stattfindet, sind der Jahresabschluß und gegebenenfalls der Lagebericht unverzüglich dem Aufsichtsrat zur Prüfung vorzulegen (§ 170 Abs. 1 AktG). Zugleich ist dem Aufsichtsrat der Gewinnverwendungsvorschlag des Vorstands mitzuteilen (§ 170 Abs. 3 AktG). Soweit der Jahresabschluß jedoch geprüft wird – sei es aufgrund gesetzlicher Prüfungspflicht oder einer freiwilligen Jahresabschlußprüfung – bedarf der Wortlaut des § 170 Abs. 1 AktG der Korrektur. In diesem Fall sind Jahresabschluß und gegebenenfalls Lagebericht zunächst dem Abschlußprüfer zur Prüfung vorzulegen; Jahresabschluß und Lagebericht sind sodann zusammen mit dem Gewinnverwendungsvorschlag und dem Prüfungsbericht des Abschlußprüfers dem Aufsichtsrat zuzuleiten. Dieser Ablauf ergibt sich logisch aus § 170 Abs. 3 AktG, wonach jedes Aufsichtsratsmitglied Gelegenheit haben muß, den Prüfungsbericht zur Kenntnis zu nehmen, und aus § 171 Abs. 1 AktG, wonach der Abschlußprüfer an der Bilanzsitzung des Aufsichtsrates teilzunehmen hat.

840 Zu beachten ist im Zusammenhang mit der Jahresabschlußprüfung, daß der **Abschlußprüfer** gemäß § 318 Abs. 1 Satz 1 HGB i. V. m. § 119 Abs. 1 Nr. 4 AktG von der Hauptversammlung **gewählt** wird. Das Gesetz spricht von „Bestellung", gemeint ist jedoch die von der späteren Auftragserteilung zu

---

39) Änderung durch Art. 1 Nr. 6 KapCoRiLiG.
40) Das Attribut „klein" i. S. d. § 267 HGB ist nicht identisch mit dem gleichen Zusatz bei der kleinen AG, siehe bereits oben *Seibert*, Rz. 4.
41) Vgl. dazu im einzelnen *Hoffmann-Becking*, in: Münchener Handbuch des Gesellschaftsrechts, § 45.

I. Grundlagen

unterscheidende Wahl des Abschlußprüfers.[42] Ist die Gesellschaft eine kleine Kapitalgesellschaft i. S. d. § 267 HGB und sieht die Satzung eine Abschlußprüfung nicht vor, so ist es eine Ermessensentscheidung des Vorstandes, seine Geschäftsführung dennoch durch einen Abschlußprüfer überprüfen zu lassen. In diesem Fall erfolgt die Auswahl des Abschlußprüfers durch den Vorstand. Der Auftrag an den Abschlußprüfer wird gemäß § 111 Abs. 2 Satz 3 AktG durch den Aufsichtsrat erteilt. Diese durch das KonTraG eingeführte Neuregelung soll die Unabhängigkeit des Abschlußprüfers gegenüber dem Vorstand stärken und seine Rolle als Hilfsperson des Aufsichtsrats bei der Überwachung der Vorstandstätigkeit unterstreichen.[43] Da das Gesetz nicht differenziert, hat die Auftragserteilung an den Abschlußprüfer sowohl bei obligatorischen als auch bei fakultativen Abschlußprüfungen durch den Aufsichtsrat zu erfolgen.

Nach Zuleitung des Jahresabschlusses – gegebenenfalls mit Lagebericht – und des Vorschlags über die Gewinnverwendung sowie gegebenenfalls des Prüfungsberichts hat der Aufsichtsrat diese Unterlagen seinerseits zu prüfen.[44] Der Abschlußprüfer hat an der Bilanzsitzung teilzunehmen und über die wesentlichen Ergebnisse seiner Prüfung zu berichten, wenn eine Prüfung stattgefunden hat (§ 171 Abs. 1 AktG). Der Aufsichtsrat hat über das Ergebnis dieser Prüfung schriftlich an die Hauptversammlung zu berichten; der Mindestinhalt dieses Berichts ergibt sich aus § 171 Abs. 2 AktG. Er ist innerhalb eines Monats, nachdem der Aufsichtsrat die Vorlagen des Vorstands erhalten hat, an den Vorstand zurückzuleiten. Es besteht die Möglichkeit der Verlängerung dieser Frist um einen weiteren Monat. Wird diese Frist nicht eingehalten, so gilt der Jahresabschluß als vom Aufsichtsrat nicht gebilligt. Soweit der Aufsichtsrat als Ergebnis seiner Prüfung den Jahresabschluß billigt, ist dieser festgestellt (§ 172 AktG). Billigt der Aufsichtsrat den Jahresabschluß nicht oder beschließen Vorstand und Aufsichtsrat gemeinsam, die Feststellung des Jahresabschlusses der Hauptversammlung zu überlassen, so erfolgt die Feststellung durch Beschluß der Hauptversammlung (§ 173 AktG). Die Feststellung des Jahresabschlusses durch die Hauptversammlung ist in der Praxis eine absolute Ausnahme und hat Bedeutung im Grunde genommen nur als Notkompetenz der Hauptversammlung in den Fällen, in denen Vorstand und Aufsichtsrat sich nicht einigen können.[45]

841

---

42) Demgegenüber wird der Prüfungsauftrag durch den Aufsichtsrat erteilt, § 111 Abs. 2 Satz 3 AktG; so auch *Hüffer,* AktG, § 119 Rz. 5.
43) *D. Zimmer,* NJW 1998, 3521 ff, 3532.
44) Vgl. dazu *Hoffmann-Becking,* in: Münchener Handbuch des Gesellschaftsrechts, § 44 Rz. 8 ff.
45) *Hüffer,* AktG, § 173 Rz. 1.

e) Publizität des Jahresabschlusses

842 Der Jahresabschluß unterliegt einer in den §§ 325 ff HGB geregelten **Offenlegung**. Jahresabschluß, Bestätigungsvermerk oder Versagungsvermerk des Abschlußprüfers, Lagebericht, Bericht des Aufsichtsrats und Gewinnverwendungsvorschlag sind von großen Kapitalgesellschaften im Bundesanzeiger bekanntzumachen, von kleinen und mittelgroßen Kapitalgesellschaften beim Handelsregister einzureichen. Für kleine und mittelgroße Kapitalgesellschaften bestehen Erleichterungen bei der Offenlegung (§§ 326 und 327 HGB), die den Umfang der einzureichenden Unterlagen und Vereinfachungen bei der Bilanzgliederung und den Anhangsangaben betreffen.

843 Diese Offenlegungsverpflichtungen wurden von einer Vielzahl von Gesellschaften in der Vergangenheit ignoriert. Hintergrund war einerseits eine gewisse Publizitätsscheu, andererseits die Tatsache, daß die Nichteinhaltung der gesetzlichen Vorschriften nicht effektiv sanktioniert war; es drohten allenfalls Zwangsgelder in überschaubarer Größenordnung. Dieser Zustand ist vom Europäischen Gerichtshof in verschiedenen Urteilen als europarechtswidrig beurteilt worden.[46] Der deutsche Gesetzgeber hat mit dem Kapitalgesellschaften- und Co-Richtlinie-Gesetz hierauf reagiert. Das Gesetz, das am 9. März 2000 in Kraft getreten ist, bringt eine erhebliche Verschärfung der **Sanktionen zur Durchsetzung der Offenlegungspflichten** mit sich.[47]

II. Kapitalerhöhungen

1. Kapitalerhöhung gegen Bareinlagen

844 Die Grundform der Kapitalerhöhung ist die Kapitalerhöhung gegen Bareinlagen. Grundlage ist ein **Beschluß der Hauptversammlung** mit einer Mehrheit von mindestens drei Vierteln des vertretenen Grundkapitals. Der **Inhalt des Kapitalerhöhungsbeschlusses** ist im Gesetz nicht unmittelbar vorgegeben, sondern ist aus den Vorschriften über die Anmeldung des Beschlusses sowie dessen Eintragung im Handelsregister sowie aus der Rechtsprechung und Registerpraxis abzuleiten. Selbstverständlich kann der Beschluß den exakten Ausgabebetrag der Aktien und den genauen Betrag der Kapitalerhöhung sowie den Zeitraum, in dem die Zeichnungen vorgenommen werden können, festsetzen. Möglich ist es auch, nur den Mindestbetrag festzusetzen, unter dem

---

46) EuGH, Urt. v. 29. 9. 1998 – Rs C-191/95, ZIP 1998, 1716 = GmbHR 1998, 1078; EuGH, Urt. v. 22. 4. 1999 – Rs C-272/97, ZIP 1999, 923 = GmbHR 1999, 605 = WM 1999, 1420.
47) *Luttermann*, ZIP 2000, 517 ff; *D. Zimmer/Eckhold*, NJW 2000, 1361 ff; *Jansen*, DStR 2000, 596 ff.

II. Kapitalerhöhungen

die neuen Aktien nicht ausgegeben werden dürfen, und für den Umfang der Kapitalerhöhung einen Mindest- und einen Höchstbetrag oder nur einen Höchstbetrag anzugeben.[48] Wenn die Satzung Nennbetragsaktien vorsieht, so sind auch die jungen Aktien zwingend Nennbetragsaktien. Sieht die Satzung Stückaktien vor, so sind auch die jungen Aktien zwingend Stückaktien, ohne daß dies im Beschluß ausdrücklich geregelt werden muß. Der Beschluß muß ferner festlegen, ob die jungen Aktien als Inhaberaktien oder als Namensaktien ausgegeben werden sollen. Auch hier ist eine Angabe im Beschluß entbehrlich, wenn die Satzung die Art der jungen Aktien mitregelt. Anzugeben ist im Kapitalerhöhungsbeschluß in diesem Falle die Zahl der jungen Aktien. Gemäß § 182 Abs. 1 Satz 5 AktG muß sich bei Gesellschaften mit Stückaktien die Zahl der Aktien in demselben Verhältnis wie das Grundkapital erhöhen; in der praktischen Konsequenz heißt dies, daß die aus der Kapitalerhöhung stammenden jungen Aktien denselben rechnerischen Nennwert – das Gesetz spricht vom „auf die einzelne Aktie entfallenden anteiligen Betrag des Grundkapitals" – wie die im Zeitpunkt der Kapitalerhöhung existierenden Stückaktien haben müssen.[49] Der Kapitalerhöhungsbeschluß ist materiell Satzungsänderung; er ist gemäß § 184 AktG zur Eintragung im Handelsregister anzumelden.[50]

Im weiteren Fortgang der Kapitalerhöhung erfolgt die **Zeichnung der jungen Aktien**. Mit Zustandekommen des Zeichnungsvertrages verpflichtet sich die Gesellschaft, dem Zeichner im festgelegten Umfang Mitgliedsrechte zuzuteilen, wenn die Kapitalerhöhung durchgeführt wird. Dagegen enthält der Zeichnungsvertrag keine Verpflichtung, die Kapitalerhöhung tatsächlich durchzuführen.[51] Der Zeichner verpflichtet sich,[52] Aktien im festgelegten Umfang anzunehmen, vor Anmeldung die Mindesteinlage und nach Erhalt der Durchführung der Kapitalerhöhung die weitere geschuldete Einlage zu zahlen. Der Zeichnungsschein ist Angebot zum Abschluß des Zeichnungsvertrages; er kommt zustande durch Vertragsannahme durch die Gesellschaft, die gemäß § 151 Satz 1 BGB dem Zeichner gegenüber nicht erklärt zu werden braucht.[53] Der Zeichnungsschein soll doppelt ausgestellt werden (§ 185 Abs. 1 Satz 2

845

---

48) Dazu und zum Folgenden vgl. *Hüffer*, AktG, § 182 Rz. 11 ff m. w. N.
49) *Hüffer*, AktG, § 182 Rz. 13a.
50) *Karsten Schmidt*, Gesellschaftsrecht, § 29 III 2 a, S. 904; davon zu unterscheiden ist die spätere Anmeldung der Durchführung der Kapitalerhöhung gemäß § 188 AktG.
51) *Lutter*, in: Kölner Komm. zum AktG, § 185 Rz. 34; *Krieger*, in: Münchener Handbuch des Gesellschaftsrechts, § 56 Rz. 100.
52) Vgl. zum Folgenden *Krieger*, in: Münchener Handbuch des Gesellschaftsrechts, § 56 Rz. 98 f.
53) *Hüffer*, AktG, § 185 Rz. 4.

G. Kapitalmaßnahmen

AktG) und muß bestimmte, in § 185 Abs. 1 AktG angegebene Mindestangaben enthalten. Ein Zeichnungsschein kann beispielhaft wie folgt aussehen:

846 1./2. Ausfertigung

Zeichnungsschein

Die [außerordentliche] Hauptversammlung der _____ mit Sitz in _____ (nachfolgend „Gesellschaft") hat am __. _____ 2000 beschlossen, das

        Grundkapital der Gesellschaft von _____ EURO
        gegen Bareinlage um bis zu _____ EURO
        auf _____ EURO

durch Ausgabe von bis zu _____ Stück neuer auf den Namen lautender Stückaktien zu einem rechnerischen Nennwert (anteiligen Betrag des Grundkapitals) von insgesamt _____ EURO zu erhöhen. Die neuen Aktien sind ab _____ gewinnberechtigt. Der Ausgabebetrag der neuen Aktien beträgt ___ EURO je Stückaktie. Die Einzahlungen auf die neuen Aktien sind in voller Höhe dieses Ausgabebetrages eingefordert und unverzüglich in bar zu leisten.

Ich zeichne und übernehme hiermit

    _____ Stück neue auf den Namen lautende Stückaktien der Gesellschaft mit Gewinnberechtigung ab dem _____

zum Ausgabebetrag von insgesamt _____ (*Anzahl der Aktien x ___ EURO*).

Die Zeichnung wird unverbindlich, wenn die Durchführung der Erhöhung des Grundkapitals nicht bis zum Ablauf des _____ im Handelsregister eingetragen ist.

Den eingeforderten Betrag, also _____ EURO, werde ich binnen einer Woche auf das „Sonderkonto Kapitalerhöhung" der Gesellschaft bei der _____ Bank AG, _____, BLZ _____ Kontonummer _____ einzahlen.

_____, den _____ 2000   [Name, Adresse]

                                                (Unterschrift)

847 Die genaue Einhaltung der Formalitäten bei der Zeichnung der neuen Aktien ist von außerordentlicher Bedeutung, weil unvollständige oder mit Zusätzen versehene Zeichnungsscheine gemäß § 185 Abs. 2 AktG nichtig sind und die Handelsregister die Zeichnungsunterlagen prüfen und diese Vorschrift kompromißlos anwenden.

848 Neben dem Kapitalerhöhungsbeschluß ist die **Durchführung der Kapitalerhöhung** zur Eintragung im Handelsregister anzumelden (§ 188 Abs. 1 Satz 1 AktG). Beide Registeranmeldungen können auch miteinander verbunden werden (§ 188 Abs. 4 AktG). Die Kapitalerhöhung ist durchgeführt, wenn der Zeichnungsvorgang abgeschlossen ist. Dies ist der Fall, wenn bei einer betragsmäßig exakt festgelegten Kapitalerhöhung der gesamte Kapitalerhöhungsbetrag übernommen worden ist oder wenn – bei Festlegung einer Spanne für den Kapitalerhöhungsbetrag – die tatsächlich übernommenen jungen Akti-

II. Kapitalerhöhungen

en innerhalb dieser Spanne liegen.[54] Für die Anmeldung der Durchführung verweist § 188 Abs. 2 AktG auf die sinngemäße Anwendung der im Rahmen der Gründung geltenden Vorschriften (§ 36 Abs. 2, §§ 36a und 37 Abs. 1 AktG). Damit ist zu erklären, daß auf jede Aktie der eingeforderte Betrag ordnungsgemäß eingezahlt sein muß. Des weiteren ist durch eine schriftliche Bestätigung des Kreditinstituts nachzuweisen, daß der eingezahlte Betrag endgültig zur freien Verfügung des Vorstandes steht.[55] Als Mindesteinlage müssen ein Viertel des geringsten Ausgabebetrages sowie der Mehrbetrag bei Ausgabe der Aktien für einen höheren als den geringsten Ausgabebetrag eingezahlt werden (§ 36a Abs. 1 AktG). Gemäß § 188 Abs. 3 AktG sind der Anmeldung diverse Unterlagen, u. a. Zweitschriften der Zeichnungsscheine, beizufügen, die dem Registergericht die Überprüfung der Ordnungsmäßigkeit der Kapitalerhöhung erlauben. Die Handelsregisteranmeldung ist durch den Vorstand und den Vorsitzenden des Aufsichtsrates gemeinsam und in öffentlich beglaubigter Form zu unterzeichnen.[56] Mit der Eintragung der Durchführung der Erhöhung des Grundkapitals im Handelsregister ist das Grundkapital erhöht (§ 189 AktG).

2. Kapitalerhöhung gegen Sacheinlagen und verschleierte Sacheinlage

Aus der Gesetzessystematik ergibt sich, daß die Kapitalerhöhung gegen Sacheinlagen nur einen **Spezialfall der Kapitalerhöhung gegen Einlagen** darstellt. Die Kapitalerhöhung gegen Einlagen begründet stets die Pflicht zur Bareinlage; wenn die speziellen Anforderungen an eine Sachkapitalerhöhung erfüllt sind (§ 183 AktG) kann eine Sacheinlage an Erfüllungs Statt geleistet werden.[57] Konsequenz dieses Konzeptes ist die Verpflichtung des Aktionärs, den Ausgabebetrag der Aktien bar einzuzahlen, wenn die Durchführung der Kapitalerhöhung im Handelsregister eingetragen ist (§ 183 Abs. 2 Sätze 2 und 3 AktG), als Sachkapitalerhöhung jedoch mängelbehaftet war. Der Zeichner einer Sachkapitalerhöhung sollte den Zeichnungsschein daher erst nach sorgfältiger Prüfung der Ordnungsmäßigkeit der Beschlußfassung und der sonstigen Formalitäten unterzeichnen.

849

Die im Vergleich zur Barkapitalerhöhung weitergehenden Anforderungen beziehen sich im wesentlichen auf die **inhaltliche Detaillierung** des Kapitalerhöhungsbeschlusses und die **Prüfung der Sacheinlage** durch unabhängige

850

---

54) *Hüffer*, AktG, § 188 Rz. 4.
55) Vgl. *Hüffer*, AktG, § 188 Rz. 3 und § 37 Rz. 3 f.
56) *Hüffer*, AktG, § 188 Rz. 2.
57) *Hüffer*, AktG, § 183 Rz. 4 m. w. N.

Prüfer. Zusätzlich zu den allgemeinen Anforderungen an einen Kapitalerhöhungsbeschluß fordert § 183 Abs. 1 Satz 1 AktG, daß in ihm der Gegenstand der Sacheinlage, die Person des Übernehmenden und der Nennbetrag oder bei Stückaktien die Zahl der zu gewährenden Aktien festgesetzt werden. Darüber hinaus ist die Angabe des Ausgabebetrages möglich und üblich, aber nicht notwendig.[58] Ist ein Beschluß zum Ausgabebetrag nicht gefaßt worden, so bedeutet dies jedoch entgegen einer häufig vertretenen Meinung nicht, daß die Ausgabe zwingend zum Nominalbetrag oder zum geringsten Ausgabebetrag erfolgen müßte; vielmehr sind insoweit die Erfordernisse des Handelsbilanzrechts maßgeblich.[59]

851 Neben den inhaltlichen Anforderungen an den Kapitalerhöhungsbeschluß hebt § 183 Abs. 1 Satz 2 AktG hervor, daß Voraussetzung für den Beschluß die ausdrückliche und ordnungsgemäße Bekanntmachung der Einbringung von Sacheinlagen und der Beschlußinhalte in der Einladung zur Hauptversammlung sind.

852 Gemäß § 183 Abs. 3 AktG hat eine **Prüfung der Sacheinlagen** zu erfolgen, für die die Sachgründungsprüfung regelnden Vorschriften (§ 33 Abs. 3–5, § 34 Abs. 2 und 3, § 35 AktG) sinngemäß gelten. Auf Antrag der Aktiengesellschaft wird der Prüfer nach Anhörung der IHK durch das Registergericht bestellt. Das Gesetz setzt für die Person des Prüfers ausreichende Vorbildung und Erfahrung „in der Buchführung" voraus, so daß typischerweise Wirtschaftsprüfer oder Wirtschaftsprüfungsgesellschaften bestellt werden.[60] Das Registergericht kann die Eintragung der Kapitalerhöhung ablehnen, wenn der Wert der Sacheinlage nicht unwesentlich hinter dem geringsten Ausgabebetrag der dafür zu gewährenden Aktien zurückbleibt (§ 183 Abs. 3 Satz 3 AktG). Hieraus ergibt sich zum einen, daß das Registergericht ein eigenes Prüfungsrecht hat;[61] in der Praxis stützt sich das Registergericht hierbei auf den Prüfungsbericht und die in vielen Fällen zu diesem Bericht vom Handelsregister angeforderte Stellungnahme der IHK. Aus der Normierung des geringsten Ausgabebetrages als Prüfungsmaßstab für das Gericht ergibt sich zum anderen, daß die Sacheinlagenprüfung nur festzustellen hat, ob der Wert der Sacheinlagen den geringsten Ausgabebetrag erreicht; ein höherer Ausgabebetrag bleibt unberücksichtigt.[62] Inhalt des Zeichnungsscheins müssen – über dessen

---

58) *Hüffer,* AktG, § 183 Rz. 9 m. w. N.; *Krieger,* in: Münchener Handbuch des Gesellschaftsrechts, § 56 Rz. 40.
59) *Lutter,* in: Kölner Komm. zum AktG, § 183 Rz. 46.
60) Vgl. dazu auch *Hüffer,* AktG, § 183 Rz. 17 und § 33 Rz. 6.
61) *Lutter,* in: Kölner Komm. zum AktG, § 184 Rz. 12; *Hefermehl/Bungeroth,* in: Geßler/Hefermehl/Eckardt/Kropff, AktG, § 183 Rz. 98; *Hüffer,* AktG, § 183 Rz. 18.
62) Überwiegende Auffassung, streitig, vgl. *Hüffer,* AktG, § 183 Rz. 16 m. w. N.

II. Kapitalerhöhungen

Inhalt bei der Barkapitalerhöhung hinausgehend – die „vorgesehenen Festsetzungen" sein (§ 185 Abs. 1 Nr. 3 AktG); zu wiederholen sind dabei aus dem Beschluß der Gegenstand der Sacheinlage, die Person, von der die Aktiengesellschaft die Einlage erwirbt und der Nennbetrag bzw. die Zahl der zu gewährenden Aktien.

§ 188 Abs. 3 Nr. 2 AktG schreibt vor, daß bei der Anmeldung der Durchführung der Kapitalerhöhung zum Handelsregister die Verträge, die dem Kapitalerhöhungsbeschluß zugrunde liegen oder die zu dessen Ausführung geschlossen wurden, beizufügen sind. Schon hieraus ergibt sich, daß eine schuldrechtliche Sacheinlagevereinbarung nicht zwingend erforderlich ist, sondern sich die **schuldrechtliche Verpflichtung zur Erbringung der Sacheinlage** auch aus dem Zeichnungsschein ergeben kann.[63] Der vereinzelt in der Literatur vertretenen Auffassung, daß vor dem Kapitalerhöhungsbeschluß eine schuldrechtliche Sacheinlagevereinbarung unter der aufschiebenden Bedingung des Kapitalerhöhungsbeschlusses abzuschließen sei,[64] ist angesichts der Regelung in § 188 Abs. 3 Nr. 2 AktG nicht zu folgen. Vielmehr ist es ausreichend, wenn ein entsprechender Zeichnungsschein sowie ein Vertrag über die Erbringung der Sacheinlage, der das oder die dinglichen Rechtsgeschäfte enthält, vorgelegt werden.[65]

853

Praktisch wichtig, aber nicht ganz unumstritten ist die Frage, ob die Sacheinlage vor Anmeldung der Durchführung der Kapitalerhöhung zum Handelsregister **dinglich vollzogen** sein muß. Über § 188 Abs. 2 AktG ist hierfür § 36a AktG maßgeblich. Danach sind Sacheinlagen zwar grundsätzlich vor der Anmeldung zu leisten (§ 36a Abs. 2 Satz 1 AktG). § 36a Abs. 2 Satz 2 AktG sieht jedoch eine Ausnahme vor, wenn die Sacheinlageverpflichtung durch dingliches Rechtsgeschäft zu erfüllen ist. Dieser Fall ist praktisch die Regel, so daß auch die Leistung innerhalb von fünf Jahren nach Eintragung der Kapitalerhöhung im Handelsregister ausreichend ist.[66] Zulässig sind daher insbesondere Vereinbarungen, bei denen die dingliche Übertragung der Sacheinlage aufschiebend bedingt auf die Ausgabe der Aktien an den Inferenten erfolgt. Angesichts der in der Literatur zu findenden Gegenauffassung[67] sollte gegebenenfalls vorab eine Klärung mit dem Handelsregister gesucht werden.

854

---

[63] So wohl auch *Krieger*, in: Münchener Handbuch des Gesellschaftsrechts, § 56 Rz. 42.
[64] *Hüffer*, AktG, § 183 Rz. 6; *Hefermehl/Bungeroth*, in: Geßler/Hefermehl/Eckardt/Kropff, AktG, § 183 Rz. 55.
[65] Zutreffend *Krieger*, in: Münchener Handbuch des Gesellschaftsrechts, § 56 Rz. 42.
[66] So zutreffend *Hüffer*, AktG, § 188 Rz. 9, § 36a Rz. 4.
[67] *Kraft*, in: Kölner Komm. zum AktG, § 36a Rz. 10 ff; *Mayer*, ZHR 154 (1990), 535, 542 ff.

G. Kapitalmaßnahmen

855 Die Kapitalerhöhung gegen Sacheinlagen ist praktisch stets mit einem Bezugsrechtsausschluß verbunden. Daher sind auch die Anforderungen des § 186 AktG sowie die Rechtsprechung hierzu zu beachten (unten Rz. 884 ff).

856 Um die spezifischen Anforderungen an Sachgründungen und Sachkapitalerhöhungen vor Umgehungen zu schützen, haben Rechtsprechung und Literatur das Institut der „**verschleierten**" oder „**verdeckten**" **Sacheinlage** entwickelt.[68] Die Kernaussage dieses Umgehungsschutzes läßt sich in dem Satz ausdrücken: „Eine Bareinlage, die nur den Effekt einer Sacheinlage herbeiführen soll, ist verboten und unwirksam."[69] Erfaßt werden beispielsweise Fälle, in denen die Gesellschaft aufgrund einer vorher getroffenen Absprache Bareinlagemittel zum Ankauf bestimmter Gegenstände des Zeichners oder – einer der praktisch wichtigsten Fälle – zur Ablösung einer Darlehensforderung des Zeichners nutzen soll.[70] Hinsichtlich der Konkretisierung des Tatbestandes der verdeckten Sacheinlage bestehen im Detail Unklarheiten, die vor allem die Frage betreffen, ob und in welchem Umfang subjektive Elemente mit zu berücksichtigen sind.[71]

857 Die Rechtsprechung hat die Konkretisierung des Umgehungsverbotes dahin gehend vorgenommen, daß es hierzu einer den wirtschaftlichen Erfolg einer Sacheinlage umfassenden Abrede zwischen Einlageschuldner und Vorstand bedarf.[72] Auf die zivilrechtliche Wirksamkeit der Abrede kommt es nicht an. Im Hinblick auf die für Gläubiger und Insolvenzverwalter möglicherweise bestehenden Schwierigkeiten, eine solche Abrede nachzuweisen, hat der Bundesgerichtshof weiter entschieden, daß ein enger zeitlicher und sachlicher Zusammenhang zwischen der Leistung einer Bareinlage und der Erfüllung eines zwischen Gesellschafter und Gesellschaft vereinbarten Rechtsgeschäfts eine tatsächliche Vermutung für das Vorliegen einer derartigen Abrede begründet.[73] **Rechtsfolge** einer solchen verdeckten Sacheinlage ist die Anwendbarkeit des § 183 Abs. 2 AktG; der Zeichner der Kapitalerhöhung hat (nochmals) die Bareinlage zu leisten. Mit dem Bereicherungsanspruch auf Rückzah-

---

68) Vgl. zur verdeckten Sacheinlage *Henze*, Aktienrecht, Rz. 140 ff; *Hüffer*, AktG, § 27 Rz. 9 ff, sowie *Karsten Schmidt*, Gesellschaftsrecht, § 29 II 1 c, S. 892 ff, jeweils mit ausführlichen Rechtsprechungs- und Literaturhinweisen.
69) *Karsten Schmidt*, Gesellschaftsrecht, § 29 II 1 c.
70) *Henze*, Aktienrecht, Rz. 140.
71) *Karsten Schmidt*, Gesellschaftsrecht, § 29 II 1 c aa, S. 894, sowie *Henze*, Aktienrecht, Rz. 148 ff.
72) BGH, Urt. v. 4. 3. 1996 – II ZR 89/95, BGHZ 132, 133 = ZIP 1996, 595 = NJW 1996, 1286, dazu EWiR 1996, 457 *(Trölitzsch)*.
73) BGHZ 132, 133 = ZIP 1996, 595 zur insoweit identischen Situation bei der GmbH.

II. Kapitalerhöhungen

lung der zu Umgehungszwecken geleisteten Sacheinlage kann er hiergegen nicht aufrechnen, so daß dieser insbesondere in der Insolvenz wertlos bleibt.[74)]

Im Hinblick auf diese Gefahr der doppelten Inanspruchnahme stellt sich die Frage, ob eine **nachträgliche „Heilung"** einer verdeckten Sacheinlage möglich ist.[75)] Für die GmbH hat der Bundesgerichtshof die Heilung einer verdeckten Sacheinlage durch nachträgliche Änderung der Einlagendeckung von der Bar- zur Sacheinlage durch einen mit satzungsändernder Mehrheit gefaßten Gesellschafterbeschluß zugelassen.[76)] Eine solche Heilungsmöglichkeit kommt jedoch für die Aktiengesellschaft aufgrund des dies ausdrücklich ausschließenden § 183 Abs. 2 Satz 4 AktG nicht in Betracht.[77)] **858**

Als ein Fall der verdeckten Sacheinlage wurde früher auch das sogenannte **„Schütt-aus-hol-zurück-Verfahren"** angesehen, bei dem ein Gewinnvortrag oder ein Jahresüberschuß an die Gesellschafter ausgeschüttet und von diesen unmittelbar wieder für eine Barkapitalerhöhung verwendet werden.[78)] Der Bundesgerichtshof hat nunmehr zugelassen, daß eine solche Kapitalerhöhung auch nach den Regeln über die Kapitalerhöhung aus Gesellschaftsmitteln vorgenommen werden kann.[79)] Danach muß im Kapitalerhöhungsbeschluß ausdrücklich auf die Verwendung von Ausschüttungsansprüchen für die Kapitalerhöhung hingewiesen werden; ebenso müssen die weiteren Voraussetzungen (entsprechender bestätigter Jahresabschluß, Erklärungen bei Handelsregisteranmeldung etc., unten Rz. 862 ff) eingehalten werden. **859**

Zu beachten ist schließlich, daß bei der Durchführung einer Sachkapitalerhöhung in den ersten zwei Jahren seit der Eintragung der Gesellschaft im Handelsregister die **Nachgründungsvorschriften** Anwendung finden.[80)] Die §§ 52 und 53 AktG mit ihren über § 183 AktG hinausgehenden Anforderungen sind danach immer dann anzuwenden, wenn innerhalb der ersten zwei Jahre nach Eintragung der Gesellschaft im Handelsregister eine Kapitalerhöhung mit Sacheinlagen durchgeführt wird, die in ihrem Umfang ein Zehntel **860**

---

74) *Krieger*, in: Münchener Handbuch des Gesellschaftsrechts, § 56 Rz. 49 und *Wiesner*, in: Münchener Handbuch des Gesellschaftsrechts, § 16 Rz. 34.
75) Dazu ausführlich *Henze*, Aktienrecht, Rz. 217 ff.
76) BGH, Beschl. v. 4. 3. 1996 – II ZB 8/95, BGHZ 132, 141 = ZIP 1996, 668 = NJW 1996, 1473 ff, dazu EWiR 1996, 509 *(Weipert)*.
77) Diesen Unterschied der beiden Rechtsformen vermerkt auch der BGH ZIP 1996, 668 = NJW 1996, 1473, 1475; für eine Änderung de lege ferenda *Hüffer*, AktG, § 183 Rz. 15.
78) Vgl. dazu ausführlich *Lutter/Zöllner*, ZGR 1996, 164 ff.
79) BGH, Urt. v. 26. 5. 1997 – II ZR 69/96, BGHZ 135, 381 = ZIP 1997, 1337 = NJW 1997, 2514, dazu EWiR 1998, 127 *(Schultz)* zur GmbH; gegen Übertragung dieser Grundsätze auf die Aktiengesellschaft bestehen keine Bedenken, vgl. *Hüffer*, AktG, § 183 Rz. 3.
80) *Krieger*, in: Münchener Handbuch des Gesellschaftsrechts, § 56 Rz. 48; *Hüffer*, AktG, § 183 Rz. 5.

des Grundkapitals übersteigt; für die Berechnung der 10 %-Quote ist entsprechend § 67 Satz 3 UmwG auf das erhöhte Grundkapital abzustellen.[81] Durch das gegenwärtig im Entwurf vorliegende Namensaktiengesetz sollen §§ 52, 53 AktG allerdings „entschärft" werden; vorgesehen ist die Beschränkung der Anwendbarkeit der Nachgründungsvorschriften auf Vertragsabschlüsse mit Gründern oder mehr als 10 % am Grundkapital beteiligten Aktionären.[82]

861 **Steuerlich** führt die Kapitalerhöhung gegen Sacheinlagen grundsätzlich zu einem Tausch der Sacheinlage gegen die ausgegebenen Aktien und damit zu einem Realisierungsvorgang beim Einleger. Unter den Voraussetzungen des § 20 UmwStG, d. h. bei Einlage eines Betriebes, Teilbetriebes oder von eine Stimmenmehrheit verschaffenden Anteilen an einer Kapitalgesellschaft, kann die Einlage zum steuerlichen Buchwert erfolgen und so eine Besteuerung des Realisierungsvorgangs zunächst vermieden werden; allerdings entstehen hierdurch sogenannte **einbringungsgeborene Aktien** mit der Folge einer späteren Versteuerung. Für die Besteuerung beim Einleger ist die Bilanzierung der Sacheinlage bei der Gesellschaft maßgeblich. Es ist daher in vielen Fällen empfehlenswert, über den Bilanzansatz der Sacheinlage in der Sachübernahmevereinbarung eine Regelung zu treffen.

3. Kapitalerhöhung aus Gesellschaftsmitteln

862 Die Kapitalerhöhung aus Gesellschaftsmitteln ist insofern „nominell", als der Gesellschaft hierbei keine neuen Finanzmittel zufließen.[83] Sie kann aber dann **Finanzierungsmaßnahme** sein, wenn sie mit dem Ziel durchgeführt wird, den Aktionären ohne Einsatz von Liquidität etwas zuzuwenden („Gratisaktie", Stock dividend), oder wenn sie der Dividendenpolitik oder der Marktpflege dienen soll, um durch erhöhte Zahl von Aktien den Kurs zu senken und damit die Marktgängigkeit der Aktie zu erhöhen.[84] Sie ist andererseits insofern „echte" Kapitalerhöhung, als **Vermögen den für das Grundkapital geltenden Bindungen unterstellt** wird und neue Mitgliedsrechte entstehen.[85] Der Inhalt der Kapitalerhöhung aus Gesellschaftsmitteln ist die Umwandlung von Rücklagen in Eigenkapital.

---

81) *Krieger*, in: Münchener Handbuch des Gesellschaftsrechts, § 56 Rz. 48.
82) Vgl. Begründung zu Art. 1 Nr. 3 RegE NaStraG, abgedruckt in: ZIP 2000, 937, 939; hinsichtlich der zeitlichen Anwendbarkeit sieht Art. 7 des Gesetzentwurfs ein rückwirkendes Inkrafttreten des Art. 1 Nr. 3 zum 1. 1. 2000 vor; darüber hinaus soll gemäß Art. 2 Nr. 2 ab 1. 1. 2002 eine Heilung der nach der alten Fassung unwirksamen Nachgründungsgeschäfte eintreten.
83) *Krieger*, in: Münchener Handbuch des Gesellschaftsrechts, § 55 Rz. 6 und § 59 Rz. 1.
84) *Krieger*, in: Münchener Handbuch des Gesellschaftsrechts, § 59 Rz. 1.
85) *Hüffer*, AktG, § 207 Rz. 3.

II. Kapitalerhöhungen

Grundlage ist, wie bei jeder Kapitalerhöhung, ein satzungsändernder Hauptversammlungsbeschluß (§ 207 AktG); wie sonst auch wird die Kapitalerhöhung mit der Eintragung des Beschlusses im Handelsregister wirksam (§ 211 AktG). Der Beschluß bedarf gemäß § 207 Abs. 2 i. V. m. § 182 Abs. 1 Satz 1 AktG einer Mehrheit, die mindestens ¾ des bei der Beschlußfassung vertretenen Kapitals umfassen muß; andere Kapitalmehrheiten können durch die Satzung bestimmt werden. Im Beschluß[86] ist der Erhöhungsbetrag genau zu beziffern; er muß weiter den Hinweis auf die Umwandlung von Rücklagen enthalten und genau festlegen, welche konkrete Rücklage umgewandelt werden soll, wobei die Verteilung auf mehrere Rücklagenpositionen zulässig ist. Angegeben werden muß sodann, auf welcher Bilanz der Beschluß beruht und ob im Zuge der Kapitalerhöhung neue Aktien ausgegeben werden.

863

Umwandlungsfähig sind Kapitalrücklagen und Gewinnrücklagen. Rücklagen können jedoch nicht umgewandelt werden, soweit ihnen ein Verlust oder ein Verlustvortrag gegenübersteht; es ist also zunächst eine gedankliche Saldierung zwischen dem Rücklagengesamtbetrag und der Summe aus Verlust und Verlustvortrag vorzunehmen,[87] um den umwandlungsfähigen Teil der Rücklagen festzustellen. Darüber hinaus können die Kapitalrücklage und die gesetzliche Rücklage nur dann umgewandelt werden, wenn sie zusammen den gesetzlich oder in der Satzung festgelegten Teil der gesetzlichen Rücklage übersteigen (§ 208 Abs. 1 Satz 2 AktG).

864

Der Kapitalerhöhung aus Gesellschaftsmitteln **ist eine Bilanz zugrunde zu legen,**[88] aus der sich die Rücklagenbeträge und etwaige Verlustpositionen ergeben (§ 207 Abs. 4, § 209 AktG). Diese Bilanz muß mit dem uneingeschränkten Bestätigungsvermerk des Abschlußprüfers versehen sein; ihr Stichtag darf höchstens acht Monate vor der Anmeldung des Kapitalerhöhungsbeschlusses zur Eintragung in das Handelsregister liegen (§ 210 Abs. 2 AktG). Bei dieser Bilanz kann es sich um die letzte Jahresbilanz handeln (§ 209 Abs. 1 AktG), so daß man in der Praxis versuchen wird, innerhalb eines Achtmonatszeitraums ab dem Stichtag der Jahresbilanz zu bleiben. Ist dies nicht möglich – sei es aus terminlichen Gründen, sei es, weil die umzuwandelnden Rücklagen etwa aus dem Agio einer zwischenzeitlich durchgeführten Kapitalerhöhung erst nach dem Bilanzstichtag entstanden sind –, so ist eine Zwischenbilanz zugrunde zu legen, für die die Vorschriften über den Jahresabschluß und dessen Prüfung im wesentlichen entsprechend gelten (§ 209 Abs. 3 und 4 AktG). Ist

865

---

86) Vgl. dazu *Krieger*, in: Münchener Handbuch des Gesellschaftsrechts, § 59 Rz. 9 ff; *Than*, WM-Sonderheft 1991, 54 ff.
87) *Lutter*, in: Kölner Komm. zum AktG, § 208 Rz. 14; *Hüffer*, AktG, § 208 Rz. 7.
88) *Krieger*, in: Münchener Handbuch des Gesellschaftsrechts, § 59 Rz. 15 ff.

G. Kapitalmaßnahmen

die Gesellschaft als kleine Aktiengesellschaft i. S. d. § 267 Abs. 1 HGB nicht prüfungspflichtig und ist auch nicht freiwillig eine der gesetzlichen Jahresabschlußprüfung entsprechende Prüfung durchgeführt worden, so kann die Gesellschaft ihr Grundkapital auf der Basis der letzten Jahresbilanz nur dann erhöhen, wenn diese gemäß § 209 Abs. 1 AktG durch einen Abschlußprüfer geprüft wird.[89]

866 Während bei Gesellschaften mit Nennbetragsaktien die Kapitalerhöhung aus Gesellschaftsmitteln stets durch Ausgabe neuer Aktien vollzogen wird, besteht für Gesellschaften mit Stückaktien ein **Wahlrecht, ihr Grundkapital durch Ausgabe neuer Aktien oder ohne Ausgabe neuer Aktien** zu erhöhen (§ 207 Abs. 2 Satz 2 AktG). Die Zahl der Stückaktien darf sich jedoch nur in demselben Verhältnis erhöhen wie das Grundkapital, d. h., der rechnerische Nennwert („anteilige Betrag des Grundkapitals") muß gleich bleiben (§ 207 Abs. 2 i. V. m. § 281 Abs. 1 Satz 5 AktG). Die neuen Aktien stehen den Aktionären gemäß § 212 AktG im Verhältnis ihrer Anteile am bisherigen Grundkapital zu. Ein entgegenstehender Beschluß der Hauptversammlung ist nichtig, so daß auch bei Einstimmigkeit durch eine Kapitalerhöhung aus Gesellschaftsmitteln keine Verschiebung der Beteiligungsverhältnisse erreicht werden kann.[90] Die neuen Aktien oder – beim Verzicht auf die Ausgabe neuer Aktien – die Erhöhung des rechnerischen Nennwertes entstehen mit der Eintragung der Kapitalerhöhung automatisch, ohne daß ein Bezugsrecht und eine irgendwie geartete Durchführung zwischengeschaltet wären; das gleiche gilt für Teilrechte, deren Ausübung in § 213 AktG im einzelnen geregelt ist.[91]

867 Verfügt die Gesellschaft über ein **bedingtes Kapital**, so ist zu beachten, daß sich dieses bei der Kapitalerhöhung aus Gesellschaftsmitteln quasi automatisch in dem gleichen Verhältnis wie das Grundkapital erhöht (§ 218 AktG).[92]

868 Steuerlich führt die Kapitalerhöhung aus Gesellschaftsmitteln nicht zu steuerpflichtigen Einkünften, wenn sie auf der Umwandlung offener Rücklagen beruht; soweit die Kapitalerhöhung allerdings aus Gewinnen gespeist wird, wird sie als Kapitalerhöhung aus Einlagen angesehen, die eine verdeckte Gewinnausschüttung voraussetzen, so daß es zur Steuerpflicht kommt.[93]

---

89) *Hüffer,* AktG, § 209 Rz. 3 mit weiteren Einzelheiten.
90) Str., vgl. *Krieger,* in: Münchener Handbuch des Gesellschaftsrechts, § 59 Rz. 38 m. w. N.
91) *Hüffer,* AktG, § 212 Rz. 2.
92) Soweit die Kapitalerhöhung aus Gesellschaftsmitteln aufgrund dieses Mechanismus zu einer Unter-Pari-Situation bei Wandelschuldverschreibungen führt, ist hierfür zu Lasten der umwandlungsfähigen Rücklagen gemäß § 218 AktG eine Sonderrücklage zu bilden und daher bei der Berechnung des umwandlungsfähigen Volumens vorab zu berücksichtigen.
93) Vgl. *Schmidt,* EStG, § 20 Rz. 93 ff.

II. Kapitalerhöhungen

4. Genehmigtes Kapital

Die Satzung kann den Vorstand ermächtigen, das Grundkapital bis zu einem **869** bestimmten Nennbetrag durch Ausgabe neuer Aktien gegen Einlagen zu erhöhen (sogenanntes genehmigtes Kapital, § 202 Abs. 1 AktG). Die Ermächtigung kann sowohl in der Gründungssatzung als auch durch spätere Satzungsänderung (§ 202 Abs. 2 AktG) erteilt werden. Die Kapitalerhöhung wird erst mit der Eintragung der Erhöhung wirksam, d. h., bis zu diesem Zeitpunkt ist das Grundkapital noch nicht erhöht. Das Verfahren entspricht weitgehend dem der regulären Kapitalerhöhung (§ 203 Abs. 1 Satz 1 AktG).

Beim genehmigten Kapital **trifft der Vorstand mit Zustimmung des Auf- 870 sichtsrats die Entscheidung** über eine Kapitalerhöhung und setzt die Bedingungen fest. Dadurch, daß das schwerfälligere Verfahren einer regulären Kapitalerhöhung vermieden wird,[94] erlangt der Vorstand eine größere Flexibilität und ist in der Lage, auf besondere Situationen zu reagieren.[95] In der Praxis wird zum Teil zwischen einem genehmigten Kapital I, das ohne weitere Besonderheiten zur Barerhöhung mit gesetzlichem Bezugsrecht ausgestaltet ist, und einem genehmigten Kapital II, bei dem die Verwaltung zum Ausschluß des Bezugsrechts und gegebenenfalls zur Sachkapitalerhöhung ermächtigt ist, unterschieden.

Die Ermächtigung ist nur **bis zur Hälfte der Höhe des Grundkapitals** zum **871** Zeitpunkt der Ermächtigung[96] zulässig (§ 202 Abs. 3 AktG). Spätere Änderungen des Grundkapitals bleiben außer Betracht.[97] Bereits bestehendes genehmigtes Kapital ist bei der Berechnung zu berücksichtigen.[98] Wird zugleich mit dem genehmigten Kapital eine ordentliche Kapitalerhöhung oder eine Kapitalerhöhung aus Gesellschaftsmitteln beschlossen, so ist diese für die Berechnung des Höchstbetrages des genehmigten Kapitals dann maßgeblich, wenn sie gleichzeitig zur Eintragung ins Handelsregister kommt.[99]

---

94) Dazu und zum Folgenden vgl. *Krieger*, in: Münchener Handbuch des Gesellschaftsrechts, § 58 Rz. 1.
95) So bereits BGH, Urt. v. 19. 4. 1982 – II ZR 55/81, BGHZ 83, 319, 322 = ZIP 1982, 689; *Bungeroth*, in: Geßler/Hefermehl/Eckardt/Kropff, AktG, § 202 Rz. 2; historisch ist das genehmigte Kapital als Ausgleich für die Unzulässigkeit von Vorratsaktien zu erklären, mit denen früher teilweise gleichwertige Ergebnisse erzielt werden konnten.
96) Gleich Zeitpunkt der Eintragung; vgl. dazu im Einzelnen *Hüffer*, AktG, § 203 Rz. 14.
97) *Krieger*, in: Münchener Handbuch des Gesellschaftsrechts, § 58 Rz. 7.
98) Nach *Lutter*, in: Kölner Komm. zum AktG, § 202 Rz. 12, können bedingtes und genehmigtes Kapital gleichzeitig nebeneinander stehen und zusammen die gleiche Höhe wie das derzeitige Grundkapital haben.
99) *Lutter*, in: Kölner Komm. zum AktG, § 202 Rz. 12.

G. Kapitalmaßnahmen

872 Die Ermächtigung darf bis zu einer **Höchstdauer von fünf Jahren** ab Eintragung der Ermächtigung erteilt werden. Die Kapitalerhöhung muß bis zum Ablauf dieser Frist in das Handelsregister eingetragen sein (§ 203 Abs. 1, § 189 AktG).[100]

873 Eine **Kapitalerhöhung gegen Sacheinlagen** (oben Rz. 849 ff; zum Begriff vgl. § 27 Abs. 1 AktG) ist auch im Rahmen eines genehmigten Kapitals grundsätzlich **zulässig**. Sie ist jedoch zum Zwecke einer effektiven Kapitalaufbringung an besondere Voraussetzungen gebunden.[101] Daher muß sie in der Ermächtigung besonders vorgesehen sein (§ 205 Abs. 1 AktG). Dies kann allgemein oder in detaillierter, eingrenzender Form geschehen.[102] Der Vorstand hat sich an den Rahmen der Ermächtigung zu halten.[103] Für die Sacheinlagen gelten die gleichen Grundsätze wie bei der regulären Kapitalerhöhung.[104]

874 Bei der Ausnutzung des genehmigten Kapitals handelt es sich um eine Maßnahme der Geschäftsführung, für die § 77 AktG gilt. Der Vorstand entscheidet nach pflichtgemäßem Ermessen über die Durchführung der Kapitalerhöhung. Er kann den Zeitpunkt der Kapitalerhöhung sowie deren Höhe im Rahmen der Ermächtigung bestimmen oder das genehmigte Kapital in mehreren Tranchen ausüben.[105]

875 Neue Aktien sollen nur mit **Zustimmung des Aufsichtsrats** „ausgegeben", d. h., eine Kapitalerhöhung soll nicht ohne Zustimmung des Aufsichtsrats vom Vorstand beschlossen und durchgeführt werden (§ 202 Abs. 3 Satz 2 AktG).[106] Die Zustimmung ist auf einen Ausschuß übertragbar. Eine allgemeine Zustimmung zu Kapitalerhöhungsmaßnahmen im Rahmen der Ermächtigung ist hingegen unzulässig.[107] Da der Aufsichtsratsvorsitzende bei der Anmeldung gemäß § 203 Abs. 1 Satz 1, § 188 Abs. 1 AktG mitzuwirken hat, kann der Registerrichter im Zweifel von der Zustimmung des Aufsichtsrates ausgehen.[108]

---

100) Dazu *Hüffer*, AktG, § 202 Rz. 17.
101) *Hüffer*, AktG, § 205 Rz. 1.
102) *Krieger*, in: Münchener Handbuch des Gesellschaftsrechts, § 58 Rz. 32 und dort Fußn. 47 m. w. N.
103) *Hüffer*, AktG, § 205 Rz. 3; anderenfalls ist § 205 Abs. 4 AktG entsprechend anzuwenden.
104) *Krieger*, in: Münchener Handbuch des Gesellschaftsrechts, § 58 Rz. 32.
105) *Hüffer*, AktG, § 202 Rz. 20.
106) Diese Zustimmung nach § 202 Abs. 3 Satz 2 AktG ist von den Zustimmungen nach § 204 Abs. 1 Satz 2, § 205 Abs. 2 Satz 2 AktG zu unterscheiden; vgl. *Krieger*, in: Münchener Handbuch des Gesellschaftsrechts, § 58 Rz. 25.
107) *Hüffer*, AktG, § 202 Rz. 21 m. w. N.
108) Allgemeine Meinung, vgl. *Hüffer*, AktG, § 202 Rz. 22 m. w. N.

II. Kapitalerhöhungen

Soweit in der Ermächtigung keine besonderen Regelungen zum Inhalt der Aktien und zu den **Ausgabebedingungen** getroffen sind, **entscheidet darüber der Vorstand** mit Zustimmung des Aufsichtsrat (§ 204 Abs. 1 AktG).[109] Der Vorstand hat die ihm durch Gesetz[110] und die Ermächtigung gesetzten Anforderungen zu beachten.[111] Er kann die Höhe des Ausgabebetrages unter Beachtung der gesetzlichen Bestimmungen, insbesondere § 9 Abs. 1 AktG, sowie der Satzung oder des Ermächtigungsbeschlusses grundsätzlich frei bestimmen.[112] Der Ausgabebetrag darf aber nicht unangemessen niedrig sein; angemessen ist regelmäßig der höchstmögliche Ausgabekurs.[113] Die Entscheidung trifft der Vorstand nach pflichtgemäßem Ermessen. Die Zustimmung des Aufsichtsrats ist aber Wirksamkeitsvoraussetzung für die Festsetzungen des Vorstands.[114] 876

5. Bedingtes Kapital

Die bedingte Kapitalerhöhung dient dazu, Dritten Umtausch- oder Bezugsrechte auf Aktien einzuräumen. Ihre Durchführung ist nach Zeit und Umfang ungewiß, weil Bezugs- und Umtauschberechtigte zum Aktienbezug berechtigt, aber nicht verpflichtet sind oder weil fraglich ist, ob und wieviel Kapital bei einem Unternehmenszusammenschluß benötigt wird.[115] Bedeutung hat die bedingte Kapitalerhöhung insbesondere für Wandel- und Optionsanleihen sowie für die Gewährung von Bezugsrechten an Mitarbeiter („Stock options", unten Rz. 909 ff). 877

Zum Teil wird angenommen, daß eine bedingte Kapitalerhöhung nur durch einen satzungsändernden Beschluß der Hauptversammlung möglich ist, anders als ein genehmigtes Kapital jedoch nicht bereits **in der Gründungssatzung** vorgesehen werden kann.[116] Begründet wird dies mit dem Wortlaut des § 192 Abs. 1 AktG und dem Vergleich zu § 202 Abs. 1 und 2 AktG. Die Satzungs- 878

---

109) Dieser ebenfalls nach § 77 AktG zu treffende Beschluß ist von dem Beschluß zu unterscheiden, ob von dem genehmigten Kapital Gebrauch gemacht wird; vgl. *Hüffer*, AktG, § 204 Rz. 2.
110) Vgl. z. B. §§ 8, 9, § 101 Abs. 2, § 139 Abs. 2, § 188 Abs. 2, § 241 AktG.
111) Zu den Rechtsfolgen bei Verstößen vgl. *Hüffer*, AktG, § 204 Rz. 8 f.
112) *Hüffer*, AktG, § 204 Rz. 5; *Krieger*, in: Münchener Handbuch des Gesellschaftsrechts, § 58 Rz. 28.
113) *Lutter*, in: Kölner Komm. zum AktG, § 204 Rz. 11 ff.
114) Streitig, vgl. *Krieger*, in: Münchener Handbuch des Gesellschaftsrechts, § 58 Rz. 27; *Hüffer*, AktG, § 204 Rz. 6, jeweils m. w. N.
115) *Hüffer*, AktG, § 192 Rz. 2.
116) *Krieger*, in: Münchener Handbuch des Gesellschaftsrechts, § 57 Rz. 10; *Lutter*, in: Kölner Komm. zum AktG, § 192 Rz. 2.

gewalt der Gründer kann jedoch nicht geringer sein als die der Hauptversammlung. Es besteht kein vernünftiger Grund für eine unterschiedliche Behandlung des bedingten und des genehmigten Kapitals. Der Gesetzeswortlaut, der auf Zufall beruht, kann nicht entgegenstehen.[117] Da das bedingte Kapital technisch einfacher zu handhaben ist, eine Befristung entfällt und der Kompetenzrahmen des Vorstands durch gleichzeitigen Einsatz von genehmigtem und bedingtem Kapital erweitert wird, ist der Einsatz von bedingtem Kapital auch bereits in der Gründungssatzung sinnvoll. Aufgrund der durchaus verbreiteten Gegenauffassung ist es jedoch empfehlenswert, die Frage vorab mit dem zuständigen Registergericht zu besprechen.

879 **§ 192 Abs. 2 AktG bestimmt die Zwecke**, für die eine bedingte Kapitalerhöhung beschlossen werden kann. Die Vorschrift ist zwar als Sollvorschrift formuliert, doch wird die Aufzählung allgemein für **abschließend** gehalten.[118] Dies steht aber einer entsprechenden Anwendung auf vergleichbare Fälle nicht entgegen.[119] Die bedingte Kapitalerhöhung ist zunächst zulässig, um den Gläubigern von Wandelschuldverschreibungen Umtausch- oder Bezugsrechte einzuräumen (§ 192 Abs. 2 Nr. 1 AktG). Die Norm nimmt damit Bezug auf § 221 AktG. Dies gilt daher zunächst für Wandelanleihen, Optionsanleihen sowie Gewinnschuldverschreibungen. Erfaßt werden aber auch Genußscheine, wenn sie ihren Inhabern Umtausch- oder Bezugsrechte gewähren.[120]

880 Die bedingte Kapitalerhöhung ist ferner zulässig, um Mitgliedsrechte bereitzustellen, die für beabsichtigte Unternehmenszusammenschlüsse benötigt werden, § 192 Abs. 2 Nr. 2 AktG. Wegen der aus § 193 AktG folgenden Publizität ist die bedingte Kapitalerhöhung nicht vorteilhaft, da die entsprechenden Pläne frühzeitig bekannt werden. Andererseits können das genehmigte Kapital oder, wenn bereits alle Details geregelt sind, die reguläre Kapitalerhöhung genutzt werden, so daß der Anwendungsbereich des § 192 Abs. 2 Nr. 2 AktG gering ist.[121]

881 Schließlich kann unter den Voraussetzungen des § 192 Abs. 2 Nr. 3 AktG eine bedingte Kapitalerhöhung zur Begründung von Bezugsrechten auf Aktien an Arbeitnehmer und Mitglieder der Geschäftsführung beschlossen werden (zu Stock options unten Rz. 909 ff).

---

117) *Schilling*, in: Großkomm. zum AktG, § 192 Anm. 10.
118) Vgl. *Hüffer*, AktG, § 192 Rz. 8 m. w. N. auch zur Gegenansicht.
119) *Krieger*, in: Münchener Handbuch des Gesellschaftsrechts, § 57 Rz. 6; *Hüffer*, AktG, § 192 Rz. 8; ferner: *Bungeroth*, in: Geßler/Hefermehl/Eckardt/Kropff, AktG, § 192 Rz. 17; *Fuchs*, AG 1995, 433, 443.
120) Vgl. *Lutter*, in: Kölner Komm. zum AktG, § 192 Rz. 5; *Hüffer*, AktG, § 192 Rz. 9.
121) *Lutter*, in: Kölner Komm. zum AktG, § 192 Rz. 11.

II. Kapitalerhöhungen

Nach der hier vertretenen Auffassung ist es zulässig, bedingtes Kapital bereits **882**
in der Gründungssatzung vorzusehen. Im übrigen wird eine bedingte Kapitalerhöhung **durch die Hauptversammlung beschlossen.** Dieser Beschluß bedarf zusätzlich zur einfachen Stimmenmehrheit einer Dreiviertelmehrheit des vertretenen Grundkapitals, wobei die Satzung eine höhere (nicht hingegen eine niedrigere[122]) Mehrheit oder weitere Erfordernisse bestimmen kann. Es gibt beim bedingten Kapital kein gesetzliches Bezugsrecht (unten Rz. 884 ff). Wer bezugsberechtigt ist, ergibt sich vielmehr aus dem Kapitalerhöhungsbeschluß. Der Nennbetrag des bedingten Kapitals darf im Zeitpunkt der Beschlußfassung über die bedingte Kapitalerhöhung die Hälfte des Grundkapitals und bei Ausgabe von Arbeitnehmeraktien 10 % des Grundkapitals nicht überschreiten (§ 192 Abs. 3 AktG).

Der notwendige **Inhalt des Erhöhungsbeschlusses** ergibt sich aus § 193 **883**
Abs. 2 AktG. Danach müssen der Zweck der bedingten Kapitalerhöhung, der Kreis der Bezugsberechtigten und der Ausgabebetrag oder die Grundlagen seiner Berechnung in dem Beschluß festgestellt werden. Zusätzlich muß der Beschluß erkennen lassen, daß eine bedingte Kapitalerhöhung gewollt ist. Der Erhöhungsbetrag und Nennbetrag sowie die Aktienart sind festzulegen. Für den hier vorgesehenen Fall der Bestimmung bedingten Kapitals in der Gründungssatzung bedarf es demzufolge einer Satzungsbestimmung, die den notwendigen Inhalt des Eröffnungsbeschlusses enthält.

6. Bezugsrecht und Bezugsrechtsausschluß

Bei der Durchführung einer Kapitalerhöhung muß jedem Aktionär auf sein **884**
Verlangen ein seinem Anteil an dem bisherigen Grundkapital entsprechender Teil der neuen Aktien zugeteilt werden (§ 186 Abs. 1 Satz 1 AktG). Dieses **gesetzliche Bezugsrecht ist eines der zentralen Vermögensrechte** des Aktionärs, denn es stellt sicher, daß er bei Kapitalerhöhungen seine bisherige Beteiligungsquote aufrechterhalten kann. Von Bedeutung kann dies sein sowohl im Hinblick auf das Stimmrecht als auch auf eine mögliche wertmäßige Verwässerung, wenn der Ausgabebetrag der neuen Aktien nicht den Wertvorstellungen eines Aktionärs entspricht.[123] Dieses Bezugsrecht besteht mit identischem Inhalt sowohl bei der Kapitalerhöhung gegen Einlagen (§ 186 AktG)

---

[122] Im Gegensatz zur regulären Kapitalerhöhung, bei der die Satzung auch eine kleinere Mehrheit bestimmen kann, vgl. *Krieger*, in: Münchener Handbuch des Gesellschaftsrechts, § 57 Rz. 11.

[123] Vgl. zum Zweck des Bezugsrechts *Karsten Schmidt*, Gesellschaftsrecht, § 29 III 2 d, S. 908; *Gross*, AG 1993, 449 ff.

als auch bei der Ausgabe neuer Aktien aus einem genehmigten Kapital (§ 203 Abs. 1 i. V. m. § 186 AktG).

885 Keines Bezugsrechtes bedarf es bei einer Kapitalerhöhung aus Gesellschaftsmitteln; das automatische Zuwachsen der neuen Rechte bei den Aktionären im Verhältnis ihrer Beteiligungsquote gemäß § 212 AktG führt wirtschaftlich zu dem gleichen Ergebnis, als ob jeder Aktionär von einem ihm zustehenden Bezugsrecht Gebrauch gemacht hätte. Sowohl formal als auch im wirtschaftlichen Ergebnis ausgeschlossen ist das Bezugsrecht bei der Ausgabe von Aktien aus einem bedingten Kapital.[124] Dies folgt daraus, daß das bedingte Kapital gemäß § 192 Abs. 2 AktG stets zweckgebunden ist und entsprechend dem vorgesehenen Zweck nur ein begrenzter Kreis von Bezugsberechtigten besteht.[125]

886 Der **konkrete Bezugsanspruch**,[126] dessen Grundlage das allgemeine Bezugsrecht als untrennbarer Bestandteil der Mitgliedschaft ist, entsteht mit dem Wirksamwerden des Kapitalerhöhungsbeschlusses.[127] Er ist ein Anspruch gegen die Gesellschaft auf Abschluß eines Zeichnungsvertrages zu den im Kapitalerhöhungsbeschluß oder auf dessen Grundlage festgesetzten Bedingungen; gezeichnet werden dürfen so viele Aktien, wie es dem Anteil des Aktionärs an dem bisherigen Grundkapital entspricht (§ 186 Abs. 1 Satz 1 AktG). Der konkrete Bezugsanspruch ist ein selbständiges Recht, das gemäß §§ 413, 398 BGB übertragen werden kann und vererblich ist.[128] Bezugsberechtigt[129] ist, wer zum Zeitpunkt des Wirksamwerdens des Kapitalerhöhungsbeschlusses Aktionär ist; die Gesellschaft selbst hat für eigene Aktien kein Bezugsrecht (§ 71b AktG). Das Gesetz sieht die Bestimmung einer Frist zur Ausübung des Bezugsrechts vor, die mindestens zwei Wochen betragen muß (§ 186 Abs. 1 Satz 2 AktG). Diese Frist kann entweder in der Satzung generell bestimmt oder von der Hauptversammlung im Kapitalerhöhungsbeschluß festgesetzt

---

124) *Hüffer*, AktG, § 186 Rz. 3.
125) Beim Einsatz des bedingten Kapitals zur Gewährung von Umtausch- oder Bezugsrechten an Gläubiger von Wandelschuldverschreibungen (§ 192 Abs. 2 Nr. 1 AktG) ist allerdings zu berücksichtigen, daß dem Aktionär ein Bezugsrecht auf Wandelschuldverschreibung, Gewinnschuldverschreibung oder Genußrechte entsprechend § 186 AktG zusteht (§ 221 Abs. 4 AktG). Mittelbar besteht daher auch für diesen Teilbereich des bedingten Kapitals ein Bezugsrecht. Zum Ausschluß des Bezugsrechts im Rahmen des § 221 Abs. 4 AktG vgl. BGH, Urt. v. 9. 11. 1992 – II ZR 230/91, ZIP 1992, 1728 = NJW 1993, 400, dazu EWiR 1993, 323 *(Martens)*.
126) Zum Inhalt vgl. *Hefermehl/Bungeroth*, in: Geßler/Hefermehl/Eckardt/Kropff, AktG, § 186 Rz. 16 ff.
127) *Hüffer*, AktG, § 186 Rz. 6.
128) *Hefermehl/Bungeroth*, in: Geßler/Hefermehl/Eckardt/Kropff, AktG, § 186 Rz. 17, 19 ff.
129) Dazu *Krieger*, in: Münchener Handbuch des Gesellschaftsrechts, § 56 Rz. 63.

werden; wenn weder in der Satzung noch im Beschluß eine Frist enthalten ist, so wird sie vom Vorstand bestimmt.[130] Die Bezugsfrist ist in den Gesellschaftsblättern bekanntzumachen (§ 186 Abs. 2 AktG). Die Ausübung des Bezugsanspruchs[131] erfolgt durch eine formlose Bezugserklärung; sofern dem Aktionär bereits ein Zeichnungsschein oder alle für die Abgabe eines Zeichnungsangebots entsprechend den Erfordernissen des § 185 AktG erforderlichen Informationen vorliegen, kann die Bezugserklärung selbstverständlich auch unmittelbar in dieser Form abgegeben werden. Die Zuteilung der Aktien erfolgt in jedem Fall erst mit Abschluß des Zeichnungsvertrages.[132]

Das Gesetz läßt in § 186 Abs. 3 und 4 AktG den **Ausschluß des Bezugsrechts**[133] zu. Die **Anforderungen**, die das Gesetz an einen Bezugsrechtsausschluß stellt, sind zunächst rein **formeller Natur**: Neben der für die Kapitalerhöhung erforderlichen Mehrheit bedarf es einer Mehrheit von mindestens drei Vierteln des bei der Beschlußfassung vertretenen Grundkapitals, wobei durch die Satzung nur eine größere Kapitalmehrheit bestimmt werden kann (§ 186 Abs. 3 Satz 2 und 3 AktG). Der vorgesehene Ausschluß des Bezugsrechts muß in der Einladung zur Hauptversammlung ausdrücklich bekanntgemacht werden (§ 186 Abs. 4 AktG); in einem schriftlichen Bericht hat der Vorstand diesen und den vorgeschlagenen Ausgabebetrag zu begründen; der wesentliche Inhalt ist in der Einladung zur Hauptversammlung bekanntzumachen (entsprechend § 124 Abs. 2 Satz 2 Alt. 2 AktG). 887

Neben diese formellen Anforderungen tritt jedoch als (ungeschriebene) **sachliche Wirksamkeitsvoraussetzung** des Bezugsrechtsausschlusses die Notwendigkeit einer Rechtfertigung durch sachliche Gründe im Interesse der Gesellschaft.[134] An diese sachliche Rechtfertigung sind um so strengere Anforderungen zu stellen, je schwerer der Eingriff in die Mitgliedschaft und die vermögensrechtliche Stellung der vom Bezugsrecht ausgeschlossenen Aktionäre wiegt. Maßstab ist das Gesellschaftsinteresse; die Prüfung der sachlichen Rechtfertigung schließt die Abwägung der Interessen und der Verhältnismäßigkeit von Mittel und Zweck ein.[135] Diese zunächst von der Rechtsprechung 888

---

130) *Hüffer*, AktG, § 186 Rz. 15.
131) Dazu *Hefermehl/Bungeroth*, in: Geßler/Hefermehl/Eckardt/Kropff, AktG, § 186 Rz. 47 ff.
132) Näher *Hüffer*, AktG, § 186 Rz. 14.
133) Vgl. zur Rechtsprechung zum Bezugsrechtsausschluß *Henze*, Aktienrecht, Rz. 813 ff, und zur umfangreichen Literatur *Hüffer*, AktG, § 186 vor Rz. 20, sowie zur Neuregelung durch das Gesetz für kleine Aktiengesellschaften und zur Deregulierung des Aktienrechts Vorauflage, Rz. 180a ff.
134) Vgl. dazu *Karsten Schmidt*, Gesellschaftsrecht, § 29 III 2 d, S. 908 ff.
135) BGH, Urt. v. 13. 3. 1978 – II ZR 142/76, BGHZ 71, 40 = NJW 1978, 1316 – Kali + Salz.

G. Kapitalmaßnahmen

im Wege der Rechtsfortbildung entwickelte ungeschriebene Voraussetzung ist heute unumstritten. Sie gilt gleichermaßen bei Barkapitalerhöhungen als auch bei Kapitalerhöhungen gegen Sacheinlagen.[136] Der Gesetzgeber hat das Erfordernis der sachlichen Rechtfertigung implizit anerkannt, indem er einerseits die sonst sinnlose Berichtspflicht des § 186 Abs. 4 Satz 2 AktG[137] und andererseits in § 186 Abs. 3 Satz 4 AktG einen Ausgabebetrag in der Nähe des Börsenpreises bei Barkapitalerhöhungen bis zu 10 % des Grundkapitals als einen Spezialfall der sachlichen Rechtfertigung normiert hat.[138] Abgesehen von diesem für die kleine Aktiengesellschaft nicht relevanten Spezialfall ist die sachliche Rechtfertigung eine Einzelfallentscheidung anhand der genannten Maßstäbe und Kriterien,[139] was den Bezugsrechtsausschluß sehr anfällig für Anfechtungsklagen dissentierender Minderheitsaktionäre macht.

889 Für die **Kapitalerhöhung aus genehmigtem Kapital** verweist § 203 Abs. 1 AktG auf § 186 AktG, so daß sich der normative Ausgangspunkt eines Bezugsrechtsausschlusses nicht anders darstellt als bei der ordentlichen Kapitalerhöhung. Zu beachten ist allerdings zunächst, daß der **Bezugsrechtsausschluß** beim genehmigten Kapital in **zwei Varianten** denkbar ist: Zum einen kann das Bezugsrecht gemäß § 203 Abs. 1 Satz 1 i. V. m. § 186 Abs. 3, 4 AktG bereits in der Ermächtigung zur Erhöhung des Kapitals aus genehmigtem Kapital verbindlich ausgeschlossen werden; zum anderen kann die Entscheidung über den Bezugsrechtsausschluß auf den Vorstand verlagert werden und dieser im Beschluß über die Schaffung genehmigten Kapitals ermächtigt werden, das Bezugsrecht mit Zustimmung des Aufsichtsrats auszuschließen (§ 203 Abs. 2 Satz 1, § 204 Abs. 1 Satz 2 AktG).

890 Der Bundesgerichtshof hatte in seiner **früheren Rechtsprechung**[140] eine sachliche Rechtfertigung des Bezugsrechtsausschlusses nicht nur für eine verbindliche Entscheidung der Hauptversammlung über den Bezugsrechtsaus-

---

136) Auf Vorlage des BGH hat der EuGH entschieden, daß das Erfordernis einer sachlichen Rechtfertigung des Bezugsrechtsausschlusses bei Sachkapitalerhöhungen nicht gegen Europäisches Recht verstößt, sondern vielmehr einem der Ziele der Zweiten Gesellschaftsrechtlichen Richtlinie entspricht, einen wirksameren Schutz der Aktionäre zu gewährleisten: EuGH, Urt. v. 19. 11. 1996 – Rs C-42/95, ZIP 1996, 2015 = DStR 1997, 37 m. Anm. *Schüppen* – Siemens/Nold.
137) Zeitlich nachfolgend zu BGHZ 71, 40 durch das Zweite EG-Koordinierungsgesetz vom 13. 12. 1978, BGBl I, 1959.
138) Eingefügt durch das Gesetz für kleine Aktiengesellschaften, ist diese Vorschrift aufgrund des Abstellens auf den Börsenpreis nur für börsennotierte Gesellschaften relevant; ausführlich kommentiert in der Vorauflage, Rz. 108a ff.
139) Vgl. näher und mit der Erläuterung von Einzelfällen *Hüffer*, AktG, § 186 Rz. 26 ff.
140) Zur Entwicklung der Rechtsprechung des BGH vgl. *Henze*, Aktienrecht, Rz. 830 ff.

II. Kapitalerhöhungen

schluß, sondern auch für die Ermächtigung des Vorstands zur Entscheidung über den Bezugsrechtsausschluß verlangt; die Abwägung und Entscheidung, ob die zu erwartenden Nachteile für die vom Bezugsrecht ausgeschlossenen Aktionäre im übergeordneten Gesellschaftsinteresse in Kauf zu nehmen seien, dürfe nicht völlig auf die Verwaltung verlagert werden. Es müßten bestimmte tatsächliche Anzeichen dafür vorliegen, daß der Vorstand während der Dauer seiner Ermächtigung im Gesellschaftsinteresse genötigt sein könnte, die Kapitalerhöhung mit einem Bezugsrechtsausschluß durchzuführen.[141]

Von diesem Standpunkt ist der Bundesgerichtshof **in seiner neuen Rechtsprechung** abgerückt. Er hat dies in der Erkenntnis getan, daß die von ihm aufgestellten Anforderungen beim genehmigten Kapital zu streng und nicht praktikabel sind. Sowohl für den Bezugsrechtsausschluß durch die Hauptversammlung selbst als auch für die Ermächtigung des Vorstands, über den Ausschluß des Bezugsrechts zu entscheiden, entspreche das Erfordernis des Vorliegens einer sachlichen Rechtfertigung im Zeitpunkt des Hauptversammlungsbeschlusses nicht dem Charakter des genehmigten Kapitals. Dieses solle den Gesellschaften Flexibilität zur Verfügung stellen, um auf nationalen und internationalen Märkten schnell zu reagieren, um vorteilhafte Angebote oder sich bietende Gelegenheiten wahrzunehmen.[142] **891**

Der Entscheidung ist trotz aller berechtigten Bedenken[143] zuzustimmen. Konsequenz ist allerdings nicht, daß das Erfordernis einer sachlichen Rechtfertigung entfällt. Vielmehr wird die Prüfung und Entscheidung hierüber von der Hauptversammlung in die Kompetenz der Verwaltung, insbesondere des Vorstands, gelegt. Entscheidet er sich für einen Bezugsrechtsausschluß, ohne daß eine sachliche Rechtfertigung gegeben war, können die Vorstandsmitglieder gemäß § 93 Abs. 2 AktG schadensersatzpflichtig sein; auch eine Geltendmachung der Pflichtwidrigkeit durch Feststellungs- oder Unterlassungsklage gegen die Gesellschaft läßt der Bundesgerichtshof ausdrücklich zu.[144] Die vom Prozedere und von der Anfechtungsanfälligkeit her verbesserte Möglichkeit des Bezugsrechtsausschlusses beim genehmigten Kapital ist aber im Ergebnis ein Grund, Kapitalerhöhungen generell eher aus dem genehmigten Kapital als auf dem Wege ordentlicher Kapitalerhöhungen durchzuführen.[145] **892**

---

141) BGH, Urt. v. 19. 4. 1982 – II ZR 55/81, BGHZ 83, 319 = ZIP 1982, 689 = NJW 1982, 2444 – Holzmann.
142) BGH, Urt. v. 23. 6. 1997 – II ZR 132/93, BGHZ 136, 133 = ZIP 1997, 1499 = NJW 1997, 2815 – Siemens/Nold, dazu EWiR 1997, 1013 (*Hirte*).
143) Vgl. *Hüffer*, AktG, § 203 Rz. 11a m. Nachw.
144) BGHZ 136, 133 = ZIP 1997, 1499, 1501.
145) So zutreffend *Hüffer*, AktG, § 186 Rz. 1.

G. Kapitalmaßnahmen

III. Kapitalherabsetzungen
1. Ordentliche Kapitalherabsetzung

893 Die ordentliche Kapitalherabsetzung ist in den §§ 222–229 AktG geregelt. Es bedarf – wie bei allen Kapitalmaßnahmen – eines Hauptversammlungsbeschlusses mit qualifizierter Mehrheit (§ 222 Abs. 1 AktG). Die ordentliche Kapitalherabsetzung kann grundsätzlich zu jedem[146] – im Beschluß konkret zu bestimmenden (§ 222 Abs. 3 AktG) – Zweck durchgeführt werden. Insbesondere ist die ordentliche Kapitalherabsetzung für **Kapitalrückzahlungen an die Aktionäre** ein geeignetes Mittel; solche Rückzahlungen können auch als Sachausschüttung, z. B. in Form von Aktien einer Beteiligungsgesellschaft, durchgeführt werden.[147] Die Herabsetzung kann technisch durch Herabsetzung des Nennbetrages – bei Nennbetragsaktien – erfolgen; bei Stückaktien kann das Grundkapital soweit herabgesetzt werden, daß je Aktie der geringste auf die einzelne Aktie entfallende anteilige Betrag des Grundkapitals erreicht wird, ohne daß es gesonderter Anpassungsmaßnahmen bedarf. Ist der geringstzulässige Nennbetrag oder der geringstzulässige auf die einzelne Aktie entfallende anteilige Betrag erreicht, kann die weitere Kapitalherabsetzung durch die Zusammenlegung von Aktien erfolgen. Gemäß § 222 Abs. 4 Satz 2 AktG ist die Zusammenlegung von Aktien nur subsidiär zulässig. Eine Herabsetzung des Grundkapitals unter den Mindestnennbetrag des § 7 AktG ist nach § 228 AktG zulässig, wenn zugleich mit der Kapitalherabsetzung eine Kapitalerhöhung beschlossen und durch diese der Mindestnennbetrag des Grundkapitals wieder erreicht wird.[148]

894 Dem **Gläubigerschutz** dienen insbesondere zwei in § 225 AktG verankerte Mechanismen. Zum einen ist Gläubigern, deren Forderungen vor Eintragung des Herabsetzungsbeschlusses im Handelsregister begründet waren, Sicherheit zu leisten, wenn sie sich binnen sechs Monaten nach der Bekanntmachung der Handelsregistereintragung mit einem solchen Verlangen melden. Zum anderen dürfen Zahlungen an die Aktionäre aufgrund der Herabsetzung erst dann geleistet werden, wenn seit der Bekanntmachung der Eintragung im Handelsregister sechs Monate verstrichen sind („Sperrhalbjahr") und allen Gläubigern, die sich innerhalb dieser Frist gemeldet haben, Befriedigung oder Sicherheit gewährt worden ist.

---

146) *Schilling*, in: Großkomm. zum AktG, § 222 Rz. 9.
147) Vgl. *Hefermehl*, in: Geßler/Hefermehl/Eckardt/Kropff, AktG, § 222 Rz. 10 und vor § 222 Rz. 6; statistisches Material bei *Lutter*, in: Kölner Komm. zum AktG, vor § 222 Rz. 12.
148) Sogenannter Kapitalschnitt, insbesondere als Sanierungsinstrument; vgl. *Karsten Schmidt*, Gesellschaftsrecht, § 29 III, S. 903.

III. Kapitalherabsetzungen

2. Vereinfachte Kapitalherabsetzung

Die vereinfachte Kapitalherabsetzung[149] (§§ 229–236 AktG) unterscheidet sich von der ordentlichen Kapitalherabsetzung zunächst dadurch, daß sie nicht zum Zwecke der Auszahlung an die Aktionäre und auch nicht zu jedem beliebigen Zweck, sondern **nur zum Ausgleich von Wertminderungen, sonstiger Verluste oder zur Einstellung von Beträgen in die Kapitalrücklage** eingesetzt werden kann (§ 229 Abs. 1 Satz 1 AktG). Das Verbot von Zahlungen an die Aktionäre versteht sich angesichts dieser Zweckbeschränkung von selbst, wird aber in § 230 AktG nochmals ausdrücklich ausgesprochen. Die aufgrund der Zweckbeschränkung vom Gesetzgeber vorgesehenen Vereinfachungen liegen in einer **Reduzierung des Gläubigerschutzes** und in der **Möglichkeit der rückwirkenden Durchführung** der Kapitalherabsetzung und einer gleichzeitigen Kapitalerhöhung. Gemäß § 233 AktG darf allerdings eine Gewinnausschüttung nicht erfolgen, bevor die gesetzliche Rücklage und die Kapitalrücklage zusammen 10 % des Grundkapitals erreicht haben; eine Ausschüttung eines Gewinnanteils von mehr als 4 % auf das Grundkapital ist erst für ein Geschäftsjahr zulässig, das später als zwei Jahre nach der Beschlußfassung über die Kapitalherabsetzung beginnt; diese Ausschüttungsbegrenzung kann durch Sicherheitsleistung an die Gläubiger überwunden werden (näher § 233 Abs. 2 AktG). 895

Interessant ist die Möglichkeit, sowohl die Kapitalherabsetzung als auch eine gleichzeitige Kapitalerhöhung rückwirkend in dem Jahresabschluß für das letzte vor der Beschlußfassung über die Kapitalmaßnahmen abgelaufene Geschäftsjahr zu berücksichtigen, obwohl die Kapitalmaßnahmen an sich erst mit der Eintragung im Handelsregister wirksam werden (§§ 234, 235 AktG).[150] Diese Durchbrechung des Stichtagsprinzip soll **Sanierungsbemühungen erleichtern**.[151] Sie erlaubt es, noch nachdem ein dringender Sanierungsbedarf bei Aufstellung des Jahresabschlusses erkannt worden ist, diesem durch Kapitalmaßnahmen Rechnung zu tragen und noch für das abgelaufene Jahr ein positiveres Bilanzbild zu zeigen. Die Offenlegung eines unter Anwendung dieser Rückwirkungsvorschriften aufgestellten Jahresabschlusses darf erst dann erfolgen, wenn die Beschlüsse über die Kapitalherabsetzung und die Kapitalerhöhung sowie die Durchführung der Kapitalerhöhung im Handelsregister eingetragen worden sind (§ 236 AktG). 896

---

149) Vgl. dazu *Wirth*, DB 1996, 867 ff.
150) Dazu *Krieger*, in: Münchener Handbuch des Gesellschaftsrechts, § 61 Rz. 36 ff.
151) *Karsten Schmidt*, AG 1985, 150, 156.

G. Kapitalmaßnahmen

897 Wird eine Kapitalherabsetzung auf den Mindestbetrag des Grundkapitals oder gar auf Null – mit anschließender Kapitalerhöhung – von einem sehr hohen Grundkapital kommend durchgeführt, so führt dies aufgrund des Mechanismus des § 222 Abs. 4 AktG zunächst zu einer Herabsetzung der Aktiennennbeträge oder des rechnerischen Nennbetrages bei Stückaktien, sodann zu einer Zusammenlegung von Aktien. **Bei der Zusammenlegung von Aktien können erhebliche Spitzen entstehen** (Beispiel: Bei einer Kapitalherabsetzung von 10 Mio. Euro auf 50 000 Euro handelt es sich um eine Kapitalherabsetzung im Verhältnis 1:200; nur wer vor Kapitalherabsetzung mindestens 200 Aktien besessen hat, hat nach der Kapitalherabsetzung Anspruch auf mindestens eine Aktie). Werden nun im Zuge der Kapitalerhöhung neue Aktien ausgegeben, bedarf es einer sehr hohen Zahl junger Aktien, um – ohne Hinzukauf von Bezugsrechten – einen Anspruch auf Zeichnung einer jungen Aktie zu haben. Durch die Wahl eines höheren Nennwertes der jungen Aktien könnte bei entsprechender Aktionärsstruktur zusätzlich das Ausscheiden von Kleinaktionären aus der Gesellschaft erzwungen werden. Nach einer Entscheidung des Bundesgerichtshofs gebietet es die Treuepflicht dem Mehrheitsaktionärs in einer solchen Situation, möglichst vielen Aktionären den Verbleib in der Gesellschaft zu eröffnen und deshalb die jungen Aktien zum niedrigstmöglichen Nennwert auszugeben.[152]

898 Andererseits existiert **keine Treuepflicht des Mehrheitsaktionärs dahin gehend, daß im Anschluß an die Kapitalherabsetzung eine Kapitalerhöhung durchgeführt werden müßte**. Nach Auffassung des Bundesgerichtshofs enthält § 222 Abs. 4 AktG eine abschließende materielle Wertung der Kapitalherabsetzung. Über das in dieser Norm enthaltene Stufenverhältnis hinaus bedarf die Kapitalherabsetzung trotz der bei der Zusammenlegung von Aktien möglichen Eingriffe in die mitgliedschaftliche Stellung derjenigen Aktionäre, die nicht über die für die Zusammenlegung erforderliche Anzahl von Aktien verfügen, daher keiner über die gesetzliche Regelung hinausgehenden sachlichen Rechtfertigung.[153]

3. Kapitalherabsetzung durch Einziehung von Aktien

899 Eine dritte Möglichkeit der Kapitalherabsetzung eröffnen die §§ 237–239 AktG mit der Einziehung von Aktien. In Betracht kommt die zwangsweise Einziehung von Aktien sowie die Einziehung von durch die Gesellschaft er-

---

152) BGH, Urt. v. 5. 6. 1999 – II ZR 126/98, ZIP 1999, 1444 – Hilgers.
153) BGH, Urt. v. 9. 2. 1998 – II ZR 278/96, ZIP 1998, 692 – Sachsenmilch, dazu EWiR 1999, 49 *(Dreher)*, und *Wirth*, DB 1996, 867.

III. Kapitalherabsetzungen

worbenen Aktien; eine Zwangseinziehung ist nur zulässig, wenn sie in der Satzung vorgesehen ist (§ 237 Abs. 1 AktG). Notwendig sind ein Einziehungsbeschluß der Hauptversammlung und die Zahlung eines Einziehungsentgelts. Eigene Aktien kann die Gesellschaft ohne weiteres aufgrund eines Hauptversammlungsbeschlusses einziehen; einer Ermächtigung in der Satzung bedarf es hierzu nicht. Grundsätzlich sind die Vorschriften über die ordentliche Kapitalherabsetzung auch bei der Einziehung zu befolgen, wenn die Einziehung nicht Aktien betrifft, die der Gesellschaft unentgeltlich zur Verfügung gestellt waren oder die Einziehung zu Lasten des Bilanzgewinns oder einer anderen Gewinnrücklage erfolgt (§ 237 Abs. 2 und 3 AktG).

Im übrigen kennt das Gesetz die **angeordnete Zwangseinziehung**, bei der der Tatbestand abschließend in der Satzung beschrieben ist und bei der es eines Beschlusses der Hauptversammlung nicht bedarf (§ 237 Abs. 6 AktG); in diesem Fall muß die Höhe des Einziehungsentgelts zwingend in der Satzung geregelt sein.[154] Der alternative Fall ist die **gestattete Zwangseinziehung**, bei der die Satzung die Einziehung zuläßt, aber in die Entscheidung der Hauptversammlung stellt. Insbesondere der letzte Fall spielt eine Rolle, soweit die Satzung die **Einziehung** von Aktien eines Aktionärs **aus wichtigem Grund** zuläßt und damit im Ergebnis den **Ausschluß eines Aktionärs** ermöglicht.[155] Auch für diese Fälle kann das Einziehungsentgelt in der Satzung geregelt sein. Soweit dies nicht der Fall ist, ist ein angemessenes Einziehungsentgelt zu leisten.[156] Zu beachten ist, daß eine solche Einziehung dann automatisch zu der Kapitalherabsetzung führt, wenn sie nicht zu Lasten einer Kapitalrücklage erfolgt (§ 238 Abs. 1 AktG). Eine solche Kapitalherabsetzung ist bei nur mit dem Mindestgrundkapital ausgestatteten Gesellschaften nicht möglich,[157] auch im übrigen häufig unerwünscht. Gegebenenfalls sollten daher schuldrechtlich Verpflichtungen des Aktionärs vereinbart werden, bei Vorliegen eines entsprechend wichtigen Grundes auf Beschluß der Hauptversammlung seine Aktien an einen von der Gesellschaft benannten Dritten abtreten zu müssen.[158] Die von der Einziehung von Aktien zu unterscheidende Kaduzierung gemäß § 64 Abs. 1 AktG kommt für diese Fälle nicht in Betracht, da sie nur gegen Aktionäre zulässig ist, die die eingeforderte Einlage nicht rechtzeitig eingezahlt haben.

900

---

154) Allgemeine Meinung, vgl. nur *Hüffer*, AktG, § 237 Rz. 17.
155) *Lutter*, in: Kölner Komm. zum AktG, § 237 Rz. 50; *Krieger*, in: Münchener Handbuch des Gesellschaftsrechts, § 62 Rz. 12.
156) *Hüffer*, AktG, § 237 Rz. 18.
157) *Krieger*, in: Münchener Handbuch des Gesellschaftsrechts, § 62 Rz. 2.
158) *Becker*, ZGR 1986, 383 ff, 412 und dort Fußn. 86.

G. Kapitalmaßnahmen

IV. Sonderfragen (Spezialthemen)

1. Erwerb eigener Aktien

901 Der Erwerb eigener Aktien durch die Gesellschaft ist **grundsätzlich verboten**. Auch Umgehungskonstruktionen untersagt das Gesetz ausdrücklich (§§ 71a, 71d, 71e AktG). Hintergrund dieses Verbots sind in erster Linie die historischen Erfahrungen der Weltwirtschaftskrise 1929–1931, als der massive Erwerb eigener Aktien mitursächlich für den Zusammenbruch einiger größerer Unternehmen war.[159] Ein Verstoß gegen dieses Verbot macht den Erwerb zwar (dinglich) nicht unwirksam, das diesem Erwerb zugrundeliegende schuldrechtliche Geschäft ist jedoch nichtig (§ 71 Abs. 4 AktG). Konsequenz dieser Nichtigkeit ist einerseits die Notwendigkeit einer bereicherungsrechtlichen Rückabwicklung; zum anderen stellt sich die etwaige Zahlung eines Erwerbsentgelts an den Aktionär mangels wirksamer vertraglicher Grundlage als verbotene Einlagenrückgewähr gemäß § 57 AktG dar.[160] Außerdem kann der verbotene Erwerb eigener Aktien in bestimmten Fällen als Ordnungswidrigkeit mit Geldbuße geahndet werden (§ 405 Abs. 1 Nr. 4 AktG).

902 Zu diesem Verbot normiert das Gesetz in § 71 Abs. 1 AktG **acht Ausnahmen**. Danach ist der Erwerb eigener Aktien zulässig zur Abwendung schweren, unmittelbar bevorstehenden Schadens (Nr. 1), zur Ausgabe an Mitarbeiter (Nr. 2), zur Abfindung von Aktionären bei Abschluß von Unternehmensverträgen und Umstrukturierungen (Nr. 3), bei unentgeltlichem Erwerb oder – im Falle von Kreditinstituten – bei Ausführung einer Einkaufskommission (Nr. 4), im Falle der Gesamtrechtsnachfolge (Nr. 5), zur Einziehung nach den Vorschriften über die Herabsetzung des Grundkapitals (Nr. 6), bei Kredit- oder Finanzdienstleistungsinstituten zum Zwecke des Wertpapierhandels (Nr. 7) sowie schließlich ohne positive gesetzliche Zweckvorgabe aufgrund eines mit bestimmten Kautelen versehenen Hauptversammlungsbeschlusses (Nr. 8). In den Fällen der Nummern 6 bis 8 ist Voraussetzung für die Zulässigkeit des Erwerbs jeweils ein Ermächtigungsbeschluß der Hauptversammlung.

903 Von besonderer Bedeutung ist die erst durch das KonTraG zum 1. Juli 1998 eingeführte Möglichkeit des **Ermächtigungsbeschlusses ohne positive gesetzliche Zweckvorgabe gemäß § 71 Abs. 1 Nr. 8 AktG**.[161] Diese Vorschrift soll die Flexibilität der Eigenkapitalfinanzierung verbessern[162] und

---

159) Zur historischen Entwicklung vgl. *Benckendorff*, S. 36 ff; *Huber*, in: Festschrift Kropff, S. 101 ff; *Peltzer*, WM 1998, 322, 324 ff m. w. N.
160) *Wiesner*, in: Münchener Handbuch des Gesellschaftsrechts, § 15 Rz. 1.
161) Zu dessen Anwendbarkeit auf die kleine AG und Beispielen zu Anwendungsfällen *Kiem*, ZIP 2000, 209, 210 ff.
162) Begründung RegE KonTraG, BT-Drucks. 13/9712, S. 13.

stellt – da die Ausnahme nicht an spezielle Erwerbszwecke gebunden ist – eine wesentliche Lockerung des Erwerbsverbots dar. § 71 Abs. 1 Nr. 8 Satz 2 AktG verbietet als Zweck des Aktienerwerbs lediglich den Handel in eigenen Aktien; im übrigen können die eigenen Aktien nach dieser Vorschrift zu jedem Zweck erworben werden.[163] Der Hauptversammlungsbeschluß kann einen oder mehrere Erwerbszwecke bestimmen und damit die Ermächtigung einschränken, muß es aber nicht; die Zweckbestimmung erfolgt dann durch Vorstandsbeschluß. Eingesetzt werden kann die Erwerbsmöglichkeit nach § 71 Abs. 1 Nr. 8 AktG auch, wenn in einem der Fälle der Nummern 1 bis 7 die gesetzliche Ermächtigung zu eng gefaßt ist; so ist der Erwerb von Belegschaftsaktien gemäß Nummer 2 beispielsweise nicht möglich, wenn zum begünstigten Personenkreis auch Organmitglieder gehören sollen. Aufgrund eines Ermächtigungsbeschlusses gemäß Nummer 8 können Belegschaftsaktien auch an Aufsichtsrats- und Vorstandsmitglieder abgegeben werden. Im übrigen erlaubt die Ermächtigung die Verminderung des Eigenkapitals zu Lasten freier Rücklagen im Sinne einer „Kapitalherabsetzung auf Zeit", die Bedienung von Aktienoptionen in Ersetzung bedingten Kapitals (§ 71 Abs. 1 Nr. 8 Satz 5 AktG) oder die Vorbereitung der Einziehung, wenn abweichend von Nummer 6 noch kein Einziehungsbeschluß vorliegt.[164]

904 Der Ermächtigungsbeschluß der Hauptversammlung muß den niedrigsten und den höchsten Gegenwert sowie den Anteil am Grundkapital bestimmen.[165] Inhalt des Hauptversammlungsbeschlusses muß außerdem die Geltungsdauer der Ermächtigung sein, die auf höchstens 18 Monate erteilt werden kann. Fehlt die Frist, so ist sie durch Auslegung zu ermitteln; gegebenenfalls ist die gesetzliche Höchstfrist anzunehmen. Die Gegenansicht, die in diesem Fall die Nichtigkeit der Ermächtigung annimmt,[166] stützt sich auf die parallele Diskussion zum Fehlen der Frist beim genehmigten Kapital. Hierbei wird jedoch nicht berücksichtigt, daß es im Falle des § 202 Abs. 2 AktG um eine Satzungsänderung geht und für eine Ermittlung der Frist durch Auslegung daher – gerade im Unterschied zu der in § 71 Abs. 1 Nr. 8 AktG vorgesehenen Ermächtigungsfrist – kein Raum bleibt.[167]

---

[163] *Hüffer*, AktG, § 71 Rz. 19g; vgl. auch *Escher-Weingart/Kübler*, ZHR 162 (1998), 537, 543 ff; zum Einsatz zur Übernahmeabwehr *Schander*, ZIP 1998, 2087.

[164] Vgl. *Hüffer*, AktG, § 71 Rz. 19g; im Falle börsennotierter Gesellschaften dürften wohl auch Gesichtspunkte der Kurspflege in Betracht kommen.

[165] Zu Mindestangaben und weiteren Festlegungen im Ermächtigungsbeschluß vgl. auch *Kiem*, ZIP 2000, 209, 211 ff.

[166] *Hüffer*, AktG, § 71 Rz. 19e.

[167] So für die Ermächtigungsfrist des § 221 Abs. 2 AktG zur Ausgabe von Wandelschuldverschreibungen bereits zutreffend *Karollus*, in: Geßler/Hefermehl/Eckardt/Kropf, AktG, § 221 Rz. 53, 54.

905 Bei **Erwerb und Veräußerung der eigenen Aktien** ist der Gleichbehandlungsgrundsatz des § 53a AktG anzuwenden, was § 71 Abs. 1 Nr. 8 Satz 3 AktG überflüssigerweise ausdrücklich erwähnt. Im Falle der kleinen AG wird also nur in Betracht kommen, sowohl beim Ankauf der Aktien als auch bei der späteren Rückveräußerung allen Aktionären ein Angebot zu unterbreiten.[168] Nach zutreffender in der Literatur vertretener Auffassung besteht im Rahmen eines solchen *tender offer* für die Aktionäre ein Andienungsrecht, das wie ein Bezugsrecht veräußert werden kann.[169] Der Vorstand hat die nächste Hauptversammlung über den Umfang sowie über die Gründe und den Zweck eines Erwerbs eigener Aktien aufgrund der Ermächtigung zu unterrichten (§ 71 Abs. 3 Satz 1 AktG). Nach § 71 Abs. 3 Satz 3 AktG hat die Gesellschaft das Bundesaufsichtsamt für den Wertpapierhandel unverzüglich von der Ermächtigung zu unterrichten;[170] obwohl sich dies aus dem Gesetzeswortlaut nicht ergibt, muß aus dem Zusammenhang mit der Ad-hoc-Publizität des § 15 WpHG geschlossen werden, daß diese Mitteilungspflicht nur für börsennotierte Gesellschaften anwendbar ist und damit für die kleine AG nicht relevant wird.[171]

906 Der Erwerb der eigenen Aktien ist im Falle des § 71 Abs. 1 Nr. 8 AktG sowie in den meisten anderen Fällen gemäß § 71 Abs. 2 AktG durch drei **weitere Restriktionen** begrenzt: Zum einen dürfen die erworbenen Aktien zusammen mit den von der Gesellschaft bereits gehaltenen eigenen Aktien nicht mehr als 10 % des Grundkapitals ausmachen. Zum anderen ist der Erwerb nur zulässig, wenn die Gesellschaft gemäß § 272 Abs. 4 HGB eine Rücklage für eigene Aktien bilden kann, ohne das Grundkapital und gesetzliche und satzungsmäßige Rücklagen zu mindern. Schließlich muß der Ausgabebetrag auf die zurückzukaufenden Aktien voll geleistet sein. Zu beachten ist im übrigen, daß der Gesellschaft aus den eigenen Aktien weder Vermögens- noch Mitwirkungsrechte zustehen (§ 71b AktG).

907 Für die **handelsbilanzielle Behandlung**[172] der eigenen Anteile unterscheidet das Gesetz zwei Fälle: Als „Grundfall" kann die Aktivierung der von der Gesellschaft erworbenen eigenen Aktien im Umlaufvermögen angesehen werden (§ 265 Abs. 3 Satz 2 i. V. m. § 266 Abs. 2 B III 2 HGB). In Höhe dieses Aktivpostens ist auf der Passivseite der Bilanz eine Rücklage zu bilden (§ 272

---

168) Ausführlicher *Kiem*, ZIP 2000, 209, 212 ff.
169) *Hüffer*, AktG, § 71 Rz. 19k; *Paefgen*, AG 1999, 67, 69.
170) Dazu *Bosse*, ZIP 1999, 2047, 2048 f.
171) Zutreffend *Hüffer*, AktG, § 71 Rz. 23a.
172) Dazu und zum folgenden vgl. *Günther/Muche/White*, Wpg 1998, 574; *Klingberg*, BB 1998, 1575; *Thiel*, DB 1998, 1583; *Schmid/Wiese*, DStR 1998, 993.

Abs. 4 Satz 1 i. V. m. § 266 Abs. 3 A III 2 HGB). Abweichend hiervon sind Aktien, die zur Einziehung erworben werden, oder Aktien, bei denen die Ermächtigung zum Eigenerwerb unter dem Vorbehalt steht, daß eine Rückgabe an den Markt eines Hauptversammlungsbeschlusses bedarf (§ 272 Abs. 1 Satz 5 HGB), zu behandeln: Diese Gruppe von Aktien ist offen von dem Bilanzposten „gezeichnetes Kapital" als Kapitalrückzahlung abzusetzen (§ 272 Abs. 1 Satz 4 HGB).[173]

Die **steuerrechtliche Behandlung** des Erwerbs eigener Aktien knüpft an diese Unterscheidung an. Soweit es um eigene Aktien geht, die zu aktivieren sind, stellt der Erwerb durch die Gesellschaft ein Anschaffungsgeschäft dar; eine spätere Veräußerung der Aktien führt – je nach dem erzielten Ergebnis – zu einem steuerbaren Gewinn oder Verlust. Demgegenüber darf sich der Erwerb eigener Aktien, die handelsrechtlich nicht aktivierungsfähig sind, auf den steuerrechtlichen Gewinn der AG nicht auswirken. Die spätere Einziehung der Aktien ist steuerrechtlich als Kapitalherabsetzung zu behandeln.[174]   **908**

2. Stock options

a) Allgemeines

Bezugsrechte auf Aktien (üblich und auch hier verwendet ist die „neudeutsche" Bezeichnung „Stock options") sind innerhalb eines Zeitraums von ganz wenigen Jahren[175] ein wichtiger, nicht mehr hinwegzudenkender Faktor in der Vergütung von Führungskräften und Mitarbeitern (auch) deutscher Aktiengesellschaften geworden. Maßgebend hierfür sind im wesentlichen drei Faktoren.[176] Das Vergütungselement Aktienoptionen führt dazu, daß die Führungskräfte einer Aktiengesellschaft in eine jedenfalls partiell dem Aktionärsinteresse an einer steigenden Kapitalmarktbewertung „ihres" Unternehmens entsprechende Situation gebracht werden;[177] die Vergütungsform paßt daher beson-   **909**

---

173) Zu dieser Regelung ausführlich *Jacobs*, FR 1998, 872.
174) Zur steuerrechtlichen Behandlung des Erwerbs eigener Aktien – mit Darstellung der handelsrechtlichen Seite – vgl. BMF-Schreiben vom 2. 12. 1998, BStBl I, 268 = DB 1998, 2567 = DStR 1998, 2011.
175) Die Geschwindigkeit, mit der das Konzept durchgesetzt wurde, ist vor allem deshalb erstaunlich, weil die u. a. vom Gedankengut der katholischen Soziallehre und der Sozialdemokratie geprägten, jahrzehntelangen Bemühungen um die Mitarbeiterbeteiligung kaum mehr zu Wege gebracht haben als monströse Bestimmungen wie den § 19a EStG, der zwar im Gesetzestext der Beck'schen Dünndruckausgabe mehr als 5 Seiten füllt, im Ergebnis aber einen für die Arbeitnehmer steuerfreien Betrag von maximal (!) 300,– DM (in Worten: dreihundert) gewährt.
176) So wohl auch *Weiß*, WM 1999, 353.
177) Vgl. zur Verminderung des Principal-Agent-Conflict *Weiß*, WM 1999, 953 mit ausführlichen Nachweisen auch zur betriebswirtschaftlichen Literatur; *Menichetti*, DB 1996, 1669.

ders zu **Shareholder-value-Konzepten** der Unternehmensführung,[178] die sich derzeit aufgrund einer außerordentlich starken Orientierung der privaten und institutionellen Anleger an der jeweils aktuellen Kapitalmarktbewertung großer Beliebtheit erfreuen. Zum zweiten führt die **Globalisierung** der Wirtschaft und des Unternehmenswettbewerbs auch zu einem internationalen **Wettbewerb um die besten Manager**, Wissenschaftler, Ingenieure usw. Vor dem Hintergrund der teils legendären, aber durchaus realen Vergütungshöhen, die Mitarbeiter von US-amerikanischen Unternehmen aus dem Vergütungsbestandteil Stock options in der Vergangenheit beziehen konnten, ist es für im internationalen Wettbewerb um Mitarbeiter stehende deutsche Unternehmen unvermeidlich, vergleichbare Vergütungselemente anzubieten. Schließlich und nicht zuletzt hat der **deutsche Gesetzgeber** diesen praktischen Bedürfnissen Rechnung getragen und mit der Neufassung bzw. Einfügung des § 192 Abs. 2 Nr. 3 und § 193 Abs. 2 Nr. 4 AktG **Innovationsbereitschaft** bewiesen und „Bezugsrechte auf Aktien" für Arbeitnehmer und „Mitglieder der Geschäftsführung" im Aktiengesetz normiert.

910 Als kapitalmarktorientiertes Vergütungselement sind Stock options für börsennotierte Gesellschaften relevant. Für die kleine Aktiengesellschaft kann die Einräumung von Aktienbezugsrechten aber auch bereits längere Zeit vor dem vorgesehenen Börsengang sehr empfehlenswert sein.[179] Gerade in dieser Phase des Unternehmens zeigt sich als besonderer Vorteil, daß die Mitarbeiter und Führungskräfte sich aufgrund der ihnen eingeräumten Optionsrechte bereits als Teilhaber an der Entwicklung des Unternehmenswertes fühlen können und werden, andererseits aber noch nicht stimmberechtigte Aktionäre sind und damit (zusätzliche) gesellschaftsrechtliche Komplikationen auf dem Weg bis zur Börseneinführung vermieden werden.

b) Gesellschaftsrechtliche Aspekte

911 Die gesetzliche Regelung öffnet den **Einsatzbereich des bedingten Kapitals**, indem dieses nunmehr auch mit dem Zweck der Gewährung von Bezugsrechten an Arbeitnehmer und Mitglieder der Geschäftsführung geschaffen werden kann.[180] Das Gesetz beschreibt in § 192 Abs. 2 Nr. 3 AktG diesen erweiterten, zulässigen Verwendungszweck des Gesetzes näher und stellt außerdem in

---

178) Zu den rechtlichen Implikationen und Grenzen des Shareholder-value-Konzeptes vgl. *Mülbert*, ZGR 1997, 129; *v. Werder*, ZGR 1998, 69.
179) *Jäger*, DStR 1999, 28.
180) § 192 Abs. 2 Nr. 3 AktG a. F., d. h. vor dem KonTraG, begünstigte nur Arbeitnehmer (also nicht Vorstandsmitglieder) und auch diese nur insoweit, als eine Sacheinlage von bestehenden Gewinnbeteiligungsansprüchen erfolgte; diese Regelung war daher ohne praktische Bedeutung geblieben.

IV. Sonderfragen (Spezialthemen)

§ 193 Abs. 2 Nr. 4 AktG spezifische Anforderungen an den Inhalt eines Hauptversammlungsbeschlusses auf. Zu beachten ist außerdem, daß der Nennbetrag des bedingten Kapitals für die Bedienung von Stock options 10 % des zur Zeit der Beschlußfassung vorhandenen Grundkapitals nicht überschreiten darf (§ 192 Abs. 3 AktG). Obwohl die §§ 192, 193 AktG an sich nur die Schaffung des bedingten Kapitals normieren, führen die vom Gesetz an die Zulässigkeit dieser Beschlußfassung geknüpften Voraussetzungen dazu, daß auch das „Optionsprogramm" mit den wesentlichen Elementen der Ausgestaltung der Optionsrechte zur Entscheidung der Hauptversammlung gestellt werden muß. Die Bezugsrechte können nach der Formulierung des Gesetzes in § 192 Abs. 2 Nr. 3 AktG alternativ im Wege des **Zustimmungs- oder des Ermächtigungsbeschlusses** gewährt werden. Dies dürfte so zu verstehen sein, daß der Zustimmungsbeschluß den Vorstand hinsichtlich eines bestimmten Programms ausführungspflichtig macht, während der Ermächtigungsbeschluß die Durchführung des Aktienoptionsprogramms in das pflichtgemäße Ermessen des Vorstands stellt.[181]

Der **Beschluß über die bedingte Kapitalerhöhung** bedarf einer qualifizierten Mehrheit (§ 193 Abs. 1 AktG) und muß den Zweck der bedingten Kapitalerhöhung (§ 193 Abs. 2 Nr. 1 AktG) sowie den Kreis der Bezugsberechtigten (§ 193 Abs. 2 Nr. 2 AktG) enthalten.[182] Für den Fall der Stock options ist beides in § 192 Abs. 2 Nr. 3 AktG abschließend beschrieben: Der Zweck ist die Gewährung von Bezugsrechten an Arbeitnehmer und Mitglieder der Geschäftsführung, der Kreis der Bezugsberechtigten ergibt sich zugleich aus dieser Zweckbestimmung. Unter dem Begriff der „Mitglieder der Geschäftsführung" sind zum einen die Vorstandsmitglieder der Gesellschaft, zum anderen Vorstandsmitglieder und/oder Geschäftsführer von Tochtergesellschaften zu subsumieren.[183] Mitglieder der Geschäftsführung sind nicht die Aufsichtsratsmitglieder, da diese keine Geschäftsführungs-, sondern Kontrollaufgaben haben; der im Referentenentwurf des KonTraG weiter gefaßte Text wollte alle Organmitglieder einbeziehen; dies ist jedoch bewußt unterblieben.[184] Als weiteres Beschlußerfordernis verlangt § 193 Abs. 2 Nr. 3 AktG Angaben zum Ausgabebetrag der neuen Aktien aus dem bedingten Kapital. Der Ausgabebe-

912

---

181) *Hüffer*, AktG, § 192 Rz. 22; praktisch ist fast ausschließlich die Variante des Ermächtigungsbeschlusses anzutreffen, weil nur diese der Verwaltung die erforderliche Flexibilität gibt.
182) Zur Mitbestimmung des Betriebsrats vgl. *Kau/Kukat*, BB 1999, 2505.
183) *Weiß*, WM 1999, 353, 357; *Seibert*, in: Pellens (Hrsg.), Unternehmensrechtsorientierte Entlohnungssysteme, S. 29, 42.
184) Dazu *L. Zimmer*, DB 1999, 999 ff; *Schaefer*, NZG 1999, 531, 533; *Seibert*, in: Pellens (Hrsg.), Unternehmensrechtsorientierte Entlohnungssysteme, S. 29, 42.

trag entspricht im Fall von Aktienoptionen dem sogenannten Basispreis (oder Ausübungspreis), zu dem der Optionsberechtigte eine Aktie erwerben kann. Durchaus üblich und nach den gesetzlichen Anforderungen zulässig ist es auch, einen dynamischen Basispreis vorzusehen (etwa jährliche prozentuale Steigerung oder Anlehnung an den Börsenpreis eines bestimmten Zeitraumes), denn die Angabe der Berechnungsgrundlagen ist nach dem Gesetz ausreichend. Schließlich verlangt § 193 Abs. 2 Nr. 4 AktG Angaben zur Aufteilung der Bezugsrechte auf Mitglieder der Geschäftsführung und Arbeitnehmer, zu Erfolgszielen, zu Erwerbs- und Ausübungszeiträumen und zur Wartezeit für die erstmalige Ausübung.[185]

913 Die **Wartezeit für die erstmalige Ausübung** muß mindestens zwei Jahre betragen (§ 193 Abs. 2 Nr. 4 AktG). Diese Frist kann durchaus auch länger sein. Es soll nämlich mit diesem Erfordernis dem Umstand Rechnung getragen werden, daß durch die Ausgabe von Aktienoptionen für die begünstigten Führungskräfte ein langfristig wirkender Leistungsanreiz geschaffen und rein kurzfristig orientiertes Denken vermieden werden soll.[186] Die bisher wohl umstrittenste Anforderung ist die **Angabe von „Erfolgszielen"**. Die in der Praxis häufige Definition des Erfolgsziels als eine bestimmte, absolute Steigerung des Aktienkurses ist nämlich mit dem Argument angegriffen worden, daß ein solches absolutes Kursziel angesichts der auch bei dessen Erreichen möglichen unterdurchschnittlichen Entwicklung im Vergleich zum Marktdurchschnitt kein Erfolgskriterium darstelle. Gefordert wurde von Vertretern dieser Meinung ein relatives Erfolgskriterium, beispielsweise die Outperformance eines vergleichbaren Index, um eine echte Leistungsabhängigkeit der Vergütung herzustellen und bloße Windfall profits zu vermeiden.[187]

914 Die Rechtsprechung der Instanzgerichte hat überwiegend eine absolute Kurssteigerung für ausreichend angesehen;[188] zu einer höchstrichterlichen Entscheidung ist es allerdings (bisher) nicht gekommen, weil die anhängigen Verfahren alle durch den Abschluß von Vergleichen erledigt worden sind. Es verbleibt danach bis heute eine gewisse Rechtsunsicherheit. Man wird jedoch mit der Mehrzahl der Gerichtsentscheidungen und der ganz überwiegenden Auf-

---

185) Zur Geltung des Gleichbehandlungsgrundsatzes *Legerlotz/Laber*, DStR 1999, 1658, 1660 f.
186) *Weiß*, WM 1999, 353, 357.
187) *Menichetti*, DB 1996, 1688, 1690 f.
188) OLG Braunschweig, Urt. v. 29. 7. 1998 – 3 U 75/98, ZIP 1998, 1585, 1589, dazu EWiR 1999, 195 *(Lutter)*; OLG Stuttgart, Urt. v. 12. 8. 1998 – 20 U 111/97, ZIP 1998, 1482 = AG 1998, 529, 532, dazu EWiR 1998, 1013 *(Ernst)*; LG Frankfurt/M., Urt. v. 10. 2. 1997 – 3/1 O 119/96, ZIP 1997, 1030.

fassung im Schrifttum[189] absolute Kursziele für ausreichend halten müssen, auch wenn diese betriebswirtschaftlich in der Tat der eigentlichen Zielsetzung der Vergütung durch Stock options nicht entsprechen dürften.[190] Für die kleine Aktiengesellschaft sind in Ermangelung eines Börsenkurses als Erfolgsziele verschiedenste betriebswirtschaftliche Kennziffern denkbar, beispielsweise bestimmte Steigerungen der Eigenkapitalrendite, der Umsatzrendite oder des Ergebnisses pro Aktie.

Eine Aktienoption unterliegt sachenrechtlich den Vorschriften der §§ 398 ff BGB und kann daher gemäß § 398 BGB abgetreten werden, wenn sich aus der Ausgestaltung des Rechts in den Optionsbedingungen nichts anderes ergibt (§ 399 BGB). Das Gesetz stellt hinsichtlich der Frage der **Übertragbarkeit** der Aktienoptionen keinerlei Anforderungen auf, so daß die Hauptversammlung oder der Vorstand im Rahmen seiner Ermächtigung insoweit frei ist.[191] **915**

Fehlt im Beschluß über die Schaffung des bedingten Kapitals einer der Beschlußinhalte gemäß § 193 Abs. 2 Nr. 1–3 AktG, so ist der Beschluß nichtig. Fehlt eine der gemäß § 193 Abs. 2 Nr. 4 AktG geforderten Angaben, führt dies demgegenüber nur zur Anfechtbarkeit des Beschlusses.[192] **916**

c) Wandelschuldverschreibungen

Wirtschaftlich mit den vorstehend erläuterten Stock options vergleichbare Ergebnisse lassen sich nach wie vor auch auf der Basis **anderer rechtlicher Gestaltungen** erzielen. Möglich ist unter anderem, bedingtes Kapital gemäß **917**

---

189) *Aha*, BB 1997, 2225, 2227; *Weiß*, WM 1999, 353, 358; *Seibert*, in: Pellens (Hrsg.), Unternehmensrechtsorientierte Entlohnungssysteme, S. 29, 45, sowie *Hüffer*, ZHR 161 (1997), 214, 235 f; *Kohler*, ZHR 161 (1997), 246, 260; *Lutter*, ZIP 1997, 1, 6, und *Kallmeyer*, AG 1999, 97, 98, die aber eine Indexierung zur Vermeidung von Windfall profits für sinnvoll halten.

190) Noch weitergehend stellt sich die Frage, ob das Gesetz nur Angaben zum Erfolgsziel verlangt (ausreichend dann auch die Angabe „Erfolgsziel: keins") oder ob jedenfalls ein positives materielles Kriterium aufgenommen werden muß; da das Gesetz keine materiellen Vorgaben enthält, muß man eine bloße Negativerklärung jedenfalls dann für ausreichend halten, wenn man in der Grundsatzfrage eine relative Performancemessung nicht für erforderlich hält.

191) Die Frage ist umstritten; nach einer Gegenauffassung soll aus der zweijährigen Mindestwartefrist für die Ausübung auch auf die Unübertragbarkeit geschlossen werden. Diese Auffassung verdient keine Zustimmung. Sie findet zwar in den Gesetzesmaterialien eine Stütze, aber keinerlei Anhalt im Gesetz; sie ist auch keineswegs notwendig, um den Effekt einer langfristigen Motivation durch Optionen zu erreichen, vgl. im einzelnen *v. Einem/Pajunk*, in: Achleitner/Wollmert (Hrsg.), Stock Options, S. 85, 106.

192) Ebenso *v. Einem/Pajunk*, in: Achleitner/Wollmert (Hrsg.), Stock Options, S. 109 f; die Kommentierung von *Hüffer*, AktG, § 193 Rz. 10, behandelt diese Frage nicht, wie *Hüffer* in einem Privatgutachten bestätigt, in dem er sich zugleich für bloße Anfechtbarkeit ausspricht.

G. Kapitalmaßnahmen

§ 192 Abs. 2 Nr. 1 AktG für Gläubiger von **Wandelschuldverschreibungen** zu schaffen und an die zu Begünstigenden Wandeldarlehen gemäß § 221 AktG auszugeben.[193)] Wirtschaftlich können diese Wandeldarlehen den „nackten" Optionen dadurch angenähert werden, daß relativ niedrige Darlehen im Verhältnis 1:1 umgetauscht werden können, jedoch bei Wandlung eine Zuzahlung in Höhe des Basispreises erforderlich ist. Der Unterschied zu den Stock options besteht dann im wesentlichen darin, daß gemäß § 221 Abs. 4 AktG für Wandeldarlehen ein Bezugsrecht aller Aktionäre besteht, so daß ein förmlicher Bezugsrechtsausschluß gemäß § 221 Abs. 4 i. V. m. § 186 Abs. 3 und 4 AktG erforderlich wird, um die Wandeldarlehen an den gewünschten Kreis der Begünstigten ausgeben zu können; demgegenüber ist beim bedingten Kapital gemäß § 192 Abs. 2 Nr. 3 AktG das Bezugsrecht der Aktionäre von Gesetzes wegen ausgeschlossen.[194)] Eine andere Alternative sind sogenannte **„virtuelle Stock options"**, bei denen den Begünstigten ein Anspruch auf eine Geldzahlung eingeräumt wird, deren Höhe so berechnet wird, als wären dem Begünstigten zu einem bestimmten Zeitpunkt Aktienoptionen gewährt worden und diese zu einem bestimmten Zeitpunkt ausgeübt worden.[195)] Solche Alternativgestaltungen können sich insbesondere dann anbieten, wenn die Anforderungen der §§ 192, 193 AktG sich als zu restriktiv erweisen, beispielsweise weil auch Aufsichtsratsmitglieder, freie Mitarbeiter oder Berater in vergleichbarer Weise vergütet und motiviert werden sollen.

d) Bilanzielle und steuerliche Aspekte

918 Während gesellschaftsrechtlich für die Anwendung von Stock options ein vernünftiger Rahmen – bei Unsicherheiten und rechtspolitischer Kritik in Detailfragen – besteht, sind die **bilanzielle und steuerliche Behandlung** der Stock options mit erheblichen Unsicherheiten und Problemen behaftet. Im Rahmen des handelsrechtlichen Jahresabschluß ist die zentrale Frage, ob die Ausgabe der Optionen – die wirtschaftlich unzweifelhaft Vergütungscharakter haben[196)] – als Personalaufwand erfaßt werden darf (oder muß); wird dies bejaht, so stellt sich die weitere Frage, ob eine solche Aufwandsbuchung ohne Gegenbuchung denkbar ist oder ob die Zurverfügungstellung eines entsprechenden bedingten Kapitals als Einlage der Aktionäre zu buchen ist.[197)] In der

---

193) *Weiß*, WM 1999, 353, 354 („herkömmlicher Weg"); *Zeidler*, NZG 1998, 789, 790 f.
194) *Hüffer*, AktG, § 192 Rz. 18 mit ausführlichen Angaben zur Würdigung dieser Regelung.
195) Zu virtuellen Stock options vgl. *Pellens/Crasselt*, Wpg 1999, 765 ff.
196) Allgemeine Meinung, vgl. nur *Esterer/Härteis*, DB 1999, 2073 und dort Fußn. 13.
197) Ausführlich *Haarmann*, in: Festschrift Rädler, S. 229, 246 ff.

Fachliteratur stehen sich hierzu völlig konträre Auffassungen gegenüber,[198)] so daß die Antwort als offen zu betrachten ist.

Allerdings ist davon auszugehen, daß die **Finanzverwaltung** in einer Einheitsbilanz oder einer Steuerbilanz den Ansatz von Personalaufwand derzeit kaum akzeptieren wird. Beim Blick auf diese steuerliche Kehrseite der Bilanzierung bei der Gesellschaft wird deutlich, daß hinsichtlich der Bilanzierungsfragen auch sehr unterschiedliche Interessen bestehen können: Während ertragsstarke, große Unternehmen in erster Linie daran interessiert sind, steuerwirksamen Personalaufwand auszuweisen, hat es für junge, kleine Aktiengesellschaften gerade unmittelbar vor und nach einem Börsengang typischerweise Priorität, eine Belastung des handelsrechtlichen Ergebnisses durch eine solche Aufwandsposition zu vermeiden. Jedenfalls letzteres ist nach gegenwärtigem Stand des Handelsbilanzrechts möglich. 919

Die bilanziellen Fragen komplizieren sich weiter, wenn die Gesellschaft einen Konzernabschluß nach internationalen Rechnungslegungsgrundsätzen aufstellt. Nach US-GAAP sind Stock options grundsätzlich als Personalaufwand zu erfassen; allerdings bestehen auch hier Gestaltungsspielräume, mit denen dies je nach Ausgestaltung des Optionsprogramms vermieden werden kann.[199)] Bei Anwendung von International Accounting Standards ist der Ausweis von Personalaufwand möglich, aber nicht zwingend geboten.[200)] 920

Neben der Frage steuerwirksamen Personalaufwands bei der Gesellschaft ist die Frage der **Versteuerung des geldwerten Vorteils bei dem Begünstigten**[201)] Gegenstand eines heftigen Meinungsstreits. Dabei geht es im wesentlichen um die Bestimmung des Zuflußzeitpunktes: Während nach einer ganz überwiegenden Auffassung im Schrifttum ein Zufluß bei grundsätzlich übertragbaren Optionen – und dann bereits bei der **Einräumung** der Option – vorliegt,[202)] geht die vor allem von der Finanzverwaltung vertretene Gegenauffassung dahin, daß eine Versteuerung erst bei **Ausübung** der Option zu erfolgen 921

---

198) Für die Bilanzierung als Personalaufwand *Esterer/Härteis*, DB 1999, 2073, 2076; *Pellens/Crasselt*, DB 1998, 217, 222 f; dagegen *Rammert*, Wpg 1998, 766; *Herzig*, DB 1999, 1, 6, und *Naumann/Pellens/Crasselt*, DB 1998, 1428; differenzierend *Haarmann*, in: Festschrift Rädler, S. 229, 246 ff.
199) Hierzu, insbesonde zum „Premium-Modell", *Kunzi/Hasbargen/Kahre*, DB 2000, 285, 286 f.
200) Vgl. dazu *Eiselt*, IStR 1999, 759 ff.
201) Vgl. allgemein *Thomas*, DStZ 1999, 710, und die Angaben in den folgenden Fußnoten.
202) *Portner*, DStR 1998, 1535, 1537; *Bredow*, DStR 1998, 380, 382; *Haas/Pötschan*, DB 1998, 2138, 2139; *v. Braunschweig*, DB 1998, 1835, 1836; *Schubert*, FR 1999, 639 ff.

G. Kapitalmaßnahmen

hat.[203)] Diese „Endversteuerung" entspricht auch der Rechtsprechung des Bundesfinanzhofs, der sich in jüngerer Zeit bisher allerdings nicht mit übertragbaren Optionen zu befassen hatte und für diese die Beurteilung ausdrücklich offengelassen hat.[204)] Nach Auffassung der Finanzverwaltung reicht für eine Besteuerung der Optionen im Gewährungszeitpunkt die Übertragbarkeit nicht aus; vielmehr soll hierfür erforderlich sein, daß die Option an einem börsenähnlichen Markt tatsächlich gehandelt wird, eine Bedingung, die bei den typischen Stock options in keinem Fall erfüllt werden kann.

922 Während bei einer Versteuerung im Zeitpunkt der Optionsgewährung die Höhe des geldwerten Vorteils anhand von auf der „Black-Scholes-Formel" basierenden Berechnungen festgestellt werden muß, wird der steuerliche Wert der Option bei Besteuerung im Ausübungszeitpunkt aus der Differenz von Börsenkurs der Aktie und Basispreis der Option errechnet. Auch insoweit bestehen unterschiedliche Interessen zwischen ertragsstarken Großunternehmen und jüngeren, noch im Aufbau befindlichen kleinen Aktiengesellschaften: Während bei letzteren der Wert der Option im Einräumungszeitpunkt häufig relativ niedrig sein wird und die Chance der Anfangsversteuerung deren Risiko bei weitem übersteigt, ergibt sich bei ertragsstarken und etablierten Unternehmen häufig ein hoher Wert der Option im Einräumungszeitpunkt, so daß die Mitarbeiter häufig nicht daran interessiert sein werden, eine relativ hohe Steuer zu bezahlen und hierbei die Unsicherheit einer späteren positiven Wertentwicklung in Kauf zu nehmen.

923 Bei der gegenwärtigen Steuerrechtssituation muß im Ergebnis davon ausgegangen werden, daß der Begünstigte den Wert der Option erst bei Optionsausübung zu versteuern hat. Die künftige Entwicklung der Finanzrechtsprechung und der Verwaltungsauffassung ist jedoch gerade vor einem internationalen Hintergrund[205)] offen und nicht absehbar. Für die Gesellschaft selbst ist die steuerliche Behandlung der Aktienoptionen beim Arbeitnehmer nicht nur deshalb bedeutsam, weil die effektive Vergütungshöhe und der Motivationseffekt maßgeblich von der Nettovergütung bestimmt werden, sondern auch aufgrund des Lohnsteuerhaftungsrisikos des Arbeitgebers (§ 42d EStG).

---

203) Vgl. zur Entwicklung der Auflassung in der Finanzverwaltung *Neyer*, DStR 1999, 1636, 1638 f m. w. N.
204) BFH, Beschl. v. 23. 7. 1999 – VI B 116/99, DStR 1999, 1524 = DB 1999, 1932 = FR 1999, 1125 = Wpg 1999, 848, dazu EWiR 1999, 1061 *(Knoll)*.
205) Vgl. zu internationalen Aspekten der Besteuerung *Jacobs*, in: Dörner u. a. (Hrsg.), Reform des Aktienrechts, S. 101, 129 ff.

IV. Sonderfragen (Spezialthemen)

3. Umstellung auf den Euro

Durch das am 1. Januar 1999 in Kraft getretene Euro-Einführungsgesetz[206] **924** sind zahlreiche Vorschriften im Aktiengesetz und im Einführungsgesetz zum Aktiengesetz geändert und sämtliche Betragsangaben des Gesetzes von Deutscher Mark auf Euro umgestellt worden. Für „Altgesellschaften", die vor dem 1. Januar 1999 im Handelsregister eingetragen oder zur Eintragung in das Handelsregister angemeldet worden sind, bleiben die bis zu diesem Zeitpunkt geltenden DM-Beträge für den Mindestnennbetrag des Grundkapitals und der Aktien maßgeblich (§§ 2 und 3 EGAktG). Ein Zwang, die Satzung auf die neuen gesetzlichen Mindestbeträge oder auf die Denomination Euro umzustellen, besteht grundsätzlich nicht.[207] Allerdings besteht nach dem 31. Dezember 2001 eine Registersperre für Kapitalmaßnahmen (§ 3 Abs. 5 EGAktG), die zu einem faktischen Umstellungszwang nach diesem Zeitpunkt führt. Ohne größere praktische Relevanz ist die in § 3 Abs. 3 EGAktG eingeräumte Möglichkeit, für die im Rahmen der Euro-Einführung bestehende Übergangsfrist vom 1. Januar 1999 bis zum 31. Dezember 2001 Aktiengesellschaften zu gründen, bei denen die Nennbeträge von Grundkapital und Aktien in DM bezeichnet werden; aufgrund der hiermit verbundenen Umrechnungskomplikationen ist es nicht sinnvoll, von dieser Möglichkeit Gebrauch zu machen.

Das Verfahren der Umstellung auf den Euro für „Altgesellschaften" ist in § 4 **925** EGAktG geregelt. Das Gesetz sieht Erleichterungen für Kapitalmaßnahmen vor, die ausschließlich dem Zweck der Umrechnung auf Euro dienen. Für die kleine AG ist diese Problematik durch die Einführung der Stückaktie,[208] die bewußt auch im Hinblick auf die Euro-Umstellung vom Gesetzgeber vorgesehen war, zu einem großen Teil entschärft. Bei der Stückaktie, die für die kleine AG typischerweise zum Einsatz kommen wird, stellen sich die Problematik der Umstellung der Nennbeträge und die damit einhergehenden Rundungsprobleme nicht; die Währungsumstellung wird zwar nicht für das Grundkapital, aber doch für die Aktien vermieden.

Nach Ablauf der Übergangszeit der Währungsunion ab dem 1. Januar 2002 **926** wird jede Aktiengesellschaft ein Grundkapital haben, das auf Euro lautet. Der Satzungswortlaut ist unrichtig geworden, nach einer Umrechnung vom amtli-

---

[206] Eine ausführliche Besprechung des Gesetzesvorhabens mit Hinblick auf die erforderlichen Anpassungen im Aktienrecht findet sich bei *Schneider/Sünner*, DB 1996, 817.
[207] Dazu und zum folgenden *Kopp*, BB 1998, 701, 702.
[208] Siehe hierzu oben *Schüppen*, Rz. 679 ff; ferner *Heider*, AG 1998, 1; *Kopp*, BB 1998, 701; *Schröer*, ZIP 1997, 221; *Schürmann*, NJW 1998, 3162; *Ihrig/Streit*, NZG 1998, 201; *Seibert*, ZGR 1998, 1.

chen Umrechnungskurs kann der sich ergebende Euro-Betrag als bloße Berichtigung und Änderung der Fassung – bei entsprechender Ermächtigung des Aufsichtsrats durch diesen – zum Handelsregister angemeldet werden. Eine kleine Aktiengesellschaft die ihr Grundkapital in Stückaktien eingeteilt hat, muß also grundsätzlich keine Anpassungsmaßnahmen vornehmen. Soll das Grundkapital jedoch bereits vor dem 1. Januar 2002 auf Euro umgestellt werden, bedarf es eines Hauptversammlungsbeschlusses, für den gemäß § 4 Abs. 1 EGAktG die einfache Mehrheit ausreichend ist.

H. Wachstums- und Exitstrategien

Literatur: *Behr/Laschke,* Going Public: Ein Erfahrungsbericht, ZKW 1998, 561; *Blättchen,* Emissionsberatung beim Börsengang mittelständischer Unternehmen, DStR 1997, 1547; *Bröcker,* Die aktienrechtliche Nachgründung, ZIP 1999, 1029; *Golland,* Equity Mezzanine Capital, FinanzBetrieb 2000, 34; *Jäger,* Venture-Capital-Gesellschaften in Deutschland, NZG 1998, 833; *Jäger,* Thema Börse (3): Prüfung der Börsenreife, NZG 1998, 932; *Knott,* Nachgründung im Anschluß an Börsengänge, BB 1999, 806; *Pfeifer,* Venture Capital als Finanzierungs- und Beteiligungsinstrument, BB 1999, 1665; *Potthoff/Stuhlfauth,* Der Neue Markt: Ein Handelssegment für innovative und wachstumsorientierte Unternehmen – Kapitalmarktrechtliche Überlegungen und Darstellung des Regelwerkes, WM 1997, Beilage Nr. 3; *Rudolph/Fischer,* Der Markt für Private Equity, FinanzBetrieb 2000, 49; *Ziegenhain/Helms,* Der rechtliche Rahmen für das Going Public mittelständischer Unternehmen, WM 1998, 1417.

Übersicht

I.	Vorbemerkung	927	2. Folgen	957
II.	Wachstumsstrategien	930	a) Positive Folgen	958
1.	Wachstums- und Finanzierungsphasen	931	b) Negative Folgen	959
			3. Börsentauglichkeit/Börsenreife	960
2.	Finanzinvestoren	933	4. Börsensegmente und Zulassungsvoraussetzungen	964
3.	Rechtliche Beteiligungs- und Finanzierungsgestaltungen	939	a) Amtlicher Handel	967
	a) Überblick	939	b) Geregelter Markt	970
	b) Stille Beteiligung	941	c) Neuer Markt	972
	c) Direktbeteiligung	943	d) SMAX	979
	d) Gesellschafterdarlehen	945	e) Freiverkehr	982
	e) Rechte des Kapitalgebers/Beteiligungsvertrag	948	5. Auswahl der Berater	983
III.	Der Börsengang	954	6. Inhalt/Ablauf der Vorbereitungsmaßnahmen für den Börsengang	986
1.	Motive, Gründe	954		

I. Vorbemerkung

Mit Einführung der Vorschriften zur kleinen AG im Jahre 1994 verfolgte der Gesetzgeber den Zweck, die bisher im wesentlichen den großen Publikumsaktiengesellschaften vorbehaltene Rechtsform der AG für die mittelständischen und Familienunternehmen, aber auch für Firmengründer attraktiver zu machen. Durch zusätzliche formale Erleichterungen und Gestaltungsspielräume sollte den mit den Rechtsformen der GmbH und der Personengesellschaften vertrauten Unternehmern die kleine AG als echte Alternative und Grundlage für einen späteren Börsengang zur Verfügung gestellt werden.[1]

927

---

1) Zur Gesetzgebungshistorie und zum wirtschaftlichen Hintergrund des Gesetzes vgl. oben *Seibert,* Rz. 1 ff, 7 ff.

928 Die Aktiengesellschaft (einschließlich KGaA) ist die einzige Gesellschaftsform, die zum Eigenkapitalmarkt „Börse" zugelassen ist. Zwar wird die kleine AG wegen ihrer Ausrichtung auf einige wenige Aktionäre auch als „börsen-" oder „kapitalmarktferne" AG bezeichnet. Entgegen dieser terminologischen Abgrenzung zur börsennotierten Publikums-AG hat aber gerade die Entwicklung in den letzten fünf Jahren gezeigt, daß die Beliebtheit der kleinen AG wegen der kurz- oder mittelfristigen Aussicht auf einen Börsengang erheblich zugenommen hat. Zwar ist dafür grundsätzlich die erheblich erhöhte Akzeptanz der Aktie und der Kapitalmärkte und dabei insbesondere der Erfolg des börslichen Handelssegmentes „Neuer Markt" verantwortlich. Es hat sich jedoch gezeigt, daß angestammte Familienunternehmen genauso wie junge, innovative und schnell wachsende Technologieunternehmen sowie schließlich auch institutionelle Finanzinvestoren von der kleinen AG als handhabbare Rechtsform und als Instrument zur Erlangung der Börsenreife („Einstieg in den Ausstieg") vermehrt Gebrauch machen. Dies verdeutlicht die nachstehende Übersicht,[2] aus der sich aber auch ergibt, daß die überwiegende Zahl der AG/KGaA bei erheblichen Steigerungsraten in den letzten Jahren bisher nicht börsennotiert ist:

Jahr	Zahl der AG/KGaA	börsennotierte AG[*]
1960	2 627	628
1965	2 541	627
1970	2 305	550
1975	2 188	471
1980	2 147	459
1985	2 148	451
1990	2 685	501
1995	3 780[**]	678
1996	4 043	681
1997	4 548	700
1998	5 468	741
1999	7 375	933
bis Juni 2000	8 809	1 016

*) Stamm- und Namensaktien, Amtlicher Handel, Geregelter Markt, Neuer Markt.
**) Ab 1994 gesamtes Bundesgebiet, dadurch Zunahme um 307 Gesellschaften.

---

2) Quelle: Deutsche Börse, Monthly Statistics, July 2000.

II. Wachstumsstrategien

In der heutigen Praxis ist folgender historischer Finanzierungsweg zunehmend **929**
häufiger zu beobachten:

Gründungskapital → Beteiligungsfinanzierung → Börsengang.

Wachstumsstarke Unternehmen mit hohem Investitionsbedarf und kurzfristigen Erfolgszielen finanzieren sich immer mehr zunächst mit Hilfe von Beteiligungs- oder Venture-Capital-Gesellschaften. Diese stellen strukturierte Eigenkapital- und Fremdfinanzierungen häufig als vorbörslichen Wachstumsschritt – manchmal aber auch anstatt einer Eigenkapitalfinanzierung über die Börse – zur Verfügung. Die kleine AG bietet auch bei dieser Art der Wachstumsfinanzierung Vorteile sowohl für die Altgesellschafter und das Management als auch für den institutionellen Finanzinvestor. Nachfolgend werden zunächst die Möglichkeiten der Anschub- oder Wachstumsfinanzierung dargestellt (II); anschließend werden die Gründe, Voraussetzungen und Inhalte des Börsengangs näher erläutert (III).

II. Wachstumsstrategien

Für das Wachstum kleinerer und mittlerer Unternehmen wird regelmäßig die **930**
externe Zuführung von Kapital notwendig. Die herkömmliche Kreditfinanzierung über die Hausbank wird dabei zunehmend durch strukturierte Eigenkapital- und Fremdfinanzierungen von institutionellen Finanzinvestoren abgelöst, jedenfalls aber ergänzt.

1. Wachstums- und Finanzierungsphasen

Folgende Phasen in der Entwicklung eines Unternehmens können für die Ka- **931**
pitalbereitstellung unterschieden werden:[3]

- **Seed-Finanzierung:** Umsetzung einer innovativen Idee in verwertbare Resultate (bis hin zum Prototyp), auf deren Basis ein Geschäftskonzept erstellt wird;

- **Start-up-Finanzierung:** Gründungsphase, in der sich das Unternehmen im Aufbau befindet oder erst seit kurzem im Geschäft ist und seine Produkte noch nicht oder nicht in größerem Umfang vermarktet;

- **Early-Stage-Finanzierung:** Das Unternehmen hat die Produktentwicklung abgeschlossen, aber noch keine erheblichen Umsatzerlöse erzielt;

---

[3] Vgl. dazu auch *Rudolph/Fischer,* FinanzBetrieb 2000, 49, 50; *Rödl/Zinser,* S. 108 Fußn. 28; *Leopold/Frommann,* S. 15 ff.

H. Wachstums- und Exitstrategien

- **Expansionsfinanzierung**: Das Unternehmen benötigt Finanzmittel zur Erweiterung von Produktionskapazitäten, erhöhten Produktdiversifikationen oder für die Erschließung neuer Märkte;

- **Replacement-Finanzierung**: Übernahme von Anteilen von Altgesellschaftern, z. B. in Familienunternehmen, die ihre Beteiligung mangels Nachfolger in Liquidität verwandeln wollen. Beteiligt sich das vorhandene Management neben einer Kapitalbeteiligungsgesellschaft an der Unternehmensübernahme, spricht man von einem Management-Buy-out (MBO), bei Beteiligung eines externen Managements von einem Management-Buy-in (MBI);

- **Mezzanine-Finanzierung**: Strukturierte Eigenkapital- und Fremdkapitalzuführung als entscheidender mittelfristiger Wachstumsschritt vor einem Börsengang (etwa einem Jahr vor Notierungsaufnahme);

- **Bridge-Finanzierung**: Verbesserung der Eigenkapitalquote zur kurzfristigen Vorbereitung des Börsengangs;

- **Turn-around-Finanzierungen**: Finanzierung von Unternehmen, die sich nach Überwindung wirtschaftlicher Schwierigkeiten wieder aufwärts entwickeln sollen.

932 Von dem Zeitpunkt der Finanzierung hängt nicht nur die Art und vertragliche Gestaltung der Finanzierungsabreden ab, sondern auch der Typ des potentiellen Finanzinvestors.

2. Finanzinvestoren

933 Grundsätzlich werden drei Gruppen von Finanzinvestoren unterschieden, die dem Wachstumsunternehmen Finanzierungskonzepte zur Verfügung stellen und es entweder bis zum Börsengang oder bis zum freihändigen Verkauf der nicht notierten Aktien an einen interessierten Käufer (sogenannter *trade sale*) begleiten.

934 In der Frühphase stellen häufig wohlhabende Privatpersonen als sogenannte Gründerpaten (*business angels*) Startkapital zur Verfügung und unterstützen das meist junge Management mit ihrem Know-how. Diese Gründerpaten schließen zumeist die Kapitallücke zwischen der Verfügbarkeit von internem Eigenkapital und der Zuführung von sogenanntem Private Equity[4] durch spezialisierte Finanzintermediäre, nämlich den Venture-Capital- oder Beteiligungsgesellschaften.

---

4) *Rudolph/Fischer*, FinanzBetrieb 2000, 49, 54.

II. Wachstumsstrategien

Venture Capital (nicht ganz zutreffend mit „Wagniskapital" übersetzt) kommt regelmäßig in den frühen Wachstumsphasen sowie zur Vorbereitung eines Börsenganges in den sogenannten TIMES-Branchen (Telekommunikation, Informationstechnologie, Multi-Media, Entertainment, Service) sowie im Internetbereich, der Biotechnologie, High-Tech-, Software- und Umwelttechnologie zum Einsatz. Venture-Capital-Gesellschaften bieten dem Unternehmen neben der reinen Kapitalausstattung auch eine aktive unternehmerische Betreuung an, mit deren Hilfe die bei der Geschäftsführung nicht selten vorhandenen Defizite an professionellem Know-how im Management- und Marketingbereich kompensiert werden können.[5] 935

Daneben stehen die klassischen Beteiligungsgesellschaften bereit, die ihr Engagement ursprünglich auf den Erwerb von Minderheitsbeteiligungen an vorwiegend mittelständischen Unternehmen konzentrierten, die 936

– bereits über eine gewisse Ertragskraft verfügten,

– ein aussichtsreiches Entwicklungspotential boten und

– mit einem qualifizierten und hochmotivierten Management ausgestattet waren.

Das vorrangige Ziel geht hier nicht – wie bei den *business angels* und den Venture-Capital-Gesellschaften – auf ein möglichst kurzfristiges Desinvestment im Wege des Exits über die Börse oder im Wege des *trade sale*, sondern vorrangig auf laufende Erträge aus der eingegangenen Beteiligung. 937

Mit dem dynamischen Anstieg des Beteiligungsmarktes in der Bundesrepublik in den letzten beiden Jahren haben sich die Geschäftsbereiche von Venture-Capital- und Kapitalbeteiligungsgesellschaften zunehmend überschnitten. Die Wachstumsfinanzierung steht dabei – wenn auch mit abnehmender Tendenz – nach wie vor im Vordergrund.[6] 938

3. Rechtliche Beteiligungs- und Finanzierungsgestaltungen

a) Überblick

In aller Regel kommt die kleine AG als Zielobjekt für Private-Equity-Finanzierungen im Zusammenhang mit einem kurz- oder mittelfristig angestrebten 939

---

[5] *Jäger*, NZG 1998, 833, 837; *Pfeifer*, BB 1999, 1665 ff.
[6] *Rudolph/Fischer*, FinanzBetrieb 2000, 49, 50, definieren „Private Equity" als eine Finanzierungsart, bei welcher nicht börsennotierten Unternehmen in einer entscheidenden Phase ihrer Entwicklung mittel- oder langfristig Eigenkapital und – bei Bedarf – Managementunterstützung zur Verfügung gestellt wird. Zur Realisierung eines dem Risiko entsprechenden Gewinns besteht von vornherein die Absicht, die Beteiligung wieder zu veräußern.

Börsengang in Betracht. Nachdem mit den formalen Erleichterungen bei der kleinen AG in der Praxis zunehmend sicherer umgegangen wird und sich die Exit-Aussichten durch die erfolgreichen Handelssegmente des Neuen Marktes und des SMAX erheblich verbessert haben, bieten sich auch mittelständische, nicht auf einen unmittelbaren Börsengang ausgerichtete AGs für derartige strukturierte Wachstumsfinanzierungen durch Beteiligungsgesellschaften an. Entscheidend ist deren rechtliche Ausgestaltung, um einerseits den Unternehmern, d. h. den Altaktionären und Managern, hinreichenden Handlungs- und Entwicklungsspielraum zu belassen und andererseits dem Kapitalgeber die notwendigen Kontroll- und Sicherungsrechte sowie Exit-Möglichkeiten einzuräumen. Hierzu stehen als Regulierungsinstrumente, die Satzung, die Geschäftsordnungen für Vorstand und Aufsichtsrat, die Darlehens- oder stillen Gesellschaftsverträge sowie der Beteiligungsvertrag zwischen Kapitalgeber und Beteiligungsunternehmen unter Einschluß der Altaktionäre zur Verfügung.

940 Im Bereich der Private-Equity- und Venture-Capital-Gesellschaften spielt die klassische isolierte Kreditfinanzierung keine wesentliche Rolle. Diese nach wie vor vorherrschende Form der Außenfinanzierung nicht börsennotierter mittelständischer Unternehmen findet sich bei Wachstumsunternehmen lediglich zumeist in der Form sogenannter langfristiger Innovationskredite vor dem Hintergrund öffentlich-rechtlicher Anreize (z. B. Ausfallbürgschaften einer öffentlich rechtlichen Körperschaft oder günstige [Re-]Finanzierungsabreden mit der Kreditanstalt für Wiederaufbau).[7]

b) Stille Beteiligung

941 Als konventionelle Finanzierungsinstrumente sind demgegenüber die typische und atypische stille Beteiligung i. S. d. §§ 230 ff HGB nach wie vor praktisch relevant. Im Rahmen einer stillen Beteiligung beteiligt sich der Kapitalgeber an dem Handelsgewerbe des Zielunternehmens als Gesellschafter, ohne jedoch im Außenverhältnis in Erscheinung zu treten (sogenannte Innengesellschaft). Der **typisch** stille Gesellschafter ist dabei ausschließlich am Gewinn, und gegebenenfalls auch am Verlust, des Handelsgewerbes beteiligt. Einwirkungs- und Kontrollrechte stehen ihm ebensowenig zu, wie eine Beteiligung an den stillen Reserven und dem Firmenwert des Zielunternehmens. Da Beteiligungsunternehmen im Rahmen der Begründung ihres Engagements in der Regel großen Wert auf die Begründung von Einwirkungs- und Kontrollrechten legen, wird die stille Gesellschaft häufig in der Form einer atypisch stillen Gesell-

---

7) *Pfeifer*, BB 1999, 1665, 1667.

schaft begründet. Der **atypisch** stille Gesellschafter hat diese Einwirkungs- und Kontrollrechte und ist darüber hinaus auch an den stillen Reserven des Zielunternehmens beteiligt. Die Einordnung als atypisch stille Gesellschaft hat dabei steuerliche Konsequenzen. Aufgrund der Beteiligung an den stillen Reserven und den eingeräumten Einwirkungs- und Kontrollrechten ist die atypisch stille Beteiligung als steuerrechtliche Mitunternehmerschaft einzuordnen, mit der Folge, daß die anteilige Gewerbesteuer des Unternehmens zu tragen ist. Vor diesem Hintergrund enthält jede stille Beteiligung ein spezifisches steuerrechtliches Risiko, da nicht mit vollständiger Sicherheit vorausgesagt werden kann, wie die Finanzverwaltung den konkreten Beteiligungsvertrag aufgrund der dort enthaltenen Regelungen zu den Einwirkungs- und Kontrollrechten sowie den Gewinnbezugsrechten (gegebenenfalls einschließlich Beteiligung an den stillen Reserven) einstuft.

Praktisch relevant ist der Umstand, daß jede stille Beteiligung an einer Aktiengesellschaft einen Teilgewinnabführungsvertrag i. S. d. § 292 Abs. 1 Nr. 2 AktG darstellt. Dies hat zur Folge, daß der stille Beteiligungsvertrag der Zustimmung der Hauptversammlung des Zielunternehmens bedarf und bei der Zielgesellschaft in das Handelsregister einzutragen ist. Erst mit dieser Eintragung in das Handelsregister wird er wirksam. Zwar ist er zuvor vom Vorstand des Zielunternehmens und von einem gerichtlich zu bestellenden Vertragsprüfer zu prüfen; diese Vertragsprüfung durch den Vorstand und den gerichtlich bestellten Prüfer ist jedoch verzichtbar. Für einen wirksamen Verzicht werden die notariell zu beglaubigenden Erklärungen aller Aktionäre der Zielgesellschaft benötigt. **942**

c) Direktbeteiligung

In aller Regel wird eine Wachstumsfinanzierung zumindest auch eine echte Kapitalbeteiligung an der AG umfassen. Diese wird dem Kapitalgeber durch eine Kapitalerhöhung eingeräumt, die zum Nominalwert gezeichnet wird und mit einem – zum Teil je nach verhandeltem Unternehmenswert ganz erheblichen – Agio versehen ist, welches in die Rücklage der Gesellschaft eingezahlt wird. Der Gesellschaft fließen damit freie Mittel zu. Daneben besteht der Vorteil, daß das Grundkapital der Gesellschaft erhöht wird, was gerade bei der kleinen AG im Hinblick auf die immer wieder anzutreffende Nachgründungsproblematik gemäß § 52 AktG durchaus vorteilhaft ist. Gemäß § 52 AktG bedarf jeder Vertrag der Gesellschaft, mit dem diese innerhalb der ersten zwei Jahre nach ihrer Eintragung in das Handelsregister Vermögensgegenstände gegen eine Vergütung erwirbt, die 10 % des Grundkapitals der Gesellschaft übersteigt, der Zustimmung der Hauptversammlung der Gesellschaft und der **943**

Eintragung in das Handelsregister. Erst mit der Handelsregistereintragung wird der Vertrag wirksam. Die eng auszulegende Ausnahmevorschrift des § 52 Abs. 9 AktG greift dabei regelmäßig nicht ein, da der Unternehmensgegenstand der Gesellschaft in der Regel nicht der Erwerb von Vermögensgegenständen ist. Zu beachten ist, daß die Zweijahresfrist im Falle der formwechselnden Umwandlung – z. B. von der Rechtsform der GmbH in die der Aktiengesellschaft – erst mit Eintragung des Formwechsels in das Handelsregister zu laufen beginnt (§ 220 Abs. 3 Satz 2, § 202 Abs. 1 AktG).

944 Mit der Nachgründungsproblematik müssen sich praktisch alle schnellwachsenden (kleinen) Aktiengesellschaften auseinandersetzen, da die Investitionen häufig Verträge der Gesellschaft erfordern, deren Volumen 10 % des meist noch geringen Grundkapitals der Gesellschaft übersteigt. Dies betrifft gerade schnellwachsende Unternehmen, die ihre Rechtsform zur Vorbereitung eines Börsenganges in die einer Aktiengesellschaft verwandelt haben.[8] Der Gesetzgeber hat diese für die Praxis aufgrund von § 52 AktG mißliche Situation erkannt. Nach dem Regierungsentwurf eines Namensaktiengesetzes soll die Anwendung von § 52 Abs. 1 Satz 1 AktG auf Verträge der Gesellschaft beschränkt werden, die sie mit Gründern oder mit mehr als zehn vom Hundert des Grundkapitals an der Gesellschaft beteiligten Aktionären schließt.[9] Sollte diese Gesetzesänderung in Kraft treten, was – nach derzeitigem Sachstand – zu Beginn des Jahres 2001 mit einer Rückwirkungsregelung hinsichtlich des § 52 AktG zum 1. Januar 2000 geschehen soll (vgl. Art. 7 RegE NaStraG), wird der Nachgründungsproblematik erheblich die Schärfe genommen.

d) Gesellschafterdarlehen

945 Mit der Eigenkapitalfinanzierung wird zumeist eine Darlehensfinanzierung in Form eines Gesellschafterdarlehens verbunden, wobei das Darlehen im Falle des Börsenganges oder eines vollständigen Verkaufs sofort zur Rückzahlung fällig ist.

946 Diese innovative Finanzierungsform, die zahlreiche verschiedene Ausgestaltungen kennt, wird in der Praxis als *„Equity Mezzanine Capital"* bezeichnet. Mezzanine Capital zeichnet sich dadurch aus, daß es aus einer Eigenkapital- und einer Fremdkapitalkomponente besteht und die Lücke zwischen der herkömmlichen Eigenkapital- und der klassischen Fremdfinanzierung fließend schließt. Die Fremdkapitalkomponente kann durch nachrangige Darlehen, Ge-

---

8) *Bröcker*, ZIP 1999, 1029, 1030; *Knott*, BB 1999, 806, 807.
9) Vgl. Begründung zum RegE NaStraG, abgedruckt in: ZIP 2000, 937, 939.

II. Wachstumsstrategien

sellschafterdarlehen, unbesicherte Darlehen oder als typisch stille Beteiligung, jeweils mit fester und variabler (performanceabhängiger) Zinsstruktur, ausgestaltet werden. Die Kapitalbeteiligung wird entweder durch gattungsgleiche Inhaberstamm- oder Namensaktien oder aber durch bevorrechtigte Aktien (sogenannte *preference shares*) vermittelt. Diese mit Stimmrecht versehene Sondergattung – nicht zu verwechseln mit Vorzugsaktien i. S. v. §§ 139 ff AktG – gibt besondere Rechte auf Ausschüttung von Verkaufs- oder Liquidationserlöse, aber auch bestimmte Mitverkaufs-, Vorkaufs- oder Zuteilungsrechte im Falle von Aktienveräußerungen oder -plazierungen, die regelmäßig in der Aktionärs- oder Beteiligungsvereinbarung schuldrechtlich verankert werden. Vor dem Börsengang werden diese *preference shares* regelmäßig in Stammaktien (*common shares*) umgewandelt.

Der Vorteil einer derartigen Equity-Mezzanine-Finanzierung liegt für die Gründer und Altaktionäre insbesondere darin, daß der Anteil der reinen Eigenkapitalfinanzierung und damit der Verwässerungseffekt bei den Altaktionären erheblich reduziert wird, ohne daß die AG auf das benötigte Kapital verzichten muß.[10] **947**

e) Rechte des Kapitalgebers/Beteiligungsvertrag

Mit jeder der geschilderten externen Finanzierungsformen sind für den Kapitalgeber Informations-, Kontroll- und Mitwirkungsrechte sowie für den Kapitalempfänger Verpflichtungserklärungen (sogenannte Covenants) verbunden. Da der Vorstand einer AG im Gegensatz zur Geschäftsführung einer GmbH nicht den Weisungen der Hauptversammlungen unterworfen ist, werden derartige Informations- und Kontrollrechte regelmäßig durch Zustimmungsrechte des Aufsichtsrats sichergestellt, die in der Geschäftsordnung für den Vorstand, teilweise auch in der Satzung verankert werden. Der Zustimmung bedürfen im wesentlichen Entscheidungen, die für die Unternehmensentwicklung erheblich sind, wie z. B. **948**

– Erwerb von Grundstücken,

– Erwerb und Veräußerung von Unternehmen, Unternehmensteilen oder Beteiligungen,

– Vornahme nicht budgetierter Investitionen, die einen festzulegenden Vertragsrahmen übersteigen,

– Einleitung oder vergleichsweise Erledigung gerichtlicher Verfahren mit einem, eine festzulegende Obergrenze übersteigenden Streitwert,

---

10) Zu diesem Thema: *Golland*, FinanzBetrieb 2000, 34 ff.

- Übernahme von Bürgschaften und/oder Garantien,
- Gewährung von Darlehen an Dritte, die einen festzulegenden Vertragsrahmen übersteigen,
- Kreditaufnahmen, die einen festzulegenden Vertragsrahmen übersteigen,
- Abschluß/Änderung/Aufhebung von wesentlichen Dauerschuldverhältnissen etc.

949 Zu den **Legal Covenants**, die sich insbesondere in der Aktionärs- oder Beteiligungsvereinbarung wiederfinden, gehören vor allem:
- zumindest ein Aufsichtsratsmandat für den Kapitalgeber,
- eine Negativerklärung, daß keine weiteren Sicherheiten für Dritte bestellt wurden und werden,
- kein Aufbau weiterer substantieller neuer Kreditverbindlichkeiten,
- keine Veräußerung wesentlicher Aktiva ohne Zustimmung des Kapitalgebers
- keine außergewöhnlichen Dividendenausschüttungen,
- Informations-, Mitwirkungs-, Kontroll- und Kündigungsrechte bei bestimmten betrieblichen Ereignissen,
- bestimmte Bilanzrelationen, insbesondere Eigenkapitalquoten,
- Veränderungen in den Bilanzpositionen,
- Free-cash-flow-Entwicklungen,
- Ergebniskennzahlen[11].

950 Das Beteiligungsverhältnis wird (schuldrechtlich) zumeist in dem Beteiligungsvertrag geregelt, teilweise auch Gesellschafter- oder Aktionärsvereinbarung genannt. Der Beteiligungsvertrag regelt dabei insbesondere die folgenden Bereiche:
- Umfang der Beteiligung,
- Art und Weise der Zurverfügungstellung des Beteiligungsbetrages,
- Zusicherung und Garantien als Grundlage der Beteiligung,
- Umfang der Einwirkungs- und Kontrollrechte,

---

11) *Golland*, Finanzbetrieb 2000, 34, 38.

II. Wachstumsstrategien

- Umfang der Informationsrechte,
- Festlegung von Rückkaufs-/Vorkaufsrechten und/oder Anbietungsverpflichtungen.

Auf der Grundlage des Beteiligungsvertrages werden dann die erforderlichen Handlungen vorgenommen und Beschlüsse gefaßt, die notwendig sind, um den Investor in der vorgesehenen Art und Weise in die Zielgesellschaft zu integrieren, z. B. Anpassung der Satzung, Hauptversammlungsbeschlüsse, insbesondere im Hinblick auf Kapitalmaßnahmen, Umstellungen oder Einrichtungen der Geschäftsordnungen von Vorstand und Aufsichtsrat sowie der Anpassung bestehender Verträge oder sonstiger wichtiger Neben- und Zusatzvereinbarungen. 951

Die Erfahrung lehrt, daß die Beteiligungsgesellschaften gerade im Venture-Capital-Bereich nur schwer von ihren vorbereiteten Beteiligungs- und Kontrollmechanismen abzubringen sind. Die Sicherung des Altaktionärs oder des Familieneinflusses sollte daher über eine gute Finanzierungsstruktur und die dabei verbleibende Kapital- und Stimmenmehrheit gesucht werden. 952

Ein Vorteil der kleinen AG als Beteiligungsobjekt besteht ferner in der Möglichkeit, schon frühzeitig **Mitarbeiterbeteiligungsmodelle** einzurichten. Dies wird regelmäßig im Zusammenhang und mit Beratung der Beteiligungsgesellschaft stattfinden können. Mitarbeiterbeteiligungsmodelle können einerseits in Form von Wandelschuldverschreibungen und andererseits durch sogenannte Aktienoptionsprogramme gestaltet werden (vgl. §§ 192, 193 AktG). Sie haben sich heutzutage deshalb durchgesetzt, weil damit die Motivation der vorhandenen Führungskräfte und Mitarbeiter, deren Verbleib im Unternehmen und die Akquisition weiterer Führungskräfte durch finanzielle, am Erfolg des Unternehmens orientierte Anreize abgesichert werden können. Derartige Programme setzen jedoch die Fungibilität der Anteile voraus und stellen daher vor dem Hintergrund aufnahmefähiger und sich entwickelnder Kapitalmärkte einen deutlichen Vorteil der Aktiengesellschaft gegenüber der GmbH und den Personengesellschaften dar. Zur Einführung eines Aktienoptionsprogrammes ist ein Beschluß der Hauptversammlung erforderlich, in dem neben dem Kreis der Bezugsberechtigten auch die Aufteilung der Bezugsrechte auf Mitglieder des Vorstandes und Arbeitnehmer, die Erfolgsziele, die Erwerbs- und Ausübungszeiträume und die Wartezeit für die erstmalige Ausübung (mindestens zwei Jahre) festzulegen sind (vgl. § 193 Abs. 2 Nr. 4 AktG). 953

III. Der Börsengang

1. Motive, Gründe

954 Die Gründe, aus denen sich ein Unternehmen für den Gang an die Börse – auch Initial Public Offering (IPO) genannt – entscheidet, sind vielfältig.[12] Untersuchungen haben gezeigt, daß die Motive jedoch in der überwiegenden Zahl der Fälle nahezu identisch sind. So lassen sich die wesentlichen Motive wie folgt darstellen:

– Finanzierung zukünftiger Investitionen,

– finanzielle Absicherung des Unternehmenswachstums und der Wettbewerbsposition,

– Wahrung des unternehmerischen Spielraums durch erleichterte Möglichkeiten der Kapitalaufnahme,

– Unabhängigkeit des Unternehmens von der Finanzkraft des/der Inhaber,

– Schaffung einer Eigenkapitalausstattung, die dem Unternehmen durch die Eigentümer nicht mehr entzogen werden kann,

– Senkung der Kapitalkosten, u. a. durch Rückführung von Fremdkapital und kostenfreie Vereinnahmung von Agio.

955 Diese Motive verdeutlichen, daß der Gang an die Börse in erster Linie dazu dient, dem Unternehmen Kapital zur Verfügung zu stellen, welches dieses für seine zukünftige Entwicklung benötigt. Daneben wird die Kapitalstruktur des Unternehmens insgesamt verbessert, das Unternehmensrisiko auf eine Mehrzahl von Kapitalgebern verlagert und damit das Unternehmen gegen die Marktschwankungen abgesichert.

956 Daneben gibt es aber auch **eigentumsbezogene** Motive für den Börsengang, so insbesondere:

– Lösung von möglichen Nachfolgeproblemen in Familienunternehmen,

– Neustrukturierung des Gesellschafterkreises und

– Erhöhung des Bekanntheitsgrades des Unternehmens.

---

12) Vgl. *Blättchen*, DStR 1997, 1547, 1548; *Schürmann/Körfgen*, S. 92; *Ziegenhain/Helms*, WM 1998, 1417 ff.

2. Folgen

Für die Mehrzahl der Unternehmen, die in den vergangenen fünf Jahren den Gang an die Börse vollzogen haben, war dies mit erheblichen Folgen verbunden. Dabei haben Untersuchungen belegt, daß aus der Sicht der Unternehmer die positiven Folgen weitaus überwogen haben.[13] Das heißt, die Erwartungshaltung, die mit dem Börsengang verknüpft war, wurde regelmäßig befriedigt.

957

a) Positive Folgen

Durch den Börsengang wird dem Unternehmen in erheblichem Umfang Eigenkapital zugeführt, welches den Kapitalbedarf für das zukünftige Wachstum der Gesellschaft abdeckt. Das neue Kapital sichert die Entwicklung des Unternehmens und dessen Position im Wettbewerb. Darüber hinaus werden die Kapitalkosten für das Unternehmen erheblich gesenkt. Der Börsengang ist daneben mit einer ganzen Reihe von positiven Nebeneffekten verbunden, wobei sich insbesondere die folgenden Aspekte hervorheben lassen:[14]

958

– Steigerung des Bekanntheitsgrades und damit verbunden Imagezuwachs und höheres Ansehen bei Kunden,

– verbesserter Marktauftritt verbunden mit einer erhöhten Nachfrage nach Produkten und einer Erhöhung der Zahl von Akquisitionsangeboten,

– verbesserte Ansprache aus dem Arbeitsmarkt und damit Vorteile bei der Akquisition von Mitarbeitern und Führungskräften (auch durch Aktienoptionsprogramme),

– Steigerung der Motivation bei den Arbeitnehmern (auch durch Mitarbeiterbeteiligungsmodelle) sowie

– Steigerung der Solidität gegenüber Banken.

b) Negative Folgen

Mit dem Gang an die Börse sind freilich auch negative Effekte verbunden. Zwar fallen diese im Verhältnis zu den positiven Auswirkungen des IPO nahezu kaum ins Gewicht, sollten jedoch aus Gründen der Objektivität hier nicht unberücksichtigt bleiben. Zum einen ist der nicht zu unterschätzende finanzielle Aufwand zu nennen, der – ausgelöst durch Bankenprovisionen und Be-

959

---

13) *Behr/Laschke*, ZKW 1998, 561, 562.
14) Vgl. *Behr/Laschke*, ZKW 1998, 561, 562; *Schanz*, § 2 Rz. 3.

raterkosten – in unmittelbarem Zusammenhang mit dem Börsengang steht. Dabei ist zu beachten, daß nach einer Verfügung der OFD München vom 25. Mai 2000[15] für den Emittenten der Vorsteuerabzug aus den mit dem Börsengang entstehenden Kosten ausscheidet. Zum anderen ergeben sich eine Reihe von negativen Folgen, die sich in der Folgezeit nach dem Börsengang fortlaufend auswirken. Hier sind insbesondere hervorzuheben:

- erhöhter Zeitaufwand bei der Erstellung und Veröffentlichung der Kennzahlen und sonstiger Mitteilungen des Unternehmens (Zulassungsfolgepflichten),

- erhöhter Zeitaufwand bei der Vorbereitung und Durchführung von Hauptversammlungen,

- geringere Flexibilität bei wesentlichen unternehmerischen Entscheidungen, die der Zustimmung der Hauptversammlung bedürfen (u. a. Kapitalmaßnahmen, Strukturveränderungen von wesentlicher Bedeutung),

- zusätzliche Kapazitätsbindung auf der Vorstandsebene durch erhöhten Verwaltungsaufwand und

- Kritik der Kleinaktionäre und deren Vertreter bei schwacher Kursentwicklung.

3. Börsentauglichkeit/Börsenreife

960 Der Gang an die Börse kommt für ein Unternehmen nur dann in Betracht, wenn es die Anforderungen erfüllt, die an einen Emissionskandidaten gestellt werden. Diese Anforderungen lassen sich in subjektive und objektive Kriterien unterteilen.[16] Objektive Kriterien sind dabei die Rechtsform (Aktiengesellschaft oder Kommanditgesellschaft auf Aktien) und die unterschiedlichen Mindestvoraussetzungen für die Börsenzulassung, die entsprechend dem ausgewählten Börsensegment verschieden sind (unten Rz. 964 ff). Die zu erfüllende subjektive Voraussetzung ist die der sogenannten Börsenreife.

961 Ein Unternehmen ist dann börsenreif, wenn nach Ansicht einer Emissionsbank die Aktien der Gesellschaft auch tatsächlich emittiert, d. h. plaziert werden können, die nach ihrer Börsenzulassung gehandelt werden sollen. Die den Börsengang abwickelnde Emissionsbank macht ihre Entscheidung darüber, ob sie mit einem Unternehmen den Gang an die Börse unternimmt, von dem vermuteten Nachfrageverhalten der Anleger abhängig. Dabei ermittelt die Emis-

---

15) OFD München, Verfügung vom 25. 5. 2000 – S 7304 – 7 St 431.
16) Vgl. *Jäger*, NZG 1998, 932, 933; *Koch/Wegmann*, S. 27.

sionsbank auf der Grundlage bestimmter Unternehmenskennziffern das potentielle Nachfrageverhalten am Kapitalmarkt. Die Unternehmenskennziffern, die von der Emissionsbank dabei herangezogen werden, können je nach Branchenzugehörigkeit stark differieren. Insbesondere kommen jedoch die folgenden Kriterien als Maßstab in Betracht:[17]

– bestimmte Unternehmensgröße, die aus der Höhe der Umsatzerlöse abgeleitet wird,
– ausreichende Ertragskraft,
– positive Wachstumsaussichten,
– Überproportionales Umsatzwachstum im Vergleich zu den Mitbewerbern,
– erfolgversprechende Wettbewerbsposition, insbesondere aufgrund des Innovationspotentials der Unternehmung,
– klare Unternehmensziele und damit überzeugende Unternehmensstrategie,
– hochqualifiziertes Management,
– leistungsfähige Führungs-, Planungs- und Controllingsysteme im Unternehmen,
– leistungsfähiges Rechnungswesen und Buchführung und
– ausgewogene Kunden-, Vertriebs- und Lieferantenstruktur ohne Abhängigkeiten.

Im Hinblick auf die Kriterien der Unternehmensgröße und Ertragskraft bietet sich der Emissionsbank dabei der breiteste Bewertungsspielraum. So hat die Vergangenheit gezeigt, daß eine Reihe von Unternehmen, die gegenwärtig über noch eine nur geringe Ertragskraft verfügen oder sogar noch Verluste produzieren, denen aber ein enormes Zukunftpotential vorhergesagt wird, erfolgreich den Börsengang an den Neuen Markt vollziehen können. **962**

Im Vorfeld eines Börsenganges obliegt es dem Unternehmen und den von ihm ausgewählten Beratern, zunächst die Bereiche zu identifizieren, die einer Börsenreife (noch) entgegenstehen und diese Defizite zu beseitigen. Ist dies geschehen und das Unternehmen börsenreif, ist eine wesentliche Hürde auf dem Weg an die Börse genommen.[18] **963**

---

[17] Vgl. *Jäger*, NZG 1998, 932, 933.
[18] In aktuellen Werbeanzeigen heben Unternehmen, die ihren Börsengang an den Neuen Markt ankündigen, mittlerweile bereits in der Vergangenheit erzielte Gewinne besonders hervor.

H. Wachstums- und Exitstrategien

4. Börsensegmente und Zulassungsvoraussetzungen

964 Parallel zur Herstellung der Börsenreife muß die Entscheidung fallen, an welchem Börsensegment ein IPO erfolgen soll; es müssen die notwendigen Maßnahmen getroffen werden, damit die Zulassungsvoraussetzungen des ausgewählten Segments erfüllt werden.

965 Die deutschen Wertpapierbörsen kennen drei Börsensegmente: (1) Den **Amtlichen Handel**, d. h. die Zulassung von Wertpapieren zum Börsenhandel mit amtlicher Notierung i. S. d. §§ 36 ff BörsG, (2) den **Geregelten Markt**, d. h. die Zulassung von Wertpapieren zum Börsenhandel mit nicht amtlicher Notierung i. S. d. §§ 71 ff BörsG, und (3) den **Freiverkehr**, d. h. den rein privatrechtlich organisierten Handel, der nicht in die öffentlich-rechtliche Organisation der jeweiligen Wertpapierbörsen integriert ist.

966 Daneben existieren an der Frankfurter Wertpapierbörse die Handelssegmente **Neuer Markt** und **SMAX**. Die Zulassung zum Neuen Markt setzt voraus, daß eine Zulassung der Aktien zum Geregelten Markt der Frankfurter Wertpapierbörse erfolgt ist (Abschn. 2 Nr. 2.3 Abs. 1 Regelwerk NM[19]). Die beiden Anträge (Zulassung der Aktien zum Geregelten Markt und Zulassung der Aktien zum Neuen Markt) werden in aller Regel in einem Dokument gestellt (Abschn. 2 Nr. 2.3 Abs. 2 Regelwerk NM). Die Zulassung zum SMAX setzt eine Zulassung der Aktien entweder zum Amtlichen Handel oder zum Geregelten Markt voraus (Nr. 2 Abs. 1 Satz 1 SMAX-TB[20]). Auch im Bereich des SMAX können die Zulassungsanträge miteinander verbunden werden (Nr. 2 Abs. 1 Satz 2 SMAX-TB).

a) Amtlicher Handel

967 Das etablierteste Börsensegment ist das des Amtlichen Handels. Hier werden Wertpapiere mit amtlicher Feststellung des Börsenpreises (amtliche Notierung) an der Börse gehandelt (§§ 36 ff BörsG). Der Wertpapierhandel mit amtlicher Feststellung des Börsenpreises erfordert eine Zulassung der zu handelnden Wertpapiere durch die Zulassungsstelle der betroffenen Börse. Das Zulassungsverfahren dient vor allem dazu, dem Publikum über die tatsächlichen Grundlagen der angebotenen Wertpapiere ein möglichst umfassendes und realistisches Bild zu vermitteln.[21]

---

19) Regelwerk Neuer Markt, Stand: 15. 9. 1999, abrufbar unter folgender Internet-Adresse: www.exchange.de/INTERNET/EXCHANGE<inside/fs_fwb_part1.htm>.
20) SMAX-TB, Stand: 1. 1. 2000, abrufbar unter folgender Internet-Adresse: www.exchange.de/INTERNET/EXCHANGE<inside/fs_fwb_part1.htm>
21) Vgl. *Kümpel*, Rz. 8.85.

III. Der Börsengang

Die Zulassung ist vom Emittenten der Aktien schriftlich bei der Zulassungsstelle zu beantragen (§ 36 Abs. 1 BörsG, § 48 BörsZulV). Die Zulassungsstelle hat die Aktien zuzulassen, wenn der Emittent und die Aktien den Bestimmungen entsprechen, die zum Schutz der Anleger für einen ordnungsgemäßen Börsenhandel erlassen worden sind, und keine Umstände bekannt sind, die bei Zulassung der Aktien zu einer Übervorteilung des Publikums oder einer Schädigung erheblicher allgemeiner Interessen führen würden (§ 36 Abs. 3 Nr. 1 und 3 BörsG).

968

Kernstück des Zulassungsverfahrens ist die Erstellung des **Börsenzulassungsprospektes**, der dem Antrag auf Zulassung beizufügen ist. Der vollständige und richtige Börsenzulassungsprospekt ist in den Börsenpflichtblättern zu veröffentlichen. Alternativ besteht die Möglichkeit der „Schalterpublizität", d. h. des Bereithaltens zur kostenlosen Ausgabe bei den im Prospekt benannten Zahlstellen und der gleichzeitigen Veröffentlichung einer sogenannten Hinweisbekanntmachung, daß der Börsenzulassungsprospekt bei diesen Zahlstellen bereitgehalten wird. Der Börsenzulassungsprospekt muß über die tatsächlichen und rechtlichen Verhältnisse, die für die Beurteilung der zuzulassenden Wertpapiere wesentlich sind, Auskunft geben und richtig und vollständig sein (§ 36 Abs. 3 Nr. 1 und 3 BörsG). Die zum Börsengesetz erlassene Zulassungsverordnung enthält dabei eine ganze Reihe detaillierter Vorgaben, welchen Inhalt der Börsenzulassungsprospekt haben muß. So sind insbesondere allgemeine Angaben über die Aktien, allgemeine Angaben über den Emittenten, dessen Kapital, dessen Geschäftstätigkeit, dessen Vermögens-, Finanz- und Ertragslage sowie dessen Rechnungslegung und Beteiligungsunternehmen zu machen. Neben der Erstellung und Veröffentlichung des Börsenzulassungsprospektes setzt die Zulassung eine Bestandsdauer des Emittenten von mindestens drei Jahren (§ 13 Abs. 1 Satz 1 BörsZulV), ein Plazierungsvolumen von Aktien mit mindestens 2,5 Mio. DM geschätztem Kurswert (§ 2 Abs. 1 BörsZulV) sowie eine ausreichende Streuung der Aktien voraus. Eine ausreichende Streuung liegt vor, wenn mindestens 25 % der Aktien beim Publikum plaziert sind; bei einer besonders großen Zahl von Aktien kann im Einzelfall ein geringerer Prozentsatz ausreichend sein (§ 9 Abs. 1 BörsZulV). Daneben sind weitere Zulassungsvoraussetzungen gesetzlich festgeschrieben, die in der Regel von dem Emittenten ohne weiteres erfüllt werden können und auf die deshalb hier nicht näher eingegangen werden soll (§§ 1–12 BörsZulV).

969

b) Geregelter Markt

Mit Schaffung dieses Börsensegmentes wollte der Gesetzgeber insbesondere auch mittelständischen Unternehmen, denen die Zulassung ihrer Aktien zum

970

H. Wachstums- und Exitstrategien

Amtlichen Handel aufgrund seiner strengen Zulassungsvoraussetzungen verwehrt bleibt, den Gang an die Börse ermöglichen.[22]

971 Im Gegensatz zum Amtlichen Handel bestehen Erleichterungen hinsichtlich des Plazierungsvolumens und der Streuung der Aktien. Die einzelnen Zulassungsvoraussetzungen richten sich dabei nach den Börsenordnungen der betreffenden Wertpapierbörse (§ 72 Abs. 2 BörsG). So bestimmt die Börsenordnung der Frankfurter Wertpapierbörse, daß für die erstmalige Zulassung von Aktien ein Nennbetrag von (nur) mindestens 250 000 EUR erforderlich ist; bei der Zulassung nennwertloser Stammaktien (Stückaktien), die nicht an einer anderen inländischen Börse amtlich notiert werden, ist eine Mindeststückzahl von 10 000 ausreichend (§ 58 BO FWB[23]). Kernstück des Zulassungsverfahrens zum Geregelten Markt ist die Erstellung des sogenannten **Unternehmensberichtes**. Dieser entspricht in seinem Wesen dem Börsenzulassungsprospekt im Rahmen des Zulassungsverfahrens zum Amtlichen Handel. Auch der Unternehmensbericht muß ein zutreffendes Bild über die tatsächlichen und rechtlichen Verhältnisse, die für die Beurteilung der zuzulassenden Wertpapiere wesentlich sind, nachzeichnen, d. h. richtig und vollständig sein (§ 2 VerkProspVO). Der Unternehmensbericht muß mindestens die Angaben enthalten, die von einem Verkaufsprospekt auf der Grundlage der Verkaufsprospektverordnung gefordert werden (§ 73 Abs. 1 Nr. 2 BörsG). Die Verkaufsprospektverordnung enthält wie auch die Börsenzulassungsverordnung detaillierte Vorgaben zum Inhalt des Prospektes. Die Regelungsdichte der Verkaufsprospektverordnung bleibt jedoch im Detail hinter der Börsenzulassungsverordnung zurück. Da der Verkaufsprospekt aufgrund der Generalklausel des § 2 VerkProspVO aber auch über die tatsächlichen und rechtlichen Verhältnisse, die für die Beurteilung der angebotenen Wertpapiere notwendig sind, vollständig und richtig Auskunft geben muß, unterscheiden sich der Unternehmensbericht und der Börsenzulassungsprospekt in der Praxis aber nicht wesentlich.

c) Neuer Markt

972 Der Neue Markt der Frankfurter Wertpapierbörse ist eine Handelsplattform, die sich von den im Börsengesetz geregelten Marktsegmenten vor allem durch höhere Transparenzanforderungen an den Emittenten und eine stärkere internationale Ausrichtung unterscheidet.[24] Das Börsengesetz und die Börsenzulas-

---

22) Vgl. *Rödl/Zinser*, S. 51 f.
23) Börsenordnung der Frankfurter Wertpapierbörse, Stand 16. 7. 1998, abgedruckt in: *Kümpel/Ott*, unter Nr. 438.
24) *Potthoff/Stuhlfauth*, WM 1997, Beilage 3, S. 4; *Behr/Laschke*, ZKW 1998, 561, 564.

sungsverordnung sowie die Börsenordnung der Frankfurter Wertpapierbörse waren unter diesen beiden Gesichtspunkten verbesserungswürdig. Es entstand das **Regelwerk Neuer Markt**, welches auf privatrechtlicher Basis zusätzliche Anforderungen festschreibt, um eine höhere Transparenz und Internationalisierung zu gewährleisten.[25] Der Neue Markt ist ein **Handelssegment** für Aktien primär kleinerer und mittlerer in- und ausländischer Gesellschaften, die in Wachstumsbranchen tätig sind. Emittenten sind insbesondere innovative Unternehmen, die neue Absatzmärkte erschließen, neue Verfahren, etwa in der Beschaffung, Produktion oder beim Absatz, verwenden oder neue Produkte und/oder Dienstleistungen anbieten und ein überdurchschnittliches Umsatz- und Gewinnwachstum erwarten lassen (Abschn. 1, Nr. 1 Regelwerk NM). Vor diesem Hintergrund kommen auch Unternehmen aus traditionellen Branchen als Emittenten am Neuen Markt in Betracht, die aufgrund ihrer besonderen Unternehmenssituation das geforderte überdurchschnittliche Umsatz- und Gewinnwachstum erwarten lassen.

Die Zulassung von Aktien zum Neuen Markt an der Frankfurter Wertpapierbörse durchläuft das Verfahren, welches für die Zulassung von Aktien zum Geregelten Markt gesetzlich festgeschrieben ist. Dies bedeutet, es ist ein **Unternehmensbericht** zu erstellen, der den gesetzlichen Anforderungen entspricht. Daneben enthält das Regelwerk Neuer Markt eine detaillierte Beschreibung des Prospektinhalts, die eng an die Vorgaben der Börsenzulassungsverordnung angeglichen ist.

973

Die Zulassung von Aktien zum Geregelten Markt an der Frankfurter Wertpapierbörse mit Aufnahme des Handels im Neuen Markt setzt im wesentlichen folgendes voraus:

974

– Antrag auf Zulassung, der vom Emittenten gemeinsam mit einem Kreditinstitut, einem Finanzdienstleistungsinstitut, einer inländischen Zweigstelle eines ausländischen Unternehmens, welches Bankgeschäfte betreibt oder Finanzdienstleistungen erbringt, oder einem Einlagenkreditinstitut/Wertpapierhandelsunternehmen mit Sitz in einem anderen Staat des europäischen Wirtschaftsraumes zu stellen ist (Abschn. 2 Nr. 2.2 Abs. 1 Regelwerk NM);

– Nachweis von mindestens zwei *designated sponsors* (unten Rz. 978), die ihre Aufgabe für mindestens ein Jahr warnehmen (Abschn. 2 Nr. 2.2 Abs. 1, Abschn. 3 Nr. 4 Abs. 1 Regelwerk NM;

---

25) Vgl. *Potthoff/Stuhlfauth*, WM 1997, Beilage 3, S. 4; *Schanz*, § 11 Rz. 43 f.

H. Wachstums- und Exitstrategien

- Abgabe einer strafbewehrten Verpflichtungserklärung der Altaktionäre zur Anerkennung eines sechsmonatigen Veräußerungsverbots nach dem IPO (Abschn. 2 Nr. 8.2 Regelwerk NM);
- Nachweis eines Eigenkapitals des Emittenten in Höhe von mindestens 1,5 Mio. EUR (Abschn. 2 Nr. 3.1 Abs. 2 Regelwerk NM);
- Bestehen des Emittenten seit mindestens drei Jahren und Veröffentlichung seiner Jahresabschlüsse entsprechend den hierfür geltenden Vorschriften (Abschn. 2 Nr. 3.2 Regelwerk NM);
- Mindestvolumen bei erstmaliger Zulassung der Aktien zum Neuen Markt in Höhe von 250 000 EUR (Abschn. 2 Nr. 3.7 Abs. 1 Regelwerk NM);
- Mindeststückzahl der Aktien im Rahmen der erstmaligen Zulassung zum Neuen Markt in Höhe von mindestens 100 000 Aktien (Abschn. 2 Nr. 3.7 Abs. 2 Regelwerk NM);
- voraussichtlicher Kurswert der zu plazierenden Aktien von mindestens 5 Mio EUR (Abschn. 2 Nr. 3.7 Abs. 4 Regelwerk NM);
- mindestens 50 % der zu plazierenden Aktien sollen aus einer Kapitalerhöhung gegen Bareinlagen stammen, wobei der – die Erhöhung des Grundkapitals übersteigende – Kapitalzufluß aus der Kapitalerhöhung in voller Höhe dem Emittenten zufließen muß (Abschn. 2 Nr. 3.8 Abs. 1 Regelwerk NM);
- Sicherstellung einer ausreichenden Streuung der frei handelbaren Aktien (Streubesitz/Free-Float), jedenfalls ausreichend ist ein Aktienanteil im Streubesitz von 25 % der zuzulassenden Aktien; bei einem geplanten Emissionsvolumen von unter 100 Mio. Euro ist ein Streubesitz von mindestens 20 %, bei über 100 Mio. Euro von mindestens 10 % zwingend erforderlich (Abschn. 2 Nr. 3.10 Abs. 1 Regelwerk NM);
- Anerkennung der Grundsätze für die Zuteilung von Aktienemissionen der Börsensachverständigenkommission durch den Emittenten (Abschn. 2 Nr. 3.14 Regelwerk NM);
- Erstellung und Veröffentlichung eines Emissionsprospektes, der den Anforderungen des Regelwerkes Neuer Markt entspricht (Abschn. 2 Nr. 4 ff Regelwerk NM);
- Rechnungslegung nach den international anerkannten Standards US GAAP oder IAS (Abschn. 2 Nr. 7.2.2 Regelwerk NM);
- Anerkennung des Übernahmekodexes der Börsensachverständigenkommission (Abschn. 2 Nr. 7.2.10 Regelwerk NM).

III. Der Börsengang

Das Regelwerk Neuer Markt sieht vor, daß in bezug auf einzelne dieser Voraussetzungen von der Zulassungsstelle ein Dispens erteilt werden kann, d. h. in Ausnahmefällen einzelne Voraussetzungen nicht oder nur in begrenztem Umfang zu erfüllen sind. Hierbei wird auf die Besonderheiten des jeweiligen Emittenten und auf die Marktteilnehmer Rücksicht genommen. 975

Aus der Zulassung der Aktien zum Neuen Markt ergeben sich **Folgepflichten** (Abschn. 2 Nr. 7.2 ff Regelwerk NM). Solche bestehen in bezug auf die Publikation von Jahresabschlüssen und die Erstellung von Quartalsberichten, die sowohl in englischer als auch in deutscher Sprache zu fertigen sind. Darüber hinaus besteht die Verpflichtung einen Unternehmenskalender zu erstellen und zu pflegen, der Angaben über die wichtigsten Termine des Emittenten, insbesondere Zeit und Ort von Hauptversammlungen, Bilanzpressekonferenzen und alle wichtigen Veranstaltungen enthält. Zudem ist mindestens einmal jährlich nach Zulassung der Aktien zum Neuen Markt eine Analystenveranstaltung durchzuführen. 976

Darüber hinaus ist der Emittent verpflichtet, innerhalb eines Zeitraums von sechs Monaten ab dem Datum der Zulassung keine Aktien direkt oder indirekt zur Veräußerung anzubieten, zu veräußern oder sonstige Maßnahmen zu ergreifen, die der Veräußerung wirtschaftlich entsprechen (Abschn. 2 Nr. 7.2.9 Regelwerk NM). Von den Altaktionären hat der Emittent entsprechende Verpflichtungserklärungen einzuholen (Abschn. 2 Nr. 2.2 Regelwerk NM). Diese sogenannte **Lock-up-Periode** wird häufig durch den Emittenten freiwillig auf zwölf Monate ausgedehnt, um dem Publikum anzuzeigen, daß ein schnelles „Kasse machen" der Altaktionäre nicht stattfinden wird. 977

Eine Besonderheit des Neuen Marktes besteht in der Person des sogenannten *designated sponsors*, der die Liquidität in den betreffenden Aktien fördern soll. Die Figur der *designated sponsors* wurde wegen der geringen Umsätze an den deutschen Börsen geschaffen. Sie müssen nunmehr, falls kein ordnungsgemäßer Handel zustande kommt, Kauf- oder Verkaufskurse stellen und sorgen dafür, daß in jedem Fall ein Handel mit den Aktien stattfindet (Abschn. 3 Nr. 4 Regelwerk NM; § 23 Buchst. b BO FWB). Die einzelnen Rechte und Pflichten des *designated sponsors* bestimmen sich nach Maßgabe der Börsenordnung der Frankfurter Wertpapierbörse (Abschn. 3 Nr. 4 Regelwerk NM). 978

d) SMAX

Der SMAX ist das jüngste Handelssegment der Deutsche Börse AG. Die Teilnehmer dieses sogenannten Qualitätssegmentes verpflichten sich zur Erfüllung erhöhter Transparenz- und Publizitätskriterien gemäß internationalen Stan- 979

H. Wachstums- und Exitstrategien

dards. In erster Linie sollen im SMAX kleinere in- und ausländische Aktiengesellschaften, deren Aktien zum Amtlichen Handel oder Geregelten Markt an der Frankfurter Wertpapierbörse zugelassen sind, zusammengefaßt werden.

980 Entsprechend den SMAX-Teilnahmebedingungen ist der Emittent insbesondere zur Erfüllung folgender Voraussetzungen verpflichtet:

- Zulassung der Aktien des Emittenten zum Amtlichen Handel oder zum Geregelten Markt an der Frankfurter Wertpapierbörse (Nr. 2 Abs. 1 SMAX-TB),

- Abgabe einer strafbewehrten Verpflichtungserklärung der Altaktionäre zur Anerkennung eines sechsmonatigen Veräußerungsverbotes nach Zulassung zum SMAX (Nr. 2 Abs. 1 SMAX-TB).

- keine Notierung der Aktien des Emittenten am Neuen Markt und keine Einbeziehung der Aktien des Emittenten in die Aktienindizes DAX und M-DAX (Nr. 2 Abs. 5, 6 SMAX-TB),

- ausreichende Streuung der Aktien des Emittenten im Publikum, die grundsätzlich vorliegt, wenn mindestens 20 % der Aktien des Emittenten vom Publikum erworben sind (Nr. 2 Abs. 7 SMAX-TB);

- Anerkennung des Übernahmekodex der Börsensachverständigenkommission (Nr. 2 Abs. 8 SMAX-TB);

- Anerkennung der Grundsätze für die Zuteilung von Aktienemissionen der Börsensachverständigenkommission durch den Emittenten (Nr. 2 Abs. 9 SMAX-TB);

- Erstellung von Quartalsberichten, die eine Beurteilung ermöglichen, wie sich die Geschäftätigkeit des Emittenten in dem jeweiligen Quartal des Geschäftsjahres entwickelt hat, und unverzügliche Übersendung des Berichts an die Deutsche Börse AG, die ihn veröffentlicht (Nr. 3.1.1, 3.1.7 SMAX-TB);

- Erstellung von Jahresabschlüssen entsprechend IAS oder US-GAAP für sämtliche Geschäftsjahre, die nach dem 31. Dezember 2001 beginnen und unverzügliche Übersendung des Jahresabschlusses an die Deutsche Börse AG, die diesen veröffentlicht (Nr. 3.2 SMAX-TB).

981 Darüber hinaus entstehen auch bei einer Teilnahme am SMAX Folgepflichten. So ist der Emittent verpflichtet, mindestens einmal jährlich eine Analystenveranstaltung durchzuführen und die Veröffentlichung kursbeeinflussender Tatsachen i. S. v. § 15 WpHG nach dem 31. Dezember 2001 in englischer Sprache vorzunehmen (Nr. 3.4, 3.6 SMAX-TB). Auch von den Teilnehmern am SMAX ist eine Lock-up-Verpflichtung zu erfüllen, die der des Neuen Marktes

III. Der Börsengang

entspricht (Nr. 3.5 SMAX-TB). Daneben existiert auch im SMAX für die Aktien jedes Emittenten mindestens ein *designated sponsor* (Nr. 2 Abs. 4, Nr. 3.3 SMAX-TB). Mit dem SMAX zielt die Deutsche Börse AG damit nach der Einführung des Neuen Marktes wiederholt auf eine zukünftige Internationalisierung der Börsensegmente.

e) Freiverkehr

Der privatrechtlich geregelte Freiverkehr ist im wesentlichen kleinen Unternehmen vorbehalten, stellt die geringsten Anforderungen an den Emittenten und wird von der jeweiligen Börse auf privatrechtlicher Basis durchgeführt. Das jährliche Handelsvolumen im Freiverkehr beträgt an den einzelnen inländischen Regionalbörsen ca. 15 Mrd. DM gegenüber einem Handelsvolumen der jeweiligen Regionalbörsen von ca. 100 Mrd. DM.[26] An diesem Umsatzanteil zeigt sich, daß der regionale Freiverkehr für Mittelständler durchaus attraktiv sein kann. Dies u. a. deshalb, weil die Einbeziehung von Aktien zum Handel im Freiverkehr mit vergleichsweise niedrigen Kosten verbunden ist und vergleichsweise geringe Publizitätspflichten von dem Emittenten zu erfüllen sind.[27] Dennoch sollte sich der Anleger die Entscheidung zugunsten des Freiverkehrs gründlich überlegen, weil die hohe Zahl der Insolvenzen, die geringe Markttransparenz und der vergleichsweise geringe Anlegerschutz in diesem Segment Argumente sind, die den Freiverkehr insbesondere mit dem Handelssegment Neuer Markt nicht konkurrieren lassen.[28] Auch das enorme Marktkapitalisierungspotential des Neuen Marktes macht den Gang an den Neuen Markt gegenüber einer Notierungsaufnahme im Freiverkehr ungleich attraktiver.

982

5. Auswahl der Berater

Bei der Durchführung der Maßnahmen, die zur Herstellung der Börsenreife und zur Erfüllung der Zulassungsvoraussetzungen des ausgewählten Börsensegments notwendig sind, ist das Unternehmen auf professionelle Berater angewiesen. Dabei lassen sich folgende Bereiche identifizieren, in dem das Unternehmen Beratung benötigt:

983

– Bankenbereich (Beratung bei Unternehmensbewertung, banktechnischer und kapitalmarktbezogener Abwicklung),

---

26) Vgl. *Ehlers/Jurcher*, S. 87.
27) Vgl. *Rödl/Zinser*, S. 67.
28) Vgl. *Rödl/Zinser*, S. 67; *Ehlers/Jurcher*, S. 89; *Schanz*, § 11 Rz. 39.

H. Wachstums- und Exitstrategien

- Bereich Koordination (unabhängiger Emissionsberater auf seiten des Unternehmens als Counterpart zur Emissionsbank).
- rechtlicher und steuerlicher Bereich (juristische Beratung),
- wirtschaftlicher Bereich (Beratung des Wirtschaftsprüfers) sowie
- kommunikativer Bereich (Marketingberatung).

984 Eine Emissionsbank ist vor dem Börsengang zwingend auszuwählen. Dies deshalb, weil die einzelnen Börsensegmente – mit Ausnahme des hier nicht näher behandelten Freiverkehrs – die Einführung der Aktien nur in Zusammenarbeit mit einer Emissionsbank erlauben bzw. sich eine Antragstellung ohne eine Emissionsbank aufgrund der besonderen banktechnischen Besonderheiten verbietet. Daneben ist regelmäßig eine juristische Beratung zwingend erforderlich, weil die spezifischen rechtlichen Problemfelder, die im Rahmen des Börsenganges auftauchen, ein ganz spezifisches Know-how voraussetzen, welches in den emittierenden Unternehmen nicht vorhanden ist. Zur Erstellung der Jahresabschlüsse und deren Prüfung benötigt das Unternehmen zudem die Beratung durch einen Wirtschaftsprüfer. Um den Börsengang unter Marketinggesichtspunkten optimal auszugestalten, ist zudem die Beratung durch eine Marketingagentur unabdingbar.

985 Darüber hinaus haben sich Emissionsberater darauf spezialisiert, Unternehmen bei der Koordination des Börsenganges und den Verhandlungen und der Auswahl der Banken und Berater – nicht zuletzt bei der Frage der Unternehmensbewertung – umfassend zu unterstützen. Die Emissionsberater verfügen über spezifisches Know-how auf den vorgenannten Gebieten und unterstützen den Emittenten dabei fachübergreifend.

6. Inhalt/Ablauf der Vorbereitungsmaßnahmen für den Börsengang

986 Die konkrete Vorbereitung des Börsengangs besteht aus einer Vielzahl von Einzelschritten und erstreckt sich in der Regel über einen Zeitraum von mindestens drei Monaten zwischen den ersten Vorbereitungen zur Erstellung des benötigten Emissionsprospektes und der Notierungsaufnahme. Beispielhaft sind in der nachfolgenden Übersicht Einzelschritte dargestellt, die regelmäßig im Rahmen eines Börsenganges zu gehen sind und die im Ansatz bereits erkennen lassen, in welcher Intensität das Projekt „IPO" die Führungskräfte und alle betroffenen Mitarbeiter des potentiellen Emittenten in Anspruch nimmt:

III. Der Börsengang

Maßnahme (vor Notierungsaufnahme)	Zeitraum in Tagen
Vorüberlegungen im Gesellschafterkreis	90
Auswahl der Berater	90
Auswahl und Vertragsschluß mit der emissionsbegleitenden Bank	90
Financial and legal Due diligence durch Emissionsbank/Wirtschaftsprüfer/Berater	60 bis 80
Präsentation des Unternehmens vor dem Prüfungsausschuß Neuer Markt Deutsche Börse AG (Zielgruppenprüfung)	60 bis 80
Prospekterstellung	35 bis 70
Vorbereitung der notwendigen Hauptversammlungsbeschlüsse (meist durch außerordentliche Hauptversammlung)	40 bis 50
Präsentation von den Analysten der Konsortialbanken	50
Erstellung PR-IPO-Kampagne	50 bis 60
Emissionsprospekt Vorprüfungsverfahren bei der Zulassungsstelle	40 bis 50
Endabstimmung und Einreichung des unvollständigen Verkaufsprospektes und Antrag auf Zulassung der Aktien zum Börsenhandel	30 bis 40
Endabstimmung Hauptversammlungseinladung, Tagesordnung, Zeichnungsunterlagen und Abstimmung mit Handelsregister	30 bis 40
Image-Kampagne und IPO-Anzeigen	Ab 40
Information der Mitarbeiter über Mitarbeiterbeteiligungsprogramm	25
Hauptversammlung der Gesellschaft zwecks Kapitalerhöhung zur Schaffung der zu plazierenden Aktien, genehmigtes Kapital für Greenshoe und spätere Kapitalmaßnahmen, gegebenenfalls bedingtes Kapital (Aktienoptionsprogramm) und Anmeldung beim Handelsregister	15
Billigung des unvollständigen Verkaufsprospektes durch Zulassungsstelle	15
Veröffentlichung des unvollständigen Verkaufsprospektes durch Hinweisbekanntmachung auf Hinterlegung	15
Pre-marketing-Phase	10 bis 15
Eintragung der Hauptversammlungsbeschlüsse in das Handelsregister	10
Festlegung der Bookbuildingspanne	10
Veröffentlichung des Kaufangebots	8
Bookbuildingphase	5 bis 8
Road Shows, DVFA-Veranstaltung, TV-Interviews, Presse- und Investorengespräche	5
Durchführung/Zeichnung der Kapitalerhöhung und Übernahme der Aktien sowie Zahlung von 25 % des (rechnerischen) Nennwerts der zu plazierenden Aktien durch das Bankenkonsortium	5
Anmeldung und Eintragung der Durchführung der Kapitalerhöhung beim Handelsregister	4
Bekanntgabe Emissionspreis	4
Zulassungsbeschluß der Börse	4
Festlegung des Plazierungspreises	4

H. Wachstums- und Exitstrategien

Maßnahme (vor Notierungsaufnahme)	Zeitraum in Tagen
Einzahlung von 75 % des (rechnerischen) Nennwertes der zu plazierenden Aktien durch das Bankenkonsortium	1
Veröffentlichung des vollständigen Emissionsprospektes sowie des Zulassungsbeschlusses und Emissionspreises	1
Zuteilung der Aktien an die Anleger	1
Erstnotierung der Aktien	0
Zahlung des Plazierungspreises durch die Anleger an die Banken und Zahlung des restlichen Plazierungspreises durch die Banken an die Gesellschaft (**nach** Notierungsaufnahme)	1
Entscheidung über die Ausnutzung der Greenshoe-Option (**nach** Notierungsaufnahme)	bis 35

Vorbemerkungen
vor Anhang I und II

Die im folgenden abgedruckten und als Anhang I und Anhang II erläuterten Muster der notariellen Gründungsurkunde (A) und der Satzung einer kleinen Aktiengesellschaft (B) stellen auf einen in der Praxis nicht unüblichen Sachverhalt ab:

Herr „A" und Frau „B" sind die alleinigen Gesellschafter der Familiengesellschaft oder des „Start-Ups" „X-GmbH". Sie wollen die Geschäfte der X-GmbH mit der „Y-AG" zusammenführen, deren Grundkapital mehrheitlich von der „K-AG" gehalten werden. Zur Finanzierung des zukünftigen Geschäftes ist eine Verstärkung der Eigenkapitalbasis erforderlich. Hierzu hat sich der Finanzinvestor „M-Beteiligungs-GmbH" bereitgefunden. Die Parteien sind übereingekommen, eine neue AG im Wege der gemischten Bar-/Sachgründung zu errichten. Die neu zu errichtende „XY-AG" wird selbst operativ tätig sein und weniger als 500 Mitarbeiter beschäftigen.

Vorbemerkungen

A. Notarielle Gründungsurkunde

UR-Nr.[ ]/2000

Notarielle Urkunde

Verhandelt zu [...] am 30. Juni 2000

Vor mir, dem unterzeichnenden Notar

„N"

mit dem Amtssitz in [...] im Oberlandesgerichtsbezirk [...], erschienen heute:

1. Herr „A", geb. am [...] 19[ ], wohnhaft [...], ausgewiesen durch [...], handelnd im eigenen Namen

2. Frau „B", geb. am [...] 19[ ], wohnhaft [...], ausgewiesen durch [...], handelnd im eigenen Namen

3.1 Frau „C", geb. am [...] 19[ ], wohnhaft [...], ausgewiesen durch [...]; und

3.2 Herr „D", geb. am [...] 19[ ], wohnhaft [...], ausgewiesen durch [...], handelnd nicht im eigenen Namen, sondern als gesamtvertretungsberechtigte Mitglieder des Vorstands der „K-AG" mit Sitz in [...] und eingetragen im Handelsregister des Amtsgerichts [...] unter HRB [...]. Frau C und Herr D wiesen ihre Vertretungsbefugnis durch Vorlage eines beglaubigten Auszuges aus dem Handelsregister des Amtsgerichts [...] vom 28. Juni 2000 nach.

4.1 Herr „E", geboren am [...], wohnhaft [...], ausgewiesen durch [...]; und

4.2 Herr „F", geboren am [...], wohnhaft [...], ausgewiesen durch [...], handelnd nicht im eigenen Namen, sondern als gesamtvertretungsberechtigte Geschäftsführer der „M-Beteiligungs-GmbH" mit Sitz in [...] und eingetragen im Handelsregister des Amtsgerichts [...] unter HRB [...]. Herr E und Herr F wiesen ihre Vertretungsbefugnis durch Vorlage eines beglaubigten Auszuges aus dem Handelsregister des Amtsgerichts [...] vom 28. Juni 2000 nach.

Die Erschienenen, dem Notar persönlich bekannt, baten sodann, handelnd wie angegeben, um die Beurkundung des Folgenden:

vor Anhang I und II

1. Wir errichten eine Aktiengesellschaft unter der Firma
   „XY-AG"
   mit dem Sitz in [...]. Als Gründer beteiligen sich Herr A, Frau B, die K-AG und die M-Beteiligungs-GmbH.
2. Wir stellen die Satzung in der aus der beigefügten Anlage ersichtlichen Fassung fest.
3. Von dem Grundkapital der Gesellschaft in Höhe von insgesamt nominal Euro (€) 500 000,– übernehmen:

   3.1 Herr A

   225 000 auf den Namen lautende Stückaktien der Serie A (Stammaktien) gegen Sacheinlage mit einem anteiligen Betrag am Grundkapital von zusammen € 225 000,–

   3.2 Frau B

   30 000 auf den Namen lautende Stückaktien der Serie A (Stammaktien) gegen Sacheinlage mit einem anteiligen Betrag am Grundkapital von zusammen € 30 000,–

   3.3 K-AG

   122 500 Stückaktien der Serie A (Stammaktien) gegen Sacheinlage mit einem anteiligen Betrag am Grundkapital von zusammen € 122 500,–

   3.4 M-Beteiligungs-GmbH

   122 500 Stückaktien der Serie B (Vorzugsaktien) gegen Bareinlage mit einer anteiligen Beteiligung am Grundkapital von zusammen € 122 500,–

   Grundkapital insgesamt: € 500 000,–

4. Herr A übernimmt die 225 000 Stückaktien der Serie A mit einem anteiligen Betrag am Grundkapital von zusammen € 225 000,– zum Ausgabebetrag von € 1,– je Aktie gegen die in der Satzung festgesetzte Einlage durch Einbringung des von ihm gehaltenen Geschäftsanteils von nominal € 225 000,– an der im Handelsregister des Amtsgerichts [...] unter HRB [...] eingetragenen X-GmbH, und zwar einschließlich des Gewinnbezugsrechts ab dem 1. Januar 2000.

5. Frau B übernimmt die 30 000 Stückaktien der Serie A mit einem anteiligen Betrag am Grundkapital von zusammen € 30 000,- zum Ausgabebetrag von € 1,- je Aktie gegen die in der Satzung festgesetzte Einlage durch Einbringung des von ihr gehaltenen Geschäftsanteils von nominal € 30 000,- an der im Handelsregister des Amtsgerichts […] unter HRB […] eingetragenen X-GmbH, und zwar einschließlich des Gewinnbezugsrechts ab dem 1. Januar 2000.

6. Die K-AG übernimmt die 122 500 Stückaktien der Serie A mit einem anteiligen Betrag am Grundkapital von zusammen € 122 5000,- zum Ausgabebetrag von € 1,- je Aktie gegen die in der Satzung festgesetzte Einlage durch Einbringung der von ihr gehaltenen und auf den Inhaber lautenden 200 000 Stammaktien mit einem Nennbetrag von € 1,- je Aktie der im Handelsregister des Amtsgerichts […] unter HRB […] eingetragenen Y-AG, und zwar einschließlich des Gewinnbezugsrechts ab dem 1. Januar 2000.

7. Die M-Beteiligungs-GmbH übernimmt die 122 500 Stückaktien der Serie B mit einem anteiligen Betrag am Grundkapital von zusammen € 122 500,- gegen Bareinlage zu einem Ausgabebetrag von € 10,- je Aktie.

8. Die von der M-Beteiligungs-GmbH übernommene Bareinlage ist sofort in voller Höhe zur Zahlung fällig und unverzüglich von der „M-Beteiligungs-GmbH" auf das ihr gesondert mitgeteilte Bankkonto der XY-AG einzuzahlen. Die von den übrigen Gründern zu erbringenden Sacheinlagen sind ebenfalls unverzüglich zu leisten. Sie werden im unmittelbaren Anschluß an diese notarielle Verhandlung alle für die Erbringung ihrer Sacheinlagen erforderlichen Rechtsgeschäfte und Rechtshandlungen in der erforderlichen Form vornehmen.

9. Die Bestellung des ersten Aufsichtsrats, der aus sechs Mitgliedern besteht, erfolgt durch Ausübung der gemäß § 10 der Satzung bestehenden Entsendungsrechte und Beschluß der Gründer wie folgt:

9.1 Der Gründer A entsendet in den ersten Aufsichtsrat Herrn „G", geb. am […] 19[…], [Beruf], wohnhaft […]. Die Gründerin M-Beteiligungs-GmbH entsendet in den ersten Aufsichtsrat Herrn „H", geb. am […] 19[…], [Beruf], wohnhaft […].

9.2 Durch Beschluß der Gründer werden weiter zu Mitgliedern des ersten Aufsichtsrats bestellt:

    9.2.1   Frau B, geb. am [...] 19[ ], [Beruf], wohnhaft [...],

    9.2.2   Frau C, geb. am [...] 19[ ], [Beruf], wohnhaft [...],

    9.2.3   Herr „L", geb. am [...] 19[ ], [Beruf], wohnhaft [...],

    9.2.4   Herr „O", geb. am [...] 19[ ], [Beruf], wohnhaft [...],

9.3 Die Bestellungen erfolgen für die Zeit bis zur Beendigung der Hauptversammlung, die über die Entlastung des Aufsichtsrats für das am 31. Dezember 2000 endende Rumpfgeschäftsjahr der Gesellschaft beschließt.

10. Zum Abschlußprüfer der Gesellschaft für das am 31. Dezember 2000 endende Rumpfgeschäftsjahr bestellen wir

[...] Wirtschaftsprüfungsgesellschaft [...]

11. Als Gründer erteilen wir hiermit Herrn Rechtsanwalt [...] und Herrn Rechtsanwalt [...], [...], jeweils Einzelvollmacht, bis zur Eintragung der Gesellschaft Änderungen und/oder Ergänzungen dieses Gründungsprotokolls und der Satzung vorzunehmen. Bis zur Eintragung der Gesellschaft in das Handelsregister sind die Vorgenannten auch bevollmächtigt, im Falle des Wegfalls eines Mitgliedes des Aufsichtsrats für das ausgeschiedene Mitglied ein neues Mitglied zu bestellen, und zwar sowohl in Ausübung der bestehenden Entsendungsrechte wie auch durch Beschluß der Gründer. Herr Rechtsanwalt [...] und Herr Rechtsanwalt [...] sind von dem Verbot der Mehrvertretung gemäß § 181 Alt. 2 BGB befreit. Die Ausübung der Vollmacht bedarf im Innenverhältnis der vorherigen Abstimmung mit den Vollmachtgebern. Im Außenverhältnis ist die Vollmacht unbeschränkt.

12. Nach Angabe waren der beurkundende Notar und Personen im Sinne von § 3 Abs. 1 Nr. 4 BeurkG außerhalb ihrer Amtstätigkeit nicht für die Beteiligten tätig.

Vorstehende Urkunde nebst Anlage wurde den Erschienenen in Gegenwart des Notars vorgelesen, von den Erschienenen genehmigt und von ihnen und dem Notar eigenhändig wie folgt unterschrieben:

B. Satzung der kleinen AG

Satzung der XY-AG
I. Allgemeine Bestimmungen

§ 1
Firma und Sitz

(1) Die Gesellschaft führt die Firma
„XY-AG"

(2) Die Gesellschaft hat ihren Sitz in [...].

§ 2
Gegenstand des Unternehmens

(1) Gegenstand des Unternehmens ist die Herstellung, Bearbeitung und der Vertrieb von sowie der Handel mit [...] einschließlich aller hiermit zusammenhängenden Geschäfte und Dienstleistungen.

(2) Die Gesellschaft ist berechtigt, alle Geschäfte und Maßnahmen zu treffen, die geeignet sind, dem Gegenstand des Unternehmens unmittelbar oder mittelbar zu dienen.

(3) Die Gesellschaft ist ferner berechtigt, andere Unternehmen gleicher oder verwandter Art im In- und Ausland zu gründen, zu erwerben, sich an solchen zu beteiligen und solche Unternehmen ganz oder teilweise zu veräußern.

(4) Die Gesellschaft kann Unternehmen, an denen sie beteiligt ist, unter ihrer einheitlichen Leitung zusammenfassen und/oder sich auf die Verwaltung der Beteiligung(en) beschränken und Unternehmensverträge jeder Art abschließen sowie ihren Betrieb ganz oder teilweise in Unternehmen, an denen sie beteiligt ist, ausgliedern oder solchen Unternehmen überlassen.

§ 3
Dauer der Gesellschaft und Geschäftsjahr

(1) Die Dauer der Gesellschaft ist nicht auf eine bestimmte Zeit beschränkt.

(2) Das Geschäftsjahr ist das Kalenderjahr. Das erste Geschäftsjahr beginnt mit der Errichtung der Gesellschaft und endet am folgenden 31. Dezember.

§ 4

Bekanntmachungen

Bekanntmachungen der Gesellschaft erfolgen ausschließlich im Bundesanzeiger.

II. Grundkapital und Aktien

§ 5

Höhe und Einteilung des Grundkapitals

(1) Das Grundkapital der Gesellschaft beträgt Euro (€) 500 000,–, (in Worten: fünfhunderttausend Euro).

(2) Das Grundkapital ist eingeteilt in 500 000 auf den Namen lautende Stückaktien, und zwar in

(a) 377 500 Stückaktien der Serie A (Stammaktien) und

(b) 122 500 Stückaktien der Serie B (Vorzugsaktien).

§ 6

Aktien

(1) Die Aktien lauten auf den Namen der Aktionäre. Sie können nur mit Zustimmung der Gesellschaft übertragen werden. Über die Zustimmung beschließt die Hauptversammlung. Die Zustimmung ist zu erteilen, wenn [...]

(2) Aktien aus einer Kapitalerhöhung lauten gleichfalls auf den Namen, es sei denn, im Beschluß über die Kapitalerhöhung wird eine andere Bestimmung getroffen.

(3) Die Form der Aktienurkunden sowie der Gewinnanteil- und Erneuerungsscheine wird vom Vorstand im Einvernehmen mit dem Aufsichtsrat bestimmt.

(4) Die Gesellschaft kann eine oder mehrere Sammelurkunden und/oder Einzelurkunden ausgeben. Der Anspruch des Aktionärs auf Verbriefung seiner Anteile ist ausgeschlossen, soweit nicht eine Verbriefung nach den Regeln erforderlich ist, die an der Börse gelten, an der die Aktien zugelassen sind.

Vorbemerkungen

III. Der Vorstand

§ 7
Stückaktien der Serie B (Vorzugsaktien)

(1) Den Inhabern der Stückaktien der Serie B steht gegenüber den Inhabern der Stückaktien der Serie A kein Dividendenvorzug zu.

(2) Im Falle der Auflösung der Gesellschaft sind die Inhaber der Stückaktien der Serie B (Vorzugsaktien) wie folgt bei der Verteilung des Gesellschaftsvermögens bevorrechtigt:

(a) Ein Abwicklungsüberschuß bis zu einem Betrag von € 1 225 000,– steht allein den Inhabern der Stückaktien der Serie B zu und wird unter ihnen nach dem Verhältnis der von ihnen gehaltenen und auf ihre Aktien entfallenden anteiligen Beträge des Grundkapitals verteilt.

(b) Überschreitet der Abwicklungsüberschuß den Betrag von € 1 225 000,–, ist der überschießende Betrag unter den Inhabern der Stückaktien der Serie A und den Inhabern der Stückaktien der Serie B im Verhältnis der von ihnen gehaltenen Aktien zu verteilen.

(3) Jeder Inhaber von Stückaktien der Serie B ist berechtigt, nach dem fünften Jahrestag der Feststellung der Gründungssatzung die Einziehung von 25 % der von ihm gehaltenen Stückaktien der Serie B zu verlangen. Ein gleiches Recht steht ihm nach dem sechsten, siebten und achten Jahrestag zu. Grundlage für die Berechnung sind die von dem jeweiligen Inhaber am fünften Jahrestag der Feststellung der Satzung zu Eigentum gehaltenen Stückaktien der Serie B.

(a) Das Verlangen auf Einziehung bedarf zu seiner Wirksamkeit der schriftlichen Erklärung gegenüber dem Vorstand der Gesellschaft.

(b) Das Verlangen auf Einziehung ist ferner nur wirksam, wenn es sich auf sämtliche Stückaktien der Serie B bezieht, hinsichtlich derer dem jeweiligen Inhaber der Stückaktien der Serie B ein Recht auf Einziehung zusteht.

(c) Das Recht auf Einziehung kann jeweils nur innerhalb von sechs Monaten nach dem jeweiligen Jahrestag der Feststellung der Satzung, zu dem es entstanden ist, ausgeübt werden.

Das vorstehende Recht auf Einziehung unterliegt den Beschränkungen gemäß §§ 237 ff AktG.

vor Anhang I und II

§ 8
Zusammensetzung des Vorstands

(1) Der Vorstand besteht aus einem oder mehreren Mitgliedern.

(2) Der Aufsichtsrat bestellt die Vorstandsmitglieder und bestimmt ihre Zahl. Er kann stellvertretende Vorstandsmitglieder bestellen.

(3) Der Aufsichtsrat kann einen Vorsitzenden des Vorstands sowie einen stellvertretenden Vorsitzenden des Vorstands ernennen.

(4) Der Vorstand kann sich selbst durch einstimmigen Beschluß eine Geschäftsordnung geben, wenn nicht der Aufsichtsrat diese für den Vorstand erläßt.

§ 9
Vertretung

(1) Die Gesellschaft wird durch zwei Vorstandsmitglieder oder durch ein Vorstandsmitglied in Gemeinschaft mit einem Prokuristen vertreten. Ist nur ein Vorstandsmitglied vorhanden, vertritt es die Gesellschaft allein.

(2) Stellvertretende Vorstandsmitglieder stehen hinsichtlich der Vertretungsmacht ordentlichen Mitgliedern gleich.

(3) Der Aufsichtsrat kann einem, mehreren oder allen Vorstandsmitgliedern die Befugnis zur Einzelvertretung einräumen und/oder Befreiung von dem Verbot der Mehrvertretung des § 181 BGB erteilen. Die Befugnis zur Einzelvertretung und/oder die Befreiung von dem Verbot der Mehrvertretung des § 181 BGB kann jederzeit widerrufen werden.

IV. Aufsichtsrat

§ 10
Zusammensetzung des Aufsichtsrats, Amtsdauer und Amtsniederlegung, Abberufung

(1) Der Aufsichtsrat besteht aus sechs Mitgliedern. Die Mitglieder des Aufsichtsrats werden von der Hauptversammlung gewählt, soweit Aktionären nicht aufgrund dieser Satzung ein Recht zusteht, Mitglieder in den Aufsichtsrat zu entsenden.

(2) Dem Aktionär „A" steht das Recht zu, solange er Aktionär der Gesellschaft ist und er und seine Angehörigen im Sinne des § 15 AO mit

mindestens 25 % am Grundkapital der Gesellschaft beteiligt sind, ein Mitglied in den Aufsichtsrat zu entsenden. Die Inhaber der Vorzugsaktien der Serie B sind berechtigt und verpflichtet, ein Mitglied in den Aufsichtsrat zu entsenden. Sind mehrere Aktionäre Inhaber von Vorzugsaktien der Serie B, ist das ihnen zustehende Entsendungsrecht durch einen gemeinschaftlichen Vertreter auszuüben.

(3) Die Wahl der Mitglieder des Aufsichtsrats erfolgt für die Zeit bis zur Beendigung der Hauptversammlung, die über ihre Entlastung für das vierte Geschäftsjahr nach Beginn der Amtszeit beschließt. Das Geschäftsjahr, in dem die Amtszeit beginnt, wird nicht mitgerechnet. Die Hauptversammlung kann für Aufsichtsratsmitglieder bei deren Wahl eine kürzere Amtszeit bestimmen. Die Wahl eines Nachfolgers für ein vor Ablauf der Amtszeit ausgeschiedenes Aufsichtsratsmitglied erfolgt für den Rest der Amtszeit des vorzeitig ausgeschiedenen Aufsichtsratsmitglieds, soweit die Hauptversammlung die Amtszeit des Nachfolgers nicht abweichend festlegt.

(3) Die Mitglieder des Aufsichtsrats können ihr Amt jeweils durch eine an den Vorstand zu richtende schriftliche Erklärung ohne Angabe von Gründen unter Einhaltung einer Frist von vier Wochen niederlegen. Die Abberufung eines Aufsichtsratsmitglieds vor Ablauf seiner Amtszeit durch die Hauptversammlung bedarf eines Beschlusses mit der Mehrheit der abgegebenen Stimmen.

§ 11

Aufsichtsratsvorsitzender und Stellvertreter

(1) Der Aufsichtsrat wählt aus seiner Mitte einen Vorsitzenden und einen Stellvertreter. Die Wahl des Vorsitzenden und seines Stellvertreters erfolgt jeweils für ihre sich gemäß den Bestimmungen des § 9 Abs. 2 ergebende Dauer ihrer Amtszeit als Aufsichtsratsmitglied. Scheidet der Vorsitzende oder der Stellvertreter vor Ablauf der Amtszeit aus, hat der Aufsichtsrat unverzüglich eine Neuwahl für die restliche Amtszeit des Ausgeschiedenen vorzunehmen.

(2) Der Vorsitzende ist ermächtigt, im Namen des Aufsichtsrats die zur Durchführung der Beschlüsse des Aufsichtsrats und seiner Ausschüsse erforderlichen Willenserklärungen abzugeben sowie Erklärungen für den Aufsichtsrat entgegenzunehmen.

(3) Die Rechte und Pflichten des Vorsitzenden werden im Falle seiner Verhinderung durch seinen Stellvertreter wahrgenommen.

§ 12
Einberufung des Aufsichtsrats und Beschlußfassung

(1) Die Sitzungen des Aufsichtsrats werden durch den Vorsitzenden unter Angabe der Tagesordnung mit einer Frist von 14 Tagen schriftlich einberufen. Bei der Berechnung der Frist werden der Tag der Absendung der Einladung und der Tag der Sitzung nicht mitgerechnet. In dringenden Fällen kann der Vorsitzende die Frist abkürzen und mündlich, fernmündlich, fernschriftlich, telegraphisch, durch Telekopie oder per E-Mail einberufen.

(2) Die Beschlüsse des Aufsichtsrats werden regelmäßig in Sitzungen gefaßt. Beschlußfassungen außerhalb von Sitzungen durch schriftliche, telegraphische, fernschriftliche oder durch Telefax oder per E-Mail übermittelte Stimmabgaben sind zulässig, wenn sich alle Mitglieder des Aufsichtsrats mit dieser Art der Abstimmung einverstanden erklären oder sich an ihr beteiligen. Beschlüsse außerhalb von Sitzungen werden vom Vorsitzenden schriftlich festgestellt und allen Mitgliedern unverzüglich zugeleitet.

(3) Über jede Sitzung des Aufsichtsrats ist eine Niederschrift anzufertigen, die vom Vorsitzenden zu unterzeichnen ist. In der Niederschrift sind Ort und Tag der Sitzung, die Teilnehmer, die Gegenstände der Tagesordnung, der wesentliche Inhalt der Verhandlung und die Beschlüsse des Aufsichtsrats wiederzugeben.

§ 13
Geschäftsordnung des Aufsichtsrats und Änderungen der Fassung der Satzung

(1) Der Aufsichtsrat gibt sich eine Geschäftsordnung im Rahmen der gesetzlichen Vorschriften und der Bestimmungen dieser Satzung.

(2) Der Aufsichtsrat ist befugt, Änderungen der Satzung zu beschließen, die nur deren Fassung betreffen.

§ 14
Vergütung des Aufsichtsrats

(1) Die Mitglieder des Aufsichtsrats erhalten für ihre Tätigkeit außer dem Ersatz ihrer Auslagen eine feste, nach Ablauf des Geschäftsjahres zahlbare Vergütung von € […]. Der Vorsitzende erhält das Doppelte, sein Stellvertreter das Eineinhalbfache dieses Betrages. Aufsichtsratsmit-

Vorbemerkungen

glieder, die nur während eines Teils des Geschäftsjahres dem Aufsichtsrat angehört haben, erhalten eine zeitanteilige Vergütung.

(2) Die Mitglieder des Aufsichtsrats erhalten außerdem für ihre Tätigkeit nach dem Gewinnverwendungsbeschluß der Hauptversammlung für jedes den Satz von [...] % übersteigenden Dividendenprozent eine Zusatzvergütung von € [...]. Dieser Betrag erhöht sich für den Vorsitzenden auf das Doppelte und für den Stellvertreter auf das Eineinhalbfache.

(3) Die Umsatzsteuer wird von der Gesellschaft erstattet, soweit die Mitglieder des Aufsichtsrats berechtigt sind, die Umsatzsteuer der Gesellschaft gesondert in Rechnung zu stellen, und dieses Recht ausüben.

V. Hauptversammlung

§ 15
Ort und Einberufung der Hauptversammlung

(1) Die Hauptversammlung findet am Sitz der Gesellschaft statt.

(2) Die Hauptversammlung wird durch den Vorstand einberufen. Das auf Gesetz beruhende Recht anderer Organe und Personen, die Hauptversammlung einzuberufen, bleibt unberührt.

(3) Die Einberufung hat unter Mitteilung der Tagesordnung mit eingeschriebenem Brief an die der Gesellschaft zuletzt bekannte Adresse der Aktionäre mit einer Frist von mindestens einem Monat zu erfolgen. Bei der Berechnung der Frist werden der Tag der Absendung und der Tag der Hauptversammlung nicht mitgerechnet.

(4) Die ordentliche Hauptversammlung wird innerhalb der ersten acht Monate eines jeden Geschäftsjahres abgehalten. Sie beschließt insbesondere über die Verwendung des Bilanzgewinns, die Entlastung des Vorstands und des Aufsichtsrats sowie über die Bestellung des Abschlußprüfers. Außerordentliche Hauptversammlungen sind einzuberufen, wenn es das Wohl der Gesellschaft erfordert, sowie in den sonstigen durch Gesetz bestimmten Fällen.

§ 16

Teilnahme an der Hauptversammlung und Stimmrecht

(1) Zur Teilnahme an der Hauptversammlung und zur Ausübung des Stimmrechts sind alle am Tag der Hauptversammlung im Aktienbuch eingetragenen Aktionäre oder deren bevollmächtigte Vertreter berechtigt. Umschreibungen im Aktienbuch finden in den letzten 14 Tagen vor der Hauptversammlung nicht statt.

(2) Jede Aktie gewährt eine Stimme.

§ 17

Vorsitz in der Hauptversammlung und Beschlußfassung

(1) Den Vorsitz in der Hauptversammlung führt der Vorsitzende des Aufsichtsrats, im Falle seiner Verhinderung sein Stellvertreter oder ein anderes vom Aufsichtsrat gewähltes Mitglied. Für den Fall, daß weder der Vorsitzende des Aufsichtsrats noch sein Stellvertreter oder ein anderes Aufsichtsratsmitglied den Vorsitz in der Hauptversammlung übernehmen, wird der Vorsitzende unter Leitung des ältesten anwesenden Aktionärs durch die Hauptversammlung gewählt.

(2) Der Vorsitzende leitet die Versammlung. Er bestimmt die Reihenfolge, in der Gegenstände der Tagesordnung verhandelt werden, sowie die Art und Reihenfolge der Abstimmung.

(3) Über die Verhandlung ist eine vom Vorsitzenden des Aufsichtsrats zu unterzeichnende Niederschrift aufzunehmen, soweit keine Beschlüsse gefaßt werden, für die das Gesetz eine Dreiviertel- oder größere Mehrheit bestimmt. Im letzteren Fall sind die Beschlüsse der Hauptversammlung durch eine über die Verhandlung notariell aufgenommene Niederschrift zu beurkunden.

(4) Die Hauptversammlung faßt ihre Beschlüsse, soweit nicht das Gesetz zwingend etwas anderes vorschreibt, mit einfacher Mehrheit der abgegebenen Stimmen. Sofern das Gesetz außer der Stimmenmehrheit eine Kapitalmehrheit vorschreibt, genügt die einfache Mehrheit des bei der Beschlußfassung vertretenen Grundkapitals, es sei denn, das Gesetz schreibt zwingend etwas anderes vor.

VI. Jahresabschluß und Gewinnverwendung

§ 18
Jahresabschluß und Lagebericht

(1) Der Jahresabschluß (Jahresbilanz sowie die Gewinn- und Verlustrechnung nebst Anhang) und der Lagebericht für das vergangene Geschäftsjahr sind von dem Vorstand in den ersten drei Monaten des Geschäftsjahres aufzustellen.

(2) Der Aufsichtsrat hat den Jahresabschluß, den Lagebericht und den Vorschlag für die Verwendung des Bilanzgewinns zu prüfen. Der Aufsichtsrat hat über das Ergebnis der Prüfung schriftlich an die Hauptversammlung zu berichten.

(3) Billigt der Aufsichtsrat den Jahresabschluß, so ist dieser festgestellt, sofern nicht Vorstand und Aufsichtsrat beschließen, die Feststellung des Jahresabschlusses der Hauptversammlung zu überlassen.

(4) Der Vorstand hat unverzüglich nach Eingang des Berichtes des Aufsichtsrats die ordentliche Hauptversammlung einzuberufen.

§ 19
Einstellung in die Rücklagen und Gewinnverwendung

(1) Stellen Vorstand und Aufsichtsrat den Jahresabschluß fest, so können sie einen Teil des Jahresüberschusses, höchstens jedoch ein Viertel, in andere Gewinnrücklagen einstellen. Dabei sind Beträge, die in die gesetzliche Rücklage einzustellen sind, und ein Verlustvortrag vorab vom Jahresüberschuß abzuziehen.

(2) Wird der Jahresabschluß durch die Hauptversammlung festgestellt, so ist ein Viertel des Jahresüberschusses in andere Gewinnrücklagen einzustellen. Vorstehender Absatz 1 Satz 2 gilt entsprechend.

(3) Die Hauptversammlung kann im Beschluß über die Verwendung des Bilanzgewinns weitere Beträge in Gewinnrücklagen einstellen oder als Gewinn vortragen.

VII. Schlußbestimmungen

§ 20
Festsetzungen nach § 27 Abs. 1 Satz 1 AktG und Gründungsaufwand

(1) Der Gründer A [Wohnort] bringt zum Tage der Feststellung der Gründungssatzung den von ihm gehaltenen Geschäftsanteil von nominal € 225 000,– an der im Handelsregister des Amtsgerichts [...] unter HRB [...] eingetragenen X-GmbH, und zwar einschließlich des Gewinnbezugsrechts ab dem 1. Januar 2000, als Sacheinlage in die Gesellschaft ein. Er erhält dafür 225 000 Stückaktien der Serie A mit einem anteiligen Betrag am Grundkapital von zusammen € 225 000,–.

(2) Die Gründerin B [Wohnort] bringt zum Tage der Feststellung der Gründungssatzung den von ihr gehaltenen Geschäftsanteil von nominal € 30 000,– an der im Handelsregister des Amtsgerichts [...] unter HRB [...] eingetragenen X-GmbH, und zwar einschließlich des Gewinnbezugsrechts ab dem 1. Januar 2000, als Sacheinlage in die Gesellschaft ein. Sie erhält dafür 30 000 Stückaktien der Serie A mit einem anteiligen Betrag am Grundkapital von zusammen € 30 000,–.

(3) Die Gründerin K-AG [Sitz] bringt zum Tage der Feststellung der Gründungssatzung die von ihr gehaltenen und auf den Inhaber lautenden 200 000 Stammaktien mit einem Nennbetrag von € 1,– je Aktie an der im Handelsregister des Amtsgerichts [...] unter HRB [...] eingetragenen Y-AG, und zwar einschließlich des Gewinnbezugsrechts ab dem 1. Januar 2000, als Sacheinlage in die Gesellschaft ein. Sie erhält dafür 122 500 Stückaktien der Serie A mit einem anteiligen Betrag am Grundkapital von zusammen € 122 500,–.

(4) Die Gesellschaft trägt die mit ihrer Gründung verbundenen Gerichts- und Notarkosten sowie die Kosten der Veröffentlichungen bis zu einem Betrag von € […].

Anhang I
Notarielle Gründungsurkunde

UR-Nr. [ ]/2000

Notarielle Urkunde[1]

Verhandelt zu [...] am 30. Juni 2000

Vor mir, dem unterzeichnenden Notar

„N"

mit dem Amtssitz in [...] im Oberlandesgerichtsbezirk [...], erschienen heute:

1. Herr „A", geb. am [...] 19[ ], wohnhaft [...], ausgewiesen durch [...], handelnd im eigenen Namen

2. Frau „B", geb. am [...] 19[ ], wohnhaft [...], ausgewiesen durch [...], handelnd im eigenen Namen

3.1 Frau „C", geb. am [...] 19[ ], wohnhaft [...], ausgewiesen durch [...]; und

3.2 Herr „D", geb. am [...] 19[ ], wohnhaft [...], ausgewiesen durch [...], handelnd nicht im eigenen Namen, sondern als gesamtvertretungsberechtigte Mitglieder des Vorstands der „K-AG" mit Sitz in [...] und eingetragen im Handelsregister des Amtsgerichts [...] unter HRB [...]. Frau C und Herr D wiesen ihre Vertretungsbefugnis durch Vorlage eines beglaubigten Auszuges aus dem Handelsregister des Amtsgerichts [...] vom 28. Juni 2000 nach.[2]

4.1 Herr „E", geboren am [...], wohnhaft [...], ausgewiesen durch [...]; und

4.2 Herr „F", geboren am [...], wohnhaft [...], ausgewiesen durch [...], handelnd nicht im eigenen Namen, sondern als gesamtvertretungsberechtigte Geschäftsführer der „M-Beteiligungs-GmbH" mit Sitz in [...] und eingetragen im Handelsregister des Amtsgerichts [...] unter HRB [...]. Herr E und Herr F wiesen ihre Vertretungsbefugnis durch Vorlage eines beglaubigten Auszuges aus dem Handelsregister des Amtsgerichts [...] vom 28. Juni 2000 nach.

Die Erschienenen, dem Notar persönlich bekannt, baten sodann, handelnd wie angegeben, um die Beurkundung des Folgenden:

[1]   Die Gründung einer Aktiengesellschaft bedarf der notariellen Beurkundung (vgl. § 23 AktG).[1)]

[2]   Bei rechtsgeschäftlicher Vertretung bedarf der Bevollmächtigte nach § 23 Abs. 1 AktG einer notariell beglaubigten Vollmacht als Wirksamkeitsvoraussetzung.[2)] § 23 Abs. 1 Satz 2 AktG findet keine Anwendung auf gesetzliche Vertreter. Sie haben ihre Vertretungsbefugnis durch andere Urkunden nachzuweisen, damit das Registergericht ihre Legitimation prüfen kann.[3)]

1.   Wir errichten[3] eine Aktiengesellschaft unter der Firma

„XY-AG"

mit dem Sitz in […]. Als Gründer[4] beteiligen sich Herr A, Frau B, die K-AG und die M-Beteiligungs-GmbH.

[3]   Die Gründungsphase beginnt mit Feststellung der Satzung und Übernahme der Aktien. Sie endet mit der Entstehung der AG durch Eintragung im Handelsregister.[4)] Mit Feststellung der Satzung und Übernahme aller Aktien durch die Gründer ist die Gesellschaft errichtet (§§ 23, 29 AktG). Vor Eintragung im Handelsregister besteht die AG als solche aber noch nicht (§ 41 Abs. 1 Satz 1 AktG).

[4]   Die Gründer sind im Gründungsprotokoll namentlich anzugeben (§ 23 Abs. 2 Nr. 1 AktG). Gründer einer AG sind diejenigen Personen, die die Satzung festgestellt haben (§ 28 AktG). Eine AG kann durch eine oder mehrere Personen gegründet werden (§ 2 AktG).[5)]

2.   Wir stellen die Satzung in der aus der beigefügten Anlage ersichtlichen Fassung fest.[5]

[5]   Die Satzung wird in der Regel als Anlage zur notariellen Urkunde genommen. Für die in § 23 Abs. 1 AktG vorgeschriebene notarielle Beurkundung der Satzung gelten die §§ 8 ff BeurkG. Aufgrund des § 9 Abs. 1 Satz 2 BeurkG ist die notarielle Form auch dann gewahrt, wenn

---

1)   Zum notariellen Gründungsakt vgl. oben *Zimmermann*, Rz. 49 ff m. w. N.
2)   Vgl. oben *Zimmermann*, Rz. 54 f m. w. N.
3)   Vgl. *Hüffer*, AktG, § 23 Rz. 13; MünchKomm-*Pentz*, AktG, § 23 Rz. 22.
4)   Zu den im einzelnen in der Regel erforderlichen Schritten vgl. oben *Zimmermann*, Rz. 47 f m. w. N.
5)   Zum Kreis der gründungsfähigen natürlichen und juristischen Personen vgl. oben *Zimmermann*, Rz. 42 f m. w. N.

der Text der Satzung dem notariellen Gründungsprotokoll als Anlage beigefügt und in der Niederschrift auf die Anlage verwiesen wird.[6)]

3. **Von dem Grundkapital der Gesellschaft in Höhe von insgesamt nominal Euro (€) 500 000,– übernehmen**[6]:

   3.1 Herr A

   225 000 auf den Namen lautende Stückaktien der Serie A (Stammaktien) gegen Sacheinlage mit einem anteiligen Betrag am Grundkapital von zusammen €225 000,–

   3.2 Frau B

   30 000 auf den Namen lautende Stückaktien der Serie A (Stammaktien) gegen Sacheinlage mit einem anteiligen Betrag am Grundkapital von zusammen €30 000,–

   3.3 K-AG

   122 500 Stückaktien der Serie A (Stammaktien) gegen Sacheinlage mit einem anteiligen Betrag am Grundkapital von zusammen €122 500,–

   3.4 M-Beteiligungs-GmbH

   122 500 Stückaktien der Serie B (Vorzugsaktien) gegen Bareinlage mit einer anteiligen Beteiligung am Grundkapital von zusammen €122 500,–

   Grundkapital insgesamt: €500 000,–

[6] Die Übernahme der Aktien ist notwendiger (Teil-)Akt der Gründung einer AG. Die Erklärung der Übernahme der Aktien bedarf der notariellen Beurkundung und muß zusammen mit der Feststellung der Sat-

---

6) Vgl. MünchKomm-*Pentz*, AktG, § 23 Rz. 28; *Hoffmann-Becking*, in: Münchener Handbuch des Gesellschaftsrechts, § 3 Rz. 7.

zung in einer Urkunde enthalten sein (§ 23 Abs. 2 AktG).[7] Mit der Übernahmeerklärung entsteht die Verpflichtung zur Leistung der Einlagen (vgl. § 54 Abs. 1 und 2 AktG).

Bei der Erklärung der Übernahme der Aktien ist nach § 23 Abs. 2 Nr. 2 AktG anzugeben: Bei Stückaktien die Zahl der Aktien – bei Nennbetragsaktien der (Gesamt-)Nennbetrag –, der Ausgabebetrag der Aktien und die Gattung der Aktien (wenn wie hier mehrere Gattungen geschaffen werden), die jeder Gründer übernimmt. Die entsprechenden Angaben enthalten die Ziffern 3–7 des Gründungsprotokolls. Ferner ist anzugeben, ob die Übernahme der Aktien als Bar- und/oder Sacheinlage erfolgt. Das Gründungsprotokoll enthält eine sogenannte gemischte Bar- und Sachgründung. Die Aktien werden teils gegen Bareinlagen, teils gegen Sacheinlagen übernommen.[8]

4.   Herr A übernimmt die 225.000 Stückaktien der Serie A mit einem anteiligen Betrag am Grundkapital von zusammen € 225 000,– zum Ausgabebetrag von € 1,– je Aktie[7] gegen die in der Satzung festgesetzte Einlage[8] durch Einbringung des von ihm gehaltenen Geschäftsanteils von nominal € 225 000,– an der im Handelsregister des Amtsgerichts [...] unter HRB [...] eingetragenen X-GmbH, und zwar einschließlich des Gewinnbezugsrechts ab dem 1. Januar 2000.

[7]   Der Ausgabebetrag muß auch dann gemäß § 23 Abs. 2 Nr. 2 AktG angegeben werden, wenn er dem auf die einzelne Aktie entfallenden anteiligen Betrag des Grundkapitals (geringster Ausgabebetrag nach § 9 Abs. 1 AktG) entspricht; im Gründungsprotokoll ist als anteiliger Betrag des Grundkapitals das gesetzliche Minimum von einem Euro gemäß § 8 Abs. 3 AktG gewählt worden.[9]

[8]   Sacheinlagen müssen nach § 27 Abs. 1 AktG mit den dort im einzelnen vorgeschriebenen Angaben in der Satzung festgesetzt werden. Die entsprechenden Festsetzungen können gemäß § 27 Abs. 5 i. V. m. § 26

---

7) Zur Rechtsnatur der Übernahmeerklärung als eigenes Rechtsgeschäft oder als notwendig materieller Satzungsbestandteil und damit Teil eines einheitlichen Rechtsgeschäftes vgl. einerseits *Kraft*, in: Kölner Komm. z. AktG, § 2 Rz. 7 ff und § 23 Rz. 87 f; *Brändel*, in: Großkomm. z. AktG, § 2 Rz. 5, und andererseits *Röhricht*, in: Großkomm. z. AktG, § 23 Rz. 2, 65; MünchKomm-*Heider*, AktG, § 2 Rz. 26 ff, 42; *Hüffer*, AktG, § 23 Rz. 16.

8) Zur davon zu unterscheidenden gemischten Einlage vgl. *Hüffer*, AktG, § 36 Rz. 12; *Hoffmann-Becking*, in: Münchener Handbuch des Gesellschaftsrechts, § 3 Rz. 2.

9) Vgl. dazu *Hüffer*, AktG, § 23 Rz. 18; *Röhricht*, in: Großkomm. z. AktG, § 23 Rz. 74.

Abs. 6 AktG frühestens dreißig Jahre nach Eintragung der Gesellschaft durch Satzungsänderung beseitigt werden. Die Festsetzung der Sacheinlage nur im Gründungsprotokoll reicht nicht aus.[10] Erfolgt keine ordnungsgemäße Festsetzung der Sacheinlagen in der Satzung, sind die Verträge über Sacheinlagen und die Rechtshandlungen zu ihrer Ausführung der Gesellschaft gegenüber unwirksam (§ 27 Abs. 3 AktG).

5. **Frau B übernimmt die 30 000 Stückaktien der Serie A mit einem anteiligen Betrag am Grundkapital von zusammen € 30 000,– zum Ausgabebetrag von € 1,– je Aktie gegen die in der Satzung festgesetzte Einlage durch Einbringung des von ihr gehaltenen Geschäftsanteils von nominal € 30 000,– an der im Handelsregister des Amtsgerichts [...] unter HRB [...] eingetragenen X-GmbH, und zwar einschließlich des Gewinnbezugsrechts ab dem 1. Januar 2000.**

6. **Die K-AG übernimmt die 122 500 Stückaktien der Serie A mit einem anteiligen Betrag am Grundkapital von zusammen € 122 5000,– zum Ausgabebetrag von € 1,– je Aktie gegen die in der Satzung festgesetzte Einlage durch Einbringung der von ihr gehaltenen und auf den Inhaber lautenden 200 000 Stammaktien mit einem Nennbetrag von € 1,– je Aktie der im Handelsregister des Amtsgerichts [...] unter HRB [...] eingetragenen Y-AG, und zwar einschließlich des Gewinnbezugsrechts ab dem 1. Januar 2000.**

7. **Die M-Beteiligungs-GmbH übernimmt die 122 500 Stückaktien der Serie B mit einem anteiligen Betrag am Grundkapital von zusammen € 122 500,– gegen Bareinlage zu einem Ausgabebetrag von € 10,– je Aktie**[9].

[9] Die Festsetzung unterschiedlicher Ausgabebeträge, wie im Muster vorgesehen, ist zulässig.[11] Die Zulässigkeit der Ausgabe von Aktien für einen höheren Betrag als den geringsten Ausgabebetrag ergibt sich aus § 9 Abs. 2 AktG – sogenannte Über-Pari-Emission. Der Unterschieds-

---

10) *Hoffmann-Becking*, in: Münchener Handbuch des Gesellschaftsrechts, § 4 Rz. 2; *Röhricht*, in: Großkomm. z. AktG, § 27 Rz. 136.
11) *Hüffer*, AktG, § 23 Rz. 18; MünchKomm-*Pentz*, AktG, § 27 Rz. 60.

betrag (Agio) zwischen dem geringsten Ausgabebetrag und dem höheren Ausgabebetrag ist gemäß § 272 Abs. 2 Nr. 1 HGB in die Kapitalrücklage einzustellen.

8. **Die von der M-Beteiligungs-GmbH übernommene Bareinlage ist sofort in voller Höhe zur Zahlung fällig und unverzüglich von der „M-Beteiligungs-GmbH" auf das ihr gesondert mitgeteilte Bankkonto der XY-AG einzuzahlen.**[10] **Die von den übrigen Gründern zu erbringenden Sacheinlagen sind ebenfalls unverzüglich zu leisten.**[11] **Sie werden im unmittelbaren Anschluß an diese notarielle Verhandlung alle für die Erbringung ihrer Sacheinlagen erforderlichen Rechtsgeschäfte und Rechtshandlungen in der erforderlichen Form vornehmen.**

[10] § 23 Abs. 2 Nr. 3 AktG verlangt, daß in dem notariellen Gründungsprotokoll der eingezahlte Betrag des Grundkapitals anzugeben ist. Nach herrschender Meinung ist hierunter der Betrag zu verstehen, der bereits zum Zeitpunkt der Satzungsfeststellung und Übernahme der Aktien eingezahlt war. In der Praxis wird dies bei Gründungen äußerst selten vorkommen.[12] Das Gründungsprotokoll legt in zulässiger Weise fest, wann und in welchem Umfang die Einlagen zu leisten sind. Die §§ 36, 36a und 37 AktG enthalten bestimmte Mindestanforderungen an die geleisteten Beträge bei Bareinlagen zum Zeitpunkt der Anmeldung der Gesellschaft zur Eintragung im Handelsregister.

[11] Das Gründungsprotokoll sieht auch eine Pflicht zur sofortigen Erbringung der Sacheinlagen vor. Nach wohl herrschender Meinung kann ein Vermögensgegenstand, der durch ein dingliches Übertragungsgeschäft eingelegt werden soll, auch noch innerhalb von fünf Jahren übertragen werden; der schuldrechtliche Anspruch auf Erbringung muß allerdings vor der Anmeldung der Gesellschaft zur Eintragung im Handelsregister begründet werden.[13]

---

12) Vgl. *Hoffmann-Becking*, in: Münchener Handbuch des Gesellschaftsrechts, § 3 Rz. 9; MünchKomm-*Pentz*, AktG, § 23 Rz. 62.

13) Vgl. zum unklaren Wortlaut des § 36a Abs. 2 AktG und dessen unterschiedliche Auslegung einerseits *Kraft*, in: Kölner Komm. z. AktG, § 37 Rz. 10 ff, und andererseits *Hüffer*, AktG, § 37 Rz. 4; MünchKomm-*Pentz*, AktG, § 37 Rz. 9 ff; *Röhricht*, in: Großkomm. z. AktG, § 37 Rz. 6 ff.

9. Die Bestellung des ersten Aufsichtsrats, der aus sechs Mitgliedern besteht,[12] erfolgt durch Ausübung der gemäß § 10 der Satzung bestehenden Entsendungsrechte und Beschluß der Gründer wie folgt:[13]

9.1 Der Gründer A entsendet in den ersten Aufsichtsrat Herrn „G", geb. am [...] 19[...], [Beruf], wohnhaft [...]. Die Gründerin M-Beteiligungs-GmbH entsendet in den ersten Aufsichtsrat Herrn „H", geb. am [...] 19[...], [Beruf], wohnhaft [...].

9.2 Durch Beschluß der Gründer werden weiter zu Mitgliedern des ersten Aufsichtsrats bestellt:

9.2.1 Frau B, geb. am [...] 19[ ], [Beruf], wohnhaft [...],

9.2.2 Frau C, geb. am [...] 19[ ], [Beruf], wohnhaft [...],

9.2.3 Herr „L", geb. am [...] 19[ ], [Beruf], wohnhaft [...],

9.2.4 Herr „O", geb. am [...] 19[ ], [Beruf], wohnhaft [...],

9.3 Die Bestellungen erfolgen für die Zeit bis zur Beendigung der Hauptversammlung, die über die Entlastung des Aufsichtsrats für das am 31. Dezember 2000 endende Rumpfgeschäftsjahr der Gesellschaft beschließt.[14]

[12] Besonderheiten der Bestellung des ersten Aufsichtsrats bei Sachgründungen und der Einbringung eines Unternehmens oder Teil eines Unternehmens regelt § 31 AktG. Die Gründer haben die nach ihrer Ansicht einschlägigen Gesetze anzuwenden. Eine etwa erforderliche Korrektur erfolgt über § 31 Abs. 3 AktG.[14)] In dem dem Gründungsprotokoll zugrundeliegenden Fall wird die XY-AG auch nach Einbringung der Beteiligungen nicht einem Mitbestimmungsgesetz unterfallen. Dies wird durch die Angabe der Zahl der Mitglieder des ersten Aufsichtsrats zum Ausdruck gebracht.

[13] Nach § 30 AktG erfolgt die Bestellung des ersten Aufsichtsrats durch die Gründer. Soweit die Satzung allerdings – wie hier – ein Entsendungsrecht (§ 101 Abs. 2 AktG) vorsieht, gilt dies auch für die Bestellung des ersten Aufsichtsrats. Die Zuständigkeit der Gründer tritt hinter das Entsendungsrecht zurück.[15)] Die Bestellung des ersten Aufsichtsrats bedarf der notariellen Beurkundung; dies gilt auch für die Erklärung über die Entsendung. Die Bestellung des ersten Aufsichtsrats muß

---

14) Vgl. *Hüffer*, AktG, § 31 Rz. 4; MünchKomm-*Pentz*, AktG, § 31 Rz. 12 ff.

15) *Hüffer*, AktG, § 30 Rz. 2; MünchKomm-*Pentz*, AktG, § 30 Rz. 15.

nicht, sollte aber zweckmäßigerweise im notariellen Gründungsprotokoll erfolgen.

[14] Es handelt sich um die zulässige Höchstdauer nach § 30 Abs. 3 AktG, wobei unterstellt wird, daß die Gesellschaft innerhalb von sechs Monaten nach ihrer Errichtung im Handelsregister eingetragen wird.

10. Zum Abschlußprüfer der Gesellschaft für das am 31. Dezember 2000 endende Rumpfgeschäftsjahr bestellen wir[15]

[…] Wirtschaftsprüfungsgesellschaft[16] […]

[15] Handelt es sich bei der neu gegründeten AG um eine kleine Kapitalgesellschaft i. S. d. § 267 Abs. 1 HGB, ist diese nicht prüfungspflichtig. Die Bestellung eines Abschlußprüfers soll dann unterbleiben können.[16] Allerdings hält *Hoffmann-Becking*[17] auf jeden Fall die vorsorgliche Bestellung eines Abschlußprüfers für erforderlich, da zum Zeitpunkt der Gründung die Prüfungspflicht, für die die Verhältnisse am in der Zukunft liegenden Bilanzstichtag maßgeblich sind, noch nicht abschließend beurteilt werden können. Wird ein Abschlußprüfer nicht bestellt, so hindert dies jedenfalls nach herrschender Meinung nicht die Eintragung der Gesellschaft; bei bestehender Prüfungspflicht muß die Bestellung gegebenenfalls in notarieller Form nachgeholt werden oder durch gerichtliche Ersatzbestellung gemäß § 318 Abs. 3 HGB erfolgen.[18]

[16] Abschlußprüfer können nach § 319 Abs. 1 Satz 1 HGB Wirtschaftsprüfer oder Wirtschaftsprüfungsgesellschaften sein.

11. Als Gründer erteilen wir hiermit Herrn Rechtsanwalt […] und Herrn Rechtsanwalt […], […], jeweils Einzelvollmacht[17], bis zur Eintragung der Gesellschaft Änderungen und/oder Ergänzungen dieses Gründungsprotokolls und der Satzung vorzunehmen. Bis zur Eintragung der Gesellschaft in das Handelsregister sind die Vorgenannten auch bevollmächtigt, im Falle des Wegfalls eines Mitgliedes des Aufsichtsrats für das ausgeschiedene Mitglied ein

---

16) Vgl. dazu oben *Zimmermann*, Rz. 64.
17) *Hoffmann-Becking*, in: Münchener Handbuch des Gesellschaftsrechts, § 3 Rz. 15.
18) Vgl. *Hüffer*, AktG, § 30 Rz. 10; MünchKomm-*Pentz*, AktG, § 30 Rz. 43 ff.

Notarielle Gründungsurkunde

neues Mitglied zu bestellen, und zwar sowohl in Ausübung der bestehenden Entsendungsrechte wie auch durch Beschluß der Gründer. Herr Rechtsanwalt [...] und Herr Rechtsanwalt [...] sind von dem Verbot der Mehrvertretung gemäß § 181 Alt. 2 BGB befreit. Die Ausübung der Vollmacht bedarf im Innenverhältnis der vorherigen Abstimmung mit den Vollmachtgebern. Im Außenverhältnis ist die Vollmacht unbeschränkt.

[17] Die Erteilung einer entsprechenden Vollmacht hat sich in der Praxis als zweckmäßig erwiesen, insbesondere für den Fall, daß das Registergericht Änderungen oder Ergänzungen des Gründungsprotokolls oder der Satzung verlangt.

12. **Nach Angabe waren der beurkundende Notar und Personen im Sinne von § 3 Abs. 1 Nr. 4 BeurkG außerhalb ihrer Amtstätigkeit nicht für die Beteiligten tätig.**[18]

[18] Nach § 3 Abs. 1 Satz 2 BeurkG hat der Notar vor der Beurkundung nach einer Vorbefassung zu fragen und in der Urkunde die Antwort zu vermerken. Es handelt sich um eine Sollvorschrift. Fehlt der Hinweis, berührt dies die Wirksamkeit der Beurkundung nicht.

Vorstehende Urkunde nebst Anlage wurde den Erschienenen in Gegenwart des Notars vorgelesen, von den Erschienenen genehmigt und von ihnen und dem Notar eigenhändig wie folgt unterschrieben:

Anhang II
Satzung

Literatur: *Hoffmann-Becking*, Gesetz zur „kleinen AG" – unwesentliche Randkorrekturen oder grundlegende Reform?, ZIP 1995, 1; *Lutter*, Das neue „Gesetz für kleine Aktiengesellschaften und zur Deregulierung des Aktienrechts", AG 1994, 429; *Schlaus*, Das stellvertretende Vorstandsmitglied, DB 1971, 1653; *Seibert*, Der Ausschluß des Verbriefungsanspruchs des Aktionärs in Gesetzgebung und Praxis, DB 1999, 267.

Satzung der XY-AG
I. Allgemeine Bestimmungen

§ 1
Firma und Sitz

(1) **Die Gesellschaft führt die Firma**
   „XY-AG"[1]

(2) **Die Gesellschaft hat ihren Sitz in [...].**[2]

[1] Nach der Neufassung des § 4 AktG durch das Handelsrechtsreformgesetz[1)] muß die Bezeichnung „Aktiengesellschaft" nicht mehr ausgeschrieben sein. Zulässig ist nunmehr auch eine „allgemein verständliche Abkürzung dieser Bezeichnung". Nach der Begründung des Regierungsentwurfes zum Handelsrechtsreformgesetz ist zumindest die Abkürzung „AG" als solche anzuerkennen.[2)]

[2] Der Ort, an dem die Gesellschaft ihren Sitz hat, wird durch die Satzung bestimmt (§ 5 Abs. 1 AktG); Grenzen der Satzungsautonomie enthält § 5 Abs. 2 AktG.[3)]

---

1) Gesetz zur Neuregelung des Kaufmanns- und Firmenrechts und zur Änderung anderer handels- und gesellschaftsrechtlicher Vorschriften (Handelsrechtsreformgesetz – HRefG) vom 22. 6. 1998, BGBl I, 1474.
2) Begründung zum RegE HRefG, BT-Drucks. 13/8444, S. 74, abgedruckt in: ZIP 1996, 1445, 1451 (wortgleiche Begründung zum Referentenentwurf).
3) Vgl. hierzu *Brändel*, in: Großkomm. z. AktG, § 5 Rz. 14, 38 ff; *Hüffer*, AktG, § 5 Rz. 5 ff; zum nur in Ausnahmefällen zulässigen Doppelsitz BayObLG, Beschl. v. 29. 3. 1985 – 3 Z 22/85, AG 1986, S. 48 ff, *Hüffer*, AktG, § 5 Rz. 10.

§ 2
Gegenstand des Unternehmens

(1) Gegenstand des Unternehmens ist die Herstellung, Bearbeitung und der Vertrieb von sowie der Handel mit [...] einschließlich aller hiermit zusammenhängenden Geschäfte und Dienstleistungen.[3]

(2) Die Gesellschaft ist berechtigt, alle Geschäfte und Maßnahmen zu treffen, die geeignet sind, dem Gegenstand des Unternehmens unmittelbar oder mittelbar zu dienen.

(3) Die Gesellschaft ist ferner berechtigt, andere Unternehmen gleicher oder verwandter Art im In- und Ausland zu gründen, zu erwerben, sich an solchen zu beteiligen und solche Unternehmen ganz oder teilweise zu veräußern.

(4) Die Gesellschaft kann Unternehmen, an denen sie beteiligt ist, unter ihrer einheitlichen Leitung zusammenfassen und/oder sich auf die Verwaltung der Beteiligung(en) beschränken und Unternehmensverträge jeder Art abschließen sowie ihren Betrieb ganz oder teilweise in Unternehmen, an denen sie beteiligt ist, ausgliedern oder solchen Unternehmen überlassen.[4]

[3] Es ist zwischen dem Gegenstand des Unternehmens und dem Geschäftszweck zu unterscheiden.[4] Der Grad der notwendigen Individualisierung des Unternehmensgegenstandes gemäß § 23 Abs. 3 Nr. 2 AktG und die Notwendigkeit späterer Änderungen sind umstritten.[5]

[4] Die Frage, ob und wann bei einer Konzernbildung die Zustimmung der Hauptversammlung eingeholt werden muß, ist Gegenstand einer lebhaften Diskussion in der Literatur.[6] Nicht unumstritten ist auch, ob eine Konzernleitungspflicht besteht.[7] Die vorgeschlagene Formulierung stellt klar, daß die Gesellschaft zumindest kraft Satzung nicht verpflichtet ist, ihren konzernleitenden Einfluß wahrzunehmen. Sie kann sich vielmehr auch auf eine nur kapitalistische Beteiligungsverwaltung beschränken. In seiner Holzmüller-Entscheidung konnte der Bundesge-

---

4) Vgl. *Brändel*, in: Großkomm. z. AktG, § 3 Rz. 12; *Wiesner*, in: Münchener Handbuch des Gesellschaftsrechts, § 9 Rz. 10.
5) Vgl. *Hüffer*, AktG, § 23 Rz. 21 ff; *Kraft*, in: Kölner Komm. z. AktG, § 23 Rz. 43 ff.
6) Vgl. BGH, Urt. v. 25. 2. 1982 – II ZR 174/80, BGHZ 83, 122 = ZIP 1982, 568 – Holzmüller, und die umfangreichen Stellungnahmen in der Literatur mit aktuellen Angaben bei *Hüffer*, AktG, § 119 Rz. 16 ff.
7) *Mertens*, in: Kölner Komm. z. AktG, § 76 Rz. 55 m. w. N.; *Hüffer*, AktG, § 76 Rz. 16 ff; *Hommelhoff*, Die Konzernleitungspflicht, 1982.

richtshof die Frage offenlassen, ob die Ausgliederung eines Unternehmensbereiches einer Ermächtigung in der Satzung bedarf.[8)]

§ 3
Dauer der Gesellschaft und Geschäftsjahr

(1) Die Dauer der Gesellschaft ist nicht auf eine bestimmte Zeit beschränkt.[5]

(2) Das Geschäftsjahr ist das Kalenderjahr. Das erste Geschäftsjahr beginnt mit der Errichtung der Gesellschaft[6] und endet am folgenden 31. Dezember.

[5] Die Zulässigkeit einer Zeitbestimmung ergibt sich aus § 39 Abs. 2 AktG. Im Falle der Aufnahme einer – nicht zu empfehlenden – Zeitbestimmung wird die Gesellschaft gemäß § 262 Abs. 1 Nr. 1 AktG mit Ablauf der in der Satzung bestimmten Zeit aufgelöst.

[6] Bei Beginn des Geschäftsjahres mit der Eintragung der Gesellschaft würde eine zusätzliche Zwischenbilanz für die Vorgesellschaft erforderlich.

§ 4
Bekanntmachungen

Bekanntmachungen der Gesellschaft erfolgen ausschließlich im Bundesanzeiger.[7]

[7] Der Bundesanzeiger ist Pflicht-Gesellschaftsblatt (§ 25 Satz 1 AktG). Die Bezeichnung zusätzlicher Blätter als Gesellschaftsblätter ist zulässig (§ 25 Satz 2 AktG), verursacht indes weitere Kosten.

II. Grundkapital und Aktien

§ 5
Höhe und Einteilung des Grundkapitals

(1) Das Grundkapital der Gesellschaft beträgt Euro (€) 500 000,–, (in Worten: fünfhunderttausend Euro).[8]

---

8) BGHZ 83, 122, 130 = ZIP 1982, 568.

(2) Das Grundkapital ist eingeteilt in 500 000 auf den Namen[9] lautende Stückaktien,[10] und zwar in[11]

    (a) 377 500 Stückaktien der Serie A (Stammaktien) und

    (b) 122 500 Stückaktien der Serie B (Vorzugsaktien).

[8] Das Mindestkapital beträgt gemäß § 7 AktG € 50 000,–. Für die Kredit- und Versicherungswirtschaft bestehen zum Teil höhere Anforderungen.[9)]

[9] Soll von den Erleichterungen für die Einberufung einer Hauptversammlung gemäß § 121 Abs. 4 AktG Gebrauch gemacht werden, empfiehlt sich die Ausgabe von Namensaktien, da nur dann die Aktionäre der Gesellschaft gemäß § 67 Abs. 1 und 2 AktG sicher bekannt sind oder als bekannt gelten (vgl. unten Anmerkung 48).[10)]

[10] Stückaktien lauten auf keinen Nennbetrag und sind am Grundkapital in gleichem Umfang beteiligt (§ 8 Abs. 3 Satz 3 AktG).

[11] Nach § 23 Abs. 3 Nr. 4 AktG muß die Satzung, falls mehrere Aktiengattungen bestehen, die Gattung der Aktien und die Zahl der Aktien jeder Gattung bestimmen. In der Praxis wird begrifflich häufig zwischen „Stammaktien" und „Vorzugsaktien" unterschieden. Da der Begriff „Vorzugsaktien" oftmals als Synonym für Vorzugsaktien ohne Stimmrecht nach § 139 AktG verwendet wird, ist hier zur Unterscheidung der Gattungen, die beide ein Stimmrecht gewähren, eine Serienbezeichnung mit erläuterndem Klammerzusatz gewählt worden.

§ 6
Aktien

(1) **Die Aktien lauten auf den Namen der Aktionäre. Sie können nur mit Zustimmung der Gesellschaft übertragen werden. Über die Zustimmung beschließt die Hauptversammlung.[12] Die Zustimmung ist zu erteilen, wenn [...][13]**

(2) **Aktien aus einer Kapitalerhöhung lauten gleichfalls auf den Namen, es sei denn, im Beschluß über die Kapitalerhöhung wird eine andere Bestimmung getroffen.[14]**

---

9) Zur Einführung des Euro siehe im einzelnen *Wiesner*, in: Münchener Handbuch des Gesellschaftsrechts, § 11 Rz. 12 ff.

10) Vgl. Lutter in AG 1994, 429, 436 ff; Hoffmann-Becking ZIP 1995, 1, 5 f –

(3) Die Form der Aktienurkunden sowie der Gewinnanteil- und Erneuerungsscheine wird vom Vorstand im Einvernehmen mit dem Aufsichtsrat bestimmt.

(4) Die Gesellschaft kann eine oder mehrere Sammelurkunden und/ oder Einzelurkunden ausgeben. Der Anspruch des Aktionärs auf Verbriefung seiner Anteile ist ausgeschlossen, soweit nicht eine Verbriefung nach den Regeln erforderlich ist, die an der Börse gelten, an der die Aktien zugelassen sind.[15]

[12] Es handelt sich um eine zulässige Vinkulierung gemäß § 68 Abs. 2 Satz 1 AktG. Die Vinkulierung betrifft nur das Verfügungsgeschäft, nicht das Verpflichtungsgeschäft. Da es sich ferner um rechtsgeschäftliche Übertragungen handeln muß, greift die Vinkulierung nicht in den Fällen der Gesamtrechtsnachfolge, wie z. B. Verschmelzungen, Erbfall etc. Unter die Vinkulierung fällt aber z. B. die Erfüllung eines Vermächtnisses.[11] Abweichend von § 68 Abs. 2 Satz 2 AktG ist hier die Zuständigkeit für die Zustimmung gemäß Satz 3 dieser Vorschrift auf die Hauptversammlung übertragen, der damit die interne Willensbildung obliegt. Die externe Erklärung wird dagegen stets vom Vorstand abgegeben.[12]

[13] Nach § 68 Abs. 2 Satz 4 AktG kann die Satzung Gründe bestimmen, aus denen die Zustimmung zu verweigern ist.[13] Zulässig ist auch eine Bestimmung, wonach die Zustimmung im Falle der Übertragung an bestimmte Personengruppen zu erteilen ist. Vorgesehen werden kann z. B. die Zustimmungspflicht bei Übertragung an Familienangehörige, verbundene Unternehmen eines Aktionärs etc.[14]

[14] Eine abweichende Festlegung im Beschluß über die Kapitalerhöhung ist zwar zulässig, aber nicht unbedingt zweckmäßig, weil dann die Erleichterungen für die Einberufung der Hauptversammlung im Ergebnis wegfallen (vgl. oben Anmerkung 9).

[15] Aufgrund der Neuregelung des § 10 Abs. 5 AktG kann nicht nur Einzelverbriefung, sondern die Verbriefung schlechthin ausgeschlossen werden. Der Satzungsvorschlag schafft auch für nicht börsennotierte Gesellschaften, die einen solchen Schritt für die Zukunft allerdings

---

11) Vgl. *Lutter*, in: Kölner Komm. z. AktG, § 68 Rz. 41 ff; *Hüffer*, AktG, § 68 Rz. 10 ff.
12) Vgl. nur *Lutter*, in: Kölner Komm. z. AktG, § 68 Rz. 29 ff.
13) Zu den Ablehnungsgründen im übrigen vgl. *Hüffer*, AktG, § 68 Rz. 14, und *Lutter*, in: Kölner Komm. z. AktG, § 68 Rz. 30, jeweils m. w. N.
14) Vgl. dazu *Lutter*, in: Kölner Komm. z. AktG, § 68 Rz. 27.

nicht ausschließen wollen, eine gewisse Flexibilität, da manche ausländischen Börsen Verbriefung noch verlangen.[15)]

§ 7
Stückaktien der Serie B (Vorzugsaktien)

(1) Den Inhabern der Stückaktien der Serie B steht gegenüber den Inhabern der Stückaktien der Serie A kein Dividendenvorzug zu.[16]

(2) Im Falle der Auflösung der Gesellschaft sind die Inhaber der Stückaktien der Serie B (Vorzugsaktien) wie folgt bei der Verteilung des Gesellschaftsvermögens bevorrechtigt:[17]

    (a) Ein Abwicklungsüberschuß bis zu einem Betrag von € 1 225 000,– steht allein den Inhabern der Stückaktien der Serie B zu und wird unter ihnen nach dem Verhältnis der von ihnen gehaltenen und auf ihre Aktien entfallenden anteiligen Beträge des Grundkapitals verteilt.

    (b) Überschreitet der Abwicklungsüberschuß den Betrag von € 1 225 000,–, ist der überschießende Betrag unter den Inhabern der Stückaktien der Serie A und den Inhabern der Stückaktien der Serie B im Verhältnis der von ihnen gehaltenen Aktien zu verteilen.

3. Jeder Inhaber von Stückaktien der Serie B ist berechtigt, nach dem fünften Jahrestag der Feststellung der Gründungssatzung die Einziehung von 25 % der von ihm gehaltenen Stückaktien der Serie B zu verlangen.[18] Ein gleiches Recht steht ihm nach dem sechsten, siebten und achten Jahrestag zu. Grundlage für die Berechnung sind die von dem jeweiligen Inhaber am fünften Jahrestag der Feststellung der Satzung zu Eigentum gehaltenen Stückaktien der Serie B.

    (a) Das Verlangen auf Einziehung bedarf zu seiner Wirksamkeit der schriftlichen Erklärung gegenüber dem Vorstand der Gesellschaft.

    (b) Das Verlangen auf Einziehung ist ferner nur wirksam, wenn es sich auf sämtliche Stückaktien der Serie B bezieht,

---

15) Zur Neufassung des § 10 Abs. 5 AktG vgl. *Seibert*, DB 1999, 267; zum verbleibenden Anspruch auf Verbriefung in einer Globalaktienurkunde vgl. MünchKomm-*Heider*, AktG, § 10 Rz. 57.

hinsichtlich derer dem jeweiligen Inhaber der Stückaktien der Serie B ein Recht auf Einziehung zusteht.

(c) Das Recht auf Einziehung kann jeweils nur innerhalb von sechs Monaten nach dem jeweiligen Jahrestag der Feststellung der Satzung, zu dem es entstanden ist, ausgeübt werden.

Das vorstehende Recht auf Einziehung unterliegt den Beschränkungen gemäß §§ 237 ff AktG.

[16] Aktien können unterschiedliche Rechte gewähren. Aktien mit gleichen Rechten bilden eine Gattung (§ 11 Satz 2 AktG). Nach zutreffender Auffassung können nicht nur gleiche Mitgliedschaftsrechte, sondern auch gleiche Mitgliedschaftspflichten zur Bildung von Aktiengattungen führen.[16] Die Satzungsbestimmung stellt klar, daß die Stückaktien der Serie B nicht den vielfach anzutreffenden Dividendenvorzug gewähren, der oftmals mit einem Ausschluß des Stimmrechts kombiniert wird („stimmrechtslose Vorzugsaktien", § 139 AktG).

[17] Der Vorzug der Stückaktien der Serie B ist hier dahin gehend ausgestaltet, daß im Falle der Auflösung der Gesellschaft nach § 262 AktG die Inhaber der Stückaktien der Serie B bei der Verteilung des nach Begleichung der Verbindlichkeiten verbleibenden Vermögens bevorrechtigt sind. Diese Abweichung von dem Grundsatz der gleichmäßigen Verteilung unter allen Aktionären (§ 271 Abs. 1 AktG) ist zulässig und gattungsbegründendes Merkmal (§ 11 Abs. 1 Satz 1, § 271 Abs. 2 AktG). Eine solche Bestimmung findet sich häufig in den Satzungen von Gesellschaften, an denen sich Finanzinvestoren während der Aufbauphase der Gesellschaft beteiligen. Die Finanzinvestoren versuchen auf diese Weise, ihre ursprüngliche Einlage abzusichern.

[18] Nach § 237 AktG können Aktien zwangsweise eingezogen werden. Eine Zwangseinziehung ist nur zulässig, wenn sie in der Gründungssatzung oder durch eine Satzungsänderung vor Übernahme oder Zeichnung der Aktien angeordnet oder gestattet war (§ 237 Abs. 1 Satz 2 AktG). Eine Zwangseinziehung ist angeordnet, wenn die Satzung die Voraussetzungen festlegt, unter denen die Aktien eingezogen werden müssen. Treten die Voraussetzungen für eine Zwangseinziehung ein, so ist der Vorstand zur Einziehung der Aktien verpflichtet. Ein Ermessensspielraum darf dem Vorstand dabei nicht eingeräumt werden. Die

---

16) Vgl. MünchKomm-*Heider*, AktG, § 10 Rz. 27 ff, mit weiteren Erläuterungen zu gattungsbegründenden Merkmalen; *Hüffer*, AktG, § 11 Rz. 3 ff.

Satzung kann insbesondere, wie hier, auch anordnen, daß Aktien auf Anforderung des Aktionärs einzuziehen sind.[17] Auch diese Satzungsbestimmung ist bei Gesellschaften, an denen Finanzinvestoren beteiligt sind, nicht unüblich und räumt den Investoren die Möglichkeit ein, ihr Engagement bei entsprechender Vermögenslage der Gesellschaft sukzessive zu beenden, z. B. wenn die oftmals angestrebte Veräußerung der Beteiligung im Rahmen eines Börsengangs nicht realisiert werden kann.

III. Der Vorstand

§ 8
Zusammensetzung des Vorstands

(1) **Der Vorstand besteht aus einem oder mehreren Mitgliedern.**[19]

(2) **Der Aufsichtsrat bestellt die Vorstandsmitglieder und bestimmt ihre Zahl. Er kann stellvertretende Vorstandsmitglieder bestellen.**[20]

(3) **Der Aufsichtsrat kann einen Vorsitzenden des Vorstands sowie einen stellvertretenden Vorsitzenden des Vorstands ernennen.**[21]

(4) **Der Vorstand kann sich selbst durch einstimmigen Beschluß eine Geschäftsordnung geben, wenn nicht der Aufsichtsrat diese für den Vorstand erläßt.**[22]

[19] Vgl. § 23 Abs. 3 Nr. 6 und § 76 Abs. 2 AktG. Bei einem über € 3 000 000,– liegenden Grundkapital bedarf es einer ausdrücklichen Satzungsbestimmung, wenn der Vorstand nur aus einer Person bestehen soll.

[20] Die Bezeichnung „Stellvertreter von Vorstandsmitgliedern" in der Gesetzesüberschrift zu § 94 AktG ist irreführend, da es sich hierbei um Vorstandsmitglieder mit den vollen gesetzlichen Rechten und Pflichten handelt. Bedeutung hat das vor allen Dingen für die Geschäftsführungsbefugnis, die eingeschränkt werden kann, und für die Vorstandshierarchie.[18]

---

17) Vgl. *Krieger*, in: Münchener Handbuch des Gesellschaftsrecht, § 62 Rz. 6 ff; *Hüffer*, AktG, § 237 Rz. 6 ff; *Lutter*, in: Kölner Komm. z. AktG, § 237 Rz. 21 ff.
18) Vgl. *Schlaus*, DB 1971, 1653 ff; *Hüffer*, AktG, § 94 Rz. 2 ff.

[21] Dies ist nur zulässig, wenn der Vorstand aus mehreren Personen besteht (§ 84 Abs. 2 AktG).

[22] Der Vorstand hat gemäß § 77 Abs. 2 AktG die subsidiäre Erlaßkompetenz gegenüber dem Aufsichtsrat. § 77 Abs. 2 Satz 1 ist zwingend, d. h., der Vorstand kann nicht mehr tätig werden, wenn der Aufsichtsrat von seiner primären Kompetenz Gebrauch gemacht hat. Die Satzung kann aber den Erlaß der Geschäftsordnung vollständig der Kompetenz des Vorstands entziehen und dem Aufsichtsrat übertragen.

§ 9
Vertretung

(1) Die Gesellschaft wird durch zwei Vorstandsmitglieder oder durch ein Vorstandsmitglied in Gemeinschaft mit einem Prokuristen vertreten. Ist nur ein Vorstandsmitglied vorhanden, vertritt es die Gesellschaft allein.[23]

(2) Stellvertretende Vorstandsmitglieder stehen hinsichtlich der Vertretungsmacht ordentlichen Mitgliedern gleich.[24]

(3) Der Aufsichtsrat kann einem, mehreren oder allen Vorstandsmitgliedern die Befugnis zur Einzelvertretung einräumen und/oder Befreiung von dem Verbot der Mehrvertretung des § 181 BGB erteilen. Die Befugnis zur Einzelvertretung und/oder die Befreiung von dem Verbot der Mehrvertretung des § 181 BGB kann jederzeit widerrufen werden.[25]

[23] Das Aktiengesetz geht zunächst vom Prinzip der Gesamtvertretung aus (§ 78 Abs. 2 AktG). Die hier in der Satzung eingeräumte Vertretungsbefugnis eines Vorstandsmitglieds in Gemeinschaft mit einem Prokuristen (§ 78 Abs. 3 Satz 1 AktG) kann auch der Bestimmung durch den Aufsichtsrat aufgrund entsprechender Satzungsermächtigung vorbehalten bleiben (§ 78 Abs. 3 Satz 2 AktG).[19]

[24] Vgl. oben Anmerkung 20.

[25] Die Befugnis zur Einzelvertretung kann entweder durch die Satzung selbst oder durch den Aufsichtsrat bestimmt werden, wenn die Satzung ihn dazu ermächtigt (§ 78 Abs. 3 Satz 1 und 2 AktG). § 181 BGB gilt auch für den Vorstand.[20] Eine Befreiung vom Verbot des Selbstkontra-

---

19) Zur Satzungsbestimmung über die Vertretung, wenn nur ein Vorstandsmitglied bestellt ist, vgl. BGH, Beschl. v. 5. 12. 1974 – II ZB 11/73, BGHZ 63, 261.
20) BGH, Urt. v. 19. 4. 1971 – II ZR 98/68, BGHZ 56, 97, 101

hierens ist durch § 112 AktG ausgeschlossen, da bei Geschäften mit Vorstandsmitgliedern die Gesellschaft durch den Aufsichtsrat vertreten wird. Strittig ist, ob eine Ermächtigung in der Satzung für die Befreiung vom Verbot der Mehrfachvertretung notwendig ist.[21]

IV. Aufsichtsrat

§ 10
Zusammensetzung des Aufsichtsrats,
Amtsdauer und Amtsniederlegung, Abberufung

(1) Der Aufsichtsrat besteht aus sechs Mitgliedern.[26] Die Mitglieder des Aufsichtsrats werden von der Hauptversammlung gewählt,[27] soweit Aktionären nicht aufgrund dieser Satzung ein Recht zusteht, Mitglieder in den Aufsichtsrat zu entsenden.[28]

(2) Dem Aktionär „A" steht das Recht zu, solange er Aktionär der Gesellschaft ist und er und seine Angehörigen im Sinne des § 15 AO mit mindestens 25 % am Grundkapital der Gesellschaft beteiligt sind, ein Mitglied in den Aufsichtsrat zu entsenden.[29] Die Inhaber der Vorzugsaktien der Serie B sind berechtigt und verpflichtet,[30] ein Mitglied in den Aufsichtsrat zu entsenden. Sind mehrere Aktionäre Inhaber von Vorzugsaktien der Serie B, ist das ihnen zustehende Entsendungsrecht durch einen gemeinschaftlichen Vertreter auszuüben.[31]

(3) Die Wahl der Mitglieder des Aufsichtsrats erfolgt für die Zeit bis zur Beendigung der Hauptversammlung, die über ihre Entlastung für das vierte Geschäftsjahr nach Beginn der Amtszeit beschließt. Das Geschäftsjahr, in dem die Amtszeit beginnt, wird nicht mitgerechnet. Die Hauptversammlung kann für Aufsichtsratsmitglieder bei deren Wahl eine kürzere Amtszeit bestimmen. Die Wahl eines Nachfolgers für ein vor Ablauf der Amtszeit ausgeschiedenes Aufsichtsratsmitglied erfolgt für den Rest der Amtszeit des vorzeitig ausgeschiedenen Aufsichtsratsmitglieds, soweit die Hauptversammlung die Amtszeit des Nachfolgers nicht abweichend festlegt.[32]

---

21) Zum Meinungsstand vgl. *Hüffer*, AktG, § 78 Rz. 6 f; *Wiesner*, in: Münchener Handbuch des Gesellschaftsrechts, § 23 Rz. 22.

(4) Die Mitglieder des Aufsichtsrats können ihr Amt jeweils durch eine an den Vorstand zu richtende schriftliche Erklärung ohne Angaben von Gründen unter Einhaltung einer Frist von vier Wochen niederlegen.[33] Die Abberufung eines Aufsichtsratsmitglieds vor Ablauf seiner Amtszeit durch die Hauptversammlung bedarf eines Beschlusses mit der Mehrheit der abgegebenen Stimmen.[34]

[26] Die Mindest- und Höchstzahl der Aufsichtsratsmitglieder bestimmt § 95 Satz 1–4 AktG, vorbehaltlich der Anwendbarkeit der in § 95 Satz 5 AktG aufgeführten Mitbestimmungsgesetze. Bei einem mit der Mindestzahl von nur drei Mitgliedern besetzten Aufsichtsrat wäre die Beschlußfähigkeit gemäß § 108 Abs. 2 Satz 3 AktG immer nur dann gegeben, wenn alle Aufsichtsratsmitglieder an der Beschlußfassung teilnehmen. Dies würde einzelnen Aufsichtsratsmitgliedern die Möglichkeit eröffnen, durch Nichterscheinen Beschlußfassungen zu blokkieren. Um dies zu verhindern, sieht der Satzungsvorschlag eine Besetzung mit sechs Mitgliedern vor. Andernfalls, d. h. bei einem Aufsichtsrat mit nur drei Mitgliedern, sollten die Abberufungsmöglichkeiten zumindest durch Herabsetzung der erforderlichen Mehrheiten erleichtert werden (vgl. unten Anmerkung 34).

[27] Nach § 76 Abs. 6 BetrVG 1952 n. F. sind alle neu gegründeten AGs, die weniger als 500 Arbeitnehmer beschäftigen, von der Mitbestimmung im Aufsichtsrat ausgenommen. Als Neugründung gilt jede AG, die am oder nach dem 10. August 1994 im Handelsregister eingetragen worden ist, und zwar auch dann, wenn sie durch Umwandlung z. B. einer GmbH entstanden ist.[22] Für sogenannte Alt-AGs, die vor dem 10. August 1994 im Handelsregister eingetragen worden sind, gilt die Ausnahme von der Drittel-Mitbestimmung im Grundsatz nur, wenn sie Familiengesellschaften oder arbeitnehmerlose Holdings sind.

[28] Die Bestimmung entspricht auf den Fall bezogen inhaltlich § 101 Abs. 1 AktG. Entsendungsrechte können insgesamt höchstens für ein Drittel der sich aus dem Gesetz oder der Satzung ergebenden Zahl der Aufsichtsratsmitglieder der Aktionäre eingeräumt werden (§ 101 Abs. 2 Satz 4 AktG).

[29] Nach § 101 Abs. 2 Satz 1 AktG kann das Entsendungsrecht bestimmten, namentlich benannten Aktionären eingeräumt werden. Das Entsendungsrecht ist damit an die Person gebunden und kann nicht übertra-

---

22) Vgl. *Hoffmann-Becking*, in: Münchener Handbuch des Gesellschaftsrechts, § 28 Rz. 2, und *Lutter*, AG 1994, 429, 445.

gen werden. Die Kombination mit weiteren persönlichen Voraussetzungen, wie z. B. die Zugehörigkeit zu einer bestimmten Familie oder einer prozentualen Mindestbeteiligung des entsendungsberechtigten Aktionärs an der Gesellschaft, ist zulässig.[23]

[30] Ein Entsendungsrecht für die jeweiligen Inhaber bestimmter Aktien ist nur zulässig, wenn es sich dabei um vinkulierte Namensaktien handelt (§ 101 Abs. 2 Satz 2 AktG). Die Satzungsbestimmung sieht ergänzend vor, daß die Inhaber der Vorzugsaktien der Serie B verpflichtet sind, ihr Entsendungsrecht auch auszuüben. Eine solche Verpflichtung besteht nach dem Aktiengesetz nicht und ist daher, wenn diese Verpflichtung begründet werden soll, in der Satzung ausdrücklich anzuordnen.[24]

[31] In analoger Anwendung des Rechtsgedankens aus § 69 Abs. 1 AktG kann die Satzung vorsehen, daß das Entsendungsrecht durch einen gemeinschaftlichen Vertreter auszuüben ist.[25]

[32] § 102 Abs. 1 AktG schreibt eine Höchstdauer, für die Aufsichtsratsmitglieder gewählt werden können, vor. Die Amtszeit muß nicht für alle Aufsichtsratsmitglieder gleich sein.[26]

[33] Die Amtsniederlegung ist gesetzlich nicht geregelt. Die herrschende Meinung hält eine Niederlegung auch ohne wichtigen Grund für zulässig. Angesichts der Rechtsunsicherheit sollte in der Satzung allerdings eine entsprechende Bestimmung aufgenommen und auch bestimmt werden, wem gegenüber die Erklärung der Niederlegung abzugeben ist.[27]

[34] In der Regel bedarf es gemäß § 103 Abs. 1 AktG für die Abberufung eines Beschlusses mit einer Mehrheit von drei Vierteln der abgegebenen Stimmen. Wenn der Aufsichtsrat nur aus drei Mitgliedern besteht, sollte von der durch § 103 Abs. 1 Satz 3 AktG gegebenen Möglichkeit Gebrauch gemacht werden, das Mehrheitserfordernis auf die einfache

---

23) Vgl. *Hoffmann-Becking*, in: Münchener Handbuch des Gesellschaftsrechts, § 30 Rz. 20 ff; *Geßler*, in: Geßler/Hefermehl/Eckardt/Kropff, AktG, § 101 Rz. 69 ff.
24) Vgl. *Hoffmann-Becking*, in: Münchener Handbuch des Gesellschaftsrechts, § 30 Rz. 22; *Geßler*, in: Geßler/Hefermehl/Eckardt/Kropff, AktG, § 101 Rz. 91.
25) Vgl. *Hoffmann-Becking*, in: Münchener Handbuch des Gesellschaftsrechts, § 30 Rz. 22; *Geßler*, in Geßler/Hefermehl/Eckardt/Kropff, AktG, § 101 Rz. 72.
26) BGH, Urt. v. 15. 12. 1986 – II ZR 18/86, BGHZ 99, 211, 215 = ZIP 1987, 366, dazu EWiR 1987, 111 *(Hüffer)*.
27) Vgl. hierzu und zum Meinungsstand *Hoffmann-Becking*, in: Münchener Handbuch des Gesellschaftsrechts, § 30 Rz. 48 f, *Hüffer*, AktG, § 103 Rz. 17.

Stimmenmehrheit abzusenken (zu den Gründen vgl. oben Anmerkung 26).

§ 11
Aufsichtsratsvorsitzender und Stellvertreter

(1) Der Aufsichtsrat wählt aus seiner Mitte einen Vorsitzenden und einen Stellvertreter. **Die Wahl des Vorsitzenden und seines Stellvertreters erfolgt jeweils für ihre sich gemäß den Bestimmungen des § 9 Abs. 2 ergebende Dauer ihrer Amtszeit als Aufsichtsratsmitglied**[35]. Scheidet der Vorsitzende oder der Stellvertreter vor Ablauf der Amtszeit aus, hat der Aufsichtsrat unverzüglich eine Neuwahl für die restliche Amtszeit des Ausgeschiedenen vorzunehmen.

(2) Der Vorsitzende ist ermächtigt, im Namen des Aufsichtsrats die zur Durchführung der Beschlüsse des Aufsichtsrats und seiner Ausschüsse erforderlichen Willenserklärungen abzugeben sowie Erklärungen für den Aufsichtsrat entgegenzunehmen.[36]

(3) Die Rechte und Pflichten des Vorsitzenden werden im Falle seiner Verhinderung durch seinen Stellvertreter wahrgenommen.[37]

[35] Die Satzung kann auch eine abweichende Amtszeit festlegen. Enthält die Satzung über die Amtszeit des Vorsitzenden und seines Stellvertreters keine Bestimmung, wird diese durch den Aufsichtsrat in seinem Wahlbeschluß oder in der Geschäftsordnung festgelegt.28) Streitig ist, ob eine Satzungsbestimmung, wonach die Bestellung generell für die Dauer der Mitgliedschaft im Aufsichtsrat erfolgt und Wiederwahl zum Aufsichtsrat automatisch Wiederwahl zum Vorsitzenden bedeutet,29) zulässig ist.

[36] Hierzu ist der Vorsitzende des Aufsichtsrats nicht bereits kraft seiner Amtsstellung befugt. Die Ermächtigung ist besonders wichtig für den Abschluß der Anstellungsverträge mit den Vorstandsmitgliedern.30)

[37] Dies entspricht der Bestimmung des § 107 Abs. 1 Satz 3 AktG.

---

28) Vgl. hierzu *Hoffmann-Becking*, in: Münchener Handbuch des Gesellschaftsrechts, § 31 Rz. 11.
29) Vgl. hierzu *Lutter/Krieger*, § 6 Rz. 211; *Hoffmann-Becking*, in: Münchener Handbuch des Gesellschaftsrechts, § 31 Rz. 11.
30) Vgl. hierzu *Lutter/Krieger*, § 6 Rz. 224; *Hoffmann-Becking*, in: Münchener Handbuch des Gesellschaftsrechts, § 31 Rz. 87.

§ 12
Einberufung des Aufsichtsrats und Beschlußfassung

(1) Die Sitzungen des Aufsichtsrats werden durch den Vorsitzenden unter Angabe der Tagesordnung mit einer Frist von 14 Tagen schriftlich einberufen. Bei der Berechnung der Frist werden der Tag der Absendung der Einladung und der Tag der Sitzung nicht mitgerechnet. In dringenden Fällen kann der Vorsitzende die Frist abkürzen und mündlich, fernmündlich, fernschriftlich, telegraphisch, durch Telekopie oder per E-Mail einberufen.[38]

(2) Die Beschlüsse des Aufsichtsrats werden regelmäßig in Sitzungen gefaßt. Beschlußfassungen außerhalb von Sitzungen durch schriftliche, telegraphische, fernschriftliche oder durch Telefax oder per E-Mail übermittelte Stimmabgaben sind zulässig, wenn sich alle Mitglieder des Aufsichtsrats mit dieser Art der Abstimmung einverstanden erklären oder sich an ihr beteiligen. Beschlüsse außerhalb von Sitzungen werden vom Vorsitzenden schriftlich festgestellt und allen Mitgliedern unverzüglich zugeleitet.[39]

(3) Über jede Sitzung des Aufsichtsrats ist eine Niederschrift anzufertigen, die vom Vorsitzenden zu unterzeichnen ist. In der Niederschrift sind Ort und Tag der Sitzung, die Teilnehmer, die Gegenstände der Tagesordnung, der wesentliche Inhalt der Verhandlung und die Beschlüsse des Aufsichtsrats wiederzugeben.[40]

[38] Das Gesetz schreibt keine Form und Frist für die Einberufung von Aufsichtsratssitzungen vor. § 110 AktG enthält hierzu keine umfassende Regelung. In § 110 Abs. 1 AktG wird vielmehr nur das Recht auf Einberufung und in § 110 Abs. 2 AktG das Recht zur Selbsthilfe normiert.[31)]

[39] Auch die Bestimmungen in § 108 AktG über die Beschlußfassungen des Aufsichtsrats sind lückenhaft. Beschlußfassungen außerhalb von Sitzungen sind gemäß § 108 Abs. 4 AktG nur zulässig, wenn kein Mitglied diesem Verfahren widerspricht. Um Unsicherheiten zu vermeiden, bis wann ein Mitglied einer solchen Beschlußfassung widersprechen muß, ist in der Mustersatzung erschwerend vorgesehen, daß sich alle Mitglieder mit dieser Art der Abstimmung einverstanden erklären oder sich an ihr beteiligen. Entsprechend § 107 Abs. 2 AktG hat der

---

31) Zu den Vorschlägen in der Mustersatzung vgl. *Lutter/Krieger*, § 6 Rz. 228 ff; *Hoffmann-Becking*, in: Münchener Handbuch des Gesellschaftsrechts, § 31 Rz. 32 ff.

Vorsitzende auch über solche Beschlüsse unverzüglich eine Niederschrift zu fertigen.[32)]

[40] Ein Verstoß gegen die Bestimmungen macht gefaßte Beschlüsse nicht unwirksam (§ 107 Abs. 2 Satz 3 AktG).

§ 13
Geschäftsordnung des Aufsichtsrats und Änderungen der Fassung der Satzung

(1) Der Aufsichtsrat gibt sich eine Geschäftsordnung im Rahmen der gesetzlichen Vorschriften und der Bestimmungen dieser Satzung.[41]

(2) Der Aufsichtsrat ist befugt, Änderungen der Satzung zu beschließen, die nur deren Fassung betreffen.[42]

[41] Die Geschäftsordnung für den Aufsichtsrat ist gesetzlich nicht besonders geregelt. § 82 Abs. 2 AktG geht indes von der Zulässigkeit einer solchen aus.[33)]

[42] Nach § 179 Abs. 1 Satz 2 AktG kann die Hauptversammlung den Aufsichtsrat hierzu ermächtigen. Die Aufnahme in die Satzung macht Einzelbeschlüsse der Hauptversammlung überflüssig.

§ 14
Vergütung des Aufsichtsrats

(1) Die Mitglieder des Aufsichtsrats erhalten für ihre Tätigkeit außer dem Ersatz ihrer Auslagen eine feste, nach Ablauf des Geschäftsjahres zahlbare Vergütung von € [...]. Der Vorsitzende erhält das Doppelte, sein Stellvertreter das Eineinhalbfache dieses Betrages. Aufsichtsratsmitglieder, die nur während eines Teils des Geschäftsjahres dem Aufsichtsrat angehört haben, erhalten eine zeitanteilige Vergütung.[43]

(2) Die Mitglieder des Aufsichtsrats erhalten außerdem für ihre Tätigkeit nach dem Gewinnverwendungsbeschluß der Hauptversammlung für jedes den Satz von [...] % übersteigenden Dividen-

---

32) Vgl. *Hoffmann-Becking*, in: Münchener Handbuch des Gesellschaftsrechts, § 31 Rz. 96; *Lutter/Krieger*, § 6 Rz. 240, 247.

33) Vgl. im übrigen zur Geschäftsordnung für den Aufsichtsrat *Lutter/Krieger*, § 6 Rz. 204 f; *Hoffmann-Becking*, in: Münchener Handbuch des Gesellschaftsrechts, § 31 Rz. 1 ff.

denprozent eine Zusatzvergütung von € [...]. Dieser Betrag erhöht sich für den Vorsitzenden auf das Doppelte und für den Stellvertreter auf das Eineinhalbfache.[44]

(3) Die Umsatzsteuer wird von der Gesellschaft erstattet, soweit die Mitglieder des Aufsichtsrats berechtigt sind, die Umsatzsteuer der Gesellschaft gesondert in Rechnung zu stellen, und dieses Recht ausüben.[45]

[43] Die Vergütung für den Aufsichtsrat kann gemäß § 113 Abs. 1 AktG nur in der Satzung festgesetzt oder von der Hauptversammlung bewilligt werden. Den Mitgliedern des ersten Aufsichtsrats kann nur die Hauptversammlung eine Vergütung bewilligen (§ 113 Abs. 2 AktG).[34)]

[44] Die Höhe der Vergütung soll in einem angemessenen Verhältnis zu den Aufgaben der Aufsichtsratsmitglieder und zur Lage der Gesellschaft stehen (§ 113 Abs. 1 Satz 2 AktG). Soll sich die gewinnabhängige Vergütung an einem Anteil des Jahresgewinns bemessen, so sind die zwingende Bestimmung des § 113 Abs. 3 AktG und dessen Nichtigkeitsfolgen zu beachten.

[45] Nach wohl herrschender Meinung kann das Aufsichtsratsmitglied die Erstattung der Umsatzsteuer nur dann von der AG verlangen, wenn dies auch in der Satzung festgestellt oder von der Hauptversammlung bewilligt worden ist.[35)]

V. Hauptversammlung

§ 15

Ort und Einberufung der Hauptversammlung

(1) Die Hauptversammlung findet am Sitz der Gesellschaft statt.[46]

(2) Die Hauptversammlung wird durch den Vorstand einberufen. Das auf Gesetz beruhende Recht anderer Organe und Personen, die Hauptversammlung einzuberufen, bleibt unberührt.[47]

(3) Die Einberufung hat unter Mitteilung der Tagesordnung mit eingeschriebenem Brief an die der Gesellschaft zuletzt bekannte Adresse der Aktionäre mit einer Frist von mindestens einem Monat zu

---

34) Vgl. im übrigen *Lutter/Krieger*, § 7 Rz. 293 f; *Hoffmann-Becking*, in: Münchener Handbuch des Gesellschaftsrechts, § 33 Rz. 10 ff.
35) Vgl. zum Meinungsstand *Hüffer*, AktG, § 113 Rz. 7.

erfolgen.[48] Bei der Berechnung der Frist werden der Tag der Absendung und der Tag der Hauptversammlung nicht mitgerechnet.[49]

(4) Die ordentliche Hauptversammlung wird innerhalb der ersten acht Monate eines jeden Geschäftsjahres abgehalten.[50] Sie beschließt insbesondere über die Verwendung des Bilanzgewinns, die Entlastung des Vorstands und des Aufsichtsrats sowie über die Bestellung des Abschlußprüfers. Außerordentliche Hauptversammlungen sind einzuberufen, wenn es das Wohl der Gesellschaft erfordert, sowie in den sonstigen durch Gesetz bestimmten Fällen.[51]

[46] Die Sollvorschrift des § 121 Abs. 5 AktG ist hier in eine Mußvorschrift umgewandelt worden. Die Satzung kann auch einen oder mehrere andere Orte benennen. Bei börsennotierten Gesellschaften kann die Hauptversammlung mangels abweichender Bestimmungen in der Satzung auch am Ort der Börse stattfinden.

[47] Einberufungszuständigkeit kraft Gesetzes haben z. B. auch der Aufsichtsrat, wenn das Wohl der Gesellschaft es verlangt (§ 111 Abs. 3 AktG), ferner Aktionäre, die gemäß § 122 Abs. 3 AktG vom Gericht hierzu ermächtigt worden sind.

[48] Aufgrund der Verweisung in § 124 Abs. 1 Satz 3 AktG gilt die nach § 121 Abs. 4 Satz 1 AktG unter den dort genannten Voraussetzungen zulässige Form des eingeschriebenen Briefes für die Einberufung auch für die Bekanntmachung der Tagesordnung und etwaiger Minderheitsverlangen auf Ergänzung der Tagesordnung. Die gemäß § 121 Abs. 4 Satz 2 AktG sinngemäß geltenden §§ 125–127 AktG bewirken, daß auch die dort genannten Mitteilungen und Informationen per eingeschriebenen Brief erfolgen können. Aus der Formulierung des § 121 Abs. 4 AktG als „Kann-Vorschrift" wird allgemein gefolgt, daß daneben grundsätzlich auch die Möglichkeit der Einberufung durch Bekanntmachung in den Gesellschaftsblättern gemäß § 121 Abs. 3 AktG bestehenbleibt. In § 14 Abs. 3 der Mustersatzung wird dagegen eine Pflicht zur Einberufung durch eingeschriebenen Brief normiert. Dies ist zulässig, da bereits unter Geltung nur des § 121 Abs. 3 AktG zusätzliche Anforderungen für die Einberufung der Hauptversammlung in der Satzung aufgenommen werden konnten.[36] Auf diesem Wege wird aus der „Kann-Vorschrift" des § 121 Abs. 4 AktG eine „Muß-Vorschrift",

---

36) Vgl. hierzu *Werner*, in: Großkomm. z. AktG, § 121 Rz. 64, *Zöllner*, in: Kölner Komm. z. AktG, 1. Aufl., § 121 Rz. 32.

die allerdings nur bei der Ausgabe von Namensaktien und der dadurch begründeten „Bekanntheit" der Aktionäre möglich ist (vgl. oben Anmerkung 9). Eine solche Regelung ist weiter nur sinnvoll, wenn die Zahl der Aktionäre überschaubar ist und auf absehbare Zeit auch bleibt.

[49] Die Regelung ergibt sich aus § 123 Abs. 1 i. V. m. § 121 Abs. 4 Satz 1 Halbs. 2 AktG.[37]

[50] Eine Unterscheidung zwischen ordentlicher und außerordentlicher Hauptversammlung wird vom Gesetz begrifflich nicht gezogen. Der Begriff „ordentliche Hauptversammlung" findet sich nur in der Überschrift zum dritten Unterabschnitt vor § 175 AktG. Die Frist von acht Monaten für die Abhaltung der „ordentlichen Hauptversammlung" ergibt sich aus den regelmäßig wiederkehrenden Beschlußgegenständen gemäß § 175 Abs. 1 Satz 2, § 120 Abs. 1 AktG und § 318 Abs. 1 HGB.

[51] Zu den wenigen gesetzlich ausdrücklich bestimmten Fällen gehören z. B. § 92 Abs. 1 AktG (Verlust des hälftigen Grundkapitals) und § 122 Abs. 1 AktG (Minderheitsverlangen). Als in der Satzung geregelter Fall ist hier die Bestimmung in § 6 Abs. 2 zu sehen, wenn ein solcher Fall zur Entscheidung ansteht.

§ 16
Teilnahme an der Hauptversammlung und Stimmrecht

(1) **Zur Teilnahme an der Hauptversammlung und zur Ausübung des Stimmrechts sind alle am Tag der Hauptversammlung im Aktienbuch eingetragenen Aktionäre oder deren bevollmächtigte Vertreter berechtigt.**[52] **Umschreibungen im Aktienbuch finden in den letzten 14 Tagen vor der Hauptversammlung nicht statt.**

(2) **Jede Aktie gewährt eine Stimme.**

[52] Die Teilnahmeberechtigung ergibt sich aus § 67 Abs. 2 AktG, für den Bevollmächtigten aus § 134 Abs. 3 AktG. Gemäß § 123 Abs. 2 AktG kann die Teilnahme davon abhängig gemacht werden, daß die Aktien bis zu einem bestimmten Zeitpunkt hinterlegt werden oder sich die Aktionäre vor der Versammlung anmelden. Bei Aufnahme solcher Be-

---

37) Zur Berechnung der Fristen *Semler*, in: Münchener Handbuch des Gesellschaftsrechts, § 35 Rz. 27, und zu den Meinungsunterschieden hierüber *Hüffer*, AktG, § 123 Rz. 3.

stimmungen sind die Folgen für die Berechnung der Einberufungsfrist gemäß § 123 Abs. 2 Satz 2 AktG zu beachten.

§ 17
Vorsitz in der Hauptversammlung und Beschlußfassung

(1) Den Vorsitz in der Hauptversammlung führt der Vorsitzende des Aufsichtsrats, im Falle seiner Verhinderung sein Stellvertreter oder ein anderes vom Aufsichtsrat gewähltes Mitglied. Für den Fall, daß weder der Vorsitzende des Aufsichtsrats noch sein Stellvertreter oder ein anderes Aufsichtsratsmitglied den Vorsitz in der Hauptversammlung übernehmen, wird der Vorsitzende unter Leitung des ältesten anwesenden Aktionärs durch die Hauptversammlung gewählt.[53]

(2) Der Vorsitzende leitet die Versammlung. Er bestimmt die Reihenfolge, in der die Gegenstände der Tagesordnung verhandelt werden, sowie die Art und Reihenfolge der Abstimmung.

(3) Über die Verhandlung ist eine vom Vorsitzenden des Aufsichtsrats[54] zu unterzeichnende Niederschrift aufzunehmen, soweit keine Beschlüsse gefaßt werden, für die das Gesetz eine Dreiviertel- oder größere Mehrheit bestimmt.[55] Im letzteren Fall sind die Beschlüsse der Hauptversammlung durch eine über die Verhandlung notariell aufgenommene Niederschrift zu beurkunden.

(4) Die Hauptversammlung faßt ihre Beschlüsse, soweit nicht das Gesetz zwingend etwas anderes vorschreibt, mit einfacher Mehrheit der abgegebenen Stimmen. Sofern das Gesetz außer der Stimmenmehrheit eine Kapitalmehrheit vorschreibt, genügt die einfache Mehrheit des bei der Beschlußfassung vertretenen Grundkapitals, es sei denn, das Gesetz schreibt zwingend etwas anderes vor.[56]

[53] Das Gesetz enthält keine Bestimmung über den Versammlungsleiter und Vorsitzenden der Hauptversammlung, geht aber z. B. in § 129 Abs. 4, § 130 Abs. 2 und § 122 Abs. 3 Satz 2 AktG von der Existenz eines Vorsitzenden der Hauptversammlung aus. In der Regel übernimmt der Aufsichtsratsvorsitzende aufgrund Satzungsbestimmung die Versammlungsleitung. Die Mustersatzung enthält Regelungen für den Fall, daß der Aufsichtsratsvorsitzende oder auch sein Stellvertreter verhindert sind.

[54] Der Wortlaut des § 130 Abs. 1 Satz 3 AktG knüpft an die Unterzeichnung durch den Vorsitzenden des Aufsichtsrats an, wobei unterstellt wird, daß der Aufsichtsratsvorsitzende auch die Hauptversammlung leitet. Im Falle seiner Verhinderung ist die Niederschrift durch den stellvertretenden Aufsichtsratsvorsitzenden zu unterzeichnen, wenn dieser die Hauptversammlung leitet.[38] Ob die Unterzeichnung der Niederschrift generell durch den Versammlungsleiter möglich ist, wenn z. B. der Aufsichtsratsvorsitzende und auch sein Stellvertreter verhindert sind, muß bezweifelt werden. Das Gesetz sagt dieses zumindest nicht.[39]

[55] Insbesondere Hauptversammlungen mit ihren alljährlich wiederkehrenden Routinebeschlüssen bedürfen aus diesem Grunde nicht mehr zwingend der notariellen Beurkundung. Ob eine teilweise Protokollierung durch den Notar bei beurkundungspflichtigen Beschlüssen und die teilweise Protokollierung durch den Aufsichtsratsvorsitzenden bei nicht beurkundungspflichtigen Beschlüssen zulässig ist, beantwortet § 130 AktG nicht eindeutig.[40]

[56] Der Grundsatz der einfachen Stimmenmehrheit ist in § 133 Abs. 1 AktG enthalten. Stimmenthaltungen gelten als nicht abgegebene Stimmen und zählen daher nicht mit. Soweit das Gesetz eine Kapitalmehrheit verlangt, ist dies immer ein zusätzliches Erfordernis.

VI. Jahresabschluß und Gewinnverwendung

§ 18

Jahresabschluß und Lagebericht

(1) Der Jahresabschluß (Jahresbilanz sowie die Gewinn- und Verlustrechnung nebst Anhang) und der Lagebericht für das vergangene Geschäftsjahr sind von dem Vorstand in den ersten drei Monaten des Geschäftsjahres aufzustellen.[57]

(2) Der Aufsichtsrat hat den Jahresabschluß, den Lagebericht und den Vorschlag für die Verwendung des Bilanzgewinns zu prüfen.

---

38) Vgl. Bericht des Rechtsausschusses, BT-Drucks. 12/7848, S. 9.
39) *Hüffer*, AktG, § 130 Rz. 14e, hält dies für zulässig.
40) Vgl. *Lutter*, AG 1994, 429, 439 f, und *Hoffmann-Becking*, ZIP 1995, 1, 7 f, auch zur Frage, welche Beschlüsse der Beurkundung bedürfen.

>
> Der Aufsichtsrat hat über das Ergebnis der Prüfung schriftlich an die Hauptversammlung zu berichten.[58]

(3) Billigt der Aufsichtsrat den Jahresabschluß, so ist dieser festgestellt, sofern nicht Vorstand und Aufsichtsrat beschließen, die Feststellung des Jahresabschlusses der Hauptversammlung zu überlassen.[59]

(4) Der Vorstand hat unverzüglich nach Eingang des Berichtes des Aufsichtsrats die ordentliche Hauptversammlung einzuberufen.

[57] Zur Ausnahme kleiner Kapitalgesellschaften (§ 267 Abs. 1 HGB) von der Verpflichtung, einen Lagebericht aufzustellen und der für kleine Kapitalgesellschaften abweichend bestimmten Frist von sechs Monaten vgl. zunächst § 264 Abs. 1 Satz 3 HGB. Zur Vorlage des Jahresabschlusses an den Aufsichtsrat nebst Vorschlag für die Verwendung des Bilanzgewinns vgl. § 170 Abs. 1 und 2 AktG. Der Bericht des Aufsichtsrats ist im übrigen innerhalb eines Monats dem Vorstand zuzuleiten (§ 171 Abs. 3 Satz 1). Diese Frist kann vom Vorstand maximal um einen Monat verlängert werden. Geht auch innerhalb dieser Frist der Bericht des Aufsichtsrats nicht ein, so stellt die Hauptversammlung gemäß § 173 Abs. 1, § 171 Abs. 3 Satz 3 AktG den Jahresabschluß fest.

[58] Zum weiteren Inhalt des Berichts vgl. § 171 Abs. 2 AktG.

[59] Stellt danach die Hauptversammlung den Jahresabschluß fest, darf sie bei der Feststellung nur die Beträge in Gewinnrücklagen einstellen, die nach Gesetz oder Satzung einzustellen sind (§ 173 Abs. 2 Satz 2 AktG).

§ 19
Einstellung in die Rücklagen und Gewinnverwendung

(1) Stellen Vorstand und Aufsichtsrat den Jahresabschluß fest, so können sie einen Teil des Jahresüberschusses, höchstens jedoch ein Viertel, in andere Gewinnrücklagen einstellen.[60] Dabei sind Beträge, die in die gesetzliche Rücklage einzustellen sind, und ein Verlustvortrag vorab vom Jahresüberschuß abzuziehen.[61]

(2) Wird der Jahresabschluß durch die Hauptversammlung festgestellt, so ist ein Viertel des Jahresüberschusses in andere Gewinnrücklagen einzustellen.[62] Vorstehender Absatz 1 Satz 2 gilt entsprechend.

(3) Die Hauptversammlung kann im Beschluß über die Verwendung des Bilanzgewinns weitere Beträge in Gewinnrücklagen einstellen oder als Gewinn vortragen.[63]

[60] Eine Einschränkung des Rechts aus § 58 Abs. 2 Satz 1 AktG ist gemäß § 58 Abs. 2 Satz 2 AktG ausdrücklich möglich. Nach der Mustersatzung kann höchstens ein Viertel des Jahresüberschusses thesauriert werden. Zulässig wäre auch, Vorstand und Aufsichtsrat jegliche Befugnis zur Einstellung eines Teils des Jahresüberschusses in die Gewinnrücklagen zu entziehen. Welche Regelung im Einzelfall sinnvoll und angemessen ist, kann nicht abstrakt und pauschal beurteilt werden.[41]

[61] Die Bestimmung entspricht § 58 Abs. 1 Satz 3 AktG.

[62] Vgl. Anmerkung 59. Eine Ermächtigung an die Hauptversammlung, einen bestimmten Teil in die Kapitalrücklage einzustellen, würde insoweit nicht genügen.

[63] Die Bestimmung entspricht § 58 Abs. 3 AktG.

VII. Schlußbestimmungen

§ 20
Festsetzungen nach § 27 Abs. 1 Satz 1 AktG und Gründungsaufwand

(1) Der Gründer A [Wohnort] bringt zum Tage der Feststellung der Gründungssatzung den von ihm gehaltenen Geschäftsanteil von nominal € 225 000,- an der im Handelsregister des Amtsgerichts [...] unter HRB [...] eingetragenen X-GmbH, und zwar einschließlich des Gewinnbezugsrechts ab dem 1. Januar 2000, als Sacheinlage in die Gesellschaft ein. Er erhält dafür 225 000 Stückaktien der Serie A mit einem anteiligen Betrag am Grundkapital von zusammen € 225 000,-.[64]

(2) Die Gründerin B [Wohnort] bringt zum Tage der Feststellung der Gründungssatzung den von ihr gehaltenen Geschäftsanteil von nominal € 30 000,- an der im Handelsregister des Amtsgerichts [...] unter HRB [...] eingetragenen X-GmbH, und zwar einschließ-

---

41) Vgl. hierzu auch *Hoffmann-Becking*, ZIP 1995, 1, 5.

lich des Gewinnbezugsrechts ab dem 1. Januar 2000, als Sacheinlage in die Gesellschaft ein. Sie erhält dafür 30 000 Stückaktien der Serie A mit einem anteiligen Betrag am Grundkapital von zusammen € 30 000,–.

(3) Die Gründerin K-AG [Sitz] bringt zum Tage der Feststellung der Gründungssatzung die von ihr gehaltenen und auf den Inhaber lautenden 200 000 Stammaktien mit einem Nennbetrag von € 1,– je Aktie an der im Handelsregister des Amtsgerichts [...] unter HRB [...] eingetragenen Y-AG, und zwar einschließlich des Gewinnbezugsrechts ab dem 1. Januar 2000, als Sacheinlage in die Gesellschaft ein. Sie erhält dafür 122 500 Stückaktien der Serie A mit einem anteiligen Betrag am Grundkapital von zusammen € 122 500,–.

(4) Die Gesellschaft trägt die mit ihrer Gründung verbundenen Gerichts- und Notarkosten sowie die Kosten der Veröffentlichungen bis zu einem Betrag von € [...].[65]

[64] Bei Sacheinlagen müssen gemäß § 27 Abs. 1 AktG der Gegenstand der Sacheinlage, die einbringende Person und bei Stückaktien die Zahl der für die Sacheinlage zu gewährenden Aktien in der Satzung festgesetzt werden (vgl. auch Anm. 10 zur Notariellen Gründungsurkunde).

[65] Anzugeben ist der Gesamtaufwand (§ 26 Abs. 2 AktG). Einzelangaben sind nicht erforderlich. Soweit Einzelbeträge zur Berechnung des Gesamtaufwands noch nicht feststehen, sind diese zu schätzen.

Anhang III

Poolvertrag einer Familiengesellschaft

§ 1

Gegenstand und Zweck

(1) Die Vertragschließenden – nachfolgend „Partner" – sind Aktionäre der im Handelsregister des Amtsgerichts [...] eingetragenen [...] AG – nachfolgend „die Gesellschaft". Sie schließen sich durch diesen Vertrag zu einem Aktionärspool in der Form einer Gesellschaft bürgerlichen Rechts zusammen – nachfolgend „der Pool".

(2) Zweck des Pools ist es, den Einfluß der Partner und ihrer Familien auf die Gesellschaft sicherzustellen und den Charakter der Gesellschaft als Familiengesellschaft zu bewahren.

(3) Dieser Vertrag erfaßt den gesamten jeweiligen Aktienbesitz der Partner an der Gesellschaft, gleich wann und auf welche Weise ein Partner die Aktien erworben hat oder noch erwirbt (nachfolgend „vertragsgebundene Aktien"). Die Aktien verbleiben jedoch im Eigentum des jeweiligen Partners. An ihnen wird durch diesen Vertrag weder Gesamthandseigentum noch Bruchteilseigentum begründet.[1] Der bei Vertragsabschluß vorhandene Bestand vertragsgebundener Aktien jedes Partners ergibt sich aus der Anlage zu diesem Vertrag.

[1] Es handelt sich um einen Pool ohne Gesamthandsvermögen (vgl. Rz. 762 ff).

§ 2

Leitung

(1) Die Geschäftsführung obliegt dem Leiter und im Falle seiner Verhinderung seinem Stellvertreter. Leiter und Stellvertreter werden jeweils durch Beschluß von den Partnern aus ihrer Mitte in der Poolversammlung gewählt. Die Wahl erfolgt für die Zeit bis zum Ablauf der übernächsten ordentlichen Poolversammlung. Wiederwahl ist zulässig. Zur Abberufung des Leiters oder Stellvertreters ist ein Beschluß mit 75 % der abgegebenen Stimmen erforderlich.

(2) Der Leiter nimmt außerhalb der Poolversammlung die Interessen des Pools gegenüber der Gesellschaft wahr. Er hält Kontakt zu den Organen der Gesellschaft. Er bereitet die Beschlußfassungen

des Pools vor und sorgt für die Durchführung der Beschlüsse der Poolversammlung.

(3) Der Leiter und der Stellvertreter haben Anspruch auf Ersatz ihrer Auslagen. Die Poolversammlung kann darüber hinaus eine Vergütung für die Tätigkeit des Leiters und des Stellvertreters festsetzen. Sämtliche Ansprüche auf Ersatz von Auslagen und Zahlung von Vergütungen werden von den Partnern anteilig in dem Verhältnis getragen, in dem sie am Grundkapital der Gesellschaft beteiligt sind.[2]

[2] Da der Pool keine Einkünfte erzielt, aus denen die Kosten der Geschäftsführung bestritten werden können, müssen diese auf die Poolmitglieder umgelegt werden.

§ 3

Poolversammlung und Beschlüsse

(1) Vor jeder Hauptversammlung der Gesellschaft findet eine Versammlung der Partner (Poolversammlung) statt, die darüber beschließt, wie das Antragsrecht und die Stimmrechte der Partner zu den Gegenständen der Tagesordnung der Hauptversammlung ausgeübt werden sollen. Die jährliche ordentliche Poolversammlung findet jeweils vor der ordentlichen Hauptversammlung der Gesellschaft statt. Im übrigen beschließt die Poolversammlung in allen Fällen, in denen nach diesem Vertrag oder dem Gesetz eine Entscheidung der Partner erforderlich ist.

(2) Die Einberufung der Poolversammlung erfolgt schriftlich unter Angabe der Tagesordnung durch den Leiter oder seinen Stellvertreter. Zwischen der Aufgabe des Briefes zur Post und dem Versammlungstag muß eine Frist von mindestens zwei Wochen liegen.[3] Mit der Einberufung sind die Tagesordnungspunkte und, soweit es sich zugleich um Tagesordnungspunkte für die Hauptversammlung der Gesellschaft handelt, die Beschlußvorschläge von Vorstand und Aufsichtsrat mitzuteilen. Partner die zusammen wenigstens 10% der vertragsgebundenen Aktien halten, können unter Angabe des Zwecks und der Gründe die Einberufung einer Poolversammlung verlangen.

(3) Poolversammlungen finden am Sitz der Gesellschaft statt.

(4) Die Poolversammlung wird von dem Leiter und bei seiner Verhinderung von seinem Stellvertreter geleitet, sofern die Poolversammlung nicht einen anderen Versammlungsleiter bestimmt.

(5) Jeder Partner kann sich in der Poolversammlung durch einen anderen Partner aufgrund schriftlicher Vollmacht vertreten lassen. Jeder Partner kann sich von einem Angehörigen eines zur Verschwiegenheit verpflichteten Berufsstandes begleiten lassen.[4] Der Leiter kann weitere Personen zur Teilnahme zulassen, insbesondere Mitglieder des Vorstands oder des Aufsichtsrats der Gesellschaft.

(6) Die Poolversammlung ist beschlußfähig, wenn Partner anwesend oder vertreten sind, die zusammen mindestens 75% der vertragsgebundenen Aktien halten. Ist eine Poolversammlung beschlußunfähig, so ist unverzüglich mit einer Frist von mindestens einer Woche eine neue Poolversammlung einzuberufen. Diese ist hinsichtlich der Gegenstände, die auf der Tagesordnung der beschlußunfähigen Poolversammlung standen, ohne Rücksicht auf den Umfang der vertretenen vertragsgebundenen Aktien beschlußfähig; darauf ist in der Einberufung hinzuweisen.

(7) Das Stimmrecht der Partner richtet sich nach ihrem Stimmrecht in der Hauptversammlung der Gesellschaft. Soweit ein Partner in der Hauptversammlung der Gesellschaft vom Stimmrecht ausgeschlossen ist oder wäre, hat er auch bei Beschlüssen der Poolversammlung kein Stimmrecht.

(8) Die Beschlüsse der Partner bedürfen, soweit in diesem Vertrag nichts anderes bestimmt ist, der einfachen Mehrheit der abgegebenen Stimmen. Dies gilt auch für Beschlüsse der Poolversammlung über Gegenstände der Tagesordnung der Hauptversammlung der Gesellschaft, die dort einer höheren Stimmen- und/oder einer Kapitalmehrheit bedürfen.[5]

(9) Der Leiter sorgt für die Anfertigung einer Niederschrift der Poolversammlung, in der der Ort und Tag der Versammlung, die Namen der anwesenden Partner oder ihrer Vertreter sowie die von ihnen vertretenen Aktien sowie die Beschlüsse unter Angabe des Abstimmungsergebnisses aufzuführen sind. Der Leiter hat die Niederschrift zu unterzeichnen und unverzüglich jedem Partner eine Kopie zu übermitteln.

(10) Beschlüsse der Partner können auch außerhalb von Versammlungen schriftlich oder per Telefax gefaßt werden, wenn sich alle Partner mit dieser Art der Beschlußfassung einverstanden erklären oder sich an ihr beteiligen. Der Leiter hat eine Niederschrift über die Beschlußfassung anzufertigen. Absatz 9 gilt entsprechend.

[3] Die Einberufungsfrist ist so kurz bemessen, daß die Poolversammlung auf jeden Fall vor der Hauptversammlung der Gesellschaft stattfinden kann, für die eine Einberufungsfrist von mindestens einem Monat gilt (§ 123 Abs. 1 AktG). Außerdem kann bei entsprechender Terminierung auch noch eine weitere Poolversammlung gemäß Absatz 6 stattfinden, falls die erste beschlußunfähig ist.

[4] Ist ein solches Begleitungsrecht nicht erwünscht, kann die Zulassung von Begleitpersonen eingeschränkt und von der Zustimmung der Poolversammlung abhängig gemacht werden.

[5] Die Regelung ist zusammen mit der aus § 4 Abs. 2 folgenden Stimmbindung eine der zentralen Bestimmungen des Poolvertrages, die der (einfachen) Mehrheit innerhalb des Pools gegenüber der Gesellschaft und anderen Aktionärsgruppen das Gewicht der Stimmkraft des gesamten Pools verschafft (vgl. auch Rz. 773).

§ 4
Vertretung in der Hauptversammlung und Stimmbindung

(1) Alle Partner sind verpflichtet, ihre Aktien auf der Hauptversammlung der Gesellschaft entweder selbst zu vertreten oder für ihre Vertretung zu sorgen. Ist ein Partner auf der Hauptversammlung der Gesellschaft nicht anwesend und auch nicht vertreten, gelten der Leiter und der Stellvertreter – jeweils einzeln – als zur Vertretung des Partners ermächtigt. Jeder Partner hat anläßlich der Wahl des Leiters und des Stellvertreters eine entsprechende Blankovollmacht auszustellen.[6]

(2) Das Stimmrecht aus vertragsgebundenen Aktien ist in der Hauptversammlung der Gesellschaft jeweils gemäß dem entsprechenden Beschluß der Poolversammlung auszuüben, und zwar unabhängig davon, ob und in welchem Sinne der Partner bei der Beschlußfassung des Pools abgestimmt hat. Wenn die für eine Stimmabgabe mit „Ja" erforderliche Mehrheit bei der entsprechenden Beschlußfassung der Poolversammlung nicht erreicht wurde, so ist jeder Partner verpflichtet, in der Hauptversammlung der Gesellschaft

mit „Nein" zu stimmen. Ist zu einem in der Hauptversammlung der Gesellschaft zu fassenden Beschluß in der Poolversammlung zuvor nicht abgestimmt worden, so können die Partner in der Hauptversammlung der Gesellschaft nach ihrem freien Ermessen abstimmen.

[6] Da die Aktien sich im Eigentum der Aktionäre befinden (Pool ohne Gesamthandsvermögen), liegen die Stimmrechte bei den Poolmitgliedern und nicht beim Pool selbst. Der Leiter des Pools kann daher die Stimmrechte nur Kraft einer Vollmacht der Poolmitglieder ausüben, die jedoch keine verdrängende Wirkung hat. Die Stimmausübung durch die Poolmitglieder ist weiterhin möglich und hat Vorrang (vgl. Rz. 775).

§ 5
Besetzung des Aufsichtsrats

(1) **Solange die Partner gemeinsam über die Mehrheit des Grundkapitals der Gesellschaft verfügen, sind Partner, die allein oder gemeinsam über 15 % der vertragsgebundenen Aktien verfügen, berechtigt, einen Vorschlag für die Wahl eines der sechs Anteilseignervertreter im Aufsichtsrat zu machen. Jeder Partner darf dabei verschiedene Teile seiner vertragsgebundenen Aktien auch zur Unterstützung unterschiedlicher Wahlvorschläge einsetzen. Wahlvorschläge sind dem Leiter der Poolversammlung rechtzeitig vor Einberufung der Poolversammlung mitzuteilen, die vor der Hauptversammlung der Gesellschaft stattfindet, in der die Wahlen zum Aufsichtsrat Gegenstand der Tagesordnung sind. Die Poolversammlung ist an die Wahlvorschläge gebunden.[7] Soweit keine Wahlvorschläge nach Maßgabe der vorstehenden Bestimmungen eingehen, entscheidet die Poolversammlung über die zu wählenden Kandidaten ohne Bindung an Wahlvorschläge.**

(2) **Die Partner werden ihren Einfluß auf die Organe der Gesellschaft im Rahmen des gesetzlich Zulässigen dahin gehend geltend machen, daß im Falle einer etwa erforderlichen gerichtlichen Bestellung eines Aufsichtsratsmitglieds die vorstehenden Bestimmungen zur Geltung kommen.[8]**

[7] Die Bestimmung geht davon aus, daß aufgrund der Satzung der Gesellschaft kein Entsendungsrecht für Mitglieder in den Aufsichtsrat besteht (Rz. 726 f). Sie zielt darauf ab, die Anteilseignervertreter im Aufsichts-

rat vollständig durch den Pool zu besetzen, dabei aber unterschiedlichen Gruppen innerhalb des Pools die Durchsetzung eigener Personalvorschläge zu ermöglichen. Dadurch wird das sonst verankerte Prinzip der einfachen Mehrheit (§ 3 Abs. 8) im Interesse von Minderheiten innerhalb des Pools eingeschränkt (vgl. Rz. 773).

[8] Vgl. § 104 AktG.

§ 6
Hinterlegung der Aktien und anderer Wertpapiere

(1) Jeder Partner hat seine jeweiligen vertragsgebundenen Aktien sowie die auf seinen Namen lautenden – auch zukünftigen – Zwischenscheine und Wertpapiere, die ein unbedingtes oder bedingtes Recht auf den Bezug von neuen Aktien zum Inhalt haben, in einem vom Leiter bezeichneten gemeinsamen Sperrdepot bei einem in der Bundesrepublik Deutschland zugelassenen Kreditinstitut zu hinterlegen.[9]

(2) Bei der Hinterlegung muß mit dem Kreditinstitut vereinbart werden, daß die Herausgabe der Aktien oder Wertpapiere oder die Abtretung des Herausgabeanspruchs nur mit Zustimmung des Leiters oder dessen Stellvertreters erfolgen können. Diese Vereinbarung ist so zu treffen, daß sie ohne Zustimmung des Leiters oder Stellvertreters nicht aufgehoben oder geändert werden kann.[10]

[9] Vgl. Rz. 763 f.
[10] Dadurch sollen Übertragungen gemäß §§ 930, 931 BGB verhindert werden.

§ 7
Verfügung über Aktien[11]

(1) Jeder Partner ist berechtigt, vertragsgebundene Aktien ohne Zustimmung der anderen Partner auf Partner oder Personen zu übertragen, die in gerader Linie mit Partnern verwandt sind, sofern der Erwerber, falls er nicht bereits Partner ist, bei der Übertragung seinen Beitritt zu diesem Vertrag erklärt.[12]

(2) Will ein Partner vertragsgebundene Aktien an andere als die in Absatz 1 genannten Personen[13] übertragen, so steht den übrigen Partnern ein Vorerwerbsrecht nach Maßgabe der folgenden Bestimmungen zu: Der veräußerungswillige Partner hat den übrigen

Partnern den Erwerb der Aktien zu denselben Bedingungen anzubieten wie dem namentlich zu bezeichnenden Erwerber. Das Angebot erfolgt durch eingeschriebenen Brief an den Leiter, der es unverzüglich durch eingeschriebenen Brief an die Partner weiterleitet. Das Angebot kann von jedem Partner nur innerhalb einer Ausschlußfrist von einem Monat seit Zugang bei ihm durch schriftliche Erklärung gegenüber dem Leiter angenommen werden. Das Angebot kann ganz oder teilweise angenommen werden. Nehmen mehrere Partner das Angebot ganz oder teilweise an und übersteigt die Annahme das Angebot, gilt es als von den annehmenden Partnern als im Verhältnis ihrer Beteiligung am Grundkapital der Gesellschaft angenommen, sofern die betreffenden Partner untereinander kein anderes Verhältnis vereinbaren. Übersteigen die auf einen Partner danach entfallenden angebotenen Aktien seine Annahmeerklärung, so gilt hinsichtlich der übersteigenden Zahl der Aktien vorstehender Satz für die übrigen annehmenden Partner entsprechend. Etwaige Spitzenbeträge, die sich dadurch ergeben, daß eine Aktie nicht teilbar ist, werden durch den Leiter verlost. Durch die Annahmeerklärung kommt ein Kaufvertrag zwischen dem veräußerungswilligen Partner und dem jeweils annehmenden Partner zustande. Im Falle mehrerer annehmender Partner haftet jeder nur für den auf die von ihm erworbenen Aktien entfallenden Kaufpreis. Soweit nach den vorstehenden Bestimmungen ein Vorerwerbsrecht nicht ausgeübt wird, ist der veräußerungswillige Partner berechtigt, die zum Vorerwerb angebotenen Aktien an den im Angebot bezeichneten Erwerber zu den genannten Bedingungen innerhalb einer Frist von sechs Monaten seit Zugang des Angebots beim Leiter zu veräußern, sofern der Erwerber seinen Beitritt zu diesem Vertrag erklärt.

(3) Die vorstehenden Bestimmungen gelten entsprechend für die Veräußerung von Bezugsrechten auf neue Aktien, von Wertpapieren, die ein unbedingtes oder bedingtes Recht auf den Bezug von neuen Aktien zum Inhalt haben, sowie von Bezugsrechten auf den Erwerb solcher Wertpapiere. Im Falle der Veräußerung von Bezugsrechten ist das Angebot spätestens innerhalb einer Woche nach Fassung des Kapitalerhöhungsbeschlusses bzw. des Beschlusses über die Ausgabe der betreffenden Wertpapiere an den Leiter zu richten; die Erklärungsfrist für die Annahme des Angebots beträgt zwei Wochen.

(4) Eine Verpfändung oder Nießbrauchsbestellung an vertragsgebundenen Aktien sowie Rechten und Wertpapieren im Sinne von Absatz 3 zugunsten anderer Partner ist unbeschränkt zulässig. Im übrigen bedürfen derartige Verfügungen der Zustimmung des Leiters. Dieser hat die Zustimmung zu erteilen, wenn sichergestellt ist, daß der Partner keine Verpflichtungen eingeht, die mit seinen Bindungen aufgrund dieses Vertrages in Widerspruch stehen. Verweigert der Leiter die Zustimmung, kann der betreffende Partner die Entscheidung der Poolversammlung verlangen. Diese entscheidet mit einer Mehrheit von 75 % der abgegebenen Stimmen.

(5) Überträgt ein Partner nach den Bestimmungen dieses Vertrages sämtliche seiner Aktien sowie etwaige ihm zustehende Rechte und Wertpapiere im Sinne von Absatz 3, so scheidet er aus dem Pool aus.

(6) Zu anderen Verfügungen über vertragsgebundene Aktien als den vorstehend oder gemäß § 8 Abs. 1 zugelassenen sind die Partner nicht berechtigt.

[11] Die sich aus dieser Bestimmung ergebenden Verfügungsbeschränkungen können zusätzlich durch Vinkulierungsbestimmungen in der Satzung der Gesellschaft abgesichert oder verstärkt werden (vgl. Rz. 734 ff); die Regelungen sind dann aufeinander abzustimmen: Die Poolmitglieder sind verpflichtet, ihren Einfluß auf die Gesellschaft so auszuüben, daß die Verfügungsbeschränkungen des Poolvertrags Geltung erlangen (vgl. Rz. 780).

[12] An dieser Regelung und an § 8 Abs. 3 wird der Familiencharakter des Pools deutlich. Der Erwerber, der noch nicht Poolmitglied ist, muß dem Pool beitreten. Dadurch wird sein etwa bereits vorhandener Aktienbesitz gemäß § 1 Abs. 3 vertragsgebunden und damit der Poolbindung unterworfen.

[13] Diese Regelung ermöglicht das Eindringen von Nichtfamilienmitgliedern in den Pool, falls kein Poolmitglied bereit ist, die Aktien eines veräußerungswilligen Poolmitglieds zu übernehmen. Häufig ist im Interesse der Bewahrung des Familiencharakters eine derartige Regelung nicht erwünscht. Statt dessen wird die Übertragung an Dritte dann entweder ganz ausgeschlossen oder von der Zustimmung einer qualifizierten Beschlußmehrheit abhängig gemacht. Das einzelne Poolmitglied hat dann eine entsprechend verminderte Möglichkeit, sich von seinen Aktien im Wege der Veräußerung zu trennen (vgl. Rz. 778 ff).

§ 8
Rechtsnachfolge von Todes wegen

(1) Stirbt ein Partner, so wird dieser Vertrag mit seinen Erben oder denjenigen, auf die der Erbe vertragsgebundene Aktien aufgrund einer Teilungsanordnung, der Erbauseinandersetzung oder eines Vermächtnisses überträgt, fortgesetzt. Im Falle eines Vermächtnisses[14] haben die Erben – soweit sie aufgrund von letztwilligen Verfügungen des Erblassers dazu berechtigt sind – die Übertragung davon abhängig zu machen, daß der Vermächtnisnehmer diesem Vertrag beitritt. Jeder Partner soll etwa von ihm ausgesetzte Vermächtnisse entsprechend ausgestalten. Für Übertragungen im Sinne von Satz 1 gelten die Bestimmungen des § 7 mit der Maßgabe, daß § 7 Abs. 2 nur Anwendung findet, falls dem Vermächtnisnehmer lediglich ein Anspruch auf einen vollentgeltlichen Erwerb der Aktien zugewandt worden ist; Absatz 3 bleibt unberührt.

(2) Solange hinsichtlich von vertragsgebundenen Aktien des Erblassers eine ungeteilte Erbengemeinschaft besteht, können mehrere Erben insoweit Rechte nach diesem Vertrag, insbesondere Stimmrechte in der Poolversammlung nur einheitlich und durch einen gemeinsamen Vertreter ausüben.[15] Die Bestellung des gemeinsamen Vertreters erfolgt durch Mehrheitsbeschluß der Erben, wobei die Stimmenmehrheit nach der Größe der Anteile an der Erbengemeinschaft zu berechnen ist.

(3) Die Partner können durch Beschluß mit der einfachen Mehrheit der abgegebenen Stimmen bestimmen, einen Erben, der zum Zeitpunkt des Erbfalls nicht Partner oder eine mit einem Partner in gerader Linie verwandte Person ist, aus dem Pool auszuschließen. Das gleiche gilt für einen im Zuge der Erfüllung eines Vermächtnisses diesem Vertrag beigetretenen Vermächtnisnehmer oder für eine Erbengemeinschaft, zu der Personen gehören, in deren Ansehung eine Ausschließung gemäß Satz 1 erfolgen kann.[16] Die Ausschließung kann nur innerhalb eines Jahres seit dem Erbfall oder der Übertragung auf den Vermächtnisnehmer erfolgen. Der betroffene Partner ist bei der Beschlußfassung nicht stimmberechtigt.

[14] Anders als der Erbe rückt der Vermächtnisnehmer nicht automatisch in die Stellung des Erblassers als Poolmitglied ein. Der Erblasser kann das Vermächtnis von dem Beitritt des Vermächtnisnehmers zum Pool

abhängig machen. Zu einer derartigen letztwilligen Verfügung kann allerdings kein Poolmitglied im Poolvertrag rechtswirksam verpflichtet werden (Testierfreiheit). Unterläßt ein Poolmitglied die entsprechende Ausgestaltung des Vermächtnisses, sind die Erben den Ansprüchen des Vermächtnisnehmers auf unbedingte Übertragung der Aktien ausgesetzt, die sie nicht ohne Verstoß gegen den Poolvertrag erfüllen können.

[15] Vgl. Rz. 767.

[16] Die Regelung dient neben § 7 Abs. 1 der Sicherung des Familiencharakters. Durch die Ausschließung werden die Aktien des Poolmitglieds allerdings von der Poolbindung frei. Um dies verhindern zu können, gewährt § 12 den übrigen Poolmitgliedern ein Erwerbsrecht (call option) hinsichtlich der Aktien des ausscheidenden Poolmitglieds (zur Problematik vgl. auch Rz. 765 ff, 782).

§ 9
Vertragsstrafe

(1) **Verletzt ein Partner seine Verpflichtungen aus diesem Vertrag, insbesondere seine Verpflichtung zur Ausübung des Stimmrechts im Einklang mit den Beschlußfassungen des Pools und zur Einhaltung der Verfügungsbeschränkungen des § 7, kann die Poolversammlung durch Beschluß für jeden Fall einer Pflichtverletzung eine Vertragsstrafe gegen den Partner festsetzen. Dieser ist bei der Beschlußfassung nicht stimmberechtigt. Die Vertragsstrafe ist unter Berücksichtigung der Bedeutung des Verstoßes für den mit diesem Vertrag verfolgten Zweck nach billigem Ermessen festzusetzen. Sie soll mindestens 10 000,- DM und nicht mehr als 2 Mio. DM betragen.**

(2) Der Leiter ist ermächtigt, die Vertragsstrafe gegen den betreffenden Partner im eigenen Namen geltend zu machen. Der Betrag ist unter die übrigen Partner im Verhältnis ihrer Beteiligung am Grundkapital der Gesellschaft zum Zeitpunkt der jeweiligen Pflichtverletzung zu verteilen.

(3) Das Recht der übrigen Partner, Unterlassung, Wiederherstellung und Schadensersatz zu verlangen, wird durch den Verfall der Vertragsstrafe nicht berührt.

(4) Eine Vertragsstrafe kann auch noch nach Ausscheiden des Partners aus dem Pool gegen ihn festgesetzt werden.

§ 10
Dauer

(1) Dieser Vertrag kann erstmals zum [...] und sodann jeweils zum Ende des Ablaufs jedes fünften Jahres nach diesem Termin mit einer Frist von sechs Monaten gekündigt werden.[17] Die Kündigung ist durch eingeschriebenen Brief gegenüber dem Leiter zu erklären. Jeder Partner hat das Recht, sich der Kündigung bis zum Zeitpunkt von drei Monaten nach Ablauf der Kündigungsfrist anzuschließen. Für die Anschlußerklärung gilt Satz 2 entsprechend.

(2) Der Kündigende scheidet mit dem Wirksamwerden der Kündigung aus dem Pool aus. Dieser wird von den verbleibenden Partnern fortgeführt. Das gleiche gilt, wenn ein Pfändungsgläubiger eines Partners diesen Vertrag kündigt.

(3) Dieser Poolvertrag endet im übrigen, wenn alle Partner zum selben Termin kündigen oder die Poolversammlung die Auflösung des Pools mit einer Mehrheit von 75 % der abgegebenen Stimmen beschließt.

[17] Vgl. Rz. 781.

§ 11
Ausschließung

(1) Ein Partner kann durch Beschluß mit der einfachen Mehrheit der abgegebenen Stimmen aus dem Pool ausgeschlossen werden,[18] wenn

– er eine wesentliche Bestimmung dieses Vertrages, insbesondere seine Verpflichtungen aus den §§ 4, 6 oder 7, verletzt und er, soweit die gebotenen Handlungen nachgeholt werden können, diese nicht innerhalb einer ihm vom Leiter unter Androhung der Ausschließung zu setzenden angemessenen Frist vornimmt;

– über das Vermögen eines Partners das Insolvenzverfahren eröffnet oder die Eröffnung des Insolvenzverfahrens abgelehnt wird,

– vertragsgebundene Aktien eines Partners Gegenstand einer Pfändung oder sonstigen Vollstreckungsmaßnahme sind und diese Maßnahme nicht innerhalb eines Monats aufgehoben wird.

(2) Die Ausschließung eines Partners läßt andere gegen ihn bestehende Ansprüche, insbesondere auf Zahlung einer Vertragsstrafe, unberührt.

[18] Vgl. Rz. 782; eine Abfindung erhält das ausgeschlossene Poolmitglied nicht. Jedoch können die übrigen Poolmitglieder gemäß § 12 die Aktien des ausgeschlossenen Poolmitglieds gegen Entgelt übernehmen (vgl. Rz. 784). Neben der Ausschließungsmöglichkeit nach den Bestimmungen des Poolvertrages kann in der Satzung der Gesellschaft auch die Möglichkeit der Zwangseinziehung der Aktien vorgesehen werden (vgl. dazu Rz. 738 ff, 785).

§ 12
Erwerbsrecht der übrigen Partner infolge des Ausscheidens eines Partners

(1) In allen Fällen, in denen ein Partner durch Ausschließung oder Kündigung aus dem Pool ausscheidet, haben die übrigen Partner das Recht, von dem ausscheidenden Partner die vollständige oder teilweise Übertragung seiner vertragsgebundenen Aktien zu verlangen (Erwerbsrecht).[19] Das Erwerbsrecht ist innerhalb von einem Monat seit Ausscheiden des Partners durch schriftliche Erklärung gegenüber dem Leiter auszuüben. Mehreren Partnern steht das Erwerbsrecht im Verhältnis ihrer Beteiligung am Grundkapital der Gesellschaft zu, sofern die betreffenden Partner untereinander kein anderes Verhältnis vereinbaren. Übersteigen die auf einen erwerbsberechtigten Partner entfallenden vertragsgebundenen Aktien des ausscheidenden Partners den Umfang, in dem er sein Erwerbsrecht ausgeübt hat, so gilt hinsichtlich der übersteigenden Zahl der Aktien vorstehender Satz für die übrigen Partner entsprechend. Etwaige Spitzenbeträge, die sich dadurch ergeben, daß eine Aktie nicht teilbar ist, werden durch den Leiter verlost.

(2) Durch die Ausübung des Erwerbsrechts kommt ein Kaufvertrag zwischen dem ausscheidenden Partner und dem jeweils das Erwerbsrecht ausübenden Partner zustande. Der Kaufpreis entspricht dem Wert der Aktien, der im Falle einer Schenkung unter Lebenden im Zeitpunkt des Ausscheidens aus dem Pool der Bemessung der Schenkungsteuer zugrunde zu legen wäre.[20] Im Falle mehrerer Erwerber haftet jeder nur für den auf die von ihm erworbenen Aktien entfallenden Kaufpreis. Können sich der aus-

scheidende Partner und der oder die Erwerber über die Höhe des Kaufpreises nicht einigen, so entscheidet auf Antrag einer Partei die Wirtschaftsprüfungsgesellschaft [...] in [...] als Schiedsgutachter. Die Kosten des Schiedsgutachters tragen der ausscheidende Partner einerseits und der oder die Erwerber andererseits je zur Hälfte.

[19] Vgl. Rz. 784.

[20] Bei der Bestimmung des Erwerbsentgeltes ist darauf zu achten, daß nicht bereits von Anfang an ein großes Mißverhältnis zum Wert der Aktien besteht. Die Klausel ist nach denselben Grundsätzen zu beurteilen wie Abfindungsklauseln bei Personengesellschaften und GmbHs.[1]

§ 13
Schlußbestimmungen

(1) Änderungen und Ergänzungen dieses Vertrages bedürfen eines Beschlusses der Poolversammlung mit einer Mehrheit von 75 % der abgegebenen Stimmen. Jedoch bedarf ein Beschluß, durch den die Verfügungsmöglichkeiten der Partner über vertragsgebundene Aktien erschwert werden oder die Bindungsdauer der Partner an diesen Vertrag verlängert wird, der einstimmigen Beschlußfassung.

(2) Sollte eine Bestimmung dieses Vertrags unwirksam sein oder werden, so wird dadurch die Wirksamkeit der übrigen Bestimmungen dieses Vertrages nicht berührt. An Stelle der unwirksamen Bestimmung soll eine Bestimmung gelten, die dem, was die Partner gewollt haben oder nach dem Sinn und Zweck dieses Vertrages gewollt haben würden, wirtschaftlich möglichst nahekommt. Dasselbe gilt, falls dieser Vertrag eine Lücke aufweisen sollte.

---

1) Vgl. BGH, Urt. v. 13. 6. 1994 – II ZR 38/93, BGHZ 126, 226 = ZIP 1994, 1173, dazu EWiR 1994, 973 *(Wiedemann)*.

Stichwortverzeichnis

Abfindung
- Gesellschafter, ausscheidender 212
- Regelung im Poolvertrag 771, 783 ff

Abgrenzungsregeln 833
Abhängigkeitsbericht 365, 416
Abschlußprüfer 837 ff
- bei Gründung 64
- Bestätigungsvermerk 842, 865
- Prüfungsbericht 841
- Versagungsvermerk 842
- Wahl 272, 840
- Wahlrecht 614

Abspaltung 292, 293
- Beteiligungsverhältnis 296
- nicht verhältniswahrende 291

Abspaltungsverbot 334
- Aktie, Nießbrauch 335
- Reichweite 335

Abstimmung
- Additionsmethode 605
- Art 552
- Aufgabe des Versammlungsleiters 552
- bei Bekanntmachungsmängeln 590
- Entlastung der Verwaltungsorgane 595
- Feststellung des Vorsitzenden 643 f
- gesonderte 342, 613
- Stimmverbote 595 ff
- Subtraktionsmethode 605
- Vertretung 598

Abstimmungsergebnis
- Ermittlung 605 f

Abtretung 710, 716
Ad-hoc-Publizität 905
Afa 309
Agio 836, 848, 865
- Leistung bei Gründung 70

Aktie
- Art 883
- Eigenerwerb 819, 901 ff
- einbringungsgeborene 861
- Einziehung aus wichtigem Grund 900
- Fungibilität 332, 670, 678, 693, 701, 716, 802
- Gattungsunterschied 348
- Hinterlegung 530
- Inhaberaktien 149
- Namensaktien 149
- Nießbrauch, Abspaltungsverbot 335
- Rechtsübergang 562
- Stimmrecht 591 ff
- Übertragung vor Eintragung der AG 106 f
- Übertragung, Vinkulierung 333
- Unterpari-Emission 358
- Verbriefung, Ausschluß 255
- Zeichnung 845
- Zusammenlegung 893, 897
- Zwangseinziehung 900
- siehe auch Anteil

Aktienbegriff 669
- formeller 697 ff
- materieller 670 ff

Aktienbetrag
- Festlegung 238

Aktienbuch 703 ff
- Einsichtsrecht 704, 718
- elektronisches 713
- Informationsfunktion 704 f
- Legitimationsfunktion 705

Aktienform 672, 676
- Festlegung durch Satzung 692

Aktiengattung 672, 682
- Nebenleistungsaktie 690
- Sonderbeschluß bei Änderung 695
- Stammaktie 683
- Vorzugsaktie 686 ff

Aktiengesellschaft
- Aktionär, Verhältnis 338 ff
- Anmeldung, ordnungsgemäße 336
- Attraktivität 201
- Eingangsrechtsform 201
- Errichtung, ordnungsgemäße 336
- Handelsgesellschaft 361
- Handelsrecht, Anwendbarkeit 361
- Handelsregister, Eintragung 336
- Mitglieder, Bestand 332
- Neugründung 201
- Person, juristische 336
- Rechtspersönlichkeit, Entstehen 336
- Sitz, Angabe in Satzung 133
- Trennungsprinzip 337

Aktiengesetz
- Regelungsdichte 324

Aktiennennbetrag 676
Aktienoption 877, 903, 909, 913
- Ausübung 921
- Basispreis 912, 922
- Bewertung 922

435

- bilanzielle Behandlung 918 ff
- Einräumung 921
- steuerliche Behandlung 919 ff
- Vergütungselement 409

Aktienrecht
- Deregulierung 320
- Prinzipien, tragende 319 ff
- Treuepflicht 351

Aktienurkunde 669, 697 ff, 708, 715, 718
- Ausgabepflicht 127
- Berichtigung 720
- Form 126, 698
- Kraftloserklärung 720 f
- Mindestinhalt 126
- Serienzeichen und Nummern 699
- Umtausch 720
- Unterschrift 699
- Zeitpunkt der Ausgabe 123 ff

Aktienzahl 676

Aktienzertifikat
- Ausgabe 255

Aktionär
- Aktiengesellschaft, Verhältnis 338 ff
- Antragsrecht 584 ff
- Aufsichtsratsmitglied, Wahlvorschlag 342
- Auskunftsanspruch 573
- Ausschluß 900
- Beteiligungsquote, Erhaltung 349
- Bezugsrecht 349, 350
- Bezugsrecht, Ausschluß 350
- Bezugsrecht, Ungleichbehandlung 347
- Einmischung, unternehmerische 320
- Fragerecht 537, 570
- Geschäftsführung, Trennung 325
- Gesellschaft, Treuepflicht 352
- Gesellschaft, Verhältnis 319
- Gewinnanteil 346
- Kapitalerhöhung, Bezugsrecht 346
- Legitimation bei Hauptversammlung 560 ff
- Minderheitsrecht, Mißbrauch 353
- Mitgliedschaftsrecht, Abspaltung 335
- Mitgliedschaftsrecht, Aufspaltung 335
- Mitgliedschaftsrecht, Bevollmächtigung 335
- Mitgliedsstellung, Eingriff 327
- Recht, mitgliedschaftliches 323
- Rederecht 568
- Schutz 320, 322
- Stimmabgabe, treuwidrige 354
- Stimmrecht 346, 591 ff
- Stimmrecht, Ungleichbehandlung 347
- Teilnahmerecht 558
- Treuepflicht, wechselseitige 351

Aktionärsdarlehen, eigenkapitalersetzendes 821 ff
- Rechtsprechung des BGH 821
- siehe auch Eigenkapitalersatz

Aktionärsinteresse 909
Aktionärskonsortium 821
Aktionärspool 821
Aktionärsvereinbarung 724, 744 ff
- Form 746
- Rechtsnachfolge 748
- Rechtsnatur 747 ff
- Unterschied zur Regelung in der Satzung 747 ff
- Vertragsfreiheit 745
- Zulässigkeit und Grenzen 749

Alarmfunktion 221
Amtlicher Handel
- Börsenzulassungsprospekt 969
- Zulassungsverfahren 968 ff

Andienungsrecht 905
Anfangsbilanz
- Übertragungsstichtag 305

Anfechtung
- von Hauptversammlungsbeschlüssen 671

Anfechtungsklage 888
- Hauptversammlungsbeschluß, rechtswidriger 343
- Mitgliedschaftsrecht, allgemeines 343
- Monatsfrist 246

Anfechtungstatbestand
- übermäßige Rücklagenbildung 674

Anlegerschutz 679, 812 f
Anleihen
- Begebung 820

Anmeldung
- bei Bargründung 109
- bei Sachgründung 110
- Beurkundung, Kosten 261
- Unterschriftsbeglaubigung, Kosten 261
- Unversehrtheit des Grundkapitals 117

Anmeldung der Gründung
- Anmeldeverpflichtete 108

Anschaffungskosten
- nachträgliche 825

Anstalt, öffentlich-rechtliche
- Formwechsel 203

Stichwortverzeichnis

Anteil
- einbringungsgeborener 314
- stimmrechtsloser 222
- Übertragbarkeit, freie 332
- Umtausch 255

Anteil, eigener
- Veräußerungspflicht 257

Anteilseigner
- Rechtsposition 212

Anteilsinhaber
- Abfindung 215
- Abtretung, Zustimmung 240
- Barabfindungsangebot 230
- Barabfindungsangebot, Annahme 257
- Barabfindungsangebot, Verzicht 231
- Barabfindungsangebot, Wahlrecht 257
- Klageverzicht 251
- Mitgliedschaft, Fortsetzung 202
- Nebenleistungsverpflichtung 239
- Rahmendaten, steuerliche 265
- Sonderrecht 221
- Terminologie 205
- Umwandlung, Beschlußfassung 237
- Umwandlungsbericht, Verzicht 214
- Umwandlungsbeschluß, Anfechtungsklage 246
- Umwandlungsbeschluß, Nichtigkeitsklage 246
- Umwandlungsbeschluß, Widerspruch 230, 257
- Unterrichtung 210
- Vermögensbilanz, Unterrichtung 266
- Vorzugsaktie 221

Anteilsverhältnis
- Beibehaltung 218

Anträge in der Hauptversammlung 585 ff
- Absetzung von der Tagesordnung 589
- Reihenfolge 587

Antragsrecht 584

Anwachsung
- Formwechsel, Steuerrecht 318

Anwachsungsmodell
- einfaches 318
- erweitertes 318
- kleine AG 299

Arbeitgeber
- Lohnsteuerhaftung 923

Arbeitnehmer 837 f, 881 f, 911, 923
- Formwechsel, Folgen 216, 224
- Mitbestimmung bei KGaA 793
- Mitbestimmungsregeln 224

Arbeitnehmervertreter
- Amtsperiode 242
- Aufsichtsrat 242, 324

Arbeitsdirektor
- KGaA 794

Arbeitsverhältnis
- Formwechsel, Folgen 224

Aufbringung des Grundkapitals
- Verwendung bei Gründung 117

Aufgebotsverfahren
- Kraftloserklärung 721

Aufgeld 836, 848, 865

Aufrechnungsverbot 818

Aufsichtsrat 821
- Abberufung 458 f
- Amtsdauer 242, 453 f
- Amtsniederlegung 456
- Annahme der Bestellung 455
- Arbeitnehmervertreter 242, 324
- Aufsichtsratsbeschlüsse 488
- Aufsichtsratssitzungen 483 ff
- Aufsichtsratsvorsitzender 491 f
- Auftrag an den Abschlußprüfer 840
- Ausschuß 875
- Ausschüsse 493
- bei Sachgründung 62 f
- Beiräte und Gesellschafterausschüsse 434
- Bericht über Jahresabschluß 841 f
- Beschlußfähigkeit 489
- besondere Prüfungsrechte 473 ff
- Bestellung durch das Registergericht 451 f
- Bestellung, Nachweis 251
- Bilanzsitzung 841
- Entsendungsrechte 445
- Ersatzmitglieder 450
- erster Aufsichtsrat 65 f
- Feststellung des Jahresabschlusses 476 f, 839, 841
- Formwechsel 242
- Geschäft, Zustimmung 326, 330
- Gründungsprüfung 250
- Haftung bei Gründung 180
- Informationskompetenz 795
- Informationsrechte 464 ff
- Kompetenz bei Vinkulierung 711
- Kompetenzen bei KGaA 793 ff
- Kontrolle, Unabhängigkeit 331
- Kredite an Aufsichtsratsmitglieder 500
- mitbestimmter 242

437

Stichwortverzeichnis

- Mitglied 903
- Prüfungskompetenz 795
- Sorgfaltspflichten und Haftung 502 ff
- Übertragung, Zustimmung 333
- Überwachung der Geschäftsführung 461 f
- Überwachungskompetenz 795, 840, 912
- Umlaufbeschlüsse 490
- Vergütung und vertragliche Vereinbarungen 494 ff
- Verschwiegenheitspflicht 501
- Vetorecht 478
- Vorstand, Bestellung 243
- Vorstand, Kontrolle 326, 329
- Vorstand, Trennungsprinzip 337
- Vorstandsbestellung, Beschluß 251
- Wahl 242, 272, 796
- Wahl und Entsendung 443 ff
- Wählbarkeitsvoraussetzungen 446 ff
- Wahlen 614
- Wechsel der Aufsichtsratsmitglieder 460
- Wechsel in ein gesetzliches Mitbestimmungsmodell 438 ff
- Wegfall der Wählbarkeitsvoraussetzungen 457
- Zahl der Aufsichtsratsmitglieder 435 ff
- Zusammensetzung 242, 243
- Zustimmung 794
- Zustimmung zur Kapitalerhöhung 870, 875 f, 889
- Zustimmungsvorbehalte für bestimmte Arten von Geschäften 478 ff
- zwingendes Organ 433

Aufsichtsratsmitglied 353
- Abberufung 338
- Unterschrift auf der Aktie 699
- Vorstandsmitglied, Inkompatibilität 331

Aufsichtsratsvorsitzender 491 f
- Mitwirkung bei Anmeldung der Kapitalerhöhung 848, 875

Aufspaltung 292
- Beteiligungsverhältnis 296

Aufspaltungsverbot 334
Aufzeichnungen 703
Ausgabebetrag 849, 883
- geringster 850, 852

Ausgleich
- bei Abschaffung von Mehrstimmrechten 684

Ausgliederung 207, 292, 294
- Konzern, Bildung 294

Auskunftspflicht
- Umfang 575 f

Auskunftsrecht 343, 671
- Voraussetzungen 574

Auskunftsverpflichteter 575
- Auskunftsgehilfe 575

Auskunftsverweigerung 581
- Protokollierung 583

Ausländer
- als Gründer 43

Bankbestätigung
- Haftung 182

Bankkredit 820
Barabfindung
- Festsetzung, gerichtliche 258

Barabfindungsangebot 223, 230 ff, 246
- Angemessenheit 232
- Angemessenheit, Prüfung 233
- Angemessenheit, Überprüfung 258
- Annahme 257
- Annahme, Frist 257
- Entbehrlichkeit 223
- Ermittlung 215, 233
- Festsetzung 232
- Höhe 215
- Inanspruchnahme 257, 258
- Minderheitsaktionär 364
- Plausibilitätskontrolle 233
- Prüfung 275
- Prüfung, Verzicht 233
- Spruchstellenverfahren 258
- Überprüfung, gerichtliche 258
- Umwandlungsbericht 216
- Unternehmenswert 232
- Unterrichtung 269
- Verzicht 231, 245
- Verzichtserklärung 251
- Wirtschaftsprüfer, unabhängiger 233
- Zweck 230

Bareinlage 818, 844 ff, 856 f
- Agio 70
- freie Verfügung 72
- freie Verfügung des Vorstandes 72
- Leistungszeitpunkt 75
- Verwendung vor Anmeldung 76

Bargründung
- Verwendung der Einlagen 76

Baukastentechnik 205

Stichwortverzeichnis

Beherrschungsvertrag 365
– kleine AG, Tochtergesellschaft 363
– Verlustausgleich 364
Beirat
– KGaA 801
Beirat als Organ der AG 743
Beirat als Organ eines Pools 777
Bekanntmachung 851
– bei Kapitalerhöhung gegen Sacheinlage 851
– Kraftloserklärung 721
Bekanntmachung der Gesellschaft 155 f
Belegschaft
– Formwechsel, Information 228
Belegschaftsaktien 903
Benennungsrecht 239
Berater
– Auswahl 983 ff
– Emissionsbanken 984
– Emissionsberater 985
– Marketingberater 984
– Rechtsanwälte 984
– Wirtschaftsprüfer 984
Beratungsaufwand
– Formwechsel 259
– Kosten 262
Bericht der Gründer 98
Beschlußentwurf 216 ff
– Abweichung, gravierende 236
– Alarmfunktion 221
– Änderung 236
– Betriebsrat, Empfangsbekenntnis 226
– Firmierung, Angabe 217
– Formwechsel, Folgen 224
– Inhalt 216
– Rechtsform, Angabe 217
– Satzung 225
– Sonderrecht 221
– Zuleitung an den Betriebsrat 226 f, 229, 236, 251, 268
Beschlußentwurf, geänderter
– Betriebsrat, Zuleitung 236
Beschlußentwurf, Inhalt
– Anteilsinhaber, Beteiligung 216
– Firmierung 216
– Rechtsform, neue 216
– Sonderrecht 216
Beschlußentwurf, Zuleitung
– Betriebsrat, zuständiger 227
Beschlußfassung
– Gesellschafter, Vertretung 237

– Mehrheitserfordernis, doppeltes 338
– Mehrheitsprinzip 338
– Umlaufverfahren 237
Beschlußfeststellungsklage 673
Beschlüsse 599
– Aufhebung 611
– Mehrheiten 607 ff
– Sonderbeschlüsse 612
– Zustandekommen 600 ff
Bestellungsrecht 239
Besteuerung
– KGaA 799 f
Bestimmtheitsgrundsatz
– Mehrheitsentscheidung 270
Beteiligung
– Mindestbetrag 219
Beteiligung, bedeutende
– Erwerb 327
– Veräußerung 327
Beteiligungsgestaltungen 939 ff
– Beteiligungsvertrag 950
– Direktbeteiligung 943
– Gesellschafterdarlehen 945 ff
– Legal Covenants 949
– Mitarbeiterbeteiligungsmodelle 953
– Nachgründung 944
– Rechte des Kapitalgebers 948
– stille Beteiligung 941
– Teilgewinnabführungsvertrag 942
Beteiligungsquote 672, 676 ff, 885
– Änderung 238
Beteiligungsrecht 669, 697
– inhaltliche Ausgestaltung 672
Beteiligungsverhältnis 218 ff
– Abspaltung 296
– Aufspaltung 296
Betriebsrat
– Beschlußentwurf, Zuleitung 226 f, 229, 236, 251, 268
– Fehlen 228
– Nichtbestehen, Glaubhaftmachung 228
– Satzungsentwurf, Zuleitung 226
– Unternehmen, Spaltung 227
– Unternehmen, Verschmelzung 227
– Unterrichtung 226 ff
Betriebsteil
– Ausgliederung 327
Betriebsverfassungsgesetz 793
Beurkundung
– Gebühr 260

439

Stichwortverzeichnis

Beurkundung, notarielle
– Handelsregister, Anmeldung 261
– Satzung 245
– Umwandlungsbericht, Verzichtserklärung 214
– Umwandlungsbeschluß 245, 272
– Verschmelzungsvertrag 285
– Verzichtserklärung 245
– Zustimmungserklärung 245
Bewertungsabschlag 309
Bewertungsfreiheit 309
Bewertungskriterien 961
Bewertungsstetigkeit 833
Bewertungswahlrecht
– Wirtschaftsgut, eingebrachtes 306
Bezugsanspruch
– konkreter 886
Bezugsberechtigter 883, 885
Bezugserklärung 886
Bezugsrecht 349, 350, 671, 694, 877, 879, 881, 897
– gesetzliches 884 ff, 884 ff, 917
– Inhalt 349
– vertragliches 909 ff
Bezugsrechtsausschluß 350, 855, 886 ff
– Rechtsprechung des BGH 890 ff
– sachliche Rechtfertigung 888, 890
Bilanz 832 f, 863, 865, 907
Bilanzgewinn 819, 899
– Ausschüttung 673, 688, 691
– Berechnung 675
– Verteilung 359
Bilanzidentität 833
Bilanzrecht 817, 850, 907, 918
Bilanzrichtliniengesetz 827
Bilanzsumme 837 f
Blankoindossament 708
Börsengang 689, 812
– Folgen 957 ff
– Motive 954 ff
– Umwandlung, Vorgehensweise 300
– Vorzüge der Namensaktie 714
– zeitlicher Ablauf der Vorbereitungsmaßnahmen 986
Börsengang, geplanter
– Formwechsel 225
Börsenhandel 788
– Bewertung von Vorzugsaktien 687
Börsenkurs 810, 888, 922
Börsenprospekt 815
Börsenreife 960

Börsensegmente 964 ff
– Amtlicher Handel 967
– Freiverkehr 982
– Geregelter Markt 970
Börsenzugang
– KGaA 812
Börsenzulassung 838
Buchwert
– Ansatz 309, 314
– Fortführung 307, 309
Bundesanzeiger
– Bekanntmachung, Kosten 260
Bundesaufsichtsamt für Wertpapierhandel 905

Call option 784
Checks and balances 329
Clearstream AG 713

Darlehen
– Ablösung 856
– eigenkapitalersetzende 821
– Kündigung 822
– Rückzahlungsanspruch 823
Datenschutz 718
Deregulierung 23
Designated sponsors 978, 981
Differenzhaftung 249
– bei Sacheinlage 115
– des Sacheinlegers 183
Dividende
– Auskehrung 359
– Besteuerung 799
Dividendenanspruch, bezifferter
– Übertragbarkeit 335
Dividendengarantie
– Verbot 691
Dividendenpolitik 862
Dividendenrecht 671, 673 ff, 705
– „tracking stocks" 691
– Abtretung 710
Dividendenvorzug 688
Divisional shares 691
Doppelbesteuerungsabkommen 308
Dreiorganemodell 18

Eingetragene Genossenschaft
– Formwechsel 203
Eingetragener Verein
– Formwechsel 203
EG-Richtlinien
– Rechnungslegungsvorschriften 828
– gesellschaftsrechtliche, zweite 345

440

Eigenkapital
- bilanzielle Darstellung 835

Eigenkapital, negatives
- Kommanditist 310
- Personenhandelsgesellschaft 308

Eigenkapitalersatz 820 ff
- Kleinbeteiligungsprivileg 824
- Rechtsfolge 823
- Sanierungsprivileg 824
- Sonderverjährung 823
- steuerliche Situation 825

Eigenkapitalrendite 914

Eigentumsrecht
- Eingriff 693
- verfassungsrechtlicher Schutz der Aktie 670

Einberufung der Hauptversammlung
- Art und Weise 531
- besondere Bekanntmachungspflichten 536
- Inhalt 535

Einbringungsbilanz
- steuerliche 311

Einbringungsgewinn
- Besteuerung 313

Einheitsbilanz 829, 919

Einheitswert
- des Betriebsvermögens 810

Einkünfte
- aus Gewerbebetrieb 799 f
- aus Kapitalvermögen 799, 825

Einladung zur Hauptversammlung
- Vorstandsberichte 537

Einlage 918
- ausstehende 818
- Befreiung von der Leistung 819
- KGaA 792, 803
- Leistung 671, 705
- Rückgewähr 819, 901
- Rückgewähr, Verbot 359

Einlageleistung
- Stimmrecht 565, 593

Einlagen
- freie Verfügung des Vorstandes 72
- Leistungszeitpunkt bei Bareinlage 75

Einlagendeckung 858

Einlageverpflichtung
- Befreiung, Verbot 358

Einmann-GmbH
- Umwandlungsbericht, Entbehrlichkeit 214

Einpersonen-AG
- Feststellung des Vorsitzenden über die Abstimmung 654
- Hauptversammlung 511
- Niederschrift 648
- Teilnehmerverzeichnis 556

Einpersonengründung 96
- Unzulässigkeit bei der KGaA 791

Eintragung der AG
- richterliche Prüfung 113 f

Einzelbewertung 833

Einzelentlastung 342

Einzelkaufmann
- Formwechsel 203

Einzelrechtsnachfolge
- Formwechsel 299
- Unternehmen, Einbringung 298

Einzelverbriefung 715

Einziehung von Aktien 738 ff, 785
- angeordnete Zwangseinziehung 741
- Einziehungsentgelt 740
- gestattete Zwangseinziehung 738
- Herabsetzung des Grundkapitals 739
- vereinfachtes Verfahren 739

Emissionsbank 812

Entlastung
- von Vorstand und Aufsichtsrat 595

Entsendungsrechte 726 f

Erbe 810

Erbfall 811

Erbfolge
- vorweggenommene 810 f

Erbschaftsteuer
- Betriebsvermögensfreibetrag 810
- Bewertungsabschlag 810
- Familienpool 760
- KGaA 800, 810

Erfolgsziele 913

Ergebnis der Abstimmung
- Angabe in der Niederschrift 649

Ermächtigungsbeschluß
- Erwerb eigener Aktien 902 ff
- genehmigtes Kapital 876

Erster Aufsichtsrat 57 ff
- bei Bargründung 59

Ertragsteuerrecht
- Formwechsel 303

Ertragswert
- Unternehmen 232

Euro 219

441

Euro-Einführungsgesetz 924
- Herabsetzung des Mindestnennwerts 678

Euro-Umstellung 924 ff
- des Grundkapitals 680

Europäischer Gerichtshof
- Vorabentscheidung bei Auslegung von Rechnungslegungsvorschriften 828

Exit 15

Familieneinfluß
- Sicherung in der KGaA 788, 797, 801 ff, 816

Familiengesellschaft 225, 722
- Anwendungsbereich der Nennbetragsaktie 678
- Anwendungsbereich der Vorzugsaktie 689
- Familienstamm 20
- Generationswechsel 17 ff
- Interessenausgleich 225
- KGaA 810
- Konfliktlösungsverfahren 225
- Pattsituation 20, 673
- Poolvertrag 20
- Schenkung- und Erbschaftsteuer 19
- Streubesitz 20

Familienpool
- Abfindung 783
- Auflösung 786
- Ausschließung aus dem Pool 782
- Beirat als Poolorgan 777
- Beitritt zum Pool 779
- Dauer 781
- Dividendeneinkünfte des Pools 758
- Einkünfte aus Kapitalvermögen 758
- Erbschaftsteuer 760
- Erwerbsrechte von Poolmitgliedern (call option) 784
- gebundener Aktienbesitz 770
- gemeinsamer Vertreter 765
- gemeinsames Depot 763
- Kündigung 781
- Mitunternehmerschaft 758
- Organbesetzung 772
- organschaftliche Vertretungsmacht 757
- Pool mit Gesamthandsvermögen 756 ff
- Pool ohne Gesamthandsvermögen 762 ff
- Poolleiter 775 f

- qualifizierte Nachfolgeklausel 759, 768
- Stimmbindung 772 ff
- Übernahmerechte von Poolmitgliedern 783
- Vererbung von Poolanteilen 759, 765 f
- Verfügungsbeschränkung 778
- Vermögenseinlage 771
- Vertragsstrafe 774
- Vorerwerbsrecht von Poolmitgliedern 779
- Willensbildung 772

Finanzierung 817 ff, 862
Finanzierungsentscheidung 822
Finanzierungsphasen 931
Finanzierungsverantwortung 821
Finanzinvestoren
- business angels 934
- klassische Beteiligungsgesellschaften 936
- Venture Capital 935

Finanzmarktförderungsgesetz
- Drittes 815
- Viertes, Entwurf 14
- Zweites, Herabsetzung des Mindestnennwerts 678

Finanzplatz Deutschland 10
Finanzverfassung 817, 826
Finanzverwaltung 921
Firma
- der KGaA 804

Firma der AG 131 f
Formwechsel 202, 205
- Anteilseigner, Auswirkung 212
- Anteilsverhältnis, Beibehaltung 218
- Anwachsungsmodell 299
- Barabfindungsangebot 230
- Begründung 212
- Beratungsaufwand 259
- Besteuerungsprinzip 304
- Börsengang, geplanter 225
- Buchwert 307
- Bundesanzeiger, Bekanntmachung 252
- Durchführung 207
- Eintragung, Bekanntmachung 252
- Eintragung, Kosten 260
- Einzelrechtsnachfolge 299
- Ertragssteuerrecht 303
- Folgen, steuerrechtliche 262
- Gerichtsgebühren 259
- Gesellschafter, Zustimmung 234

442

Stichwortverzeichnis

- Gesellschafterversammlung, Beschlußfassung 269
- Gesellschaftsstruktur, Veränderung 265
- Gläubigerschutz 256, 256, 276
- GmbH 301 ff
- GmbH-Gesellschafter, Sonderrecht 212
- Gründerhaftung 249
- Gründerverantwortlichkeit 272
- Grunderwerbsteuer 316
- Grundkapital, Festsetzung 273
- Gründungsaufwand 241
- Gründungsprüfung 250
- Gründungsvorschriften, aktienrechtliche 248
- Gründungsvorschriften, anzuwendende 247
- Handelsregister, Anmeldung 226, 251, 273, 274
- Identitätsgrundsatz 247
- Kapitalaufbringung 273
- Kapitalerhöhung 244
- Kennzeichen 280
- Kosten 259 ff
- kreuzender 303
- Nebenleistungsverpflichtung 239
- Nominalkapital 244
- Notargebühren 259
- Personenhandelsgesellschaft 263 ff
- Prüfungsaufwand 259
- Registerverfahren 251 ff
- Rückbeziehungsfrist 312
- Satzung, Anpassung 279
- Sicherheitsleistung 256
- Steuerrecht 301 ff
- Stille Reserve, Auflösung 308
- Umsatzsteuer 315
- Umwandlungsbericht 210 ff, 287
- Umwandlungsvertrag 207
- Umwandlungsvertrag, Erforderlichkeit 206
- Unternehmensmitbestimmung 268
- Verlustvortrag, gewerbesteuerlicher 310
- Vermögensaufstellung 266
- Vermögensbilanz 212
- Vorbereitung 210 ff
- Wirksamwerden 256
- Wirkung 254, 255, 276

Formwechsel, geplanter
- Meinungsbild, Sondierung 235

Fragerecht 343, 573
Freiverkehr 812, 982
Fremdorganschaft 325
- Selbstorganschaft, Abgrenzung 325
Führungskräfte
- Vergütung 831, 909 f, 913
Fünfmarkaktie 13
Fungibilität
- siehe Aktie, Fungibilität

Garantiedividende
- Minderheitsaktionär 364
GbR
- Formwechsel 204
- Handelsregister, Eintragung 204
Geheimhaltungsinteressen
- Umwandlungsbericht 213
Genehmigung
- gerichtliche 720
Genußschein 222, 879
Geregelter Markt
- Unternehmensbericht 971
- Zulassungsverfahren 971
Gerichtsgebühren
- Formwechsel 259
- Geschäftswert 260
Gesamtbetriebsrat 227
Gesamtrechtsnachfolge 709, 902
- Verschmelzung 290
Gesamtunternehmen
- Gesamtbetriebsrat 227
Geschäftsanteil
- Abtretung 240
Geschäftsbereich
- Divisional shares 691
Geschäftsführer 912
- GmbH 806
Geschäftsführung 874
- Aktionär, Trennung 325
- Mitglieder 881, 911
- Zustimmung der Hauptversammlung 801
Geschäftsführungsorgan
- KGaA 792 f, 803, 806
Geschäftsordnung 794
Geschäftspapier
- Druckkosten 262
Geschäftssparte, wesentliche
- Aufgabe 327
Geschäftswert
- Gerichtsgebühren 260
- Notargebühren 260

443

Stichwortverzeichnis

Gesellschaft
- Aktionär, Treuepflicht 352
- Aktionär, Verhältnis 319
- Anteil, eigener 257
- aufnehmende 284
- Aufsichtsrat, Treuepflicht 353
- Dritter, Gefährdung 355
- Dritter, Verhältnis 355 ff
- Fremdgeschäftsführung 265
- geschlossene 320
- Gläubiger, Verhältnis 319
- offene 320
- Organ, Treuepflicht 353
- Organisationsstruktur 319
- Spaltung 280, 291
- übertragende 284

Gesellschaft, abhängige
- Abhängigkeitsbericht 365

Gesellschaft, formwechselnde 202
- Geschäftsverlauf, Darstellung 248
- Gesellschafter, Mehrheitsentscheidung 270
- Identitätsgrundsatz 202
- Reinvermögen 273
- Vermögensaufstellung 266
- Wert, wirklicher 266

Gesellschaft, übertragende
- Gesamtrechtsnachfolge 290
- Schlußbilanz 286
- Untergang 290, 292

Gesellschaften
- Mutter-Tochter-Verhältnis 294
- Verschmelzung 280, 282 ff

Gesellschafter
- Anteil, Anschaffungskosten 313
- Besteuerung 304, 313, 314
- Differenzhaftung 249
- dissentierender 230
- Einbringungsgewinn 313
- Formwechsel, Gründerverantwortlichkeit 272
- Formwechsel, Zustimmung 234
- Geschäftsführung 267
- Gründerhaftung 249
- Information 211
- KGaA 788
- Stille Reserve 314
- Umwandlungsbericht, Verzicht 267
- Unterrichtung 269
- Veräußerungsgewinn 313

- Veräußerungsgewinn, Besteuerung 314
- Verzichtserklärung 251
- Wechsel 284
- Wechsel in der Gründungsphase 106
- Zustimmung, einstimmige 270
- Zustimmungserklärung 251

Gesellschafter, ausscheidender
- Abfindung 212

Gesellschafter, persönlich haftender
- Nachhaftung 276

Gesellschafterbeitrag
- KGaA 792

Gesellschafterdarlehen
- eigenkapitalersetzende 820 ff
- siehe auch Eigenkapitalersatz

Gesellschafterrecht
- Ausübung, treuwidrige 352

Gesellschafterversammlung
- Einberufung 234, 269
- Formwechsel, Beschlußfassung 234
- GmbH 806
- Protokoll 251
- Umwandlung, Beschlußfassung 237
- Umwandlungsbericht, Auslegung 236

Gesellschafterversammlung, förmliche
- Erforderlichkeit 235

Gesellschafterwechsel
- in der Gründungsphase 106

Gesellschaftsanteil
- Veräußerung, Gewinn 308

Gesellschaftsblätter 886

Gesellschaftsgläubiger
- Forderung, Befriedigung 356
- Schutz 362

Gesellschaftsinteresse 711, 888, 890

Gesellschaftsorgane
- Zusammenarbeit, kooperative 225

Gesellschaftsrecht
- Gleichbehandlungsgrundsatz, allgemeiner 345

Gesellschaftsstruktur
- Veränderung, tiefgreifende 265

Gesellschaftsvermögen
- Aufzehrung 360
- stille Reserve 247

Gesellschaftsvertrag
- Mehrheitsbestimmung 271

Gesetz für kleine Aktiengesellschaften
- siehe Kleine AG, Gesetz

gesonderte Versammlung 613

Stichwortverzeichnis

Gestaltungsfreiheit 321
- Einschränkung 324
- KGaA 797, 806 ff
- Restriktionsversuche bei der KGaA 813 f

Gewaltenteilung
- Aktiengesellschaft, Organisationsstruktur 329

Gewerbeertragsteuer
- Hinzurechnung 799
- KGaA 799

Gewerbesteuer
- Personenhandelsgesellschaft 304

Gewerbliche Einkünfte
- des Komplementärs einer KGaA 800

Gewinnabführungsvertrag
- kleine AG, Tochtergesellschaft 364

Gewinnanteil
- eines Komplementärs 799 f

Gewinnausschüttung 831
- verdeckte 868

Gewinnermittlung, steuerliche
- Rechtsprechung des BFH 830

Gewinnrücklage 675, 798, 835 f, 864, 899
Gewinnschuldverschreibung 879
Gewinnverteilung
- Abweichung bei „tracking stocks" 691
- Abweichung vom Gleichbehandlungsgrundsatz 694

Gewinnverwendung
- Ausschüttungspolitik 21
- Kompetenz der Verwaltung 675

Gewinnverwendungsbeschluß 335, 673, 675
- KGaA 798

Gewinnverwendungsvorschlag 839, 841 f
Gewinnvortrag 675, 859
Gewinnvorzug
- Aufhebung oder Beschränkung 695 f

Glaubhaftmachung
- Betriebsrat, Nichtbestehen 228
- eidesstattliche Versicherung 228

Gläubiger 857, 917
- Beweisschwierigkeiten bei verdeckten Sacheinlagen 857
- Forderung, Gefährdung 256
- Gesellschaft, Verhältnis 319
- Schutz 322
- von Wandelschuldverschreibungen 879, 917

Gläubigerschutz 819, 894 f
- Formwechsel 276

Gleichbehandlung
- Kapitalbeteiligung 346
- Maßstab 346

Gleichbehandlungsgrundsatz 339, 345 ff, 349, 682, 711, 817, 905
- Abweichung 694
- Adressat 346
- Satzungsstrenge 346
- Ungleichbehandlung, formale 347
- Ungleichbehandlung, materielle 347
- Verletzung 344
- Voraussetzungen, gleiche 348

Gliederungsregeln 833
GmbH 802, 811, 858
- als einzige Komplementärin einer KGaA 804 f
- Anteil, vinkulierter 240
- Austritt, aufschiebend bedingter 278
- Eigenkapitalersatz 821
- Formwechsel 203, 209 ff, 301 ff
- Geschäftsanteil 806, 824
- Geschäftsanteil, Abtretung 240
- Geschäftsanteil, Mindestbetrag 238
- Geschäftsführer 806, 912
- Gesellschafterversammlung 806
- Gewinnverwendung 359
- kleine AG, Formwechsel 209 ff
- Reinvermögen 247
- Stammkapital 220, 244, 254, 824
- Treuepflicht 351
- Umwandlung 208
- Umwandlungsbericht 210
- Unterbilanz 247

GmbH & Co. KG 277 ff, 803
- als einzige Komplementärin einer KGaA 805, 811
- Formwechsel 204, 277 ff
- Komplementär-GmbH, Formwechsel 299
- Satzung, Anpassung 279

GmbH & Co. KGaA 804 f, 812
GmbH-Anteil
- Aktie, Umtausch 255

GmbH-Geschäftsanteil
- Abtretung 240
- Gegenwert, nicht ausreichender 246

GmbH-Geschäftsführer
- Bestellung, Erlöschen 254

GmbH-Gesellschafter
- Sonderrecht, Wegfall 212

445

Gründer 41 ff, 175
- Anwendbarkeit der Nachgründungsvorschriften 860
- Anzahl 44
- Ausländer 41
- Satzungsgewalt 878
- Unterbilanzhaftung 170 f
- Verlustdeckungshaftung 174

Gründerhaftung 249
Grunderwerbsteuer
- Formwechsel 316
Grunderwerbsteuer bei Poolerrichtung 756
Grundkapital 674, 676, 677, 679, 821, 823, 836, 860, 862, 869, 871, 882, 906
- Angabe in der Satzung 140 ff
- Angabe zur Zerlegung in der Satzung 144 ff
- Anteil 680 f, 685, 866, 884, 886
- Aufbringung, tatsächliche 357
- Beschränkung von Vorzugsaktien 687
- Euro 219 f
- Euro-Umstellung 680
- freie Verfügbarkeit 72 ff
- Garantiefunktion 356, 357, 819
- genehmigtes Kapital 142
- Höhe 140
- KGaA 788 f
- Mehrheitserfordernis 684, 692
- Mindestbetrag 897, 900, 924
- Neustückelung 692
- Rückzahlung 819
- Verlust, hälftiger 360
- vertretenes Grundkapital bei Abstimmung 609

Grundkapital, Erhöhung
- siehe Kapitalerhöhung
Grundkapital, Herabsetzung
- siehe Kapitalherabsetzung
Grundkapitalziffer
- Haftungsmasse 357
Grundsatz der Gesamtgeschäftsführung 375 f
Grundstück 821
Gründung
- Anmeldung 76
- Arten 38
- Bargründung 40
- Bekanntmachung 119, 155
- Bericht der Gründer 98
- Bestellung des ersten Aufsichtsrates 57 ff
- Bestellung des ersten Vorstands 65 f
- Eintragung 118
- erster Abschlußprüfer 64
- Feststellung der Satzung 50
- Formwechsel 38
- gemischte Gründung 88
- Gründer 41
- Gründungsphase 47 f
- Gründungsprüfung 102 ff
- Gründungsschritte 48
- Mantelgesellschaften 184 ff
- Mitteilungspflichten bei Gründung 120 f
- Nachgründung 190 ff
- notarielle Beurkundung 49
- notarieller Gründungsakt 49 ff
- Sachgründung 40
- Spaltung 38
- Übernahme der Aktien 51 f
- Unversehrtheit des Grundkapitals 117
- Verschmelzung 38
- Vertretung 54 ff
- Verwendungsabsprache bei Bareinzahlung 74
- Vorauszahlungen 73
- Vorgründungsphase 45 f
- Vorratsgesellschaften 184 ff
- Vorratsgründung 137 f
- Wahl des Aufsichtsratsvorsitzenden 65 f

Gründungsaufwand
- Berechnung 251
Gründungsbericht 251
Gründungsphase 47 f
- Bestellung des externen Gründungsprüfers 104
- Gesellschafterwechsel 106
Gründungsprüfer 250
- Bestellung, Kosten 261
- Haftung 181
Gründungsprüfung 102 ff, 250, 273
- durch Vorstand und Aufsichtsrat 102 f
- externe 104 ff
- Wirtschaftsprüfer, unabhängiger 250
Gründungsprüfungsbericht 251
Gründungsrecht
- Anwendung, Besonderheiten 273
Gründungssatzung 878, 882 f
- Festlegung der Aktienform 676
Gründungsvorschriften
- aktienrechtliche 248

Stichwortverzeichnis

Haftung
- beschränkte 355
- der Gründer 169
- der Vorgründer 168
- Handelndenhaftung 177 ff
- unbeschränkt und persönlich 792, 803
- von Vorstand und Aufsichtsrat bei Gründung 180

Haftung der Aufsichtsratsmitglieder 502 ff
- Absicherung durch Haftpflichtversicherung 504
- Verstoß gegen Überwachungspflichten 505

Haftung der Vorstandsmitglieder 428 ff
- Befreiung 378
- besondere Haftungstatbestände 431
- Verletzung der Berichtspflicht 416

Haftungsbeschränkung 804
Haftungsmasse
- Grundkapital 357

Halbeinkünfteverfahren 314
Handelbarkeit, freie 332
- Einschränkung 333

Handelndenhaftung 177 ff
- Verhältnis zu Gründerhaftung 178 f

Handelsbücher 827
Handelsregister
- Ablehnung der Eintragung 852
- Eintragung 204
- Eintragung, Bekanntmachung 252
- Eintragung, Kosten 261
- Eintragung, Wirksamwerden 254
- Registersperre 924

Handelsregister, Anmeldung
- Anlagen 251

Handelsregister, Eintragung
- Durchführung der Kapitalerhöhung 848 f
- Kapitalerhöhung aus genehmigtem Kapital 871 f
- Kapitalerhöhung aus Gesellschaftsmitteln 866
- Kapitalerhöhungsbeschluß 844

Handelssegmente 966
- Neuer Markt 972
- SMAX 979

Handlungspflicht 352
Hauptversammlung 696
- Abschaffung von Mehrstimmrechten 684
- Art der Abstimmung 552
- außerordentliche Hauptversammlung 510
- auszulegende Unterlagen 547 f
- Beschluß über Bezugsrechtsausschluß 891 f
- Beschluß über Euro-Umstellung 926
- Beschluß über Stock-option-Programm 911, 915
- Beschlußanfechtung 671
- Beschränkung der Redezeit 569
- Einberufung 342
- Einberufung durch Aufsichtsrat 525
- Einberufung durch eingeschriebenen Brief 533 f
- Einberufung durch Minderheitsaktionäre 526
- Einberufung durch Vorstand 524
- Einberufungsfrist 528 f
- Einberufungspflicht 360
- Einladung 888
- Einladungsformalität 341
- Einlaßkontrolle 563
- Einpersonen-AG 511, 550
- Einziehungsbeschluß 899
- Ermächtigungsbeschluß 876, 902 ff
- Feststellung des Jahresabschlusses 673, 675, 841
- Fragerecht 796
- Geschäftsführungsangelegenheiten 521
- Gewinnverwendungsbeschluß 359, 673, 675
- Grundlagenentscheidung 329
- Grundlagenzuständigkeiten 519
- im Ausland 541
- Information 341
- Informations- und Kontrollrechte 801
- Kapitalerhöhungsbeschluß 844, 851, 853, 859, 865, 882 f, 886, 912
- Kapitalherabsetzungsbeschluß 893, 895
- Kompetenz bei Vinkulierung 711
- Kompetenzen bei KGaA 794, 796, 798, 801, 807
- Legitimation der Aktionäre 560 ff
- Leitung 550 ff
- Mehrheitsprinzip 338
- Mitteilungen 544
- Niederschrift 615 ff
- ordentliche Hauptversammlung 509
- Ort 539 f
- regelmäßige Maßnahmen 518

447

Stichwortverzeichnis

- Satzungsänderungsbeschluß 863, 878
- Schließung der Rednerliste 571
- Schluß bis Mitternacht 569
- Schluß der Debatte 572
- Sonderbeschlüsse 612
- Stimmabgabe 603 ff
- Stimmrecht 671, 677, 681, 684, 686 ff, 695, 796
- Teilnahme durch Bevollmächtigte 566
- Teilnahmerecht 671, 705, 796
- Teilnehmerverzeichnis 553 f
- Überraschungsentscheidung, Schutz 341
- Übertragung, Zustimmung 333
- ungeschriebene Zuständigkeiten 522
- Unterrichtung 341
- virtuelle Hauptversammlung 668
- Vollversammlung 511
- Wahl des Abschlußprüfers 840
- Weisungsrecht 801
- Widerspruchsrecht 801
- Zuständigkeiten 15 ff
- Zustimmung 327

Hauptversammlung, Beschluß
- Legitimation, Gewährleistung 341

Hauptversammlungsbeschluß, rechtswidriger
- Anfechtungsklage 343

Heilung verdeckter Sacheinlage 858
Höchstdividende
- bei Vorzugsaktien 688

Höchststimmrecht 685, 728, 730
Holzmüller-Grundsätze 327, 329, 521

Identitätsgrundsatz 202, 247
- Gesellschaft, formwechselnde 202

Impact Control 25
Imparitätsprinzip 833
Indossament 708
Indossatar 708
Inferent 854
Informationsfunktion
- Aktienbuch 704 f

Informationsrecht
- KGaA 795, 801

Inhaberaktie 697, 702, 712
- Kapitalerhöhung 844
- Umstellung auf Namensaktie 718 ff
- Verbriefung und Übertragung 700 f

Inhaberaktien 149
- Legitimation 560 ff

Initial Public Offering 954

Inkompatibilität
- Aufsichtsratsmitglied, Vorstandsmitglied 331

Insolvenz
- eigenkapitalersetzendes Darlehen 823, 825
- verdeckte Einlage 857

Insolvenzverwalter 857
Interessenausgleich
- Familiengesellschaft 225

Investor Relations 713, 718
IPO 954

Jahresabschluß 918
- Aggregationsregeln 833
- Anhang 832
- Aufstellung 829, 837, 896
- Aufstellung bei KGaA 798
- Bewertungsregeln 833
- Bilanz 832 f, 907
- Ergebnis 919
- Feststellung 673, 675, 839, 841
- Feststellung bei KGaA 794, 796, 798, 807 f
- Gewinn- und Verlustrechnung 832 f
- Prüfung 827, 838 ff, 865
- Publizität 827, 842 f
- Zahlungsbemessungsfunktion 831

Jahresabschlußprüfung
- KGaA 807

Jahresbilanz 798
Jahresüberschuß 675, 859

Kaduzierung 900
Kapital
- bedingtes 867, 877 ff, 885, 892, 903, 911, 918
- genehmigtes 869 ff, 884
- gezeichnetes 835, 907

Kapitalanlage 687
Kapitalanteil 684
- des Komplementärs einer KGaA 798

Kapitalaufbringung 679, 817 f
- Bar- oder Sacheinlage 69
- Personenhandelsgesellschaft, Formwechsel 273
- verschleierte Sacheinlage 89 ff

Kapitalaufbringungsgrundsatz 355 ff, 356
Kapitalaufnahmeerleichterungsgesetz
- Eigenkapitalersatzrecht 824

Kapitalbeteiligung
- Gleichbehandlung 346

Stichwortverzeichnis

Kapitalerhaltung 679, 817, 819
Kapitalerhaltungsgrundsatz 355, 357, 359 ff
– Einhaltung, strikte 359
Kapitalerhöhung 244, 284, 694, 817 f, 857, 897 f
– aus genehmigtem Kapital 869 ff, 889
– aus Gesellschaftsmitteln 680, 836, 859, 862 ff, 871, 885
– bedingte 877 ff, 912
– Durchführung 848, 853, 874, 884
– gegen Bareinlagen 844 ff, 859, 888
– gegen Sacheinlage 289, 849 ff, 873
– Handelsregister, Eintragung 356
– Mindesteinlage 845, 848
– ordentliche 871, 884, 892
– Satzungsänderung 356
– steuerliche Behandlung 861, 868
– Zeichnungsschein 846
– Zeichnungsvertrag 845
Kapitalerhöhungsbeschluß 851, 853, 859, 865, 882 f, 886, 912
– Eintragung im Handelsregister 844
– Umwandlungsbeschluß, Kombinierung 244
Kapitalgeber 687
Kapitalgesellschaft
– Formwechsel 302
– Gewinn, Besteuerung 304
– Größeneinteilung 837 f, 842
– KGaA 789
– Mitunternehmeranteil, Einbringung 304
– Personenhandelsgesellschaft, Formwechsel 303, 311
– Spaltung, steuerneutrale 317
– Umwandlung 208
– Umwandlung, ertragsteuerneutrale 309
Kapitalgesellschaft, übernehmende
– Bewertungswahlrecht 306
Kapitalgesellschaften- und Co-Richtlinie-Gesetz
– Publizitätspflichten 843
Kapitalherabsetzung 817, 893 ff, 902
– bei Einziehung 738
– durch Einziehung von Aktien 819, 899 f, 903
– Gläubigerschutz 819, 894 f
– Handelsregister, Eintragung 356
– ordentliche 819, 893 f
– Satzungsänderung 356
– vereinfachte 895 ff

Kapitalherabsetzungsbeschluß 893, 895
Kapitalmarkt 802, 812, 820
– Kontrollfunktion 816
Kapitalmarktbewertung 909
Kapitalmarktrecht 815
Kapitalmaßnahme
– KGaA 809
Kapitalmaßnahmen 680, 817 ff, 817 ff
Kapitalmehrheit 338, 339, 695
– qualifizierte 338
Kapitalrücklage 835 f, 864, 895
Kapitalrückzahlung 893, 907
Kapitalsammelbecken 320
Kapitalschutzregeln 247
Kaufmann
– ordentlicher 822
KGaA 3, 788 ff
– Aktienkapital 806
– „atypische" 811
– Aufsichtsrat 793 ff, 801
– Beherrschung 813
– Beirat 801
– Besteuerung 799 f
– Börsennotierung 812 f, 815
– Einflußsicherung 801 f, 803
– Einpersonengründung 791
– Firma 804
– Formwechsel 203
– Geschäftsführung 803, 808
– Gestaltungsfreiheit 797, 806 ff, 813, 816
– Gestaltungsmaßnahmen 811
– Gewinnverwendungsbeschluß 798
– Haftung 792, 803, 813
– Hauptversammlung 794, 796, 798, 801, 807
– Intransparenz 812
– Jahresabschluß 794, 796, 798, 807 f
– juristische Person 789
– juristische Person als Komplementär 804
– kapitalistische 804 f, 812, 814
– Kapitalmarktzugang 802, 812 ff, 816
– Kapitalmaßnahmen 809
– kleine 791
– Körperschaftsteuer 799
– Minderheitenherrschaft 813
– Minderheitenschutz 808
– natürliche Person als Komplementär 804, 813
– Organisationsstruktur 797, 801, 815

Stichwortverzeichnis

- Personalkompetenz 794, 801, 803
- Publikumsgesellschaft 813, 815
- Rechnungslegung 798
- Regelungskonzept 789 ff
- Satzungsgestaltung 813
- steuerliche Besonderheiten 810
- Vertretung 792, 795

KGaA, kapitalistische
- Rechtsprechung des BGH 804, 813 f

Klagefrist
- Negativerklärung 251

Klageverzicht 246

Kleine AG
- Anwachsung 318
- Anwachsungsmodell 299
- Begriff 4, 6
- Beherrschungsvertrag 363
- Einzelrechtsnachfolge, Einbringung 298
- Gesellschaftsgläubiger, Schutz 362
- Gestaltungsfreiraum 324
- Gewinnabführungsvertrag 364
- Grundkapital 247, 254
- Gründungsmotive 28 f
- Gründungsrecht, Beachtung 247 ff
- Konsortialvertrag 324
- Minderheitsgesellschafter, Schutz 362
- Mindestnennkapital 244
- Mitbestimmung 272
- Organisation 319 ff
- Poolvertrag 324
- Spaltung 317
- Statistik 26
- Tochter 362
- Tochter, Beherrschungsvertrag 363
- Tochter, Gewinnabführungsvertrag 364
- Tochtergesellschaft, Schutz 362
- Übertragungsmodelle 297 ff
- Umwandlungsmöglichkeiten 297 ff
- Verschmelzung 317

Kleine AG, Gesetz
- Ausschluß des Einzelverbriefungsanspruchs 715
- Gesetzeszweck 7 ff
- Gesetzgebungsverfahren 2
- Regelungen im Überblick 24
- Vorgeschichte 1
- wirtschaftlicher Hintergrund 7 ff

Kleine AG, übernehmende
- Wirkung, steuerliche 305 ff

Kleine KGaA 791
Kommanditaktien 812
Kommanditaktionär 789, 801, 803, 808, 815
- Mitwirkungsbefugnisse 807
- Zustimmungspflicht bei außergewöhnlichen Geschäften 807

Kommanditaktionär, Besteuerung
- Rechtsprechung des BFH 799

Kommanditgesellschaft
- Anwendung der Vorschriften auf die KGaA 789 f
- Komplementär, Geschäftsführung 267
- Umwandlung 208

Kommanditgesellschaft auf Aktien
- siehe KGaA

Kommanditist
- Eigenkapital, negatives 310

Komplementär 789, 809, 813
- Beherrschung in der KGaA 803, 806
- Entnahmerecht 798
- Geschäftsführung 267
- Gewinn- und Verlustanteile 798 ff
- GmbH 801
- Kapitalanteil 798
- Rechtsverhältnis 790
- Überwachung durch Aufsichtsrat 793, 795
- zugleich Kommanditaktionär 792
- Zustimmung 796, 798
- Zustimmungsvorbehalt 808 f

Komplementär-GmbH
- Anwachsungsmodell 299
- Ausscheiden 278
- Formwechsel, Beteiligung 277 f
- Liquidation, förmliche 279
- Nachhaftung 278
- Verschmelzung, nachfolgende 279

Komplementäreinlage
- Umwandlung in Kommanditaktien 809, 811

Komplementärkapital 811, 813

Konfliktlösungsverfahren
- Familiengesellschaft 225

Konsortialvertrag 324
- siehe Aktionärsvereinbarung und Familienpool

KonTraG
- Abschlußprüfung 840
- Eigenkapitalersatzrecht 824
- Höchststimmrecht 685, 715
- Referentenentwurf 912

Stichwortverzeichnis

Kontrollbeamter 699
Kontrollrecht
- Gestaltung in der KGaA 801, 807
Konzern
- einfacher faktischer 365
- Einfluß, unzulässiger 362
- Gesellschaftsgläubiger, Schutz 362
- Minderheitsgesellschafter, Schutz 362
- qualifizierter faktischer 365
- Tochtergesellschaft, Schutz 362
Konzernabschluß 834, 920
- Informationsfunktion 831
Konzernrechnungslegung 827
Konzerntöchter 3
Körperschaft, öffentlich-rechtliche
- Formwechsel 203
Körperschaftsteuer
- KGaA 799
Kraftloserklärung 720 f
Kreditinstitut 848
- als Treuhänder 718
- Haftung bei Gründung 182
Kreditsicherheiten 821
Kreditunwürdigkeit 822

Ladungsfrist
- Einhaltung 229
- Verzicht, einvernehmlicher 235
Lagebericht 827, 832, 837 ff
- Publizität 842
Leistung der Einlagen
- Agio 70
- Bareinlagen 70 f
- bei Bargründung 75 f
- bei Sacheinlage, Sachübernahme 77 ff, 85
- gemischte Einlage 87
- Verwendung der Bareinlagen vor Anmeldung 76
- Verwendungsabsprache 74
- Vorauszahlung 73
Leitungskompetenz des Vorstands 373
Liquidationserlös
- Abtretung des Anspruchs 710
- Anspruch 671
- Einschränkung des Anspruchs durch „tracking stocks" 691
Liquidität 862
Liquiditätsabfluß 223
Lock-up-Periode 977, 981

Management, qualifiziertes 22
Mantelgesellschaft 184 ff
Marktstandard 225
Maßgeblichkeitsprinzip 830 f
Materieller Satzungsbestandteil
- Sicherung des Familieneinflusses 725
Mehrdividende
- als Vorzug 688
Mehrheiten
- einfache 607
- Kapitalmehrheit 609
- qualifizierte 608
Mehrheitsentscheidung
- Bestimmtheitsgrundsatz 270
- Kontrolle, gerichtliche 344
- Richtigkeitsgewähr 341
- Umwandlungsbeschluß 270
- Zulässigkeit 271
Mehrheitserfordernis 695, 844, 844, 858, 858, 863, 863, 882, 882, 887, 887, 893, 893
- doppeltes 338
- qualifizierte Mehrheit 341, 696
- relative Mehrheit 732, 773
- Umwandlungsbeschluß 237, 270
Mehrheitsgesellschafter
- Treuepflicht 353
Mehrheitsgrundsatz
- Einschränkung 339
Mehrheitsprinzip 338, 349
Mehrstimmrecht 239, 684
Mehrstimmrechtsaktie 222, 339
Mezzanine Capital 946
Minderheitenherrschaft
- unzulässige 813
Minderheitenschutz 340 ff, 349
- institutioneller 341
- Mitgliedschaftsrecht, allgemeines 343
- sachlicher 344
- technischer 342, 343
- von Kommanditaktionären 808
Minderheitsaktionär
- Barabfindungsangebot 364
- Garantiedividende 364
Minderheitsgesellschafter
- Schutz 362
- Treuepflicht 353
Minderheitsrecht 538
- Ausübung, mißbräuchliche 353
- Beteiligungsquote, Anknüpfung 342
- Einzelentlastung 342

451

- Hauptversammlung, Einberufung 342
- mehrheitsfestes 339

Mindestbetrag
- Euro 238

Mindestdividende
- Verbot 691

Mindesteinzahlung 679

Mindestkapital
- GmbH 806

Mindestkapitalisierung 201

Mindestnennwert 678 f

Mißbrauch
- Aktionär, Minderheitsrecht 353

Mitarbeiter 902
- Vergütung 909 f

Mitarbeiterbeteiligungsmodelle 953

Mitbestimmungsgesetz 324, 793 f

Mitbestimmungsregeln
- Formwechsel, Folgen 224

Mitgliedschaft 705, 886
- Eingriff 692, 888
- Übertragbarkeit, freie 332
- Übertragung vor Eintragung 107
- Übertragung vor Eintragung der AG 106
- unverbriefte 715 f
- verbriefte 706

Mitgliedschaft, Einheitlichkeit 334

Mitgliedschaftsrecht 705 f, 845, 862
- Abspaltung 335
- Aufspaltung 335
- Bevollmächtigung 335
- Verbriefung 699

Mitgliedschaftsrecht, allgemeines
- Anfechtungsklage 343
- Auskunftsrecht 343
- Fragerecht 343
- Hauptversammlung, Teilnahme 343
- Minderheitenschutz 343
- Rederecht 343

Mitgliedschaftsrecht, einzelnes
- Übertragung, gesonderte 334

Mittelstand
- Generationswechsel 17 ff
- Konzentrationsprozeß 16
- Vorbereitung des Going Public 9
- Zugang zum Eigenkapitalmarkt 7 ff

Mitunternehmer
- Komplementär einer KGaA 800

Mitunternehmeranteil
- Einbringung 304

Mitunternehmerbeteiligung
- Veräußerung, Besteuerung 314

Mitunternehmererlaß 318

Mitwirkungsrechte 906
- der Kommanditaktionäre 796, 807

Monatsfrist
- Abkürzung, einvernehmliche 229
- Beachtung 229

Mutter-Tochter-Verhältnis 294

Mutterunternehmen 834

Nachfolgeplanung
- KGaA 810, 816

Nachgründung 190 ff, 860, 944
- Anwendungsbereich 190
- Ausnahmen 199
- Sachkapitalerhöhungen 190
- Wirksamkeitsvoraussetzungen 194 ff

Nachhaftung
- Fünfjahresfrist 276
- Gesellschafter, persönlich haftender 276
- Komplementär-GmbH 278
- Personenhandelsgesellschaft, formwechselnde 276

Nachzahlung
- rückständiger Vorzüge 686, 688

Namensaktie 149, 697, 700
- Datenschutz, Anonymität 718
- Kapitalerhöhung 844
- Legitimation 560 ff
- praktische Bedeutung 712 ff
- Verbriefung und Übertragung 702 ff
- vinkulierte als Nebenleistungsaktie 690
- Vinkulierung 709

Namensaktiengesetz (NaStraG), Regierungsentwurf 23, 668
- Änderung des § 52 Abs. 1 AktG 192, 860, 944
- Erleichterung der Beschlußfassung des Aufsichtsrats 66
- Vorschriften über das Aktienbuch 707

NASDAQ 31

Nebenleistungsaktie 671, 690
- als vinkulierte Namensaktie 690, 712

Nebenleistungsverpflichtung 239
- Formwechsel 239
- Zulässigkeit, beschränkte 239

Nebenverpflichtung
- Angabe in der Aktie 699

452

Negativerklärung
- Nachreichung 251
Nennbetrag 850, 869, 882 f
- Euro 219
Nennbetragsaktie 144, 147, 219, 676
- Beteiligungsquote 677 f
- Fungibilität 678
- Kapitalerhöhung 844, 866
- Mindestbetrag 238
- Mindestnennwert 678
- Stimmrecht 677
- Umstellung in Stückaktien 692
- Verbriefung 699
Nennwertaktie 679
Neuer Markt
- Analystenveranstaltung 976
- designated sponsors 978
- Dispensmöglichkeiten 975
- Entwicklung 12
- Folgepflichten 976
- Lock-up-Periode 977
- Quartalsberichte 976
- Unternehmenskalender 976
- Zulassungsverfahren 973 ff
New York Stock Exchange 714
Niederschrift
- Angabe der Abstimmungsart 646 ff
- Anlagen 657
- Auskunftsverweigerung 635
- Beschlüsse, Wahlen 632 f
- des Aufsichtsrates 67
- des Notars 619
- des Vorsitzenden 625 ff
- Einberufungsbelege als Anlage 660 f
- Einpersonen-AG 648
- Ergebnis der Abstimmung 649 ff
- fakultativer Inhalt 655
- Inhalt 631 ff
- Minderheitsverlangen 634
- Name des Protokollanten 645
- sonstige Anlagen 662
- sonstige Vorgänge 642
- Teilnehmerverzeichnis als Anlage 657
- Widerspruch zur Niederschrift 637 ff
Nießbrauch
- Abspaltungsverbot 335
- Erbfolge, vorweggenommene 335
Notargebühren
- Formwechsel 259
- Geschäftswert 260
- Umsatzsteuer 261

Notvorstand 401
Nutzungsüberlassung 821

OHG
- Gesellschafter, Geschäftsführung 267
- Umwandlung 208
Optionsanleihe 820, 836, 879
- Bezugsrecht 349
Optionsrecht 910
Orderpapier 702
Organe
- Aufgabenverteilung, strikte 330
- Bildung 323
- Zusammensetzung 323
- Zuständigkeit 324
Organisation, betriebliche
- Formwechsel, Folgen 224
Organisationsstruktur
- Abspaltungsverbot 334, 335
- Aufspaltungsverbot 334, 335
- Fremdorganschaft 325 ff
- Gewaltenteilung 329
- Mitgliederbestand, Unabhängigkeit 332, 333
- Mitgliedschaft, Einheitlichkeit 334, 335
- Organzuständigkeit, zwingende 329 ff
- Person, juristische 336, 336
- Satzungsstrenge 321 ff
- Schutzzweck 322
- Trennungsprinzip 337
- Vorstand, Leitung 325
Organisationsverfassung 824
Organzuständigkeit
- Schnittstelle 330
- zwingende 329 ff

Partnerschaftsgesellschaft
- Formwechsel 203
Penny stocks 679
Periodenabgrenzung 833
Person, juristische 336
- Gesellschafter, Trennungsprinzip 337
Personalaufwand 918 ff
Personalkompetenz
- KGaA 794, 801, 803
Personengesellschaft
- als Komplementär einer KGaA 805
- Nutzung der steuerlichen Vorteile bei KGaA 810 f
Personengesellschaftsrecht
- Anwendbarkeit im Zusammenhang mit Komplementär 789, 801

453

Personenhandelsgesellschaft
- Abwicklung 264
- Eigenkapital, negatives 308
- Einbringungsbilanz 311
- Formwechsel 203, 263 ff, 303 ff
- Formwechsel, Besteuerungsprinzip 304
- Formwechsel, Kapitalaufbringung 273
- Formwechsel, Vorbereitung 264
- Gesellschafter, Besteuerung 304
- Gewerbesteuer 304
- Gewinn, Besteuerung 304
- Kapitalgesellschaft, Formwechsel 303, 311
- Steuerbilanz 311
- Treuepflicht 351
- Übertragungsstichtag, steuerlicher 305
- Umwandlung 201, 208
- Umwandlungsbeschluß 270
- Unternehmensmitbestimmung 268
- Verlustvortrag, gewerbesteuerlicher 310

Personenhandelsgesellschaft, formwechselnde
- Handelsregister, Eintragung 312
- Nachhaftung 276

Personenhandelsgesellschaft, Gesellschafter
- Besteuerung 313 f

Personenhandelsgesellschaft, übertragende
- Wirkung, steuerrechtliche 311 f

Plausibilitätskontrolle 211
- Barabfindungsangebot 233
- Umwandlungsbericht 233
- Unternehmensbewertung 233

Poolvertrag 20, 324
- siehe Aktionärsvereinbarung und Familienpool

private Altersversorgung 13
Privatvermögen 799
Prokura 251
Prüfungsaufwand
- Formwechsel 259
- Kosten 262

Prüfungsgebühren
- Umsatzsteuer 261

Prüfungskompetenz
- KGaA 795, 808

Publikumsgesellschaft
- Barabfindungsangebot 215

Publizität 827, 842 f, 880

Realisationsprinzip 833
Realisierungsvorgang 861

Rechnungslegung 826 ff
- Bestandteile 832
- handelsrechtliche 831
- Informationsfunktion 831
- International Accounting Standards (IAS) 834, 920
- KGaA 798
- Regeln 833
- steuerliche 829
- US-GAAP 834, 920

Rechnungswesen 826
Rechtsform
- Wechsel 201, 203

Rechtsform, bestehende
- Formwechsel 208
- Umwandlung 201

Rechtsform, neue
- Anteilseigner, Auswirkung 212
- Übergang, kostengünstiger 201

Rechtsfortbildung
- „Sonderrecht" der kapitalistischen KGaA 814

Rechtsträger
- Geheimhaltungsinteresse 213
- Terminologie 205

Rechtsträger, formwechselnder
- Identität, steuerrechtliche 302
- Identität, zivilrechtliche 303

Rederecht 343, 568
Regelungsdichte 324
Regelvoraussetzung
- Abmilderung 207
- Entbehrlichkeit 207
- Entfallen 207
- Verzicht 207

Registergericht 848, 852, 878
- Aktiengesellschaft, Prüfung 336

Registerrichter 875
Registersperre
- Überwindung 253

Registerverfahren
- Beschleunigung 246
- Formwechsel 251 ff

Richtigkeitsgewähr
- Mehrheitsentscheidung 341

Rückbeziehungsfrist
- Formwechsel 312
- Umwandlungsgesetz 312

Rücklage 309
- Auflösung 359
- für eigene Aktien 906 f

Stichwortverzeichnis

- gesetzliche 823, 835 f, 906
- Gewinnrücklage 835 f, 864, 899
- Kapitalrücklage 835 f, 864, 895
- offene 868
- satzungsmäßige 836, 906
- Umwandlung in Eigenkapital 862

Rücklagen
- Auflösung 675
- Dotierung 675
- Gewinnrücklage 675, 798
- übermäßige Bildung 674

Sachausschüttung 893
Sacheinlage 873
- Bestellung des Prüfers 852
- Differenzhaftung 183
- dinglicher Vollzug 854
- Einlagefähigkeit 78 ff
- Fehlen von Angaben in der Satzung 83
- Festsetzung in der Satzung bei Umwandlungsfällen 81
- Gegenstand 850
- Kapitalerhöhung 289
- Leistungszeitpunkt 85
- Sacheinlagefähigkeit von Vermögenswerten 78
- schuldrechtliche Verpflichtung zur Erbringung 853
- steuerliche Behandlung 861
- Überbewertung 80
- Umfang der richterlichen Prüfung bei Gründung 114
- verdeckte, verschleierte 818, 856 ff
- Werthaltigkeitsprüfung 818, 850, 852
- Wirksamkeitsmängel 83

Sachgründung
- Änderung der Festsetzung in der Satzung 157
- Angabe in der Satzung 157
- Besonderheiten bei Umwandlungsfällen 160
- verdeckte Sachgründung 89 f

Sachgründungsbericht 249, 273
- Form 248
- Inhalt 248

Sachkapitalerhöhung
- Nachgründung 190

Sachübernahme
- Festsetzung in der Satzung 81

Sanierung 896
Sanktion
- Treuepflicht, Verstoß 354

Satzung 886 f
- Angaben über Sacheinlagen 81
- Ausschluß des Verbriefungsanspruchs 715
- Beurkundung, notarielle 245
- Einziehung von Aktien 899
- Entwurf 225
- Familiengesellschaft 225
- Festlegung der Aktienform 692
- Festlegung der Aktienzahl 679
- Festlegung der Formalien der Aktienurkunde 698 f
- Festlegung des Nennbetrags 677
- Firma 131 f
- Gegenstand des Unternehmens 136 ff
- genehmigtes Kapital 869, 876
- Gestaltungsgrenzen 161
- Gestaltungsspielraum 323
- Grundkapital, Höhe 356
- Gründungsaufwand 241
- Höchststimmrechte 685
- Inhalt, notwendiger 356
- Marktstandard 225
- Mindestangaben 241
- Mindestinhalt 128
- Neufassung 251
- Neufassung, Anmeldung 251
- Regelungen zur Sicherung des Familieneinflusses 725
- Rücklagen 836, 906
- Sacheinlage 241
- Sachübernahme 241
- Satzungsmängel und Prüfungsrecht des Gerichts 116
- Sitz 133 ff
- Sondervorteil 241
- Überfrachtung 241
- Vinkulierung 709, 711, 716
- Vinkulierungsklausel 333
- Zwangseinziehung von Aktien 900

Satzung der KGaA 813
- Angaben im Börsenprospekt 815
- Stärkung des Komplementärs 807

Satzung, alte
- Bereinigung 241

Satzungsänderung
- Abschaffung von Vorzugsaktien 696
- Umstellung der Aktienform 692
- Umstellung der Verbriefungsform 718

Satzungsermächtigung
- Gestaltung der Aktienurkunden 698 f

455

Satzungsstrenge 321 ff, 329, 346
- Aktionär, Schutz 322
- Einschränkung, weitere 324
- Gläubigerschutz 322
- Gleichbehandlungsgrundsatz 346
- Grundsatz 323
- nicht bei KGaA 797
Schadensersatz
- Treuepflicht, Verstoß 354
Schenkung- und Erbschaftsteuer
- Familiengesellschaft 19
- KGaA 800, 810
Schlußbilanz
- Gesellschaft, übertragende 286
- Verschmelzung 286
Schuldverschreibung 222
- Bezugsrecht 349
Schütt-aus-hol-zurück-Verfahren 859
Schutzbestimmung
- Verzicht 207
Schutzgemeinschaftsvertrag
- siehe Aktionärsvereinbarung und Familienpool
Selbstorganschaft
- Fremdorganschaft, Abgrenzung 325
Serienzeichen
- auf Aktienurkunden 699, 720
Shareholder value 909
Sitz der AG 133
SMAX
- Analystenveranstaltung 981
- Designated Sponsors 981
- Folgepflichten 981
- Lock-up-Periode 981
- Zulassungsverfahren 980 ff
Sonder-Afa 309
Sonderbeschluß 612, 692, 694
- benachteiligter Aktionäre 695
- in eigenständiger Versammlung 696
- Verfahren 695 f
Sonderbetriebsvermögen 799
Sondergewinnrecht 222, 239
Sonderprüfer
- Wahlrecht 614
Sonderprüfung 342
- KGaA 807
Sonderrecht 718
- Ausgleich 222
- Benennung 221
- finanzielles 239
- Gewährung 216

- Verlust 222
- Wegfall 216, 222
Sonderrechtsinhaber
- Zustimmung 239
Sondervorteil
- unzulässiger 344
Spaltung 205, 291 ff
- Abspaltung 292
- Aufspaltung 292
- Ausgliederung 292
- Formen 292 ff
- kleine AG 317
- nicht verhältniswahrende 296
- Umwandlung, Steuerrecht 317
- Vermögenszuordnung 295
Spaltungsplan/-vertrag 206
- Vermögenszuordnung 295
Sperrminorität 821
Spezialitätsgrundsatz 790
Spruchstellenverfahren
- Barabfindungsangebot 258
Stammaktie 687
- Umfang der Berechtigung 683
- Umwandlung in Vorzugsaktien 694
- Ungleichbehandlung 348
Stammeinlage
- Nennbetrag 218
Stammkapital
- Erhöhung 220
Steuerbilanz 829, 919
Steuerbilanzwerte 810
Steuerentlastungsgesetz 318
Steuerrecht 829, 908, 918 ff
- Formwechsel 301 ff
- Maßgeblichkeitsgrundsatz 830 f
- Sondervorschriften 830
Stichtagsprinzip 833
Stille Reserve
- Auflösung, zwangsweise 308
- Besteuerung 307, 314
- Gesellschafter 314
Stimmabgabe
- treuwidrige 354
Stimmbindung 710
- bei Stimmverboten 745
- einstweilige Verfügung 752
- klagbare Ansprüche 752
- Verstoß gegen Stimmbindung 752
Stimmbindungsvertrag
- siehe Aktionärsvereinbarung und Familienpool

Stimmenmehrheit 338, 339, 695
- qualifizierte 338

Stimmrecht 591, 671, 705
- bei Nennbetragsaktien 677
- bei Stückaktien 681
- Einlageleistung 593
- Höchststimmrecht 594, 685
- KGaA 796
- Leistung der Einlage 565
- Mehrstimmrecht 594, 684
- Vorzugsaktie 686 ff, 695

Stock options 509 ff
- „virtuelle" 917
- siehe auch Aktienoptionen

Strukturmaßnahme
- Holzmüller-Grundsätze 327, 329

Strukturvorteile der AG 18

Stückaktie 146, 219, 676, 850, 925
- Beteiligungsquote 679 ff
- Kapitalerhöhung 844, 866
- Mindestbetrag 238
- rechnerischer Nennwert 844, 866
- Stimmrecht 681
- Umstellung auf Nennbetragsaktien 693
- Verbriefung 699

Stückaktiengesetz 676
Stuttgarter Verfahren 810
Subsidiary shares 691
Substanzwert
- Unternehmen 232

Tarifbegrenzung
- für Einkünfte aus Gewerbebetrieb 800

Tatsache, sensible
- Geheimhaltung 213

Tausch 861
Teilgewinnabführungsvertrag 942
Teilnahmerecht 558 ff
Teilnehmerverzeichnis 553 ff
- Angaben 553 f
- Anlage zur Niederschrift 657
- Einpersonen-AG 659

Tender offer 905
Tochtergesellschaft 912
- Konzerneinfluß, unzulässiger 362
- Schutz 362
- Subsidiary shares 691

Tracking stocks 691
Trennungsprinzip
- Aktiengesellschaft 337

Treuepflicht 351 ff, 671, 817, 897 f
- aktienrechtliche 344
- gesellschaftsrechtliche 339
- Inhalt 353
- Intensität 353
- Mehrheitsgesellschafter, Verhaltenspflicht 353
- Minderheitsgesellschafter, Verhaltenspflicht 353
- Verstoß, Sanktion 354
- Verstoß, Schadensersatz 354
- Wirkung, rechtsbegrenzende 352
- Wirkung, rechtsbegründende 352

Treuhänder 718

Übergabe
- der Aktienurkunde 701, 708

Übergabesurrogat 701
Übergangsvorschrift
- Abschaffung von Mehrstimmrechten 684

Übernahmegesetz, Entwurf 14
Überraschungsentscheidung
- Schutz 341

Überschuldung 822
Übertragung 669, 697 ff
- Beschränkung durch Vinkulierung 709
- der Namensaktie 708
- durch Abtretung 716
- nach wertpapierrechtlichen Grundsätzen 699 f

Übertragungsbeschränkungen 734 ff, 778 ff
- in Aktionärsvereinbarungen 737, 778 ff
- in der Satzung 734 f

Übertragungsstichtag
- Anfangsbilanz 305
- steuerlicher 305, 311, 312

Übertragungsvertrag 206
Überwachung
- KGaA 795

Überwachungssystem
- zur Früherkennung 826

Umgehung
- der Sacheinlagevorschriften 818, 857
- der Vinkulierungsklausel 710

Umlaufverfahren
- Umwandlung, Beschlußfassung 237

Umlaufvermögen 907
Umsatzerlöse 837 f
Umsatzrendite 913

457

Umsatzsteuer
- Formwechsel 315
- Notargebühren 261
- Prüfungsgebühren 261

Umtauschrechte 877, 879

Umtauschverhältnis
- Angemessenheit 288
- Bemessung 284
- Verschmelzungsbericht 287

Umwandlung
- Ablaufplan, allgemeiner 209
- Anwendung der Gründungsvorschriften 38, 160
- Beschlußfassung 237
- Durchführung, steuerneutrale 201
- ertragsteuerneutrale 309
- Handelsregister, Eintragung 206
- Regelvoraussetzungen 206
- steuerneutrale 307
- übertragende 271
- Voraussetzungen, allgemeine 206
- Weg „zurück" 201

Umwandlungsarten
- Gleichberechtigung 281

Umwandlungsbericht 206, 210 ff, 251
- Anteilsinhaber, Unterrichtung 210
- Auslegung 236
- Barabfindungsangebot 215 f
- Entbehrlichkeit 214, 267
- Erläuterung 265
- Formwechsel, Begründung 212
- Geheimhaltungsinteressen 213
- Mindestinhalt 211
- Mindestumfang 211
- Plausibilitätskontrolle 233
- Schriftlichkeit 210
- Unternehmensbewertung, Erläuterung 233
- Unterrichtung 269
- Vermögensaufstellung 210
- Verzicht 214, 235, 267
- Zweck 211

Umwandlungsbeschluß 206, 234 ff, 270 ff
- Abschlußprüfer, Wahl 272
- Anfechtungsklage 246, 253
- Anteilsinhaber, Widerspruch 230
- Anteilsinhaber, Zustimmung 240
- Aufsichtsrat, Wahl 272
- Aufsichtsrat, Zusammensetzung 242, 243

- Beteiligungsquote, Änderung 238
- Beurkundungsgebühr 260
- Beurkundungskosten 261
- Beurkundung, notarielle 245, 272
- Eintragung 253
- Entwurf 210, 215, 216 ff
- Entwurf, Mindestinhalt 216
- Genehmigung, staatliche 251
- Gesellschafter, Unterrichtung 234 ff
- Gesellschafter, Zustimmung 270
- Gesellschafter, Zustimmungserfordernis 240
- GmbH-Anteil, Umtausch 255
- Inhalt 234 ff, 272
- Kapitalerhöhung 244
- Kapitalerhöhungsbeschluß, Kombinierung 244
- Klagefrist 246, 251
- Klageverzicht 246
- Mehrheit, Ermittlung 237
- Mehrheitsentscheidung 270, 272
- Mehrheitserfordernis 237, 270
- Nachbesserung 246
- Nichtigkeitsklage 246
- Niederschrift 251
- Satzung 241
- Sonderrechtsinhaber, Zustimmung 239
- Verzichtserklärung 245
- Vorstand, Zusammensetzung 242, 243
- Widerspruch 230
- Wirksamwerden 254
- Zustimmungserfordernisse, zusätzliche 238 ff
- Zuzahlung, bare 246
- siehe auch Beschlußentwurf

Umwandlungsbilanz 206

Umwandlungsgesetz
- Ablaufschema, standardisiertes 206
- Allgemeiner Teil 205
- Aufbau 205
- Formwechsel 208
- Regelungsinhalt 202
- Rückbeziehungsfrist 312
- Systematik 205
- Terminologie 205
- Übertragungsstichtag, steuerlicher 312
- Umwandlung, übertragende 271

Umwandlungsmaßnahme
- Plausibilitätskontrolle 211

Umwandlungsprüfung 206

Umwandlungsprüfung, förmliche
- Entbehrlichkeit 207
Umwandlungsvertrag 206
Umwandlungsvorgang
- Gründungsprüfer 250
- Ordnungsmäßigkeit 250
Ungleichbehandlung
- formale 347
- materielle 347
Unterbilanz 247
Unterbilanzhaftung 117, 170 f
Unterlassungsklage 892
Unterlassungspflicht 352
Unternehmen
- Einzelrechtsnachfolge, Einbringung 298
- Ertragswert 232
- Formwechsel 205
- Spaltung 205, 227
- Substanzwert 232
- Umstrukturierung 202
- Vermögensübertragung 205
- Verschmelzung 205, 227
- Werthaltigkeit, Prüfung 289
Unternehmen, beherrschendes
- Ausgleichspflicht 365
- Verlustausgleich 364
- Weisung 363
Unternehmen, beherrschtes
- Gewinnabführungsvertrag 364
- Verlustausgleich 364
Unternehmen, bestehendes
- Ausgangsrechtsform 208
- Umwandlung 201
Unternehmensbewertung 223
- Grundsätze, allgemeine 232
- Plausibilitätskontrolle 233
- Prüfer, unabhängiger 215
- Vorrang, logischer 215
- Wirtschaftsprüfer, unabhängiger 233
Unternehmensfortführung 833
Unternehmensmitbestimmung
- Personenhandelsgesellschaft 268
Unternehmensnachfolger 810
Unternehmenssicherung 15 f
Unternehmenszusammenschluß 877, 879
Unterpari-Emission 358
- Sacheinlage 80
- Verbot 679, 818

Venture Capital 591, 935
Veräußerungsgewinn
- Besteuerung 314
- Gesellschafter 313
Verbindlichkeit
- Haftung 803
Verbriefung
- des Beteiligungsrechts 669, 697 ff
- Verzicht 715 ff
Verbriefungsanspruch
- Ausschluß 697, 715
Verdeckte Sacheinlage 89 ff, 856 ff
- Heilung 858
- Rechtsprechung des BGH 857 f
- zeitlicher und sachlicher Zusammenhang 92, 857
Verein, wirtschaftlicher
- Formwechsel 203
Vergütung
- Aufsichtsrat 494 ff
- Stock options 409
- variable Vergütungsbestandteile 407 f
- Vorstand 405 ff
Verlust 864
- Ausgleich 836, 895
Verlustausgleich
- Beherrschungsvertrag 364
- Unternehmen, beherrschtes 364
Verlustdeckungshaftung 174
Verlustvortrag 675
- gewerbesteuerlicher 310
Vermögen, abzuspaltendes
- Zuordnung 295
Vermögen, eingebrachtes
- Buchwert 307
Vermögensaufstellung
- Entbehrlichkeit 267
- Prüfung 266
Vermögensbeteiligungsgesellschaft 15
Vermögensbilanz
- Entbehrlichkeit 212
Vermögensdiversifikation 16
Vermögenseinlage
- KGaA 792
Vermögensrechte 671 f, 884, 906
Vermögensteuer
- Abschaffung 11
Vermögensübertragung 205
Vermögenswerte
- Einlagefähigkeit bei Sacheinlage 78

459

Versammlung
- gesonderte 342
Versammlungsleiter
- Abwahl 588
- Befugnisse 550
- Ermittlung des Abstimmungsergebnisses 606
Verschleierte Sacheinlage
- siehe verdeckte Sacheinlage
Verschmelzung 205, 282 ff
- Anteilsinhaber 290
- Aufnahme 283, 289
- Beschlußfassung 285
- Definition 283
- Durchführung 285
- Gesamtrechtsnachfolge 290
- Gründungsprüfung, Entbehrlichkeit 289
- Kapitalerhöhung 284
- kleine AG 317
- Komplementär-GmbH 279
- Neugründung 283, 290
- Schlußbilanz 286
- Umtauschverhältnis, Bemessung 284
- Umwandlung, Steuerrecht 317
- Vertrag, förmlicher 285
- Vorbereitung 285
- Wirkung 290
Verschmelzungsbericht 213, 287
- gemeinsamer 287
- Inhalt 287
- Umtauschverhältnis 287
Verschmelzungsprüfer 288
Verschmelzungsprüfung 288
- Verzicht 288
Verschmelzungsvertrag 206, 285
- Beurkundung, notarielle 285
- Mindestinhalt 285
- Vollständigkeit 288
Versicherungsverein a. G. 3
Vertragsfreiheit 321
Vertretung
- bei Gründung 54 f
- KGaA 792, 795
Vertretungsbefugnis
- Entziehung 796
Vertretungsmacht
- Komplementär der KGaA 792
Vertretungsorgan
- KGaA 792 f, 803, 806
Verwaltungsrechte 671

Verwässerung 349
Verzicht
- Barabfindungsangebot, Prüfung 233
- Beurkundung, notarielle 214
Verzichtserklärung
- Beurkundung, notarielle 245
Vetorecht 239
- Aufsichtsrat 478
- Komplementär 808
Vinkulierte Namensaktien 734 f
- schwebende Unwirksamkeit der Übertragung 734
- Zustimmung der Gesellschaft zur Übertragung 734 f
Vinkulierung 333
- unverbriefter Aktien 716
- von Namensaktien 702, 709 ff, 719
- Zustimmung der Gesellschaft 708, 711
Vinkulierungsklausel
- Satzung 333
virtuelle Hauptversammlung 668
Vollindossament 708
Vollmacht
- zur Teilnahme an Hauptversammlungen 566
- zur Teilnahme und Abstimmung in der Hauptversammlung 598
Vollversammlung 714
- Bekanntmachungen 512
- Einberufungsförmlichkeiten 512
Vor-AG 164 ff
- Geschäftsaufnahme 164 ff
- Unterbilanzhaftung 166, 170 f
- Verlustdeckungshaftung 166, 174
Vorgründungsphase 45 f
Vorratsgesellschaft
- Anwendung der Gründungsvorschriften 184 ff
Vorratsgründung 137 f
Vorsichtsprinzip 833
Vorstand
- Abberufung 397 ff
- Abberufung, vorzeitige 328
- Aktienoptionen als Vergütungselement 409
- Alleinentscheidungskompetenz, Grenze 327
- Amtsdauer 395 f
- Amtsniederlegung 400
- Anstellungsvertrag 402 f
- aufschiebend bedingte Bestellung 394

Stichwortverzeichnis

- Aufsichtsrat, Trennungsprinzip 337
- Auskunftsverpflichteter in Hauptversammlung 575
- Berichtspflicht 341, 888
- Beschluß der Hauptversammlung zu Geschäftsführungsaufgaben 378 ff
- Bestellung als körperschaftlicher Organisationsakt 387
- Bestellung durch den Aufsichtsrat 388 ff
- Bestellung und Anmeldung 111
- Bestellungshindernisse 111
- betriebliche Altersversorgung 410
- Bezeichnung 367
- Dauer des Anstellungsvertrages 404
- Eigenverantwortlichkeit, Einschränkung 327, 328
- Einrichtung eines Überwachungssystems 414 f
- Ermächtigung zum Bezugsrechtsausschluß 889 ff
- Erstellung eines Abhängigkeitsberichts 416
- erster Vorstand 65
- Erwerb eigener Aktien 903, 905
- Fehlverhalten 328
- gerichtliche Vertretung der Gesellschaft 386
- Gewinnverwendungsvorschlag 839, 841 f
- Gleichbehandlungsgrundsatz 418
- Grundsatz der Gesamtgeschäftsführung 375 f
- Gründungsprüfung 243, 250
- Haftung bei Gründung 180
- Haftung bei Pflichtverletzung 428 ff
- Haftung, strikte 328
- Handelsregister, Eintragung 243
- Hauptversammlung, Einberufungspflicht 360
- keine gleichzeitige Mitgliedschaft im Aufsichtsrat 393
- kollektive Verantwortung des Gesamtvorstandes 377
- Kompetenz bei Vinkulierung 711
- Kompetenzen 848, 869 f, 876, 886, 911, 915
- Kontrolle 326, 329
- Kreditgewährung 412
- Leitung, unabhängige 326
- Leitung, weisungsfreie 363
- Leitungskompetenz 373
- Leitungsorgan 366 ff
- Mitglieder 903, 912
- Notvorstand 401
- persönliche Voraussetzungen 392
- Pflichtwidrigkeit 892
- Prinzip der Gesamtvertretung 384
- Rechnungslegung 831, 837 ff
- Rechtsfolgen eines Verstoßes gegen das Wettbewerbsverbot 423
- Sorgfalt eines ordentlichen und gewissenhaften Geschäftsleiters 374
- Sorgfaltspflichten 413
- Sprecher 371
- stellvertretende Vorstandsmitglieder 368
- Strukturmaßnahme 327
- Substitution durch Komplementär bei KGaA 789, 793
- Treue- und Loyalitätspflicht 353, 417
- Übertragung, Zustimmung 333
- Unabhängigkeit 326
- Unbeschränkbarkeit der Vertretungsmacht 382 f
- Urlaub 411
- variable Vergütungsbestandteile 407 f
- Verbot des Selbstkontrahierens 385
- Vereinbarung eines nachvertraglichen Wettbewerbsverbots 424
- Verfolgung von Schadensersatzansprüchen durch den Aufsichtsrat 432
- Vergütung 831
- Vergütung bei Verschlechterung der Gesellschaftsverhältnisse 406
- Vergütungsbestandteile 405
- Verschwiegenheitspflicht 425 ff
- Vertretung der Gesellschaft 381
- Vorsitzender 371
- Wahl 242
- Wettbewerbsverbot 419 ff
- Zusammensetzung 154, 154, 242, 243

Vorstand, künftiger
- Formwechsel, Anmeldung 274

Vorstandsmitglied
- Aufsichtsratsmitglied, Inkompatibilität 331
- Bestellung 243, 254
- Namenszeichnung 251

Vorstandsmitglieder
- Mindestzahl 370
- Zahl 369 f

Vorstandsvorsitzender
- Aufgaben und Zuständigkeiten 372, 372
- Stichentscheidungsrecht 372

Vorzug
- bei Gewinnverteilung 686, 688

Vorzugsaktie 221, 222
- Abgrenzung zur Stammaktie 683
- Abschaffung 696
- mit Stimmrecht 689
- stimmrechtslose 686 ff, 728 f
- Ungleichbehandlung 348

Vorzugsaktien ohne Stimmrecht 728 f

Vorzugsaktionär
- Stimmrecht, fehlendes 348

Vorzugsdividende 688

VVAG
- Formwechsel 203

Wahl
- des Abschlußprüfers 614

Wahlen 599
- Verhältniswahl 732, 773
- zum Aufsichtsrat 614
- Zustandekommen 600 ff

Wandelanleihe
- Bezugsrecht 349

Wandelschuldverschreibungen 820, 836, 879, 917

Wechselrecht 702

Weisungsrecht
- der Kommanditaktionäre 801

Wertansatz 829

Wertaufholungsprinzip 833

Wertpapier 700, 838

Wertpapierrecht 699 f, 702

Wettbewerbsverbot 419 ff
- nachvertragliches 424
- Rechtsfolgen eines Verstoßes 423

Widerspruchsrecht
- Gestaltung in der KGaA 801
- nach Bundesdatenschutzgesetz 718

Windfall profits 913

Wirtschaftsgut, eingebrachtes
- Bewertungswahlrecht 306

Wirtschaftsgut, übernommenes
- Aufstockung 308

Wirtschaftsprüfer 852
- Barabfindungsangebot 233

Wirtschaftsprüfer, unabhängiger
- Gründungsprüfung 250
- Unternehmensbewertung 233

Wirtschaftsprüfungsgesellschaft 852

Zahlungsunfähigkeit 822

Zeichner 818, 849, 856 f

Zeichnungsschein 818, 846 ff, 852

Zeichnungsvertrag 845, 886

Zeitlicher Ablauf des Börsengangs 986

Zerlegung des Grundkapitals
- Nennbetragsaktien 144
- Stückaktien 146

Zielgesellschaft
- Anteilsinhaber, künftige Beteiligung 210

Zuflußzeitpunkt 921

Zulassungsverfahren
- Amtlicher Handel 968 ff
- Geregelter Markt 971
- Neuer Markt 973 ff
- SMAX 980 ff

Zustimmung
- benachteiligter Aktionäre 694, 696, 718 f
- der Gesellschaft bei Vinkulierung 708 f, 711
- der Hauptversammlung 801
- des Aufsichtsrats 698, 794, 870, 874, 876, 889
- des Komplementärs 796, 798

Zustimmungserklärung
- Beurkundung, notarielle 245

Zustimmungspflicht
- Ausschluß in der KGaA 807

Zustimmungsvorbehalt
- Gestaltung in der KGaA 803
- zugunsten des Komplementärs 808 f

Zuzahlung
- auf Anteile 836, 848
- bei Wandlung eines Wandeldarlehens 917

Zuzahlung, bare 246

Zwangseinziehung von Aktien
- angeordnete 741
- gestattete 738

Zwangsgeld 843

Zweite gesellschaftsrechtliche Richtlinie 345

Zwischenschein 717